Spani ... Deutsch
Wörterbuch

Diccionario
Alemán-Español

Berlitz Publishing Company, Inc.
Princeton   Mexico City   Dublin   Eschborn   Singapore

Library of Congress
Catalog Card Number: 78-78101

ISBN 2-8315-6575-8

Revised 1994
Tenth Printing - March 2000
Printed in the Netherlands

Berlitz Dictionaries

Dansk	Engelsk, Fransk, Italiensk, Spansk, Tysk
Deutsch	Dänisch, Englisch, Finnisch, Französisch, Italienisch, Niederländisch, Norwegisch, Portugiesisch, Schwedish, Spanisch
English	Danish, Dutch, Finnish, French, German, Italian, Norwegian, Portuguese, Spanish, Swedish, Turkish
Español	Alemán, Danés, Finlandés, Francés, Holandés, Inglés, Noruego, Sueco
Français	Allemand, Anglais, Danois, Espagnol, Finnois, Italien, Néerlandais, Norvégien, Portugais, Suédois
Italiano	Danese, Finlandese, Francese, Inglese, Norvegese, Olandese, Svedese, Tedesco
Nederlands	Duits, Engels, Frans, Italiaans, Portugees, Spaans
Norsk	Engelsk, Fransk, Italiensk, Spansk, Tysk
Português	Alemão, Francês, Holandês, Inglês, Sueco
Suomi	Englanti, Espanja, Italia, Ranska, Ruotsi, Saksa
Svenska	Engelska, Finska, Franska, Italienska, Portugisiska, Spanska, Tyska

Inhaltsverzeichnis   Indice

Vorwort

Bei der Auswahl der 12 500 Begriffe, die in jedem der beiden Teile dieses Wörterbuchs enthalten sind, standen die Bedürfnisse des Reisenden stets im Vordergrund. Dieses handliche und praktische, mit Hilfe einer Datenbank erstellte Wörterbuch wird sich deshalb für alle Reisende – ob Touristen oder Geschäftsleute –, aber auch für Anfänger und Sprachschüler als unschätzbarer Helfer erweisen. Es enthält den Grundwortschatz und alle wichtigen Ausdrücke, die man benötigt, um sich im Alltag in jeder Lage zurechtzufinden.

Wie unsere Sprachführer und Reiseführer paßt auch dieses Wörterbuch in jede Jacken- oder Handtasche und ist so immer griffbereit. Neben all dem, was man von einem Wörterbuch erwartet, bietet es noch diese besonderen Vorteile:

- Die internationale Lautschrift (IPA) nach jedem Stichwort in der Fremdsprache löst alle Aussprachprobleme.

- Ein einzigartiges kulinarisches Lexikon hilft beim Lesen der Speise- und Getränkekarte und enträtselt all die unbekannten Gerichte und Zutaten.

- Nützliche Hinweise über Zeitangaben, Grund- und Ordnungszahlen, unregelmäßige Verben und übliche Abkürzungen werden ergänzt durch einige Sätze, die in alltäglichen Situationen zustatten kommen.

Selbstverständlich kann kein Wörterbuch dieses Formats Anspruch auf Vollständigkeit erheben. Wir glauben jedoch, daß der Benutzer dieses Buches sich mit Zuversicht auf die Reise machen kann. Es versteht sich, daß wir jede Art von Kommentar, Kritik oder Anregung begrüßen, die uns helfen, zukünftige Auflagen zu verbessern.

Prefacio

Al seleccionar las 12 500 palabras-conceptos en cada una de las lenguas de este diccionario, los redactores han tenido muy en cuenta las necesidades del viajero. Esta obra es indispensable para millones de viajeros, turistas y hombres de negocios, quienes apreciarán la seguridad que aporta un diccionario pequeño y práctico. Tanto a ellos como a los principiantes y estudiantes les ofrece todo el vocabulario básico que encontrarán o deberán emplear en el lenguaje de todos los días; les proporciona las palabras clave y las expresiones que les permitirán enfrentarse a las situaciones de la vida diaria.

Al igual que nuestros conocidos manuales de conversación y guías turísticas, estos diccionarios – realizados en computadora con la ayuda de un banco de datos – han sido ideados para llevarse en el bolsillo o en un bolso de mano, asumiendo de este modo su papel de compañeros disponibles en todo momento.

Además de las nociones que de ordinario ofrece un diccionario, encontrará:

● una transcripción fonética tan sencilla que facilita la lectura, aun cuando la palabra extranjera parezca impronunciable

● un léxico gastronómico inédito que le hará «descifrar» los menús en un restaurante extranjero, revelándole el secreto de los platos complicados y los misterios de la cuenta

● informaciones prácticas que le ayudarán a comunicar la hora y a contar, así como a utilizar los verbos irregulares, las abreviaturas más comunes y algunas expresiones útiles.

Ningún diccionario de este formato puede tener la pretensión de ser completo, pero el fin de este libro es permitir que quien lo emplee posea un arma para enfrentarse con confianza al viaje en el extranjero. Sin embargo, recibiremos con gusto los comentarios, críticas y sugestiones que con toda seguridad nos permitirán preparar las futuras ediciones.

spanisch-deutsch

español-alemán

Erläuterungen

Die Gestaltung des Wörterverzeichnisses wird allen praktischen Anforderungen gerecht. Unnötige sprachwissenschaftliche Angaben wurden weggelassen. Alle Eintragungen sind alphabetisch geordnet, egal ob das Stichwort in einem Wort oder als zwei oder mehr Wörter geschrieben wird. Die einzige Ausnahme von dieser Regel bilden einige idiomatische Wendungen, deren wichtigstes Wortglied als Stichwort dient. Untergeordnete Eintragungen wie übliche Redewendungen oder festgelegte Ausdrücke sind ebenfalls alphabetisch geordnet[1].

Jedem Stichwort folgt eine Aussprachebezeichnung (siehe Erklärung der Lautschrift). Der Umschrift folgt gegebenenfalls die Angabe der Wortart. Kann eine Vokabel mehreren Wortarten angehören, so stehen die Wortbedeutungen nach der Angabe der entsprechenden Wortart.

Soll eine Eintragung wiederholt werden, so vertritt die Tilde (~) die ganze vorangegangene Eintragung.

Ein Sternchen (*) vor einem Verb bedeutet, daß es unregelmäßig konjugiert wird (siehe Tabelle der unregelmäßigen Verben).

Dieses Wörterbuch baut auf dem Kastilischen auf. Alle ausschließlich mexikanischen Wörter und Wortbedeutungen sind entsprechend gekennzeichnet (siehe Tabelle der im Wörterbuch verwendeten Abkürzungen).

Abkürzungen

adj	Adjektiv	*mpl*	Maskulinum Plural
adv	Adverb	*mplMe*	Maskulinum Plural (mexikanisch)
art	Artikel		
conj	Konjunktion	*nt*	Neutrum
f	Femininum	*ntpl*	Neutrum Plural
fMe	Femininum (mexikanisch)	*num*	Numerale
fpl	Femininum Plural	*pl*	Plural
fplMe	Femininum Plural (mexikanisch)	*pref*	Präfix
		prep	Präposition
m	Maskulinum	*pron*	Pronomen
Me	Mexikanisch	*v*	Verb
mMe	Maskulinum (mexikanisch)	*vMe*	Verb (mexikanisch)

---

[1] Im Vergleich zur deutschen weist die spanische alphabetische Ordnung drei Besonderheiten auf: die Buchstabengruppe *ch* gilt als eigener Buchstabe und steht nach *c*; die Buchstabengruppe *ll* gilt als eigener Buchstabe und steht nach *l*; *ñ* steht nach *n*.

Aussprache

In diesem Teil des Wörterbuchs ist zu jedem Stichwort die Aussprache in Internationaler Lautschrift (IPA) angegeben. Jedes einzelne Zeichen dieser Umschrift steht für einen ganz bestimmten Laut. Zeichen, die hier nicht erklärt sind, werden ungefähr wie die entsprechenden Buchstaben im Deutschen ausgesprochen.

Konsonanten

β	ein schwacher **b**-Laut, fast ein **w**
ð	ein schwacher **d**-Laut, fast ein **s** wie in Ro**s**e, aber gelispelt
γ	ein stimmhafter **ch**-Laut, manchmal fast ein schwaches **g**
ʎ	wie **lli** in Mi**lli**on
ŋ	wie **ng** in Ri**ng**
ɲ	wie **nj** in So**nj**a
r	mit der Zungenspitze gerollt
s	immer wie in e**s**
θ	wie **s** in e**s**, aber gelispelt
w	ein flüchtiger **u**-Laut, ungefähr wie in Rit**u**al
z	wie **s** in Ro**s**e
tʃ	wie **tsch** in ru**tsch**en

Vokale

Die Vokale entsprechen ungefähr den deutschen, sind aber nie lang. Zur Vereinfachung unterscheiden wir nicht zwischen geschlossenem und offenem **e** und **o**, denn dieser Unterschied spielt keine Rolle bei der Verständigung. Sie werden die beiden Klangfarben von **e** (wie in R**e**flex) und **o** (wie in R**o**hkost) jedoch *hören* und können sie ohne weiteres nachahmen.

Diphthonge

Ein Diphthong besteht aus zwei Vokalen, von denen der eine stärker (betont) und der andere schwächer (unbetont) ist und die zusammen als »gleitender« Laut ausgesprochen werden, wie z.B. **ai** in M**ai**. Folgende Diphthonge sind zu beachten:

ei	nicht wie in **ei**ns! Der erste Laut ist **e** wie in f**e**st
eu	nicht wie in n**eu**, sondern **e** wie in f**e**st mit folgendem flüchtigem **u**-Laut

Betonung

Das Zeichen (') steht vor der betonten Silbe.

Lateinamerikanische Aussprache

Unsere Umschrift gibt die Aussprache der spanischen Landessprache, des Kastilischen, wieder. In den meisten Gebieten Lateinamerikas sind zwei kastilische Laute praktisch unbekannt:

1) **ll** wird statt [ʎ] meist wie ein spanisches **y** [j] ausgesprochen; in der Gegend des Río de la Plata spricht man **ll** und **y** als [ʒ] (wie **g** in Etage).

2) Die Buchstaben **c** (vor **e** und **i**) und **z** werden als [s], nicht als [θ] gesprochen.

A

a [a] *prep* zu, an; bei; **a las ...** um ... Uhr

abacería [aβaθe'ria] *f* Lebensmittelgeschäft *nt*

abacero [aβa'θero] *m* Lebensmittelhändler *m*

abadía [aβa'ðia] *f* Abtei *f*

abajo [a'βaxo] *adv* hinunter, unten; hinab, nieder, herab; **hacia ~** nach unten, abwärts

abandonar [aβando'nar] *v* *verlassen

abanico [aβa'niko] *m* Fächer *m*

abarrotería [aβarrote'ria] *fMe* Lebensmittelgeschäft *nt*

abarrotero [aβarro'tero] *mMe* Lebensmittelhändler *m*

abastecimiento [aβasteθi'mjento] *m* Zufuhr *f*

abatido [aβa'tiðo] *adj* niedergeschlagen

abecedario [aβeθe'darjo] *m* Alphabet *nt*

abedul [aβe'ðul] *m* Birke *f*

abeja [a'βexa] *f* Biene *f*

abertura [aβer'tura] *f* Öffnung *f*

abierto [a'βjerto] *adj* offen

abismo [a'βizmo] *m* Abgrund *m*

ablandador [aβlanda'ðor] *m* Enthärtungsmittel *nt*

ablandar [aβlan'dar] *v* mildern

abogado [aβo'ɣaðo] *m* Rechtsanwalt *m*, Anwalt *m*; Anhänger *m*

abolir [aβo'lir] *v* abschaffen

abolladura [aβoʎa'ðura] *f* Beule *f*

abonado [aβo'naðo] *m* Abonnent *m*

abono [a'βono] *m* Dünger *m*

aborto [a'βorto] *m* Fehlgeburt *f*; Abortus *m*

abrazar [aβra'θar] *v* umarmen; liebkosen

abrazo [a'βraθo] *m* Umarmung *f*

abrecartas [aβre'kartas] *m* Brieföffner *m*

abrelatas [aβre'latas] *m* Büchsenöffner *m*, Dosenöffner *m*

abreviatura [aβreβja'tura] *f* Abkürzung *f*

abrigar [aβri'ɣar] *v* schützen

abrigo [a'βriɣo] *m* Mantel *m*; **~ de pieles** Pelzmantel *m*

abril [a'βril] April

abrir [a'βrir] *v* öffnen; *aufschließen; andrehen

abrochar [aβro'tʃar] *v* knöpfen

abrupto [a'βrupto] *adj* schroff, steil

absceso [aβs'θeso] *m* Abszeß *m*

absolución [aβsolu'θjon] *f* Freispruch *m*

absolutamente [aβsoluta'mente] *adv* völlig

absoluto [aβso'luto] *adj* absolut; gänzlich

abstemio [aβs'temjo] *m* Abstinenzler *m*

***abstenerse de** [aβste'nerse] sich *enthalten

abstracto [aβs'trakto] *adj* abstrakt

absurdo [aβ'surðo] *adj* absurd, widersinnig; närrisch

abuela [a'βwela] *f* Großmama *f*, Oma *f*, Großmutter *f*

abuelo [a'βwelo] *m* Großpapa *m*, Opa *m*, Großvater *m*; **abuelos** *mpl* Großeltern *pl*

abundancia [aβun'danθja] *f* Überfluß *m*, Fülle *f*; Menge *f*

abundante [aβun'dante] *adj* reichlich

abundar [aβun'dar] *v* strotzen

aburrido [aβu'rriðo] *adj* langweilig

aburrimiento [aβurri'mjento] *m* Verdruß *m*

aburrir [aβu'rrir] *v* langweilen

abusar de [aβu'sar] ausbeuten

abuso [a'βuso] *m* Mißbrauch *m*

acá [a'ka] *adv* hier

acabar [aka'βar] *v* beenden; **acabado** alle; vorbei

academia [aka'ðemja] *f* Akademie *f*; ~ **de bellas artes** Kunstakademie *f*

acallar [aka'ʎar] *v* zum Schweigen *bringen

acampador [akampa'ðor] *m* Camper *m*

acampar [akam'par] *v* zelten

acantilado [akanti'laðo] *m* Klippe *f*

acariciar [akari'θjar] *v* verhätscheln

acaso [a'kaso] *adv* vielleicht

accesible [akθe'siβle] *adj* zugänglich

acceso [ak'θeso] *m* Zutritt *m*; Zugang *m*

accesorio [akθe'sorjo] *adj* nebensächlich; **accesorios** *mpl* Zubehör *nt*

accidental [akθiðen'tal] *adj* zufällig

accidente [akθi'ðente] *m* Unglück *nt*, Unfall *m*; ~ **aéreo** Flugzeugabsturz *m*

acción [ak'θjon] *f* Aktie *f*; Aktion *f*, Handlung *f*

acechar [aθe'tʃar] *v* auflauern

aceite [a'θeite] *m* Öl *nt*; ~ **broncea- dor** Sonnenöl *nt*; ~ **de mesa** Salatöl *nt*; ~ **de oliva** Olivenöl *nt*; ~ **lubricante** Schmieröl *nt*; ~ **para el pelo** Haaröl *nt*

aceitoso [aθei'toso] *adj* ölig

aceituna [aθei'tuna] *f* Olive *f*

acelerador [aθelera'ðor] *m* Gaspedal *nt*

acelerar [aθele'rar] *v* beschleunigen

acento [a'θento] *m* Akzent *m*; Betonung *f*

acentuar [aθen'twar] *v* betonen

aceptar [aθep'tar] *v* akzeptieren, *annehmen

acera [a'θera] *f* Bürgersteig *m*; Gehweg *m*

acerca de [a'θerka de] über

acercarse [aθer'karse] *v* sich nähern

acero [a'θero] *m* Stahl *m*; ~ **inoxida- ble** nichtrostender Stahl

***acertar** [aθer'tar] *v* *treffen; *erraten

acidez [aθi'ðeθ] *f* Sodbrennen *nt*

ácido ['aθiðo] *m* Säure *f*

aclamar [akla'mar] *v* zujubeln

aclaración [aklara'θjon] *f* Erläuterung *f*

aclarar [akla'rar] *v* klarstellen

acné [ak'ne] *m* Akne *f*

acogida [ako'xiða] *f* Aufnahme *f*

acomodación [akomoða'θjon] *f* Unterkunft *f*

acomodado [akomo'ðaðo] *adj* wohlhabend

acomodador [akomoða'ðor] *m* Platzanweiser *m*

acomodadora [akomoða'ðora] *f* Platzanweiserin *f*

acomodar [akomo'ðar] *v* *unterbringen

acompañar [akompa'par] *v* begleiten

aconsejar [akonse'xar] *v* *anraten, *ra-

ten; *empfehlen
*acontecer [akonte'θer] v sich ereignen
acontecimiento [akonteθi'mjento] m Ereignis nt
*acordar [akor'ðar] v übereinstimmen; *acordarse v *behalten, sich erinnern, sich *entsinnen
acortar [akor'tar] v verkürzen
*acostar [akos'tar] v niederlegen; *acostarse v zu Bette *gehen
acostumbrado [akostum'braðo] adj gewohnt; gewöhnt, üblich
acostumbrar [akostum'brar] v gewöhnen
*acrecentarse [akreθen'tarse] v *zunehmen
acreditar [akreði'tar] v kreditieren
acreedor [akree'ðor] m Gläubiger m
actitud [akti'tuð] f Einstellung f; Haltung f
actividad [aktiβi'ðað] f Aktivität f
activo [ak'tiβo] adj aktiv
acto ['akto] m Tat f; Akt m
actor [ak'tor] m Schauspieler m
actriz [ak'triθ] f Schauspielerin f
actual [ak'twal] adj gegenwärtig; aktuell
actualmente [aktwal'mente] adv jetzt
actuar [ak'twar] v *vorgehen; spielen
acuarela [akwa'rela] f Aquarell nt
acuerdo [a'kwerðo] m Einverständnis nt; Akkord m, Abkommen nt, Regelung f; ¡de acuerdo! einverstanden!, in Ordnung!; *estar de ~ con billigen
acumulador [akumula'ðor] m Akku m
acusación [akusa'θjon] f Anklage f
acusado [aku'saðo] m Angeklagte m
acusar [aku'sar] v beschuldigen; anklagen
adaptador [aðapta'ðor] m Adapter m
adaptar [aðap'tar] v anpassen; anpas-

sen an
adecuado [aðe'kwaðo] adj entsprechend; angemessen, geeignet
adelantar [aðelan'tar] v *vorwärtskommen; por adelantado im voraus, vorher; prohibido ~ Überholen verboten
adelante [aðe'lante] adv vorwärts
adelanto [aðe'lanto] m Fortschritt m
adelgazar [aðelɣa'θar] v *abnehmen
además [aðe'mas] adv außerdem, überdies; ferner; ~ de außer
adentro [a'ðentro] adv drinnen, hinein; hacia ~ nach innen
adeudado [aðeu'ðaðo] adj schuldig
adición [aði'θjon] f Addition f; Hinzufügung f
adicional [aðiθjo'nal] adj zusätzlich
adicionar [aðiθjo'nar] v addieren
¡adiós! [a'ðjos] auf Wiedersehen!
adivinanza [aðiβi'nanθa] f Rätsel nt
adivinar [aðiβi'nar] v *raten
adjetivo [aðxe'tiβo] m Eigenschaftswort nt
administración [aðministra'θjon] f Verwaltung f; Vorstand m
administrar [aðminis'trar] v verwalten; führen; verabreichen
administrativo [aðministra'tiβo] adj Verwaltungs-
admirable [aðmi'raβle] adj bewundernswert
admiración [aðmira'θjon] f Bewunderung f
admirador [aðmira'ðor] m Fan m
admirar [aðmi'rar] v bewundern
admisión [aðmi'sjon] f Zulassung f; Zutritt m
admitir [aðmi'tir] v *einlassen; einräumen, *zugeben
adonde [a'ðonde] adv wo
adoptar [aðop'tar] v adoptieren; *annehmen
adorable [aðo'raβle] adj reizend

adorar [aðo'rar] v verehren

adormidera [aðormi'ðera] f Mohn m

adorno [a'ðorno] m Verzierung f

adquirible [aðki'riβle] adj erhältlich, vorrätig

*adquirir [aðki'rir] v *erwerben

adquisición [aðkisi'θjon] f Neuerwerbung f

aduana [a'dwana] f Zollbehörde f

adulto [a'ðulto] adj erwachsen; m Erwachsene m

adverbio [að'βerβjo] m Adverb nt

advertencia [aðβer'tenθja] f Warnung f

*advertir [aðβer'tir] v warnen; bemerken

aerolínea [aero'linea] f Fluglinie f

aeropuerto [aero'pwerto] m Flughafen m

aerosol [aero'sol] m Spray nt

afamado [afa'maðo] adj berühmt

afección [afek'θjon] f Erkrankung f

afectado [afek'taðo] adj geziert

afectar [afek'tar] v beeinflussen; sich *beziehen auf; *vorgeben

afeitadora eléctrica [afeita'ðora e'lektrika] Rasierapparat m

afeitarse [afei'tarse] v sich rasieren; **máquina de afeitar** Rasierapparat m

afición [afi'θjon] f Liebhaberei f, Steckenpferd nt

aficionado [afiθjo'naðo] m Anhänger m

afilar [afi'lar] v *schleifen, schärfen; **afilado** scharf

afiliación [afilja'θjon] f Mitgliedschaft f

afiliado [afi'ljaðo] adj angegliedert

afirmación [afirma'θjon] f Behauptung f

afirmar [afir'mar] v behaupten

afirmativo [afirma'tiβo] adj bejahend

aflicción [aflik'θjon] f Betrübnis f

afligido [afli'xiðo] adj betrübt; ***estar ~** sich grämen

afluente [a'flwente] m Nebenfluß m

afortunado [afortu'naðo] adj glücklich

África ['afrika] f Afrika

África del Sur ['afrika del sur] Südafrika

africano [afri'kano] adj afrikanisch; m Afrikaner m

afuera [a'fwera] adv draußen; **hacia ~** nach draußen

afueras [a'fweras] fpl Außenbezirke mpl

agarradero [aɣarra'ðero] m Halt m

agarrar [aɣa'rrar] v *ergreifen; **agarrarse** v sich *festhalten

agarre [a'ɣarre] m Griff m

agencia [a'xenθja] f Agentur f, Vertretung f; **~ de viajes** Reisebüro nt

agenda [a'xenda] f Merkbuch nt

agente [a'xente] m Agent m; **~ de policía** Schutzmann m

ágil ['axil] adj gelenkig

agitación [axita'θjon] f Erregung f; Geschäftigkeit f

agitar [axi'tar] v aufreizen

agosto [a'ɣosto] August

agotado [aɣo'taðo] adj ausverkauft

agotar [aɣo'tar] v aufbrauchen

agradable [aɣra'ðaβle] adj angenehm; erfreulich; nett

*agradecer [aɣraðe'θer] v danken

agradecido [aɣraðe'θiðo] adj erkenntlich, dankbar

agrario [a'ɣrarjo] adj agrarisch

agraviar [aɣra'βjar] v Unrecht *tun

agregar [aɣre'ɣar] v hinzufügen

agresivo [aɣre'siβo] adj aggressiv

agrícola [a'ɣrikola] adj Landwirtschafts-

agricultura [aɣrikul'tura] f Landwirtschaft f

agrio ['aɣrjo] adj sauer

agua ['aɣwa] nt Wasser nt; **~ corrien-**

te fließendes Wasser; ~ **de mar** Meerwasser *nt*; ~ **de soda** Selterswasser *nt*; ~ **dulce** Süßwasser *nt*; ~ **helada** Eiswasser *nt*; ~ **mineral** Mineralwasser *nt*; ~ **potable** Trinkwasser *nt*

aguacero [aɣwa'θero] *m* Schauer *m*; Regenschauer *m*, Regenguß *m*

aguafuerte [aɣwa'fwerte] *f* Radierung *f*

aguanieve [aɣwa'njeβe] *f* Matsch *m*

aguantar [aɣwan'tar] *v* dulden

aguardado [aɣwar'ðaðo] erwartet

aguardar [aɣwar'dar] *v* erwarten

agudo [a'ɣuðo] *adj* scharf; akut

águila ['aɣila] *m* Adler *m*

aguja [a'ɣuxa] *f* Nadel *f*; Spitze *f*; **labor de** ~ Handarbeit *f*

agujero [aɣu'xero] *m* Loch *nt*

ahí [a'i] *adv* dort

ahogar [ao'ɣar] *v* *ertrinken; **ahogarse** *v* *ertrinken

ahora [a'ora] *adv* jetzt; **de** ~ **en adelante** von nun an; **hasta** ~ bisher

ahorrar [ao'rrar] *v* sparen

ahorros [a'orros] *mpl* Ersparnisse *fpl*; **caja de** ~ Sparkasse *f*

ahuyentar [aujen'tar] *v* verjagen

aire ['aire] *m* Luft *f*; ~ **acondicionado** Klimaanlage *f*; **cámara de** ~ Schlauch *m*; *tener aires de *aussehen

airear [aire'ar] *v* lüften

aireo [ai'reo] *m* Lüftung *f*

airoso [ai'roso] *adj* luftig

aislado [aiz'laðo] *adj* abgeschieden

aislador [aizla'ðor] *m* Isolator *m*

aislamiento [aizla'mjento] *m* Isolation *f*; Isolierung *f*

aislar [aiz'lar] *v* isolieren

ajedrez [axe'ðreθ] *m* Schach *nt*

ajeno [a'xeno] *adj* fremd

ajetrearse [axetre'arse] *v* sich abmühen

ajo ['axo] *m* Knoblauch *m*

ajustar [axus'tar] *v* anpassen; regulieren

ala ['ala] *f* Flügel *m*

alabar [ala'βar] *v* loben

alambre [a'lambre] *m* Draht *m*

alargar [alar'ɣar] *v* verlängern; *übergeben

alarma [a'larma] *f* Alarm *m*; ~ **de incendio** Feueralarm *m*

alarmante [alar'mante] *adj* unheimlich

alarmar [alar'mar] *v* alarmieren

alba ['alβa] *f* Morgendämmerung *f*

albañil [alβa'ɲil] *m* Maurer *m*

albaricoque [alβari'koke] *m* Aprikose *f*

albergue para jóvenes [al'βerɣe 'para 'xoβenes] Jugendherberge *f*

alborotador [alβorota'ðor] *adj* streitsüchtig

alboroto [alβo'roto] *m* Krach *m*, Lärm *m*, Tumult *m*

álbum ['alβum] *m* Album *nt*

alcachofa [alka'tʃofa] *f* Artischocke *f*

alcalde [al'kalðe] *m* Bürgermeister *m*

alcance [al'kanθe] *m* Bereich *m*

alcanzable [alkan'θaβle] *adj* erreichbar

alcanzar [alkan'θar] *v* erreichen

alce ['alθe] *m* Elch *m*

alcohol [al'kol] *m* Alkohol *m*; ~ **de quemar** Brennspiritus *m*

alcohólico [al'koliko] *adj* alkoholisch

aldea [al'dea] *f* Weiler *m*

alegrar [ale'ɣrar] *v* aufheitern

alegre [a'leɣre] *adj* heiter, fröhlich, freudig; erfreut, lustig

alegría [ale'ɣria] *f* Heiterkeit *f*; Freude *f*, Fröhlichkeit *f*

alejar [ale'xar] *v* entfernen

alemán [ale'man] *adj* deutsch; *m* Deutsche *m*

Alemania [ale'manja] *f* Deutschland *f*

*alentar [alen'tar] *v* ermutigen

alergia [a'lerxja] *f* Allergie *f*

alfiler [alfi'ler] *m* Stecknadel *f*

alfombra [al'fombra] *f* Teppich *m*

alfombrilla [alfom'briʎa] f Vorleger m

álgebra ['alɣeβra] f Algebra f

algo ['alɣo] pron etwas; adv ziemlich

algodón [alɣo'ðon] m Baumwolle f; Watte f; **de ~** Baumwoll-

alguien ['alɣjen] pron jemand

alguno [al'ɣuno] adj irgendein; **algunos** adj einige; pron manche

alhaja [a'laxa] f Kleinod nt

alharaca [ala'raka] f Getue nt

aliado [a'ljaðo] m Verbündete m; **Aliados** mpl Alliierten mpl

alianza [a'ljanθa] f Bündnis nt

alicates [ali'kates] mpl Zange f

alienado [alje'naðo] m Irre m

aliento [a'ljento] m Atem m

alimentar [alimen'tar] v ernähren

alimento [ali'mento] m Speise f; Kost f, Essen nt

alivio [a'liβjo] m Erleichterung f

alma ['alma] f Seele f; Geist m

almacén [alma'θen] m Lager nt, Depot nt, Lagerraum m, Lagerhaus nt; Laden m; **~ de licores** Spirituosenladen m; **grandes almacenes** Kaufhaus nt

almacenaje [almaθe'naxe] m Lagerung f

almacenar [almaθe'nar] v lagern

almanaque [alma'nake] m Almanach m

almendra [al'mendra] f Mandel f

almidón [almi'ðon] m Stärke f

almidonar [almiðo'nar] v stärken

almirante [almi'rante] m Admiral m

almohada [almo'aða] f Kopfkissen nt; **~ eléctrica** Heizkissen nt

almohadilla [almoa'ðiʎa] f Polster nt

almohadón [almoa'ðon] m Kissen nt

almuerzo [al'mwerθo] m Imbiß m, Mittagessen nt

alojamiento [aloxa'mjento] m Unterkunft f

alojar [alo'xar] v beherbergen

alondra [a'londra] f Lerche f

alquilar [alki'lar] v mieten; vermieten

alquiler [alki'ler] m Miete f; **~ de coches** Autovermietung f; **de ~** zu vermieten

alrededor de [alreðe'ðor de] um, um ... herum

alrededores [alreðe'ðores] mpl Umgebung f

altar [al'tar] m Altar m

altavoz [alta'βoθ] m Lautsprecher m

alteración [altera'θjon] f Änderung f

alterar [alte'rar] v verändern

alternar con [alter'nar] verkehren mit

alternativa [alterna'tiβa] f Alternative f

alternativo [alterna'tiβo] adj abwechselnd

altiplano [alti'plano] m Hochland nt

altitud [alti'tuð] f Höhe f

altivo [al'tiβo] adj hochmütig

alto ['alto] adj hoch; lang, groß; **en ~** oben

¡alto! ['alto] halt!

altura [al'tura] f Höhe f

aludir a [alu'ðir] anspielen auf

alumbrado [alum'braðo] m Beleuchtung f

alumna [a'lumna] f Schülerin f

alumno [a'lumno] m Schüler m

alzar [al'θar] v *heben

allá [a'ʎa] adv drüben; **hacia ~** dorthin; **más ~** jenseits; **más ~ de** an ... vorbei, über ... hinaus, jenseits

allí [a'ʎi] adv dort

amable [a'maβle] adj nett, freundlich

amado [a'maðo] adj wert

amaestrar [amaes'trar] v dressieren

amamantar [amaman'tar] v stillen

amanecer [amane'θer] m Sonnenaufgang m, Tagesanbruch m

amante [a'mante] m Liebhaber m

amapola [ama'pola] f Klatschmohn m

amar [a'mar] v gern *haben, lieben

amargo [a'marɣo] *adj* bitter

amarillo [ama'riʎo] *adj* gelb

amatista [ama'tista] *f* Amethyst *m*

ámbar ['ambar] *m* Bernstein *m*

ambicioso [ambi'θjoso] *adj* strebsam, ehrgeizig

ambiente [am'bjente] *m* Stimmung *f*

ambiguo [am'biɣwo] *adj* doppelsinnig

ambos ['ambos] *adj* beide

ambulancia [ambu'lanθja] *f* Krankenwagen *m*, Ambulanz *f*

ambulante [ambu'lante] *adj* umherziehend

amenaza [ame'naθa] *f* Drohung *f*, Bedrohung *f*

amenazador [amenaθa'ðor] *adj* bedrohlich

amenazar [amena'θar] *v* drohen, bedrohen

ameno [a'meno] *adj* hübsch

América [a'merika] *f* Amerika; ~ **Latina** Lateinamerika

americana [ameri'kana] *f* Jacke *f*

americano [ameri'kano] *adj* amerikanisch; *m* Amerikaner *m*

amiga [a'miɣa] *f* Freundin *f*

amígdalas [a'miɣðalas] *fpl* Mandeln

amigdalitis [amiɣða'litis] *f* Mandelentzündung *f*

amigo [a'miɣo] *m* Freund *m*

amistad [amis'taθ] *f* Freundschaft *f*

amistoso [amis'toso] *adj* freundschaftlich

amnistía [amnis'tia] *f* Amnestie *f*

amo ['amo] *m* Herr *m*

amoníaco [amo'niako] *m* Salmiakgeist *m*

amontonar [amonto'nar] *v* anhäufen

amor [a'mor] *m* Liebe *f*; Schatz *m*

amorío [amo'rio] *m* Verhältnis *nt*, Liebschaft *f*, Romanze *f*

amortiguador [amortiɣwa'ðor] *m* Stoßdämpfer *m*

amortizar [amorti'θar] *v* tilgen

amotinamiento [amotina'mjento] *m* Meuterei *f*

ampliación [amplja'θjon] *f* Vergrößerung *f*; Ausdehnung *f*

ampliar [am'pljar] *v* vergrößern; erweitern

amplio ['ampljo] *adj* ausgedehnt

ampolla [am'poʎa] *f* Blase *f*

amueblar [amwe'βlar] *v* einrichten

amuleto [amu'leto] *m* Amulett *nt*

analfabeto [analfa'βeto] *m* Analphabet *m*

análisis [a'nalisis] *f* Analyse *f*

analista [ana'lista] *m* Analytiker *m*

analizar [anali'θar] *v* zerlegen, analysieren; aufgliedern

análogo [a'naloɣo] *adj* ähnlich

anarquía [anar'kia] *f* Anarchie *f*

anatomía [anato'mia] *f* Anatomie *f*

anciano [an'θjano] *adj* alt; ältlich

ancla ['aŋkla] *f* Anker *m*

ancho ['antʃo] *adj* breit; weit; *m* Breite *f*

anchoa [an'tʃoa] *f* Sardelle *f*

anchura [an'tʃura] *f* Breite *f*

andadura [anda'ðura] *f* Gang *m*

andamio [an'damjo] *m* Gerüst *nt*

*andar [an'dar] *v* *gehen

andares [an'dares] *mpl* Gang *m*

andén [an'den] *m* Bahnsteig *m*

anemia [a'nemja] *f* Blutarmut *f*

anestesia [anes'tesja] *f* Betäubung *f*

anestésico [anes'tesiko] *m* Betäubungsmittel *nt*

anexar [anek'sar] *v* einverleiben

anexo [a'nekso] *m* Anhang *m*, Beilage *f*; Nebengebäude *nt*

anfitrión [anfi'trjon] *m* Gastgeber *m*

ángel ['aŋxel] *m* Engel *m*

angosto [aŋ'gosto] *adj* eng

anguila [aŋ'gila] *f* Aal *m*

ángulo ['aŋgulo] *m* Winkel *m*

angustioso [aŋgus'tjoso] *adj* ängstlich

anhelar [ane'lar] *v* begehren, sich sehnen nach

anhelo [a'nelo] *m* Sehnsucht *f*

anillo [a'niʎo] *m* Ring *m*; ~ **de boda** Ehering *m*; ~ **de esponsales** Verlobungsring *m*

animado [ani'maðo] *adj* voll

animal [ani'mal] *m* Tier *nt*; ~ **de presa** Raubtier *nt*; ~ **doméstico** Haustier *nt*

animar [ani'mar] *v* anregen, begeistern; beleben

ánimo ['animo] *m* Geist *m*; Tapferkeit *f*

aniversario [aniβer'sarjo] *m* Jahrestag *m*; Jubiläum *nt*

anoche [a'notʃe] *adv* gestern abend

anomalía [anoma'lia] *f* Abweichung *f*

anónimo [a'nonimo] *adj* anonym

anormal [anor'mal] *adj* abnorm

anotación [anota'θjon] *f* Eintragung *f*

anotar [ano'tar] *v* *aufschreiben

ansia ['ansja] *f* Angst *f*

ansioso [an'sjoso] *adj* bestrebt, begierig

ante ['ante] *prep* vor

anteayer [antea'jer] *adv* vorgestern

antecedentes [anteθe'ðentes] *mpl* Vorbildung *f*

antena [an'tena] *f* Antenne *f*

anteojos [ante'oxos] *mpl* Brille *f*

antepasado [antepa'saðo] *m* Vorfahr *m*

antepecho [ante'petʃo] *m* Fensterbrett *nt*

anterior [ante'rjor] *adj* früher

antes ['antes] *adv* zuvor; vormals, früher, eher; zuerst, vorher; ~ **de** vor; ~ **de que** bevor

antibiótico [anti'βjotiko] *m* Antibiotikum *nt*

anticipar [antiθi'par] *v* *vorschießen

anticipo [anti'θipo] *m* Vorschuß *m*

anticonceptivo [antikonθep'tiβo] *m* empfängnisverhütendes Mittel

anticongelante [antikonxe'lante] *m* Gefrierschutzmittel *nt*

anticuado [anti'kwaðo] *adj* altmodisch; veraltet

anticuario [anti'kwarjo] *m* Antiquitätenhändler *m*

antigualla [anti'ɣwaʎa] *f* Antiquität *f*

Antigüedad [antiɣwe'ðað] *f* Altertum *nt*

antigüedades [antigwe'ðaðes] *fpl* Altertümer

antiguo [an'tiɣwo] *adj* uralt, antik; alt; ehemalig

antipatía [antipa'tia] *f* Abneigung *f*, Antipathie *f*

antipático [anti'patiko] *adj* unangenehm, unsympathisch

antiséptico [anti'septiko] *m* antiseptisches Mittel

antojarse [anto'xarse] *v* Lust *haben zu

antojo [an'toxo] *m* Torheit *f*, Grille *f*

antología [antolo'xia] *f* Anthologie *f*

antorcha [an'tortʃa] *f* Fackel *f*

anual [a'nwal] *adj* jährlich

anuario [a'nwario] *m* Jahrbuch *nt*

anudar [anu'ðar] *v* knoten

anular [anu'lar] *v* *widerrufen

anunciar [anun'θjar] *v* ankündigen; bekanntmachen

anuncio [a'nunθjo] *m* Bekanntmachung *f*, Ankündigung *f*; Anzeige *f*

anzuelo [an'θwelo] *m* Angelhaken *m*

añadir [aɲa'ðir] *v* hinzufügen

año ['aɲo] *m* Jahr *nt*; **al** ~ jährlich; ~ **bisiesto** Schaltjahr *nt*; ~ **nuevo** Neujahr

apagado [apa'ɣaðo] *adj* glanzlos

apagar [apa'ɣar] *v* auslöschen; ausschalten

aparato [apa'rato] *m* Gerät *nt*, Apparat *m*; Vorrichtung *f*

aparcamiento [aparka'mjento] *m* das Parkieren; **zona de** ~ Parkzone *f*

*aparecer [apare'θer] *v* *erscheinen; *auftreten

aparejo [apa'rexo] *m* Ausrüstung *f*; ~ **de pesca** Angelgeräte *ntpl*

aparente [apa'rente] *adj* scheinbar

aparición [apari'θjon] *f* Erscheinung *f*

apariencia [apa'rjenθja] *f* Erscheinung *f*, Anschein *m*

apartado [apar'taðo] *adj* entlegen

apartamento [aparta'mento] *m* Zimmerflucht *f*; Appartement *nt*, Wohnung *f*

apartar [apar'tar] *v* trennen

aparte [a'parte] *adv* zur Seite, beiseite; *adj* einzeln

apasionado [apasjo'naðo] *adj* leidenschaftlich

apearse [ape'arse] *v* *aussteigen

apelación [apela'θjon] *f* Appell *m*

apelmazado [apelma'θaðo] *adj* klumpig

apellido [ape'ʎiðo] *m* Nachname *m*, Familienname *m*; ~ **de soltera** Mädchenname *m*

apenado [ape'naðo] *adj* bekümmert

apenas [a'penas] *adv* kaum; gerade

apéndice [a'pendiθe] *m* Blinddarm *m*

apendicitis [apendi'θitis] *f* Blinddarmentzündung *f*

aperitivo [aperi'tiβo] *m* Aperitif *m*

apertura [aper'tura] *f* Öffnung *f*

apestar [apes'tar] *v* *stinken

apetito [ape'tito] *m* Eßlust *f*, Appetit *m*

apetitoso [apeti'toso] *adj* lecker

apio [a'pjo] *m* Sellerie *m*

aplaudir [aplau'ðir] *v* Beifall klatschen

aplauso [a'plauso] *m* Beifall *m*

aplazar [apla'θar] *v* *aufschieben, *verschieben

aplicación [aplika'sjon] *f* Anwendung *f*

aplicar [apli'kar] *v* *verwenden; gebrauchen; **aplicarse a** *gelten

apogeo [apo'xeo] *m* Höhepunkt *m*; ~ **de la temporada** Hochsaison *f*

*apostar [apos'tar] *v* wetten

apoyar [apo'jar] *v* unterstützen; **apoyarse** *v* lehnen

apoyo [a'pojo] *m* Unterstützung *f*

apreciar [apre'θjar] *v* schätzen

aprecio [a'preθjo] *m* Schätzung *f*

aprender [apren'der] *v* lernen; **aprenderse de memoria** auswendig lernen

apresar [apre'sar] *v* kapern

apresurado [apresu'raðo] *adj* hastig

apresurarse [apresu'rarse] *v* eilen

apretado [apre'taðo] *adj* knapp

*apretar [apre'tar] *v* drücken; enger machen, straffen, spannen

apretón [apre'ton] *m* Griff *m*; ~ **de manos** Händedruck *m*

aprobación [aproβa'θjon] *f* Billigung *f*

*aprobar [apro'βar] *v* genehmigen, bejahen; *bestehen

apropiado [apro'pjaðo] *adj* angemessen, geeignet; tauglich, zweckmäßig, angebracht

aprovechar [aproβe'tʃar] *v* profitieren

aproximadamente [aproksimaða'mente] *adv* etwa, ungefähr

aproximado [aproksi'maðo] *adj* annähernd

aptitud [apti'tuð] *f* Befähigung *f*; Talent *nt*

apto [a'pto] *adj* geeignet; ***ser ~ para** sich eignen

apuesta [a'pwesta] *f* Wette *f*

apuntar [apun'tar] *v* richten auf, zielen auf; zeigen

apunte [a'punte] *m* Aufzeichnung *f*; Memorandum *nt*; **libreta de apuntes** Notizbuch *nt*

aquel [a'kel] *adj* jener; **aquellos** *adj* jene

aquél [a'kel] *pron* jener; **aquéllos** *pron* jene

aquí [a'ki] *adv* hier

árabe ['araβe] *adj* arabisch; *m* Araber

m

Arabia Saudí [a'raβja sau'ði] Saudi-Arabien

arado [a'raðo] *m* Pflug *m*

arancel [aran'θel] *m* Tarif *m*; Einfuhrzoll *m*

araña [a'raɲa] *f* Spinne *f*; **tela de ~** Spinnwebe *f*

arar [a'rar] *v* pflügen

arbitrario [arβi'trarjo] *adj* willkürlich

árbitro ['arβitro] *m* Schiedsrichter *m*

árbol ['arβol] *m* Baum *m*; **~ de levas** Nockenwelle *f*

arbolado [arβo'laðo] *m* Waldung *f*

arbusto [ar'βusto] *m* Strauch *m*

arca ['arka] *f* Truhe *f*

arcada [ar'kaða] *f* Arkade *f*

arce ['arθe] *m* Ahorn *m*

arcilla [ar'θiʎa] *f* Ton *m*

arco ['arko] *m* Bogen *m*; **~ iris** Regenbogen *m*

archivo [ar'tʃiβo] *m* Archiv *nt*

arder [ar'ðer] *v* *brennen

ardilla [ar'ðiʎa] *f* Eichhörnchen *nt*

área ['area] *f* Gebiet *nt*; Ar *nt*

arena [a'rena] *f* Sand *m*

arenoso [are'noso] *adj* sandig

arenque [a'reŋke] *m* Hering *m*

Argelia [ar'xelja] *f* Algerien

argelino [arxe'lino] *adj* algerisch; *m* Algerier *m*

Argentina [arxen'tina] *f* Argentinien

argentino [arxen'tino] *adj* argentinisch; *m* Argentinier *m*

argumentar [aryumen'tar] *v* argumentieren

argumento [aryu'mento] *m* Argument *nt*

árido ['ariðo] *adj* dürr

arisco [a'risko] *adj* unfreundlich

aritmética [arit'metika] *f* Rechnen *nt*

arma ['arma] *f* Waffe *f*

armador [arma'ðor] *m* Reeder *m*

armadura [arma'ðura] *f* Gestell *nt*;

Rüstung *f*

armar [ar'mar] *v* bewaffnen

armario [ar'marjo] *m* Schrank *m*; Wandschrank *m*; Garderobenschrank *m*

armonía [armo'nia] *f* Harmonie *f*

aroma [a'roma] *m* Aroma *nt*

arpa ['arpa] *f* Harfe *f*

arqueado [arke'aðo] *adj* bogenförmig

arqueología [arkeolo'xia] *f* Altertumskunde *f*, Archäologie *f*

arqueólogo [arke'oloyo] *m* Archäologe *m*

arquitecto [arki'tekto] *m* Architekt *m*

arquitectura [arkitek'tura] *f* Baukunst *f*, Architektur *f*

arraigarse [arrai'yarse] *v* sich *niederlassen

arrancar [arraŋ'kar] *v* entwurzeln, *ausreißen; starten

arranque [a'rraŋke] *m* Anlasser *m*

arrastrar [arras'trar] *v* schleppen; *ziehen; **arrastrarse** *v* *kriechen

arrecife [arre'θife] *m* Riff *nt*

arreglar [arre'ylar] *v* erledigen, regeln; aufräumen; reparieren, richten; **arreglarse con** sich *behelfen mit

arreglo [a'rreylo] *m* Regelung *f*; Vergleich *m*; **con ~ a** gemäß

arrendamiento [arrenda'mjento] *m* Pacht *f*; **contrato de ~** Mietvertrag *m*

***arrendar** [arren'dar] *v* verpachten

arrepentimiento [arrepenti'mjento] *m* Bedauern *nt*, Reue *f*

arrestar [arres'tar] *v* verhaften

arresto [a'rresto] *m* Festnahme *f*, Verhaftung *f*

arriar [a'rjar] *v* *streichen

arriate [a'rjate] *m* Blumenbeet *nt*

arriba [a'rriβa] *adv* oben; nach oben, empor

arriesgado [arriez'yaðo] *adj* gewagt, riskant

arriesgar [arrjez'ɣar] v wagen
arrodillarse [arroði'ʎarse] v knien
arrogante [arro'ɣante] adj hochnäsig
arrojar [arro'xar] v *werfen
arroyo [a'rrojo] m Bach m
arroz [a'rroθ] m Reis m
arruga [a'rruɣa] f Falte f
arrugar [arru'ɣar] v falten
arruinar [arrwi'nar] v ruinieren; **arruinado** blank
arte ['arte] m/f Kunst f; **artes industriales** Kunstgewerbe nt; **bellas artes** die schönen Künste
arteria [ar'terja] f Arterie f; ~ **principal** Hauptverkehrsstraße f
artesanía [artesa'nia] f Handwerk nt
articulación [artikula'θjon] f Gelenk nt
artículo [ar'tikulo] m Artikel m; Gegenstand m
artificial [artifi'θjal] adj künstlich
artificio [arti'fiθjo] m List f
artista [ar'tista] m/f Künstler m; Künstlerin f
artístico [ar'tistiko] adj künstlerisch
arzobispo [arθo'βispo] m Erzbischof m
asamblea [asam'blea] f Zusammenkunft f, Versammlung f
asar [a'sar] v *braten; ~ **en parrilla** rösten
asbesto [aðβesto] m Asbest m
ascensor [aθen'sor] m Aufzug m
aseado [ase'aðo] adj ordentlich
asegurar [aseɣu'rar] v versichern; **asegurarse de** sich vergewissern, ermitteln
asemejarse [aseme'xarse] v *gleichen
asesinar [asesi'nar] v morden
asesinato [asesi'nato] m Mord m
asesino [ase'sino] m Mörder m
asfalto [as'falto] m Asphalt m
así [a'si] adv so; ~ **que** so daß
Asia ['asja] f Asien
asiático [a'sjatiko] adj asiatisch; Asiate m

asiento [a'sjento] m Sitz m
asignación [asiɣna'θjon] f Zulage f
asignar [asiɣ'nar] v zuteilen
asilo [a'silo] m Anstalt f, Asyl nt; Heim nt
asimismo [asi'mizmo] adv gleichfalls, ebenfalls
*asir [a'sir] v fassen
asistencia [asis'tenθja] f Teilnahme f; Beistand m
asistente [asis'tente] m Assistent m
asistir [asis'tir] v unterstützen, *helfen; ~ **a** beiwohnen
asma ['azma] f Asthma nt
asociación [asoθja'θjon] f Vereinigung f; Verein m, Gesellschaft f
asociado [aso'θjaðo] m Teilhaber m
asociar [aso'θjar] v assoziieren; **asociarse a** sich *anschließen
asombrar [asom'brar] v erstaunen, verblüffen
asombro [a'sombro] m Erstaunen nt; Verwunderung f
asombroso [asom'broso] adj erstaunlich
aspecto [as'pekto] m Aspekt m; Erscheinen nt, Aussehen nt, Anblick m
áspero ['aspero] adj rauh; holperig
aspiración [aspira'θjon] f Einatmung f; Streben n
aspirador [aspira'ðor] m Staubsauger m; **pasar el** ~ staubsaugen
aspirar [aspi'rar] v streben; ~ **a** beabsichtigen, bezwecken
aspirina [aspi'rina] f Aspirin nt
asqueroso [aske'roso] adj ekelhaft
astilla [as'tiʎa] f Splitter m
astillar [asti'ʎar] v absplittern
astillero [asti'ʎero] m Schiffswerft f
astronomía [astrono'mia] f Astronomie f
astucia [as'tuθja] f List f
astuto [as'tuto] adj listig; schlau

asunto [a'sunto] *m* Angelegenheit *f*, Sache *f*; Thema *nt*

asustado [asus'taðo] *adj* bange

asustar [asus'tar] *v* *erschrecken; **asustarse** *v* *erschrecken

atacar [ata'kar] *v* *angreifen; *zuschlagen

atadura [ata'ðura] *f* Einband *m*

atañer [ata'ɲer] *v* *betreffen

ataque [a'take] *m* Angriff *m*, Anfall *m*; Schlaganfall *m*; ~ **cardíaco** Herzschlag *m*

atar [a'tar] *v* *binden; festmachen, befestigen; *zusammenbinden

atareado [atare'aðo] *adj* beschäftigt

atención [aten'θjon] *f* Aufmerksamkeit *f*; Beachtung *f*, Acht *f*; **prestar** ~ aufpassen, *achtgeben

*atender a [aten'der] sich beschäftigen mit, sorgen für; pflegen

atento [a'tento] *adj* aufmerksam; zuvorkommend

ateo [a'teo] *m* Atheist *m*

aterido [ate'riðo] *adj* erstarrt

aterrador [aterra'ðor] *adj* furchterregend

aterrizar [aterri'θar] *v* landen

aterrorizar [aterrori'θar] *v* *erschrecken

Atlántico [at'lantiko] *m* Atlantik *m*

atleta [at'leta] *m* Athlet *m*

atletismo [atle'tizmo] *m* Athletik *f*

atmósfera [at'mosfera] *f* Atmosphäre *f*

atómico [a'tomiko] *adj* Atom-, atomar

átomo ['atomo] *m* Atom *nt*

atónito [a'tonito] *adj* sprachlos

atontado [aton'taðo] *adj* blöde

atormentar [atormen'tar] *v* quälen

atornillar [atorni'ʎar] *v* schrauben

atracar [atra'kar] *v* anlegen

atracción [atrak'θjon] *f* Anziehung *f*, Reiz *m*; Attraktion *f*

atraco [a'trako] *m* Überfall *m*

atractivo [atrak'tiβo] *adj* anziehend

*atraer [atra'er] *v* *anziehen

atrapar [atra'par] *v* sich *zuziehen

atrás [a'tras] *adv* zurück

atrasado [atra'saðo] *adj* überfällig; rückständig

*atravesar [atraβe'sar] *v* *hinübergehen, durchqueren

atreverse [atre'βerse] *v* sich trauen

atrevido [atre'βiðo] *adj* wagehalsig

*atribuir a [atri'βwir] zuschreiben

atroz [a'troθ] *adj* grauenhaft

atún [a'tun] *m* Thunfisch *m*

audacia [au'ðaθja] *f* Kühnheit *f*

audaz [au'ðaθ] *adj* kühn

audible [au'ðiβle] *adj* hörbar

auditorio [auði'torjo] *m* Publikum *nt*

aula ['aula] *f* Zuhörerraum *m*

aumentar [aumen'tar] *v* vergrößern, erhöhen

aumento [au'mento] *m* Erhöhung *f*, Zunahme *f*

aun [a'un] *adv* (aún) noch; sogar

aunque ['auŋke] *conj* obgleich, obwohl, wenn auch

aurora [au'rora] *f* Tagesanbruch *m*

ausencia [au'senθja] *f* Abwesenheit *f*

ausente [au'sente] *adj* abwesend

Australia [aus'tralja] *f* Australien

australiano [austra'ljano] *adj* australisch; *m* Australier *m*

Austria ['austrja] *f* Österreich

austríaco [aus'triako] *adj* österreichisch; *m* Österreicher *m*

auténtico [au'tentiko] *adj* authentisch; echt, ursprünglich

auto ['auto] *m* Auto *nt*

autobús [auto'βus] *m* Reisebus *m*, Bus *m*

autoestopista [autoesto'pista] *m* Anhalter *m*

automático [auto'matiko] *adj* automatisch

automatización [automati'θa'θjon] *f* Automatisierung *f*

automóvil [auto'moβil] *m* Kraftwagen *m*, Auto *nt*; ~ **club** Automobilklub *m*

automovilismo [automoβi'lizmo] *m* Automobilismus *m*

automovilista [automoβi'lista] *m* Autofahrer *m*

autonomía [autono'mia] *f* Selbstverwaltung *f*

autónomo [au'tonomo] *adj* selbständig, autonom

autopista [auto'pista] *f* Autobahn *f*; ~ **de peaje** gebührenpflichtige Verkehrsstraße

autopsia [au'topsja] *f* Autopsie *f*

autor [au'tor] *m* Verfasser *m*, Autor *m*

autoridad [autori'ðað] *f* Befugnis *f*; **autoridades** *fpl* Behörde *f*

autoritario [autori'tarjo] *adj* autoritär

autorización [autoriθa'θjon] *f* Ermächtigung *f*; Genehmigung *f*

autorizar [autori'θar] *v* erlauben; konzessionieren; ~ **a** *lassen, gestatten, erlauben

autoservicio [autoser'βiθjo] *m* Selbstbedienung *f*

*hacer autostop [a'θer auto'stop] per Anhalter *fahren

auxilio [auk'siljo] *m* Hilfe *f*; **primeros auxilios** erste Hilfe

avalancha [aβa'lantʃa] *f* Lawine *f*

avanzar [aβan'θar] *v* *fortschreiten

avaro [a'βaro] *adj* geizig

avefría [aβe'fria] *f* Kiebitz *m*

avellana [aβe'ʎana] *f* Haselnuß *f*

avena [a'βena] *f* Hafer *m*

avenida [aβe'niða] *f* Allee *f*

aventura [aβen'tura] *f* Abenteuer *nt*

*avergonzarse [aβerɣon'θarse] *v* sich schämen; **avergonzado** *adj* beschämt

avería [aβe'ria] *f* Betriebsstörung *f*, Panne *f*

averiarse [aβe'rjarse] *v* eine Panne

*haben; **averiado** *adj* funktionsunfähig

aversión [aβer'sjon] *f* Widerwille *m*

avestruz [aβes'truθ] *m* Strauß *m*

avión [a'βjon] *m* Flugzeug *nt*; Maschine *f*; ~ **a reacción** Düsenflugzeug *nt*; ~ **turborreactor** Strahlturbine *f*

avíos [a'βios] *mpl* Ausrüstung *f*; ~ **de pesca** Angelgeräte *ntpl*

avisar [aβi'sar] *v* benachrichtigen

aviso [a'βiso] *m* Anzeige *f*

avispa [a'βispa] *f* Wespe *f*

aya ['aja] *f* Gouvernante *f*

ayer [a'jer] *adv* gestern

ayuda [a'juða] *f* Hilfe *f*; Unterstützung *f*; ~ **de cámara** Diener *m*

ayudante [aju'ðante] *m* Helfer *m*

ayudar [aju'ðar] *v* *helfen

ayuntamiento [ajunta'mjento] *m* Rathaus *nt*

azada [a'θaða] *f* Schaufel *f*

azafata [aθa'fata] *f* Gastgeberin *f*; Stewardeß *f*

azar [a'θar] *m* Zufall *m*

azor [a'θor] *m* Habicht *m*

azote [a'θote] *m* Peitsche *f*

azúcar [a'θukar] *m/f* Zucker *m*; **terrón de** ~ Stück Zucker

azucena [aθu'θena] *f* Lilie *f*

azul [a'θul] *adj* blau

azulejo [aθu'lexo] *m* Kachel *f*

B

babor [ba'βor] *m* Backbord *nt*

bacalao [baka'lao] *m* Kabeljau *m*; Schellfisch *m*

bacteria [bak'terja] *f* Bakterie *f*

bache ['batʃe] *m* Grube *f*

bahía [ba'ia] *f* Bucht *f*

bailar [bai'lar] *v* tanzen

baile ['baile] *m* Ball *m*; Tanz *m*

baja ['baxa] *f* Preissenkung *f*

bajada [ba'xaða] *f* Abstieg *m*

bajamar [baxa'mar] *f* Ebbe *f*

bajar [ba'xar] *v* *herunterlassen; **bajarse** *v* sich bücken

bajo ['baxo] *adj* niedrig; klein; *prep* unter; *m* Baß *m*

bala ['bala] *f* Kugel *f*

baladí [bala'ði] *adj* belanglos

balance [ba'lanθe] *m* Bilanz *f*

balanza [ba'lanθa] *f* Waage *f*

balbucear [balβuθe'ar] *v* stammeln

balcón [bal'kon] *m* Balkon *m*

balde ['balde] *m* Eimer *m*

baldío [bal'dio] *adj* brach

balneario [balne'arjo] *m* Heilbad *nt*

ballena [ba'λena] *f* Wal *m*

ballet [ba'le] *m* Ballett *nt*

bambú [bam'bu] *m* Bambus *m*

banco ['baŋko] *m* Bank *f*

banda ['banda] *f* Band *nt*; Bande *f*

bandeja [ban'dexa] *f* Tablett *nt*

bandera [ban'dera] *f* Fahne *f*; Banner *nt*

bandido [ban'diðo] *m* Bandit *m*

banquete [baŋ'kete] *m* Festmahl *nt*

bañador [bapa'ðor] *m* Badehose *f*

bañarse [ba'parse] *v* baden

baño ['bapo] *m* Bad *nt*; *mMe* Toilettenraum *m*; ~ **turco** Schwitzbad *nt*; **calzón de** ~ Badehose *f*; **traje de** ~ Badeanzug *m*

bar [bar] *m* Bar *f*; Café *nt*

barajar [bara'xar] *v* mischen

baranda [ba'randa] *f* Treppengeländer *nt*

barandilla [baran'diλa] *f* Brüstung *f*; Gitter *nt*

barato [ba'rato] *adj* billig

barba ['barβa] *f* Bart *m*

barbero [bar'βero] *m* Friseur *m*

barbilla [bar'βiλa] *f* Kinn *nt*

barca ['barka] *f* Boot *nt*

barco ['barko] *m* Schiff *nt*

barítono [ba'ritono] *m* Bariton *m*

barman ['barman] *m* Kellner *m*

barniz [bar'niθ] *m* Firnis *m*; Lack *m*; ~ **para las uñas** Nagellack *m*

barnizar [barni'θar] *v* lackieren

barómetro [ba'rometro] *m* Barometer *nt*

barquillo [bar'kiλo] *m* Waffel *f*

barra ['barra] *f* Stange *f*; Schalter *m*

barrer [ba'rrer] *v* fegen

barrera [ba'rrera] *f* Schranke *f*, Geländer *nt*; ~ **de protección** Leitplanke *f*

barril [ba'rril] *m* Faß *nt*, Tonne *f*

barrilete [barri'lete] *m* Fäßchen *nt*

barrio ['barrjo] *m* Stadtviertel *nt*, Bezirk *m*; ~ **bajo** Elendsviertel *nt*

barroco [ba'rroko] *adj* barock

barrote [ba'rrote] *m* Stange *f*

basar [ba'sar] *v* gründen

báscula ['baskula] *f* Waage *f*

base ['base] *f* Basis *f*

basílica [ba'silika] *f* Basilika *f*

bastante [bas'tante] *adv* genug, genügend; recht, leidlich, ziemlich, beträchtlich, vielmehr

bastar [bas'tar] *v* reichen

bastardo [bas'tarðo] *m* Bastard *m*

bastón [bas'ton] *m* Stock *m*; Spazierstock *m*; **bastones de esquí** Schistöcke *mpl*

basura [ba'sura] *f* Müll *m*, Abfall *m*; **cubo de la** ~ Abfalleimer *m*

bata ['bata] *f* Morgenrock *m*; ~ **de baño** Bademantel *m*; ~ **suelta** Negligé *nt*

batalla [ba'taλa] *f* Schlacht *f*

batería [bate'ria] *f* Batterie *f*

batidora [bati'ðora] *f* Mixer *m*

batir [ba'tir] *v* *schlagen; besiegen

baúl [ba'ul] *m* Koffer *m*

bautismo [bau'tizmo] *m* Taufe *f*

bautizar [bauti'θar] *v* taufen

bautizo [bau'tiθo] *m* Taufe *f*

baya ['baja] *f* Beere *f*

bebé [be'βe] *m* Baby *nt*

beber [be'βer] *v* *trinken

bebida [be'βiða] *f* Drink *m*, Getränk *nt*; **bebidas espirituosas** Spirituosen *pl*

beca ['beka] *f* Stipendium *nt*

becerro [be'θerro] *m* Kalbleder *nt*

beige ['beixe] *adj* beige

béisbol [ˈbeizβol] *m* Baseball *m*

belga ['belɣa] *adj* belgisch; *m* Belgier *m*

Bélgica ['belxika] *f* Belgien *f*

belleza [be'ʎeθa] *f* Schönheit *f*; **salón de** ~ Schönheitssalon *m*

bello ['beʎo] *adj* schön

bellota [be'ʎota] *f* Eichel *f*

*bendecir [bende'θir] *v* segnen

bendición [bendi'θjon] *f* Segen *m*

beneficio [bene'fiθjo] *m* Vorteil *m*, Gewinn *m*; Nutzen *m*

berenjena [beren'xena] *f* Aubergine *f*

berro ['berro] *m* Brunnenkresse *f*

besar [be'sar] *v* küssen

beso ['beso] *m* Kuß *m*

betún [be'tun] *m* Schuhkrem *f*

biblia ['biβlja] *f* Bibel *f*

biblioteca [biβljo'teka] *f* Bibliothek *f*

bicicleta [biθi'kleta] *f* Fahrrad *nt*

biciclo [bi'θiklo] *m* Rad *nt*

bicimotor [biθimo'tor] *m* Moped *nt*

biela ['bjela] *f* Kolbenstange *f*

bien [bjen] *adv* gut; ¡bien! gut!; **bien ... bien** entweder ... oder

bienes ['bjenes] *mpl* Güter *ntpl*; Habe *f*

bienestar [bjenes'tar] *m* Wohlbefinden *nt*

bienvenida [bjenβe'niða] *f* Willkommen *nt*; ***dar la** ~ bewillkommnen

bienvenido [bjenβe'niðo] *adj* willkommen

biftec [bif'tek] *m* Steak *nt*

bifurcación [bifurka'θjon] *f* Scheideweg *m*, Gabelung *f*

bifurcarse [bifur'karse] *v* sich gabeln

bigote [bi'ɣote] *m* Schnurrbart *m*

bilingüe [bi'lingwe] *adj* zweisprachig

bilis ['bilis] *f* Galle *f*

billar [bi'ʎar] *m* Billard *nt*

billete [bi'ʎete] *m* Karte *f*; ~ **de andén** Bahnsteigkarte *f*; ~ **de banco** Banknote *f*; ~ **gratuito** Freikarte *f*

biología [bjolo'xia] *f* Biologie *f*

biológico [bjo'loxiko] *adj* biologisch

bisagra [bi'saɣra] *f* Scharnier *nt*

bizco ['biθko] *adj* schielend

bizcocho [biθ'kotʃo] *m* Keks *m*

blanco¹ ['blaŋko] *adj* weiß; leer

blanco² ['blaŋko] *m* Zielscheibe *f*

blando ['blando] *adj* weich

blanquear [blaŋkeˈar] *v* bleichen

bloc [blok] *mMe* Notizblock *m*

bloque ['bloke] *m* Klotz *m*; Notizblock *m*, Schreibblock *m*

bloquear [bloke'ar] *v* sperren

blusa ['blusa] *f* Bluse *f*

bobina [bo'βina] *f* Spule *f*; ~ **del encendido** Zündung *f*

bobo ['boβo] *adj* albern

boca ['boka] *f* Mund *m*; Maul *nt*

bocadillo [boka'ðiʎo] *m* Sandwich *nt*

bocado [bo'kaðo] *m* Bissen *m*

bocina [bo'θina] *f* Hupe *f*; **tocar la** ~ hupen

boda ['boða] *f* Hochzeit *f*

bodega [bo'ðeɣa] *f* Laderaum *m*

bofetada [bofe'taða] *f* Klaps *m*, Schlag *m*

boina ['boina] *f* Baskenmütze *f*

bolera [bo'lera] *f* Kegelbahn *f*

boletín meteorológico [bole'tin meteoro'loxiko] Wetterbericht *m*

boleto [bo'leto] *mMe* Karte *f*

bolígrafo [bo'liɣrafo] *m* Kugelschreiber *m*

Bolivia [bo'liβja] *f* Bolivien

boliviano [boli'βjano] *adj* bolivianisch; *m* Bolivianer *m*

bolsa ['bolsa] *f* Sack *m*; Börse *f*; Brieftasche *f*; ~ **de hielo** Eisbeutel *m*; ~ **de papel** Tüte *f*

bolsillo [bol'siʎo] *m* Tasche *f*

bolso ['bolso] *m* Handtasche *f*; Tasche *f*

bollo ['boʎo] *m* Brötchen *nt*

bomba ['bomba] *f* Pumpe *f*; Bombe *f*; ~ **de agua** Wasserpumpe *f*; ~ **de gasolina** Benzinpumpe *f*

bombardear [bombarðe'ar] *v* bombardieren

bombear [bombe'ar] *v* pumpen

bomberos [bom'beros] *mpl* Feuerwehr *f*

bombilla [bom'biʎa] *f* Glühbirne *f*; ~ **de flash** Blitzlicht *nt*

bombón [bom'bon] *m* Praline *f*; Bonbon *m*

bondad [bon'dað] *f* Güte *f*

bondadoso [bonda'ðoso] *adj* gutmütig, freundlich

bonito [bo'nito] *adj* schön, hübsch

boquerón [boke'ron] *m* Breitling *m*

boquilla [bo'kiʎa] *f* Zigarettenspitze *f*

bordado [bor'ðaðo] *m* Stickerei *f*

bordar [bor'ðar] *v* sticken

borde ['borðe] *m* Rand *m*; Kante *f*; ~ **del camino** Wegrand *m*

bordillo [bor'ðiʎo] *m* Randstein *m*

a bordo [a 'borðo] an Bord

borracho [bo'rratʃo] *adj* betrunken

borrar [bo'rrar] *v* ausradieren

borrascoso [borras'koso] *adj* windig

borrón [bo'rron] *m* Klecks *m*

bosque ['boske] *m* Wald *m*

bosquejar [boske'xar] *v* skizzieren

bosquejo [bos'kexo] *m* Skizze *f*

bostezar [boste'θar] *v* gähnen

bota ['bota] *f* Stiefel *m*; **botas de esquí** Schischuhe *mpl*

botadura [bota'ðura] *f* Stapellauf *m*

botánica [bo'tanika] *f* Botanik *f*

bote ['bote] *m* Ruderboot *nt*; ~ **a motor** Motorboot *nt*

botella [bo'teʎa] *f* Flasche *f*

botón [bo'ton] *m* Knopf *m*; Druckknopf *m*; ~ **del cuello** Kragenknopf *m*

botones [bo'tones] *mpl* Hotelpage *m*

bóveda ['boβeða] *f* Gewölbe *nt*

boxear [bokse'ar] *v* boxen

boya ['boja] *f* Boje *f*

braga ['braɣa] *f* Slip *m*; Schlüpfer *m*

bragueta [bra'ɣeta] *f* Schlitz *m*

branquia ['braŋkja] *f* Kieme *f*

Brasil [bra'sil] *m* Brasilien

brasileño [brasi'leno] *adj* brasilianisch; *m* Brasilianer *m*

braza ['braθa] *f* Brustschwimmen *nt*; ~ **de mariposa** Schmetterlingsstil *m*

brazo ['braθo] *m* Arm *m*; **brazos** *mpl* Armlehne *f*; **del** ~ Arm in Arm

brea ['brea] *f* Teer *m*

brecha ['bretʃa] *f* Bresche *f*

bregar [bre'ɣar] *v* sich abmühen

brema ['brema] *f* Brassen *m*

breve ['breβe] *adj* kurz; bündig; **en** ~ alsbald

brezal [bre'θal] *m* Heide *f*

brezo ['breθo] *m* Heidekraut *nt*

brillante [bri'ʎante] *adj* brillant, glänzend

brillantina [briʎan'tina] *f* Haarkrem *f*

brillar [bri'ʎar] *v* glühen, leuchten

brillo ['briʎo] *m* Glut *f*, Glanz *m*

brincar [briŋ'kar] *v* hüpfen; *übergehen

brindis ['brindis] *m* Trinkspruch *m*

brisa ['brisa] *f* Brise *f*

británico [bri'taniko] *adj* englisch, britisch; *m* Brite *m*

brocha ['brotʃa] *f* Pinsel *m*; ~ **de afeitar** Rasierpinsel *m*

broche ['brotʃe] *m* Brosche *f*

broma ['broma] f Witz m
bronca ['broŋka] f Krach m
bronce ['bronθe] m Bronze f; **de ~** bronzen
bronquitis [broŋ'kitis] f Bronchitis f
brotar [bro'tar] v knospen
bruja ['bruxa] f Hexe f
brújula ['bruxula] f Kompaß m
brumoso [bru'moso] adj nebelig; diesig
brutal [bru'tal] adj brutal
bruto ['bruto] adj brutto
bucear [buθe'ar] v tauchen
bueno ['bweno] adj gut; brav, artig, gütig; zuverlässig; lecker; ¡**bueno!** gut!
buey [bwei] m Ochse m
bufanda [bu'fanda] f Schal m
buffet [buf'fet] m Büfett nt
buhardilla [bwar'diʎa] f Boden m
buho ['buo] m Eule f
buitre ['bwitre] m Geier m
bujía [bu'xia] f Zündkerze f
bulbo ['bulβo] m Blumenzwiebel f, Zwiebel f; Birne f
Bulgaria [bul'ɣarja] f Bulgarien
búlgaro ['bulɣaro] adj bulgarisch; m Bulgare m
bulto ['bulto] m Umfang m, Masse f
bulla ['buʎa] f Getue nt
buque ['buke] m Schiff nt; **~ a motor** Motorschiff nt; **~ cisterna** Tankschiff nt; **~ de guerra** Kriegsschiff nt; **~ velero** Segelboot nt
burbuja [bur'buxa] f Blase f
burdel [bur'ðel] m Bordell nt
burdo ['burðo] adj grob
burgués [bur'ɣes] adj bürgerlich, spießbürgerlich
burla ['burla] f Spott m
burlarse de [bur'larse] verspotten
burocracia [buro'kraθja] f Bürokratie f
burro ['burro] m Esel m
buscar [bus'kar] v suchen; nachsu-

chen, durchsuchen; ***ir a ~** holen, abholen
búsqueda ['buskeða] f Suche f
busto ['busto] m Büste f
butaca [bu'taka] f Sessel m, Lehnstuhl m; Sperrsitz m
buzón [bu'θon] m Briefkasten m

C

caballero [kaβa'ʎero] m Herr m; Ritter m
caballitos [kaβa'ʎitos] mpl Karussell nt
caballo [ka'βaʎo] m Pferd nt; **~ de carrera** Rennpferd nt; **~ de vapor** Pferdestärke f
cabaña [ka'βaɲa] f Hütte f
cabaret [kaβa'ret] m Kabarett nt; Nachtlokal nt, Nachtklub m
cabecear [kaβeθe'ar] v nicken
cabeceo [kaβe'θeo] m Nicken nt
cabello [ka'βeʎo] m Haar nt; **suivizante de ~** Weichspüler
cabelludo [kaβe'ʎuðo] adj haarig
cabeza [ka'βeθa] f Kopf m; Haupt nt; **~ de turco** Sündenbock m; **dolor de ~** Kopfschmerzen mpl
cabezudo [kaβe'θuðo] adj starrköpfig
cabina [ka'βina] f Kabine f; Zelle f, Umkleidekabine f; Kajüte f; **~ telefónica** Fernsprechzelle f
cable ['kaβle] m Kabel nt
cablegrafiar [kaβleɣra'fjar] v telegraphieren
cablegrama [kaβle'ɣrama] m Telegramm nt
cabo ['kaβo] m Kap nt
cabra ['kaβra] f Ziege f
cabrón [ka'βron] m Ziegenbock m
cacahuate [kaka'wate] mMe Erdnuß f
cacahuete [kaka'wete] m Erdnuß f

cacerola [kaθe'rola] *f* Pfanne *f*
cachear [katʃe'ar] *v* visitieren
cachivache [katʃi'βatʃe] *m* Plunder *m*
cada ['kaða] *adj* jeder; ~ **uno** jeder
cadáver [ka'ðaβer] *m* Leiche *f*
cadena [ka'ðena] *f* Kette *f*
cadera [ka'ðera] *f* Hüfte *f*
caducado [kaðu'kaðo] *adj* verfallen
caer [ka'er] *v* *fallen
café [ka'fe] *m* Kaffee *m*; Wirtschaus *nt*
cafeína [kafe'ina] *f* Koffein *nt*
cafetera filtradora [kafe'tera filtra'ðora]
Kaffeemaschine *f*
cafetería [kafete'ria] *f* Snackbar *f*,
Selbstbedienungsrestaurant *nt*
caja ['kaxa] *f* Schachtel *f*; Kiste *f*;
Kasse *f*; ~ **de cartón** Karton *m*; ~
de caudales Safe *m*, Stahlkammer
f; ~ **de cerillas** Streichholzschachtel *f*; ~ **de colores** Malkasten *m*;
~ **de velocidades** Getriebe *nt*; ~
fuerte Geldschrank *m*; ~ **metálica**
Dose *f*
cajera [ka'xera] *f* Kassiererin *f*
cajero [ka'xero] *m* Kassierer *m*; ~
automático Geldautomat
cajón [ka'xon] *m* Schublade *f*
cal [kal] *f* Kalk *m*
calambre [ka'lambre] *m* Krampf *m*
calamidad [kalami'ðað] *f* Unheil *nt*
calcetín [kalθe'tin] *m* Socke *f*
calcio ['kalθjo] *m* Kalzium *nt*
calculadora [kalkula'ðora] *f* Rechner
m
calcular [kalku'lar] *v* rechnen, berechnen, ausrechnen
cálculo ['kalkulo] *m* Kalkulation *f*; ~
biliar Gallenstein *m*
calderilla [kalde'riʎa] *f* Kleingeld *nt*
calefacción [kalefak'θjon] *f* Heizung *f*
calefactor [kalefak'tor] *m* Heizofen *m*
calendario [kalen'darjo] *m* Kalender *m*
calentar [kalen'tar] *v* wärmen, heizen
calidad [kali'ðað] *f* Qualität *f*; **de pri-**

mera ~ erstklassig
caliente [ka'ljente] *adj* heiß, warm
calificado [kalifi'kaðo] *adj* qualifiziert
calina [ka'lina] *f* Dunst *m*
calinoso [kali'noso] *adj* diesig
calma ['kalma] *f* Ruhe *f*
calmante [kal'mante] *m* Beruhigungsmittel *nt*
calmar [kal'mar] *v* beruhigen
calor [ka'lor] *m* Wärme *f*, Hitze *f*
caloría [kalo'ria] *f* Kalorie *f*
calorífero [kalo'rifero] *m* Wärmflasche
f
calumnia [ka'lumnja] *f* Verleumdung *f*
calvinismo [kalβi'nizmo] *m* Kalvinismus *m*
calvo ['kalβo] *adj* kahl
calzada [kal'θaða] *f* Fahrbahn *f*,
Chaussee *f*; Weg *m*
calzado [kal'θaðo] *m* Schuhwerk *nt*
calzoncillos [kalθon'θiʎos] *mpl* Unterhose *f*
callado [ka'ʎaðo] *adj* schweigend; still
callarse [ka'ʎarse] *v* *schweigen
calle ['kaʎe] *f* Straße *f*; ~ **lateral** Seitenstraße *f*; ~ **mayor** Hauptstraße *f*
callejón [kaʎe'xon] *m* Gasse *f*; Pfad
m; ~ **sin salida** Sackgasse *f*
callo ['kaʎo] *m* Schwiele *f*; Hühnerauge *nt*
cama ['kama] *f* Bett *nt*; ~ **de tijera**
Liege *f*; **camas gemelas** Doppelbett *nt*; ~ **y desayuno** Zimmer mit
Frühstück
camafeo [kama'feo] *m* Kamee *f*
cámara ['kamara] *f* Kamera *f*
camarada [kama'raða] *m* Genosse *m*
camarera [kama'rera] *f* Kellnerin *f*
camarero [kama'rero] *m* Ober *m*, Kellner *m*; Steward *m*; **jefe de cama-**
reros Oberkellner *m*
camarón [kama'ron] *m* Garnele *f*
camastro [ka'mastro] *m* Koje *f*

cambiar [kam'bjar] v ändern; verändern; wechseln, austauschen; ~ de marcha schalten

cambio ['kambjo] m Veränderung f, Änderung f; Wendung f; Tausch m; Wechselgeld nt; Wechselkurs m, Kurs m; oficina de ~ Wechselstube f

camello [ka'meʎo] m Kamel nt

caminar [kami'nar] v *gehen; wandern

caminata [kami'nata] f Spaziergang m

camino [ka'mino] m Weg m; Straße f; a mitad de ~ halbwegs; borde del ~ Straßenseite f; ~ de unterwegs nach; ~ en obras Straßenarbeiten fpl; ~ principal Hauptstraße f

camión [ka'mjon] m Lastwagen m

camioneta [kamjo'neta] f Lieferauto nt

camisa [ka'misa] f Hemd nt

camiseta [kami'seta] f Unterhemd nt; Hemd nt

camisón [kami'son] m Nachthemd nt

campamento [kampa'mento] m Lager nt

campana [kam'pana] f Glocke f

campanario [kampa'narjo] m Kirchturm m

campaña [kam'paɲa] f Kampagne f; catre de ~ Feldbett nt

campeón [kampe'on] m Meister m

campesino [kampe'sino] m Bauer m

camping ['kampiŋ] m Zeltplatz m, Camping nt

campo ['kampo] m Landschaft f, Land nt; Acker m, Feld nt; ~ de aviación Flugplatz m; ~ de golf Golfplatz m; ~ de tenis Tennisplatz m; día de ~ Picknick nt

Canadá [kana'ða] m Kanada

canadiense [kana'ðjense] adj kanadisch; m Kanadier m

canal [ka'nal] m Kanal m; Canal de la Mancha Ärmelkanal m

canario [ka'narjo] m Kanarienvogel m

cancelación [kanθela'θjon] f Annullierung f

cancelar [kanθe'lar] v annullieren

cáncer ['kanθer] m Krebs m

canción [kan'θjon] f Lied nt

cancha ['kantʃa] f Tennisplatz m

candado [kan'daðo] m Vorhängeschloß nt

candela [kan'dela] f Kerze f

candelabro [kande'laβro] m Armleuchter m

candidato [kandi'ðato] m Kandidat m

canela [ka'nela] f Zimt m

cangrejo [kaŋ'grexo] m Krabbe f

canguro [kaŋ'guro] m Känguruh nt

canica [ka'nika] f Murmel f

canoa [ka'noa] f Kanu nt

cansancio [kan'sanθjo] m Müdigkeit f

cansar [kan'sar] v ermüden; cansado erschöpft, müde; überdrüssig

cantadora [kanta'ðora] f Sängerin f

cantante [kan'tante] m Sänger m

cantar [kan'tar] v *singen

cántaro ['kantaro] m Krug m

cantera [kan'tera] f Steinbruch m

cantidad [kanti'ðað] f Menge f, Quantität f; Anzahl f

cantina [kan'tina] f Kantine f; fMe Bar f

canto ['kanto] m Gesang m; Kante f

caña ['kaɲa] f Rohr nt; ~ de pescar Angelrute f

cañada [ka'ɲaða] f Bergschlucht f

cáñamo ['kaɲamo] m Hanf m

cañón [ka'ɲon] m Kanone f; Schlucht f

caos ['kaos] m Chaos nt

caótico [ka'otiko] adj chaotisch

capa ['kapa] f Umhang m; Schicht f, Sediment nt

capacidad [kapaθi'ðað] f Fähigkeit f

capataz [kapa'taθ] m Werkmeister m

capaz [ka'paθ] adj imstande; fähig, tüchtig; *ser ~ de imstande *sein zu; sich eignen

capellán [kape'ʎan] m Kaplan m

capilla [ka'piʎa] f Kapelle f

capital [kapi'tal] m Kapital nt; f Hauptstadt f; adj Haupt-

capitalismo [kapita'lizmo] m Kapitalismus m

capitán [kapi'tan] m Kapitän m

capitulación [kapitula'θjon] f Kapitulation f

capítulo [ka'pitulo] m Kapitel nt

capó [ka'po] m Motorhaube f

capricho [ka'pritʃo] m Laune f

cápsula ['kapsula] f Kapsel f

captura [kap'tura] f Festnahme f

capturar [kaptu'rar] v *fangen

capucha [ka'putʃa] f Kapuze f

capullo [ka'puʎo] m Knospe f

caqui ['kaki] m Khaki nt

cara ['kara] f Gesicht nt

caracol [kara'kol] m Schnecke f; ~ marino Uferschnecke f

carácter [ka'rakter] m Charakter m

característica [karakte'ristika] f Kennzeichen nt; Eigenschaft f

característico [karakte'ristiko] adj bezeichnend, charakteristisch

caracterizar [karakteri'θar] v charakterisieren, kennzeichnen

caramelo [kara'melo] m Karamelle f, Sahnebonbon m, Bonbon m

caravana [kara'βana] f Wohnwagen m

carbón [kar'βon] m Kohle f; ~ de leña Holzkohle f

carburador [karβura'ðor] m Vergaser m

cárcel ['karθel] f Gefängnis nt

carcelero [karθe'lero] m Gefängniswärter m

cardenal [karðe'nal] m Kardinal m

cardinal [karði'nal] adj Kardinal-

cardo ['karðo] m Distel f

*** carecer** [kare'θer] v mangeln

carencia [ka'renθja] f Mangel m

carga ['karɣa] f Belastung f, Last f; Ladung f, Fracht f; Partie f

cargar [kar'ɣar] v belasten; *laden

cargo ['karɣo] m Amt nt; Fracht f

cari ['kari] m Curry m

caridad [kari'ðað] f Wohltätigkeit f

carillón [kari'ʎon] m Glockenspiel nt

cariño [ka'riɲo] m Zuneigung f; Liebling m

cariñoso [kari'ɲoso] adj lieb, zärtlich

carmesí [karme'si] adj karmesinrot

carnaval [karna'βal] m Karneval m

carne ['karne] f Fleisch nt; ~ de cerdo Schweinefleisch nt; ~ de gallina Gänsehaut f; ~ de ternera Kalbfleisch nt; ~ de vaca Rindfleisch nt

carnero [kar'nero] m Hammelfleisch nt

carnicero [karni'θero] m Fleischer m

caro ['karo] adj kostspielig, teuer

carpa ['karpa] f Karpfen m

carpintero [karpin'tero] m Tischler m

carrera [ka'rrera] f Laufbahn f, Karriere f; Wettlauf m, Rennen nt; ~ de caballos Pferderennen nt; **pista para carreras** Rennbahn f

carretera [karre'tera] f Landstraße f

carretilla [karre'tiʎa] f Schubkarren m

carro ['karro] m Karren m, Wagen m; ~ de gitanos Wohnwagen m

carrocería [karroθe'ria] f Karosserie f

carroza [ka'rroθa] f Kutsche f

carta ['karta] f Karte f; Brief m; ~ certificada eingeschriebener Brief; ~ de crédito Akkreditiv nt; ~ de recomendación Empfehlungsschreiben nt; ~ de vinos Weinkarte f; ~ marina Seekarte f

cartel [kar'tel] m Anschlagzettel m, Plakat nt

cárter ['karter] m Kurbelgehäuse nt

cartera [kar'tera] f Handtasche f; Schultasche f; Brieftasche f

cartero [kar'tero] *m* Postbote *m*
cartílago [kar'tilaɣo] *m* Knorpel *m*
cartón [kar'ton] *m* Pappe *f*; Stange *f*; de ~ Papp-
cartucho [kar'tutʃo] *m* Patrone *f*
casa ['kasa] *f* Haus *nt*; Heim *nt*; a ~ nach Hause; ama de ~ Hausfrau *f*; ~ de campo Sommerhaus *nt*; ~ de correos Postamt *nt*; ~ del párroco Pfarrhaus *nt*; ~ de pisos Wohnblock *m*; Wohngebäude *nt*; ~ de reposo Erholungsheim *nt*; ~ flotante Wohnboot *nt*; ~ señorial Herrschaftshaus *nt*; en ~ zu Hause; im Haus; gobierno de la ~ Hausarbeit *f*
casarse [ka'sarse] *v* heiraten
cascada [kas'kaða] *f* Wasserfall *m*
cascanueces [kaska'nweθes] *m* Nußknacker *m*
cáscara ['kaskara] *f* Schale *f*; ~ de nuez Nußschale *f*
casco ['kasko] *m* Helm *m*; Huf *m*
casero [ka'sero] *adj* selbstgemacht
casi ['kasi] *adv* beinahe, fast
casimir [kasi'mir] *m* Kaschmir *m*
casino [ka'sino] *m* Kasino *nt*
caso ['kaso] *m* Vorfall *m*; Fall *m*; ~ de urgencia Notfall *m*; en ~ de im Fall; en ningún ~ keineswegs; en tal ~ dann; en todo ~ auf jeden Fall, ohnehin
caspa ['kaspa] *f* Schuppen *fpl*
casquillo [kas'kiʎo] *m* Fassung *f*
castaña [kas'taɲa] *f* Kastanie *f*
castellano [kaste'ʎano] *adj* kastilisch; *m* Kastilier *m*
castigar [kasti'ɣar] *v* strafen
castigo [kas'tiɣo] *m* Strafe *f*
castillo [kas'tiʎo] *m* Schloß *nt*, Burg *f*
casto ['kasto] *adj* keusch; klar
castor [kas'tor] *m* Biber *m*
por casualidad [por kaswali'ðað] zufällig

catacumba [kata'kumba] *f* Katakombe *f*
catálogo [ka'taloɣo] *m* Katalog *m*
catarro [ka'tarro] *m* Katarrh *m*
catástrofe [ka'tastrofe] *f* Mißgeschick *nt*, Katastrophe *f*, Kalamität *f*
catedral [kate'ðral] *f* Kathedrale *f*; Dom *m*
catedrático [kate'ðratiko] *m* Professor *m*
categoría [kateɣo'ria] *f* Kategorie *f*
católico [ka'toliko] *adj* katholisch, römisch-katholisch
catorce [ka'torθe] *num* vierzehn
catorceno [kator'θeno] *num* vierzehnte
caucho ['kautʃo] *m* Gummi *m*
causa ['kausa] *f* Ursache *f*; Sache *f*, Fall *m*; Gerichtsverfahren *nt*; a ~ de aufgrund, wegen
causar [kau'sar] *v* verursachen
cautela [kau'tela] *f* Vorsicht *f*
cautivar [kauti'βar] *v* fesseln
cavar [ka'βar] *v* *graben
caviar [ka'βjar] *m* Kaviar *m*
cavidad [kaβi'ðað] *f* Höhlung *f*
caza ['kaθa] *f* Jagd *f*; Wild *nt*; apeadero de ~ Jagdhaus *nt*
cazador [kaθa'ðor] *m* Jäger *m*
cazar [ka'θar] *v* jagen; verfolgen; ~ en vedado wildern
cebada [θe'βaða] *f* Gerste *f*
cebo ['θeβo] *m* Köder *m*
cebolla [θe'βoʎa] *f* Zwiebel *f*
cebollino [θeβo'ʎino] *m* Schnittlauch *m*
cebra ['θeβra] *f* Zebra *nt*
ceder [θe'ðer] *v* *nachgeben
*cegar [θe'ɣar] *v* blenden
ceja ['θexa] *f* Augenbraue *f*
celda ['θelda] *f* Zelle *f*
celebración [θeleβra'θjon] *f* Feier *f*
celebrar [θele'βrar] *v* feiern
célebre ['θeleβre] *adj* berühmt

celebridad [θeleβri'ðað] f Ruhm m
celeste [θe'leste] adj himmlisch
celibato [θeli'βato] m Zölibat nt
celo ['θelo] m Eifer m, Fleiß m; **celos** Eifersucht f
celofán [θelo'fan] m Zellophan nt
celoso [θe'loso] adj eifrig, fleißig; eifersüchtig
célula ['θelula] f Zelle f
cementerio [θemen'terjo] m Kirchhof m, Friedhof m
cemento [θe'mento] m Zement m
cena ['θena] f Abendessen nt
cenar [θe'nar] v zu Abend *essen, speisen
cenicero [θeni'θero] m Aschenbecher m
cenit [θe'nit] m Zenit m
ceniza [θe'niθa] f Asche f
censura [θen'sura] f Zensur f
centelleante [θenteʎe'ante] adj funkelnd
centígrado [θen'tiɣraðo] adj Celsius
centímetro [θen'timetro] m Zentimeter m; Bandmaß nt
central [θen'tral] adj zentral; **central eléctrica** Kraftwerk nt; **central telefónica** Telephonzentrale f
centralizar [θentrali'θar] v zentralisieren
centro ['θentro] m Mittelpunkt m, Zentrum nt; ~ **comercial** Einkaufszentrum nt; ~ **de la ciudad** Stadtzentrum nt
cepillar [θepi'ʎar] v bürsten
cepillo [θe'piʎo] m Bürste f; ~ **de dientes** Zahnbürste f; ~ **de la ropa** Kleiderbürste f; ~ **para el cabello** Haarbürste f; ~ **para las uñas** Nagelbürste f
cera ['θera] f Wachs nt
cerámica [θe'ramika] f Keramik f; Steingut nt, Töpferware f
cerca ['θerka] f Zaun m

cerca de ['θerka de] bei; fast
cercano [θer'kano] adj nahe
cercar [θer'kar] v *umschließen, *umgeben
cerdo ['θerðo] m Schwein nt
cereales [θere'ales] mpl Getreide nt
cerebro [θe'reβro] m Gehirn nt; **conmoción cerebral** Gehirnerschütterung f
ceremonia [θere'monja] f Feierlichkeit f
cereza [θe'reθa] f Kirsche f
cerilla [θe'riʎa] f Streichholz nt
cerillo [θe'riʎo] mMe Streichholz nt
cero ['θero] m Null f
cerradura [θerra'ðura] f Schloß nt; **ojo de la ~** Schlüsselloch nt
* **cerrar** [θe'rrar] v zumachen, *schließen, *abschließen; abdrehen; **cerrado** adj zu, geschlossen; ~ **con llave** *verschließen
cerrojo [θe'rroxo] m Riegel m
certificación [θertifika'θjon] f Attest nt
certificado [θertifi'kaðo] m Bescheinigung f, Zeugnis nt; ~ **de salud** Gesundheitsattest nt
certificar [θertifi'kar] v *einschreiben
cervato [θer'βato] m Rehkalb nt
cervecería [θerβeθe'ria] f Brauerei f
cerveza [θer'βeθa] f Bier nt
cesar [θe'sar] v aufhören, *aufgeben, einstellen
césped ['θespeð] m Rasen m; Gras nt
cesta ['θesta] f Korb m
cesto ['θesto] m Packkorb m; ~ **para papeles** Papierkorb m
cicatriz [θika'triθ] f Narbe f
ciclista [θi'klista] m Radfahrer m
ciclo ['θiklo] m Kreislauf m, Zyklus m
ciego ['θjeɣo] adj blind
cielo ['θjelo] m Himmel m; ~ **raso** Decke f
ciencia ['θjenθja] f Wissenschaft f
científico [θjen'tifiko] adj wissen-

schaftlich; *m* Wissenschaftler *m*
ciento ['θjento] *num* hundert; **por ~** Prozent *nt*
cierre ['θjerre] *m* Verschluß *m*; **~ relámpago** Reißverschluß *m*
cierto ['θjerto] *adj* gewiß, bestimmt; **por ~** wirklich
ciervo ['θjerβo] *m* Rotwild *nt*
cifra ['θifra] *f* Ziffer *f*, Zahl *f*
cigarrillo [θiɣa'rriʎo] *m* Zigarette *f*
cigüeña [θi'ɣweɲa] *f* Storch *m*
cigüeñal [θiɣwe'ɲal] *m* Kurbelwelle *f*
cilindro [θi'lindro] *m* Zylinder *m*; **culata del ~** Zylinderkopf *m*
cima ['θima] *f* Gipfel *m*
cinc [θiŋk] *m* Zink *nt*
cincel [θin'θel] *m* Meißel *m*
cinco ['θiŋko] *num* fünf
cincuenta [θiŋ'kwenta] *num* fünfzig
cine ['θine] *m* Kino *nt*
cinematógrafo [θinema'toɣrafo] *m* Kino *nt*
cinta ['θinta] *f* Band *nt*, Kordel *f*; **~ adhesiva** Selbstklebeband *nt*, Klebestreifen *m*; **~ de goma** Gummiband *nt*; **~ métrica** Bandmaß *nt*
cintura [θin'tura] *f* Taille *f*
cinturón [θintu'ron] *m* Gürtel *m*; Umgehungsstraße *f*; **~ de seguridad** Sicherheitsgurt *m*
cipo ['θipo] *m* Wegweiser *m*
circo ['θirko] *m* Zirkus *m*
*circuir [θir'kwir] *v* einkreisen
circulación [θirkula'θjon] *f* Umlauf *m*, Kreislauf *m*
circular [θirku'lar] *v* kreisen
círculo ['θirkulo] *m* Kreis *m*; Klub *m*
circundante [θirkun'dante] *adj* umliegend
circundar [θirkun'dar] *v* umkreisen
circunstancia [θirkuns'tanθja] *f* Umstand *m*
ciruela [θi'rwela] *f* Pflaume *f*, **~ pasa** Backpflaume *f*

cirujano [θiru'xano] *m* Chirurg *m*
cisne ['θizne] *m* Schwan *m*
cistitis [θis'titis] *f* Blasenentzündung *f*
cita ['θita] *f* Verabredung *f*; Zitat *nt*
citación [θita'θjon] *f* Vorladung *f*
citar [θi'tar] *v* zitieren
ciudad [θju'ðað] *f* Stadt *f*
ciudadanía [θjuðaða'nia] *f* Staatsangehörigkeit *f*
ciudadano [θjuða'ðano] *m* Bürger *m*
cívico ['θiβiko] *adj* Bürger-
civil [θi'βil] *adj* Bürger-, zivil
civilización [θiβiliθa'θjon] *f* Zivilisation *f*
civilizado [θiβili'θaðo] *adj* zivilisiert
claridad [klari'ðað] *f* Klarheit *f*
clarificar [klarifi'kar] *v* klären
claro ['klaro] *adj* klar; deutlich; hell; *m* Lichtung *f*
clase ['klase] *f* Klasse *f*; Art *f*, Sorte *f*; Klassenzimmer *nt*; **~ media** Mittelstand *m*; **~ turista** Touristenklasse *f*; **de primera ~** erstrangig; **toda ~ de** allerlei
clásico ['klasiko] *adj* klassisch
clasificar [klasifi'kar] *v* einteilen, sortieren, ordnen
cláusula ['klausula] *f* Klausel *f*
clavar [kla'βar] *v* feststecken
clavicémbalo [klaβi'θembalo] *m* Cembalo *nt*
clavícula [kla'βikula] *f* Schlüsselbein *nt*
clavo ['klaβo] *m* Nagel *m*
clemencia [kle'menθja] *f* Barmherzigkeit *f*
clérigo ['kleriɣo] *m* Geistliche *m*
cliente ['kljente] *m* Klient *m*, Kunde *m*
clima ['klima] *m* Klima *nt*
climatizado [klimati'θaðo] *adj* klimatisiert
olínica ['klinika] *f* Klinik *f*
cloro ['kloro] *m* Chlor *nt*

club [kluβ] *m* Klub *m*; ~ **de yates** Segelklub *m*

coagularse [koaɣu'larse] *v* *gerinnen

cobarde [ko'βarðe] *adj* feige; *m* Feigling *m*

cobertizo [koβer'tiθo] *m* Schuppen *m*

cobrador [koβra'ðor] *m* Schaffner *m*

cobrar [ko'βrar] *v* zu Gelde machen, *einnehmen

cobre ['koβre] *m* Kupfer *nt*, Messing *nt*; **cobres** *mpl* Messingwaren *fpl*

cocaína [koka'ina] *f* Kokain *nt*

cocina [ko'θina] *f* Küche *f*; Kocher *m*, Herd *m*; ~ **de gas** Gasherd *m*

cocinar [koθi'nar] *v* kochen

cocinero [koθi'nero] *m* Koch *m*

coco ['koko] *m* Kokosnuß *f*

cocodrilo [koko'ðriʌo] *m* Krokodil *nt*

cóctel ['koktel] *m* Cocktail *m*

coche ['kotʃe] *m* Wagen *m*; Kutsche *f*; ~ **cama** Schlafwagen *m*; ~ **comedor** Speisewagen *m*; ~ **de carreras** Sportwagen *m*; ~ **Pullman** Pullmanwagen *m*

cochecillo [kotʃe'θiʌo] *m* Kinderwagen *m*

cochinillo [kotʃi'niʌo] *m* Ferkel *nt*

codicia [ko'ðiθja] *f* Gier *f*

codicioso [koði'θjoso] *adj* gierig

código ['koðiɣo] *m* Kode *m*; ~ **postal** Postleitzahl *f*

codo ['koðo] *m* Ellbogen *m*

codorniz [koðor'niθ] *f* Wachtel *f*

coger [ko'xer] *v* *ergreifen, *fangen; *nehmen; **llegar a** ~ erreichen

coherencia [koe'renθja] *f* Zusammenhang *m*

cohete [ko'ete] *m* Rakete *f*

coincidencia [koinθi'ðenθja] *f* Zusammentreffen *nt*

coincidir [koinθi'ðir] *v* *zusammenfallen

cojear [koxe'ar] *v* hinken

cojo ['koxo] *adj* lahm

col [kol] *m* Kohl *m*; ~ **de Bruselas** Rosenkohl *m*

cola ['kola] *f* Schlange *f*, Reihe *f*; Schwanz *m*; Klebstoff *m*, Leim *m*; *hacer* ~ Schlange *stehen

colaboración [kolaβora'θjon] *f* Mitarbeit *f*

colcha ['koltʃa] *f* Bettdecke *f*, Steppdecke *f*

colchón [kol'tʃon] *m* Matratze *f*

colección [kolek'θjon] *f* Kollektion *f*, Sammlung *f*; ~ **de arte** Kunstsammlung *f*

coleccionar [kolekθjo'nar] *v* sammeln

coleccionista [kolekθjo'nista] *m* Sammler *m*

colectivo [kolek'tiβo] *adj* kollektiv

colector [kolek'tor] *m* Kollekteur *m*

colega [ko'leɣa] *m* Kollege *m*

colegio [ko'lexjo] *m* Schule *f*; höhere Lehranstalt

cólera ['kolera] *f* Ärger *m*, Wut *f*

colérico [ko'leriko] *adj* jähzornig

colgar [kol'ɣar] *v* *hängen, aufhängen

coliflor [koli'flor] *f* Blumenkohl *m*

colina [ko'lina] *f* Hügel *m*

colisión [koli'sjon] *f* Zusammenstoß *m*

colmena [kol'mena] *f* Bienenkorb *m*

colmo ['kolmo] *m* Gipfel *m*

colocar [kolo'kar] *v* stellen, setzen

Colombia [ko'lombja] *f* Kolumbien

colombiano [kolom'bjano] *adj* kolumbianisch; *m* Kolumbianer *m*

colonia [ko'lonja] *f* Kolonie *f*; ~ **veraniega** Ferienlager *nt*

color [ko'lor] *m* Farbe *f*; ~ **de aguada** Wasserfarbe *f*; **de** ~ farbig

colorado [kolo'raðo] *adj* bunt

colorante [kolo'rante] *m* Färbemittel *nt*

colorete [kolo'rete] *m* Rouge *nt*

columna [ko'lumna] *f* Pfeiler *m*, Säule *f*; Rubrik *f*, Spalte *f*; Kolonne *f*; ~

del volante Lenksäule *f*

columpiarse [kolum'pjarse] *v* schaukeln

columpio [ko'lumpjo] *m* Schaukel *f*; Wippe *f*

collar [ko'ʎar] *m* Halsband *nt*, Halskette *f*

coma ['koma] *f* Komma *nt*; *m* Koma *nt*

comadrona [koma'ðrona] *f* Hebamme *f*

comandante [koman'dante] *m* Befehlshaber *m*; Flugkapitän *m*

comarca [ko'marka] *f* Gegend *f*

comba ['komba] *f* Kurve *f*

combate [kom'bate] *m* Gefecht *nt*, Kampf *m*, Streit *m*; ~ **de boxeo** Boxkampf *m*

combatir [komba'tir] *v* bekämpfen, kämpfen, sich *schlagen

combinación [kombina'θjon] *f* Kombination *f*; Unterrock *m*

combinar [kombi'nar] *v* kombinieren

combustible [kombus'tiβle] *m* Brennstoff *m*; Benzin *nt*; ~ **líquido** Heizöl *nt*

comedia [ko'meðja] *f* Komödie *f*; Lustspiel *nt*; ~ **musical** Musical *nt*

comediante [kome'ðjante] *m* Schauspieler *m*

comedor [kome'ðor] *m* Speisesaal *m*, Speisezimmer *nt*; ~ **de gala** Bankettsaal *m*

comentar [komen'tar] *v* kommentieren

comentario [komen'tarjo] *m* Kommentar *m*

***comenzar** [komen'θar] *v* *anfangen

comer [ko'mer] *v* *essen

comercial [komer'θjal] *adj* Handels-, kommerziell

comerciante [komer'θjante] *m* Händler *m*; Kaufmann *m*; ~ **al por menor** Einzelhändler *m*

comerciar [komer'θjar] *v* handeln

comercio [ko'merθjo] *m* Handel *m*, Gewerbe *nt*; ~ **al por menor** Einzelhandel *m*, Kleinhandel *m*

comestible [komes'tiβle] *adj* eßbar

comestibles [komes'tiβles] *mpl* Lebensmittel *pl*; **tienda de** ~ **finos** Feinkostgeschäft *nt*

cometer [kome'ter] *v* verüben, *begehen

cómico ['komiko] *adj* komisch; *m* Komiker *m*; Conférencier *m*

comida [ko'miða] *f* Kost *f*, Nahrung *f*; Mahl *nt*, Mahlzeit *f*; ~ **principal** Mittagessen *nt*, Hauptmahlzeit *f*

comidilla [komi'ðiʎa] *f* Steckenpferd *nt*

comienzo [ko'mjenθo] *m* Anfang *m*, Beginn *m*

comillas [ko'miʎas] *fpl* Anführungszeichen *ntpl*

comisaría [komisa'ria] *f* Polizeiwache *f*

comisión [komi'sjon] *f* Kommission *f*

comité [komi'te] *m* Ausschuß *m*

comitiva [komi'tiβa] *f* Zug *m*

como ['komo] *adv* wie; **así** ~ ebenso wie; ~ **máximo** höchstens; ~ **si** als ob

cómo ['komo] *adv* wie

cómoda ['komoða] *f* Kommode *f*

comodidad [komoði'ðað] *f* Bequemlichkeit *f*, Behaglichkeit *f*, Muße *f*

cómodo ['komoðo] *adj* bequem, behaglich

compacto [kom'pakto] *adj* kompakt

compadecerse de [kompaðe'θerse] bemitleiden

compañero [kompa'ɲero] *m* Gefährte *m*; Partner *m*; ~ **de clase** Klassenkamerad *m*

compañía [kompa'ɲia] *f* Gesellschaft *f*; Firma *f*

comparación [kompara'θjon] *f* Vergleich *m*

comparar [kompa'rar] *v* *vergleichen

compartimento [komparti'mento] *m* Abteil *nt*; ~ **para fumadores** Raucherabteil *nt*

compartir [kompar'tir] *v* teilen

compasión [kompa'sjon] *f* Mitgefühl *nt*

compasivo [kompa'siβo] *adj* mitfühlend

compatriota [kompa'trjota] *m* Landsmann *m*

compeler [kompe'ler] *v* *zwingen

compensación [kompensa'θjon] *f* Ausgleich *m*

compensar [kompen'sar] *v* *ausgleichen; vergüten

competencia [kompe'tenθja] *f* Konkurrenz *f*; Kompetenz *f*

competente [kompe'tente] *adj* fachkundig, befugt

competidor [kompeti'ðor] *m* Konkurrent *m*

***competir** [kompe'tir] *v* wetteifern

compilar [kompi'lar] *v* zusammenstellen

***complacer** [kompla'θer] *v* *entgegenkommen; gefällig *sein

complejo [kom'plexo] *adj* verwickelt; *m* Komplex *m*

completamente [kompleta'mente] *adv* völlig, durchaus

completar [komple'tar] *v* vollenden; ausfüllen

completo [kom'pleto] *adj* ganz, vollständig; völlig; vollbesetzt

complicado [kompli'kaðo] *adj* kompliziert, verwickelt

cómplice ['kompliθe] *m* Mitschuldige *m*

complot [kom'plot] *m* Komplott *nt*

***componer** [kompo'ner] *v* zusammenstellen

comportarse [kompor'tarse] *v* sich *benehmen

composición [komposi'θjon] *f* Zusammensetzung *f*; Aufsatz *m*; Komposition *f*

compositor [komposi'tor] *m* Komponist *m*

compra ['kompra] *f* Erwerb *m*, Kauf *m*; *ir de compras* einkaufen

comprador [kompra'ðor] *m* Käufer *m*

comprar [kom'prar] *v* kaufen

comprender [kompren'der] *v* *begreifen, *verstehen; umfassen, *einschließen

comprensión [kompren'sjon] *m* Verständigung *f*

comprobante [kompro'βante] *m* Gutschein *m*

***comprobar** [kompro'βar] *v* feststellen, bemerken; *beweisen

comprometerse [komprome'terse] *v* sich verpflichten

compromiso [kompro'miso] *m* Vergleich *m*; Verpflichtung *f*, Verabredung *f*

compuerta [kom'pwerta] *f* Schleuse *f*

común [ko'mun] *adj* gemeinsam; allgemein, alltäglich; **en ~** gemeinschaftlich

comuna [ko'muna] *f* Kommune *f*

comunicación [komunika'θjon] *f* Kommunikation *f*; Mitteilung *f*

comunicado [komuni'kaðo] *m* Bekanntmachung *f*, Mitteilung *f*

comunicar [komuni'kar] *v* mitteilen

comunidad [komuni'ðað] *f* Gemeinde *f*

comunismo [komu'nizmo] *m* Kommunismus *m*

comunista [komu'nista] *m* Kommunist *m*

con [kon] *prep* mit; bei

***concebir** [konθe'βir] *v* auffassen

conceder [konθe'ðer] *v* gewähren, bewilligen, *verleihen; *zuerkennen

concentración [konθentra'θjon] *f* Konzentration *f*

concentrarse [konθen'trarse] *v* konzentrieren

concepción [konθep'θjon] f Empfängnis f

concepto [kon'θepto] m Anschauung f

*concernir [konθer'nir] v *betreffen, *angehen; **concerniente a** betreffs

concesión [konθe'sjon] f Konzession f, Zugeständnis nt

conciencia [kon'θjenθja] f Gewissen nt; Bewußtsein nt

concierto [kon'θjerto] m Konzert nt

conciso [kon'θiso] adj kurzgefaßt, knapp

*concluir [koŋ'klwir] v *abschließen

conclusión [koŋklu'sjon] f Schlußfolgerung f, Schluß m; Abschluß m, Ende nt

*concordar [koŋkor'ðar] v übereinstimmen

concreto [koŋ'kreto] adj konkret

concupiscencia [koŋkupi'θenθja] f Wollust f

concurrido [koŋku'rriðo] adj verkehrsreich

concurrir [koŋku'rrir] v *zusammenkommen; übereinstimmen

concurso [koŋ'kurso] m Wettbewerb m; Quiz nt

concha ['kontʃa] f Muschel f

condado [kon'daðo] m Grafschaft f

conde ['konde] m Graf m

condena [kon'dena] f Überführung f

condenado [konde'naðo] m Verurteilte m

condesa [kon'desa] f Gräfin f

condición [kondi'θjon] f Bedingung f; Verfassung f

condicional [kondiθjo'nal] adj bedingt

condimentado [kondimen'taðo] adj gewürzt

*conducir [kondu'θir] v führen; *fahren; dirigieren

conducta [kon'dukta] f Betragen nt

conducto [kon'dukto] m Rohr nt

conductor [konduk'tor] m Fahrer m; mMe Schaffner m

conectar [konek'tar] v *verbinden; *anschließen

conejo [ko'nexo] m Kaninchen nt; **conejillo de Indias** Meerschweinchen nt

conexión [konek'sjon] f Zusammenhang m

confeccionado [konfekθjo'naðo] adj Konfektions-

confederación [konfedera'θjon] f Union f

conferencia [konfe'renθja] f Konferenz f; Vortrag m; ~ **interurbana** Ferngespräch nt

*confesarse [konfe'sarse] v beichten

confesión [konfe'sjon] f Geständnis nt; Beichte f

confiable [kon'fjaβle] adj zuverlässig

confianza [kon'fjanθa] f Vertrauen nt; **indigno de** ~ unzuverlässig

confiar [kon'fjar] v *übergeben; ~ **en** vertrauen

confidencial [konfiðen'θjal] adj vertraulich

confirmación [konfirma'θjon] f Bestätigung f

confirmar [konfir'mar] v bestätigen

confiscar [konfis'kar] v beschlagnahmen

confitería [konfite'ria] f Süßwarengeschäft nt

confitero [konfi'tero] m Konditor m

confitura [konfi'tura] f Marmelade f

conflicto [kon'flikto] m Konflikt m

conforme [kon'forme] adj übereinstimmend; ~ **a** in Übereinstimmung mit; gemäß, entsprechend, mit Rücksicht auf

conformidad [konformi'ðað] f Übereinstimmung f

confort [kon'fort] m Komfort m

confortable [konfor'taβle] adj bequem; behaglich

confundir [konfun'dir] v verwechseln, verwirren

confusión [konfu'sjon] f Verwirrung f

confuso [kon'fuso] adj verwirrt

congelado [konxe'laðo] adj gefroren; **alimento** ~ Gefrierwaren fpl

congelador [konxela'ðor] m Tiefkühltruhe f

congelar [konxe'lar] v *gefrieren

congestión [konxes'tjon] f Verkehrsstauung f

congregación [kongreɣa'θjon] f Orden m, Bruderschaft f; Gemeinde f

congreso [kon'greso] m Tagung f, Kongreß m

conjetura [konxe'tura] f Vermutung f

conjeturar [konxetu'rar] v vermuten

conjuración [konxura'θjon] f Verschwörung f

conmemoración [konmemora'θjon] f Gedenkfeier f

conmovedor [konmoβe'ðor] adj rührend

* **conmover** [konmo'βer] v rühren

connotación [konnota'θjon] f Nebenbedeutung f

* **conocer** [kono'θer] v *kennen

conocido [kono'θiðo] m Bekanntschaft f, Bekannte m

conocimiento [konoθi'mjento] m Kenntnis f

conquista [kon'kista] f Eroberung f, Einnahme f

conquistador [konkista'ðor] m Eroberer m

conquistar [konkis'tar] v erobern, *einnehmen

consciente [kon'θjente] adj bewußt

consecuencia [konse'kwenθja] f Wirkung f, Folge f; Ergebnis nt

* **conseguir** [konse'ɣir] v *bekommen; *schaffen, erlangen

consejero [konse'xero] m Ratgeber m; Ratsmitglied nt

consejo [kon'sexo] m Empfehlung f, Rat m

consentimiento [konsenti'mjento] m Zustimmung f; Einwilligung f

* **consentir** [konsen'tir] v zustimmen, einwilligen

conserje [kon'serxe] m Hausmeister m

conservación [konserβa'θjon] f Bewahrung f

conservador [konserβa'ðor] adj erhaltend, konservativ

conservar [konser'βar] v einmachen

conservas [kon'serβas] fpl Konserven fpl

conservatorio [konserβa'torjo] m Konservatorium nt

considerable [konsiðe'raβle] adj beträchtlich

consideración [konsiðera'θjon] f Rücksicht f; Erwägung f

considerado [konsiðe'raðo] adj rücksichtsvoll

considerando [konsiðe'rando] prep in Anbetracht

considerar [konsiðe'rar] v *ansehen, betrachten; *erwägen, überlegen; *finden, *halten für

consigna [kon'siɣna] f Gepäckaufbewahrung f

por consiguiente [por konsi'ɣjente] folglich

consistir en [konsis'tir] *bestehen aus

* **consolar** [konso'lar] v trösten

consorcio [kon'sorθjo] m Konzern m

conspirar [konspi'rar] v sich *verschwören

constante [kons'tante] adj stetig, beständig; standhaft

constar de [kons'tar] *bestehen aus

constitución [konstitu'θjon] f Grundgesetz nt

* **constituir** [konsti'twir] v bilden

construcción [konstruk'θjon] f Bau m;

Konstruktion f

* **construir** [kons'trwir] v aufbauen, bauen

consuelo [kon'swelo] m Trost m

cónsul ['konsul] m Konsul m

consulado [konsu'laðo] m Konsulat nt

consulta [kon'sulta] f Konsultation f

consultar [konsul'tar] v konsultieren

consultorio [konsul'torjo] m Sprechzimmer nt

consumidor [konsumi'ðor] m Konsument m; Verbraucher m

consumir [konsu'mir] v verbrauchen

contacto [kon'takto] m Kontakt m; Berührung f

contador [konta'ðor] m Zähler m

contagioso [konta'xjoso] adj ansteckend

contaminación [kontamina'θjon] f Verschmutzung f

* **contar** [kon'tar] v zählen; erzählen; ~ con sich *verlassen auf

contemplar [kontem'plar] v betrachten

contemporáneo [kontempo'raneo] adj zeitgenössisch; m Zeitgenosse m

contenedor [kontene'ðor] m Container m

* **contener** [konte'ner] v *enthalten; in Schranken *halten

contenido [konte'niðo] m Inhalt m

contentar [konten'tar] v befriedigen

contento [kon'tento] adj zufrieden, froh; erfreut

contestar [kontes'tar] v beantworten

contienda [kon'tjenda] f Streitigkeit f

contiguo [kon'tiɣwo] adj benachbart

continental [kontinen'tal] adj kontinental

continente [konti'nente] m Kontinent m, Erdteil m; Festland nt

continuación [kontinwa'θjon] f Folge f

continuamente [kontinwa'mente] adv immerzu, fortwährend

continuar [konti'nwar] v *weitergehen,

*fortfahren; verfolgen, fortsetzen; *bleiben

continuo [kon'tinwo] adj fortlaufend, ununterbrochen, unaufhörlich

contorno [kon'torno] m Umriß m

contra ['kontra] prep gegen

contrabandear [kontraβande'ar] v schmuggeln

* **contradecir** [kontraðe'θir] v *widersprechen

contradictorio [kontraðik'torjo] adj widersprechend

contrahecho [kontra'etʃo] adj mißgestaltet

contralto [kon'tralto] m Alt m

contrario [kon'trarjo] adj gegensätzlich, entgegengesetzt; m Gegenteil nt; al ~ im Gegenteil

contraste [kon'traste] m Gegensatz m, Kontrast m

contratiempo [kontra'tjempo] m Unglück m

contratista [kontra'tista] m Unternehmer m

contrato [kon'trato] m Vertrag m

contribución [kontriβu'θjon] f Beitrag m

* **contribuir** [kontri'βwir] v *beitragen

contrincante [kontriŋ'kante] m Gegner m

control [kon'trol] m Kontrolle f

controlar [kontro'lar] v kontrollieren

controvertible [kontroβer'tiβle] adj umstritten

controvertido [kontroβer'tiðo] adj Streit-

convencer [komben'θer] v überzeugen; überführen

convencimiento [kombenθi'mjento] m Überzeugung f

conveniente [kombe'njente] adj passend; geeignet

convenio [kom'benjo] m Übereinkunft f

convenir [kombe'nir] *v* übereinstimmen; passen

convento [kom'bento] *m* Kloster *nt*; Nonnenkloster *nt*

conversación [kombersa'θjon] *f* Unterhaltung *f*, Gespräch *nt*

*convertir** [komber'tir] *v* bekehren; umrechnen, konvertieren; *convertirse en* sich verwandeln in

convicción [kombik'θjon] *f* Überzeugung *f*

convidar [kombi'ðar] *v* *einladen

convulsión [kombul'sjon] *f* Krampf *m*

cónyuges ['konjuxes] *mpl* Ehepaar *nt*

coñac [ko'nak] *m* Kognak *m*

cooperación [koopera'θjon] *f* Zusammenarbeit *f*

cooperador [koopera'ðor] *adj* willig, bereitwillig

cooperativa [koopera'tiβa] *f* Genossenschaft *f*

cooperativo [koopera'tiβo] *adj* kooperativ

coordinación [koorðina'θjon] *f* Koordinierung *f*

coordinar [koorði'nar] *v* koordinieren

copa ['kopa] *f* Pokal *m*

copia ['kopja] *f* Abschrift *f*, Kopie *f*, Durchschlag *m*

copiar [ko'pjar] *v* kopieren

coraje [ko'raxe] *m* Mumm *m*

coral [ko'ral] *f* Koralle *f*

corazón [kora'θon] *m* Herz *nt*; Kerngehäuse *nt*

corbata [kor'βata] *f* Krawatte *f*; ~ *de lazo* Fliege *f*

corbatín [korβa'tin] *m* Fliege *f*

corcino [kor'θino] *m* Rehkalb *nt*

corcho ['kortʃo] *m* Korken *m*

cordel [kor'ðel] *m* Schnur *f*

cordero [kor'ðero] *m* Lamm *nt*; Lammfleisch *nt*

cordial [kor'ðjal] *adj* herzlich, sympathisch

cordillera [korði'ʎera] *f* Bergkette *f*

cordón [kor'ðon] *m* Leine *f*, Schnur *f*; Schnürsenkel *m*; ~ *de extensión* Verlängerungsschnur *f*

cornamenta [korna'menta] *f* Geweih *nt*

corneja [kor'nexa] *f* Krähe *f*

coro ['koro] *m* Chor *m*

corona [ko'rona] *f* Krone *f*

coronar [koro'nar] *v* krönen; bekrönen

coronel [koro'nel] *m* Oberst *m*

corpulento [korpu'lento] *adj* korpulent, stämmig

corral [ko'rral] *m* Hof *m*; *aves de* ~ Geflügel *nt*

correa [ko'rrea] *f* Leine *f*, Riemen *m*; ~ *del ventilador* Ventilatorriemen *m*; ~ *de reloj* Uhrband *nt*

corrección [korrek'θjon] *f* Berichtigung *f*

correcto [ko'rrekto] *adj* richtig; genau, gut

corredor [korre'ðor] *m* Makler *m*; ~ *de casas* Häusermakler *m*

*corregir** [korre'xir] *v* korrigieren, verbessern

correo [ko'rreo] *m* Post *f*; ~ *aéreo* Luftpost *f*; *enviar por* ~ *aufgeben*; *sello de correos* Briefmarke *f*

correr [ko'rrer] *v* *laufen; stürmen; strömen

correspondencia [korrespon'denθja] *f* Korrespondenz *f*, Briefwechsel *m*

corresponder [korrespon'der] *v* übereinstimmen; *corresponderse* *v* korrespondieren

corresponsal [korrespon'sal] *m* Korrespondent *m*

corrida de toros [ko'rriða de 'toros] Stierkampf *m*

corriente [ko'rrjente] *adj* gangbar, gegenwärtig; gewohnt, gewöhnlich; *f* Strom *m*; Strömung *f*, Wasserlauf *m*; ~ *alterna* Wechselstrom *m*; ~

continua Gleichstrom *m*; ~ **de aire** Luftzug *m*

corromper [korrom'per] *v* *bestechen

corrupción [korrup'θjon] *f* Bestechung *f*

corrupto [ko'rrupto] *adj* korrupt

corsé [kor'se] *m* Korsett *nt*

cortadura [korta'ðura] *f* Schnitt *m*

cortaplumas [korta'plumas] *m* Taschenmesser *nt*

cortar [kor'tar] *v* *schneiden; *abschneiden; abschalten

corte ['korte] *f* Hof *m*

cortés [kor'tes] *adj* höflich

corteza [kor'teθa] *f* Rinde *f*; Kruste *f*

cortijo [kor'tixo] *m* Bauernhaus *nt*

cortina [kor'tina] *f* Vorhang *m*

corto ['korto] *adj* kurz

cortocircuito [kortoθir'kwito] *m* Kurzschluß *m*

cosa ['kosa] *f* Ding *nt*; **entre otras cosas** unter anderem

cosecha [ko'setʃa] *f* Ernte *f*

coser [ko'ser] *v* nähen

cosméticos [koz'metikos] *mpl* Schönheitsmittel *ntpl*

cosquillear [koski'ʎar] *v* kitzeln

costa ['kosta] *f* Küste *f*

*costar [kos'tar] *v* kosten

coste ['koste] *m* Kosten *pl*

costilla [kos'tiʎa] *f* Rippe *f*

costoso [kos'toso] *adj* kostbar

costumbre [kos'tumbre] *f* Gewohnheit *f*; Sitte *f*

costura [kos'tura] *f* Naht *f*; **sin ~** nahtlos

cotidiano [koti'ðjano] *adj* alltäglich

cotorra [ko'torra] *f* Sittich *m*

cráneo ['kraneo] *m* Schädel *m*

cráter ['krater] *m* Krater *m*

creación [krea'θjon] *f* Schöpfung *f*

crear [kre'ar] *v* erschaffen, *schaffen

*crecer [kre'θer] *v* *wachsen

crecimiento [kreθi'mjento] *m* Wuchs *m*

crédito ['kreðito] *m* Kredit *m*

crédulo ['kreðulo] *adj* gutgläubig

creencia [kre'enθja] *f* Glaube *m*

*creer [kre'er] *v* glauben; *denken

crema ['krema] *f* Krem *f*; ~ **de afeitar** Rasierkrem *f*; ~ **de base** Make-up-Unterlage; ~ **de noche** Nachtkrem *f*; ~ **facial** Gesichtskrem *f*; ~ **hidratante** Feuchtigkeitskrem *f*; ~ **para la piel** Hautkrem *f*; ~ **para las manos** Handkrem *f*

cremallera [krema'ʎera] *f* Reißverschluß *m*

cremoso [kre'moso] *adj* sahnig

crepúsculo [kre'puskulo] *m* Zwielicht *nt*, Abenddämmerung *f*

crespo ['krespo] *adj* lockig

cresta ['kresta] *f* Grat *m*

creta ['kreta] *f* Kreide *f*

criada ['krjaða] *f* Hausangestellte *f*

criado ['krjaðo] *m* Diener *m*

criar [krjar] *v* *großziehen; züchten

criatura [krja'tura] *f* Geschöpf *nt*; Säugling *m*

crimen ['krimen] *m* Verbrechen *nt*

criminal [krimi'nal] *adj* verbrecherisch, kriminell; *m* Verbrecher *m*

criminalidad [kriminali'ðað] *f* Kriminalität *f*

crisis ['krisis] *f* Krise *f*

cristal [kris'tal] *m* Kristall *nt*; Scheibe *f*; **de ~** kristallen

cristiano [kris'tjano] *adj* christlich; *m* Christ *m*

Cristo ['kristo] Christus

criterio [kri'terjo] *m* Merkmal *nt*

crítica ['kritika] *f* Kritik *f*

criticar [kriti'kar] *v* kritisieren

crítico ['kritiko] *adj* kritisch; entscheidend, bedenklich; *m* Kritiker *m*

cromo ['kromo] *m* Chrom *nt*

crónica ['kronika] *f* Chronik *f*

crónico ['kroniko] *adj* chronisch

cronológico [krono'loxiko] *adj* chronologisch

cruce ['kruθe] *m* Kreuzung *f*; ~ **para peatones** Fußgängerübergang *m*; Zebrastreifen *m*

crucero [kru'θero] *m* Kreuzfahrt *f*, Seereise *f*

crucificar [kruθifi'kar] *v* kreuzigen

crucifijo [kruθi'fixo] *m* Kruzifix *nt*

crucifixión [kruθifik'sjon] *f* Kreuzigung *f*

crudo ['kruðo] *adj* roh

cruel [krwel] *adj* grausam

crujido [kru'xiðo] *m* Krachen *nt*

crujiente [kru'xjente] *adj* knusprig

crujir [kru'xir] *v* knirschen, krachen

cruz [kruθ] *f* Kreuz *nt*

cruzada [kru'θaða] *f* Kreuzzug *m*

cruzar [kru'θar] *v* kreuzen

cuadrado [kwa'ðraðo] *adj* quadratisch; *m* Quadrat *nt*

cuadriculado [kwaðriku'laðo] *adj* gewürfelt

cuadro ['kwaðro] *m* Kader *m*; Gemälde *nt*, Bild *nt*; **a cuadros** kariert; ~ **de distribución** Schaltbrett *nt*

cuál [kwal] *pron* welcher

cualidad [kwali'ðað] *f* Eigenschaft *f*

cualquiera [kwal'kjera] *pron* jedermann, irgend jemand; welcher auch immer; **cualquier cosa** irgend etwas

cuando ['kwando] *conj* als, wenn; ~ **quiera que** wann immer

cuándo ['kwando] *adv* wann

cuánto ['kwanto] *adv* wieviel; **cuanto más ... más** je ... je; **en cuanto a** hinsichtlich

cuarenta [kwa'renta] *num* vierzig

cuarentena [kwaren'tena] *f* Quarantäne *f*

cuartel [kwar'tel] *m* Kaserne *f*; ~ **general** Hauptquartier *nt*

cuarterón [kwarte'ron] *m* Paneel *nt*

cuarto¹ ['kwarto] *num* vierte; *m* Viertel *nt*; ~ **de hora** Viertelstunde *f*

cuarto² ['kwarto] *m* Zimmer *nt*; ~ **de aseo** Toilette *f*; ~ **de baño** Badezimmer *nt*; ~ **de niños** Kinderzimmer *nt*; ~ **para huéspedes** Gästezimmer *nt*

cuatro ['kwatro] *num* vier

Cuba ['kuβa] *f* Kuba

cubano [ku'βano] *adj* kubanisch; *m* Kubaner *m*

cubierta [ku'βjerta] *f* Umschlag *m*; Deck *nt*

cubierto [ku'βjerto] *adj* bewölkt

cubiertos [ku'βjertos] *mpl* Besteck *nt*

cubo ['kuβo] *m* Kubus *m*; Würfel *m*; ~ **de la basura** Abfalleimer *m*

cubrir [ku'βrir] *v* bedecken, verdecken

cuclillo [ku'kliλo] *m* Kuckuck *m*

cuchara [ku'tʃara] *f* Löffel *m*; Suppenlöffel *m*, Eßlöffel *m*

cucharada [kutʃa'raða] *f* Löffel voll

cucharadita [kutʃara'ðita] *f* Teelöffel voll *m*

cucharilla [kutʃa'riλa] *f* Teelöffel *m*

cuchillo [ku'tʃiλo] *m* Messer *nt*

cuello ['kweλo] *m* Hals *m*; Kragen *m*; ~ **de botella** Engpaß *m*

cuenta ['kwenta] *f* Konto *nt*; Rechnung *f*; Perle *f*; ~ **de banco** Bankkonto *nt*; *darse ~ *einsehen

cuento ['kwento] *m* Geschichte *f*, Erzählung *f*

cuerda ['kwerða] *f* Seil *nt*; Saite *f*; *dar ~ *aufziehen

cuerno ['kwerno] *m* Horn *f*; Horn *m*

cuero ['kwero] *m* Leder *nt*; ~ **vacuno** Kuhhaut *f*

cuerpo ['kwerpo] *m* Körper *m*; Leib *m*

cuervo ['kwerβo] *m* Rabe *m*

cuestión [kwes'tjon] *f* Frage *f*

cueva ['kweβa] *f* Höhle *f*; Weinkeller *m*

cuidado [kwi'ðaðo] *m* Sorge *f*; Pflege *f*; ***tener ~** aufpassen, sich *vorsehen

cuidadoso [kwiða'ðoso] *adj* vorsichtig; eifrig, genau

cuidar de [kwi'ðar] *v* sorgen für, aufpassen auf, sich kümmern um, pflegen

culebra [ku'leβra] *f* Schlange *f*

culpa ['kulpa] *f* Schuld *f*, Fehler *m*

culpable [kul'paβle] *adj* schuldig

culpar [kul'par] *v* beschuldigen

cultivar [kulti'βar] *v* bebauen; züchten, anbauen, kultivieren

cultivo [kul'tiβo] *m* Anbau *m*

culto ['kulto] *adj* kultiviert; *m* Gottesdienst *m*

cultura [kul'tura] *f* Kultur *f*

cultural [kultu'ral] *adj* kulturell

cumbre ['kumbre] *f* Spitze *f*

cumpleaños [kumple'aɲos] *m* Geburtstag *m*

cumplimentar [kumplimen'tar] *v* gratulieren, beglückwünschen

cumplimiento [kumpli'mjento] *m* Kompliment *nt*

cumplir [kum'plir] *v* zustande *bringen

cuna ['kuna] *f* Wiege *f*; **~ de viaje** Baby-Tragetasche *f*

cuneta [ku'neta] *f* Graben *m*; Gosse *f*

cuña ['kuɲa] *f* Keil *m*

cuñada [ku'ɲaða] *f* Schwägerin *f*

cuñado [ku'ɲaðo] *m* Schwager *m*

cuota ['kwota] *f* Quote *f*

cupón [ku'pon] *m* Kupon *m*, Bezugsschein *m*

cúpula ['kupula] *f* Kuppel *f*

cura ['kura] *m* Priester *m*; *f* Kur *f*

curación [kura'θjon] *f* Genesung *f*

curandero [kuran'dero] *m* Kurpfuscher *m*

curar [ku'rar] *v* heilen; **curarse** *v* *genesen

curato [ku'rato] *m* Pfarrhaus *nt*

curiosidad [kurjosi'ðað] *f* Neugier *f*; Sehenswürdigkeit *f*; Rarität *f*

curioso [ku'rjoso] *adj* neugierig; gespannt; seltsam

cursiva [kur'siβa] *f* Kursivschrift *f*

curso ['kurso] *m* Lauf *m*; Vorlesung *f*, Lehrgang *m*, Kursus *m*; **~ intensivo** Kurzlehrgang *m*

curva [kur'βa] *f* Biegung *f*; Kurve *f*, Krümmung *f*

curvado [kur'βaðo] *adj* krumm

curvo ['kurβo] *adj* krumm

custodia [kus'toðja] *f* Obhut *f*

cuyo ['kujo] *pron* wessen; wovon

CH

chabacano [tʃaβa'kano] *mMe* Aprikose *f*

chal [tʃal] *m* Umschlagtuch *nt*, Schal *m*

chaleco [tʃa'leko] *m* Weste *f*; **~ salvavidas** Rettungsgürtel *m*

chalet [tʃa'let] *m* Chalet *nt*

champán [tʃam'pan] *m* Sekt *m*

champú [tʃam'pu] *m* Shampoo *nt*

chantaje [tʃan'taxe] *m* Erpressung *f*; ***hacer ~** erpressen

chapa ['tʃapa] *f* Platte *f*

chaparrón [tʃapa'rron] *m* Wolkenbruch *m*

chapucero [tʃapu'θero] *adj* schlampig

chaqueta [tʃa'keta] *f* Jackett *nt*; Jacke *f*, Wolljacke *f*; **~ de sport** Sportjacke *f*; **~ ligera** Blazer *m*

charanga [tʃa'raŋga] *f* Blaskapelle *f*

charco ['tʃarko] *m* Pfütze *f*

charla ['tʃarla] *f* Geschwätz *nt*, Geplauder *nt*

charlar [tʃar'lar] *v* plaudern, schwatzen

charlatán [tʃarla'tan] *m* Plappermaul *nt*; Scharlatan *m*

charola [tʃa'rola] *fMe* Tablett *nt*

chasis [tʃa'sis] *m* Fahrgestell *nt*

chatarra [tʃa'tarra] *f* Alteisen *nt*

checo ['tʃeko] *adj* tschechisch; *m* Tscheche *m*; **República Checa** Tschechische Republik

cheque ['tʃeke] *m* Scheck *m*; ~ **de viajero** Reisescheck *m*

chicle ['tʃikle] *m* Kaugummi *m*

chico ['tʃiko] *m* Bursche *m*; Kind *nt*

chichón [tʃi'tʃon] *m* Beule *f*

Chile ['tʃile] *m* Chile

chileno [tʃi'leno] *adj* chilenisch; Chilene *m*

chillar [tʃi'ʎar] *v* *schreien, kreischen

chillido [tʃi'ʎiðo] *m* Schrei *m*, Gekreisch *nt*

chimenea [tʃime'nea] *f* Schornstein *m*; Kamin *m*

China ['tʃina] *f* China

chinche ['tʃintʃe] *f* Wanze *f*; Reißzwecke *f*; Reißnagel *m*

chinchorro [tʃin'tʃorro] *m* Jolle *f*

chino ['tʃino] *adj* chinesisch; *m* Chinese *m*; *adjMe* lockig

chisguete [tʃiz'ɣete] *m* Strahl *m*

chisme ['tʃizme] *m* Tratsch *m*; *contar chismes** tratschen

chispa ['tʃispa] *f* Funken *m*

chistoso [tʃis'toso] *adj* geistreich, spaßig

chocante [tʃo'kante] *adj* empörend

chocar [tʃo'kar] *v* *zusammenstoßen; schockieren

chocolate [tʃoko'late] *m* Schokolade *f*

chófer ['tʃofer] *m* Chauffeur *m*

choque ['tʃoke] *m* Zusammenstoß *m*; Schock *m*

chorro ['tʃorro] *m* Strahl *m*

chuleta [tʃu'leta] *f* Kotelett *nt*

chupar [tʃu'par] *v* lutschen

D

dactilógrafa [dakti'loɣrafa] *f* Stenotypistin *f*

dadivoso [daði'βoso] *adj* großzügig

daltoniano [dalto'njano] *adj* farbenblind

dama ['dama] *f* Dame *f*

danés [da'nes] *adj* dänisch; *m* Däne *m*

dañar [da'ɲar] *v* beschädigen; verletzen

daño ['daɲo] *m* Schaden *m*; Böse *nt*; *hacer ~** weh *tun

dañoso [da'ɲoso] *adj* schädlich

***dar** [dar] *v* *geben; **dado que** angenommen daß

dátil ['datil] *m* Dattel *f*

dato ['dato] *m* Angabe *f*

de [de] *prep* von; aus

debajo [de'βaxo] *adv* unten; ~ **de** unterhalb, unter

debate [de'βate] *m* Debatte *f*, Auseinandersetzung *f*

debatir [deβa'tir] *v* diskutieren

debe ['deβe] *m* Soll *nt*

deber [de'βer] *m* Pflicht *f*; *v* *müssen, brauchen; schuldig *sein, schulden; verdanken; ~ **de** *müssen

debido [de'βiðo] *adj* fällig; gebührend; ~ **a** infolge

débil ['deβil] *adj* schwach

debilidad [deβili'ðað] *f* Schwäche *f*

decencia [de'θenθja] *f* Anstand *m*

decente [de'θente] *adj* anständig

decepcionar [deθepθjo'nar] *v* enttäuschen

decidir [deθi'ðir] *v* *beschließen, sich *entschließen, *entscheiden; **decidido** entschlossen

décimo ['deθimo] *num* zehnte

decimoctavo [deθimok'taβo] *num*

achtzehnte

decimonono [deθimo'nono] *num* neunzehnte

decimoséptimo [deθimo'septimo] *num* siebzehnte

decimosexto [deθimo'seksto] *num* sechzehnte

*decir [de'θir] *v* sagen; ***querer ~** meinen

decisión [deθi'sjon] *f* Beschluß *m*, Entscheidung *f*

decisivo [deθi'siβo] *adj* entscheidend

declaración [deklara'θjon] *f* Erklärung *f*

declarar [dekla'rar] *v* darlegen, erklären; verzollen

decoración [dekora'θjon] *f* Dekoration *f*

decorativo [dekora'tiβo] *adj* dekorativ

decreto [de'kreto] *m* Dekret *nt*

dedal [de'ðal] *m* Fingerhut *m*

dédalo ['deðalo] *m* Wirrwarr *m*, Durcheinander *m*

dedicar [deði'kar] *v* widmen

dedo ['deðo] *m* Finger *m*; **~ auricular** kleine Finger; **~ del pie** Zehe *f*

*deducir [deðu'θir] *v* ableiten; *abziehen

defecto [de'fekto] *m* Defekt *m*, Mangel *m*

defectuoso [defek'twoso] *adj* schadhaft, mangelhaft, fehlerhaft

*defender [defen'der] *v* verteidigen

defensa [de'fensa] *f* Verteidigung *f*; Abwehr *f*; Verteidigungsrede *f*; *fMe* Stoßstange *f*

defensor [defen'sor] *m* Verfechter *m*

deficiencia [defi'θjenθja] *f* Mangel *m*, Unzulänglichkeit *f*

déficit ['defiθit] *m* Defizit *nt*

definición [defini'θjon] *f* Definition *f*, Bestimmung *f*

definir [defi'nir] *v* definieren; **definido** bestimmt

definitivo [defini'tiβo] *adj* endgültig

deforme [de'forme] *adj* entstellt

dejar [de'xar] *v* *lassen; *zurücklassen, *verlassen; **~ de** aufhören mit

delantal [delan'tal] *m* Schürze *f*

delante de [de'lante de] vor

delegación [deleγa'θjon] *f* Delegation *f*, Abordnung *f*

delegado [dele'γaðo] *m* Abgesandte *m*

deleitable [delei'taβle] *adj* angenehm

deleite [de'leite] *m* Wonne *f*

deleitoso [delei'toso] *adj* entzückend

deletrear [deletre'ar] *v* buchstabieren

deletreo [dele'treo] *m* Rechtschreibung *f*

delgado [del'γaðo] *adj* dünn

deliberación [deliβera'θjon] *f* Erörterung *f*, Beratung *f*

deliberar [deliβe'rar] *v* überlegen; **deliberado** *adj* absichtlich

delicado [deli'kaðo] *adj* zart, fein

delicia [de'liθja] *f* Wonne *f*, Genuß *m*

delicioso [deli'θjoso] *adj* herrlich, köstlich

delincuente [delin'kwente] *m* Delinquent *m*

delito [de'lito] *m* Straftat *f*

demanda [de'manda] *f* Gesuch *nt*; Nachfrage *f*

demás [de'mas] *adj* übrig

demasiado [dema'sjaðo] *adv* zu

democracia [demo'kraθja] *f* Demokratie *f*

democrático [demo'kratiko] *adj* demokratisch

*demoler [demo'ler] *v* *niederreißen

demolición [demoli'θjon] *f* Abbruch *m*

demonio [de'monjo] *m* Teufel *m*

demostración [demostra'θjon] *f* Kundgebung *f*

*demostrar [demos'trar] *v* *beweisen, zeigen; demonstrieren

*denegar [dene'γar] *v* versagen, *enthalten

denominación [denomina'θjon] *f* Benennung *f*

denso ['denso] *adj* dicht

dentadura postiza [denta'ðura pos'tiθa] künstliches Gebiß

dentista [den'tista] *m* Zahnarzt *m*

dentro ['dentro] *adv* im Innern; **de ~** im Innern; **~ de** innerhalb; in

departamento [departa'mento] *m* Abteilung *f*

depender de [depen'der] **abhängen von

dependiente [depen'djente] *adj* abhängig; *m* Verkäufer *m*

deporte [de'porte] *m* Sport *m*; **conjunto de ~** Sportkleidung *f*; **chaqueta de ~** Sportjacke *f*

deportista [depor'tista] *m* Sportler *m*

depositar [deposi'tar] *v* deponieren

depósito [de'posito] *m* Bank-Einlage *f*; **~ de gasolina** Benzintank *m*

depresión [depre'sjon] *f* Tief *nt*; Rückgang *m*

deprimente [depri'mente] *adj* deprimierend

deprimir [depri'mir] *v* deprimieren; **deprimido** niedergeschlagen

derecho [de'retʃo] *m* Recht *nt*; *adj* recht, gerade; aufrecht; **~ administrativo** Verwaltungsrecht *nt*; **~ civil** Zivilrecht *nt*; **~ comercial** Handelsrecht *m*; **~ electoral** Wahlrecht *nt*; **~ penal** Strafrecht *nt*

derivar de [deri'βar] herstammen von

derramar [derra'mar] *v* *vergießen

derribar [derri'βar] *v* *niederschlagen

derrochador [derrotʃa'ðor] *adj* verschwenderisch

derrota [de'rrota] *f* Niederlage *f*

derrotar [derro'tar] *v* besiegen

derrumbarse [derrum'barse] *v* *zusammenbrechen

desabotonar [desaβoto'nar] *v* aufknöpfen

desacelerar [desaθele'rar] *v* verzögern

desacostumbrado [desakostum'braðo] *adj* ungewohnt

desacostumbrar [desakostum'brar] *v* verlernen

desafiar [desa'fjar] *v* herausfordern

desafilado [desafi'laðo] *adj* stumpf

desafortunado [desafortu'naðo] *adj* unglücklich

desagradable [desaγra'ðaβle] *adj* garstig, unangenehm, unerfreulich; unliebenswürdig

desagradar [desaγra'ðar] *v* *mißfallen

desagüe [de'saγwe] *m* Abwasserkanal *m*, Abfluß *m*

desaliñado [desali'naðo] *adj* unordentlich

desamueblado [desamwe'βlaðo] *adj* unmöbliert

desánimo [de'sanimo] *m* Niedergeschlagenheit *f*

*desaparecer [desapare'θer] *v* *verschwinden

desaparecido [desapare'θiðo] *adj* weg; *m* Vermißte *m*

desapasionado [desapasjo'naðo] *adj* nüchtern

*desaprobar [desapro'βar] *v* mißbilligen

desarrollar [desarro'ʎar] *v* entwickeln

desarrollo [desa'rroʎo] *m* Entwicklung *f*

desasosiego [desaso'sjeγo] *m* Unruhe *f*

desastre [de'sastre] *m* Katastrophe *f*, Unglück *nt*

desastroso [desas'troso] *adj* verheerend

desatar [desa'tar] *v* aufmachen, aufknoten

desautorizado [desautori'θaðo] *adj* unbefugt

desayuno [desa'juno] *m* Frühstück *nt*

descafeinado [deskafei'naðo] *adj* koffeinfrei

descansar [deskan'sar] v ruhen; sich entspannen

descanso [des'kanso] m Rast f; Pause f; Halbzeit f

descarado [deska'raðo] adj frech, flegelhaft; m Schuft m

descargar [deskar'ɣar] v *entladen, *ausladen; *abladen

descendencia [deθen'denθja] f Abstammung f

descender [deθen'der] v *fallen

descendiente [deθen'djente] m Nachkomme m

descolorido [deskolo'riðo] adj verfärbt

descompostura [deskompos'tura] fMe Panne f

desconcertar [deskonθer'tar] v verblüffen, in Verlegenheit *bringen

desconectar [deskonek'tar] v ausschalten; trennen

desconfiado [deskon'fjaðo] adj mißtrauisch

desconfianza [deskon'fjanθa] f Mißtrauen nt

desconfiar de [deskon'fjar] v mißtrauen

descongelarse [deskonxe'larse] v tauen; auftauen

desconocer [deskono'θer] v niet *kennen, *verkennen

desconocido [deskono'θiðo] adj unbekannt

descontento [deskon'tento] adj unzufrieden

descorchar [deskor'tʃar] v entkorken

descortés [deskor'tes] adj unhöflich

describir [deskri'βir] v *beschreiben

descripción [deskrip'θjon] f Beschreibung f

descubrimiento [deskuβri'mjento] m Entdeckung f

descubrir [desku'βrir] v entdecken

descuento [des'kwento] m Rabatt m;

~ **bancario** Diskontsatz m

descuidar [deskwi'ðar] v vernachlässigen; **descuidado** unordentlich

descuido [des'kwiðo] m Versehen nt

desde ['dezðe] prep von; seit; ~ **entonces** seither; ~ **que** seitdem

desdén [dez'ðen] m Geringschätzung f

desdichado [dezði'tʃaðo] adj unglücklich

deseable [dese'aβle] adj wünschenswert; begehrenswert

desear [dese'ar] v wünschen; begehren, verlangen

desecar [dese'kar] v trockenlegen

desechable [dese'tʃaβle] adj wegwerfbar

desechar [dese'tʃar] v ausrangieren

desecho [de'setʃo] m Abfall m

desembarcar [desembar'kar] v an Land *gehen, landen

desembocadura [desemboka'ðura] f Mündung f

desempaquetar [desempake'tar] v auspacken

desempeñar [desempe'nar] v verrichten

desempleo [desem'pleo] m Arbeitslosigkeit f

desengaño [desen'ɡano] m Enttäuschung f

desenvoltura [desembol'tura] f Ungezwungenheit f

desenvolver [desembol'βer] v auspacken

deseo [de'seo] m Wunsch m; Begehren nt, Verlangen nt

desertar [deser'tar] v desertieren

desesperación [desespera'θjon] f Verzweiflung f

desesperado [desespe'raðo] adj hoffnungslos, verzweifelt; *estar* ~ verzweifeln

desfavorable [desfaβo'raβle] adj ungünstig

desfile [des'file] *m* Umzug *m*

desgarrar [dezɣa'rrar] *v* *reißen

desgracia [dez'ɣraθja] *f* Unglück *nt*

desgraciadamente [dezɣraθjaδa'mente] *adv* leider

***deshacer** [desa'θer] *v* zerstören

deshielo [de'sjelo] *m* Tauwetter *nt*

deshilacharse [desila'tʃarse] *v* zerfasern

deshonesto [deso'nesto] *adj* unehrlich

deshonor [deso'nor] *m* Schande *f*

deshonra [de'sonra] *f* Schande *f*

deshuesar [deswe'sar] *v* entbeinen

desierto [de'sjerto] *adj* verlassen; *m* Wüste *f*

designar [desiɣ'nar] *v* *anweisen; anstellen

desigual [desi'ɣwal] *adj* ungleich; uneben

desinclinado [desiŋkli'naδo] *adj* unwillig

desinfectante [desinfek'tante] *m* Desinfektionsmittel *nt*

desinfectar [desinfek'tar] *v* desinfizieren

desinteresado [desintere'saδo] *adj* selbstlos

desliz [dez'liθ] *m* Fehltritt *m*

deslizarse [dezli'θarse] *v* *gleiten; *ausgleiten *f*; entwischen

deslucido [dezlu'θiδo] *adj* trübe

deslumbrador [dezlumbra'δor] *adj* blendend

desmayarse [dezma'jarse] *v* ohnmächtig *werden

desnudarse [deznu'δarse] *v* sich entkleiden

desnudo [dez'nuδo] *adj* bloß, nackt; *m* Akt *m*

desnutrición [deznutri'θjon] *f* Unterernährung *f*

desocupado [desoku'paδo] *adj* unbesetzt; arbeitslos

desodorante [desoδo'rante] *m* Deodorant *nt*

desorden [de'sorden] *m* Unordnung *f*; Durcheinander *nt*

despachar [despa'tʃar] *v* abfertigen, *versenden, *absenden

despacho [des'patʃo] *m* Arbeitszimmer *nt*

despedida [despe'δiδa] *f* Abschied *m*; Abreise *f*

***despedir** [despe'δir] *v* fortschicken, *entlassen; ***despedirse** *v* sich abmelden

despegar [despe'ɣar] *v* starten

despegue [des'peɣe] *m* Start *m*

despensa [des'pensa] *f* Speisekammer *f*

desperdicio [desper'δiθjo] *m* Abfall *m*; Verschwendung *f*

despertador [desperta'δor] *m* Wecker *m*

***despertar** [desper'tar] *v* wecken; ***despertarse** *v* aufwachen, wach *werden

despierto [des'pjerto] *adj* wach; wachsam

***desplegar** [desple'ɣar] *v* entfalten

desplomarse [desplo'marse] *v* *zusammenbrechen

despreciar [despre'θjar] *v* verachten

desprecio [des'preθjo] *m* Verachtung *f*

despreocupado [despreoku'paδo] *adj* unbekümmert

después [des'pwes] *adv* hernach, später, nachher; darauf, dann; ~ **de** nach; ~ **de que** nachdem

destacado [desta'kaδo] *adj* hervorragend

destacarse [desta'karse] *v* hervorragen

destapar [desta'par] *v* aufdecken

destartalado [destarta'laδo] *adj* wacklig

destello [des'teʎo] *m* grelles Licht

***desteñirse** [deste'nirse] *v* verblassen, *verschießen, sich verfärben; **no**

destiñe farbecht

destinar [desti'nar] v bestimmen; adressieren

destinatario [destina'tarjo] m Adressat m

destino [des'tino] m Schicksal nt, Verhängnis nt, Los nt; Bestimmungsort m

destornillador [destorniʎa'ðor] m Schraubenzieher m

destornillar [destorni'ʎar] v abschrauben

destrucción [destruk'θjon] f Zerstörung f

*destruir [des'trwir] v zerstören, vernichten

desvalorización [dezβaloriθa'θjon] f Abwertung f

desvalorizar [dezβalori'θar] v entwerten

desvelado [dezβe'laðo] adj schlaflos

desventaja [dezβen'taxa] f Nachteil m

desviar [dez'βjar] v abwenden; **desviarse** v *abweichen

desvío [dez'βio] m Umweg m; Umleitung f

detallado [deta'ʎaðo] adj ausführlich, eingehend

detalle [de'taʎe] m Einzelheit f; **vender al ~** im kleinen verkaufen

detective [detek'tiβe] m Detektiv m

detención [deten'θjon] f Haft f

*detener [dete'ner] v hemmen

detergente [deter'xente] m Reinigungsmittel nt

determinar [determi'nar] v bestimmen, festsetzen

detestar [detes'tar] v hassen, nicht ausstehen *können

detrás [de'tras] adv hinten; **~ de** hinter

deuda ['deuða] f Schuld f

*devolver [deβol'βer] v *zurückbringen; zurückschicken, *zurücksen-

den

día ['dia] m Tag m; ¡buenos días! guten Tag!; **de ~** bei Tage; **~ de trabajo** Werktag m; **~ laborable** Wochentag m; **el otro ~** kürzlich

diabetes [dja'βetes] f Diabetes m, Zuckerkrankheit f

diabético [dja'βetiko] m Diabetiker m

diablo ['djaβlo] m Teufel m

diabluras [dja'βluras] fpl Unfug m

diagnosis [djaɣ'nosis] m Diagnose f

diagnosticar [djaɣnosti'kar] v diagnostizieren

diagonal [djaɣo'nal] adj diagonal; f Diagonale f

dialecto [dja'lekto] m Mundart f

diamante [dja'mante] m Diamant m

diapositiva [djaposi'tiβa] f Dia nt

diario ['djarjo] adj alltäglich, täglich; m Tageszeitung f, Zeitung f; Tagebuch nt; **a ~** pro Tag; **~ matutino** Morgenzeitung f

diarrea [dja'rrea] f Durchfall m

dibujar [diβu'xar] v zeichnen

dibujo [di'βuxo] m Zeichnung f; **dibujos animados** Zeichentrickfilm m

diccionario [dikθjo'narjo] m Wörterbuch nt

diciembre [di'θjembre] Dezember

dictado [dik'taðo] m Diktat nt

dictador [dikta'ðor] m Diktator m

dictadura [dikta'ðura] f Diktatur f

dictáfono [dik'tafono] m Diktiergerät nt

dictar [dik'tar] v diktieren

dichoso [di'tʃoso] adj glücklich

diecinueve [djeθi'nweβe] num neunzehn

dieciocho [dje'θjotʃo] num achtzehn

dieciséis [djeθi'seis] num sechzehn

diecisiete [djeθi'sjete] num siebzehn

diente ['djente] m Zahn m; **~ de león** Löwenzahn m

diesel ['disel] m Diesel m

diestro ['djestro] *adj* behende

diez [djeθ] *num* zehn

diferencia [dife'renθja] *f* Unterschied *m*

diferente [dife'rente] *adj* verschieden; unähnlich

*** diferir** [dife'rir] *v* verschieden *sein, sich *unterscheiden; *aufschieben

difícil [di'fiθil] *adj* schwierig

dificultad [difikul'taθ] *f* Schwierigkeit *f*

difunto [di'funto] *adj* verstorben

difuso [di'fuso] *adj* trübe

digerible [dixes'tiβle] *adj* verdaulich

*** digerir** [dixe'rir] *v* verdauen

digestión [dixes'tjon] *f* Verdauung *f*

digital [dixi'tal] *adj* digital

dignidad [diɣni'ðað] *f* Würde *f*

digno de ['diɣno de] würdig

dilación [dila'θjon] *f* Aufschub *m*

diligencia [dili'xenθja] *f* Eifer *m*

diligente [dili'xente] *adj* fleißig

*** diluir** [di'lwir] *v* verdünnen

dimensión [dimen'sjon] *f* Ausmaß *nt*

Dinamarca [dina'marka] *f* Dänemark

dínamo [di'namo] *f* Dynamo *m*

dinero [di'nero] *m* Geld *nt*; ~ **contante** Bargeld *nt*

dios [djos] *m* Gott *m*

diosa ['djosa] *f* Göttin *f*

diploma [di'ploma] *m* Diplom *nt*

diplomático [diplo'matiko] *m* Diplomat *m*

diputado [dipu'taðo] *m* Abgeordnete *m*

dique ['dike] *m* Deich *m*; Damm *m*

dirección [direk'θjon] *f* Richtung *f*; Anschrift *f*; Führung *f*, Leitung *f*, Verwaltung *f*; ~ **de escena** Regie *f*; ~ **única** Einbahnverkehr *m*

directamente [direkta'mente] *adv* geradewegs; sofort

directo [di'rekto] *adj* direkt; unmittelbar

director [direk'tor] *m* Direktor *m*; Dirigent *m*; ~ **de escena** Regisseur *m*; ~ **de escuela** Schuldirektor *m*, Schulleiter *m*

directorio telefónico [direk'torjo tele-'foniko] *Me* Telephonbuch *nt*

directriz [direk'triθ] *f* Richtlinie *f*

dirigir [diri'xir] *v* leiten; richten; *weisen; **dirigirse a** *ansprechen

disciplina [diθi'plina] *f* Disziplin *f*

discípulo [dis'θipulo] *m* Schüler *m*

disco ['disko] *m* Scheibe *f*; Schallplatte *f*

disco compacto ['disko kom'pakto] *m* Compact Disk *f*; **reproductor de ~s** ~s CD-Spieler

discreto [dis'kreto] *adj* unauffällig

disculpa [dis'kulpa] *f* Entschuldigung *f*

disculpar [diskul'par] *v* entschuldigen; **¡disculpe!** Verzeihung!

discurso [dis'kurso] *m* Ansprache *f*, Rede *f*

discusión [disku'sjon] *f* Besprechung *f*, Diskussion *f*, Auseinandersetzung *f*

discutir [disku'tir] *v* erörtern, beratschlagen, diskutieren

disentería [disente'ria] *f* Ruhr *f*

*** disentir** [disen'tir] *v* nicht übereinstimmen

diseñar [dise'ɲar] *v* *entwerfen

diseño [di'seɲo] *m* Entwurf *m*; Motiv *nt*, Muster *nt*; **cuaderno de** ~ Skizzenbuch *nt*

disfraz [dis'fraθ] *m* Verkleidung *f*

disfrazarse [disfra'θarse] *v* sich verkleiden

disfrutar [disfru'tar] *v* *genießen

disgustar [dizɣus'tar] *v* verstimmen

disimular [disimu'lar] *v* *verbergen

dislocado [dizlo'kaðo] *adj* verrenkt

dislocar [dizlo'kar] *v* verdrehen

*** disminuir** [dizmi'nwir] *v* vermindern, *abnehmen

*** disolver** [disol'βer] *v* auflösen

disparar [dispa'rar] *v* *schießen

dispensar [dispen'sar] v befreien; ~ de
*entbinden von; ¡**dispense usted!**
Verzeihung!

dispensario [dispen'sarjo] m Beratungsstelle f

****disponer** [dispo'ner] v ordnen; ~ de
verfügen über

disponible [dispo'niβle] adj vorhanden,
verfügbar; überschüssig

disposición [disposi'θjon] f Verfügung
f

dispuesto [dis'pwesto] adj gewillt, willig

disputa [dis'puta] f Auseinandersetzung f, Wortwechsel m, Streit m,
Zank m

disputar [dispu'tar] v *streiten, zanken; *bestreiten

distancia [dis'tanθja] f Entfernung f;
Abstand m

distinción [distin'θjon] f Unterscheidung f, Unterschied m

distinguido [distin'giðo] adj vornehm,
würdevoll

distinguir [distin'gir] v *unterscheiden; **distinguirse** v sich auszeichnen

distinto [dis'tinto] adj verschieden

distracción [distrak'θjon] f Vergnügen
nt

****distraer** [distra'er] v zerstreuen

distribuidor [distriβwi'ðor] m Generalvertreter m; Stromverteiler m

****distribuir** [distri'βwir] v verteilen;
*ausgeben

distrito [dis'trito] m Bezirk m; ~ **electoral** Wahlkreis m

disturbio [dis'turβjo] m Störung f

disuadir [diswa'ðir] v *abraten

diván [di'βan] m Couch f

diversión [diβer'sjon] f Spaß m, Vergnügen nt, Ulk m; Ablenkung f,
Amüsement nt

diverso [di'βerso] adj verschiedenartig

divertido [diβer'tiðo] adj unterhaltsam

****divertir** [diβer'tir] v *unterhalten

dividir [diβi'ðir] v teilen

divino [di'βino] adj göttlich

división [diβi'sjon] f Teilung f; Fach
nt

divorciar [diβor'θjar] v *scheiden

divorcio [di'βorθjo] m Scheidung f

dobladillo [doβla'ðiʎo] m Saum m

doblar [do'βlar] v *biegen; falten; zusammenfalten

doble ['doβle] adj doppelt

doce ['doθe] num zwölf

docena [do'θena] f Dutzend nt

dock [dok] m Dock nt

doctor [dok'tor] m Doktor m

doctrina [dok'trina] f Doktrin f

documento [doku'mento] m Urkunde
f

****doler** [do'ler] v schmerzen

dolor [do'lor] m Schmerz m; Kummer
m; **dolores** mpl Wehen fpl; **sin ~**
schmerzlos

dolorido [dolo'riðo] adj schmerzhaft

doloroso [dolo'roso] adj schmerzhaft,
wund

domesticado [domesti'kaðo] adj zahm

domesticar [domesti'kar] v zähmen

doméstico [do'mestiko] adj häuslich;
faenas domésticas Haushaltsarbeiten fpl

domicilio [domi'θiljo] m Wohnsitz m

dominación [domina'θjon] f Herrschaft
f

dominante [domi'nante] adj Haupt-

dominar [domi'nar] v beherrschen

domingo [do'miŋgo] m Sonntag m

dominio [do'minjo] m Herrschaft f

don [don] m Begabung f

donación [dona'θjon] f Schenkung f,
Spende f

donante [do'nante] m Donator m

donar [do'nar] v spenden

doncella [don'θeʎa] f Zimmermädchen

nt

donde ['donde] *conj* wo; **en ~ sea** wo auch immer

dónde ['donde] *adv* wo

dondequiera [donde'kjera] *adv* überall; **~ que** wo immer

dorado [do'raðo] *adj* vergoldet; golden

dormido [dor'miðo] *adj* im Schlaf; **quedarse ~** *verschlafen

*** dormir** [dor'mir] *v* *schlafen

dormitorio [dormi'torjo] *m* Schlafzimmer *nt*; Schlafsaal *m*

dos [dos] *num* zwei; **~ veces** zweimal

dosis ['dosis] *f* Dosis *f*

dotado [do'taðo] *adj* begabt

dragón [dra'ɣon] *m* Drache *m*

drama ['drama] *m* Drama *nt*

dramático [dra'matiko] *adj* dramatisch

dramaturgo [drama'turɣo] *m* Bühnenautor *m*, Dramatiker *m*

drenar [dre'nar] *v* entwässern

droguería [droɣe'ria] *f* Drogerie *f*

ducha ['dutʃa] *f* Dusche *f*

duda ['duða] *f* Zweifel *m*; *poner en ~** bezweifeln; **sin ~** zweifellos, ohne Zweifel

dudar [du'ðar] *v* zweifeln; bezweifeln

dudoso [du'ðoso] *adj* zweifelhaft

duelo ['dwelo] *m* Duell *nt*; Kummer *m*

duende ['dwende] *m* Elfe *f*

dueña ['dwena] *f* Herrin *f*

dueño ['dweno] *m* Hausbesitzer *m*

dulce ['dulθe] *adj* süß; geschmeidig; *m* Nachtisch *m*; **dulces** Gebäck *nt*; Süßigkeiten *fpl*

duna ['duna] *f* Düne *f*

duodécimo [dwo'deθimo] *num* zwölfte

duque ['duke] *m* Herzog *m*

duquesa [du'kesa] *f* Herzogin *f*

duración [dura'θjon] *f* Dauer *f*

duradero [dura'ðero] *adj* dauerhaft, bleibend

durante [du'rante] *prep* während

durar [du'rar] *v* dauern; fortdauern

duro ['duro] *adj* hart; zäh

E

ébano ['eβano] *m* Ebenholz *nt*

eclipse [e'klipse] *m* Finsternis *f*

eco ['eko] *m* Widerhall *m*, Echo *nt*

economía [ekono'mia] *f* Wirtschaft *f*

económico [eko'nomiko] *adj* wirtschaftlich; sparsam; vorteilhaft

economista [ekono'mista] *m* Volkswirt *m*

economizar [ekonomi'θar] *v* sparen

Ecuador [ekwa'ðor] *m* Ekuador *m*

ecuador [ekwa'ðor] *m* Äquator *m*

ecuatoriano [ekwato'rjano] *m* Ekuadorianer *m*

eczema [ek'θema] *m* Ekzem *nt*

echada [e'tʃaða] *f* Wurf *m*

echar [e'tʃar] *v* *werfen; **~ al correo** *aufgeben; **~ a perder** *verderben; **~ la culpa** *vorwerfen

edad [e'ðað] *f* Alter *nt*; **mayor de ~** mündig; **menor de ~** minderjährig

Edad Media [e'ðað 'meðja] Mittelalter *nt*

edición [eði'θjon] *f* Ausgabe *f*; **~ de mañana** Morgenausgabe *f*

edificar [eðifi'kar] *v* errichten

edificio [eði'fiθjo] *m* Gebäude *nt*

editor [eði'tor] *m* Verleger *m*

edredón [eðre'ðon] *m* Daunendecke *f*

educación [eðuka'θjon] *f* Erziehung *f*

educar [eðu'kar] *v* ausbilden, *erziehen, *großziehen, *aufziehen

efectivamente [efektiβa'mente] *adv* tatsächlich

efectivo [efek'tiβo] *m* Bargeld *nt*; *hacer ~** einkassieren

efecto [e'fekto] *m* Wirkung *f*

efectuar [efek'twar] *v* zustande *bringen; ausführen

efervescencia [eferβe'θenθja] f Brause f

eficacia [efi'kaθja] f Tüchtigkeit f

eficaz [efi'kaθ] adj wirksam, wirkungsvoll

eficiente [efi'θjente] adj leistungsfähig, zweckmäßig

egipcio [e'xipθjo] adj ägyptisch; m Agypter m

Egipto [e'xipto] m Ägypten

egocéntrico [eγo'θentriko] adj ichbezogen

egoísmo [eγo'izmo] m Selbstsucht f

egoísta [eγo'ista] adj egoistisch, selbstsüchtig

eje ['exe] m Achse f

ejecución [exeku'θjon] f Hinrichtung f

ejecutar [exeku'tar] v ausführen, *vollziehen

ejecutivo [exeku'tiβo] adj vollziehend; m Geschäftsführer m

ejemplar [exem'plar] m Exemplar nt

ejemplo [e'xemplo] m Beispiel nt; **por ~** zum Beispiel

ejercer [exer'θer] v ausüben

ejercicio [exer'θiθjo] m Aufgabe f, Übung f

ejercitar [exerθi'tar] v üben

ejército [e'xerθito] m Armee f

ejote [e'xote] mMe Bohne f

el [el] art (f la; pl los, las) der art

él [el] pron er

elaborar [elabo'rar] v ausarbeiten

elasticidad [elastiθi'ðað] f Spannkraft f

elástico [e'lastiko] adj elastisch; m Gummiband nt

elección [elek'θjon] f Wahl f

electricidad [elektriθi'ðað] f Elektrizität f

electricista [elektri'θista] m Elektriker m

eléctrico [e'lektriko] adj elektrisch

electrónico [elek'troniko] adj elektronisch

elefante [ele'fante] m Elefant m

elegancia [ele'γanθja] f Eleganz f

elegante [ele'γante] adj elegant

* **elegir** [ele'xir] v wählen, auswählen

elemental [elemen'tal] adj elementar

elemento [ele'mento] m Bestandteil m, Element nt

elevador [eleβa'ðor] mMe Aufzug m

elevar [ele'βar] v *emporheben

eliminar [elimi'nar] v beseitigen

elogio [e'loxjo] m Lob nt

elucidar [eluθi'ðar] v erläutern

ella ['eʎa] pron sie

ello ['eʎo] pron es

ellos ['eʎos] pron sie

emancipación [emanθipa'θjon] f Emanzipation f

embajada [emba'xaða] f Botschaft f

embajador [embaxa'ðor] m Botschafter m

embalaje [emba'laxe] m Verpackung f

embalar [emba'lar] v packen

embalse [em'balse] m Reservoir nt

embarazada [embara'θaða] adj schwanger

embarazoso [embara'θoso] adj peinlich; unbegreiflich

embarcación [embarka'θjon] f Schiff nt; Einschiffung f

embarcar [embar'kar] v sich einschiffen; *einsteigen

embargar [embar'γar] v *einziehen

embargo [em'barγo] m Embargo nt; **sin ~** jedoch, dennoch

emblema [em'blema] m Emblem nt

emboscada [embos'kaða] f Hinterhalt m

embotado [embo'taðo] adj stumpf

embotellamiento [emboteʎa'mjento] m Verkehrsstauung f

embrague [em'braγe] m Kupplung f

embriagado [embria'γaðo] adj berauscht

embrollar [embro'ʎar] v *durcheinanderbringen

embrollo [em'broʎo] m Durcheinander nt

embromar [embro'mar] v foppen

embudo [em'buðo] m Trichter m

emergencia [emer'xenθja] f Notlage f

emigración [emi'ɣra'θjon] f Auswanderung f

emigrante [emi'ɣrante] m Auswanderer m

emigrar [emi'ɣrar] v auswandern

eminente [emi'nente] adj eminent

emisión [emi'sjon] f Ausgabe f

emisor [emi'sor] m Sender m

emitir [emi'tir] v *senden; äußern

emoción [emo'θjon] f Rührung f, Erregung f

empalme [em'palme] m Knotenpunkt m

empapar [empa'par] v einweichen, weichen

empaquetar [empake'tar] v einpacken

emparedado [empare'ðaðo] m Butterbrot nt

emparentado [emparen'taðo] adj verwandt

empaste [em'paste] m Plombe f

empeñar [empe'ɲar] v verpfänden

empeño [em'peɲo] m Pfand nt; Beharrlichkeit f

emperador [empera'ðor] m Kaiser m

emperatriz [empera'triθ] f Kaiserin f

* empezar [empe'θar] v *beginnen, *anfangen

empleado [emple'aðo] m Arbeitnehmer m, Angestellte m; ~ de oficina Büroangestellte m

emplear [emple'ar] v *verwenden; anstellen, beschäftigen

empleo [em'pleo] m Beschäftigung f, Tätigkeit f

emprender [empren'der] v *unternehmen

empresa [em'presa] f Unternehmung f, Unternehmen nt

empujar [empu'xar] v *stoßen; drängen; drücken; *schieben

empujón [empu'xon] m Stoß m; Schub m

en [en] prep in; auf, zu

enamorado [enamo'raðo] adj verliebt

enamorarse [enamo'rarse] v sich verlieben

enano [e'nano] m Zwerg m

encantado [eŋkan'taðo] adj entzückt

encantador [eŋkanta'ðor] adj bezaubernd; charmant

encantar [eŋkan'tar] v entzücken; verzaubern

encanto [eŋ'kanto] m Reiz m, Liebreiz m, Scharm m; Zauber m

encarcelamiento [eŋkarθela'mjento] m Haft f

encarcelar [eŋkarθe'lar] v inhaftieren

encargarse de [eŋkar'ɣarse] *übernehmen

encargo [eŋ'karɣo] m Zuweisung f

encariñado con [eŋkari'ɲaðo kon] zugetan

encendedor [enθende'ðor] m Feuerzeug nt, Anzünder m

* encender [enθen'der] v anzünden; einschalten

encendido [enθen'diðo] m Zündung f

* encerrar [enθe'rrar] v *einschließen

encía [en'θia] f Zahnfleisch nt

enciclopedia [enθiklo'peðja] f Enzyklopädie f

encima [en'θima] adv oben; über; ~ de oberhalb, über, oben auf

encinta [en'θinta] adj schwanger

encogerse [eŋko'xerse] v schrumpfen; no encoge nicht einlaufend

* encontrar [eŋkon'trar] v begegnen, *finden; *encontrarse con begegnen, *treffen

encorvado [eŋkor'βaðo] adj gekrümmt

encrucijada [eŋkruθi'xaða] f Kreuzung f, Straßenkreuzung f

encuentro [eŋ'kwentro] m Treffen nt, Begegnung f

encuesta [eŋ'kwesta] f Untersuchung f; Umfrage f

encurtidos [eŋkur'tiðos] mpl Pickles pl

enchufar [entʃu'far] v einstöpseln

enchufe [en'tʃufe] m Stecker m

endosar [endo'sar] v indossieren

endulzar [endul'θar] v süßen

enemigo [ene'miɣo] m Feind m

energía [ener'xia] f Energie f; Kraft f; Lust f; ~ nuclear Kernenergie f

enérgico [e'nerxiko] adj energisch

enero [e'nero] Januar

enfadado [enfa'ðaðo] adj zornig, böse

énfasis ['enfasis] m Betonung f

enfatizar [enfati'θar] v betonen

enfermedad [enferme'ðað] f Krankheit f; Leiden nt; ~ venérea Geschlechtskrankheit f

enfermera [enfer'mera] f Schwester f, Krankenschwester f

enfermería [enferme'ria] f Krankensaal m

enfermizo [enfer'miθo] adj ungesund

enfermo [en'fermo] adj krank

enfoque [en'foke] m Behandlungsweise f

enfrentarse con [enfren'tarse] *gegenüberstehen

enfrente de [en'frente de] gegenüber

engañar [enga'ɲar] v *betrügen; zum besten *haben

engaño [eŋ'gaɲo] m Betrug m

engrasar [eŋgra'sar] v schmieren

enhebrar [ene'βrar] v aufreihen

enigma [e'niɣma] m Rätsel nt

enjuagar [eŋxwa'ɣar] v spülen

enjuague [eŋ'xwaɣe] m Spülung f; ~ bucal Mundwasser nt

enjugar [eŋxu'ɣar] v auswischen, abwischen

enlace [en'laθe] m Verbindung f, Anschluß m

enlazar [enla'θar] v *verbinden

enmaderado [enmaðe'raðo] m Täfelung f

enmohecido [enmoe'θiðo] adj schimmelig

enojado [eno'xaðo] adj böse, ungehalten

enojo [e'noxo] m Zorn m

enorme [e'norme] adj ungeheuer, riesig

enrollar [enro'ʎar] v *winden

ensalada [ensa'laða] f Salat m

ensamblar [ensam'blar] v zusammenfügen

ensanchar [ensan'tʃar] v erweitern

ensayar [ensa'jar] v prüfen; proben; **ensayarse** v sich üben

ensayo [en'sajo] m Test m; Probe f; Essay m

ensenada [ense'naða] f Bucht f

enseñanza [ense'nanθa] f Unterricht m; Lehre f

enseñar [ense'ɲar] v lehren, unterrichten; ausstellen

ensueño [en'sweɲo] m Träumerei f

entallar [enta'ʎar] v einkerben

*** entender** [enten'der] v *verstehen; kapieren

entendimiento [entendi'mjento] m Einsicht f; Vorstellung f

enteramente [entera'mente] adv vollkommen, ganz, völlig

enterar [ente'rar] v benachrichtigen

entero [en'tero] adj ganz

*** enterrar** [ente'rrar] v beerdigen; *begraben

entierro [en'tje'rro] m Bestattung f, Begräbnis nt

entonces [en'tonθes] adv damals; **de ~** damalig

entrada [en'traða] f Eingang m; Zugang m, Eintritt m; Auftritt m;

Eintrittsgeld *nt*; **prohibida la** ~ kein Eingang

entrañas [en'traɲas] *fpl* Eingeweide *pl*

entrar [en'trar] *v* *hineingehen, *betreten, *eintreten

entre ['entre] *prep* zwischen, inmitten, unter

entreacto [entre'akto] *m* Pause *f*

entrega [en'treɣa] *f* Zustellung *f*

entregar [entre'ɣar] *v* überreichen; abliefern, ausliefern; anvertrauen

entremeses [entre'meses] *mpl* Hors-d'œuvre *nt*, Vorspeise *f*

entrenador [entrena'ðor] *m* Trainer *m*

entrenamiento [entrena'mjento] *m* Ausbildung *f*

entrenar [entre'nar] *v* ausbilden, trainieren

entresuelo [entre'swelo] *m* Zwischenstock *m*

entretanto [entre'tanto] *adv* inzwischen, mittlerweile

*entretener [entrete'ner] *v* amüsieren

entretenido [entrete'niðo] *adj* amüsant

entretenimiento [entreteni'mjento] *m* Unterhaltung *f*

entrevista [entre'βista] *f* Unterredung *f*, Interview *nt*

entumecido [entume'θiðo] *adj* starr

entusiasmo [entu'sjazmo] *m* Begeisterung *f*

entusiasta [entu'sjasta] *adj* begeistert

envenenar [embene'nar] *v* vergiften

enviado [em'bjaðo] *m* Abgesandte *m*

enviar [em'bjar] *v* verschicken, schicken

envidia [em'biðja] *f* Neid *m*

envidiar [embi'ðjar] *v* mißgönnen, beneiden

envidioso [embi'ðjoso] *adj* neidisch

envío [em'bio] *m* Versand *m*, Sendung *f*

*envolver [embol'βer] *v* einwickeln; *einschließen

épico ['epiko] *adj* episch

epidemia [epi'ðemja] *f* Epidemie *f*

epilepsia [epi'lepsja] *f* Epilepsie *f*

epílogo [e'piloɣo] *m* Epilog *m*

episodio [epi'soðio] *m* Episode *f*

época ['epoka] *f* Zeitraum *m*

equilibrio [eki'liβrjo] *m* Gleichgewicht *nt*

equipaje [eki'paxe] *m* Gepäck *nt*; ~ **de mano** Handgepäck *nt*; **furgón de equipajes** Gepäckwagen *m*

equipar [eki'par] *v* ausrüsten, ausstatten

equipo [e'kipo] *m* Ausrüstung *f*; Schicht *f*, Team *nt*, Mannschaft *f*; Besatzung *f*; Elf *f*

equitación [ekita'θjon] *f* Reitsport *m*

equivalente [ekiβa'lente] *adj* entsprechend, gleichwertig

equivocación [ekiβoka'θjon] *f* Mißverständnis *nt*, Irrtum *m*

equivocado [ekiβo'kaðo] *adj* falsch

equivocarse [ekiβo'karse] *v* sich täuschen, sich irren

equívoco [e'kiβoko] *adj* zweideutig

era ['era] *f* Ära *f*

erguido [er'ɣiðo] *adj* aufgerichtet

erigir [eri'xir] *v* aufbauen, errichten, aufrichten

erizo [e'riθo] *m* Igel *m*; ~ **de mar** Seeigel *m*

*errar [e'rrar] *v* irren, sich irren; umherwandern

erróneo [e'rroneo] *adj* falsch

error [e'rror] *m* Fehler *m*, Irrtum *m*; Versehen *nt*

erudito [eru'ðito] *m* Gelehrte *m*

esbelto [ez'βelto] *adj* schlank

escala [es'kala] *f* Maßstab *m*; ~ **de incendios** Nottreppe *f*; ~ **musical** Tonleiter *f*

escalar [eska'lar] *v* *besteigen

escalera [eska'lera] *f* Treppe *f*; ~ **de mano** Leiter *f*; ~ **móvil** Rolltreppe *f*

escalofrío [eskalo'frio] *m* Frösteln *nt*

escama [es'kama] *f* Schuppe *f*

escándalo [es'kandalo] *m* Skandal *m*; Verstoß *m*

Escandinavia [eskandi'naβja] *f* Skandinavien

escandinavo [eskandi'naβo] *adj* skandinavisch; *m* Skandinavier *m*

escapar [eska'par] *v* *entgehen; **escaparse** *v* *entkommen

escaparate [eskapa'rate] *m* Schaufenster *nt*

escape [es'kape] *m* Auspuff *m*; **gases de ~** Auspuffgase *ntpl*

escaque [es'kake] *m* Karo *nt*

escarabajo [eskara'βaxo] *m* Käfer *m*

escarcha [es'kartʃa] *f* Frost *m*

escarcho [es'kartʃo] *m* Plötze *f*

escarlata [eskar'lata] *adj* scharlachrot

escarnio [es'karnjo] *m* Hohn *m*

escasez [eska'seθ] *f* Mangel *m*, Knappheit *f*

escaso [es'kaso] *adj* knapp; gering

escena [es'θena] *f* Szene *f*; Umgebung *f*

escenario [esθe'narjo] *m* Bühne *f*

esclavo [es'klaβo] *m* Sklave *m*

esclusa [es'klusa] *f* Schleuse *f*

escoba [es'koβa] *f* Besen *m*

escocés [esko'θes] *adj* schottisch; *m* Schotte *m*

Escocia [es'koθja] *f* Schottland

escoger [esko'xer] *v* wählen

escolta [es'kolta] *f* Geleit *nt*

escoltar [eskol'tar] *v* eskortieren

escombro [es'kombro] *m* Makrele *f*

esconder [eskon'der] *v* *verbergen, verstecken

escribano [eskri'βano] *m* Schreiber *m*

escribir [eskri'βir] *v* *schreiben; **~ a máquina** tippen; **papel de ~** Schreibpapier *nt*; **por escrito** schriftlich

escrito [es'krito] *m* Schrift *f*

escritor [eskri'tor] *m* Schriftsteller *m*

escritorio [eskri'torjo] *m* Schreibtisch *m*

escritura [eskri'tura] *f* Handschrift *f*

escrupuloso [eskrupu'loso] *adj* sorgfältig

escuadrilla [eskwa'ðriʎa] *f* Geschwader *nt*

escuchar [esku'tʃar] *v* anhören, zuhören; abhorchen

escuela [es'kwela] *f* Schule *f*; **director de ~** Schulleiter *m*, Schuldirektor *m*; **~ secundaria** höhere Schule

escultor [eskul'tor] *m* Bildhauer *m*

escultura [eskul'tura] *f* Skulptur *f*

escupir [esku'pir] *v* spucken

escurridor [eskurri'ðor] *m* Durchschlag *m*

ese ['ese] *adj* jener; **ése** *pron* das

esencia [e'senθja] *f* Wesen *nt*, Essenz *f*

esencial [esen'θjal] *adj* grundlegend, wesentlich

esfera [es'fera] *f* Kugel *f*; Stimmung *f*; Kreis *m*

* esforzarse [esfor'θarse] *v* sich bemühen, sich Mühe *geben

esfuerzo [es'fwerθo] *m* Bemühung *f*; Anstrengung *f*; Spannung *f*

esgrimir [esɣri'mir] *v* *fechten

eslabón [ezla'βon] *m* Glied *m*

esmaltado [ezmal'taðo] *adj* emailliert

esmaltar [ezmal'tar] *v* glasieren

esmalte [ez'malte] *m* Email *m*

esmeralda [ezme'ralda] *f* Smaragd *m*

esnórquel [ez'norkel] *m* Schnorchel *m*

eso ['eso] *pron* das

espaciar [espa'θjar] *v* in Abständen anordnen

espacio [es'paθjo] *m* Raum *m*; Zwischenraum *m*

espacioso [espa'θjoso] *adj* geräumig

espada [es'paða] *f* Schwert *nt*

espalda [es'palda] *f* Rücken *m*; **dolor**

de ~ Rückenschmerzen *mpl*

espantado [espan'taðo] *adj* verängstigt

espantar [espan'tar] *v* *erschrecken

espanto [es'panto] *m* Schreck *m*; Schauder *m*

espantoso [espan'toso] *adj* furchtbar

España [es'paɲa] *f* Spanien

español [espa'ɲol] *adj* spanisch; *m* Spanier *m*

esparadrapo [espara'ðrapo] *m* Heftpflaster *nt*, Pflaster *nt*

esparcir [espar'θir] *v* verstreuen, verbreiten

espárrago [es'parraɣo] *m* Spargel *m*

especia [es'peθja] *f* Gewürz *nt*

especial [espe'θjal] *adj* speziell; besonder

especialidad [espeθjali'ðað] *f* Spezialität *f*

especialista [espeθja'lista] *m* Spezialist *m*

especializarse [espeθjali'θarse] *v* sich spezialisieren; **especializado** erfahren

especialmente [espeθjal'mente] *adv* besonders

especie [es'peθje] *f* Art *f*, Gattung *f*

específico [espe'θifiko] *adj* spezifisch

espécimen [es'peθimen] *m* Exemplar *nt*

espectáculo [espek'takulo] *m* Schauspiel *nt*, Vorstellung *f*; ~ **de variedades** Kabarett *nt*

espectador [espekta'ðor] *m* Zuschauer *m*

espectro [es'pektro] *m* Gespenst *nt*; Spektrum *nt*

especular [espeku'lar] *v* spekulieren

espejo [es'pexo] *m* Spiegel *m*

espeluznante [espeluθ'nante] *adj* gruselig

esperanza [espe'ranθa] *f* Hoffnung *f*; Erwartung *f*

esperanzado [esperan'θaðo] *adj* hoffnungsvoll

esperar [espe'rar] *v* hoffen; warten; erwarten, warten auf

espesar [espe'sar] *v* verdicken

espeso [es'peso] *adj* dick

espesor [espe'sor] *m* Dicke *f*

espetón [espe'ton] *m* Bratspieß *m*

espía [es'pia] *m* Spion *m*

espiar [es'pjar] *v* spähen

espina [es'pina] *f* Dorn *m*; Fischgräte *f*; ~ **dorsal** Rückgrat *nt*

espinacas [espi'nakas] *fpl* Spinat *m*

espinazo [espi'naθo] *m* Rückgrat *nt*

espirar [espi'rar] *v* ausatmen

espíritu [es'piritu] *m* Geist *m*

espiritual [espiri'twal] *adj* geistig

espléndido [es'plendiðo] *adj* herrlich; prächtig, zauberhaft, glänzend

esplendor [esplen'dor] *m* Pracht *f*

esponja [es'ponxa] *f* Schwamm *m*

esposa [es'posa] *f* Gattin *f*; **esposas** *fpl* Handschellen *fpl*

esposo [es'poso] *m* Gatte *m*

espuma [es'puma] *f* Schaum *m*

espumante [espu'mante] *adj* perlend

espumar [espu'mar] *v* schäumen

esputo [es'puto] *m* Speichel *m*

esquela [es'kela] *f* Notiz *f*

esqueleto [eske'leto] *m* Gerippe *nt*, Skelett *nt*

esquema [es'kema] *m* Schema *nt*; Darstellung *f*

esquí [es'ki] *m* Schi *m*; Schilauf *m*; ~ **acuático** Wasserschi *m*; **salto de** ~ Schisprung *m*

esquiador [eskja'ðor] *m* Schiläufer *m*

esquiar [es'kjar] *v* Schi *laufen

esquina [es'kina] *f* Ecke *f*

esquivo [es'kiβo] *adj* scheu

estable [es'taβle] *adj* beständig, stabil

*establecer [estaβle'θer] *v* gründen

establo [es'taβlo] *m* Stall *m*

estación [esta'θjon] *f* Saison *f*; Bahnhof *m*; ~ **central** Hauptbahnhof *m*; **~ de servicio** Tankstelle *f*; **~ terminal** Endstation *f*

estacionamiento [estaθjona'mjento] *m* Parkplatz *m*; **derechos de ~** Parkgebühr *f*

estacionar [estaθjo'nar] *v* parken; **prohibido estacionarse** Parken verboten

estacionario [estaθjo'narjo] *adj* stillstehend

estadio [es'taðjo] *m* Stadion *nt*

estadista [esta'ðista] *m* Staatsmann *m*

estadística [esta'ðistika] *f* Statistik *f*

Estado [es'taðo] *m* Staat *m*; **del ~** Staats-

estado [es'taðo] *m* Zustand *m*

Estados Unidos [es'taðos u'niðos] Vereinigte Staaten

estafa [es'tafa] *f* Betrug *m*

estafador [estafa'ðor] *m* Betrüger *m*

estafar [esta'far] *v* beschwindeln, *betrügen

estallar [esta'ʎar] *v* explodieren

estambre [es'tambre] *m/f* Kammgarn *nt*

estampa [es'tampa] *f* Stich *m*

estampilla [estam'piʎa] *fMe* Briefmarke *f*

estancia [es'tanθja] *f* Aufenthalt *m*

estanco [es'taŋko] *m* Zigarrenladen *m*, Tabakladen *m*

estanque [es'taŋke] *m* Teich *m*

estanquero [estaŋ'kero] *m* Tabakhändler *m*

estante [es'tante] *m* Regal *nt*

estaño [es'taɲo] *m* Zinn *nt*

***estar** [es'tar] *v* *sein

estatua [es'tatwa] *f* Standbild *nt*

estatura [esta'tura] *f* Figur *f*

este¹ ['este] *m* Osten *m*

este² ['este] *adj* dieser; **éste** *pron* dies

estera [es'tera] *f* Matte *f*

estercolero [esterko'lero] *m* Misthaufen *m*

estéril [es'teril] *adj* steril

esterilizar [esterili'θar] *v* sterilisieren

estético [es'tetiko] *adj* ästhetisch

estilo [es'tilo] *m* Stil *m*

estilográfica [estilo'ɣrafika] *f* Füller *m*

estima [es'tima] *f* Achtung *f*

estimación [estima'θjon] *f* Achtung *f*; Voranschlag *m*

estimar [esti'mar] *v* schätzen

estimulante [estimu'lante] *m* Reizmittel *nt*

estimular [estimu'lar] *v* anspornen; drängen

estímulo [es'timulo] *m* Anregung *f*

estipulación [estipula'θjon] *f* Klausel *f*

estipular [estipu'lar] *v* abmachen, festsetzen

estirar [esti'rar] *v* dehnen

estirón [esti'ron] *m* Ruck *m*

esto ['esto] *adj* dieser

estola [es'tola] *f* Stola *f*

estómago [es'tomaɣo] *m* Magen *m*; **dolor de ~** Bauchschmerzen *mpl*, Magenschmerzen *mpl*

estorbar [estor'βar] *v* stören, hindern

estornino [estor'nino] *m* Star *m*

estornudar [estornu'ðar] *v* niesen

estrangular [estraŋgu'lar] *v* erwürgen

estrato [es'trato] *m* Lage *f*

estrechar [estre'tʃar] *v* *zusammenziehen; **estrecharse** *v* enger *werden

estrecho [es'tretʃo] *adj* schmal, eng; stramm

estrella [es'treʎa] *f* Stern *m*

estremecido [estreme'θiðo] *adj* fröstelnd

estremecimiento [estremeθi'mjento] *m* Schauder *m*

estreñido [estre'ɲiðo] *adj* verstopft

estreñimiento [estreɲi'mjento] *m* Obstipation *f*, Verstopfung *f*

estribo [es'tri'βo] *m* Steigbügel *m*

estribor [estri'βor] *m* Steuerbord *nt*

estricto [es'trikto] *adj* streng

estrofa [es'trofa] f Strophe f
estropeado [estrope'aðo] adj kaputt; verkrüppelt
estropear [estrope'ar] v in Unordnung *bringen
estructura [estruk'tura] f Struktur f
estuario [es'twarjo] m Trichtermündung f
estuco [es'tuko] m Putz m
estuche [es'tutʃe] m Etui nt
estudiante [estu'ðjante] m Student m; f Studentin f
estudiar [estu'ðjar] v studieren
estudio [es'tuðjo] m Studium nt
estufa [es'tufa] f Ofen m; ~ de gas Gasofen m
estupefaciente [estupefa'θjente] m Droge f
estupendo [estu'pendo] adj prächtig
estúpido [es'tupiðo] adj dumm
etapa [e'tapa] f Etappe f
etcétera [et'θetera] und so weiter
éter ['eter] m Äther m
eternidad [eterni'ðað] f Ewigkeit f
eterno [e'terno] adj ewig
etíope [e'tiope] adj äthiopisch; m Äthiopier m
Etiopía [e'tjopja] f Äthiopien
etiqueta [eti'keta] f Etikett nt
Europa [eu'ropa] f Europa
europeo [euro'peo] adj europäisch; m Europäer m
evacuar [eβa'kwar] v evakuieren
evaluar [eβa'lwar] v veranschlagen
evangelio [eβaŋ'xeljo] m Evangelium nt
evaporar [eβapo'rar] v verdampfen
evasión [eβa'sjon] f Flucht f
eventual [eβen'twal] adj möglich; eventuell
evidente [eβi'ðente] adj offensichtlich; selbstverständlich
evitar [eβi'tar] v *vermeiden; *meiden
evolución [eβolu'θjon] f Evolution f

exactamente [eksakta'mente] adv genau
exactitud [eksakti'tuð] f Richtigkeit f
exacto [ek'sakto] adj exakt, präzis, genau
exagerar [eksaxe'rar] v *übertreiben
examen [ek'samen] m Examen nt; Untersuchung f
examinar [eksami'nar] v prüfen
excavación [ekskaβa'θjon] f Ausgrabung f
exceder [ekθe'ðer] v *überschreiten
excelencia [ekθe'lenθja] f Trefflichkeit f
excelente [ekθe'lente] adj ausgezeichnet, hervorragend
excéntrico [ek'θentriko] adj überspannt
excepción [ekθep'θjon] f Ausnahme f
excepcional [ekθepθjo'nal] adj außergewöhnlich
excepto [ek'θepto] prep ausgenommen, außer
excesivo [ekθe'siβo] adj übertrieben
exceso [ek'θeso] m Ausschreitung f; ~ de velocidad Geschwindigkeitsübertretung f
excitación [ekθita'θjon] f Aufregung f
excitante [ekθi'tante] adj aufregend
excitar [ekθi'tar] v aufregen, erregen
exclamación [eksklama'θjon] f Ausruf m
exclamar [ekskla'mar] v *ausrufen
***excluir** [eks'klwir] v *ausschließen
exclusivamente [eksklusiβa'mente] adv ausschließlich
exclusivo [eksklu'siβo] adj exklusiv
excursión [ekskur'sjon] f Ausflug m
excusa [eks'kusa] f Entschuldigung f
excusar [eksku'sar] v *verzeihen
exención [eksen'θjon] f Befreiung f
exento [ek'sento] adj befreit; ~ de impuestos zollfrei
exhalar [eksa'lar] v ausatmen

exhausto [ek'sausto] *adj* übermüdet
exhibir [eksi'βir] *v* vorführen, auslegen
exigencia [eksi'xenθja] *f* Forderung *f*
exigente [eksi'xente] *adj* wählerisch
exigir [eksi'xir] *v* fordern
exiliado [eksi'ljaðo] *m* Verbannte *m*
exilio [ek'siljo] *m* Verbannung *f*
eximir [eksi'mir] *v* *ausnehmen
existencia [eksis'tenθja] *f* Dasein *nt*;
    existencias *fpl* Vorrat *m*; ***tener**
    en ~ vorrätig *haben
existir [eksis'tir] *v* *bestehen
éxito ['eksito] *m* Erfolg *m*, Glück *nt*;
    Schlager *m*; **de ~** erfolgreich; ***te-**
    ner ~ *gelingen
exorbitante [eksorβi'tante] *adj* uner-
    schwinglich
exótico [ek'sotiko] *adj* exotisch
expansión [ekspan'sjon] *f* Ausdehnung
    f
expedición [ekspeði'θjon] *f* Expedition
    f
expediente [ekspe'ðjente] *m* Akten
experiencia [ekspe'rjenθja] *f* Erfahrung
    f
experimentar [eksperimen'tar] *v* expe-
    rimentieren; *erfahren, erleben; **ex-**
    perimentado erfahren
experimento [eksperi'mento] *m* Experi-
    ment *nt*
experto [eks'perto] *m* Sachverständige
    m, Fachmann *m*
expirar [ekspi'rar] *v* *verfallen, *ablau-
    fen
explanada [ekspla'naða] *f* Promenade *f*
explicable [ekspli'kaβle] *adj* erklärbar
explicación [eksplika'θjon] *f* Auslegung
    f, Erklärung *f*
explicar [ekspli'kar] *v* erläutern, erklä-
    ren; Rechenschaft ablegen über
explícito [eks'pliθito] *adj* ausdrücklich
explorador [eksplora'ðor] *m* Pfadfinder
    m
exploradora [eksplora'ðora] *f* Pfadfin-

derin *f*
explorar [eksplo'rar] *v* erforschen
explosión [eksplo'sjon] *f* Explosion *f*;
    Ausbruch *m*
explosivo [eksplo'siβo] *adj* explosiv; *m*
    Sprengstoff *m*
explotar [eksplo'tar] *v* ausnutzen
*exponer [ekspo'ner] *v* ausstellen
exportación [eksporta'θjon] *f* Ausfuhr
    f, Export *m*
exportar [ekspor'tar] *v* ausführen, ex-
    portieren
exposición [eksposi'θjon] *f* Ausstellung
    f, Auslage *f*; Belichtung *f*; **~ de ar-**
    te Kunstausstellung *f*
exposímetro [ekspo'simetro] *m* Belich-
    tungsmesser *m*
expresar [ekspre'sar] *v* Ausdruck *ge-
    ben, äußern, ausdrücken
expresión [ekspre'sjon] *f* Ausdruck *m*;
    Äußerung *f*
expresivo [ekspre'siβo] *adj* expressiv
expreso [eks'preso] *adj* ausdrücklich;
    Eil-; **por ~** Eilpost
expulsar [ekspul'sar] *v* *vertreiben;
    *ausweisen
exquisito [ekski'sito] *adj* auserlesen;
    lecker
éxtasis ['ekstasis] *m* Verzückung *f*
*extender [eksten'der] *v* ausbreiten,
    ausdehnen
extenso [eks'tenso] *adj* umfassend,
    umfangreich, ausgedehnt
extenuar [ekste'nwar] *v* erschöpfen
exterior [ekste'rjor] *adj* äußerlich; *m*
    Außenseite *f*, Äußere *nt*
externo [eks'terno] *adj* äußer
extinguir [ekstin'gir] *v* löschen
extintor [ekstin'tor] *m* Feuerlöscher *m*
extorsión [ekstor'sjon] *f* Erpressung *f*
extorsionar [ekstorsjo'nar] *v* erpressen
extra ['ekstra] *adj* zusätzlich
extracto [eks'trakto] *m* Auszug *m*
*extraer [ekstra'er] *v* *ausziehen, *aus-

reißen

extranjero [ekstraŋ'xero] *adj* ausländisch; *m* Ausländer *m*, Fremde *m*; Fremdling *m*; **en el ~** im Ausland; ins Ausland

extrañar [ekstra'ɲar] *v* verwundern, erstaunen; verbannen

extraño [eks'traɲo] *adj* fremd; eigentümlich, komisch, sonderbar

extraoficial [ekstraofi'θjal] *adj* offiziös

extraordinario [ekstraorði'narjo] *adj* außerordentlich, ungewöhnlich

extravagante [ekstraβa'ɣante] *adj* extravagant

extraviar [ekstra'βjar] *v* verlegen

extremo [eks'tremo] *adj* extrem; höchst, äußerst; *m* Extrem *nt*; Ende *nt*

exuberante [eksuβe'rante] *adj* überschwenglich

F

fábrica ['faβrika] *f* Fabrik *f*; **~ de gas** Gaswerk *nt*

fabricante [faβri'kante] *m* Fabrikant *m*

fabricar [faβri'kar] *v* herstellen, fabrizieren

fábula ['faβula] *f* Fabel *f*

fácil ['faθil] *adj* bequem

facilidad [faθili'ðað] *f* Leichtigkeit *f*; Fazilität *f*

facilitar [faθili'tar] *v* erleichtern

factible [fak'tiβle] *adj* erreichbar

factor [fak'tor] *m* Faktor *m*

factura [fak'tura] *f* Faktur *f*

facturar [faktu'rar] *v* fakturieren

facultad [fakul'tað] *f* Gabe *f*, Fähigkeit *f*; Fakultät *f*

fachada [fa'tʃaða] *f* Fassade *f*

faisán [fai'san] *m* Fasan *m*

faja ['faxa] *f* Streifen *m*; Hüfthalter *m*

falda ['falda] *f* Rock *m*

faldón [fal'don] *m* Giebel *m*

falsificación [falsifika'θjon] *f* Fälschung *f*

falsificar [falsifi'kar] *v* fälschen

falso ['falso] *adj* falsch; unwahr, unecht

falta ['falta] *f* Fehler *m*; Fehlen *nt*, Mangel *m*; Vergehen *nt*; **sin ~** unbedingt

faltar [fal'tar] *v* mangeln

fallar [fa'ʎar] *v* fehlen, versagen

*fallecer [faʎe'θer] *v* *sterben

fama ['fama] *f* Name *m*, Ruhm *m*; **de ~ mundial** weltberühmt; **de mala ~** berüchtigt

familia [fa'milja] *f* Verwandtschaft *f*; Familie *f*

familiar [fami'ljar] *adj* vertraulich, vertraut

famoso [fa'moso] *adj* berühmt

fanal [fa'nal] *m* Scheinwerfer *m*

fanático [fa'natiko] *adj* fanatisch

fantasía [fanta'sia] *f* Einbildung *f*

fantasma [fan'tazma] *m* Gespenst *nt*, Geist *m*

fantástico [fan'tastiko] *adj* phantastisch

farallón [fara'ʎon] *m* Klippe *f*

fardo ['farðo] *m* Last *f*

farmacéutico [farma'θeutiko] *m* Apotheker *m*

farmacia [far'maθja] *f* Apotheke *f*

farmacología [farmakolo'xia] *f* Arzneimittellehre *f*

faro ['faro] *m* Scheinwerfer *m*; Leuchtturm *m*

farol trasero [fa'rol tra'sero] Rücklicht *nt*

farsa ['farsa] *f* Posse *f*

fascismo [fa'θizmo] *m* Faschismus *m*

fascista [fa'θista] *adj* faschistisch; *m* Faschist *m* fase ['fase] f Phase f, Stadium nt

fastidiar [fasti'ðjar] v ärgern, belästigen

fastidioso [fasti'ðjoso] adj schwer

fatal [fa'tal] adj unheilvoll, verhängnisvoll; tödlich

favor [fa'βor] m Gefälligkeit f; a ~ de zugunsten; por ~ bitte

favorable [faβo'raβle] adj günstig

*favorecer [faβore'θer] v begünstigen, bevorrechten

favorecido [faβore'θiðo] m Zahlungsempfänger m

favorito [faβo'rito] adj Lieblings-; m Liebling m, Favorit m

fe [fe] f Glaube m

febrero [fe'βrero] Februar

febril [fe'βril] adj fiebrig

fecundo [fe'kundo] adj fruchtbar

fecha ['fetʃa] f Datum nt

federación [feðera'θjon] f Verband m, Föderation f

federal [feðe'ral] adj Bundes-

felicidad [feliθi'ðað] f Glück nt

felicitación [feliθita'θjon] f Beglückwünschung f, Glückwunsch m

felicitar [feliθi'tar] v gratulieren, beglückwünschen

feliz [fe'liθ] adj glücklich

femenino [feme'nino] adj weiblich

fenómeno [fe'nomeno] m Phänomen nt

feo ['feo] adj häßlich

feria ['ferja] f Kirmes f; Messe f

fermentar [fermen'tar] v *gären

feroz [fe'roθ] adj wüst

ferretería [ferrete'ria] f Eisenwarenhandlung f

ferrocarril [ferroka'rril] m Bahn f, Eisenbahn f

fértil ['fertil] adj fruchtbar

fertilidad [fertili'ðað] f Fruchtbarkeit f

festival [festi'βal] m Festival nt

festivo [fes'tiβo] adj festlich

feudal [feu'ðal] adj feudal

fiable ['fjaβle] adj zuverlässig

fianza ['fjanθa] f Pfand nt; Kaution f

fiasco ['fjasko] m Fehlschlag m

fibra ['fiβra] f Faser f

ficción [fik'θjon] f Fiktion f, Erdichtung f

ficha ['fitʃa] f Spielmarke f, Münze f

fiebre ['fjeβre] f Fieber nt; ~ del heno Heuschnupfen m

fiel [fjel] adj treu, aufrichtig

fieltro ['fjeltro] m Filz m

fiero ['fjero] adj wild

fiesta ['fjesta] f Fest nt; Party f; Feiertag m

figura [fi'ɣura] f Gestalt f

figurarse [fiɣu'rarse] v sich *denken

fijador [fixa'ðor] m Haarfixativ nt

fijar [fi'xar] v anheften; fijarse en *achtgeben auf

fijo ['fixo] adj fest

fila ['fila] f Reihe f

Filipinas [fili'pinas] fpl Philippinen pl

filipino [fili'pino] adj philippinisch; m Philippine m

filmar [fil'mar] v filmen

filme ['filme] m Film m

filosofía [filoso'fia] f Philosophie f

filosófico [filo'sofiko] adj philosophisch

filósofo [fi'losofo] m Philosoph m

filtrar [fil'trar] v sieben

filtro ['filtro] m Filter m; ~ de aire Luftfilter m; ~ del aceite Ölfilter nt

fin [fin] m Schluß m; Ziel nt, Zweck m; a ~ de damit; al ~ endlich

final [fi'nal] adj endgültig, letzt; m Ende nt; al ~ schließlich, zuletzt

financiar [finan'θjar] v finanzieren

financiero [finan'θjero] adj finanziell

finanzas [fi'nanθas] fpl Finanzen pl

finca ['finka] f Gebäude nt

fingir [fiŋ'xir] v sich verstellen, *vorgeben

finlandés [finlan'des] *adj* finnisch; *m* Finne *m*

Finlandia [fin'landja] *f* Finnland *n*

fino ['fino] *adj* mißlich, fein; dünn

firma ['firma] *f* Unterschrift *f*; Firma *f*

firmar [fir'mar] *v* *unterschreiben

firme ['firme] *adj* beständig, fest; sicher

física ['fisika] *f* Physik *f*, Naturwissenschaft *f*

físico ['fisiko] *adj* physisch; *m* Physiker *m*

fisiología [fisjolo'xia] *f* Physiologie *f*

flaco ['flako] *adj* mager

flamenco [fla'meŋko] *m* Flamingo *m*

flauta ['flauta] *f* Flöte *f*

flecha ['fletʃa] *f* Pfeil *m*

flexible [flek'siβle] *adj* geschmeidig; biegsam, dehnbar

flojel [flo'xel] *m* Daune *f*

flojo ['floxo] *adj* dünn

flor [flor] *f* Blume *f*

florista [flo'rista] *m* Blumenhändler *m*

floristería [floriste'ria] *f* Blumenhandlung *f*

flota ['flota] *f* Flotte *f*

flotador [flota'ðor] *m* Schwimmer *m*

flotar [flo'tar] *v* *schwimmen

fluido [flu'iðo] *adj* flüssig; *m* Flüssigkeit *f*

*fluir [flwir] *v* *fließen, strömen

foca ['foka] *f* Robbe *f*, Seehund *m*

foco ['foko] *m* Brennpunkt *m*; *mMe* Glühbirne *f*

folklore [fol'klore] *m* Folklore *f*

folleto [fo'ʎeto] *m* Broschüre *f*

fondo ['fondo] *m* Hintergrund *m*; Boden *m*; *mMe* Unterrock *m*; **fondos** *mpl* Fonds *m*

fonético [fo'netiko] *adj* phonetisch

foque ['foke] *m* Focksegel *nt*

forastero [foras'tero] *m* Ausländer *m*;

Unbekannte *m*

forma ['forma] *f* Form *f*

formación [forma'θjon] *f* Gestaltung *f*

formal [for'mal] *adj* förmlich

formalidad [formali'ðað] *f* Formalität *f*

formar [for'mar] *v* formen, bilden; ausbilden

formato [for'mato] *m* Format *nt*

formidable [formi'ðaβle] *adj* gewaltig

fórmula ['formula] *f* Formel *f*

formulario [formu'larjo] *m* Formular *nt*; ~ **de matriculación** Anmeldebogen *m*

forro ['forro] *m* Futter *nt*

fortaleza [forta'leθa] *f* Festung *f*, Fort *nt*

fortuna [for'tuna] *f* Glück *nt*; Vermögen *nt*

forúnculo [fo'ruŋkulo] *m* Furunkel *m*

*forzar [for'θar] *v* *zwingen; forcieren

forzosamente [forθosa'mente] *adv* zwangsweise

foso ['foso] *m* Wallgraben *m*

foto ['foto] *f* Photo *nt*

fotocopia [foto'kopja] *f* Fotokopie *f*

fotografía [fotoɣra'fia] *f* Lichtbild *nt*; Photographie *f*; ~ **de pasaporte** Paßphoto *nt*

fotografiar [fotoɣra'fjar] *v* photographieren

fotógrafo [fo'toɣrafo] *m* Photograph *m*

fracasado [fraka'saðo] *adj* erfolglos

fracaso [fra'kaso] *m* Mißerfolg *m*

fracción [frak'θjon] *f* Bruchstück *nt*

fractura [frak'tura] *f* Bruch *m*

fracturar [fraktu'rar] *v* *brechen

frágil ['fraxil] *adj* zerbrechlich

fragmento [fray'mento] *m* Fragment *nt*, Stück *n*; Abschnitt *m*

frambuesa [fram'bwesa] *f* Himbeere *f*

francés [fran'θes] *adj* französisch; *m* Franzose *m*

Francia ['franθja] *f* Frankreich *n*

franco ['fraŋko] adj portofrei, franko

francotirador [fraŋkotira'ðor] m Heckenschütze m

franela [fra'nela] f Flanell m

franja ['fraŋxa] f Franse f

franqueo [fraŋ'keo] m Porto nt

frasco ['frasko] m Flakon nt

frase ['frase] f Satz m; Redewendung f

fraternidad [fraterni'ðað] f Brüderschaft f

fraude ['frauðe] m Schwindel m, Betrug m

frecuencia [fre'kwenθja] f Frequenz f, Häufigkeit f

frecuentar [frekwen'tar] v *umgehen mit

frecuente [fre'kwente] adj häufig; üblich

frecuentemente [frekwente'mente] adv oft

*fregar [fre'ɣar] v *abwaschen; scheuern

*freír [fre'ir] v *braten

frenar [fre'nar] v abbremsen

freno ['freno] m Bremse f; ~ de mano Handbremse f; ~ de pie Fußbremse f

frente ['frente] f Stirn f; m Vorderseite f

fresa ['fresa] f Erdbeere f

fresco ['fresko] adj frisch; erfrischend; kühl

fricción [frik'θjon] f Reibung f

frigorífico [friɣo'rifiko] m Kühlschrank m

frío ['frio] adj kalt; m Kälte f

frontera [fron'tera] f Grenze f; Landesgrenze f

frotar [fro'tar] v *reiben

fruta ['fruta] f Obst nt

fruto ['fruto] m Frucht f

fuego ['fweɣo] m Feuer nt

tuente ['fwente] f Quelle f; Springbrunnen m; Schüssel f

fuera ['fwera] adv heraus, hinaus; weg, ab; ~ de außerhalb, außer; ~ de lugar unangebracht; ~ de temporada außer Saison

fuerte ['fwerte] adj stark, kräftig; mächtig; laut

fuerza ['fwerθa] f Kraft f; Macht f; Stärke f; Gewalt f; ~ de voluntad Willenskraft f; ~ motriz Treibkraft f; **fuerzas armadas** Kriegsmacht f, Streitkräfte pl

fugitivo [fuxi'tiβo] m Ausreißer m

fumador [fuma'ðor] m Raucher m; **compartimento para fumadores** Raucherabteil nt

fumar [fu'mar] v rauchen; **prohibido ~** Rauchen verboten

función [fun'θjon] f Funktion f

funcionamiento [funθjona'mjento] m Betrieb m, Funktion f

funcionar [funθjo'nar] v funktionieren, arbeiten

funcionario [funθjo'narjo] m Staatsbeamte m

funda ['funda] f Hülle f; ~ de almohada Kissenbezug m

fundación [funda'θjon] f Stiftung f

fundamentado [fundamen'taðo] adj wohlbegründet

fundamental [fundamen'tal] adj grundlegend

fundamento [funda'mento] m Grundlage f

fundar [fun'dar] v gründen, errichten, stiften

fundir [fun'dir] v *schmelzen

funerales [fune'rales] mpl Begräbnis nt

furgoneta [furɣo'neta] f Lieferwagen m

furioso [fu'rjoso] adj rasend, wütend

furor [fu'ror] m Wut f, Toben nt

fusible [fu'siβle] m Sicherung f

fusil [fu'sil] *m* Gewehr *nt*
fusión [fu'sjon] *f* Fusion *f*
fútbol ['futβol] *m* Fußball *m*
fútil ['futil] *adj* unbedeutend
futuro [fu'turo] *adj* zukünftig

G

gabinete [gaβi'nete] *m* Kabinett *nt*
gafas ['gafas] *fpl* Schutzbrille *f*; ~ de
sol Sonnenbrille *f*
gaitero [gai'tero] *adj* bunt
galería [gale'ria] *f* Galerie *f*; ~ de arte
Kunstgalerie *f*
galgo ['galγo] *m* Windhund *m*
galope [ga'lope] *m* Galopp *m*
galleta [ga'ʎeta] *f* Keks *m*
gallina [ga'ʎina] *f* Huhn *nt*, Henne *f*
gallo ['gaʎo] *m* Hahn *m*; ~ de bosque Moorhuhn *nt*
gamba ['gamba] *f* Krabbe *f*; Steingarnele *f*
gamuza [ga'muθa] *f* Wildleder *nt*
gana ['gana] *f* Lust *f*; Appetit *m*
ganado [ga'naðo] *m* Vieh *nt*
ganador [gana'ðor] *adj* gewinnend
ganancia [ga'nanθja] *f* Gewinn *m*
ganar [ga'nar] *v* *gewinnen; verdienen
ganas ['ganas] *fpl* Lust *f*
gancho ['gantʃo] *m* Haken *m*
ganga ['ganga] *f* Gelegenheitskauf *m*
garaje [ga'raxe] *m* Garage *f*; dejar en
~ einstellen
garante [ga'rante] *m* Bürge *m*
garantía [garan'tia] *f* Bürgschaft *f*, Garantie *f*
garantizar [garanti'θar] *v* garantieren
garganta [gar'γanta] *f* Hals *m*, Kehle
f; dolor de ~ Halsschmerzen *mpl*
garra ['garra] *f* Klaue *f*
garrafa [ga'rrafa] *f* Karaffe *f*
garrote [ga'rrote] *m* Knüppel *m*

garza ['garθa] *f* Reiher *m*
gas [gas] *m* Gas *nt*; cocina de ~ Gasherd *m*
gasa ['gasa] *f* Gaze *f*
gasolina [gaso'lina] *f* Benzin *nt*; ~
sin plomo bleifreies Benzin;
puesto de ~ Tankstelle *f*
gastado [gas'taðo] *adj* abgenutzt, ab-
getragen, verschlissen
gastar [gas'tar] *v* verausgaben, *ausgeben; *abtragen
gasto ['gasto] *m* Ausgabe *f*, Aufwand
m; gastos de viaje Fahrgeld *nt*,
Reisespesen *pl*
gástrico ['gastriko] *adj* gastrisch
gastrónomo [gas'tronomo] *m* Feinschmecker *m*
gatear [gate'ar] *v* *kriechen
gato ['gato] *m* Katze *f*; Wagenheber
m
gaviota [ga'βjota] *f* Möwe *f*; Seemöwe
f
gema ['xema] *f* Edelstein *m*
gemelos [xe'melos] *mpl* Zwillinge
mpl; Opernglas *nt*; Manschettenknöpfe *mpl*; ~ de campaña Feldstecher *m*
*gemir [xe'mir] *v* stöhnen
generación [xenera'θjon] *f* Generation
f
generador [xenera'ðor] *m* Generator
m
general [xene'ral] *adj* allgemein; global; *m* General *m*; en ~ im allgemeinen
generalmente [xeneral'mente] *adv* meistens, gewöhnlich
generar [xene'rar] *v* erzeugen
género ['xenero] *m* Geschlecht *nt*;
Sorte *f*
generosidad [xenerosi'ðað] *f* Großmut
m
generoso [xene'roso] *adj* freigebig,
großzügig

genial [xe'njal] adj genial

genio ['xenjo] m Genie nt

genital [xeni'tal] adj geschlechtlich

gente ['xente] f Volk nt; Leute pl

gentil [xen'til] adj sanft

genuino [xe'nwino] adj echt

geografía [xeoɣra'fia] f Erdkunde f

geográfico [xeo'ɣrafiko] adj geografisch

geología [xeolo'xia] f Geologie f

geometría [xeome'tria] f Geometrie f

gerencial [xeren'θjal] adj administrativ

germen ['xermen] m Keim m; Bazille f

gesticular [xestiku'lar] v gestikulieren

gestión [xes'tjon] f Verwaltung f, Führung f

gesto ['xesto] m Gebärde f

gigante [xi'ɣante] m Riese m

gigantesco [xiɣan'tesko] adj riesig, riesenhaft

gimnasia [xim'nasja] f Turnen nt

gimnasio [xim'nasjo] m Turnhalle f

gimnasta [xim'nasta] m Turner m

ginecólogo [xine'koloɣo] m Gynäkologe m, Frauenarzt m

girar [xi'rar] v *wenden

giro ['xiro] m Tratte f; ~ postal Postanweisung f

gitano [xi'tano] m Zigeuner m

glaciar [gla'θjar] m Gletscher m

glándula ['glandula] f Drüse f

globo ['gloβo] m Globus m, Erdball m; Ballon m

gloria ['glorja] f Ehre f, Ruhm m

glosario [glo'sarjo] m Wörterverzeichnis nt

glotón [glo'ton] adj gefräßig

gobernador [goβerna'ðor] m Gouverneur m

gobernante [goβer'nante] m Herrscher m

*gobernar [goβer'nar] v regieren

gobierno [go'βjerno] m Regierung f;

~ de la casa Haushalt m

goce ['goθe] m Genuß m

gol [gol] m Tor nt

golf [golf] m Golf nt; campo de ~ Golfplatz m

golfo ['golfo] m Golf m

golondrina [golon'drina] f Schwalbe f

golosina [golo'sina] f Leckerbissen m; golosinas Süßigkeiten fpl; Nascherei f

golpe ['golpe] m Schlag m; Klopfen nt; *dar golpes *schlagen

golpear [golpe'ar] v *schlagen, klopfen; pochen

golpecito [golpe'θito] m Klopfen nt

gollerías [goʎe'rias] fpl Feinkost f

goma ['goma] f Gummi m; ~ de borrar Radiergummi m; ~ de mascar Kaugummi m; ~ espumada Schaumgummi m

góndola ['gondola] f Gondel f

gordo ['gorðo] adj dick; korpulent

gorra ['gorra] f Mütze f

gorrión [go'rrjon] m Sperling m

gorro ['gorro] m Mütze f; ~ de baño Bademütze f

gota ['gota] f Tropfen m; Gicht f

gotear [gote'ar] v lecken

goteo [go'teo] m Leck nt

gozar [go'θar] v *genießen

grabación [graβa'θjon] f Aufnahme f

grabado [gra'βaðo] m Stich m

grabador [graβa'ðor] m Graveur m

grabar [gra'βar] v gravieren

gracia ['graθja] f Gunst f; Anmut f

gracias ['graθjas] danke schön

gracioso [gra'θjoso] adj spaßig, witzig; reizend, anmutig

grado ['graðo] m Grad m; Rang m; a tal ~ dermaßen

gradual [gra'ðwal] adj allmählich

graduar [gra'ðwar] v einstufen; graduarse v ein Diplom erlangen

gráfico ['grafiko] adj graphisch; m

Graphik f, Diagramm nt, graphische Darstellung

gramática [gra'matika] f Grammatik f

gramatical [gramati'kal] adj grammatikalisch

gramo ['gramo] m Gramm nt

gramófono [gra'mofono] m Grammophon nt

Gran Bretaña [gran bre'taɲa] Großbritannien

grande ['grande] adj groß

grandeza [gran'deθa] f Größe f

grandioso [gran'djoso] adj großartig

granero [gra'nero] m Scheune f

granito [gra'nito] m Granit m

granizo [gra'niθo] m Hagel m

granja ['granxa] f Bauernhof m

granjera [gran'xera] f Bäuerin f

granjero [gran'xero] m Bauer m

grano ['grano] m Korn nt; Pickel m

grapa ['grapa] f Klammer f; Heftklammer f

grasa ['grasa] f Fett nt; fMe Schuhkrem f

grasiento [gra'sjento] adj fettig, fett

graso ['graso] adj fett

grasoso [gra'soso] adj fettig

gratis ['gratis] adv kostenlos

gratitud [grati'tuð] f Dankbarkeit f

grato ['grato] adj gefällig

gratuito [gra'twito] adj umsonst, unentgeltlich, gratis

grava ['graβa] f Kies m

grave ['graβe] adj ernst; ernsthaft

gravedad [graβe'ðað] f Schwerkraft f

Grecia ['greθja] f Griechenland

griego ['grjeɣo] adj griechisch; m Grieche m

grieta ['grjeta] f Spalte f, Spalt m; Riß m

grifo ['grifo] m Hahn m; Wasserhahn m

grillo ['griʎo] m Grille f

gripe ['gripe] f Grippe f

gris [gris] adj grau

gritar [gri'tar] v *schreien; kreischen, *rufen

grito ['grito] m Schrei m; Aufschrei m, Ruf m

grosella [gro'seʎa] f Beere f; ~ espinosa Stachelbeere f; ~ negra Johannisbeere f

grosero [gro'sero] adj grob; gemein, frech

grotesco [gro'tesko] adj lachhaft

grúa ['grua] f Kran m

gruesa ['grwesa] f Gros nt

grueso ['grweso] adj beleibt

grumo ['grumo] m Klumpen m

***gruñir** [gru'ɲir] v brummen

grupo ['grupo] m Gruppe f; Haufen m

gruta ['gruta] f Grotte f

guante ['gwante] m Handschuh m

guapo ['gwapo] adj stattlich

guarda [gwarða] m Saalwärter m

guardabarros [gwarða'βarros] m Kotflügel m

guardabosques [gwarða'βoskes] m Förster m

guardar [gwar'ðar] v bewahren, weglegen; bewachen; ~ con llave einsperren; **guardarse** v sich hüten

guardarropa [gwarða'rropa] m Kleiderschrank m; Garderobe f

guardería [gwarðe'ria] f Kinderkrippe f

guardia ['gwarðja] f Wache f; m Polizist m; ~ personal Leibwache f

guardián [gwar'ðjan] m Wärter m, Wächter m, Aufseher m; Hausmeister m

guateque [gwa'teke] m Party f

guerra ['gerra] f Krieg m; ~ mundial Weltkrieg m

guía ['gia] m Führer m; ~ telefónica Telephonbuch nt

guiar [gjar] v führen

guijarro [gi'xarro] *m* Kieselstein *m*

guión [gjon] *m* Gedankenstrich *m*; Bindestrich *m*

guisante [gi'sante] *m* Erbse *f*

guisar [gi'sar] *v* zubereiten

guiso ['giso] *m* Gericht *nt*

guitarra [gi'tarra] *f* Gitarre *f*

gusano [gu'sano] *m* Wurm *m*

gustar [gus'tar] *v* gern *haben; *mögen

gusto ['gusto] *m* Geschmack *m*; **con mucho** ~ mit Vergnügen

gustosamente [gustosa'mente] *adv* gern, gerne

H

* **haber** [a'βer] *v* *haben

hábil ['aβil] *adj* fähig, geschickt, geübt, gewandt

habilidad [aβili'ðað] *f* Vermögen *nt*; Fähigkeit *f*, Fertigkeit *f*

habitable [aβita'βle] *adj* bewohnbar

habitación [aβita'θjon] *f* Raum *m*, Zimmer *nt*; ~ **individual** Einzelzimmer *nt*; ~ **para huéspedes** Gästezimmer *nt*

habitante [aβi'tante] *m* Bewohner *m*, Einwohner *m*

habitar [aβi'tar] *v* bewohnen

hábito ['aβito] *m* Gewohnheit *f*

habitual [aβi'twal] *adj* gewohnt

habitualmente [aβitwal'mente] *adv* gewöhnlich

habla ['aβla] *f* Sprache *f*

habladuría [aβlaðu'ria] *f* Quatsch *m*

hablar [a'βlar] *v* *sprechen, reden

* **hacer** [a'θer] *v* handeln; *tun; machen; **hace** her; ***hacerse** *v* *werden

hacia ['aθja] *prep* nach; etwa; ~ **abajo** herunter; ~ **adelante** voraus; ~

arriba aufwärts, nach oben, hinauf; ~ **atrás** rückwärts

hacienda [a'θjenda] *f* Landgut *nt*

hacha ['atʃa] *f* Beil *nt*

hada ['aða] *f* Fee *f*; **cuento de hadas** Märchen *nt*

halcón [al'kon] *m* Falke *m*

halibut [ali'βut] *m* Heilbutt *m*

hallar [a'ʎar] *v* *finden

hallazgo [a'ʎaðγo] *m* Fund *m*

hamaca [a'maka] *f* Hängematte *f*

hambre ['ambre] *f* Hunger *m*

hambriento [am'brjento] *adj* hungrig

harina [a'rina] *f* Mehl *nt*

harto de ['arto de] überdrüssig

hasta ['asta] *prep* bis, bis zu; ~ **ahora** bis jetzt; ~ **que** bis

haya ['aja] *f* Buche *f*

hebilla [e'βiʎa] *f* Schnalle *f*

hebreo [e'βreo] *m* Hebräisch *nt*

hechizar [etʃi'θar] *v* behexen

hecho ['etʃo] *m* Tatsache *f*

* **heder** [e'ðer] *v* *stinken

hediondo [e'ðjondo] *adj* übelriechend

helado [e'laðo] *adj* eisig; *m* Eis *nt*

* **helar** [e'lar] *v* *frieren

hélice ['eliθe] *f* Schraube *f*, Propeller *m*

hemorragia [emo'rraxja] *f* Blutsturz *m*; ~ **nasal** Nasenbluten *nt*

hemorroides [emo'rroiðes] *fpl* Hämorrhoiden *fpl*

* **hender** [en'der] *v* spalten

hendidura [endi'ðura] *f* Spalt *m*, Riß *m*

heno ['eno] *m* Heu *nt*

heredar [ere'ðar] *v* erben

hereditario [ereði'tarjo] *adj* erblich

herencia [eren'θja] *f* Erbschaft *f*

herida [e'riða] *f* Verletzung *f*, Wunde *f*

* **herir** [e'rir] *v* verletzen, verwunden

hermana [er'mana] *f* Schwester *f*

hermano [er'mano] *m* Bruder *m*

hermético [er'metiko] *adj* luftdicht

hermoso [er'moso] *adj* schön
hernia ['ernja] *f* Bruch *m*
héroe ['eroe] *m* Held *m*
heroico [e'roiko] *adj* heroisch
heroísmo [ero'izmo] *m* Heldenmut *m*
herradura [erra'ðura] *f* Hufeisen *nt*
herramienta [erra'mjenta] *f* Gerät *nt*, Werkzeug *nt*; **bolsa de herramientas** Werkzeugtasche *f*
herrería [erre'ria] *f* Eisenhütte *f*
herrero [e'rrero] *m* Schmied *m*
herrumbre [e'rrumbre] *f* Rost *m*
* **hervir** [er'βir] *v* kochen
heterosexual [eterosek'swal] *adj* heterosexuell
hidalgo [i'ðalɣo] *m* Edelmann *m*
hidrógeno [i'ðroxeno] *m* Wasserstoff *m*
hiedra ['jeðra] *f* Efeu *m*
hielo ['jelo] *m* Eis *nt*
hierba ['jerβa] *f* Kraut *nt*; **brizna de ~** Grashalm *m*; **mala ~** Unkraut *nt*
hierro ['jerro] *m* Eisen *nt*; **de ~** eisern; **~ fundido** Gußeisen *nt*
hígado ['iɣaðo] *m* Leber *f*
higiene [i'xjene] *f* Hygiene *f*
higiénico [i'xjeniko] *adj* hygienisch; **papel ~** Toilettenpapier *nt*
higo ['iɣo] *m* Feige *f*
hija ['ixa] *f* Tochter *f*
hijastro [i'xastro] *m* Stiefkind *nt*
hijo ['ixo] *m* Sohn *m*
hilar [i'lar] *v* *spinnen
hilo ['ilo] *m* Garn *nt*, Zwirn *m*, Faden *m*; **~ de zurcir** Stopfgarn *nt*
himno ['imno] *m* Hymne *f*; **~ nacional** Nationalhymne *f*
hinchar [in'tʃar] *v* aufblähen; **hincharse** *v* *schwellen
hinchazón [intʃa'θon] *f* Geschwulst *f*
hipo ['ipo] *m* Schluckauf *m*
hipocresía [ipokre'sia] *f* Heuchelei *f*
hipócrita [i'pokrita] *adj* heuchlerisch,

hypokritisch; *m* Heuchler *m*
hipódromo [i'poðromo] *m* Rennbahn *f*
hipoteca [ipo'teka] *f* Hypothek *f*
hispanoamericano [ispanoameri'kano] *adj* ibero-amerikanisch
histérico [is'teriko] *adj* hysterisch
historia [is'torja] *f* Geschichte *f*; **~ de amor** Liebesgeschichte *f*; **~ del arte** Kunstgeschichte *f*
historiador [istorja'ðor] *m* Historiker *m*
histórico [is'toriko] *adj* geschichtlich, historisch
hocico [o'θiko] *m* Maul *nt*, Schnauze *f*
hockey ['xokei] *m* Hockey *nt*
hogar [o'ɣar] *m* Herd *m*
hoja ['oxa] *f* Blatt *nt*; Klinge *f*; **~ de afeitar** Rasierklinge *f*; **~ de pedido** Bestellzettel *m*; **hojas de oro** Blattgold *nt*
¡hola! ['ola] hallo!
Holanda [o'landa] *f* Holland
holandés [olan'des] *adj* niederländisch, holländisch; *m* Niederländer *m*, Holländer *m*
hombre ['ombre] *m* Mann *m*; Mensch *m*
hombro ['ombro] *m* Schulter *f*
homenaje [ome'naxe] *m* Huldigung *f*
homosexual [omosek'swal] *adj* homosexuell
hondo ['ondo] *adj* tief
honesto [o'nesto] *adj* ehrlich; rechtschaffen
hongo ['oŋgo] *m* Pilz *m*
honor [o'nor] *m* Ehre *f*
honorable [ono'raβle] *adj* ehrenwert
honorarios [ono'rarjos] *mpl* Honorar *nt*
honra ['onrra] *f* Ehre *f*
honradez [onra'ðeθ] *f* Ehrlichkeit *f*
honrado [on'rraðo] *adj* ehrenhaft
honrar [on'rar] *v* ehren
hora ['ora] *f* Stunde *f*; **~ de afluencia**

Hauptverkehrszeit f; ~ **de llegada** Ankunftszeit f; ~ **de salida** Abfahrtszeit f; ~ **punta** Hauptverkehrszeit f; **horas de consulta** Sprechstunde f; **horas de oficina** Bürostunden fpl, Geschäftszeit f; **horas de visita** Besuchsstunden fpl; **horas hábiles** Öffnungszeiten fpl

horario [o'rarjo] m Plan m; Fahrplan m; ~ **de verano** Sommerzeit f

horizontal [oriθon'tal] adj waagerecht

horizonte [ori'θonte] m Horizont m

hormiga [or'miɣa] f Ameise f

hormigón [ormi'ɣon] m Beton m

hornear [orne'ar] v backen

horno ['orno] m Backofen m; Ofen m; ~ **de microonda** Mikrowellenherd

horquilla [or'kiʎa] f Haarnadel f, Haarklemme f

horrible [o'rriβle] adj entsetzlich; scheußlich, abscheulich

horror [o'rror] m Entsetzen nt

horticultura [ortikul'tura] f Gartenbau m

hospedar [ospe'ðar] v bewirten; **hospedarse** v verweilen, sich *aufhalten

hospedería [ospeðe'ria] f Herberge f

hospicio [os'piθjo] m Heim nt

hospital [ospi'tal] m Klinik f, Krankenhaus nt

hospitalario [ospita'larjo] adj gastfreundlich

hospitalidad [ospitali'ðað] f Gastfreundschaft f

hostil [os'til] adj feindlich

hotel [o'tel] m Hotel nt

hoy [oi] adv heute; ~ **en día** heutzutage

hoyo ['ojo] m Grube f

hueco ['weko] adj hohl; m Lücke f

huelga ['welɣa] f Streik m; *estar en ~ streiken

huella ['weʎa] f Spur f

huérfano ['werfano] m Waise f

huerto ['werto] m Gemüsegarten m

hueso ['weso] m Bein nt, Knochen m; Kern m

huésped ['wespeð] m Gast m; Untermieter m, Kostgänger m

hueva ['weβa] f Rogen m

huevera [we'βera] f Eierbecher m

huevo ['weβo] m Ei nt; **yema de ~** Eidotter nt

*huir [wir] v *fliehen, flüchten

hule ['ule] mMe Gummi m

humanidad [umani'ðað] f Menschheit f

humano [u'mano] adj menschlich

humedad [ume'ðað] f Feuchtigkeit f

*humedecer [umeðe'θer] v anfeuchten, befeuchten

húmedo ['umeðo] adj feucht

humilde [u'milde] adj bescheiden

humo ['umo] m Rauch m

humor [u'mor] m Laune f, Stimmung f; Humor m; **de buen ~** gutgelaunt

humorístico [umo'ristiko] adj humorvoll

hundimiento [undi'mjento] m Zusammensturz m

hundirse [un'dirse] v *sinken

húngaro ['ungaro] adj ungarisch; m Ungar m

Hungría [uŋ'gria] m Ungarn

huracán [ura'kan] m Wirbelsturm m

hurtar [ur'tar] v *stehlen

hurto ['urto] m theft

I

ibérico [i'βeriko] adj iberisch

icono [i'kono] m Ikone f

ictericia [ikte'riθja] f Gelbsucht f

idea [i'ðea] f Idee f; Einfall m

ideal [iðe'al] adj ideal; m Ideal nt

idear [iðe'ar] v *ausdenken

idéntico [i'ðentiko] adj identisch

identidad [iðenti'ðað] f Identität f; **carnet de** ~ Ausweis m

identificación [iðentifika'θjon] f Identifizierung f

identificar [iðentifi'kar] v identifizieren

idioma [i'ðjoma] m Sprache f

idiomático [iðjo'matiko] adj idiomatisch

idiota [i'ðjota] adj verrückt; m Idiot m, Tor m

ido ['iðo] adv (pp ir) fort

ídolo ['iðolo] m Abgott m; Idol nt

iglesia [i'ɣlesja] f Kirche f

ignorancia [iɣno'ranθja] f Unwissenheit f

ignorante [iɣno'rante] adj unwissend

ignorar [iɣno'rar] v ignorieren

igual [i'ɣwal] adj gleich; eben; **sin** ~ unübertroffen

igualar [iɣwa'lar] v gleichmachen, *ausgleichen; *gleichkommen

igualdad [iɣwal'dað] f Gleichheit f

igualmente [iɣwal'mente] adv gleich; ebenso

ilegal [ile'ɣal] adj illegal, ungesetzlich, rechtswidrig

ilegible [ile'xiβle] adj unleserlich

ileso [i'leso] adj unverletzt

ilimitado [ilimi'taðo] adj unbegrenzt, unbeschränkt

iluminación [ilumina'θjon] f Beleuchtung f

iluminar [ilumi'nar] v erleuchten

ilusión [ilu'sjon] f Täuschung f, Illusion f

ilustración [ilustra'θjon] f Illustration f; Abbildung f

ilustrar [ilus'trar] v illustrieren

ilustre [i'lustre] adj berühmt

imagen [i'maxen] f Bild nt; ~ **refleja-da** Spiegelbild nt

imaginación [imaxina'θjon] f Phantasie f, Einbildung f

imaginar [imaxi'nar] v sich vorstellen; **imaginarse** v sich einbilden, sich vorstellen

imaginario [imaxi'narjo] adj imaginär

imitación [imita'θjon] f Nachahmung f, Imitation f

imitar [imi'tar] v nachmachen, nachahmen

impaciente [impa'θjente] adj begierig, ungeduldig

impar [im'par] adj ungerade

imparcial [impar'θjal] adj unparteiisch

impecable [impe'kaβle] adj tadellos

impedimento [impeði'mento] m Hindernis nt

***impedir** [impe'ðir] v hindern; *zurückhalten, *anhalten, verhindern

impeler [impe'ler] v *antreiben

imperdible [imper'ðiβle] m Sicherheitsnadel f

imperfección [imperfek'θjon] f Fehler m

imperfecto [imper'fekto] adj unvollkommen

imperial [impe'rjal] adj kaiserlich; Reichs-

imperio [im'perjo] m Kaiserreich nt; Reich nt

impermeable [imperme'aβle] adj wasserdicht; m Regenmantel m

impersonal [imperso'nal] adj unpersönlich

impertinencia [imperti'nenθja] f Unverschämtheit f

impertinente [imperti'nente] adj frech, unverschämt

impetuoso [impe'twoso] adj heftig

implicar [impli'kar] v in sich *schließen, besagen; **implicado** beteiligt

imponente [impo'nente] adj großartig, imposant

imponible [impo'niβle] adj zollpflichtig

impopular [impopu'lar] adj unpopulär, unbeliebt

importación [importa'θjon] f Importware f, Einfuhr f, Import m

importador [importa'ðor] m Importeur m

importancia [impor'tanθja] f Bedeutung f, Wichtigkeit f; *tener ~ von Bedeutung *sein

importante [impor'tante] adj wichtig; beachtlich, bedeutend

importar [impor'tar] v einführen, importieren

importuno [impor'tuno] adj ärgerlich

imposible [impo'siβle] adj unmöglich

impotencia [impo'tenθja] f Impotenz f

impotente [impo'tente] adj machtlos; impotent

impresión [impre'sjon] f Eindruck m; ~ digital Fingerabdruck m

impresionante [impresjo'nante] adj eindrucksvoll; treffend

impresionar [impresjo'nar] v *auffallen, imponieren, beeindrucken

impreso [im'preso] m Drucksache f

imprevisto [impre'βisto] adj unvorhergesehen, zufällig

*imprimir [impri'mir] v drucken

improbable [impro'βaβle] adj unwahrscheinlich

ímprobo ['improβo] adj unbillig, unehrlich

impropio [im'propjo] adj unpassend; unrecht

improvisar [improβi'sar] v improvisieren

imprudente [impru'ðente] adj unüberlegt

impudente [impu'ðente] adj unverschämt

impuesto [im'pwesto] m Besteuerung f, Steuer f; Zoll m; ~ de aduana Zoll m; impuestos de importación

Einfuhrzoll m; libre de impuestos steuerfrei

impulsivo [impul'siβo] adj impulsiv

impulso [im'pulso] m Impuls m

inaccesible [inakθe'siβle] adj unzugänglich

inaceptable [inaθep'taβle] adj unannehmbar

inadecuado [inaðe'kwaðo] adj unzulänglich; untauglich, ungeeignet

inapreciable [inapre'θjaβle] adj unschätzbar

incapaz [iŋka'paθ] adj unfähig

incendio [in'θendjo] m Brand m

incidente [inθi'ðente] m Zwischenfall m

incienso [in'θjenso] m Weihrauch m

incierto [in'θjerto] adj unsicher

incineración [inθinera'θjon] f Einäscherung f

incinerar [inθine'rar] v *verbrennen

incisión [inθi'sjon] f Einschnitt m

incitar [inθi'tar] v anregen

inclinación [iŋklina'θjon] f Neigung f

inclinar [iŋkli'nar] v beugen; inclinado geneigt; abschüssig, schräg; inclinarse v neigen; *abfallen, sich neigen

*incluir [iŋ'klwir] v *enthalten, *einschließen, *beischließen, beilegen; mitzählen; todo incluido alles inbegriffen

incluso [iŋ'kluso] adj einschließlich, eingeschlossen

incombustible [iŋkombus'tiβle] adj feuersicher

incomible [iŋko'miβle] adj ungenießbar

incomodidad [iŋkomoði'ðað] f Unbequemlichkeit f

incómodo [iŋ'komoðo] adj ungemütlich

incompetente [iŋkompe'tente] adj unfähig; unqualifiziert

incompleto [iŋkom'pleto] *adj* unvollständig

inconcebible [iŋkonθe'βiβle] *adj* unfaßbar

incondicional [iŋkondiθjo'nal] *adj* bedingungslos

inconsciente [iŋkon'θjente] *adj* unbewußt; bewußtlos

inconveniencia [iŋkombe'njenθja] *f* Unannehmlichkeit *f*

incorrecto [iŋko'rrekto] *adj* unrichtig

increíble [iŋkre'iβle] *adj* unglaublich

incrementar [iŋkremen'tar] *v* *anwachsen

inculto [iŋ'kulto] *adj* unkultiviert; ungebildet

incurable [iŋku'raβle] *adj* unheilbar

indagación [indaɣa'θjon] *f* Nachfrage *f*

indagar [inda'ɣar] *v* befragen

indecente [inde'θente] *adj* unanständig

indefenso [inde'fenso] *adj* ungeschützt

indefinido [indefi'niðo] *adj* unbestimmt

indemnización [indemniθa'θjon] *f* Schadenersatz *m*, Entschädigung *f*

independencia [indepen'denθja] *f* Unabhängigkeit *f*

independiente [indepen'djente] *adj* selbständig, unabhängig

indeseable [indese'aβle] *adj* unerwünscht

India ['indja] *f* Indien

indicación [indika'θjon] *f* Anzeichen *nt*

indicador [indika'ðor] *m* Winker *m*, Blinker *m*

indicar [indi'kar] *v* zeigen; *angeben

indicativo [indika'tiβo] *m* Ortsnetzkennzahl *f*

índice ['indiθe] *m* Verzeichnis *nt*, Index *m*, Inhaltsverzeichnis *nt*; Zeigefinger *m*

indiferencia [indife'renθja] *f* Gleichgültigkeit *f*

indiferente [indife'rente] *adj* gleichgültig; gedankenlos

indígena [in'dixena] *m* Eingeborene *m*

indigestión [indixes'tjon] *f* Magenverstimmung *f*

indignación [indiɣna'θjon] *f* Entrüstung *f*

indio ['indjo] *adj* indianisch, indisch; *m* Indianer *m*, Inder *m*

indirecto [indi'rekto] *adj* indirekt

indispensable [indispen'saβle] *adj* unentbehrlich

indispuesto [indis'pwesto] *adj* unwohl

individual [indiβi'ðwal] *adj* individuell

individuo [indi'βiðwo] *m* Einzelne *m*, Individuum *nt*

Indonesia [indo'nesja] *f* Indonesien

indonesio [indo'nesjo] *adj* indonesisch; *m* Indonesier *m*

indudable [indu'ðaβle] *adj* zweifellos

indulto [in'dulto] *m* Begnadigung *f*

industria [in'dustrja] *f* Industrie *f*, Gewerbe *nt*

ineficiente [inefi'θjente] *adj* unzweckmäßig

inerte [i'nerte] *adj* schlaff

inesperado [inespe'raðo] *adj* unerwartet

inestable [ines'taβle] *adj* unstet, labil

inevitable [ineβi'taβle] *adj* unvermeidlich

inexacto [inek'sakto] *adj* ungenau; verkehrt

inexperto [ineks'perto] *adj* unerfahren

inexplicable [inekspli'kaβle] *adj* unerklärlich

infancia [in'fanθja] *f* Kindheit *f*

infantería [infante'ria] *f* Infanterie *f*

infantil [infan'til] *adj* kindlich

infección [infek'θjon] *f* Infektion *f*

infectar [infek'tar] *v* anstecken; **infectarse** *v* entzünden

inferior [infe'rjor] *adj* geringer, unter; unterst; minderwertig

infiel [in'fjel] *adj* untreu

infierno [in'fjerno] m Hölle f
infinidad [infini'ðað] f Unendlichkeit f
infinitivo [infini'tiβo] m Infinitiv m
infinito [infi'nito] adj unendlich
inflable [in'flaβle] adj aufblasbar
inflación [infla'θjon] f Inflation f
inflamable [infla'maβle] adj entzündbar
inflamación [inflama'θjon] f Entzündung f
influencia [in'flwenθja] f Einfluß m
*influir [in'flwir] v beeinflussen
influjo [in'fluxo] m Einfluß m
influyente [influ'jente] adj einflußreich
información [informa'θjon] f Erkundigung f, Auskunft f; oficina de informaciones Auskunftsbüro nt
informal [infor'mal] adj informell; zwanglos
informar [infor'mar] v melden, berichten, informieren; plädieren; informarse v nachfragen
informe [in'forme] m Bericht m; informes mpl Nachricht f; *pedir informes sich erkundigen
infortunio [infor'tunjo] m Mißgeschick nt
infrarrojo [infra'rroxo] adj infrarot
infrecuente [infre'kwente] adj selten
infringir [infrin'xir] v *eindringen
ingeniero [inxe'njero] m Ingenieur m
ingenioso [inxe'njoso] adj geistreich
ingenuo [in'xenwo] adj naiv; schlicht
Inglaterra [ingla'terra] f England
ingle ['ingle] f Leiste f
inglés [in'gles] adj englisch; m Engländer m
ingrato [in'grato] adj undankbar
ingrediente [ingre'ðjente] m Zutat f, Bestandteil m
ingresar [ingre'sar] v hinterlegen
ingreso [in'greso] m Eintritt m
ingresos [in'gresos] mpl Einkünfte fpl, Einnahmen, Einkommen nt; im-

puesto sobre los ~ Einkommensteuer f
inhabitable [inaβi'taβle] adj unbewohnbar
inhabitado [inaβi'taðo] adj unbewohnt
inhalar [ina'lar] v einatmen
inicial [ini'θjal] adj Anfangs-, erste; f Anfangsbuchstabe m
iniciar [ini'θjar] v einführen
iniciativa [iniθja'tiβa] f Initiative f
ininterrumpido [ininterrum'piðo] adj anhaltend
injusticia [inxus'tiθja] f Unrecht nt
injusto [in'xusto] adj ungerecht
inmaculado [inmaku'laðo] adj fleckenlos
inmediatamente [inmeðjata'mente] adv augenblicklich, unverzüglich, sogleich
inmediato [inme'ðjato] adj unmittelbar, sofortig; de ~ sofort
inmenso [in'menso] adj unendlich, unermeßlich
inmerecido [inmere'θiðo] adj unverdient
inmigración [inmiɣra'θjon] f Einwanderung f
inmigrante [inmi'ɣrante] m Einwanderer m
inmigrar [inmi'ɣrar] v einwandern
inmodesto [inmo'ðesto] adj unbescheiden
inmueble [in'mweβle] m Gebäude nt
inmundo [in'mundo] adj schmutzig
inmunidad [inmuni'ðað] f Immunität f
inmunizar [inmuni'θar] v immunisieren
innato [in'nato] adj angeboren
innecesario [inneθe'sarjo] adj unnötig
innumerable [innume'raβle] adj zahllos
inocencia [ino'θenθja] f Unschuld f
inocente [ino'θente] adj unschuldig
inoculación [inokula'θjon] f Impfung f
inocuo [i'nokwo] adj harmlos
inoportuno [inopor'tuno] adj ungele-

gen; unangebracht

inquietarse [iŋkje'tarse] *v* sich beunruhigen

inquieto [in'kjeto] *adj* ruhelos, unruhig; beunruhigt

inquietud [iŋkje'tuð] *f* Ruhelosigkeit *f*; Besorgtheit *f*

inquilino [iŋki'lino] *m* Mieter *m*

insalubre [insa'luβre] *adj* ungesund

insatisfecho [insatis'fetʃo] *adj* unzufrieden

inscribir [inskri'βir] *v* *einschreiben, *eintragen; **inscribirse** *v* sich *einschreiben, sich anmelden

inscripción [inskrip'θjon] *f* Inschrift *f*; Eintragung *f*

insecticida [insekti'θiða] *m* Insektengift *nt*

insectífugo [insek'tifuɣo] *m* Insektenschutzmittel *nt*

insecto [in'sekto] *m* Insekt *nt*

inseguro [inse'ɣuro] *adj* unsicher; ungewiß

insensato [insen'sato] *adj* unsinnig

insensible [insen'siβle] *adj* unempfindlich; herzlos

insertar [inser'tar] *v* einfügen

insignificante [insiɣnifi'kante] *adj* unwichtig, geringfügig, unerheblich, unbedeutend

insípido [in'sipiðo] *adj* geschmacklos

insistir [insis'tir] *v* beharren, *bestehen

insolación [insola'θjon] *f* Sonnenstich *m*

insolencia [inso'lenθja] *f* Unverschämtheit *f*

insolente [inso'lente] *adj* frech, unverschämt

insólito [in'solito] *adj* ungewöhnlich

insomnio [in'somnjo] *m* Schlaflosigkeit *f*

insonorizado [insonori'θaðo] *adj* schalldicht

insoportable [insopor'taβle] *adj* unerträglich

inspección [inspek'θjon] *f* Inspektion *f*; **~ de pasaportes** Paßkontrolle *f*

inspeccionar [inspekθjo'nar] *v* inspizieren

inspector [inspek'tor] *m* Aufsichtsbeamte *m*

inspirar [inspi'rar] *v* begeistern

instalación [instala'θjon] *f* Einrichtung *f*; Betriebsanlage *f*

instalar [insta'lar] *v* installieren; möblieren

instantánea [instan'tanea] *f* Schnappschuß *m*

instantáneamente [instantanea'mente] *adv* unverzüglich

instante [ins'tante] *m* Augenblick *m*; **al ~** sofort

instinto [in'stinto] *m* Instinkt *m*

institución [institu'θjon] *f* Institution *f*, Anstalt *f*

***instituir** [insti'twir] *v* einrichten

instituto [insti'tuto] *m* Einrichtung *f*, Institut *nt*

institutor [institu'tor] *m* Lehrer *m*

instrucción [instruk'θjon] *f* Unterweisung *f*; Anweisung *f*

instructivo [instruk'tiβo] *adj* lehrreich

instructor [instruk'tor] *m* Lehrer *m*

***instruir** [ins'trwir] *v* *unterweisen

instrumento [instru'mento] *m* Instrument *nt*; **~ músico** Musikinstrument *nt*

insuficiente [insufi'θjente] *adj* ungenügend

insufrible [insu'friβle] *adj* unerträglich

insultante [insul'tante] *adj* beleidigend

insultar [insul'tar] *v* beleidigen; schimpfen, ausschimpfen

insulto [in'sulto] *m* Beleidigung *f*

intacto [in'takto] *adj* unversehrt; unbeschädigt

integral [inte'ɣral] *adj* ganzheitlich

integrar [inte'ɣrar] *v* integrieren

intelecto [inte'lekto] m Intellekt m, Verstand m

intelectual [intelek'twal] adj intellektuell

inteligencia [inteli'xenθja] f Intelligenz f, Verstand m

inteligente [inteli'xente] adj intelligent; gewandt

intención [inten'θjon] f Absicht f; *tener la ~ de beabsichtigen

intencionado [intenθjo'naðo] adj absichtlich

intencional [intenθjo'nal] adj absichtlich

intensidad [intensi'ðað] f Intensität f

intenso [in'tenso] adj heftig, intensiv

intentar [inten'tar] v probieren, versuchen; beabsichtigen

intercambiar [interkam'bjar] v auswechseln

interés [inte'res] m Interesse nt; Nutzen m

interesado [intere'saðo] adj interessiert; beteiligt; m Bewerber m

interesante [intere'sante] adj interessant

interesar [intere'sar] v interessieren

interferencia [interfe'renθja] f Eingreifen nt

interferir [interfe'rir] v *einschreiten

ínterin ['interin] m Zwischenzeit f

interior [inte'rjor] adj inner, inwendig; inländisch; m Innere nt, Innenseite f

intermediario [interme'ðjarjo] m Vermittler m

intermedio [inter'meðjo] m Zwischenspiel nt

internacional [internaθjo'nal] adj international

internado [inter'naðo] m Internat nt

interno [in'terno] adj inner, intern

interpretar [interpre'tar] v dolmetschen; darstellen

intérprete [in'terprete] m Dolmetscher m

interrogar [interro'ɣar] v verhören

interrogativo [interroɣa'tiβo] adj fragend

interrogatorio [interroɣa'torjo] m Verhör nt

interrumpir [interrum'pir] v *unterbrechen

interrupción [interrup'θjon] f Unterbrechung f

interruptor [interrup'tor] m Schalter m

intersección [intersek'θjon] f Kreuzung f

intervalo [inter'βalo] m Pause f, Intervall nt

intervención [interβen'θjon] f Intervention f

*intervenir [interβe'nir] v sich einmischen

intestino [intes'tino] m Darm m; ~ recto Mastdarm m; intestinos Eingeweide pl, Därme pl

intimidad [intimi'ðað] f Privatleben nt

íntimo ['intimo] adj intim; gemütlich

intoxicación alimentaria [intoksika-'θjon alimen'tarja] Nahrungsmittelvergiftung f

intransitable [intransi'taβle] adj ungangbar

intriga [in'triɣa] f Komplott nt

introducción [introðuk'θjon] f Einführung f

*introducir [introðu'θir] v einführen; *vorbringen

intruso [in'truso] m Eindringling m

inundación [inunda'θjon] f Überschwemmung f

inusitado [inusi'taðo] adj ungebräuchlich

inútil [i'nutil] adj nutzlos

inútilmente [inutil'mente] adv vergebens

invadir [imba'ðir] v *eindringen

inválido [im'baliðo] *adj* invalide; *m* Invalide *m*

invasión [imba'sjon] *f* Invasion *f*

invención [imben'θjon] *f* Erfindung *f*

inventar [imben'tar] *v* *erfinden; *ersinnen

inventario [imben'tarjo] *m* Inventar *nt*

inventivo [imben'tiβo] *adj* erfinderisch

inventor [imben'tor] *m* Erfinder *m*

invernáculo [imber'nakulo] *m* Gewächshaus *nt*

invernadero [imberna'ðero] *m* Treibhaus *nt*

inversión [imber'sjon] *f* Geldanlage *f*, Investition *f*

inversionista [imbersjo'nista] *m* Kapitalgeber *m*

inverso [im'berso] *adj* umgekehrt

***invertir** [imber'tir] *v* umdrehen; anlegen, investieren

investigación [imbestiγa'θjon] *f* Forschung *f*; Untersuchung *f*

investigador [imβestiγa'ðor] *m* Untersucher *m*

investigar [imbesti'γar] *v* untersuchen

invierno [im'bjerno] *m* Winter *m*; **deportes de** ~ Wintersport *m*

invisible [imbi'siβle] *adj* unsichtbar

invitación [imbita'θjon] *f* Einladung *f*

invitado [imbi'taðo] *m* Gast *m*

invitar [imbi'tar] *v* auffordern; *einladen

inyección [injek'θjon] *f* Spritze *f*, Injektion *f*

inyectar [injek'tar] *v* einspritzen

***ir** [ir] *v* *gehen; ~ **por** holen; ***irse** *v* *weggehen

Irak [i'rak] *m* Irak

Irán [i'ran] *m* Iran

iraní [ira'ni] *adj* iranisch; *m* Iranier *m*

iraquí [ira'ki] *adj* irakisch

irascible [iras'θiβle] *adj* jähzornig, reizbar

Irlanda [ir'landa] *f* Irland

irlandés [irlan'des] *adj* irisch; *m* Ire *m*

ironía [iro'nia] *f* Ironie *f*

irónico [i'roniko] *adj* ironisch

irrazonable [irraθo'naβle] *adj* unvernünftig

irreal [irre'al] *adj* irreal

irreflexivo [irreflek'siβo] *adj* unbesonnen

irregular [irreγu'lar] *adj* unregelmäßig; uneben

irrelevante [irrele'βante] *adj* nichtssagend

irreparable [irrepa'raβle] *adj* irreparabel

irrevocable [irreβo'kaβle] *adj* unwiderruflich

irritable [irri'taβle] *adj* reizbar

irritante [irri'tante] *adj* lästig

irritar [irri'tar] *v* irritieren; reizen

irrompible [irrom'piβle] *adj* unzerbrechlich

irrupción [irrup'θjon] *f* Einfall *m*

isla ['izla] *f* Insel *f*

islandés [izlan'des] *adj* isländisch; *m* Isländer *m*

Islandia [iz'landja] *f* Island

Israel [isra'el] *m* Israel

israelí [israe'li] *adj* israelisch; *m* Israeli *m*

istmo ['istmo] *m* Landenge *f*

Italia [i'talja] *f* Italien

italiano [ita'ljano] *adj* italienisch; *m* Italiener *m*

ítem ['item] *m* Posten *m*

itinerario [itine'rarjo] *m* Reiseplan *m*

izar [i'θar] *v* *hochziehen

izquierdo [iθ'kjerðo] *adj* linke

J

jabón [xa'βon] *m* Seife *f*; ~ **de afeitar** Rasierseife *f*; ~ **en polvo** Seifen-

pulver *nt*, Waschpulver *nt*
jade ['xaðe] *m* Jade *m*
jadear [xaðe'ar] *v* keuchen
jalar [xa'lar] *vMe* *ziehen
jalea [xa'lea] *f* Gelee *nt*
jamás [xa'mas] *adv* jemals
jamón [xa'mon] *m* Schinken *m*
Japón [xa'pon] *m* Japan
japonés [xapo'nes] *adj* japanisch; *m* Japaner *m*
¡jaque! ['xake] Schach!
jarabe [xa'raβe] *m* Sirup *m*
jardín [xar'ðin] *m* Garten *m*; ~ **de infancia** Kindergarten *m*; ~ **público** Anlage *f*; ~ **zoológico** zoologischer Garten, Zoo *m*
jardinero [xarði'nero] *m* Gärtner *m*
jarra ['xarra] *f* Krug *m*
jaula ['xaula] *f* Käfig *m*
jefe ['xefe] *m* Haupt *nt*, Chef *m*; Anführer *m*; Häuptling *m*; ~ **de cocina** Küchenchef *m*; ~ **de estación** Stationsvorsteher *m*; ~ **de Estado** Staatsoberhaupt *nt*; ~ **de gobierno** Premierminister *m*
jengibre [xeŋ'xiβre] *m* Ingwer *m*
jerarquía [xerar'kia] *f* Hierarchie *f*
jeringa [xe'riŋga] *f* Spritze *f*
jersey [xer'sei] *m* Jersey *m*; Jumper *m*, Wollpullover *m*
jinete [xi'nete] *m* Reiter *m*
jitomate [xito'mate] *mMe* Tomate *f*
Jordania [xor'ðanja] *f* Jordanien
jordano [xor'ðano] *adj* jordanisch; *m* Jordanier *m*
jornada [xor'naða] *f* Tagesausflug *m*
joven ['xoβen] *adj* jung; *m* Junge *m*
jovencito [xoβen'θito] *m* Teenager *m*
jovial [xo'βjal] *adj* fröhlich
joya ['xoja] *f* Juwel *nt*
joyería [xoje'ria] *f* Schmuck *m*
joyero [xo'jero] *m* Juwelier *m*
jubilado [xuβi'laðo] *adj* pensioniert
judía [xu'ðia] *f* Bohne *f*

judío [xu'ðio] *adj* jüdisch; *m* Jude *m*
juego ['xweɣo] *m* Spiel *nt*; Satz *m*; *hacer ~ con passen zu; ~ **de bolos** Kegeln *nt*; ~ **de damas** Damespiel *nt*; ~ **de té** Teeservice *nt*
jueves ['xweβes] *m* Donnerstag *m*
juez [xweθ] *m* Richter *m*
jugada [xu'ɣaða] *f* Zug *m*
jugador [xuɣa'ðor] *m* Spieler *m*
***jugar** [xu'ɣar] *v* spielen
juguete [xu'ɣete] *m* Spielzeug *nt*
juguetería [xuɣete'ria] *f* Spielwarenladen *m*
juicio ['xwiθjo] *m* Verstand *m*; Urteil *nt*
julio ['xuljo] Juli
junco ['xuŋko] *m* Binse *f*
jungla ['xuŋgla] *f* Dschungel *m*
junio ['xunjo] Juni
junquillo [xuŋ'kiʎo] *m* Schilfrohr *nt*
junta ['xunta] *f* Versammlung *f*
juntamente [xunta'mente] *adv* gemeinsam
juntar [xun'tar] *v* beifügen; sammeln; *verbinden; **juntarse** *v* sich versammeln
junto a ['xunto a] neben
juntos ['xuntos] *adv* zusammen
jurado [xu'raðo] *m* Preisgericht *nt*
juramento [xura'mento] *m* Eid *m*; **prestar ~** *schwören
jurar [xu'rar] *v* *schwören; fluchen
jurídico [xu'riðiko] *adj* rechtlich
jurista [xu'rista] *m* Jurist *m*
justamente [xusta'mente] *adv* mit Recht; genau
justicia [xus'tiθja] *f* Gerechtigkeit *f*
justificar [xustifi'kar] *v* rechtfertigen
justo ['xusto] *adj* redlich, gerecht, berechtigt; korrekt, richtig
juvenil [xuβe'nil] *adj* jugendlich
juventud [xuβen'tuð] *f* Jugend *f*
juzgar [xuθ'ɣar] *v* urteilen; beurteilen

K

Kenya ['kenja] m Kenia
kilogramo [kilo'γramo] m Kilo nt
kilometraje [kilome'traxe] m Kilometerzahl f
kilómetro [ki'lometro] m Kilometer m

L

la [la] pron sie
laberinto [laβe'rinto] m Irrgarten m, Labyrinth nt
labio ['laβjo] m Lippe f
labor [la'βor] f Arbeit f
laboratorio [laβora'torjo] m Laboratorium nt; ~ **de lenguas** Sprachlabor nt
laca ['laka] f Lack m; ~ **para el cabello** Haarlack m
ladera [la'ðera] f Hang m
lado ['laðo] m Seite f; **al ~** nebenan; **al otro ~** drüben; **al otro ~ de** jenseits
ladrar [la'ðrar] v bellen
ladrillo [la'ðriʎo] m Ziegelstein m, Ziegel m
ladrón [la'ðron] m Dieb m, Räuber m; Einbrecher m
lago ['laγo] m See m
lágrima ['laγrima] f Träne f
laguna [la'γuna] f Lagune f
lamentable [lamen'taβle] adj jämmerlich
lamentar [lamen'tar] v beklagen; trauern
lamer [la'mer] v lecken
lámpara ['lampara] f Lampe f; ~ **para lectura** Leselampe f; ~ **sorda** Sturmlaterne f

lana ['lana] f Wolle f; **de ~** wollen
landa ['lanða] f Heide f
langosta [lan'gosta] f Hummer m
lanza ['lanθa] f Speer m
lanzamiento [lanθa'mjento] m Wurf m
lanzar [lan'θar] v *werfen; *abschießen; in Gang *bringen
lápida ['lapiða] f Grabstein m
lápiz ['lapiθ] m Bleistift m; ~ **labial** Lippenstift m; ~ **para las cejas** Augenbrauenstift m
largo ['larγo] adj lang; langwierig; **a lo ~ de** entlang; **pasar de ~** *vorbeigehen
laringitis [larin'xitis] f Halsentzündung f
¡qué lástima! [ke 'lastima] schade!
lata ['lata] f Büchse f, Dose f
lateralmente [lateral'mente] adv seitwärts
latín [la'tin] m Latein nt
latinoamericano [latinoameri'kano] adj lateinamerikanisch
latitud [lati'tuð] f Breitengrad m
latón [la'ton] m Messing nt
lavable [la'βaβle] adj waschbar; waschecht
lavabo [la'βaβo] m Waschtisch m
lavabos [la'βaβos] mpl Toilettenraum m; ~ **para caballeros** Herrentoilette f; ~ **para señoras** Damentoilette f
lavado [la'βaðo] m Waschen nt
lavandería [laβande'ria] f Wäscherei f; ~ **de autoservicio** Münzwäscherei f
lavar [la'βar] v *waschen
laxante [lak'sante] m Abführmittel nt
le [le] pron ihm; ihn; ihr
leal [le'al] adj treu, loyal
lección [lek'θjon] f Lektion f
leche ['letʃe] f Milch f; **batido de ~** Milkshake m
lechería [letʃe'ria] f Molkerei f

lechero [le'tʃero] m Milchmann m
lechigada [letʃi'ɣaða] f Wurf m
lechoso [le'tʃoso] adj milchig
lechuga [le'tʃuɣa] f Salat m
*leer [le'er] v *lesen
legación [leɣa'θjon] f Gesandtschaft f
legal [le'ɣal] adj gesetzlich
legalización [leɣaliθa'θjon] f Legalisierung f
legible [le'xiβle] adj leserlich
legitimación [lexitima'θjon] f Legitimierung f
legítimo [le'xitimo] adj rechtmäßig, gesetzmäßig
legumbre [le'ɣumbre] f Gemüse nt
lejano [le'xano] adj entfernt, fern
lejos ['lexos] adv fern
lema ['lema] f Devise f, Wahlspruch m
lengua ['leŋgwa] f Zunge f; Sprache f; ~ materna Muttersprache f
lenguado [leŋ'gwaðo] m Seezunge f
lenguaje [leŋ'gwaxe] m Sprache f
lente ['lente] m/f Linse f; ~ de aumento Vergrößerungsglas nt; lentillas fpl Kontaktlinsen fpl
lento ['lento] adj langsam; träge
león [le'on] m Löwe m
lepra ['lepra] f Lepra f
lerdo ['lerðo] adj schwerfällig
les [les] pron sie; ihnen
lesión [le'sjon] f Verletzung f, Verwundung f
letra ['letra] f Buchstabe m
levadura [leβa'ðura] f Hefe f
levantamiento [leβanta'mjento] m Anhöhe f; Aufstand m
levantar [leβan'tar] v *heben, *aufheben; *vorbringen; levantarse v *aufstehen
leve ['leβe] adj geringfügig
ley [lei] f Gesetz nt
leyenda [le'jenda] f Legende f
liar [ljar] v bündeln

libanés [liβa'nes] adj libanesisch; m Libanese m
Líbano ['liβano] m Libanon m
liberación [liβera'θjon] f Befreiung f; Erlösung f
liberal [liβe'ral] adj liberal
liberalismo [liβera'lizmo] m Liberalismus m
Liberia [li'βerja] f Liberia
liberiano [liβe'rjano] adj liberisch; m Liberier m
libertad [liβer'tað] f Freiheit f
libra ['liβra] f Pfund nt
libranza [li'βranθa] f Anweisung f
librar [li'βrar] v erlösen
libre ['liβre] adj frei
librería [liβre'ria] f Buchladen m, Buchhandlung f
librero [li'βrero] m Buchhändler m
libro ['liβro] m Buch nt; ~ de bolsillo Taschenbuch nt; ~ de cocina Kochbuch nt; ~ de reclamaciones Beschwerdebuch nt; ~ de texto Lehrbuch nt
licencia [li'θenθja] f Konzession f, Lizenz f; Urlaub m
lícito ['liθito] adj gesetzlich
licor [li'kor] m Likör m
líder ['liðer] m Leiter m
liebre ['ljeβre] f Hase m
liga ['liɣa] f Vereinigung f, Bund m
ligero [li'xero] adj leicht
lima ['lima] f Feile f; Limone f; ~ para las uñas Nagelfeile f
limitar [limi'tar] v beschränken
límite ['limite] m Grenze f; ~ de velocidad Höchstgeschwindigkeit f
limón [li'mon] m Zitrone f
limonada [limo'naða] f Limonade f
limpiaparabrisas [limpjapara'βrisas] m Scheibenwischer m
limpiapipas [limpja'pipas] m Pfeifenreiniger m
limpiar [lim'pjar] v säubern, reinigen;

~ **en seco** chemisch reinigen

limpieza [lim'pjeθa] *f* Reinemachen *nt*, Reinigung *f*

limpio ['limpjo] *adj* sauber

lindo ['lindo] *adj* lieb

línea ['linea] *f* Linie *f*; ~ **de navegación** Schiffahrtslinie *f*; ~ **de pesca** Angelschnur *f*; ~ **principal** Hauptstrecke *f*

lino ['lino] *m* Leinen *nt*

linterna [lin'terna] *f* Laterne *f*; Taschenlampe *f*

liquidación [likiða'θjon] *f* Ausverkauf *m*

líquido ['likiðo] *adj* flüssig

liso ['liso] *adj* flach, glatt

lista ['lista] *f* Liste *f*; ~ **de correos** postlagernd; ~ **de espera** Warteliste *f*; ~ **de precios** Preisliste *f*

listín telefónico [lis'tin tele'foniko] Telephonbuch *nt*; Fernsprechverzeichnis *nt*

listo ['listo] *adj* klug; gescheit, schlau; bereit

litera [li'tera] *f* Koje *f*; Schlafwagenbett *nt*

literario [lite'rarjo] *adj* literarisch

literatura [litera'tura] *f* Literatur *f*

litoral [lito'ral] *m* Meeresküste *f*

litro ['litro] *m* Liter *m*

living [li'βiŋ] *m* Wohnzimmer *nt*

lo [lo] *pron* es; ~ **que** was

lobo ['loβo] *m* Wolf *m*

local [lo'kal] *adj* lokal, örtlich

localidad [lokali'ðað] *f* Örtlichkeit *f*; Platz *m*

localizar [lokali'θar] *v* ausfindig machen

loco ['loko] *adj* verrückt; wahnsinnig, irre, toll

locomotora [lokomo'tora] *f* Lokomotive *f*

locuaz [lo'kwaθ] *adj* gesprächig

locura [lo'kura] *f* Wahnsinn *m*, Irrsinn *m*

lodo ['loðo] *m* Schlamm *m*

lodoso [lo'ðoso] *adj* schlammig

lógica ['loxika] *f* Logik *f*

lógico ['loxiko] *adj* logisch

lograr [lo'γrar] *v* leisten; sich bemächtigen

lona ['lona] *f* Segeltuch *nt*; ~ **impermeable** Plane *f*

longitud [loŋxi'tuð] *f* Länge *f*; Längengrad *m*; ~ **de onda** Wellenlänge *f*

longitudinalmente [loŋxituðinal'mente] *adv* der Länge nach

loro ['loro] *m* Papagei *m*

lotería [lote'ria] *f* Lotterie *f*

loza ['loθa] *f* Steingut *nt*; Töpferware *f*; Fayence *f*

lubricación [luβrika'θjon] *f* Schmierung *f*

lubricar [luβri'kar] *v* schmieren

lubrificar [luβrifi'kar] *v* ölen

lucio ['luθjo] *m* Hecht *m*

*****lucir** [lu'θir] *v* *scheinen

lucha ['lutʃa] *f* Kampf *m*; Streit *m*; Ringen *nt*

luchar [lu'tʃar] *v* kämpfen; *ringen

luego ['lweγo] *adv* später; ¡hasta luego! bis dahin!

lugar [lu'γar] *m* Ort *m*; Stelle *f*; **en ~ de** anstatt; ~ **de camping** Campingplatz *m*; ~ **de descanso** Erholungsort *m*; ~ **de nacimiento** Geburtsort *m*; ~ **de reunión** Treffpunkt *m*; *tener ~ *stattfinden

lúgubre ['luγuβre] *adj* unheimlich

lujo ['luxo] *m* Luxus *m*

lujoso [lu'xoso] *adj* luxuriös

lumbago [lum'baγo] *m* Hexenschuß *m*

luminoso [lumi'noso] *adj* leuchtend

luna ['luna] *f* Mond *m*; ~ **de miel** Hochzeitsreise *f*, Flitterwochen *fpl*

lunático [lu'natiko] *adj* wahnsinnig, irrsinnig

lunes ['lunes] *m* Montag *m*
lúpulo ['lupulo] *m* Hopfen *m*
lustroso [lus'troso] *adj* glänzend
luto ['luto] *m* Trauer *m*
luz [luθ] *f* Licht *nt*; **luces de freno** Bremslichter *ntpl*; ~ **de estacionamiento** Parkleuchte *f*; ~ **de la luna** Mondlicht *nt*; ~ **del día** Tageslicht *nt*; ~ **del sol** Sonnenlicht *nt*; ~ **lateral** Seitenlicht *nt*; ~ **trasera** Schlußlicht *nt*

LL

llaga ['ʎaɣa] *f* wunde Stelle
llama ['ʎama] *f* Flamme *f*
llamada [ʎa'maða] *f* Ruf *m*; Anruf *m*; ~ **local** Ortsgespräch *nt*; ~ **telefónica** Telephonanruf *m*
llamar [ʎa'mar] *v* *rufen; *nennen; *anrufen; **así llamado** sogenannt; ~ **por teléfono** *anrufen; **llamarse** *v* *heißen
llano ['ʎano] *adj* flach; glatt, eben; *m* Ebene *f*
llanta ['ʎanta] *f* Felge *f*; *fMe* Reifen *m*
llave ['ʎaβe] *f* Schlüssel *m*; **ama de llaves** Haushälterin *f*; **guardar con** ~ einsperren; ~ **de la casa** Hausschlüssel *m*; ~ **inglesa** Schraubenschlüssel *m*
llegada [ʎe'ɣaða] *f* Ankunft *f*; Eintreffen *nt*
llegar [ʎe'ɣar] *v* *ankommen, *eintreffen; ~ **a** erreichen
llenar [ʎe'nar] *v* füllen; ausfüllen; vollfüllen
lleno ['ʎeno] *adj* voll
llevar [ʎe'βar] *v* *bringen; *tragen; *anhaben; **llevarse** *v* *abnehmen
llorar [ʎo'rar] *v* weinen

***llover** [ʎo'βer] *v* regnen
llovizna [ʎo'βiθna] *f* Sprühregen *m*
lluvia ['ʎuβja] *f* Regen *m*
lluvioso [ʎu'βjoso] *adj* regnerisch

M

macizo [ma'θiθo] *adj* massiv
machacar [matʃa'kar] *v* zerstampfen
macho ['matʃo] *adj* männlich
madera [ma'ðera] *f* Holz *nt*; **de** ~ hölzern; ~ **de construcción** Bauholz *nt*
madero [ma'ðero] *m* Klotz *m*
madrastra [ma'ðrastra] *f* Stiefmutter *f*
madre ['maðre] *f* Mutter *f*
madriguera [maðri'ɣera] *f* Höhle *f*
madrugada [maðru'ɣaða] *f* Tagesambruch *m*
madrugar [maðru'ɣar] *v* früh *aufstehen
madurez [maðu'reθ] *f* Reife *f*
maduro [ma'ðuro] *adj* reif
maestro [ma'estro] *m* Meister *m*; Lehrer *m*, Volksschullehrer *m*, Schullehrer *m*; ~ **particular** Hauslehrer *m*
magia ['maxja] *f* Zauberei *f*, Magie *f*
mágico ['maxiko] *adj* Zauber-
magistrado [maxis'traðo] *m* Richter *m*
magnético [maɣ'netiko] *adj* magnetisch
magneto [maɣ'neto] *m* Magnet *m*
magnetófono [maɣne'tofono] *m* Tonbandgerät *nt*
magnífico [maɣ'nifiko] *adj* prächtig, wunderbar
magro ['maɣro] *adj* mager
magulladura [maɣuʎa'ðura] *f* Quetschung *f*
magullar [maɣu'ʎar] *v* quetschen
maíz [ma'iθ] *m* Mais *m*; ~ **en la ma-**

zorca Maiskolben *m*

majestad [maxes'taθ] *f* Majestät *f*

mal [mal] *m* Übel *nt*; Unrecht *nt*; Unheil *nt*

malaria [ma'larja] *f* Malaria *f*

Malasia [ma'lasja] *f* Malaysia

malayo [ma'lajo] *adj* malaiisch

*   **maldecir** [malde'θir] *v* verfluchen; fluchen

maldición [maldi'θjon] *f* Fluch *m*

maleta [ma'leta] *f* Handkoffer *m*, Koffer *m*

maletín [male'tin] *m* Handköfferchen *nt*

malévolo [ma'leβolo] *adj* gehässig

malicioso [mali'θjoso] *adj* boshaft

maligno [ma'liɣno] *adj* bösartig; böse

malo ['malo] *adj* schlecht; böse, schlimm

malva ['malβa] *adj* hellviolett

malvado [mal'βaðo] *adj* böse, schlecht

malla ['maʎa] *f* Masche *f*

mamífero [ma'mifero] *m* Säugetier *nt*

mampara [mam'para] *f* Schirm *m*

mampostear [mamposte'ar] *v* mauern

mamut [ma'mut] *m* Mammut *nt*

manada [ma'naða] *f* Herde *f*

manantial [manan'tjal] *m* Quelle *f*

mancuernillas [mankwer'niʎas] *fplMe* Manschettenknöpfe *mpl*

mancha ['mantʃa] *f* Klecks *m*, Fleck *m*; Makel *m*

manchado [man'tʃaðo] *adj* beschmutzt

manchar [man'tʃar] *v* beflecken

mandar [man'dar] *v* *befehlen; *senden

mandarina [manda'rina] *f* Mandarine *f*

mandato [man'dato] *m* Mandat *nt*; Befehl *m*

mandíbula [man'diβula] *f* Kiefer *m*

mando ['mando] *m* Führung *f*

manejable [mane'xaβle] *adj* handlich

manejar [mane'xar] *v* handhaben

manejo [ma'nexo] *m* Verwaltung *f*

manera [ma'nera] *f* Art *f*, Weise *f*; **de otra ~** anders

manga ['maŋga] *f* Ärmel *m*

mango ['maŋgo] *m* Handgriff *m*; Stiel *m*

manía [ma'nia] *f* Fimmel *m*

manicura [mani'kura] *f* Maniküre *f*; * **hacer la ~** maniküren

manifestación [manifesta'θjon] *f* Demonstration *f*; * **hacer una ~** demonstrieren

*   **manifestar** [manifes'tar] *v* offenbaren

maniquí [mani'ki] *m* Mannequin *nt*

mano ['mano] *f* Hand *f*; **de segunda ~** gebraucht; **hecho a ~** handgearbeitet

mansión [man'sjon] *f* Herrschaftshaus *nt*

manso ['manso] *adj* zahm

manta ['manta] *f* Decke *f*

mantel [man'tel] *m* Tischtuch *nt*

*   **mantener** [mante'ner] *v* *aufrechterhalten

mantenimiento [manteni'mjento] *m* Instandhaltung *f*

mantequilla [mante'kiʎa] *f* Butter *f*

manual [ma'nwal] *adj* Hand-; *m* Handbuch *nt*; **~ de conversación** Sprachführer *m*

manuscrito [manus'krito] *m* Manuskript *nt*

manutención [manuten'θjon] *f* Unterhalt *m*

manzana [man'θana] *f* Apfel *m*; **~ de casas** Häuserblock *m*

mañana [ma'nana] *f* Morgen *m*; *adv* morgen; **esta ~** heute morgen

mapa ['mapa] *m* Landkarte *f*; **~ de carreteras** Autokarte *f*

maquillaje [maki'ʎaxe] *m* Schminke *f*

máquina ['makina] *f* Maschine *f*; **~ de afeitar** Rasierapparat *m*; **~ de billetes** Fahrkartenautomat *m*; **~ de coser** Nähmaschine *f*; **~ de es-**

cribir Schreibmaschine f; ~ de lavar Waschmaschine f; ~ tragamonedas Automat m
maquinaria [maki'narja] f Mechanismus m
mar [mar] m Meer nt; orilla del ~
Küste f, Meeresküste f
maravilla [mara'βiʎa] f Wunder nt
maravillarse [maraβi'ʎarse] v sich
wundern
maravilloso [maraβi'ʎoso] adj wunderbar, prächtig
marca ['marka] f Marke f; Brandmarke f, Zeichen nt; ~ de fábrica
Schutzmarke f
marcar [mar'kar] v ankreuzen, bezeichnen, zeichnen; *anschreiben
marco ['marko] m Rahmen m
marcha ['martʃa] f Marsch m; *dar ~
atrás rückwärts *fahren; ~ atrás
Rückwärtsgang m
marchar [mar'tʃar] v marschieren
marea [ma'rea] f Tide f
mareado [mare'aðo] adj schwindlig;
seekrank
mareo [ma'reo] m Schwindelgefühl
nt; Seekrankheit f
marfil [mar'fil] m Elfenbein nt
margarina [marɣa'rina] f Margarine f
margen ['marxen] m Rand m
marido [ma'riðo] m Mann m
marina [ma'rina] f Marine f
marinero [mari'nero] m Matrose m
marino [ma'rino] m Matrose m
mariposa [mari'posa] f Schmetterling
m
marisco [ma'risko] m Schalentier nt
marisma [ma'rizma] f Morast m
marítimo [ma'ritimo] adj maritim
mármol ['marmol] m Marmor m
marqués [mar'kes] m Marquis m
marroquí [marro'ki] adj marokkanisch; m Marokkaner m
Marruecos [ma'rwekos] m Marokko

martes ['martes] m Dienstag m
martillo [mar'tiʎo] m Hammer m
mártir ['martir] m Märtyrer m
marzo ['marθo] März
mas [mas] conj aber
más [mas] adv mehr; plus; algo ~ etwas mehr; el ~ meist; ~ de über
masa ['masa] f Menge f; Masse f,
Haufen m; Teig m
masaje [ma'saxe] m Massage f; *dar
~ massieren; ~ facial Gesichtsmassage f
masajista [masa'xista] m Masseur m
máscara ['maskara] f Maske f; ~ facial Gesichtspackung f
masculino [masku'lino] adj männlich
masticar [masti'kar] v kauen
mástil ['mastil] m Mast m
matar [ma'tar] v *umbringen, töten
mate ['mate] adj matt
matemáticas [mate'matikas] fpl Mathematik f
matemático [mate'matiko] adj mathematisch
materia [ma'terja] f Stoff m, Materie
f; ~ prima Rohmaterial nt
material [mate'rjal] adj stofflich, materiell, sachlich; m Material nt
matiz [ma'tiθ] m Nuance f
matorral [mato'rral] m Gestrüpp nt,
Busch m
matrícula [ma'trikula] f Kennzeichen
nt
matrimonial [matrimo'njal] adj ehelich
matrimonio [matri'monjo] m Heirat f,
Ehe f
matriz [ma'triθ] f Gebärmutter f
mausoleo [mauso'leo] m Mausoleum
nt
máximo ['maksimo] m Maximum nt
mayo ['majo] Mai
mayor [ma'jor] adj überragend,
Haupt-; größer, größt, ältest; m
Major m

mayoría [majo'ria] f Mehrheit f

mayorista [majo'rista] m Großhändler m

mayúscula [ma'juskula] f Großbuchstabe m

mazo ['maθo] m Holzhammer m

me [me] pron mich; mir

mecánico [me'kaniko] adj mechanisch; m Monteur m, Mechaniker m

mecanismo [meka'nizmo] m Mechanismus m

mecanografiar [mekanoɣra'fjar] v Maschine *schreiben

mecer [me'θer] v schaukeln

mecha ['metʃa] f Lunte f

medalla [me'ðaʎa] f Medaille f

media ['meðja] f Strumpf m; ~ pantalón Strumpfhose f; medias elásticas elastische Strümpfe

mediador [meðja'ðor] m Vermittler m

medianamente [meðjana'mente] adv ziemlich

mediano [me'ðjano] adj mittelmäßig, mittler

medianoche [meðja'notʃe] f Mitternacht f

mediante [me'ðjante] adv mittels

mediar [me'ðjar] v vermitteln

medicamento [meðika'mento] m Medizin f, Arznei f

medicina [meði'θina] f Medizin f

médico ['meðiko] adj ärztlich, medizinisch; m Doktor m, Arzt m; ~ de cabecera praktischer Arzt

medida [me'ðiða] f Maß nt; Maßnahme f; hecho a la ~ auf Bestellung gemacht, nach Maß

medidor [meði'ðor] m Messer m

medieval [meðje'βal] adj mittelalterlich

medio ['meðjo] adj halb; durchschnittlich; mittler; m Mitte f; Mittel nt; en ~ de inmitten; ~ ambiente Milieu nt, Umwelt f

mediocre [me'ðjokre] adj mittelmäßig, schwach

mediodía [meðjo'ðia] m Mittag m

***medir** [me'ðir] v *messen

meditación [meðita'θjon] f Meditation f

meditar [meði'tar] v meditieren

Mediterráneo [meðite'rraneo] Mittelmeer nt

médula ['meðula] f Mark nt

medusa [me'ðusa] f Qualle f

mejicano [mexi'kano] adj mexikanisch; m Mexikaner m

Méjico ['mexiko] m Mexiko

mejilla [me'xiʎa] f Wange f

mejillón [mexi'ʎon] m Muschel f

mejor [me'xor] adj besser

mejora [me'xora] f Verbesserung f

mejorar [mexo'rar] v verbessern

melancolía [melaŋko'lia] f Schwermut f

melancólico [melaŋ'koliko] adj trübsinnig

melocotón [meloko'ton] m Pfirsich m

melodía [melo'ðia] f Melodie f

melodioso [melo'ðjoso] adj melodisch

melodrama [melo'ðrama] m Melodrama nt

melón [me'lon] m Melone f

membrana [mem'brana] f Membran f

memorable [memo'raβle] adj denkwürdig

memoria [me'morja] f Gedächtnis nt; Erinnerung f; Andenken nt; de ~ auswendig

menaje [me'naxe] m Haushalt m

mención [men'θjon] f Meldung f; Erwähnung f

mencionar [menθjo'nar] v erwähnen

mendigar [mendi'ɣar] v betteln

mendigo [men'diɣo] m Bettler m

menor [me'nor] adj kleiner; jünger

menos ['menos] adv weniger; außer;

~ **que** außer wenn; **por lo** ~ zumindest, wenigstens

menosprecio [menos'preθjo] *m* Geringschätzung *f*

mensaje [men'saxe] *m* Nachricht *f*, Bescheid *m*

mensajero [mensa'xero] *m* Bote *m*

menstruación [menstrwa'θjon] *f* Menstruation *f*

mensual [men'swal] *adj* monatlich

menta ['menta] *f* Minze *f*; Pfefferminze *f*

mental [men'tal] *adj* geistig

mente ['mente] *f* Geist *m*

*** mentir** [men'tir] *v* *lügen

mentira [men'tira] *f* Lüge *f*

menú [me'nu] *m* Speisekarte *f*

menudo [me'nuðo] *adj* winzig, gering; **a** ~ häufig

mercado [mer'kaðo] *m* Markt *m*; ~ **negro** Schwarzmarkt *m*

mercancía [merkan'θia] *f* Handelsware *f*, Ware *f*

mercería [merθe'ria] *f* Kurzwarengeschäft *nt*

mercurio [mer'kurjo] *m* Quecksilber *nt*

*** merecer** [mere'θer] *v* verdienen

meridional [meriðjo'nal] *adj* südlich

merienda [me'rjenda] *f* Teestunde *f*

mérito ['merito] *m* Verdienst *nt*

merluza [mer'luθa] *f* Weißfisch *m*

mermelada [merme'laða] *f* Marmelade *f*

mes [mes] *m* Monat *m*

mesa ['mesa] *f* Tisch *m*

mesera [me'sera] *fMe* Kellnerin *f*

mesero [me'sero] *mMe* Ober *m*

meseta [me'seta] *f* Hochebene *f*

meta ['meta] *f* Ziel *nt*; Tor *nt*; Ziellinie *f*

metal [me'tal] *m* Metall *nt*

metálico [me'taliko] *adj* metallisch

meter [me'ter] *v* stecken

meticuloso [metiku'loso] *adj* genau

metódico [me'toðiko] *adj* methodisch

método ['metoðo] *m* Methode *f*

métrico ['metriko] *adj* metrisch

metro ['metro] *m* Meter *nt*; U-Bahn *f*; Untergrundbahn *f*

mezcla ['meθkla] *f* Mischung *f*

mezclar [meθ'klar] *v* mischen; **mezclado** gemischt; meliert; **mezclarse en** sich einmischen

mezquino [meθ'kino] *adj* engstirnig, kleinlich; niederträchtig

mezquita [meθ'kita] *f* Moschee *f*

mi [mi] *adj* mein

micrófono [mi'krofono] *m* Mikrophon *nt*

microscopio [mikros'kopjo] *m* Mikroskop *nt*

microsurco [mikro'surko] *m* Langspielplatte *f*

miedo ['mjeðo] *m* Angst *f*; *** tener** ~ Angst *haben

miel [mjel] *f* Honig *m*

miembro ['mjembro] *m* Glied *nt*; Mitglied *nt*

mientras ['mjentras] *conj* indem, während

miércoles ['mjerkoles] *m* Mittwoch *m*

migaja [mi'ɣaxa] *f* Krümel *m*

migraña [mi'ɣraɲa] *f* Migräne *f*

mil [mil] *num* tausend

milagro [mi'la'ɣro] *m* Wunder *nt*

milagroso [mila'ɣroso] *adj* wunderbar

militar [mili'tar] *adj* militärisch; *m* Soldat *m*

milla ['miʎa] *f* Meile *f*

millaje [mi'ʎaxe] *m* Meilenstand *m*

millón [mi'ʎon] *m* Million *f*

millonario [miʎo'narjo] *m* Millionär *m*

mimar [mi'mar] *v* verwöhnen

mina ['mina] *f* Bergwerk *nt*; Grube *f*; ~ **de oro** Goldgrube *f*

mineral [mine'ral] *m* Mineral *nt*; Erz *nt*

minería [mine'ria] *f* Bergbau *m*

minero [mi'nero] m Bergmann m

miniatura [minja'tura] f Miniatur f

mínimo ['minimo] adj geringst, kleinst

mínimum ['minimum] m Minimum nt

ministerio [minis'terjo] m Ministerium nt

ministro [mi'nistro] m Minister m

minoría [mino'ria] f Minderheit f

minorista [mino'rista] m Kleinhändler m

minucioso [minu'θjoso] adj gründlich, sorgfältig

minusválido [minuz'βali'ðo] adj körperbehindert

minuto [mi'nuto] m Minute f

mío ['mio] pron mein

miope ['mjope] adj kurzsichtig

mirada [mi'raða] f Blick m

mirar [mi'rar] v gucken, schauen; *achtgeben auf, besichtigen, anschauen, *ansehen; starren

mirlo ['mirlo] m Amsel f

misa ['misa] f Messe f

misceláneo [miθe'laneo] adj vermischt

miserable [mise'raβle] adj erbärmlich, elend

miseria [mi'serja] f Jammer m, Elend nt

misericordia [miseri'kordja] f Gnade f

misericordioso [miserikor'djoso] adj barmherzig

misión [mi'sjon] f Mission f

mismo ['mizmo] adj selb

misterio [mis'terjo] m Geheimnis nt

misterioso [miste'rjoso] adj rätselhaft, geheimnisvoll; unklar

mitad [mi'tað] f Hälfte f; partir por la ~ halbieren

mito ['mito] m Mythos m

moción [mo'θjon] f Antrag m

mochila [mo'tʃila] f Rucksack m

moda ['moða] f Mode f; a la ~ modern

modales [mo'ðales] mpl Manieren fpl

modelar [moðe'lar] v formen; modellieren

modelo [mo'ðelo] m Modell nt

moderado [moðe'raðo] adj gemäßigt, mäßig

moderno [mo'ðerno] adj modern

modestia [moðes'tja] f Bescheidenheit f

modesto [mo'ðesto] adj bescheiden

modificación [moðifika'θjon] f Änderung f

modificar [moðifi'kar] v abändern, modifizieren

modismo [mo'ðizmo] m Idiom nt

modista [mo'ðista] f Schneiderin f

modo ['moðo] m Weise f, Art f; de cualquier ~ irgendwie; de ningún ~ keinesfalls; de todos modos wie auch immer; jedenfalls; en ~ alguno überhaupt; ~ de empleo Gebrauchsanweisung f

mohair [mo'er] m Mohair m

moho ['moo] m Schimmel m

mojado [mo'xaðo] adj naß

mojigato [moxi'γato] adj scheinheilig

mojón [mo'xon] m Markstein m

*moler [mo'ler] v mahlen

molestar [moles'tar] v stören, bemühen, belästigen

molestia [mo'lestja] f Mühe f, Last f, Unfug m, Belästigung f

molesto [mo'lesto] adj lästig

molinero [moli'nero] m Müller m

molino [mo'lino] m Mühle f; ~ de viento Windmühle f

momento [mo'mento] m Moment m, Augenblick m

monarca [mo'narka] m Monarch m

monarquía [monar'kia] f Monarchie f

monasterio [monas'terjo] m Kloster nt

moneda [mo'neða] f Währung f; Münze f; Kleingeld nt; ~ extranjera fremde Währung

monedero [mone'ðero] m Geldbeutel

m

monetario [mone'tarjo] *adj* monetär; **unidad monetaria** Währungseinheit *f*

monja ['monxa] *f* Nonne *f*

monje ['monxe] *m* Mönch *m*

mono ['mono] *m* Affe *m*; Arbeitsanzug *m*

monólogo [mo'noloɣo] *m* Monolog *m*

monopolio [mono'poljo] *m* Monopol *nt*

monótono [mo'notono] *adj* monoton

monstruo ['monstrwo] *m* Monstrum *nt*

montaña [mon'taɲa] *f* Berg *m*

montañismo [monta'ɲizmo] *m* Bergsteigen *nt*

montañoso [monta'ɲoso] *adj* gebirgig

montar [mon'tar] *v* *besteigen, *einsteigen; zusammensetzen, montieren; *reiten

monte ['monte] *m* Berg *m*

montículo [mon'tikulo] *m* Erhebung *f*

montón [mon'ton] *m* Stapel *m*, Haufen *m*

montuoso [mon'twoso] *adj* hügelig

monumento [monu'mento] *m* Monument *nt*, Denkmal *nt*

mora ['mora] *f* Maulbeere *f*; Brombeere *f*

morado [mo'raðo] *adj* violett

moral [mo'ral] *adj* sittlich, moralisch; *f* Moral *f*; Stimmung *f*

moralidad [morali'ðað] *f* Moral *f*

mordaza [mor'ðaθa] *f* Klemme *f*

mordedura [morðe'ðura] *f* Biß *m*

***morder** [mor'ðer] *v* *beißen

morena [mo'rena] *f* Brünette *f*

moreno [mo'reno] *adj* braun

moretón [more'ton] *m* blauer Fleck

morfina [mor'fina] *f* Morphium *nt*

***morir** [mo'rir] *v* *sterben

moro ['moro] *m* Maure *m*

morral [mo'rral] *m* Brotbeutel *m*

morro ['morro] *m* Katze *f*

mortal [mor'tal] *adj* sterblich; tödlich

mosaico [mo'saiko] *m* Mosaik *nt*

mosca ['moska] *f* Fliege *f*

mosquitero [moski'tero] *m* Moskitonetz *nt*

mosquito [mos'kito] *m* Mücke *f*; Moskito *m*

mostaza [mos'taθa] *f* Senf *m*

mostrador [mostra'ðor] *m* Ladentisch *m*

***mostrar** [mos'trar] *v* zeigen, sehen *lassen

mote ['mote] *m* Spitzname *m*

moteado [mote'aðo] *adj* gesprenkelt

motel [mo'tel] *m* Motel *nt*

motín [mo'tin] *m* Aufruhr *m*

motivo [mo'tiβo] *m* Motiv *nt*; Grund *m*, Anlaß *m*

motocicleta [motoθi'kleta] *f* Motorrad *nt*; Moped *nt*

motoneta [moto'neta] *f* Motorroller *m*

motor [mo'tor] *m* Motor *m*; ~ **de arranque** Anlasser *m*

***mover** [mo'βer] *v* bewegen

movible [mo'βiβle] *adj* beweglich

móvil ['moβil] *adj* mobil, beweglich

movimiento [moβi'mjento] *m* Bewegung *f*

mozo ['moθo] *m* Bub *m*; Träger *m*

muchacha [mu'tʃatʃa] *f* Mädchen *nt*; Dienstmädchen *nt*

muchacho [mu'tʃatʃo] *m* Junge *m*; Bursche *m*

muchedumbre [mutʃe'ðumbre] *f* Menge *f*

mucho ['mutʃo] *adv* viel; sehr; **con ~** bei weitem

mudanza [mu'ðanθa] *f* Umzug *m*

mudarse [mu'ðarse] *v* *umziehen; sich *umziehen

mudo ['muðo] *adj* stumm

muela ['mwela] *f* Backenzahn *m*; **dolor de muelas** Zahnweh *nt*

muelle ['mweʎe] *m* Kai *m*; Pier *m*;

Feder f
muerte ['mwerte] f Tod m
muerto ['mwerto] adj tot
muestra ['mwestra] f Muster nt
mugir [mu'xir] v heulen
mujer [mu'xer] f Frau f
mújol ['muxol] m Meeräsche f
muleta [mu'leta] f Krücke f
mulo ['mulo] m Maultier nt, Maulesel m
multa ['multa] f Geldstrafe f; Anzeige f
multiplicación [multiplika'θjon] f Multiplikation f
multiplicar [multipli'kar] v multiplizieren
multitud [multi'tuð] f Menge f
mundial [mun'djal] adj weltweit, weltumfassend
mundo ['mundo] m Welt f; **todo el ~** jedermann
municipal [muniθi'pal] adj städtisch
municipalidad [muniθipali'ðað] f Stadtverwaltung f
muñeca [mu'ɲeka] f Puppe f; Handgelenk nt
muralla [mu'raʎa] f Mauerwerk nt
muro ['muro] m Mauer f
músculo ['muskulo] m Muskel m
musculoso [musku'loso] adj muskulös
muselina [muse'lina] f Musselin m
museo [mu'seo] m Museum nt; **~ de figuras de cera** Wachsfigurenkabinett nt
musgo ['muzɣo] m Moos nt
música ['musika] f Musik f
musical [musi'kal] adj musikalisch; **comedia ~** Musical nt
músico ['musiko] m Musiker m
muslo ['muzlo] m Oberschenkel m
musulmán [musul'man] m Moslem m
mutuo ['mutwo] adj wechselseitig
muy [mui] adv sehr, ganz

N

nácar ['nakar] m Perlmutt nt
*nacer [na'θer] v geboren *werden
nacido [na'θiðo] adj geboren
nacimiento [naθi'mjento] m Geburt f; Aufstieg m
nación [na'θjon] f Nation f
nacional [naθjo'nal] adj national; Volks-
nacionalidad [naθjonali'ðað] f Staatsangehörigkeit f
nacionalizar [naθjonali'θar] v nationalisieren
nada ['naða] nichts
nadador [naða'ðor] m Schwimmer m
nadar [na'ðar] v *schwimmen
nadie ['naðje] pron niemand
naipe ['naipe] m Spielkarte f
nalga ['nalɣa] f Hinterbacke f
naranja [na'ranxa] f Apfelsine f
narciso [nar'θiso] m Narzisse f
narcosis [nar'kosis] f Narkose f
narcótico [nar'kotiko] m Rauschgift nt
nariz [na'riθ] f Nase f
narración [narra'θjon] f Bericht m
nata ['nata] f Sahne f
natación [nata'θjon] f Schwimmsport m
nativo [na'tiβo] adj einheimisch
natural [natu'ral] adj natürlich; m Wesensart f
naturaleza [natura'leθa] f Natur f
naturalmente [natural'mente] adv natürlich
náusea ['nausea] f Übelkeit f
navaja [na'βaxa] f Taschenmesser nt
naval [na'βal] adj Marine-
navegable [naβe'ɣaβle] adj befahrbar
navegación [naβeɣa'θjon] f Schiffahrt f, Navigation f
navegar [naβe'ɣar] v *fahren; steu-

ern; ~ **por** *befahren

Navidad [naβi'ðað] f Weihnachten

nebuloso [neβu'loso] adj nebelig

necesario [neθe'sarjo] adj notwendig; nötig, erforderlich

neceser [neθe'ser] m Toilettennecessaire nt

necesidad [neθesi'ðað] f Notwendigkeit f; Bedürfnis nt, Bedarf m; Not f

necesitar [neθesi'tar] v nötig *haben, brauchen

necio ['neθjo] adj albern, töricht

***negar** [ne'γar] v leugnen; verweigern

negativa [neγa'tiβa] f Verweigerung f

negativo [neγa'tiβo] adj verneinend, negativ; m Negativ nt

negligencia [neγli'xenθja] f Vernachlässigung f

negligente [neγli'xente] adj nachlässig

negociación [neγoθja'θjon] f Verhandlung f

negociante [neγo'θjante] m Kaufmann m

negociar [neγo'θjar] v verhandeln

negocio [ne'γoθjo] m Geschäft nt; ***hacer negocios con** Geschäfte machen mit; **hombre de negocios** Geschäftsmann m; ~ **fotográfico** Photogeschäft nt; **negocios** mpl Handel m; **viaje de negocios** Geschäftsreise f

negro ['neγro] adj schwarz; m Neger m

neón [ne'on] m Neon nt

nervio ['nerβjo] m Nerv m

nervioso [ner'βjoso] adj nervös

neto ['neto] adj netto

neumático [neu'matiko] adj pneumatisch; m Reifen m; ~ **de repuesto** Ersatzreifen m; ~ **desinflado** Reifenpanne f

neumonía [neumo'nia] f Lungenentzündung f

neuralgia [neu'ralxja] f Neuralgie f

neurosis [neu'rosis] f Neurose f

neutral [neu'tral] adj neutral

neutro ['neutro] adj sächlich

***nevar** [ne'βar] v schneien

nevasca [ne'βaska] f Schneesturm m

nevoso [ne'βoso] adj schneebedeckt

ni ... ni [ni] weder ... noch

nicotina [niko'tina] f Nikotin nt

nido ['niðo] m Nest n

niebla ['njeβla] f Nebel m; **faro de ~** Nebellampe f

nieta ['njeta] f Enkelin f

nieto ['njeto] m Enkel m

nieve ['njeβe] f Schnee m

Nigeria [ni'xerja] f Nigeria

nigeriano [nixe'rjano] adj nigerianisch; m Nigerianer m

ninguno [niŋ'guno] adj kein; pron keiner; ~ **de los dos** keiner von beiden

niñera [ni'ɲera] f Kindermädchen nt

niño ['niɲo] m Kind nt

níquel ['nikel] m Nickel nt

nitrógeno [ni'troxeno] m Stickstoff m

nivel [ni'βel] m Stand m, Niveau nt; Wasserwaage f; ~ **de vida** Lebensstandard m; **paso a ~** Bahnübergang m

nivelar [niβe'lar] v nivellieren

no [no] nicht; nein; **si ~** sonst

noble ['noβle] adj adlig; edel

nobleza [no'βleθa] f Adel m

noción [no'θjon] f Begriff m, Ahnung f; Vorstellung f

nocturno [nok'turno] adj nächtlich

noche ['notʃe] f Nacht f; Abend m; **de ~** über Nacht, bei Nacht; **esta ~** heute nacht, heute abend

nogal [no'γal] m Walnuß f

nombramiento [nombra'mjento] m Ernennung f

nombrar [nom'brar] v *nennen; *ernennen

nombre ['nombre] m Hauptwort nt;

Name *m*; **en ~ de** im Namen von; **~ de pila** Vorname *m*

nominación [nomina'θjon] *f* Ernennung *f*

nominal [nomi'nal] *adj* nominell

nordeste [nor'ðeste] *m* Nordosten *m*

norma ['norma] *f* Norm *f*, Maßstab *m*

normal [nor'mal] *adj* normal; Standard-, gewohnt

noroeste [noro'este] *m* Nordwesten *m*

norte ['norte] *m* Norden *m*; **del ~** nördlich; **polo ~** Nordpol *m*

norteño [nor'teɲo] *adj* nördlich

Noruega [no'rweɣa] *f* Norwegen *f*

noruego [no'rweɣo] *adj* norwegisch; *m* Norweger *m*

nos [nos] *pron* uns

nosotros [no'sotros] *pron* wir; uns

nostalgia [nos'talxja] *f* Heimweh *nt*

nota ['nota] *f* Zettel *m*; Vermerk *m*; Zensur *f*

notable [no'taβle] *adj* bedeutend; merkwürdig, erstaunlich, bemerkenswert

notar [no'tar] *v* merken; anmerken

notario [no'tarjo] *m* Notar *m*

noticia [no'tiθja] *f* Neuigkeit *f*, Bericht *m*; **noticias** *fpl* Nachrichten

noticiario [noti'θjarjo] *m* Nachrichten; Wochenschau *f*

notificar [notifi'kar] *v* benachrichtigen, mitteilen

notorio [no'torjo] *adj* bekannt

novedad [noβe'ðað] *f* Neuheit *f*

novela [no'βela] *f* Roman *m*; **~ policíaca** Kriminalroman *m*; **~ por entregas** Feuilleton *nt*

novelista [noβe'lista] *m* Romanschriftsteller *m*

noveno [no'βeno] *num* neunte

noventa [no'βenta] *num* neunzig

novia ['noβja] *f* Verlobte *f*; Braut *f*

noviazgo [no'βjaθɣo] *m* Verlobung *f*

noviembre [no'βjembre] November

* **hacer novillos** [a'θer no'βiʎos] schwänzen

novio ['noβjo] *m* Verlobte *m*; Bräutigam *m*

nube ['nuβe] *f* Wolke *f*; **nubes** *fpl* Bewölkung *f*

nublado [nu'βlaðo] *adj* bewölkt

nuca ['nuka] *f* Nacken *m*

nuclear [nukle'ar] *adj* Kern-, nuklear

núcleo ['nukleo] *m* Kern *m*

nudillo [nu'ðiʎo] *m* Fingergelenk *nt*

nudo ['nuðo] *m* Knoten *m*; Brocken *m*; **~ corredizo** Schlinge *f*

nuestro ['nwestro] *adj* unser

Nueva Zelanda ['nweβa θe'landa] Neuseeland

nueve ['nweβe] *num* neun

nuevo ['nweβo] *adj* neu; **de ~** nochmals

nuez [nweθ] *f* Nuß *f*; **~ moscada** Muskatnuß *f*

nulo ['nulo] *adj* ungültig, nichtig

numeral [nume'ral] *m* Zahlwort *nt*

número ['numero] *m* Nummer *f*; Ziffer *f*, Zahl *f*; Anzahl *f*

numeroso [nume'roso] *adj* zahlreich

nunca ['nuŋka] *adv* niemals; nie

nutritivo [nutri'tiβo] *adj* nahrhaft

nylon ['nailon] *m* Nylon *nt*

O

o [o] *conj* oder; **o … o** entweder … oder

oasis [o'asis] *f* Oase *f*

* **obedecer** [oβeðe'θer] *v* gehorchen

obediencia [oβe'ðjenθja] *f* Gehorsam *m*

obediente [oβe'ðjente] *adj* gehorsam

obertura [oβer'tura] *f* Ouvertüre *f*

obesidad [oβesi'ðað] *f* Fettheit *f*

obeso [o'βeso] *adj* dick

obispo [o'βispo] *m* Bischof *m*

objeción [oβxe'θjon] *f* Widerspruch *m*, Einwand *m*; *hacer ~ a etwas einzuwenden *haben gegen

objetar [oβxe'tar] *v* *einwenden

objetivo [oβxe'tiβo] *adj* objektiv; *m* Zweck *m*, Ziel *nt*

objeto [oβ'xeto] *m* Objekt *nt*, Gegenstand *m*; Ziel *nt*; **objetos de valor** Wertsachen *fpl*; **objetos perdidos** Fundsachen *fpl*

oblea [o'βlea] *f* Oblate *f*

oblicuo [o'βlikwo] *adj* schief

obligación [oβliɣa'θjon] *f* Obligation *f*

obligar [oβli'ɣar] *v* verpflichten; *zwingen

obligatorio [oβliɣa'torjo] *adj* obligatorisch

oblongo [o'βlongo] *adj* länglich

obra ['oβra] *f* Arbeit *f*; ~ **de arte** Kunstwerk *nt*; ~ **de teatro** Schauspiel *nt*; ~ **hecha a mano** Handarbeit *f*; ~ **maestra** Meisterstück *nt*

obrar [o'βrar] *v* wirken; verrichten

obrero [o'βrero] *m* Arbeiter *m*; ~ **portuario** Hafenarbeiter *m*

obsceno [oβ'θeno] *adj* obszön

obscuridad [oβskuri'ðað] *f* Düsterkeit *f*

obscuro [oβs'kuro] *adj* dunkel, obskur

observación [oβserβa'θjon] *f* Observation *f*, Beobachtung *f*; Bemerkung *f*; *hacer una ~ bemerken

observar [oβser'βar] *v* beobachten, observieren, beachten, feststellen, *wahrnehmen

observatorio [oβserβa'torjo] *m* Observatorium *nt*

obsesión [oβse'sjon] *f* Besessenheit *f*

obstáculo [oβs'takulo] *m* Hindernis *nt*

no obstante [no oβs'tante] nichtsdestoweniger

obstinado [oβsti'naðo] *adj* hartnäckig, starrköpfig

*__obstruir__ [oβs'trwir] *v* versperren, blockieren

*__obtener__ [oβte'ner] *v* *erhalten

obtenible [oβte'niβle] *adj* vorrätig

obtuso [oβ'tuso] *adj* stumpf

obvio ['oββjo] *adj* offensichtlich

oca ['oka] *f* Gans *f*

ocasión [oka'sjon] *f* Gelegenheit *f*

ocasionalmente [okasjonal'mente] *adv* gelegentlich

ocaso [o'kaso] *m* Sonnenuntergang *m*

occidental [okθiðen'tal] *adj* westlich

occidente [okθi'ðente] *m* Westen *m*

océano [o'θeano] *m* Ozean *m*; **Océano Pacífico** Stille Ozean

ocio ['oθjo] *m* Muße *f*

ocioso [o'θjoso] *adj* müßig

octavo [ok'taβo] *num* achte

octubre [ok'tuβre] Oktober

oculista [oku'lista] *m* Augenarzt *m*

ocultar [okul'tar] *v* verstecken

ocupación [okupa'θjon] *f* Besetzung *f*; Beschäftigung *f*

ocupante [oku'pante] *m* Inhaber *m*

ocupar [oku'par] *v* *einnehmen, besetzen; **ocupado** *adj* beschäftigt, besetzt; **ocuparse de** versorgen

ocurrencia [oku'rrenθja] *f* Idee *f*

ocurrir [oku'rrir] *v* *vorkommen

ochenta [o'tʃenta] *num* achtzig

ocho ['otʃo] *num* acht

odiar [o'ðjar] *v* hassen

odio ['oðjo] *m* Haß *m*

oeste [o'este] *m* Westen *m*

ofender [ofen'der] *v* verletzen, kränken, beleidigen

ofensa [o'fensa] *f* Beleidigung *f*

ofensivo [ofen'siβo] *adj* offensiv; anstößig; *m* Offensive *f*

oferta [o'ferta] *f* Angebot *nt*

oficial [ofi'θjal] *adj* offiziell; *m* Offizier *m*; ~ **de aduanas** Zöllner *m*

oficina [ofi'θina] *f* Dienstraum *m*, Büro *nt*; ~ **de cambio** Wechselstube

f; **~ de colocación** Arbeitsamt nt;
~ de informaciones Auskunftsbüro
nt; **~ de objetos perdidos** Fundbüro nt

oficinista [ofiθi'nista] m Beamte m

oficio [o'fiθjo] m Fach nt, Beruf m

***ofrecer** [ofre'θer] v *anbieten

oído [o'iðo] m Gehör nt; **dolor de oídos** Ohrenschmerzen mpl

***oír** [o'ir] v hören

ojal [o'xal] m Knopfloch nt

ojeada [oxe'aða] f Blick m

ojear [oxe'ar] v erblicken

ojo ['oxo] m Auge nt

ola ['ola] f Welle f

***oler** [o'ler] v *riechen

olmo ['olmo] m Ulme f

olor [o'lor] m Geruch m

olvidadizo [olβiða'ðiθo] adj vergeßlich

olvidar [olβi'ðar] v *vergessen

olla ['oʎa] f Topf m; Kessel m; **~ a
presión** Schnellkochtopf m

ombligo [om'bliyo] m Nabel m

omitir [omi'tir] v *auslassen; versäumen

omnipotente [omnipo'tente] adj allmächtig

once ['onθe] num elf

onceno [on'θeno] num elfte

onda ['onda] f Welle f

ondulación [ondula'θjon] f Welle f; **~
permanente** Dauerwelle f

ondulado [ondu'laðo] adj wellig

ondulante [ondu'lante] adj wellig

ónix ['oniks] m Onyx m

ópalo ['opalo] m Opal m

opcional [opθjo'nal] adj beliebig

ópera ['opera] f Oper f

operación [opera'θjon] f Operation f

operar [ope'rar] v operieren; wirken

opereta [ope'reta] f Operette f

opinar [opi'nar] v der Ansicht *sein

opinión [opi'njon] f Ansicht f, Meinung f

***oponerse** [opo'nerse] v sich widerset-
zen; **~ a** Einwand *erheben gegen

oportunidad [oportuni'ðað] f Chance f,
Gelegenheit f

oportuno [opor'tuno] adj geeignet

oposición [oposi'θjon] f Opposition f

oprimir [opri'mir] v bedrücken, unterdrücken

óptico ['optiko] m Optiker m

optimismo [opti'mizmo] m Optimismus m

optimista [opti'mista] adj optimistisch; m Optimist m

óptimo ['optimo] adj best

opuesto [o'pwesto] adj entgegengesetzt; abgeneigt

oración [ora'θjon] f Gebet nt

oral [o'ral] adj mündlich

orar [o'rar] v beten

orden ['orðen] f Befehl m; Auftrag m;
m Ordnung f; Reihenfolge f; **de
primer ~** vorzüglich; **~ del día** Tagesordnung f

ordenador [orðena'ðor] m Computer
m

ordenar [orðe'nar] v ordnen; *befehlen

ordinario [orði'narjo] adj üblich, gewöhnlich; ordinär

oreja [o'rexa] f Ohr nt

orfebre [or'feβre] m Goldschmied m

orgánico [or'yaniko] adj organisch

organillo [orya'niʎo] m Leierkasten m

organismo [orya'nizmo] m Organis-
mus m

organización [oryaniθa'θjon] f Organisation f

organizar [oryani'θar] v organisieren;
vorbereiten

órgano ['oryano] m Organ nt; Orgel f

orgullo [or'yuʎo] m Stolz m

orgulloso [oryu'ʎoso] adj hochmütig,
stolz

oriental [orjen'tal] adj östlich; orienta-

lisch
orientarse [orjen'tarse] v sich orientieren
oriente [o'rjente] m Orient m
origen [o'rixen] m Abstammung f, Ursprung m
original [orixi'nal] adj originell
originalmente [orixinal'mente] adv anfänglich
originar [orixi'nar] v *hervorbringen
orilla [o'riʎa] f Ufer nt; Küste f
orina [o'rina] f Urin m
orlón [or'lon] m Orlon nt
ornamental [ornamen'tal] adj ornamental
oro ['oro] m Gold nt
orquesta [or'kesta] f Orchester nt; Kapelle f
ortodoxo [orto'ðokso] adj orthodox
os [os] pron euch
osar [o'sar] v wagen
oscilar [oθi'lar] v schaukeln
oscuridad [oskuri'ðaθ] f Dunkelheit f, Finsternis f
oscuro [os'kuro] adj finster, dunkel, obskur
oso ['oso] m Bär m
ostentación [ostenta'θjon] f Wichtigtuerei f
ostra ['ostra] f Auster f
otoño [o'toɲo] m Herbst m
otro ['otro] adj ander; ~ **más** noch ein
ovalado [oβa'laðo] adj oval
oveja [o'βexa] f Schaf nt
overol [oβe'rol] mMe Arbeitsanzug m
oxidado [oksi'ðaðo] adj rostig
oxígeno [ok'sixeno] m Sauerstoff m
oyente [o'jente] m Zuhörer m

P

pabellón [paβe'ʎon] m Pavillon m
*** pacer** [pa'θer] v weiden
paciencia [pa'θjenθja] f Geduld f
paciente [pa'θjente] adj geduldig; m Patient m
pacifismo [paθi'fizmo] m Pazifismus m
pacifista [paθi'fista] adj pazifistisch; m Pazifist m
*** padecer** [paðe'θer] v *leiden
padrastro [pa'ðrastro] m Stiefvater m
padre ['paðre] m Vater m; Pater m
padres ['paðres] mpl Eltern pl; ~ **adoptivos** Pflegeeltern pl; ~ **políticos** Schwiegereltern pl
padrino [pa'ðrino] m Pate m
paga ['paɣa] f Lohn m
pagano [pa'ɣano] adj heidnisch; m Heide m
pagar [pa'ɣar] v bezahlen, zahlen; **pagado por adelantado** vorausbezahlt; ~ **a plazos** abzahlen
página ['paxina] f Blatt nt, Seite f
pago ['paɣo] m Bezahlung f; **primer** ~ Anzahlung f
painel [pai'nel] m Paneel nt
país [pa'is] m Land nt; ~ **natal** Heimatland nt
paisaje [pai'saxe] m Landschaft f
paisano [pai'sano] m Zivilist m
Países Bajos [pa'ises 'baxos] mpl Niederlande fpl
paja ['paxa] f Stroh nt
pájaro ['paxaro] m Vogel m
paje ['paxe] m Hotelpage m
pala ['pala] f Spaten m, Schaufel f
palabra [pa'laβra] f Wort nt
palacio [pa'laθjo] m Palast m
palanca [pa'laŋka] f Hebel m; ~ **de cambios** Gangschaltung f
palangana [palaŋ'gana] f Becken nt;

Waschbecken nt

pálido ['paliðo] adj bleich; matt; hell

palillo [pa'liʎo] m Zahnstocher m

palma ['palma] f Palme f; Handfläche f

palo ['palo] m Stock m; ~ de golf Golfklub m

paloma [pa'loma] f Taube f

palpable [pal'paβle] adj fühlbar

palpar [pal'par] v betasten

palpitación [palpita'θjon] f Herzklopfen nt

pan [pan] m Brot nt, Laib m; ~ integral Vollkornbrot nt; ~ tostado Toast m

pana ['pana] f Kordsamt m, Baumwollsamt m

panadería [panaðe'ria] f Bäckerei f

panadero [pana'ðero] m Bäcker m

panecillo [pane'θiʎo] m Brötchen nt

pánico ['paniko] m Panik f

pantalones [panta'lones] mpl Hose f; ~ cortos kurze Hose; ~ de esquí Schihose f; ~ de gimnasia Turnhose f

pantalla [pan'taʎa] f Lampenschirm m; Bildschirm m, Filmleinwand f

pantano [pan'tano] m Sumpf m

pantanoso [panta'noso] adj sumpfig

pantorrilla [panto'rriʎa] f Wade f

pañal [pa'ɲal] m Windel f

pañería [paɲe'ria] f Tuchwaren fpl

pañero [pa'ɲero] m Tuchhändler m

paño ['paɲo] m Lappen m; ~ higiénico Damenbinde f

pañuelo [pa'ɲwelo] m Taschentuch nt; ~ de papel Papiertaschentuch nt

Papa ['papa] m Papst m

papa ['papa] fMe Kartoffel f

papá [pa'pa] m Vater m

papaíto [papa'ito] m Vati m

papel [pa'pel] m Papier nt; de ~ papieren; ~ carbón Kohlepapier nt;

~ de envolver Packpapier nt; ~ de escribir Schreibpapier nt; ~ de estaño Stanniol nt; ~ de lija Schmirgelpapier nt; ~ higiénico Toilettenpapier nt; ~ para cartas Briefpapier nt; ~ para mecanografiar Schreibmaschinenpapier nt; ~ pintado Tapete f; ~ secante Löschpapier nt

papelería [papele'ria] f Schreibwaren fpl; Schreibwarenhandlung f

paperas [pa'peras] fpl Mumps m

paquete [pa'kete] m Päckchen nt, Paket nt; Bündel nt

Paquistán [pakis'tan] m Pakistan

paquistaní [pakista'ni] adj pakistanisch; m Pakistaner m

par [par] adj gerade; m Paar nt

para ['para] prep vor, für; nach; um zu; ~ con zu; ~ que wozu

parabrisas [para'βrisas] m Windschutzscheibe f

parachoques [para'tʃokes] m Stoßstange f

parada [pa'raða] f Parade f; Haltestelle f; ~ de taxis Taxistand m

parado [pa'raðo] adjMe aufrecht

parador [para'ðor] m Gaststätte f

parafina [para'fina] f Petroleum nt

paraguas [pa'raɣwas] m Regenschirm m

paraíso [para'iso] m Paradies nt

paralelo [para'lelo] adj gleichlaufend, parallel; m Parallele f

paralítico [para'litiko] adj gelähmt

paralizar [parali'θar] v lähmen

pararse [pa'rarse] v *anhalten

parcela [par'θela] f Parzelle f

parcial [par'θjal] adj teilweise; parteiisch

parecer [pare'θer] m Meinung f, Ansicht f

*parecer [pare'θer] v *scheinen, *erscheinen

parecido [pare'θiðo] *adj* ähnlich; **bien ~** hübsch

pared [pa'reð] *f* Wand *f*

pareja [pa'rexa] *f* Paar *nt*; Partner *m*

pariente [pa'rjente] *m* Verwandte *m*

parlamentario [parlamen'tarjo] *adj* parlamentarisch

parlamento [parla'mento] *m* Parlament *nt*

párpado ['parpaðo] *m* Augenlid *nt*

parque ['parke] *m* Park *m*; **~ de estacionamiento** Parkplatz *m*; **~ de reserva zoológica** Wildpark *m*; **~ nacional** Naturschutzpark *m*

parquímetro [par'kimetro] *m* Parkuhr *f*

párrafo ['parrafo] *m* Absatz *m*

parrilla [pa'riʎa] *f* Bratrost *m*; Grillroom *m*; **asar en ~** grillen

parroquia [pa'rrokja] *f* Kirchspiel *nt*

parsimonioso [parsimo'njoso] *adj* sparsam

parte ['parte] *f* Teil *m*; **en alguna ~** irgendwo; **en ninguna ~** nirgends; **en ~** teils, teilweise; **otra ~** anderswo; **~ posterior** Hinterseite *f*; **~ superior** Spitze *f*, Oberseite *f*; **por otra ~** übrigens; **por todas partes** überall

participante [partiθi'pante] *m* Teilnehmer *m*

participar [partiθi'par] *v* *teilnehmen

particular [partiku'lar] *adj* privat; besonder; **en ~** im einzelnen, speziell

particularidad [partikulari'ðað] *f* Einzelheit *f*; Eigentümlichkeit *f*

partida [par'tiða] *f* Abfahrt *f*

partido [par'tiðo] *m* Partei *f*; Spiel *nt*; **~ de fútbol** Fußballspiel *nt*

partir [par'tir] *v* *weggehen, abreisen, *abfahren; **a ~ de** ab; von ... an

parto ['parto] *m* Entbindung *f*

párvulo ['parβulo] *m* Kleinkind *nt*; **escuela de párvulos** Kindergarten *m*

pasa ['pasa] *f* Rosine *f*; **~ de Corinto** Korinthe *f*

pasado [pa'saðo] *adj* vorig, letzt, vergangen; *m* Vergangenheit *f*

pasaje [pa'saxe] *m* Durchgang *m*; Durchfahrt *f*

pasajero [pasa'xero] *m* Passagier *m*

pasaporte [pasa'porte] *m* Paß *m*

pasar [pa'sar] *v* passieren, sich ereignen; durchmachen; überholen; *vorbeifahren; reichen; *verbringen; **~ por alto** *übersehen; **pasarse sin** entbehren

pasarela [pasa'rela] *f* Laufplanke *f*

Pascua ['paskwa] Ostern

paseante [pase'ante] *m* Spaziergänger *m*

pasear [pase'ar] *v* spazieren, bummeln

paseo [pa'seo] *m* Bummel *m*; Fahrt *f*; Promenade *f*

pasillo [pa'siʎo] *m* Flur *m*; Gang *m*

pasión [pa'sjon] *f* Leidenschaft *f*, Passion *f*

pasivo [pa'siβo] *adj* passiv

paso ['paso] *m* Schritt *m*, Tritt *m*; Gang *m*; Übergang *m*; Gebirgspaß *m*; **de ~** beiläufig; **~ a nivel** Bahnübergang *m*; **prioridad de ~** Vorfahrtsrecht *nt*; **prohibido el ~** Eintritt verboten

pasta ['pasta] *f* Paste *f*; **~ dentífrica** Zahnpaste *f*

pastel [pas'tel] *m* Kuchen *m*

pastelería [pastele'ria] *f* Gebäck *nt*, Kuchen *m*; Konditorei *f*

pastilla [pas'tiʎa] *f* Tablette *f*

pastor [pas'tor] *m* Hirt *m*; Pastor *m*, Pfarrer *m*

pata ['pata] *f* Pfote *f*; Bein *nt*

patada [pa'taða] *f* Tritt *m*, Fußtritt *m*

patata [pa'tata] *f* Kartoffel *f*; **patatas fritas** Pommes frites

patear [pate'ar] *v* *stoßen, *treten;

stampfen

patente [pa'tente] f Patent nt

patillas [pa'tiʎas] fpl Backenbart m, Koteletten

patín [pa'tin] m Schlittschuh m; Roller m

patinar [pati'nar] v *eislaufen; schleudern

pato ['pato] m Ente f

patria ['patrja] f Vaterland nt

patriota [pa'trjota] m Patriot m

patrón [pa'tron] m Chef m, Meister m; Arbeitgeber m; Wirt m

patrona [pa'trona] f Wirtin f

patrulla [pa'truʎa] f Streife f

patrullar [patru'ʎar] v patrouillieren

paulatinamente [paulatina'mente] adv allmählich

pausa ['pausa] f Pause f; *hacer una ~ pausieren

pavimentar [paβimen'tar] v pflastern

pavimento [paβi'mento] m Pflaster nt

pavo ['paβo] m Pfau m; Truthahn m

payaso [pa'jaso] m Clown m

paz [paθ] f Frieden m; Ruhe f

peaje [pe'axe] m Wegegeld nt

peatón [pea'ton] m Fußgänger m; prohibido para los peatones Fußgänger verboten

pecado [pe'kaðo] m Sünde f

pecio ['peθjo] m Wrack nt

peculiar [peku'ljar] adj sonderbar

pecho ['petʃo] m Brust f, Brustkasten m

pedal [pe'ðal] m Pedal nt

pedazo [pe'ðaθo] m Stück nt; Stückchen nt

pedernal [peðer'nal] m Feuerstein m

pedicuro [peði'kuro] m Fußpfleger m

pedido [pe'ðiðo] m Bestellung f

pedir [pe'ðir] v *bitten; bestellen; verlangen

pegajoso [peɣa'xoso] adj klebrig

pegar [pe'ɣar] v *schlagen; kleben,

ankleben; **pegarse** v *anbrennen

peinado [pei'naðo] m Haartracht f, Frisur f

peinar [pei'nar] v kämmen

peine ['peine] m Kamm m; ~ **de bolsillo** Taschenkamm m

pelar [pe'lar] v schälen

peldaño [pel'daɲo] m Stufe f

pelea [pe'lea] f Streit m

peletero [pele'tero] m Kürschner m

pelícano [pe'likano] m Pelikan m

película [pe'likula] f Film m; ~ **en colores** Farbfilm m

peligro [pe'liɣro] m Gefahr f; Not f

peligroso [peli'ɣroso] adj gefährlich

pelmazo [pel'maθo] m Langweiler m

pelota [pe'lota] f Ball m

peluca [pe'luka] f Perücke f

peluquero [pelu'kero] m Friseur m

pelvis ['pelβis] m Becken nt

pellizcar [peʎiθ'kar] v *kneifen

pena ['pena] f Kummer m; Mühe f; Buße f; ~ **de muerte** Todesstrafe f

penalty [pe'nalti] m Strafstoß m

pendiente [pen'djente] adj abschüssig; m Ohrring m, Anhänger m; f Gefälle nt, Abhang m

penetrar [pene'trar] v *durchdringen

penicilina [peniθi'lina] f Penicillin nt

península [pe'ninsula] f Halbinsel f

pensador [pensa'ðor] m Denker m

pensamiento [pensa'mjento] m Gedanke m

pensar [pen'sar] v *denken; ~ **en** *denken an

pensativo [pensa'tiβo] adj nachdenklich

pensión [pen'sjon] f Fremdenheim nt, Pension f; Rente f; ~ **alimenticia** Alimente ntpl; ~ **completa** Vollpension f

Pentecostés [pentekos'tes] m Pfingsten

peña ['peɲa] f Felsblock m

peón [pe'on] *m* Bauer *m*

peor [pe'or] *adj* schlechter; *adv* schlechter

pepino [pe'pino] *m* Gurke *f*

pepita [pe'pita] *f* Kern *m*

pequeño [pe'keɲo] *adj* klein

pera ['pera] *f* Birne *f*

perca ['perka] *f* Barsch *m*

percepción [perθep'θjon] *f* Empfindung *f*

perceptible [perθep'tiβle] *adj* wahrnehmbar

percibir [perθi'βir] *v* *wahrnehmen

percha ['pertʃa] *f* Aufhänger *m*, Kleiderbügel *m*, Kleiderhaken *m*; Garderobenständer *m*

*perder [per'ðer] *v* *verlieren; verpassen, einbüßen; vergeuden; **perdido** *adj* verirrt

pérdida ['perðiða] *f* Verlust *m*

perdiz [per'ðiθ] *f* Rebhuhn *nt*

perdón [per'ðon] *m* Verzeihung *f*; Gnade *f*; ¡perdón! Entschuldigung!

perdonar [perðo'nar] *v* entschuldigen, *verzeihen

perecedero [pereθe'ðero] *adj* leicht verderblich

*perecer [pere'θer] *v* *umkommen

peregrinación [pereɣrina'θjon] *f* Pilgerfahrt *f*

peregrino [pere'ɣrino] *m* Pilger *m*

perejil [pere'xil] *m* Petersilie *f*

perezoso [pere'θoso] *adj* faul

perfección [perfek'θjon] *f* Perfektion *f*, Vollkommenheit *f*

perfecto [per'fekto] *adj* vollkommen; einwandfrei

perfil [per'fil] *m* Profil *nt*

perfume [per'fume] *m* Parfüm *nt*

periódico [pe'rjoðiko] *adj* periodisch; *m* Zeitschrift *f*, Zeitung *f*; **vendedor de periódicos** Zeitungshändler *m*

periodismo [perjo'ðizmo] *m* Journalis-

mus *m*

periodista [perjo'ðista] *m* Journalist *m*

período [pe'rioðo] *m* Zeitabschnitt *m*, Termin *m*

perito [pe'rito] *m* Fachmann *m*, Kenner *m*

perjudicar [perxuði'kar] *v* schaden

perjudicial [perxuði'θjal] *adj* nachteilig, schädlich

perjuicio [per'xwiθjo] *m* Schaden *m*

perjurio [per'xurjo] *m* Meineid *m*

perla ['perla] *f* Perle *f*

*permanecer [permane'θer] *v* *bleiben

permanente [perma'nente] *adj* dauernd; **planchado** ~ mit Dauerbügelfalte

permiso [per'miso] *m* Erlaubnis *f*, Bewilligung *f*, Genehmigung *f*; Konzession *f*; ~ **de conducir** Führerschein *m*; ~ **de pesca** Angelschein *m*; ~ **de residencia** Aufenthaltsgenehmigung *f*; ~ **de trabajo** Arbeitsbewilligung *f*

permitir [permi'tir] *v* gestatten, erlauben, bewilligen; befähigen; **permitirse** *v* sich leisten

perno ['perno] *m* Bolzen *m*

pero ['pero] *conj* dennoch, doch, jedoch

peróxido [pe'roksiðo] *m* Wasserstoffsuperoxyd *nt*

perpendicular [perpendiku'lar] *adj* senkrecht

perpetuo [per'petwo] *adj* immerwährend

perra ['perra] *f* Hündin *f*

perrera [pe'rrera] *f* Hundehütte *f*; *m* Hundezwinger *m*

perro ['perro] *m* Hund *m*; ~ **lazarillo** Blindenhund *m*

persa ['persa] *adj* persisch; *m* Perser *m*

*perseguir [perse'ɣir] *v* verfolgen; nachstreben

perseverar [perseβe'rar] v ausharren

Persia ['persja] f Persien

persiana [per'sjana] f Jalousie f, Fensterladen m

persistir [persis'tir] v *bestehen

persona [per'sona] f Person f; **por ~** pro Person

personal [perso'nal] adj persönlich; m Personal nt

personalidad [personali'ðað] f Persönlichkeit f

perspectiva [perspek'tiβa] f Perspektive f; Aussicht f

persuadir [perswaðir] v bereden, überreden

***pertenecer** [pertene'θer] v gehören

pertenencias [perte'nenθjas] fpl Habe f

pertinaz [perti'naθ] adj hartnäckig

pesado [pe'saðo] adj schwer

pesadumbre [pesa'ðumbre] f Leid nt

pesar [pe'sar] v *wiegen; **a ~ de** trotz; ungeachtet

pesca ['peska] f Fischerei f

pescadería [peskaðe'ria] f Fischhandlung f

pescador [peska'ðor] m Fischer m

pescar [pes'kar] v angeln, fischen; **~ con caña** angeln

pesebre [pe'seβre] m Krippe f

pesimismo [pesi'mizmo] m Pessimismus m

pesimista [pesi'mista] adj pessimistisch; m Pessimist m

pésimo ['pesimo] adj schlechtest; schrecklich

peso ['peso] m Gewicht nt; Last f

pestaña [pes'taɲa] f Augenwimper f

petaca [pe'taka] f Beutel m; Tabaksbeutel m

pétalo ['petalo] m Blumenblatt nt

petición [peti'θjon] f Bittschrift f

petirrojo [peti'rroxo] m Rotkehlchen nt

petróleo [pe'troleo] m Petroleum nt; **~ lampante** Kerosin nt; **pozo de ~** Ölquelle f; **refinería de ~** Ölraffinerie f

pez [peθ] m Fisch m

piadoso [pja'ðoso] adj fromm

pianista [pja'nista] m Pianist m

piano ['pjano] m Klavier nt; **~ de cola** Flügel m

picadero [pika'ðero] m Reitschule f

picadura [pika'ðura] f Stich m; Zigarettentabak m

picante [pi'kante] adj pikant

picar [pi'kar] v jucken; zerhacken; *stechen

pícaro ['pikaro] m Schalk m

picazón [pika'θon] f Jucken nt

pico ['piko] m Schnabel m; Gipfel m; Spitzhacke f

pie [pje] m Fuß m; **a ~** zu Fuß; **de ~** aufrecht; ***estar de ~** *stehen; **~ de cabra** Brecheisen nt

piedad [pje'ðað] f Mitleid nt; ***tener ~ de** Mitleid *haben mit

piedra ['pjeðra] f Stein m; **de ~** steinern; **~ miliar** Meilenstein m; **~ pómez** Bimsstein m; **~ preciosa** Edelstein m

piel [pjel] f Haut f; Pelz m, Fell nt; Schale f; Pelzwerk nt; **de ~** Leder-, ledern; **~ de cerdo** Schweinsleder nt

pierna ['pjerna] f Bein nt

pieza ['pjeθa] f Stück nt; **de dos piezas** zweiteilig; **~ de repuesto** Ersatzteil nt; **~ en un acto** Einakter m

pijama [pi'xama] m Pyjama m

pilar [pi'lar] m Säule f

píldora ['pildora] f Pille f

pileta [pi'leta] f Ausguß m

piloto [pi'loto] m Pilot m

pillo ['piʎo] m Schelm m

pimienta [pi'mjenta] f Pfeffer m

pincel [pin'θel] m Pinsel m
pinchado [pin'tʃaðo] adj durchstochen
pinchar [pin'tʃar] v *stechen
pinchazo [pin'tʃaθo] m Reifenpanne f
pingüino [piŋ'gwino] m Pinguin m
pino ['pino] m Tanne f
pintar [pin'tar] v malen, *anstreichen
pintor [pin'tor] m Maler m
pintoresco [pinto'resko] adj pittoresk, malerisch
pintura [pin'tura] f Farbe f; Gemälde nt; ~ **al óleo** Ölgemälde nt
pinzas ['pinθas] fpl Pinzette f
pinzón [pin'θon] m Fink m
piña ['pipa] f Ananas f
pío ['pio] adj fromm
piojo ['pjoxo] m Laus f
pionero [pjo'nero] m Pionier m
pipa ['pipa] f Pfeife f
pirata [pi'rata] m Seeräuber m
pisar [pi'sar] v *treten
piscina [pi'θina] f Schwimmbad nt
piso ['piso] m Etage f, Stockwerk nt, Geschoß nt; Wohnung f; ~ **bajo** Erdgeschoß nt
pista ['pista] f Zirkusarena f; Bahn f; Fahrbahn f; ~ **de aterrizaje** Startbahn f; ~ **de patinaje** Schlittschuhbahn f, Eisbahn f
pistola [pis'tola] f Pistole f
pistón [pis'ton] m Kolben m
pitillera [piti'ʎera] f Zigarettenetui nt
pizarra [pi'θarra] f Schiefer m; Wandtafel f
placa ['plaka] f Nummernschild nt
placer [pla'θer] m Vergnügen nt, Freude f
* placer [pla'θer] v *gefallen
plaga ['plaɣa] f Plage f
plan [plan] m Plan m
plancha ['plantʃa] f Bügeleisen nt; **no precisa** ~ bügelfrei
planchar [plan'tʃar] v bügeln
planeador [planea'ðor] m Segelflug-

zeug nt
planear [plane'ar] v planen
planeta [pla'neta] m Planet m
planetario [plane'tarjo] m Planetarium nt
plano ['plano] adj platt, eben, flach; m Grundriß m, Plan m; **primer** ~ Vordergrund m
planta ['planta] f Pflanze f
plantación [planta'θjon] f Plantage f
plantar [plan'tar] v pflanzen
plantear [plante'ar] v stellen
plástico ['plastiko] m Kunststoff m; **de** ~ Kunststoff-
plata ['plata] f Silber nt; **de** ~ silbern; ~ **labrada** Silber nt
plátano ['platano] m Banane f
platero [pla'tero] m Silberschmied m
platija [pla'tixa] f Scholle f
platillo [pla'tiʎo] m Untertasse f
platino [pla'tino] m Platin nt
plato ['plato] m Teller m; Platte f, Gang m; ~ **para sopa** Suppenteller m
playa ['plaja] f Strand m; ~ **de veraneo** Seebad nt; ~ **para nudistas** FKK-Strand m
plaza ['plaθa] f Platz m; ~ **de mercado** Marktplatz m; ~ **de toros** Stierkampfarena f; ~ **fuerte** Burg f
plazo ['plaθo] m Frist f; Ratenzahlung f; **compra a plazos** Teilzahlungskauf m
pleamar [plea'mar] f Flut f
* plegar [ple'ɣar] v zerknittern
pliegue ['pljeɣe] m Falte f
plomero [plo'mero] m Installateur m
plomo ['plomo] m Blei nt
pluma ['pluma] f Feder f
plural [plu'ral] m Mehrzahl f
población [poβla'θjon] f Bevölkerung f
pobre ['poβre] adj arm; ärmlich
pobreza [po'βreθa] f Armut f
poco ['poko] adj wenig; m bißchen;

dentro de ~ sogleich; **un** ~ was

poder [po'ðer] *m* Macht *f*; Machtbefugnis *f*

* **poder** [po'ðer] *v* *können; *dürfen, *mögen

poderoso [poðe'roso] *adj* mächtig

podrido [po'ðriðo] *adj* verdorben

poema [po'ema] *m* Gedicht *nt*; ~ épico Epos *nt*

poesía [poe'sia] *f* Dichtung *f*

poeta [po'eta] *m* Dichter *m*

poético [po'etiko] *adj* dichterisch

polaco [po'lako] *adj* polnisch; *m* Pole *m*

polea [po'lea] *f* Rolle *f*

policía [poli'θia] *f* Polizei *f*

polifacético [polifa'θetiko] *adj* vielseitig

polilla [po'liʎa] *f* Motte *f*

polio ['poljo] *f* Polio *f*

poliomielitis [poljomje'litis] *f* Kinderlähmung *f*

política [po'litika] *f* Vorgehen *nt*, Politik *f*

político [po'litiko] *adj* politisch; *m* Politiker *m*

póliza ['poliθa] *f* Police *f*

Polonia [po'lonja] *f* Polen

polución [polu'θjon] *f* Verunreinigung *f*

polvera [pol'βera] *f* Puderdose *f*

polvo ['polβo] *m* Staub *m*; Puder *m*; Grus *m*; ~ **para los dientes** Zahnpulver *nt*; ~ **para los pies** Fußpuder *m*

pólvora ['polβora] *f* Schießpulver *nt*

polvoriento [polβo'rjento] *adj* staubig

pollero [po'ʎero] *m* Geflügelhändler *m*

pollo ['poʎo] *m* Huhn *nt*; Küken *nt*

pomelo [po'melo] *m* Pampelmuse *f*

pómulo ['pomulo] *m* Backenknochen *m*

ponderado [ponde'raðo] *adj* besonnen

* **poner** [po'ner] *v* setzen, legen, stellen; * **ponerse** *v* *anziehen

pony ['poni] *m* Pony *nt*

popelín [pope'lin] *m* Popelin *m*

popular [popu'lar] *adj* beliebt; Volks-; **canción** ~ Volkslied *nt*; **danza** ~ Volkstanz *m*

populoso [popu'loso] *adj* dicht bevölkert

por [por] *prep* von, durch; aus; über; wegen; mal

porcelana [porθe'lana] *f* Porzellan *nt*

porcentaje [porθen'taxe] *m* Prozentsatz *m*

porción [por'θjon] *f* Portion *f*

porque ['porke] *conj* weil, denn; **por qué** warum

porra ['porra] *f* Keule *f*

portador [porta'ðor] *m* Inhaber *m*

portaequipajes [portaeki'paxes] *m* Kofferraum *m*

portafolio [porta'foljo] *m* Aktentasche *f*

portaligas [porta'liɣas] *m* Hüfthalter *m*

portátil [por'tatil] *adj* tragbar

portero [por'tero] *m* Portier *m*, Pförtner *m*; Torwart *m*

pórtico ['portiko] *m* Bogengang *m*

portilla [por'tiʎa] *f* Luke *f*

portón [por'ton] *m* Tor *nt*

Portugal [portu'ɣal] *m* Portugal

portugués [portu'ɣes] *adj* portugiesisch; *m* Portugiese *m*

porvenir [porβe'nir] *m* Zukunft *f*

posada [po'saða] *f* Gasthof *m*

posadero [posa'ðero] *m* Gastwirt *m*

* **poseer** [pose'er] *v* *besitzen

posesión [pose'sjon] *f* Besitz *m*

posibilidad [posiβili'ðað] *f* Möglichkeit *f*

posible [po'siβle] *adj* möglich

posición [posi'θjon] *f* Lage *f*, Position *f*

positiva [posi'tiβa] *f* Positiv *nt*, Abzug

m

positivo [posi'tiβo] *adj* positiv

postal ilustrada [pos'tal ilus'traða] Ansichtskarte *f*

poste ['poste] *m* Pfosten *m*; ~ **de farol** Laternenpfahl *m*; ~ **de indicador** Wegweiser *m*

poster [pos'ter] *m* Plakat *nt*

posterior [poste'rjor] *adj* folgend

postizo [pos'tiθo] *m* Toupet *nt*

postre ['postre] *m* Nachtisch *m*

potable [po'taβle] *adj* trinkbar

potencia [po'tenθja] *f* Leistungsfähigkeit *f*; Macht *f*

pozo ['poθo] *m* Brunnen *m*; Quelle *f*; ~ **de petróleo** Ölquelle *f*

práctica ['praktika] *f* Praxis *f*

prácticamente ['praktikamente] *adv* nahezu

practicar [prakti'kar] *v* ausüben

práctico ['praktiko] *adj* praktisch; geschäftsmäßig; *m* Lotse *m*

prado ['praðo] *m* Wiese *f*, Weide *f*

precario [pre'karjo] *adj* heikel

precaución [prekau'θjon] *f* Vorsicht *f*, Vorsichtsmaßnahme *f*

precaverse [preka'βerse] *v* sich in Acht *nehmen

precedente [preθe'ðente] *adj* vorig, vorhergehend

preceder [preθe'ðer] *v* *vorangehen

precio·['preθjo] *m* Preis *m*; Gebühr *f*, Satz *m*; ~ **de compra** Kaufpreis *m*; ~ **del billete** Fahrgeld *nt*

precioso [pre'θjoso] *adj* teuer; wunderbar

precipicio [preθi'piθjo] *m* Abgrund *m*

precipitación [preθipita'θjon] *f* Niederschläge *mpl*

precipitarse [preθipi'tarse] *v* eilen; abstürzen; **precipitado** *adj* übereilt

preciso [pre'θiso] *adj* präzis; exakt, genau

predecesor [preðeθe'sor] *m* Vorgänger

m

** **predecir** [preðe'θir] *v* vorhersagen

predicar [preði'kar] *v* predigen

preferencia [prefe'renθja] *f* Vorzug *m*

preferible [prefe'riβle] *adj* vorzuziehend

** **preferir** [prefe'rir] *v* *vorziehen; **preferido** *adj* Lieblings-

prefijo [pre'fixo] *m* Präfix *nt*

pregunta [pre'ɣunta] *f* Frage *f*

preguntar [preɣun'tar] *v* fragen; sich erkundigen; **preguntarse** *v* sich fragen

prejuicio [pre'xwiθjo] *m* Vorurteil *nt*

preliminar [prelimi'nar] *adj* einleitend; vorläufig

prematuro [prema'turo] *adj* vorzeitig

premio ['premjo] *m* Preis *m*; ~ **de consolación** Trostpreis *m*

prender [pren'der] *v* befestigen

prensa ['prensa] *f* Presse *f*; **conferencia de ~** Pressekonferenz *f*

preocupación [preokupa'θjon] *f* Sorge *f*, Besorgtheit *f*

preocupado [preoku'paðo] *adj* besorgt

preocuparse de [preoku'parse] sich sorgen um

preparación [prepara'θjon] *f* Vorbereitung *f*

preparado [prepa'raðo] *adj* bereit, fertig

preparar [prepa'rar] *v* vorbereiten; fertigmachen, zurichten

preposición [preposi'θjon] *f* Präposition *f*

presa ['presa] *f* Damm *m*

prescindir [presθin'dir] *v* *auslassen; außer Acht *lassen; **prescindiendo de** abgesehen von

prescribir [preskri'βir] *v* *verschreiben

prescripción [preskrip'θjon] *f* Rezept *nt*

presencia [pre'senθja] *f* Gegenwart *f*, Anwesenheit *f*

presenciar [presen'θjar] v Zeuge *sein von

presentación [presenta'θjon] f Vorstellung f

presentar [presen'tar] v vorstellen; *anbieten, leisten; **presentarse** v sich melden

presente [pre'sente] adj anwesend; m Geschenk nt; Gegenwart f

preservar [preser'βar] v bewahren

preservativo [preserβa'tiβo] m Kondom m

presidente [presi'ðente] m Vorsitzende m, Präsident m

presidir [presi'ðir] v *vorsitzen

presión [pre'sjon] f Druck m; ~ **atmosférica** Luftdruck m; ~ **del aceite** Öldruck m; ~ **del neumático** Reifendruck m

preso ['preso] m Häftling m; **coger** ~ *gefangennehmen

préstamo ['prestamo] m Anleihe f

prestar [pres'tar] v *leihen; ~ **atención a** beachten, *achtgeben auf, achten auf; **tomar prestado** borgen

prestidigitador [prestiðixita'ðor] m Zauberer m

prestigio [pres'tixjo] m Prestige nt

presumible [presu'miβle] adj vermutlich

presumido [presu'miðo] adj überheblich

presumir [presu'mir] v voraussetzen; prahlen

presuntuoso [presun'twoso] adj eingebildet; übermütig

presupuesto [presu'pwesto] m Voranschlag m, Budget nt

pretender [preten'der] v beanspruchen

pretensión [preten'sjon] f Anspruch m

pretexto [pre'teksto] m Vorwand m

*prevenir [preβe'nir] v *zuvorkommen, verhüten

preventivo [preβen'tiβo] adj vorbeugend

*prever [pre'βer] v erwarten, *vorhersehen

previo ['preβjo] adj vorhergehend

previsión [preβi'sjon] f Aussicht f, Vorhersage f

prima ['prima] f Base f; Prämie f

primario [pri'marjo] adj Grund-

primavera [prima'βera] f Frühling m, Lenz m

primero [pri'mero] num erste; adj Anfangs-

primitivo [primi'tiβo] adj primitiv

primo ['primo] m Vetter m

primordial [primor'ðjal] adj hauptsächlich

princesa [prin'θesa] f Prinzessin f

principal [prinθi'pal] adj wichtigst; Ober-, Haupt-, hauptsächlich; m Direktor m

principalmente [prinθipal'mente] adv hauptsächlich

príncipe ['prinθipe] m Prinz m

principiante [prinθi'pjante] m Anfänger m

principio [prin'θipjo] m Grundsatz m, Prinzip nt; **al** ~ anfangs

prioridad [prjori'ðað] f Vorrang m; Priorität f

prisa ['prisa] f Hast f, Eile f; ***dar** ~ rasen; ***darse** ~ sich beeilen; **de** ~ eilig

prisión [pri'sjon] f Gefängnis nt

prisionero [prisjo'nero] m Gefangene m; ~ **de guerra** Kriegsgefangene m

prismáticos [priz'matikos] mpl Feldstecher m

privado [pri'βaðo] adj privat

privar de [pri'βar] *entnehmen

privilegio [priβi'lexjo] m Vorrecht nt

probable [pro'βaβle] adj wahrscheinlich; vermutlich

probablemente [proβaβle'mente] adv wahrscheinlich

probador [proβa'ðor] m Anproberaum m

*__probar__ [pro'βar] v versuchen; testen; kosten; *__probarse__ v anprobieren

problema [pro'βlema] m Frage f, Problem nt

procedencia [proθe'ðenθja] f Herkunft f

proceder [proθe'ðer] v *verfahren

procedimiento [proθeði'mjento] m Verfahren nt

procesión [proθe'sjon] f Prozession f

proceso [pro'θeso] m Prozeß m, Gerichtsverfahren nt; Vorgang m

proclamar [prokla'mar] v proklamieren

procurador [prokura'ðor] m Anwalt m

procurar [proku'rar] v verschaffen

pródigo ['proðiγo] adj verschwenderisch

producción [proðuk'θjon] f Produktion f, Ausstoß m; ~ en serie Massenproduktion f

*__producir__ [proðu'θir] v herstellen

producto [pro'ðukto] m Produkt nt, Ertrag m; Erlös m

productor [proðuk'tor] m Produzent m

profano [pro'fano] m Laie m

profesar [profe'sar] v *bekennen

profesión [profe'sjon] f Fach nt, Beruf m

profesional [profesjo'nal] adj beruflich

profesor [profe'sor] m Studienrat m, Lehrer m; Professor m

profesora [profe'sora] f Lehrerin f

profeta [pro'feta] m Prophet m

profundidad [profundi'ðað] f Tiefe f

profundo [pro'fundo] adj tief; tiefsinnig

programa [pro'γrama] m Programm nt

progresista [proγre'sista] adj fortschrittlich, progressiv

progresivo [proγre'siβo] adj zunehmend

progreso [pro'γreso] m Fortschritt m

prohibición [proiβi'θjon] f Verbot nt

prohibido [proi'βiðo] adj verboten

prohibir [proi'βir] v *verbieten

prolongación [prolonga'θjon] f Verlängerung f

prolongar [prolon'gar] v verlängern

promedio [pro'meðjo] adj durchschnittlich; m Durchschnitt m; en ~ durchschnittlich

promesa [pro'mesa] f Versprechen nt

prometer [prome'ter] v *versprechen

prometido [prome'tiðo] adj verlobt

promoción [promo'θjon] f Beförderung f

promontorio [promon'torjo] m Landzunge f

*__promover__ [promo'βer] v fördern, befördern

pronombre [pro'nombre] m Fürwort nt

pronosticar [pronosti'kar] v voraussagen

pronto ['pronto] adj unverzüglich; adv bald, in kurzem; tan ~ como sobald als

pronunciación [pronunθja'θjon] f Aussprache f

pronunciar [pronun'θjar] v *aussprechen

propaganda [propa'γanda] f Propaganda f

propicio [pro'piθjo] adj günstig; wohlgesinnt

propiedad [propje'ðað] f Besitz m, Eigentum nt; Landsitz m

propietario [propje'tarjo] m Besitzer m, Eigentümer m; Hausbesitzer m

propina [pro'pina] f Trinkgeld nt

propio ['propjo] adj eigen

*__proponer__ [propo'ner] v *vorschlagen

proporción [propor'θjon] f Verhältnis nt

proporcional [proporθjo'nal] adj proportional

proporcionar [proporθjo'nar] *v* anpassen; besorgen

propósito [pro'posito] *m* Absicht *f*; **a ~** übrigens

propuesta [pro'pwesta] *f* Vorschlag *m*

prórroga ['prorroɣa] *f* Verlängerung *f*

prosa ['prosa] *f* Prosa *f*

*** proseguir** [prose'ɣir] *v* *fortfahren

prospecto [pros'pekto] *m* Prospekt *m*

prosperidad [prosperi'ðað] *f* Wohlstand *m*

próspero ['prospero] *adj* wohlhabend

prostituta [prosti'tuta] *f* Prostituierte *f*

protección [protek'θjon] *f* Schutz *m*

proteger [prote'xer] *v* schützen

proteína [prote'ina] *f* Protein *nt*

protesta [pro'testa] *f* Protest *m*

protestante [protes'tante] *adj* protestantisch

protestar [protes'tar] *v* protestieren

provechoso [proβe'tʃoso] *adj* einträglich

*** proveer** [proβe'er] *v* liefern, beschaffen; **~ de** *versehen mit

proverbio [pro'βerβjo] *m* Sprichwort *nt*

provincia [pro'βinθja] *f* Provinz *f*

provincial [proβin'θjal] *adj* provinziell

provisional [proβisjo'nal] *adj* vorläufig

provisiones [proβi'sjones] *fpl* Vorrat *m*

provocar [proβo'kar] *v* anrichten

próximamente ['proksimamente] *adv* in kurzem, bald

próximo ['proksimo] *adj* nächst

proyectar [projek'tar] *v* projektieren; projizieren; *werfen

proyecto [pro'jekto] *m* Projekt *nt*, Plan *m*

proyector [projek'tor] *m* Scheinwerfer *m*

prudente [pru'ðente] *adj* vorsichtig, bedächtig, behutsam

prueba ['prweβa] *f* Versuch *m*, Probe *f*; Beweis *m*; **a ~** zur Ansicht

prurito [pru'rito] *m* Jucken *nt*

psicoanalista [sikoana'lista] *m* Psychoanalytiker *m*

psicología [sikolo'xia] *f* Psychologie *f*

psicológico [siko'loxiko] *adj* psychologisch

psicólogo [si'koloɣo] *m* Psychologe *m*

psiquiatra [si'kjatra] *m* Psychiater *m*

psíquico ['sikiko] *adj* psychisch

publicación [puβlika'θjon] *f* Veröffentlichung *f*

publicar [puβli'kar] *v* veröffentlichen, *herausgeben

publicidad [puβliθi'ðað] *f* Werbung *f*, Reklame *f*

público ['puβliko] *adj* öffentlich; *m* Publikum *nt*

pueblo ['pweβlo] *m* Volk *nt*; Dorf *nt*

puente ['pwente] *m* Brücke *f*; **~ colgante** Hängebrücke *f*; **~ levadizo** Zugbrücke *f*; **~ superior** Oberdeck *nt*

puerta ['pwerta] *f* Tür *f*; **~ corrediza** Schiebetür *f*; **~ giratoria** Drehtür *f*

puerto ['pwerto] *m* Hafen *m*; **~ de mar** Seehafen *m*

pues [pwes] *conj* da

puesta ['pwesta] *f* Einsatz *m*

puesto ['pwesto] *m* Stelle *f*, Platz *m*; Stellung *f*, Posten *m*; Stand *m*, Bude *f*; **~ de gasolina** Tankstelle *f*; **~ de libros** Bücherstand *m*

puesto que ['pwesto ke] da

pulcro ['pulkro] *adj* sorgfältig

pulgar [pul'ɣar] *m* Daumen *m*

pulir [pu'lir] *v* polieren

pulmón [pul'mon] *m* Lunge *f*

pulóver [pu'loβer] *m* Pullover *m*

púlpito ['pulpito] *m* Kanzel *f*

pulpo ['pulpo] *m* Polyp *m*

pulsera [pul'sera] *f* Armband *nt*, Armreif *m*

pulso ['pulso] *m* Puls *m*; Pulsschlag *m*

pulverizador [pulβeriθa'ðor] *m* Zerstäuber *m*

punta ['punta] *f* Spitze *f*

puntiagudo [puntja'γuðo] *adj* spitz

puntilla [pun'tiʎa] *f* Spitze *f*

punto ['punto] *m* Punkt *m*; Stich *m*; **géneros de ~** Wirkwaren *fpl*; ***hacer ~** stricken; **~ de congelación** Gefrierpunkt *m*; **~ de partida** Ausgangspunkt *m*; **~ de vista** Standpunkt *m*; **~ y coma** Strichpunkt *m*

puntual [pun'twal] *adj* genau, pünktlich

punzada [pun'θaða] *f* Stechen *nt*

punzar [pun'θar] *v* durchbohren

puñado [pu'ɲaðo] *m* Handvoll *f*

puñetazo [puɲe'taθo] *m* Faustschlag *m*; ***dar puñetazos** knuffen

puño ['puɲo] *m* Faust *f*; Manschette *f*

pupitre [pu'pitre] *m* Schulbank *f*, Pult *nt*

purasangre [pura'saŋgre] *adj* vollblütig

puro ['puro] *adj* rein; *m* Zigarre *f*

purpúreo [pur'pureo] *adj* purpur

pus [pus] *f* Eiter *m*

Q

que [ke] *pron* welcher, der; *conj* daß; wie, als

qué [ke] *pron* was; *adv* wie

quebradizo [keβra'ðiθo] *adj* knusprig

quebrantar [keβran'tar] *v* *brechen

****quebrar** [ke'βrar] *v* *brechen, *bersten

quedar [ke'ðar] *v* *übrigbleiben; **quedarse** *v* *bleiben

queja ['kexa] *f* Beschwerde *f*

quejarse [ke'xarse] *v* sich beschweren

quemadura [kema'ðura] *f* Brandwunde *f*; **~ del sol** Sonnenbrand *m*

quemar [ke'mar] *v* *brennen; *verbrennen

****querer** [ke'rer] *v* *wollen; gern *mögen

querida [ke'riða] *f* Liebling *m*; Mätresse *f*

querido [ke'riðo] *adj* geliebt, lieb; teuer; *m* Liebling *m*

queso ['keso] *m* Käse *m*

quien [kjen] *pron* wer; **a ~** wem

quienquiera [kjeŋ'kjera] *pron* wer auch immer

quieto ['kjeto] *adj* still, ruhig; ***estarse ~** *schweigen

quilate [ki'late] *m* Karat *nt*

quilla ['kiʎa] *f* Kiel *m*

química ['kimika] *f* Chemie *f*

químico ['kimiko] *adj* chemisch

quincalla [kiŋ'kaʎa] *f* Eisenwaren *fpl*

quince ['kinθe] *num* fünfzehn

quincena [kin'θena] *f* vierzehn Tage

quinceno [kin'θeno] *num* fünfzehnte

quinina [ki'nina] *f* Chinin *nt*

quinta ['kinta] *f* Landhaus *nt*

quinto[1] ['kinto] *num* fünfte

quinto[2] ['kinto] *m* Dienstpflichtige *m*

quiosco ['kjosko] *m* Kiosk *m*; **~ de periódicos** Zeitungsstand *m*

quitamanchas [kita'mantʃas] *m* Fleckenreinigungsmittel *nt*

quitar [ki'tar] *v* *wegnehmen, entfernen

quitasol [kita'sol] *m* Sonnenschirm *m*

quizás [ki'θas] *adv* vielleicht

R

rábano ['raβano] *m* Rettich *m*; **~ picante** Meerrettich *m*

rabia ['raβja] *f* Wut *f*; Tollwut *f*

rabiar [ra'βjar] *v* rasen, wüten

rabioso [ra'βjoso] *adj* wütend

racial [ra'θjal] *adj* Rassen-

ración [ra'θjon] *f* Ration *f*

radiador [raðjaˈðor] m Heizkörper m

radical [raðiˈkal] adj radikal

radio [ˈraðjo] m Umkreis m; Speiche f; f Rundfunk m, Radio nt

radiografía [raðjoɣraˈfia] f Röntgenbild nt

radiografiar [raðjoɣraˈfjar] v röntgen

raedura [raeˈðura] f Kratzer m; *hacer raeduras kratzen

ráfaga [ˈrafaɣa] f Windstoß m

raíz [raˈiθ] f Wurzel f

rallar [raˈʎar] v raspeln

rama [ˈrama] f Ast m

ramita [raˈmita] f Zweig m

ramo [ˈramo] m Strauß m

rampa [ˈrampa] f Rampe f

rana [ˈrana] f Frosch m

rancio [ˈranθjo] adj ranzig

rancho [ˈrantʃo] m Me Bauernhaus nt

rango [ˈraŋgo] m Rang m

ranura [raˈnura] f Schlitz m

rápidamente [ˈrapidamente] adv in Kürze

rapidez [rapiˈðeθ] f Schnelligkeit f

rápido [ˈrapiðo] adj rasch, schnell; **rápidos de río** Stromschnelle f

raqueta [raˈketa] f Schläger m

raro [ˈraro] adj selten; komisch, seltsam, sonderbar; **raras veces** selten

·ascacielos [raskaˈθjelos] m Wolkenkratzer m

rascar [rasˈkar] v kratzen

rasgar [razˈɣar] v *zerreißen

rasgo [ˈrazɣo] m Zug m; Gesichtszug m; ~ **característico** Charakterzug m

rasgón [razˈɣon] m Riß m

rasguño [razˈɣuɲo] m Schramme f

raso [ˈraso] adj kahl; m Satin m

raspar [rasˈpar] v schaben

rastrear [rastreˈar] v nachspüren

rastrillo [rasˈtriʎo] m Harke f

rastro [ˈrastro] m Fährte f

rasurarse [rasuˈrarse] v sich rasieren

rata [ˈrata] f Ratte f

rato [ˈrato] m Weile f

ratón [raˈton] m Maus f

raya [ˈraja] f Strich m, Streifen m; Falte f; Scheitel m

rayado [raˈjaðo] adj gestreift

rayador [rajaˈðor] m Reibe f

rayo [ˈrajo] m Strahl m

rayón [raˈjon] m Kunstseide f

raza [ˈraθa] f Rasse f

razón [raˈθon] f Verstand m, Vernunft f; Grund m; **no *tener ~** unrecht *haben; ***tener ~** recht *haben

razonable [raθoˈnaβle] adj billig, vernünftig

razonar [raθoˈnar] v logisch *durchdenken

reacción [reakˈθjon] f Reaktion f

reaccionar [reakθjoˈnar] v reagieren

real [reˈal] adj tatsächlich, wirklich; königlich

realidad [realiˈðað] f Wirklichkeit f; **en ~** tatsächlich, wirklich

realizable [realiˈθaβle] adj durchführbar, ausführbar

realización [realiθaˈθjon] f Leistung f

realizar [realiˈθar] v realisieren, verwirklichen; durchführen

rebaja [reˈβaxa] f Rabatt m; **rebajas** fpl Schlußverkauf m

rebajar [reβaˈxar] v herabsetzen

rebaño [reˈβaɲo] m Herde f

rebelde [reˈβelde] m Rebell m

rebelión [reβeˈljon] f Aufstand m, Aufruhr m

recado [reˈkaðo] m Botengang m

recambio [reˈkambjo] m Ersatzteil nt

recaudar [rekauˈðar] v *erheben

recepción [reθepˈθjon] f Empfang m

recepcionista [reθepθjoˈnista] f Empfangsdame f

receptáculo [reθepˈtakulo] m Behälter m

receptor [reθepˈtor] m Telephonhörer

m

receta [re'θeta] *f* Rezept *nt*

recibir [reθi'βir] *v* *bekommen, *empfangen

recibo [re'θiβo] *m* Beleg *m*, Empfangsschein *m*, Quittung *f*; Empfang *m*; **oficina de ~** Rezeption *f*

reciclable [reθi'klahβle] *adj* wiederverwertbar

reciclar [reθi'klar] *v* wiederverwerten

recién [re'θjen] *adv* kürzlich

reciente [re'θjente] *adj* jüngst

recio ['reθjo] *adj* kräftig

recíproco [re'θiproko] *adj* gegenseitig

recital [reθi'tal] *m* Solistenkonzert *nt*

reclamar [rekla'mar] *v* beanspruchen

recluta [re'kluta] *m* Rekrut *m*

recoger [reko'xer] *v* *aufnehmen, pflücken; holen, abholen, einholen; überholen

recogida [reko'xiδa] *f* Leerung *f*

recomendación [rekomenda'θjon] *f* Empfehlung *f*

*recomendar [rekomen'dar] *v* *anempfehlen, *empfehlen

*recomenzar [rekomen'θar] *v* wieder *beginnen

recompensa [rekom'pensa] *f* Belohnung *f*

recompensar [rekompen'sar] *v* belohnen

reconciliación [rekonθilja'θjon] *f* Versöhnung *f*

*reconocer [rekono'θer] *v* *erkennen; *zugeben, *gestehen, *anerkennen; sich vergegenwärtigen

reconocimiento [rekonoθi'mjento] *m* Anerkennung *f*; Untersuchung *f*

récord ['rekorδ] *m* Rekord *m*

*recordar [rekor'δar] *v* erinnern; *denken an

recreación [rekrea'θjon] *f* Erholung *f*

recreo [re'kreo] *m* Erholung *f*; **patio**

de ~ Spielplatz *m*

recriar [re'krjar] *v* züchten

rectangular [rektaŋgu'lar] *adj* rechteckig

rectángulo [rek'taŋgulo] *m* Rechteck *nt*

rectificación [rektifika'θjon] *f* Verbesserung *f*

recto ['rekto] *adj* aufrecht

rector [rek'tor] *m* Pastor *m*

rectoría [rekto'ria] *f* Pfarre *f*

recuerdo [re'kwerδo] *m* Erinnerung *f*; Andenken *nt*

recuperación [rekupera'θjon] *f* Wiederherstellung *f*

recuperar [rekupe'rar] *v* wiedererlangen

rechazar [retʃa'θar] *v* *zurückweisen, *verwerfen

red [reδ] *f* Netz *nt*; **~ de carreteras** Straßennetz *nt*; **~ de pescar** Fischnetz *nt*

redacción [reδak'θjon] *f* Formulierung *f*; Redaktion *f*

redactar [reδak'tar] *v* zusammenstellen; abfassen

redactor [reδak'tor] *m* Redakteur *m*

redecilla [reδe'θiʎa] *f* Haarnetz *nt*

redimir [reδi'mir] *v* erlösen

rédito ['reδito] *m* Zins *m*

redondeado [reδonde'aδo] *adj* abgerundet

redondo [re'δondo] *adj* rund

reducción [reδuk'θjon] *f* Preisnachlaß *m*, Ermäßigung *f*

*reducir [reδu'θir] *v* senken, vermindern, reduzieren

reembolsar [reembol'sar] *v* zurückzahlen, wiedererstatten

reemplazar [reempla'θar] *v* ersetzen

reemprender [reempren'der] *v* *wiederaufnehmen

reexpedir [reekspe'δir] *v* *nachsenden

referencia [refe'renθja] *f* Referenz *f*,

Verweis *m*; **punto de ~** Landmarke *f*

*referir [refe'rir] *v* *verweisen; erzählen

refinería [refine'ria] *f* Raffinerie *f*

reflector [reflek'tor] *m* Reflektor *m*; Scheinwerfer *m*

reflejar [refle'xar] *v* widerspiegeln

reflejo [re'flexo] *m* Spiegelung *f*

reflexionar [refleksjo'nar] *v* *nachdenken

Reforma [re'forma] *f* Reformation *f*

refractario [refrak'tarjo] *adj* feuerfest

refrenar [refre'nar] *v* zügeln

refrescar [refres'kar] *v* erfrischen

refresco [re'fresko] *m* Erfrischung *f*

refrigerador [refrixera'ðor] *m* Kühlschrank *m*, Eisschrank *m*

refugio [re'fuxjo] *m* Schutz *m*; Obdach *nt*

refunfuñar [refunfu'ɲar] *v* murren

regalar [reɣa'lar] *v* schenken

regaliz [reɣa'liθ] *m* Lakritze *f*

regalo [re'ɣalo] *m* Präsent *nt*, Geschenk *nt*

regata [re'ɣata] *f* Regatta *f*

regatear [reɣate'ar] *v* handeln

régimen ['reximen] *m* (pl regímenes) Regime *nt*; Verwaltung *f*; Diät *f*

regimiento [rexi'mjento] *m* Regiment *nt*

región [re'xjon] *f* Gegend *f*; Gebiet *nt*

regional [rexjo'nal] *adj* örtlich

*regir [re'xir] *v* regieren, herrschen

registrar [rexis'trar] *v* *eintragen, aufzeichnen

registro [re'xistro] *m* Akte *f*

regla ['reɣla] *f* Regel *f*; Regelung *f*; Lineal *nt*; **en ~** in Ordnung; **por ~ general** in der Regel

reglamento [reɣla'mento] *m* Vorschrift *f*

regocijo [reɣo'θixo] *m* Freude *f*

regordete [reɣor'ðete] *adj* mollig

regresar [reɣre'sar] *v* *zurückgehen

regreso [re'ɣreso] *m* Rückkehr *f*; **viaje de ~** Rückfahrt *f*; **vuelo de ~** Rückflug *m*

regulación [reɣula'θjon] *f* Vorschrift *f*

regular [reɣu'lar] *v* regeln; *adj* regelmäßig.

rehabilitación [reaβilita'θjon] *f* Rehabilitation *f*

rehén [re'en] *m* Geisel *f*

rehusar [reu'sar] *v* verweigern; ablehnen

reina ['reina] *f* Königin *f*

reinado [rei'naðo] *m* Herrschaft *f*

reino ['reino] *m* Reich *nt*, Königreich *nt*

reintegrar [reinte'ɣrar] *v* zurückzahlen, rückvergüten

reintegro [rein'teɣro] *m* Rückzahlung *f*, Rückvergütung *f*

*reír [re'ir] *v* lachen

reivindicación [reiβindika'θjon] *f* Forderung *f*

reivindicar [reiβindi'kar] *v* fordern

reja ['rexa] *f* Rost *m*; Gatter *nt*, Tor *nt*

rejilla [re'xiʎa] *f* Gepäcknetz *nt*

relación [rela'θjon] *f* Beziehung *f*, Verbindung *f*; Meldung *f*

relacionar [relaθjo'nar] *v* *beziehen

relajación [relaxa'θjon] *f* Entspannung *f*

relajado [rela'xaðo] *adj* lässig

relámpago [re'lampaɣo] *m* Blitz *m*

relatar [rela'tar] *v* berichten

relativo [rela'tiβo] *adj* relativ, verhältnismäßig; **~ a** betreffs

relato [re'lato] *m* Geschichte *f*

relevar [rele'βar] *v* ablösen; erleichtern

relieve [re'ljeβe] *m* Relief *nt*

religión [reli'xjon] *f* Religion *f*

religioso [reli'xjoso] *adj* religiös

reliquia [re'likja] *f* Reliquie *f*

reloj [re'lox] *m* Uhr *f*; ~ **de bolsillo** Taschenuhr *f*; ~ **de pulsera** Armbanduhr *f*

relojero [relo'xero] *m* Uhrmacher *m*

reluciente [relu'θjente] *adj* leuchtend

***relucir** [relu'θir] *v* strahlen

rellenado [reʎe'nado] *adj* gefüllt

relleno [re'ʎeno] *m* Füllung *f*

remanente [rema'nente] *m* Überrest *m*

remar [re'mar] *v* rudern

remedio [re'međjo] *m* Mittel *nt*; Heilmittel *nt*

***remendar** [remen'dar] *v* ausbessern; flicken

remesa [re'mesa] *f* Überweisung *f*

remitir [remi'tir] *v* *überweisen; ~ **a** *verweisen auf

remo ['remo] *m* Paddel *nt*, Ruder *nt*

remoción [remo'θjon] *f* Beseitigung *f*

remojar [remo'xar] *v* durchnässen

remolacha [remo'latʃa] *f* Bete *f*, Rübe *f*

remolcador [remolka'đor] *m* Schlepper *m*

remolcar [remol'kar] *v* schleppen

remolque [re'molke] *m* Anhänger *m*

remoto [re'moto] *adj* abgelegen, entfernt

***remover** [remo'βer] *v* beseitigen

remuneración [remunera'θjon] *f* Entlohnung *f*

remunerar [remune'rar] *v* entschädigen

Renacimiento [renaθi'mjento] *m* Renaissance *f*

rendición [rendi'θjon] *f* Übergabe *f*

***rendir** [ren'dir] *v* sich lohnen; ~ **homenaje** huldigen; ***rendirse** *v* sich *ergeben

renglón [reŋ'glon] *m* Zeile *f*

reno ['reno] *m* Ren *nt*

renombre [re'nombre] *m* Ansehen *nt*

***renovar** [reno'βar] *v* erneuern

renta ['renta] *f* Einkommen *nt*

rentable [ren'taβle] *adj* rentabel

renunciar [renun'θjar] *v* *aufgeben

***reñir** [re'ɲir] *v* *streiten

reparación [repara'θjon] *f* Wiederherstellung *f*, Reparatur *f*; Instandsetzung *f*

reparar [repa'rar] *v* reparieren, flicken

repartir [repar'tir] *v* verteilen, austeilen

reparto [re'parto] *m* Lieferung *f*; **camioneta de** ~ Lieferwagen *m*

repelente [repe'lente] *adj* abstoßend

repentinamente [repentina'mente] *adv* plötzlich

repertorio [reper'torjo] *m* Repertoire *nt*

repetición [repeti'θjon] *f* Wiederholung *f*

repetidamente [repetiđa'mente] *adv* immer wieder

***repetir** [repe'tir] *v* wiederholen

repleto [re'pleto] *adj* brechend voll, überfüllt

reportero [repor'tero] *m* Berichterstatter *m*

reposado [repo'sađo] *adj* ruhig

reposo [re'poso] *m* Ruhe *f*

reprender [repren'der] *v* tadeln, schimpfen

representación [representa'θjon] *f* Vertretung *f*; Aufführung *f*

representante [represen'tante] *m* Vertreter *m*

representar [represen'tar] *v* *vertreten; vorstellen

representativo [representa'tiβo] *adj* repräsentativ

reprimir [repri'mir] *v* unterdrücken

***reprobar** [repro'βar] *v* *verwerfen

reprochar [repro'tʃar] *v* *vorwerfen

reproche [re'protʃe] *m* Vorwurf *m*

reproducción [reprođuk'θjon] *f* Reproduktion *f*

***reproducir** [reprođu'θir] *v* reproduzieren

reptil [rep'til] *m* Reptil *nt*

república [re'puβlika] f Republik f

republicano [repuβli'kano] adj republikanisch

repuesto [re'pwesto] m Vorrat m; Ersatzfüllung f

repugnancia [repuɣ'nanθja] f Abneigung f

repugnante [repuɣ'nante] adj widerwärtig, widerlich

repulsivo [repul'siβo] adj widerwärtig

reputación [reputa'θjon] f Ruf m

requerimiento [rekeri'mjento] m Erfordernis nt

* **requerir** [reke'rir] v erfordern, verlangen

resaca [re'saka] f Unterströmung f; Kater m

resbaladizo [rezβala'ðiθo] adj glitschig, schlüpfrig

resbalar [rezβa'lar] v ausrutschen, *gleiten

rescatar [reska'tar] v retten

rescate [res'kate] m Rettung f; Lösegeld nt

* **resentirse por** [resen'tirse] *übelnehmen

reseña [re'seɲa] f Besprechung f

reserva [re'serβa] f Vorbehalt m; Reserve f; Reservierung f; **de ~** Reserve-

reservación [reserβa'θjon] f Reservierung f, Einschreibung f

reservar [reser'βar] v mieten; vorbestellen, reservieren, buchen

resfriado [res'frjaðo] m Erkältung f

resfriarse [res'frjarse] v sich erkälten

residencia [resi'ðenθja] f Wohnsitz m

residente [resi'ðente] adj wohnhaft; m Ortsansässige m

residir [resi'ðir] v wohnen

residuo [resi'ðwo] m Rest m

resignación [resiɣna'θjon] f Rücktritt m

resignar [resiɣ'nar] v *zurücktreten

resina [re'sina] f Harz m

resistencia [resis'tenθja] f Widerstand m

resistir [resis'tir] v *widerstehen

resolución [resolu'θjon] f Entscheidung f

* **resolver** [resol'βer] v lösen

* **resonar** [reso'nar] v erschallen

respectivo [respek'tiβo] adj jeweilig

respecto a [res'pekto a] betreffs, hinsichtlich, in Anbetracht

respetable [respe'taβle] adj achtbar, ehrbar

respetar [respe'tar] v achten

respeto [res'peto] m Ehrfurcht f, Respekt m

respetuoso [respe'twoso] adj ehrerbietig

respiración [respira'θjon] f Atmung f

respirar [respi'rar] v atmen

* **resplandecer** [resplande'θer] v glänzen

resplandor [resplan'dor] m Glanz m

responder [respon'der] v antworten; **~ a** beantworten

responsabilidad [responsaβili'ðað] f Verantwortlichkeit f; Haftbarkeit f

responsable [respon'saβle] adj verantwortlich; haftbar

respuesta [res'pwesta] f Antwort f

* **restablecerse** [restaβle'θerse] v sich erholen

restablecimiento [restaβleθi'mjento] m Erholung f

restante [res'tante] adj übrig

restar [res'tar] v subtrahieren

restaurante [restau'rante] m Restaurant nt; **~ de autoservicio** Selbstbedienungsrestaurant nt

resto ['resto] m Rest m; Überbleibsel nt, Restbestand m

restricción [restrik'θjon] f Einschränkung f

resuelto [re'swelto] adj resolut, entschlossen

resultado [resul'taðo] m Ergebnis nt; Folge f, Resultat nt

resultar [resul'tar] v sich *ergeben; sich herausstellen

resumen [re'sumen] m Zusammenfassung f, Übersicht f

retardar [retar'ðar] v verzögern,

retina [re'tina] f Netzhaut f

retirar [reti'rar] v *zurückziehen

reto ['reto] m Herausforderung f

retrasado [retra'saðo] adj verspätet

retraso [re'traso] m Aufenthalt m

retrato [re'trato] m Porträt nt

retrete [re'trete] m Toilette f

retroceso [retro'θeso] m Rückgang m

retumbo [re'tumbo] m Dröhnen nt

reumatismo [reuma'tizmo] m Rheumatismus m

reunión [reu'njon] f Treffen nt, Versammlung f

reunir [reu'nir] v vereinigen, versammeln; wiedervereinigen

revelación [reβela'θjon] f Enthüllung f

revelar [reβe'lar] v enthüllen; *verraten; entwickeln

revendedor [reβende'ðor] m Wiederverkäufer m

***reventar** [reβen'tar] v *bersten

reventón [reβen'ton] m Reifenpanne f

reverencia [reβe'renθja] f Ehrerbietung f

reverso [re'βerso] m Kehrseite f

revés [re'βes] m Rückschlag m; al ~ andersherum; umgekehrt; verkehrt

revisar [reβi'sar] v überarbeiten, überholen

revisión [reβi'sjon] f Überarbeitung f

revisor [reβi'sor] m Schaffner m

revista [re'βista] f Zeitschrift f; Kabarett nt; ~ mensual Monatsheft nt

revocar [reβo'kar] v *widerrufen

revolución [reβolu'θjon] f Revolution f, Umdrehung f

revolucionar [reβoluθjo'nar] v rebellieren

revolucionario [reβoluθjo'narjo] adj revolutionär

***revolver** [reβol'βer] v rühren

revólver [re'βolβer] m Revolver m

revuelta [re'βwelta] f Aufruhr m

rey [rei] m König m

rezar [re'θar] v beten

riada ['rjaða] f Flut f

ribera [ri'βera] f Flußufer nt, Ufer nt

rico ['riko] adj reich; wohlschmeckend, schmackhaft, lecker

ridiculizar [riðikuli'θar] v bespötteln

ridículo [ri'ðikulo] adj lächerlich

riesgo ['rjezɣo] m Risiko nt

rifle ['rifle] m Gewehr nt

rigoroso [riɣo'roso] adj streng

riguroso [riɣu'roso] adj rauh

rima ['rima] f Reim m

rímel ['rimel] m Wimperntusche f

rincón [riŋ'kon] m Winkel m

rinoceronte [rinoθe'ronte] m Nashorn nt

riña ['riɲa] f Zank m

riñón [ri'ɲon] m Niere f

río ['rio] m Fluß m; ~ abajo stromabwärts; ~ arriba stromaufwärts

riqueza [ri'keθa] f Reichtum m

risa ['risa] f Gelächter nt, Lachen nt

ritmo ['ritmo] m Rhythmus m; Tempo nt

rival [ri'βal] m Rivale m

rivalidad [riβali'ðað] f Rivalität f

rivalizar [riβali'θar] v rivalisieren

rizador [riθa'ðor] m Brennschere f

rizar [ri'θar] v locken

rizo ['riθo] m Locke f

robar [ro'βar] v rauben; *einbrechen

roble ['roβle] m Eiche f

robo ['roβo] m Raub m, Diebstahl m

robusto [ro'βusto] adj stark, robust

roca ['roka] f Felsen m

rocío [ro'θio] m Tau m

rocoso [ro'koso] *adj* felsig
rodaballo [roða'βaʎo] *m* Glattbutt *m*
***rodar** [ro'ðar] *v* rollen
rodear [roðe'ar] *v* *einschließen, umringen; *umgehen
rodilla [ro'ðiʎa] *f* Knie *nt*
***rogar** [ro'γar] *v* *bitten
rojo ['roxo] *adj* rot
rollo ['roʎo] *m* Rolle *f*
romano [ro'mano] *adj* römisch
Romanticismo [romanti'θizmo] *m* Romantik *f*
romántico [ro'mantiko] *adj* romantisch
rompecabezas [rompeka'βeθas] *m* Puzzlespiel *nt*
romper [rom'per] *v* *zerbrechen
roncar [roŋ'kar] *v* schnarchen
ronco ['roŋko] *adj* rauh, heiser
ropa ['ropa] *f* Kleidung *f*; ~ **de cama** Bettzeug *nt*; ~ **interior** Unterwäsche *fpl*; ~ **sucia** Wäsche *f*
rosa ['rosa] *f* Rose *f*; *adj* rosa
rosado [ro'saðo] *adj* rosa
rosario [ro'sarjo] *m* Rosenkranz *m*
rostro ['rostro] *m* Gesicht *nt*
rota ['rota] *f* Peddigrohr *nt*
roto ['roto] *adj* kaputt, entzwei
rótula ['rotula] *f* Kniescheibe *f*
rotular [rotu'lar] *v* beschriften
rótulo ['rotulo] *m* Etikett *nt*
rozadura [roθa'ðura] *f* Schramme *f*
rubí [ru'βi] *m* Rubin *m*
rubia ['ruβja] *f* Blondine *f*
rubio ['ruβjo] *adj* blond
ruborizarse [ruβori'θarse] erröten
rubricar [ruβri'kar] *v* abzeichnen
rueda ['rweða] *f* Rad *nt*; ~ **de repuesto** Reserverad *nt*
ruego ['rweγo] *m* Bitte *f*
rugido [ru'xiðo] *m* Brüllen *nt*
rugir [ru'xir] *v* brüllen
ruibarbo [rwi'βarβo] *m* Rhabarber *m*
ruido ['rwiðo] *m* Lärm *m*; Geräusch *nt*

ruidoso [rwi'ðoso] *adj* hellhörig, lärmend
ruina ['rwina] *f* Ruine *f*; Untergang *m*
ruinoso [rwi'noso] *adj* baufällig
ruiseñor [rwise'ɲor] *m* Nachtigall *f*
ruleta [ru'leta] *f* Roulett *nt*
rulo ['rulo] *m* Lockenwickler *m*
Rumania [ru'manja] *f* Rumänien
rumano [ru'mano] *adj* rumänisch; *m* Rumäne *m*
rumbo ['rumbo] *m* Kurs *m*
rumor [ru'mor] *m* Gerücht *nt*
rural [ru'ral] *adj* ländlich
Rusia ['rusja] *f* Rußland
ruso ['ruso] *adj* russisch; *m* Russe *m*
rústico ['rustiko] *adj* ländlich
ruta ['ruta] *f* Route *f*; ~ **principal** Durchgangsstraße *f*
rutina [ru'tina] *f* Routine *f*

S

sábado ['saβaðo] *m* Sonnabend *m*
sábana ['saβana] *f* Laken *nt*
sabañón [saβa'ɲon] *m* Frostbeule *f*
***saber** [sa'βer] *v* *wissen; *können; **a** ~ nämlich; ~ **a** schmecken
sabiduría [saβiðu'ria] *f* Weisheit *f*
sabio ['saβjo] *adj* weise
sabor [sa'βor] *m* Geschmack *m*
sabroso [sa'βroso] *adj* schmackhaft
sacacorchos [saka'kortʃos] *mpl* Korkenzieher *m*
sacapuntas [saka'puntas] *m* Bleistiftspitzer *m*
sacar [sa'kar] *v* *herausnehmen; *abheben; ~ **brillo** putzen
sacarina [saka'rina] *f* Saccharin *nt*
sacerdote [saθer'ðote] *m* Priester *m*
saco ['sako] *m* Sack *m*; *mMe* Jacke *f*; ~ **de compras** Einkaufstasche *f*; ~ **de dormir** Schlafsack *m*

sacrificar [sakrifi'kar] v aufopfern
sacrificio [sakri'fiθjo] m Opfer nt
sacrilegio [sakri'lexjo] m Entheiligung f
sacristán [sakris'tan] m Küster m
sacudir [saku'ðir] v schütteln
sagrado [sa'γraðo] adj heilig
sainete [sai'nete] m Posse f
sal [sal] f Salz nt; **sales de baño** Badesalz nt
sala ['sala] f Saal m; ~ **de conciertos** Konzertsaal m; ~ **de espera** Wartezimmer nt; ~ **de estar** Wohnzimmer nt; ~ **de lectura** Lesesaal m; ~ **para fumar** Rauchzimmer nt
salado [sa'laðo] adj salzig
salario [sa'larjo] m Gehalt nt
salchicha [sal'tʃitʃa] f Wurst f
saldo ['saldo] m Saldo m
salero [sa'lero] m Salzfäßchen nt
salida [sa'liða] f Ausweg m, Ausgang m; Ausfahrt f; ~ **de emergencia** Notausgang m
*salir [sa'lir] v *ausgehen; sich zeigen
saliva [sa'liβa] f Spucke f
salmón [sal'mon] m Lachs m
salón [sa'lon] m Salon m, Gesellschaftsraum m, Empfangszimmer nt; ~ **de baile** Ballsaal m; ~ **de belleza** Schönheitssalon m; ~ **de demostraciones** Ausstellungsraum m; ~ **de té** Teestube f
salpicadera [salpika'ðera] fMe Kotflügel m
salpicar [salpi'kar] v bespritzen
salsa ['salsa] f Soße f; Bratensoße f
saltamontes [salta'montes] m Heuschrecke f
saltar [sal'tar] v *springen; hüpfen
salto ['salto] m Sprung m, Hupf m
salud [sa'luð] f Gesundheit f
saludable [salu'ðaβle] adj bekömmlich
saludar [salu'ðar] v grüßen
saludo [sa'luðo] m Gruß m

salvador [salβa'ðor] m Retter m
salvaje [sal'βaxe] adj wild; wüst
salvar [sal'βar] v retten
sanatorio [sana'torjo] m Sanatorium nt
sandalia [san'dalja] f Sandale f; **sandalias de gimnasia** Turnschuhe mpl
sandía [san'dia] f Wassermelone f
sangrar [saŋ'grar] v bluten
sangre ['saŋgre] f Blut nt
sangriento [saŋ'grjento] adj blutig
sanitario [sani'tarjo] adj sanitär
sano ['sano] adj gesund
santo ['santo] adj heilig; m Heilige m; ~ **y seña** Losungswort nt
santuario [san'twarjo] m Heiligtum nt, Schrein m
sapo ['sapo] m Kröte f
sarampión [saram'pjon] m Masern pl
sardina [sar'ðina] f Sardine f
sartén [sar'ten] f Pfanne f; Bratpfanne f
sastre ['sastre] m Schneider m
satélite [sa'telite] m Satellit m
satisfacción [satisfak'θjon] f Befriedigung f, Genugtuung f
*satisfacer [satisfa'θer] v zufriedenstellen, befriedigen; **satisfecho** zufrieden; satt
saudí [sau'ði] adj saudiarabisch
sauna ['sauna] f Sauna f
sazonar [saθo'nar] v würzen
se [se] pron sich; euch
secadora [seka'ðora] f Trockner m
secar [se'kar] v trocknen; abtrocknen
sección [sek'θjon] f Abschnitt m; Dienststelle f
seco ['seko] adj trocken
secretaria [sekre'tarja] f Sekretärin f
secretario [sekre'tarjo] m Sekretär m
secreto [se'kreto] adj geheim; m Geheimnis nt
sector [sek'tor] m Sektor m

secuencia [se'kwenθja] f Aufnahme f

secuestrador [sekwestra'ðor] m Kaper m

secundario [sekun'darjo] adj untergeordnet

sed [seð] f Durst m

seda ['seða] f Seide f

sede ['seðe] f Sitz m

sediento [se'ðjento] adj durstig

sedoso [se'ðoso] adj seiden

* **seducir** [seðu'θir] v verführen

en seguida [en se'γiða] sofort

* **seguir** [se'γir] v folgen; ~ **el paso** Schritt *halten mit; **todo seguido** geradeaus

según [se'γun] prep gemäß

segundo [se'γundo] num zweite; m Sekunde f

seguramente [seγura'mente] adv sicherlich

seguridad [seγuri'ðað] f Sicherheit f; **cinturón de** ~ Sicherheitsgurt m

seguro [se'γuro] adj sicher; m Versicherung f; **póliza de** ~ Versicherungspolice f; ~ **de viaje** Reiseversicherung f; ~ **de vida** Lebensversicherung f

seis [seis] num sechs

selección [selek'θjon] f Auswahl f

seleccionado [selekθjo'naðo] adj auserlesen

seleccionar [selekθjo'nar] v *auslesen

selecto [se'lekto] adj erlesen

selva ['selβa] f Urwald m, Forst m

selvoso [sel'βoso] adj bewaldet

sellar [se'ʎar] v frankieren

sello ['seʎo] m Briefmarke f; Siegel nt; Stempel m

semáforo [se'maforo] m Verkehrsampel f

semana [se'mana] f Woche f; **fin de** ~ Wochenende nt

semanal [sema'nal] adj wöchentlich

* **sembrar** [sem'brar] v säen

semejante [seme'xante] adj egal

semejanza [seme'xanθa] f Ähnlichkeit f

semi- ['semi] Halb-

semicírculo [semi'θirkulo] m Halbkreis m

semilla [se'miʎa] f Samen m

senado [se'naðo] m Senat m

senador [sena'ðor] m Senator m

sencillo [sen'θiʎo] adj schlicht

senda ['senda] f Fußweg m, Pfad m

sendero [sen'dero] m Pfad m

senil [se'nil] adj senil

seno ['seno] m Busen m; Brust f

sensación [sensa'θjon] f Eindruck m, Sensation f; Gefühl nt, Empfindung f

sensacional [sensaθjo'nal] adj aufsehenerregend, sensationell

sensato [sen'sato] adj verständig; sachlich

sensibilidad [sensiβili'ðað] f Empfindlichkeit f

sensible [sen'siβle] adj empfindlich; wahrnehmbar

sensitivo [sensi'tiβo] adj empfindlich

* **sentarse** [sen'tarse] v sich setzen; * **estar sentado** *sitzen; * **sentar bien** gut *stehen

sentencia [sen'tenθja] f Urteil nt

sentenciar [senten'θjar] v verurteilen

sentido [sen'tiðo] m Sinn m; Bedeutung f; Vernunft f; ~ **del honor** Ehrgefühl nt; **sin** ~ sinnlos

sentimental [sentimen'tal] adj sentimental

sentimiento [senti'mjento] m Gefühl nt

* **sentir** [sen'tir] v fühlen, spüren; bedauern

seña ['sena] f Wink m; **señas personales** Personalbeschreibung f

señal [se'nal] f Zeichen nt, Signal nt, Merkmal nt; Vermerkhäkchen nt;

*hacer señales signalisieren; winken; ~ **de alarma** Notsignal *nt*

señalar [seɲa'lar] *v* anhaken, *angeben

señor [se'ɲor] *m* Herr *m*; mein Herr

señora [se'ɲora] *f* Dame *f*; Hausherrin *f*; gnädige Frau

señorita [seɲo'rita] *f* Fräulein *nt*

separación [separa'θjon] *f* Trennung *f*

separadamente [separaða'mente] *adv* getrennt

separado [sepa'raðo] *adj* getrennt; besonder; **por** ~ gesondert, apart

separar [sepa'rar] *v* trennen; losmachen

septentrional [septentrjo'nal] *adj* nördlich

septicemia [septi'θemja] *f* Blutvergiftung *f*

séptico ['septiko] *adj* septisch

septiembre [sep'tjembre] September

séptimo ['septimo] *num* siebente

sepulcro [se'pulkro] *m* Grab *nt*

sepultura [sepul'tura] *f* Grab *nt*

sequía [se'kia] *f* Dürre *f*

ser [ser] *m* Wesen *nt*, Geschöpf *nt*; ~ **humano** Mensch *m*

ser [ser] *v* *sein

sereno [se'reno] *adj* ruhig

serie ['serje] *f* Folge *f*, Serie *f*

seriedad [serje'ðað] *f* Ernst *m*

serio ['serjo] *adj* seriös, ernst

sermón [ser'mon] *m* Predigt *f*

serpentear [serpente'ar] *v* sich *winden

serrín [se'rrin] *m* Sägemehl *nt*

servicial [serβi'θjal] *adj* hilfreich

servicio [ser'βiθjo] *m* Dienst *m*; Bedienung *f*; ~ **de habitación** Zimmerbedienung *f*; ~ **de mesa** Eßservice *nt*; ~ **postal** Postdienst *m*

servilleta [serβi'ʎeta] *f* Serviette *f*; ~ **de papel** Papierserviette *f*

servir [ser'βir] *v* bedienen; nützen

esenta [se'senta] *num* sechzig

sesión [se'sjon] *f* Sitzung *f*

seta ['seta] *f* Champignon *m*

setenta [se'tenta] *num* siebzig

seto ['seto] *m* Hecke *f*

severo [se'βero] *adj* streng, ernst

sexo ['sekso] *m* Geschlecht *nt*

sexto ['seksto] *num* sechste

sexual [sek'swal] *adj* sexuell

sexualidad [sekswali'ðað] *f* Sexualität *f*; Sex *m*

si [si] *conj* falls, wenn; ob; **si ... o ob** ... oder; ~ **bien** obwohl

sí [si] *ja*

siamés [sja'mes] *adj* siamesisch; *m* Siamese *m*

SIDA ['siða] *m* Aids *nt*

siempre ['sjempre] *adv* immer

sien [sjen] *f* Schläfe *f*

sierra ['sjerra] *f* Säge *f*

siesta ['sjesta] *f* Schläfchen *nt*

siete ['sjete] *num* sieben

sifón [si'fon] *m* Siphon *m*

siglo ['siɣlo] *m* Jahrhundert *nt*

significado [siɣnifi'kaðo] *m* Bedeutung *f*

significar [siɣnifi'kar] *v* bedeuten

significativo [siɣnifika'tiβo] *adj* bedeutungsvoll

signo ['siɣno] *m* Zeichen *nt*; ~ **de interrogación** Fragezeichen *nt*

siguiente [si'ɣjente] *adj* nächst, folgend

sílaba ['silaβa] *f* Silbe *f*

silbar [sil'βar] *v* *pfeifen

silbato [sil'βato] *m* Pfeife *f*

silenciador [silenθja'ðor] *m* Auspufftopf *m*

silencio [si'lenθjo] *m* Stille *f*

silencioso [silen'θjoso] *adj* still

silla ['siʎa] *f* Sessel *m*, Stuhl *m*; Sattel *m*; ~ **de ruedas** Rollstuhl *m*; ~ **de tijera** Liegestuhl *m*

sillón [si'ʎon] *m* Lehnstuhl *m*

simbólico [sim'boliko] *adj* symbolisch

símbolo ['simbolo] *m* Symbol *nt*

similar [simi'lar] *adj* derartig, ähnlich

simpatía [simpa'tia] *f* Sympathie *f*

simpático [sim'patiko] *adj* sympathisch, nett; gefällig

simple ['simple] *adj* einfach

simular [simu'lar] *v* heucheln

simultáneamente [simul'taneàmente] *adv* gleichzeitig

simultáneo [simul'taneo] *adj* gleichzeitig

sin [sin] *prep* ohne

sinagoga [sina'ɣoɣa] *f* Synagoge *f*

sincero [sin'θero] *adj* aufrichtig; offenherzig

sindicato [sindi'kato] *m* Gewerkschaft *f*

sinfonía [sinfo'nia] *f* Symphonie *f*

singular [singu'lar] *adj* merkwürdig, wunderlich; *m* Einzahl *f*

siniestro [si'njestro] *adj* verhängnisvoll, unheilvoll

sino ['sino] *conj* aber

sinónimo [si'nonimo] *m* Synonym *nt*

sintético [sin'tetiko] *adj* synthetisch

síntoma ['sintoma] *m* Symptom *nt*

sintonizar [sintoni'θar] *v* einstellen

siquiera [si'kjera] *adv* wenigstens; *conj* selbst wenn

sirena [si'rena] *f* Sirene *f*; Seejungfrau *f*

Siria ['sirja] *f* Syrien

sirio ['sirjo] *adj* syrisch; *m* Syrer *m*

sirviente [sir'βjente] *m* Diener *m*

sistema [sis'tema] *m* Ordnung *f*, System *nt*; ~ **de lubricación** Schmiersystem *nt*; ~ **de refrigeración** Kühlsystem *nt*

sistemático [siste'matiko] *adj* systematisch

sitio ['sitjo] *m* Lage *f*, Gelände *nt*; Platz *m*; Belagerung *f*

situación [sitwa'θjon] *f* Lage *f*

situado [si'twaðo] *adj* gelegen

situar [si'twar] *v* stellen

slogan ['sloɣan] *m* Schlagwort *nt*

soberano [soβe'rano] *m* Herrscher *m*

soberbio [so'βerβjo] *adj* prächtig

sobornar [soβor'nar] *v* *bestechen

soborno [so'βorno] *m* Bestechung *f*

sobra ['soβra] *f* Überschuß *m*

sobrar [so'βrar] *v* übrig *bleiben; strotzen

sobre ['soβre] *prep* auf; *m* Briefumschlag *m*

sobrecubierta [soβreku'βjerta] *f* Umschlag *m*

sobreexcitado [soβreekθi'taðo] *adj* überspannt

sobrepeso [soβre'peso] *m* Übergewicht *nt*

sobretasa [soβre'tasa] *f* Zuschlag *m*

sobretodo [soβre'toðo] *m* Überzieher *m*, Überrock *m*

sobrevivir [soβreβi'βir] *v* überleben

sobrina [so'βrina] *f* Nichte *f*

sobrino [so'βrino] *m* Neffe *m*

sobrio ['soβrjo] *adj* nüchtern

social [so'θjal] *adj* Gesellschafts-, sozial

socialismo [soθja'lizmo] *m* Sozialismus *m*

socialista [soθja'lista] *adj* sozialistisch; *m* Sozialist *m*

sociedad [soθje'ðað] *f* Gemeinschaft *f*, Gesellschaft *f*; Unternehmen *nt*; Verein *m*

socio ['soθjo] *m* Mitglied *nt*; Teilhaber *m*

socorro [so'korro] *m* Hilfe *f*; **puesto de** ~ Unfallstation *f*

soda ['soða] *f* Sodawasser *nt*

sofá [so'fa] *m* Sofa *nt*

sofocante [sofo'kante] *adj* stickig

sofocarse [sofo'karse] *v* ersticken

soga ['soɣa] *f* Seil *nt*

sol [sol] *m* Sonne *f*; **tomar el** ~ sich sonnen

solamente [sola'mente] *adv* nur, bloß
solapa [so'lapa] *f* Rockaufschlag *m*
soldado [sol'daðo] *m* Soldat *m*
soldador [solda'ðor] *m* Lötkolben *m*
soldadura [solda'ðura] *f* Lötstelle *f*
* **soldar** [sol'dar] *v* löten; schweißen
soleado [sole'aðo] *adj* sonnig
soledad [sole'ðað] *f* Einsamkeit *f*
solemne [so'lemne] *adj* feierlich
* **soler** [so'ler] *v* pflegen
solicitar [soliθi'tar] *v* *bitten; ~ un puesto sich *bewerben
solicitud [soliθi'tuð] *f* Bewerbung *f*
sólido ['soliðo] *adj* fest, solide; *m* Festkörper *m*
solitario [soli'tarjo] *adj* einsam
solo ['solo] *adj* einzig
sólo ['solo] *adv* allein; nur
* **soltar** [sol'tar] *v* lockern
soltero [sol'tero] *adj* ledig; *m* Junggeselle *m*
solterona [solte'rona] *f* alte Jungfer
soluble [so'luβle] *adj* löslich
solución [solu'θjon] *f* Lösung *f*
sombra ['sombra] *f* Schatten *m*; ~ para los ojos Augenschminke *f*
sombreado [sombre'aðo] *adj* schattig
sombrerera [sombre'rera] *f* Modistin *f*
sombrero [som'brero] *m* Hut *m*
sombrío [som'brio] *adj* düster
someter [some'ter] *v* *unterwerfen
somnífero [som'nifero] *m* Schlafmittel *nt*
* **sonar** [so'nar] *v* *klingen; läuten
sonido [so'niðo] *m* Klang *m*, Schall *m*
sonreír [sonre'ir] *v* lächeln
sonrisa [son'risa] *f* Lächeln *nt*
* **soñar** [so'ɲar] *v* träumen
soñoliento [soɲo'ljento] *adj* schläfrig
sopa ['sopa] *f* Suppe *f*
soplar [so'plar] *v* *blasen; wehen
soportar [sopor'tar] *v* *ertragen. *aushalten; stützen
sóquet ['soket] *mMe* Fassung *f*

sorbo ['sorβo] *m* Schlückchen *nt*
sórdido ['sorðiðo] *adj* dreckig
sordo ['sorðo] *adj* taub
sorprender [sorpren'der] *v* überraschen; erwischen
sorpresa [sor'presa] *f* Überraschung *f*; Erstaunen *nt*
sorteo [sor'teo] *m* Ziehung *f*
sosegado [sose'ɣaðo] *adj* gesetzt
sospecha [sos'petʃa] *f* Verdacht *m*
sospechar [sospe'tʃar] *v* vermuten, verdächtigen
sospechoso [sospe'tʃoso] *adj* verdächtig; **persona sospechosa** Verdächtige *m*
sostén [sos'ten] *m* Büstenhalter *m*
* **sostener** [soste'ner] *v* stützen
sota ['sota] *f* Bube *m*
sótano ['sotano] *m* Untergeschoß *nt*; Keller *m*
soto ['soto] *m* Hain *m*
soviético [so'βjetiko] *adj* sowjetisch
starter ['starter] *m* Choke *m*
su [su] *adj* sein; ihr
suahili [swa'ili] *m* Suaheli *nt*
suave ['swaβe] *adj* mild; leicht
subacuático [suβa'kwatiko] *adj* Unterwasser-
subalterno [suβal'terno] *adj* Unter-
subasta [su'βasta] *f* Versteigerung *f*
súbdito ['suβðito] *m* Staatsangehörige *m*
subestimar [suβesti'mar] *v* unterschätzen
subida [su'βiða] *f* Aufstieg *m*, Steigung *f*
subir [su'βir] *v* *steigen, *aufgehen, *aufsteigen, *hinaufsteigen; *einsteigen
súbito ['suβito] *adj* plötzlich
sublevación [suβleβa'θjon] *f* Aufstand *m*
sublevarse [suβle'βarse] *v* rebellieren
subordinado [suβorði'naðo] *adj* unter-

geordnet

subrayar [suβra'jar] v *unterstreichen

subsidio [suβ'siðjo] m Subvention f

substancia [suβs'tanθja] f Stoff m

substantivo [suβstan'tiβo] m Substantiv nt

*****substituir** [suβsti'twir] v ersetzen

subterráneo [suβte'rraneo] adj unterirdisch

subtítulo [suβ'titulo] m Untertitel m

suburbano [suβur'βano] adj vorstädtisch; m Pendler m

suburbio [su'βurβjo] m Vorort m, Vorstadt f

subvención [suββen'θjon] f Zuschuß m

subyugar [suβju'ɣar] v überwältigen

suceder [suθe'ðer] v *geschehen; nachfolgen

sucesión [suθe'sjon] f Reihenfolge f

suceso [su'θeso] m Ereignis nt

suciedad [suθje'ðað] f Schmutz m; Dreck m

sucio [su'θjo] adj schmutzig; unrein, schmierig, dreckig

sucumbir [sukum'bir] v *erliegen

sucursal [sukur'sal] f Zweigstelle f

sudar [su'ðar] v schwitzen

sudeste [su'ðeste] m Südosten m

sudoeste [suðo'este] m Südwesten m

sudor [su'ðor] m Schweiß m

Suecia ['sweθja] f Schweden f

sueco ['sweko] adj schwedisch; m Schwede m

suegra ['sweɣra] f Schwiegermutter f

suegro ['sweɣro] m Schwiegervater m

suela ['swela] f Sohle f

sueldo ['sweldo] m Lohn m, Gehalt nt; **aumento de ~** Gehaltserhöhung f; Lohnerhöhung f

suelo ['swelo] m Erdboden m, Erde f, Boden m; Fußboden m

suelto ['swelto] adj lose

sueño ['sweno] m Schlaf m; Traum m

suero ['swero] m Serum nt

suerte ['swerte] f Glück nt; Geschick nt, Los nt; Zufall m; **mala ~** Pech nt

suéter ['sweter] m Sweater m

suficiente [sufi'θjente] adj genügend, hinreichend; *****ser ~** genügen

sufragio [su'fraxjo] m Wahlrecht nt

sufrimiento [sufri'mjento] m Leid nt, Leiden nt

sufrir [su'frir] v *leiden; *erleiden

*****sugerir** [suxe'rir] v *vorschlagen

sugestión [suxes'tjon] f Vorschlag m

suicidio [swi'θiðjo] m Selbstmord m

Suiza ['swiθa] f Schweiz f

suizo ['swiθo] adj schweizerisch; m Schweizer m

sujetador [suxeta'ðor] m Beha m, BH m

sujeto [su'xeto] m Subjekt nt; Stoff m

sujeto a [su'xeto a] unterworfen, ausgesetzt

suma ['suma] f Summe f, Betrag m

sumar [su'mar] v addieren; *betragen

sumario [su'marjo] m Zusammenfassung f

suministrar [suminis'trar] v liefern

suministro [sumi'nistro] m Lieferung f

a lo sumo ['sumo] allenfalls

superar [supe'rar] v *übertreffen

superficial [superfi'θjal] adj oberflächlich

superficie [super'fiθje] f Oberfläche f; Fläche f

superfluo [su'perflwo] adj überflüssig

superior [supe'rjor] adj überlegen, ober, höher; oberst

superlativo [superla'tiβo] adj überragend; m Superlativ m

supermercado [supermer'kaðo] m Supermarkt m

superstición [supersti'θjon] f Aberglaube m

supervisar [superβi'sar] v beaufsichtigen

supervisión [superβi'sjon] *f* Kontrolle *f*, Aufsicht *f*

supervisor [superβi'sor] *m* Aufseher *m*

supervivencia [superβi'βenθja] *f* Überleben *nt*

suplemento [suple'mento] *m* Beilage *f*

suplicar [supli'kar] *v* anflehen

* suponer [supo'ner] *v* *annehmen, vermuten

supositorio [suposi'torjo] *m* Zäpfchen *nt*

supremo [su'premo] *adj* oberst

suprimir [supri'mir] *v* einstellen

por supuesto [por su'pwesto] selbstverständlich, allerdings

sur [sur] *m* Süden *m*; **polo ~** Südpol *m*

surco ['surko] *m* Rille *f*

surgir [sur'xir] *v* sich *erheben, *entstehen

surtido [sur'tiðo] *m* Auswahl *f*, Sortiment *nt*

suscribir [suskri'βir] *v* unterzeichnen

suscripción [suskrip'θjon] *f* Abonnement *nt*

suscrito [sus'krito] *m* Unterzeichnete *m*

suspender [suspen'der] *v* suspendieren; * **ser suspendido** *durchfallen

suspensión [suspen'sjon] *f* Federung *f*, Aufhängung *f*

suspicacia [suspi'kaθja] *f* Argwohn *m*

suspicaz [suspi'kaθ] *adj* argwöhnisch

sustancia [sus'tanθja] *f* Substanz *f*

sustancial [sustan'θjal] *adj* bedeutend

sustento [sus'tento] *m* Unterhalt *m*

* sustituir [susti'twir] *v* ersetzen

sustituto [susti'tuto] *m* Stellvertreter *m*; Ersatz *m*

susto ['susto] *m* Schreck *m*

susurrar [susu'rrar] *v* flüstern

susurro [su'surro] *m* Geflüster *nt*

sutil [su'til] *adj* subtil

sutura [su'tura] *f* Stich *m*; * **hacer una ~** nähen

suyo ['sujo] *pron* sein

T

tabaco [ta'βako] *m* Tabak *m*; **~ de pipa** Tabak *m*

taberna [ta'βerna] *f* Wirtshaus *nt*, Kneipe *f*; Schenke *f*; **moza de ~** Bardame *f*

tabique [ta'βike] *m* Scheidewand *f*

tabla ['taβla] *f* Brett *nt*; Tabelle *f*; **~ de conversión** Umrechnungstabelle *f*; **~ para surf** Wellenreiterbrett *nt*

tablero [ta'βlero] *m* Tafel; **~ de ajedrez** Schachbrett *nt*; **~ de damas** Damebrett *nt*; **~ de instrumentos** Armaturenbrett *nt*

tablón [ta'βlon] *m* Brett *nt*

tabú [ta'βu] *m* Tabu *nt*

tacón [ta'kon] *m* Absatz *m*

táctica ['taktika] *f* Taktik *f*

tacto ['takto] *m* Tastsinn *m*

tailandés [tailan'des] *adj* thailändisch; *m* Thailänder *m*

Tailandia [tai'landja] *f* Thailand *nt*

tajada [ta'xaða] *f* Schnitte *f*

tajar [ta'xar] *v* hacken

tal [tal] *adj* solch; **con ~ que** vorausgesetzt daß; **~ como** wie

taladrar [tala'ðrar] *v* bohren

taladro [ta'laðro] *m* Bohrer *m*

talco ['talko] *m* Talkpuder *m*

talento [ta'lento] *m* Gabe *f*, Begabung *f*, Talent *nt*

talentoso [talen'toso] *adj* begabt

talismán [taliz'man] *m* Amulett *nt*

talón [ta'lon] *m* Ferse *f*; Kontrollabschnitt *m*

talonario [talo'narjo] *m* Scheckbuch *nt*

talla ['taʎa] *f* Holzschnitzerei *f*,

Schnitzerei f

tallar [ta'ʎar] v schnitzen

taller [ta'ʎer] m Werkstatt f

tallo ['taʎo] m Stiel m

tamaño [ta'maɲo] m Größe f; ~ **extraordinario** Übergröße f

también [tam'bjen] adv auch, ebenfalls; **así** ~ ebenso

tambor [tam'bor] m Trommel f; ~ **del freno** Bremstrommel f

tamiz [ta'miθ] m Sieb nt

tamizar [tami'θar] v sieben

tampoco [tam'poko] adv auch nicht

tan [tan] adv so

tangible [taŋ'xiβle] adj greifbar

tanque ['taŋke] m Tank m

tanteo [tan'teo] m Spielstand m

tanto ['tanto] adv ebensosehr, ebensoviel; ebenso; **por lo** ~ darum; **por** ~ also; **tanto ... como** sowohl ... als auch

tapa ['tapa] f Deckel m; Appetithappen m

tapiz [ta'piθ] m Wandteppich m, Gobelin m

tapizar [tapi'θar] v polstern, *überziehen

tapón [ta'pon] m Stöpsel m; Tampon m

taquigrafía [takiɣra'fia] f Stenographie f

taquígrafo [ta'kiɣrafo] m Stenograph m

taquilla [ta'kiʎa] f Vorverkaufskasse f

tararear [tarare'ar] v summen

tardanza [tar'ðanθa] f Verzögerung f

tarde ['tarðe] f Nachmittag m; Abend m; **esta** ~ heute nachmittag

tardío [tar'ðio] adj spät

tarea [ta'rea] f Aufgabe f; Arbeit f

tarifa [ta'rifa] f Tarif m; ~ **nocturna** Nachttarif m

tarjeta [tar'xeta] f Karte f; ~ **de crédito** Kreditkarte f; ~ **de tempora-** da Dauerkarte f; ~ **de visita** Visitenkarte f; ~ **postal** Postkarte f; ~ **postal ilustrada** Ansichtskarte f; ~ **verde** grüne Versicherungskarte f

tarta ['tarta] f Torte f

taxi ['taksi] m Taxi nt

taxímetro [tak'simetro] m Taxameter m

taxista [tak'sista] m Taxifahrer m, Taxichauffeur m

taza ['taθa] f Tasse f; Becher m; ~ **de té** Teetasse f

tazón [ta'θon] m Schale f, Schüssel f

te [te] pron dich

té [te] m Tee m

teatro [te'atro] m Theater nt; Schauspielhaus nt; ~ **de la ópera** Opernhaus nt; ~ **de variedades** Varietétheater nt; ~ **guiñol** Kasperletheater nt

tebeo [te'βeo] m Comics pl

técnica ['teknika] f Technik f

técnico ['tekniko] adj technisch; m Techniker m

tecnología [teknolo'xia] f Technologie f

techo ['tetʃo] m Dach nt; ~ **de paja** Strohdach nt

teja ['texa] f Dachziegel m

tejedor [texe'ðor] m Weber m

tejer [te'xer] v weben

tejido [te'xiðo] m Stoff m, Gewebe nt, Material nt

tela ['tela] f Tuch nt; ~ **para toallas** Frottierstoff m

telaraña [tela'raɲa] f Spinnwebe f

telefax [tele'faks] m Fax nt; **mandar un** ~ faxen

telefonear [telefone'ar] v telephonieren; *anrufen

teléfono [te'lefono] m Fernsprecher m, Telephon nt; **llamar por** ~ *anrufen

telegrafiar [teleɣra'fjar] v telegraphieren

telegrama [tele'ɣrama] *m* Telegramm *nt*

teleobjetivo [teleoβxe'tiβo] *m* Teleobjektiv *nt*

telepatía [telepa'tia] *f* Telepathie *f*

telesilla [tele'siʎa] *m* Schilift *m*

televisión [teleβi'sjon] *f* Fernsehen *nt*; ~ **por cable** Kabelfernsehen; ~ **por satélite** Satellitenfernsehen

televisor [teleβi'sor] *m* Fernsehgerät *nt*

télex ['teleks] *m* Telex *nt*

telón [te'lon] *m* Vorhang *m*

tema ['tema] *m* Thema *nt*

temblar [tem'βlar] *v* zittern

temer [te'mer] *v* fürchten, befürchten

temor [te'mor] *m* Furcht *f*, Angst *f*

temperamento [tempera'mento] *m* Temperament *nt*

temperatura [tempera'tura] *f* Temperatur *f*; ~ **ambiente** Zimmertemperatur *f*

tempestad [tempes'taδ] *f* Unwetter *nt*

tempestuoso [tempes'twoso] *adj* stürmisch

templo ['templo] *m* Tempel *m*

temporada [tempo'raδa] *f* Jahreszeit *f*; **apogeo de la ~** Hochsaison *f*; ~ **baja** Nachsaison *f*

temporal [tempo'ral] *adj* zeitweilig

temprano [tem'prano] *adj* früh

tenazas [te'naθas] *f* Zange *f*, Kneifzange *f*

tendencia [ten'denθja] *f* Tendenz *f*

tender a [ten'der] neigen; **tenderse** *v* sich niederlegen

endero [ten'dero] *m* Ladeninhaber *m*; Geschäftsmann *m*

endón [ten'don] *m* Sehne *f*

enedor [tene'δor] *m* Gabel *f*

tener [te'ner] *v* *haben; *halten; *festhalten; ~ **que** *müssen; sollen; **tenga usted** bitte

teniente [te'njente] *m* Leutnant *m*

tenis ['tenis] *m* Tennis *nt*; ~ **de mesa** Tischtennis *nt*

tensión [ten'sjon] *f* Anspannung *f*, Spannung *f*; ~ **arterial** Blutdruck *m*

tenso ['tenso] *adj* gespannt

tentación [tenta'θjon] *f* Versuchung *f*

tentar [ten'tar] *v* versuchen

tentativa [tenta'tiβa] *f* Versuch *m*

tentempié [tentem'pje] *m* Imbiß *m*

teñir [te'ɲir] *v* färben

teología [teolo'xia] *f* Theologie *f*

teoría [teo'ria] *f* Theorie *f*

teórico [te'oriko] *adj* theoretisch

terapia [te'rapja] *f* Therapie *f*

tercero [ter'θero] *num* dritte

terciopelo [terθjo'pelo] *m* Samt *m*

terilene [teri'lene] *m* Terylene *nt*

terminación [termina'θjon] *f* Schluß *m*

terminar [termi'nar] *v* beenden, enden, fertigmachen; vollenden; **terminado** fertig; **terminarse** *v* aufhören, enden

término ['termino] *m* Ausdruck *m*; Ende *nt*

termo ['termo] *m* Thermosflasche *f*

termómetro [ter'mometro] *m* Thermometer *nt*

termostato [termos'tato] *m* Thermostat *m*

ternero [ter'nero] *m* Kalb *nt*

ternura [ter'nura] *f* Zärtlichkeit *f*

terraplén [terra'plen] *m* Damm *m*

terraza [te'rraθa] *f* Terrasse *f*

terremoto [terre'moto] *m* Erdbeben *nt*

terreno [te'rreno] *m* Gelände *nt*; Gebiet *nt*, Grundstück *nt*

terrible [te'rriβle] *adj* fürchterlich; furchtbar, schrecklich

territorio [terri'torjo] *m* Gebiet *nt*

terrón [te'rron] *m* Stück *nt*

terror [te'rror] *m* Furcht *f*; Terror *m*

terrorismo [terro'rizmo] *m* Terrorismus *m*

terrorista [terro'rista] *m* Terrorist *m*

tesis ['tesis] *f* These *f*

Tesorería [tesore'ria] *f* Schatzamt *nt*

tesorero [teso'rero] *m* Zahlmeister *m*

tesoro [te'soro] *m* Schatz *m*

testamento [testa'mento] *m* Testament *nt*

testarudo [testa'ruðo] *adj* starrköpfig, hartnäckig

testigo [tes'tiɣo] *m* Zeuge *m* ; ~ **de vista** Augenzeuge *m*

testimoniar [testimo'njar] *v* bezeugen

testimonio [testi'monjo] *m* Aussage *f*

tetera [te'tera] *f* Teekanne *f*

textil [teks'til] *m* Textilien *pl*

texto ['teksto] *m* Text *m*

textura [teks'tura] *f* Struktur *f*

tez [teθ] *f* Teint *m*

ti [ti] *pron* dich

tía ['tia] *f* Tante *f*

tibio ['tiβjo] *adj* lauwarm

tiburón [tiβu'ron] *m* Hai *m*

tiempo ['tjempo] *m* Zeit *f* ; Wetter *nt* ; **a** ~ rechtzeitig ; ~ **libre** Freizeit *f*

tienda ['tjenda] *f* Geschäft *nt* ; Zelt *nt*

tierno ['tjerno] *adj* zart, zärtlich

tierra ['tjerra] *f* Erde *f* ; Grund *m*, Boden *m* ; Land *nt* ; **en** ~ an Land ; **ans Land** ; ~ **baja** Tiefland *nt* ; ~ **firme** Festland *nt*

tieso ['tjeso] *adj* steif

tifus ['tifus] *m* Typhus *m*

tigre ['tiɣre] *m* Tiger *m*

tijeras [ti'xeras] *fpl* Schere *f* ; ~ **para las uñas** Nagelschere *f*

tilo ['tilo] *m* Lindenbaum *m*, Linde *f*

timbre ['timbre] *m* Klang *m* ; Klingel *f* ; Türklingel *f* ; *mMe* Briefmarke *f*

timidez [timi'ðeθ] *f* Schüchternheit *f*

tímido ['timiðo] *adj* schüchtern, verlegen

timón [ti'mon] *m* Ruder *nt*, Steuerruder *nt*

timonel [timo'nel] *m* Steuermann *m*

timonero [timo'nero] *m* Steuermann *m*

tímpano ['timpano] *m* Trommelfell *nt*

tinta ['tinta] *f* Tinte *f*

tintorería [tintore'ria] *f* chemische Reinigung

tintura [tin'tura] *f* Farbe *f*

tío ['tio] *m* Onkel *m*

típico ['tipiko] *adj* typisch, bezeichnend

tipo ['tipo] *m* Typ *m* ; Kerl *m*, Bursche *m*

tirada [ti'raða] *f* Auflage *f*

tirano [ti'rano] *m* Tyrann *m*

tirantes [ti'rantes] *mpl* Hosenträger *mpl*

tirar [ti'rar] *v* *ziehen ; schleudern ; *schießen

tiritar [tiri'tar] *v* frösteln

tiro ['tiro] *m* Schuß *m*

tirón [ti'ron] *m* Ruck *m*

titular [titu'lar] *m* Schlagzeile *f*

título ['titulo] *m* Überschrift *f*, Titel *m*

toalla [to'aʎa] *f* Handtuch *nt* ; ~ **de baño** Badetuch *nt*

tobera [to'βera] *f* Schnabel *m*

tobillo [to'βiʎo] *m* Fußknöchel *m*

tobogán [toβo'ɣan] *m* Rutschbahn *f*

tocadiscos [toka'diskos] *m* Grammophon *nt*, Plattenspieler *m*

tocador [toka'ðor] *m* Frisierkommode *f* ; Damentoilette *f* ; **artículos de** ~ Toilettenartikel *mpl*

tocante a [to'kante a] hinsichtlich

tocar [to'kar] *v* berühren, anrühren, *treffen ; spielen

tocino [to'θino] *m* Speck *m*

todavía [toða'βia] *adv* noch, dennoch

todo ['toðo] *adj* all, alle ; ganz ; *pron* alles ; **sobre** ~ besonders, vor allem, hauptsächlich ; **todos** *pron* jedermann

toldo ['toldo] *m* Markise *f*

tolerable [tole'raβle] *adj* erträglich

tomar [to'mar] v *nehmen; *greifen; ~ **el pelo** necken

tomate [to'mate] m Tomate f

tomillo [to'miʎo] m Thymian m

tomo ['tomo] m Teil m

tonada [to'naða] f Lied nt, Melodie f

tonel [to'nel] m Tonne f, Faß nt

tonelada [tone'laða] f Tonne f

tónico ['toniko] m Stärkungsmittel nt; ~ **para el cabello** Haartonikum nt

tono ['tono] m Ton m; Farbton m

tontería [tonte'ria] f Unsinn m; *decir tonterías* quatschen

tonto ['tonto] adj töricht; m Narr m

topetar [tope'tar] v *stoßen

topetón [tope'ton] m Stoß m

toque ['toke] m Berührung f

torcedura [torθe'ðura] f Verstauchung f

torcer [tor'θer] v drehen, *winden; *torcerse* v verstauchen

tordo ['torðo] m Drossel f

tormenta [tor'menta] f Sturm m

tormento [tor'mento] m Qual f

tormentoso [tormen'toso] adj gewitterschwül

tornar [tor'nar] v *zurückkommen; *zurückgeben

torneo [tor'neo] m Turnier nt

tornillo [tor'niʎo] m Schraube f

en torno [en 'torno] umher, herum, rundherum

en torno de [en 'torno de] um, um ... herum

toro ['toro] m Stier m

toronja [to'ronxa] fMe Pampelmuse f

torpe ['torpe] adj ungeschickt

torre ['torre] f Turm m

torsión [tor'sjon] f Drehung f

tortilla [tor'tiʎa] f Eierkuchen m

tortuga [tor'tuɣa] f Schildkröte f

tortuoso [tor'twoso] adj gewunden

tortura [tor'tura] f Marter f

torturar [tortu'rar] v martern

tos [tos] f Husten m

toser [to'ser] v husten

tostado [tos'taðo] adj braun

total [to'tal] adj total; gesamt, gänzlich; m Gesamtsumme f; Ganze nt; **en** ~ insgesamt

totalitario [totali'tarjo] adj totalitär

totalizador [totaliθa'ðor] m Totalisator m

totalmente [total'mente] adv gänzlich

tóxico ['toksiko] adj toxisch

trabajar [traβa'xar] v arbeiten

trabajo [tra'βaxo] m Tätigkeit f, Arbeit f; Mühe f; ~ **manual** Handarbeit f

tractor [trak'tor] m Traktor m

tradición [traði'θjon] f Tradition f

tradicional [traðiθjo'nal] adj traditionell

traducción [traðuk'θjon] f Übersetzung f

traducir [traðu'θir] v übersetzen

traductor [traðuk'tor] m Übersetzer m

traer [tra'er] v *mitbringen, *bringen

tragar [tra'ɣar] v *verschlingen, schlucken

tragedia [tra'xeðja] f Trauerspiel nt, Tragödie f

trágico ['traxiko] adj tragisch

traición [trai'θjon] f Verrat m

traicionar [traiθjo'nar] v *verraten

traidor [trai'ðor] m Verräter m

traílla [tra'iʎa] f Leine f

traje ['traxe] m Anzug m; Kleid nt; Gewand nt; ~ **de baño** Badehose f, Badeanzug m; ~ **de etiqueta** Gesellschaftsanzug m; ~ **del país** Tracht f; ~ **de malla** Trikot nt; ~ **pantalón** Hosenanzug m

trama ['trama] f Handlung f

trampa ['trampa] f Falle f; Luke f

tranquilidad [traŋkili'ðað] f Ruhe f

tranquilizar [traŋkili'θar] v beruhigen

tranquilo [traŋ'kilo] adj ruhig, still; gelassen, friedlich

transacción [transak'θjon] f Transaktion f, Geschäft nt; **volumen de transacciones** Umsatz m

transatlántico [transat'lantiko] adj transatlantisch

transbordador [tranzβorða'ðor] m Fährboot nt; ~ **de trenes** Eisenbahnfähre f

transcurrir [transku'rrir] v *vergehen

transeúnte [transe'unte] m Passant m

*****transferir** [transfe'rir] v *übertragen

transformador [transforma'ðor] m Transformator m

transformar [transfor'mar] v verwandeln

transgredir [tranzɣre'dir] v sich *vergehen

transición [transi'θjon] f Übergang m

tránsito ['transito] m Verkehr m

transmisión [tranzmi'sjon] f Sendung f

transmitir [tranzmi'tir] v *senden

transparente [transpa'rente] adj durchsichtig

transpiración [transpira'θjon] f Transpiration f

transpirar [transpi'rar] v transpirieren

transportar [transpor'tar] v transportieren; *versenden

transporte [trans'porte] m Transport m, Beförderung f

tranvía [tram'bia] m Straßenbahn f

trapo ['trapo] m Lumpen m; ~ **de cocina** Geschirrtuch nt

tras [tras] prep hinter

*****hacer trasbordo** [a'θer traz'βorðo] *umsteigen

trasero [tra'sero] m Hintern m, Gesäß nt

trasladar [trazla'ðar] v versetzen

traslúcido [traz'luθiðo] adj durchscheinend

trastornado [trastor'naðo] adj bestürzt

trastornar [trastor'nar] v stören

trastos ['trastos] mpl Schutt m

tratado [tra'taðo] m Abhandlung f; Vertrag m

tratamiento [trata'mjento] m Behandlung f; ~ **de belleza** kosmetische Behandlung

tratar [tra'tar] v behandeln; ~ **con** sich befassen mit

trato ['trato] m Umgang m

a través de [a tra'βes de] über, durch

travesía [traβe'sia] f Überfahrt f

travieso [tra'βjeso] adj ungezogen, unartig; schelmisch

trazar [tra'θar] v skizzieren

trébol ['treβol] m Klee m, Kleeblatt nt

trece ['treθe] num dreizehn

treceno [tre'θeno] num dreizehnte

trecho ['tretʃo] m Strecke f

treinta ['treinta] num dreißig

treintavo [trein'taβo] num dreißigste

tremendo [tre'mendo] adj schrecklich, abscheulich; ungeheuer, großartig

trementina [tremen'tina] f Terpentin nt

tren [tren] m Zug m; ~ **de cercanías** Bummelzug m; ~ **de mercancías** Güterzug m; ~ **de pasajeros** Personenzug m; ~ **directo** durchgehender Zug; ~ **expreso** Schnellzug m; ~ **nocturno** Nachtzug m; ~ **ómnibus** Nahverkehrszug m

trenza ['trenθa] f Schnur f

trepar [tre'par] v klettern, *steigen

tres [tres] num drei

triangular [trjaŋgu'lar] adj dreieckig

triángulo ['trjaŋgulo] m Dreieck nt

tribu ['triβu] m Stamm m

tribuna [tri'βuna] f Tribüne f

tribunal [triβu'nal] m Gericht nt, Gerichtshof m

trigal [tri'ɣal] m Kornfeld nt

trigo ['triɣo] m Getreide nt, Korn nt; Weizen m

trimestral [trimes'tral] adj vierteljähr-

lich
trimestre [tri'mestre] *m* Quartal *nt*
trinchar [trin'tʃar] *v* zerlegen
trineo [tri'neo] *m* Schlitten *m*
triste ['triste] *adj* traurig; niedergeschlagen
tristeza [tris'teθa] *f* Betrübnis *f*, Traurigkeit *f* ~
triturar [tritu'rar] *v* *zerreiben
triunfante [trjun'fante] *adj* triumphierend
triunfar [trjun'far] *v* triumphieren
triunfo ['trjunfo] *m* Triumph *m*
***trocar** [tro'kar] *v* tauschen
trolebús [trole'βus] *m* Obus *m*
trompeta [trom'peta] *f* Trompete *f*
tronada [tro'naða] *f* Gewitter *nt*
***tronar** [tro'nar] *v* donnern
tronco ['troŋko] *m* Stamm *m*
trono ['trono] *m* Thron *m*
tropas ['tropas] *fpl* Truppen *fpl*
***tropezarse** [trope'θarse] *v* stolpern
tropical [tropi'kal] *adj* tropisch
trópicos ['tropikos] *mpl* Tropen *pl*
trozo [tro'θo] *m* Klumpen *m*, Stück *nt*; Bruchstück *nt*, Stelle *f*
truco ['truko] *m* Kniff *m*, Trick *m*
trucha ['trutʃa] *f* Forelle *f*
trueno ['trweno] *m* Donner *m*
tu [tu] *adj* dein
tú [tu] *pron* du
tuberculosis [tuβerku'losis] *f* Tuberkulose *f*
tubo ['tuβo] *m* Röhre *f*, Rohr *nt*; Tube *f*
tuerca ['twerka] *f* Schraubenmutter *f*
tulipán [tuli'pan] *m* Tulpe *f*
tumba ['tumba] *f* Grab *nt*
tumor [tu'mor] *m* Geschwulst *f*, Tumor *m*
tunecino [tune'θino] *adj* tunesisch; *m* Tunesier *m*
túnel ['tunel] *m* Tunnel *m*
Túnez ['tuneθ] *m* Tunesien

túnica ['tunika] *f* Tunika *f*
turbar [tur'βar] *v* verwirren; **turbado** *adj* verlegen
turbera [tur'βera] *f* Moor *nt*
turbina [tur'βina] *f* Turbine *f*
turco ['turko] *adj* türkisch; *m* Türke *m*
turismo [tu'rizmo] *m* Fremdenverkehr *m*
turista [tu'rista] *m* Tourist *m*; **oficina para turistas** Verkehrsverein *m*
turno ['turno] *m* Reihe *f*; Schicht *f*
Turquía [tur'kia] *f* Türkei
turrón [tu'rron] *m* Nougat *m*
tutela [tu'tela] *f* Vormundschaft *f*
tutor [tu'tor] *m* Vormund *m*
tuyos ['tujos] *adj* euer

U

ubicación [uβika'θjon] *f* Lage *f*
ujier [u'xjer] *m* Gerichtsvollzieher *m*
úlcera ['ulθera] *f* Geschwür *nt*; ~ **gástrica** Magengeschwür *nt*
ulterior [ulte'rjor] *adj* weiter
últimamente ['ultimamente] *adv* in letzter Zeit
último ['ultimo] *adj* letzt
ultraje [ul'traxe] *m* Gewaltakt *m*
ultramar [ultra'mar] *adv* überseeisch
ultravioleta [ultraβjo'leta] *adj* ultraviolett
umbral [um'bral] *m* Schwelle *f*
un [un] *art* ein *art*
unánime [u'nanime] *adj* gleichgesinnt, einstimmig
ungüento [uŋ'gwento] *m* Salbe *f*
únicamente ['unikamente] *adv* nur
único ['uniko] *adj* einzigartig, einzig
unidad [uni'ðað] *f* Einheit *f*
unido [u'niðo] *adj* verbunden
uniforme [uni'forme] *adj* gleichförmig;

m Uniform *f*

unilateral [unilate'ral] *adj* einseitig

unión [u'njon] *f* Vereinigung *f*

Unión Europea [u'njon eu'ropea] *f* Europäische Vereinigung *f*

unir [u'nir] *v* vereinigen; *verbinden; **unirse a** sich beteiligen an

universal [uniβer'sal] *adj* universal

universidad [uniβersi'ðað] *f* Universität *f*

universo [uni'βerso] *m* Weltall *nt*

uno ['uno] *num* eins; *pron* man; **unos** *adj* einige

uña ['uɲa] *f* Nagel *m*

urbano [ur'βano] *adj* städtisch

urgencia [ur'xenθja] *f* Dringlichkeit *f*; Notfall *m*; **botiquín de ~** Verbandskasten *m*

urgente [ur'xente] *adj* dringlich, dringend

urraca [u'rraka] *f* Elster *f*

Uruguay [uru'ɣwai] *m* Uruguay

uruguayo [uru'ɣwajo] *adj* uruguayisch

usar [u'sar] *v* benutzen, gebrauchen

uso ['uso] *m* Gebrauch *m*, Brauch *m*

usted [us'teð] *pron* Sie; **a ~** Ihnen; **de ~** Ihr

usual [u'swal] *adj* üblich, gewöhnlich

usuario [u'swarjo] *m* Benutzer *m*.

utensilio [uten'siljo] *m* Gebrauchsgegenstand *m*, Gerät *nt*

útil ['util] *adj* brauchbar, nützlich

utilidad [utili'ðað] *f* Nutzen *m*

utilizable [utili'θaβle] *adj* brauchbar

utilizar [utili'θar] *v* benutzen

uvas ['uβas] *fpl* Trauben *fpl*

V

vaca ['baka] *f* Kuh *f*

vacaciones [baka'θjones] *fpl* Urlaub *m*, Ferien *pl*; **de ~** auf Urlaub

vacante [ba'kante] *adj* frei; *f* Vakanz *f*

vaciar [ba'θjar] *v* leeren; räumen

vacilante [baθilante] *adj* wankelmütig, wacklig

vacilar [baθi'lar] *v* zögern; wanken

vacío [ba'θio] *adj* leer; *m* Vakuum *nt*

vacunación [bakuna'θjon] *f* Impfung *f*

vacunar [baku'nar] *v* impfen

vadear [baðe'ar] *v* waten

vado ['baðo] *m* Furt *f*

vagabundear [baɣaβunde'ar] *v* wandern, umherschweifen

vagabundo [baɣa'βundo] *m* Landstreicher *m*, Vagabund *m*

vagancia [ba'ɣanθja] *f* Landstreicherei *f*

vagar [ba'ɣar] *v* umherschweifen

vago ['baɣo] *adj* undeutlich; vage, schwach; faul

vagón [ba'ɣon] *m* Waggon *m*, Wagen *m*

vainilla [bai'niʎa] *f* Vanille *f*

vale ['bale] *m* Banknote *f*

***valer** [ba'ler] *v* wert *sein; **~ la pena** sich lohnen

valiente [ba'ljente] *adj* tapfer, mutig, beherzt

valija [ba'lixa] *f* Koffer *m*

valioso [ba'ljoso] *adj* wertvoll, kostbar

valor [ba'lor] *m* Wert *m*; Mut *m*, Tapferkeit *f*; **bolsa de valores** Effektenbörse *f*; **sin ~** wertlos

vals [bals] *m* Walzer *m*

valuar [ba'lwar] *v* schätzen

válvula ['balβula] *f* Ventil *nt*

valle ['baʎe] *m* Tal *nt*

vanidoso [bani'ðoso] *adj* eitel

vano ['bano] *adj* nutzlos, unnütz; **en ~** umsonst

vapor [ba'por] *m* Dampf *m*, Dunst *m*; Dampfer *m*; **~ de línea** Linienschiff *nt*

vaporizador [baporiθa'ðor] *m* Zerstäuber *m*

vaqueros [ba'keros] *mpl* Bluejeans *pl*

variable [ba'rjaβle] *adj* veränderlich

variación [barja'θjon] *f* Abwechslung *f*

variado [ba'rjaðo] *adj* verschieden

variar [ba'rjar] *v* variieren, wechseln

varice ['bariθe] *f* Krampfader *f*

varicela [bari'θela] *f* Windpocken *fpl*

variedad [barje'ðaθ] *f* Auswahl *f*; **espectáculo de variedades** Varietévorstellung *f*

varios ['barjos] *adj* allerlei, verschiedene, etliche, mehrere

vaselina [base'lina] *f* Vaseline *f*

vasija [ba'sixa] *f* Gefäß *nt*

vaso ['baso] *m* Glas *nt*; Becher *m*; Vase *f*; ~ **sanguíneo** Blutgefäß *nt*

vasto ['basto] *adj* weit; umfassend, unermeßlich

vatio ['batjo] *m* Watt *nt*

vecindad [beθin'daθ] *f* Nachbarschaft *f*, Nähe *f*

vecindario [beθin'darjo] *m* Gemeinde *f*

vecino [be'θino] *adj* benachbart; *m* Nachbar *m*

vegetación [bexeta'θjon] *f* Vegetation *f*

vegetariano [bexeta'rjano] *m* Vegetarier *m*

vehículo [be'ikulo] *m* Fahrzeug *nt*

veinte ['beinte] *num* zwanzig

vejez [be'xeθ] *m* Alter *nt*

vejiga [be'xiɣa] *f* Blase *f*

vela ['bela] *f* Segel *nt*; **deporte de ~** Segelsport *m*

velo ['belo] *m* Schleier *m*

velocidad [beloθi'ðaθ] *f* Geschwindigkeit *f*; Gang *m*; **límite de ~** Geschwindigkeitsbegrenzung *f*; ~ **de cruce** Reisegeschwindigkeit *f*

velocímetro [belo'θimetro] *m* Geschwindigkeitsmesser *m*

veloz [be'loθ] *adj* geschwind

vena ['bena] *f* Ader *f*

vencedor [benθe'ðor] *m* Sieger *m*

vencer [ben'θer] *v* *überwinden, besiegen; *gewinnen

vencimiento [benθi'mjento] *m* Fälligkeitstermin *m*

vendaje [ben'daxe] *m* Verband *m*

vendar [ben'dar] *v* *verbinden

vendedor [bende'ðor] *m* Verkäufer *m*

vendedora [bende'ðora] *f* Verkäuferin *f*

vender [ben'der] *v* verkaufen; ~ **al detalle** im kleinen verkaufen

vendible [ben'diβle] *adj* verkäuflich

vendimia [ben'dimja] *f* Weinlese *f*

veneno [be'neno] *m* Gift *nt*

venenoso [bene'noso] *adj* giftig

venerable [bene'raβle] *adj* ehrwürdig

venerar [bene'rar] *v* verehren

venezolano [beneθo'lano] *adj* venezolanisch; *m* Venezolaner *m*

Venezuela [bene'θwela] *f* Venezuela *f*

venganza [beŋ'ganθa] *f* Rache *f*

venidero [beni'ðero] *adj* herannahend

venir [be'nir] *v* *kommen

venta ['benta] *f* Verkauf *m*; **de ~** zu verkaufen; ~ **al por mayor** Großhandel *m*

ventaja [ben'taxa] *f* Vorteil *m*; Nutzen *m*; Vorsprung *m*

ventajoso [benta'xoso] *adj* vorteilhaft

ventana [ben'tana] *f* Fenster *nt*; ~ **de la nariz** Nasenloch *nt*

ventarrón [benta'rron] *m* Sturm *m*

ventilación [bentila'θjon] *f* Ventilation *f*

ventilador [bentila'ðor] *m* Ventilator *m*

ventilar [benti'lar] *v* ventilieren

ventisca [βen'tiska] *f* Schneesturm *m*

ventoso [ben'toso] *adj* windig

ver [ber] *v* *sehen

veranda [be'randa] *f* Veranda *f*

verano [be'rano] *m* Sommer *m*; **pleno ~** Hochsommer *m*

verbal [ber'βal] *adj* mündlich

verbo ['berβo] *m* Zeitwort *nt*

verdad [ber'ðað] *f* Wahrheit *f*

verdaderamente [berðaðera'mente] *adv* tatsächlich

verdadero [berða'ðero] *adj* wahr; wirklich; tatsächlich

verde ['berðe] *adj* grün

verdulero [berðu'lero] *m* Gemüsehändler *m*

veredicto [bere'ðikto] *m* Urteilsspruch *m*

vergel ['berɣel] *m* Obstgarten *m*

vergüenza [ber'gwenθa] *f* Schande *f*; ¡qué vergüenza! pfui!

verídico [be'riðiko] *adj* wahrhaft

verificar [berifi'kar] *v* prüfen, nachprüfen

verosímil [bero'simil] *adj* glaubwürdig

versión [ber'sjon] *f* Darstellung *f*; Übersetzung *f*

verso ['berso] *m* Vers *m*

*****verter** [ber'ter] *v* schenken; *gießen; einschenken; verschütten

vertical [berti'kal] *adj* senkrecht

vértigo ['bertiɣo] *m* Schwindel *m*, Schwindelanfall *m*

vestíbulo [bes'tiβulo] *m* Halle *f*, Vestibül *nt*; Foyer *nt*

vestido [bes'tiðo] *m* Kleid *nt*

*****vestir** [bes'tir] *v* ankleiden; *****vestirse** *v* sich kleiden, sich ankleiden

vestuario [bes'twarjo] *m* Garderobe *f*; Ankleideraum *nt*

veterinario [beteri'narjo] *m* Tierarzt *m*

vez [beθ] *f* Mal *nt*; **alguna ~** einmal; **a veces** manchmal; **de ~ en cuando** ab und zu, hin und wieder; **otra ~** wieder, noch einmal; **pocas veces** selten; **una ~** einst, einmal

vía ['bia] *f* Gleis *nt*; **~ del tren** Schienenweg *m*; **~ navegable** Wasserstraße *f*

viaducto [bja'ðukto] *m* Viadukt *m*

viajar [bja'xar] *v* reisen

viaje ['bjaxe] *m* Reise *f*

viajero [bja'xero] *m* Reisende *m*

vibrar [bi'βrar] *v* beben, vibrieren

vicario [bi'karjo] *m* Vikar *m*

vicioso [bi'θjoso] *adj* bösartig

víctima ['biktima] *f* Opfer *nt*; Geschädigte *m*

victoria [bik'torja] *f* Sieg *m*

vid [bið] *f* Weinrebe *f*

vida ['biða] *f* Leben *nt*; **en ~** am Leben; **~ privada** Privatleben *nt*

videocámara [biðeo'kamara] *f* Videokamera *f*

videocasete [biðeoka'sete] *m* Videokassette *f*

videograbadora [biðeograβa'ðora] *f* Videorekorder *m*

vidrio ['biðrjo] *m* Glas *nt*; **de ~** gläsern; **~ de color** buntes Glas

viejo ['bjexo] *adj* alt; bejahrt; altbacken

viento ['bjento] *m* Wind *m*

vientre ['bjentre] *m* Bauch *m*

viernes ['bjernes] *m* Freitag *m*

viga ['biɣa] *f* Balken *m*

vigente [bi'xente] *adj* gültig

vigésimo [bi'xesimo] *num* zwanzigste

vigilar [bixi'lar] *v* überwachen

vigor [bi'ɣor] *m* Kraft *f*; Widerstandsfähigkeit *f*

villa ['biʎa] *f* Villa *f*

villano [bi'ʎano] *m* Schuft *m*

vinagre [bi'naɣre] *m* Essig *m*

vino ['bino] *m* Wein *m*

viña ['biɲa] *f* Weinberg *m*

violación [bjola'θjon] *f* Verletzung *f*

violar [bjo'lar] *v* vergewaltigen

violencia [bjo'lenθja] *f* Gewalt *f*

violento [bjo'lento] *adj* gewaltsam; heftig

violeta [bjo'leta] *f* Veilchen *nt*

violín [bjo'lin] *m* Geige *f*

virgen ['birxen] *f* Jungfrau *f*

virtud [bir'tuð] *f* Tugend *f*

visado [bi'saðo] *m* Visum *nt*

visar [bi'sar] *v* abzeichnen

visibilidad [bisiβili'ðað] *f* Sichtweite *f*

visible [bi'siβle] *adj* sichtbar

visión [bi'sjon] *f* Einsicht *f*

visita [bi'sita] *f* Besuch *m*

visitante [bisi'tante] *m* Gast *m*

visitar [bisi'tar] *v* besuchen

vislumbrar [bizlum'brar] *v* erblicken

vislumbre [biz'lumbre] *m* Blick *m*

visón [bi'son] *m* Nerz *m*

visor [bi'sor] *m* Sucher *m*

vista ['bista] *f* Sicht *f*, Aussicht *f*; **punto de** ~ Anschauung *f*

vistoso [bis'toso] *adj* auffallend

vital [bi'tal] *adj* vital

vitamina [bita'mina] *f* Vitamin *nt*

vitrina [bi'trina] *f* Vitrine *f*

viuda ['bjuða] *f* Witwe *f*

viudo ['bjuðo] *m* Witwer *m*

vivaz [bi'βaθ] *adj* lebhaft

vivero [bi'βero] *m* Baumschule *f*

vivienda [bi'βjenda] *f* Wohnung *f*

vivir [bi'βir] *v* leben; wohnen; erleben

vivo ['biβo] *adj* lebend; lebhaft

vocabulario [bokaβu'larjo] *m* Wortschatz *m*; Vokabular *nt*

vocación [boka'θjon] *f* Berufung *f*

vocal [bo'kal] *f* Selbstlaut *m*; *adj* vokal

vocalista [boka'lista] *m* Sänger *m*

volante [bo'lante] *m* Steuerrad *nt*

***volar** [bo'lar] *v* *fliegen

volatería [bolate'ria] *f* Geflügel *nt*

volcán [bol'kan] *m* Vulkan *m*

voltaje [bol'taxe] *m* Spannung *f*

voltio ['boltjo] *m* Volt *nt*

volumen [bo'lumen] *m* Volumen *nt*; Band *m*

voluminoso [bolumi'noso] *adj* umfangreich; dick

voluntad [bolun'tað] *f* Wille *m*; **buena** ~ Wohlwollen *nt*

voluntario [bolun'tarjo] *adj* freiwillig; *m* Freiwillige *m*

***volver** [bol'βer] *v* *zurückkommen, zurückkehren, umkehren; *umwenden, kehren, umdrehen; ~ **a casa** *heimgehen

vomitar [bomi'tar] *v* sich *übergeben, *erbrechen

vosotros [bo'sotros] *pron* ihr

votación [bota'θjon] *f* Abstimmung *f*

votar [bo'tar] *v* stimmen

voto ['boto] *m* Stimme *f*; Gelübde *nt*

voz [boθ] *f* Stimme *f*; Ruf *m*; **en** ~ **alta** laut

vuelo ['bwelo] *m* Flug *m*; ~ **fletado** Charterflug *m*; ~ **nocturno** Nachtflug *m*

vuelta ['bwelta] *f* Rückreise *f*, Rückweg *m*; Rundreise *f*; Kurve *f*, Drehung *f*; Runde *f*; **ida y** ~ Hin- und Rückfahrt

vuestro ['bwestro] *adj* euer

vulgar [bul'yar] *adj* gemein

vulnerable [bulne'raβle] *adj* verletzbar

Y

y [i] *conj* und

ya [ja] *adv* bereits, schon; ~ **no** nicht mehr; ~ **que** da

***yacer** [ja'θer] *v* *liegen

yacimiento [jaθi'mjento] *m* Ablagerung *f*

yate ['jate] *m* Jacht *f*

yegua ['jeγwa] *f* Stute *f*

yema ['jema] *f* Dotter *nt*

yerno ['jerno] *m* Schwiegersohn *m*

yeso ['jeso] *m* Gips *m*

yo [jo] *pron* ich

yodo ['joðo] *m* Jod *nt*

yugo ['juγo] *m* Joch *nt*

Z

zafiro [θa'firo] *m* Saphir *m*

zanahoria [θana'orja] *f* Mohrrübe *f*, Karotte *f*

zanja ['θaŋxa] *f* Graben *m*

zapatería [θapate'ria] *f* Schuhgeschäft *nt*

zapatero [θapa'tero] *m* Schuhmacher *m*

zapatilla [θapa'tiʎa] *f* Hausschuh *m*, Pantoffel *m*

zapato [θa'pato] *m* Schuh *m*; **zapatos de gimnasia** Turnschuhe *mpl*; **zapatos de tenis** Tennisschuhe *mpl*

zatara [θa'tara] *f* Floß *nt*

zodíaco [θo'ðiako] *m* Tierkreis *m*

zona ['θona] *f* Zone *f*; Gebiet *nt*; ~ **industrial** Industriegebiet *nt*

zoología [θoolo'xia] *f* Zoologie *f*

zorro ['θorro] *m* Fuchs *m*

zueco ['θweko] *m* Holzschuh *m*

zumo ['θumo] *m* Saft *m*; Fruchtsaft *m*

zumoso [θu'moso] *adj* saftig

zurcir [θur'θir] *v* stopfen

zurdo ['θurðo] *adj* linkshändig

zurra ['θurra] *f* Prügel *pl*

Aus der Speisekarte

Speisen

a caballo Steak mit zwei Spiegeleiern
acedera Sauerampfer
aceite Öl
aceituna Olive
achicoria Endivie
(al) adobo mariniert
aguacate Avocadobirne
ahumado geräuchert
ajiaceite Knoblauchmayonnaise
ajiaco bogotano Hühner- und Kartoffelsuppe
(al) ajillo in Öl und Knoblauch gekocht
ajo Knoblauch
al, a la auf ... Art; in oder mit
albahaca Basilikum
albaricoque Aprikose
albóndiga gewürztes Fleisch- oder Fischklößchen
alcachofa Artischocke
alcaparra Kaper
aliñado gewürzt
almeja Muschelart
almejas a la marinera in einer scharfen Pimentsoße zubereitet
almendra Mandel
~ **garrapiñada** Mandelbonbon
almíbar Sirup
almuerzo Mittagessen

alubia Bohne
anchoa Sardelle
anguila Aal
angula Jungaal
anticucho mit Paprikaschoten gegrilltes Rinderherz
apio Sellerie
a punto halb durchgebraten
arenque Hering
~ **en escabeche** eingelegter Salzhering
arepa hauchdünnes Omelett aus Maismehl
arroz Reis
~ **blanco** weiß; gekocht
~ **escarlata** mit Tomaten und Garnelen
~ **a la española** mit Geflügelleber, Schweinefleisch, Tomaten und Fischsud
~ **con leche** Milchreis
~ **primavera** mit jungem Gemüse
~ **a la valenciana** mit Gemüse, Hühnerfleisch, Muscheln und manchmal Aal
asado 1) gebraten 2) Braten
~ **antiguo a la venezolana mechado** mit Kapern gespickter Rinderbraten

138

asturias vollreifer, pikanter Edel-
pilzkäse aus Asturien
atún Thunfisch
avellana Haselnuß
azafrán Safran
azúcar Zucker
bacalao Kabeljau, Dorsch
~ **a la vizcaína** mit Paprikaschoten, Kartoffeln und Tomatensoße
barbo Barbe
batata süße Kartoffel
becada Waldschnepfe
berberecho Herzmuschel
berenjena Aubergine
berraza Pastinake, Hirschmöhre
berro (Brunnen-)Kresse
berza Kohl
besugo Meerbrasse
bien hecho durchgebraten, gargekocht
biftec, bistec Beefsteak
bizcocho Biskuit(kuchen)
~ **borracho** mit Rumsirup ge-
tränkter Hefekuchen, Napf-
kuchen
bizcotela Keks, manchmal mit
Glasur
blando weich, zart
bocadillo 1) belegtes Brot 2) Süßigkeit (Kolumbien)
bollito, bollo Brötchen, Semmel
bonito makrelenartiger Thunfisch
boquerón 1) Sardelle 2) Weißfisch
(en) brocheta (am) Spieß
budín Pudding
buey Rindfleisch
buñuelo 1) süßer Krapfen, Küch-
lein 2) Schinken-, Muschel-,
Garnelenkrapfen, manchmal
mit Branntwein abgeschmeckt
burgos beliebter sahniger Weichkäse aus der Gegend von Burgos

butifarra pikante katalonische
Wurstspezialität
caballa Makrelenart
cabeza de ternera Kalbskopf
cabra Ziegenfleisch
cabrales dem Roquefort ähneln-
der Ziegenkäse
cabrito Zicklein
cacahuete Erdnuß
cachelos mit Kohl, Paprika,
Knoblauch, Speck und *chorizo*
gekochte gewürfelte Kartoffeln
calabacín Zucchini, Kürbischen
calabaza Kürbis
calamar Kalmar
calamares a la romana Kalmare in
Mehl und Ei gewendet und in
Öl schwimmend gebacken
caldereta de cabrito Zickleinein-
topf, oft mit Rotwein
caldillo de congrio Meeraalsuppe
mit Tomaten und Kartoffeln
caldo Kraftbrühe, Bouillon
~ **gallego** Fleisch- und Gemü-
sebouillon
callos Kaldaunen, Kutteln, oft in
einer Pimentsoße serviert
~ **a la madrileña** in einer pikanten Soße mit Tomaten und einer Schweinswurst
camarón Garnele
canela Zimt
cangrejo de mar Krabbe
cangrejo de río Flußkrebs
cantarela Pfifferling
caracol Schnecke
carbonada criolla mit Rindfleisch-
würfeln gefüllter, gebackene
Kürbis
carne Fleisch
~ **asada al horno** Braten
~ **molida** Gehacktes, Hack
fleisch
~ **a la parrilla** auf Holzkohle

gegrillt

~ **picada** feingeschnitten

carnero Schaf-, Hammelfleisch

carpa Karpfen

(a la) carta nach Speisekarte essen, nicht ein Menü mit festem Preis

casero hausgemacht

castaña Edelkastanie, Marone

castañola Meerbarsch, Wolfsbarsch

(a la) catalana mit Zwiebeln, Petersilie, Tomaten und Kräutern

caza Wild(bret)

a la cazadora mit Pilzen, Kräutern, Schnittlauch und Wein

cazuela de cordero Lammeintopf mit Gemüse

cebolla Zwiebel

cebolleta Schnittlauch

cebrero sahniger, pikanter Schimmelpilzkäse mit blaßgelber Rinde

cena Abendessen

centolla Seespinne

cerdo Schweinefleisch

cereza Kirsche

ceviche in gewürztem Zitronellensaft marinierter Fisch

cigala Langustine

cincho ein harter Schafkäse

ciruela Pflaume, Zwetschge

~ **pasa** Backpflaume

cocido 1) gekocht, geschmort 2) Eintopf aus Rindfleisch mit Schinken, Hühnerfleisch, Kichererbsen, Kartoffeln und anderem Gemüse; die Brühe wird zuerst serviert

cochifrito de cordero pikantes Lammfleischragout

codorniz Wachtel

col Kohl

~ **de Bruselas** Rosenkohl

coliflor Blumenkohl

comida Essen, meist Abendessen

compota Kompott

conejo Kaninchen

confitura Marmelade

congrio Meeraal

consomé Kraftbrühe, Bouillon

~ **al jerez** Hühnerbrühe mit Sherry

copa nuria schaumig geschlagene, mit Marmelade servierte Eier

corazón de alcachofa Artischockenherz

corazonada in Soße geschmortes Herz

cordero Lammfleisch

~ **recental** Milchlamm

cortadillo Zitroneneierkuchen

corzo Reh

costilla Kotelett

crema 1) Krem, Schaum

~ **batida** Schlagsahne

~ **española** Nachspeise aus Milch, Eiern und Früchtegelee

~ **nieve** mit Zucker und Rum (oder Wein) abgeschmeckter Eierschaum

crema 2) Suppe

criadillas (de toro) (Stier-)Hoden

(a la) criolla mit Paprikaschoten, Kräutern und Tomaten

croqueta Fleisch- oder Fischklößchen bzw. -krokette

crudo roh

cubierto Preis für das Gedeck, Gedeck extra

cuenta Rechnung

curanto Meeresfrüchte, Wurst, Gemüse und ein Spanferkel werden in einem Erdloch auf Holzkohle gekocht

chabacano Aprikose

chalote Schalotte

champiñón Pilz

chancho adobado mit süßen Kartoffeln, Apfelsinen- und Zitronensaft geschmortes Schweinefleisch

chanfaina eine Art Ragout aus Ziegeninnereien

chanquete Weißfisch

chile Chilipfefferschote

~ **con carne** Eintopf aus roten Bohnen, gehacktem Rindfleisch, Tomaten, Kräutern und Chilischoten (oder Piment)

chiles en nogada mit Schlagsahne und Nußsoße gefüllte Paprikaschoten

chimichurri scharfe Petersiliensoße

chipirón Kalmar

chopa eine Art Meerbrasse

chorizo mit Knoblauch und Paprika gewürzte Schweinswurst

chuleta Kotelett

chupe de mariscos mit Käse überbackene und in einer sahnigen Soße servierte Meeresfrüchte

churro länglicher Krapfen

damasco eine Aprikosenart

dátil Dattel

desayuno Frühstück

dorada Goldbrasse

dulce süß

~ **de naranja** Apfelsinenmarmelade

durazno Pfirsich

embuchado mit Fleisch gefüllt, farciert

embutido eine pikante Wurstware

empanada Fleisch- oder Fischpastete

~ **de horno** mit Hackfleisch gefüllte Teigtaschen

empanadilla kleine, mit gewürztem Fleisch oder Fisch gefüllte Pastete

empanado paniert

emperador Schwertfisch

encurtidos in Essig eingelegtes Gemüse

enchilada mit Fleisch gefüllter Maismehlpfannkuchen *(tortilla)*, dazu gibt es eine Soße und Gemüse

~ **roja** mit einer Wurst gefüllter Maismehlpfannkuchen, der in einer Soße aus roten Paprikaschoten gebraten wird

~ **verde** mit (Hühner-)Fleisch gefüllter Maismehlpfannkuchen, der in einer Soße aus grünen Tomaten gebraten wird

endibia Brüsseler Endivie

eneldo Dill

ensalada Salat

~ **común** grüner

~ **de frutas** Frucht-, Obstsalat

~ **(a la) primavera** (aus) Frühlingsgemüse

~ **valenciana** mit Paprikaschoten, Kopfsalat und Apfelsinen

ensaladilla rusa russischer Salat

entremés Vorspeise

erizo de mar Seeigel

(en) escabeche mariniert, eingelegt

~ **de gallina** in Essig mariniertes Huhn

escalope de ternera Kalbsschnitzel

escarcho Knurrhahn

escarola Endivie(nsalat)

espalda Schulter

(a la) española mit Tomaten

espárrago Spargel

especia Gewürz

especialidad de la casa Spezialität des Hauses

espinaca Spinat

esqueixada Fischsalat

(al) estilo de nach/in der Art von

estofado 1) geschmort 2) bei sehr schwacher Hitze geschmort 3) garniert

estragón Estragon

fabada (asturiana) Eintopf aus Schweinefleisch, Saubohnen, Speck und Wurst

faisán Fasan

fiambres Fleischaufschnitt

fideo Fadennudel

filete Filet

~ **de lomo** Filetsteak

~ **de res** Rinderfilet

~ **de lenguado empanado** paniertes Seezungenfilet

(a la) flamenca mit Zwiebeln, Erbsen, Paprikaschoten, Tomaten und pikanten Würstchen

flan Puddingtörtchen

frambuesa Himbeere

(a la) francesa in Butter gekocht, geschwenkt

fresa Erdbeere

~ **de bosque** Walderdbeere

fresco frisch

fresón Gartenerdbeere

fricandó Kalbsroulade

frijol rote oder braune Bohne

frijoles refritos Püree aus roten Bohnen

frío kalt

frito 1) gebraten 2) Fritüre

fritos Krapfen

~ **de patata** Kartoffelkrokette

fritura in schwimmendem Fett gebackene Speise, Fritüre

~ **mixta** Fisch, Fleisch oder Gemüse, durch Backteig gezogen und fritiert

fruta Frucht, Obst

~ **escarchada** kandierte

~ **seca** Backobst

galleta gesalzener oder süßer Keks

~ **de nata** Sahnekeks

gallina Huhn

~ **de Guinea** Perlhuhn

gallo Hahn

gamba Garnele

~ **grande** Granat

gambas con mayonesa Garnelencocktail

ganso Gans

garbanzo Kichererbse

gazpacho kalte, pikante Gemüsesuppe aus rohen Zwiebeln, Tomaten, Knoblauch, Gurken und Paprikaschoten

(a la) gitanilla mit Knoblauch

gordo fett, reichhaltig

granada Granatapfel

grande groß

(al) gratín gratiniert, überbacken

gratinado gratiniert, überbacken

grelo Blatt der weißen Rübe

grosella Johannisbeere

~ **espinosa** Stachelbeere

~ **negra** schwarze Johannisbeere

~ **roja** rote Johannisbeere

guacamole pikantes Avocadopüree; als Salattunke, *tortilla*-Füllung oder Garnierung

guarnición Beilage, Garnierung

guayaba Guajave (tropische Frucht)

guinda Weichselkirsche

guindilla Piment, Nelkenpfeffer

guisado 1) geschmort, gedämpft 2) Eintopf, Ragout

guisante Erbse

haba Saubohne

habichuela verde grüne Bohne

hamburguesa deutsches Beefsteak

hayaca central mit Hackfleisch gefüllter Maismehlpfannkuchen

helado Speiseeis

hervido 1) gekocht 2) Eintopf

(Lateinamerika)
hielo Eis, Eiswürfel
hierba Küchenkraut
hierbas finas feingehackte Kräuter
hígado Leber
higo Feige
hinojo Fenchel
hongo Pilz
(al) horno im Ofen gebacken, gebraten
hortaliza grünes Gemüse
hueso Knochen
huevo Ei
  ~ **cocido** weichgekochtes
  ~ **duro** hartgekochtes
  ~ **escalfado** verlorenes
  ~ **a la española** mit Tomaten gefüllt und in einer Käsesoße serviert
  ~ **a la flamenca** mit Spargeln, Erbsen, Paprikaschoten, Zwiebeln, Tomaten und Wurst gebacken
  ~ **frito** Spiegelei
  ~ **al nido** in kleine, weiche Brötchen gefülltes Eigelb wird gebacken und dann mit dem Eiweiß bedeckt
  ~ **pasado por agua** weichgekochtes
  ~ **revuelto** Rührei
  ~ **con tocino** Ei mit Speck
humita gekochter Mais mit Zwiebeln, grünen Paprikaschoten und Käse .
(a la) inglesa 1) halbroh, blutig 2) gekocht 3) mit Gemüsebeilage
jabalí Wildschwein
jalea Fruchtgelee
jamón Schinken
  ~ **cocido** gekocht (wird oft als *jamón de York* bezeichnet)
  ~ **en dulce** in Weißwein gekocht

~ **gallego** geräuchert, in dünne Scheiben geschnitten
~ **serrano** gepökelt und manchmal auch geräuchert
(a la) jardinera junges gekochtes Gemüse in holländischer Soße
jengibre Ingwer
(al) jerez in Sherry geschmort
judía Bohne
  ~ **verde** grüne Bohne
jugo Soße, Bratensaft
  en su ~ im (eigenen) Saft
juliana in feine Streifen geschnittenes Gemüse
jurel Makrelenart
lacón Schweineschulter
  ~ **curado** gesalzenes Schweinefleisch
lamprea Neunauge (aalartiger Meeresfisch)
langosta Languste
langostino Langustine
laurel Lorbeerblatt
lechón Spanferkel
lechuga Lattich
lebumbre Gemüse
lengua Zunge
lenguado Seezunge
  ~ **frito** gebratene Seezungenfilets mit jungem Gemüse
lenteja Linse
liebre Hase
  ~ **estofada** Hasenpfeffer
lima 1) Limetta 2) Zitronelle
limón Zitrone
lista de platos Speisekarte
lista de vinos Weinkarte
lobarro Barschart
lombarda Rotkohl
lomo Nierenbraten
longaniza eine scharfgewürzte Wurst
lonja (Fleisch-)Scheibe

lubina Seebarsch
macarrones Makkaroni
(a la) madrileña mit *chorizo*, Tomaten und Paprika
magras al estilo de Aragón Rohschinken in Tomatensoße
maíz Mais
(a la) mallorquina meistens ein scharfgewürztes Fisch- oder Schalentiergericht
manchego harter, weißer oder goldgelber Schafkäse aus der Mancha
mandarina Mandarine
maní Erdnuß
mantecado 1) kleiner Butterkuchen 2) Sahneeis
mantequilla Butter
manzana Apfel
~ **en dulce** in Honig
(a la) marinera gewöhnlich mit Miesmuscheln, Zwiebeln, Tomaten, Kräutern und Wein
marisco Schalentier
matambre Rinderroulade
mayonesa Mayonnaise
mazapán Marzipan
mejillón Miesmuschel
mejorana Majoran
melaza Melasse
melocotón Pfirsich
melón Melone
membrillo Quitte
menestra Gemüsesuppe
~ **de pollo** Hühner- und Gemüsesuppe
menta Minze
menú Menü, Gedeck
~ **del día** Tagesgedeck
~ **turístico** Touristenmenü
menudillos Innereien
merengue Baiser, Meringe(l)
merienda Imbiß
merluza Seehecht

mezclado gemischt
miel Honig
(a la) milanesa mit Käse (gewöhnlich überbacken)
minuta Speisekarte
mixto gemischt, verschiedene
mole poblano Huhn in einer scharfgewürzten (Piment) Schokoladensoße
molusco Schalen- oder Krustentier
molleja Kalbsbries, -milch
mora 1) Maulbeere 2) Brombeere
morcilla Blutwurst
morilla Morchel
moros y cristianos Reis und schwarze Bohnen mit gewürfeltem Schinken, Knoblauch, Paprikaschoten und Kräutern
mostaza Senf
mújol Meerbarbe
nabo Rübe
naranja Apfelsine
nata Sahne
~ **batida** Schlagsahne
natillas kleiner Süßspeisen-Pudding
~ **al limón** Zitronenkrem
níspola Loquat, japanische Mispel
nopalito junge Kaktus- oder Distelblätter, meist in Essig-Kräuter-Soße
nuez Nuß
~ **moscada** Muskatnuß
olla Eintopfgericht
~ **gitana** Gemüseeintopf
~ **podrida** Fleischeintopf (gewöhnlich Schinken) mit Gemüse
ostra Auster
oveja Schaf
pabellón criollo Rindfleisch in Tomatensoße, wird mit Bohnen, Reis und Bananen serviert

paella in großer flacher Pfanne zubereitetes Eintopfgericht, bestehend aus Safranreis mit verschiedenen Meeresfrüchten und manchmal Fleisch

~ **alicantina** mit grünen Paprikaschoten, Zwiebeln, Tomaten, Artischockenherzen und Fisch

~ **catalana** mit Würsten, Schweinefleisch, Kalmaren, Tomaten, roten Paprikaschoten und Erbsen

~ **marinera** mit Fisch, Schalentieren und Fleisch

~ **(a la) valenciana** mit Hühnerfleisch, Garnelen, Muscheln, Erbsen, Tomaten und Knoblauch

palmito Palmenherz

palta Avocado(birne)

pan Brot

panecillo Semmel, Brötchen

papas Kartoffeln

~ **a la huancaína** mit Käse und Paprikaschoten

(a la) parrilla gegrillt, geröstet

parrilla mixta Mixed Grill, verschiedene gegrillte Fleischstücke

pasado gekocht

bien ~ fast durchgebraten (rosig)

poco ~ halbgar, innen noch roh

pastas Teigwaren

pastel 1) Kuchen 2) Torte, Pastete

~ **de choclo** Maispürree mit gehacktem Rindfleisch, Hühnerfleisch, Rosinen und Oliven

pastelillo Törtchen

pata Fuß (von Schwein oder Lamm)

patatas Kartoffeln

~ **fritas** Pommes frites

~ **(a la) leonesa** mit Zwiebeln

~ **nuevas** neue

pato Ente

pavo Truthahn, Puter

pechuga Geflügelbrust

pepinillo Gewürzgurke

pepino Gurke

(en) pepitoria mit Zwiebeln, Paprikaschoten und Tomaten bei schwacher Hitze langsam gekocht

pera Birne

perca Flußbarsch

percebe eine Art Muschel

perdiz Rebhuhn

~ **en escabeche** in Essig mit Zwiebeln, Petersilie, Karotten und Paprikaschoten mariniert

~ **estofada** geschmort, in einer Weißweinsoße serviert

perejil Petersilie

perifollo Kerbel

perilla ein fester, milder Käse

pescadilla Wittling

pescado Fisch

pez espada Schwertfisch

picadillo Hackfleisch, Gehacktes

picado feingeschnitten

picante scharf, pikant, stark gewürzt

picatoste in tiefem Fett gebackene Brotscheibe

pichoncillo Täubchen

pierna Keule

pimentón Piment, Nelkenpfeffer

pimienta Pfeffer

pimiento Paprikaschote

~ **morrón** rote

pincho moruno Grillspießchen mit pikanter Soße

pintada Perlhuhn

piña Ananas

pisto eine Art scharf gewürzter, kalter Gemüseeintopf

(a la) plancha auf dem Rost gegrill

plátano Banane

plato Gericht, Portion

~ **típico de la región** landschaftliche Spezialität

pollito Küken

pollo Hühnchen, Hähnchen

~ **pibil** in gewürztem Fruchtsaft langsam gargekocht

polvorón Sandteigkeks mit Nüssen

pomelo Pampelmuse, Grapefruit

porción Portion

porotos granados mit Kürbis und Mais servierte Saubohnen

postre Nachspeise

potaje Suppe

puchero Eintopfgericht

puerro Lauch, Porree

pulpo Tintenfisch

punta de espárrago Spargelspitze

punto de nieve Nachspeise aus Schlagsahne und geschlagenem Eiweiß

puré de patatas Kartoffelpüree

queso Käse

quisquilla Garnele

rábano Rettich

~ **picante** Meerrettich

raja 1) Portion 2) Scheibe

rallado gerieben, geraspelt

rape Anglerfisch, Seeteufel

ravioles Ravioli

raya Rochen

rebanada Scheibe

rebozado 1) paniert 2) durch Backteig gezogen und fritiert

recargo Zuschlag, Aufpreis

rehogada sautiert, geschwenkt

relleno gefüllt, farciert

remolacha Rübe

repollo Kohl

requesón ein Art Quark

riñón Niere

róbalo Schellfisch

rodaballo Steinbutt

(a la) romana durch Backteig gezogen und fritiert

romero Rosmarin

roncal ein pikanter Hartkäse

ropa vieja gekochte Fleisch- und Gemüsereste, mit Tomaten und Paprikaschoten bedeckt

rosbif Roastbeef

rosquilla Krapfen

rubio eine Art Meerbarbe

ruibarbo Rhabarber

sal Salz

salado gesalzen

salchicha kleine Schweinebratwurst

salchichón (Salami-)Wurst

salmón Lachs

salmonete Rotbarbe

salsa Soße

~ **blanca** weiße Sahnesoße

~ **española** gewürzte Weinsoße mit Knoblauch und Kräutern

~ **mayordoma** Buttersoße mit Petersilie

~ **picante** Pfeffer- und Paprikasoße

~ **romana** Speck oder Schinken, Ei und Sahne, manchmal mit Muskat abgeschmeckt

~ **tártara** Tatarensoße

~ **verde** Petersiliesoße

salsifí Schwarzwurzelart

salteado sautiert, geschwenkt

salvia Salbei

san simón ein fester, milder Käse mit gelber Rinde

sandía Wassermelone

sardina Sardine

sémola Grieß

sencillo einfach; weder Soße noch Füllung

sepia Kuttelfisch

servicio Bedienung
  ~ (no) incluido (nicht) inbegriffen
sesos Hirn, Bregen
seta Pilz
sobrasada große (Salami-)Wurst
solomillo Filetsteak, Lenden-
  schnitte
sopa Suppe
  ~ (de) cola de buey Ochsen-
  schwanzsuppe
  ~ sevillana eine stark gewürzte
  Fischsuppe
suave mild
suflé Soufflé, Auflauf
suizo Milchbrötchen
surtido Auswahl
taco Weizen- oder Maismehlpfannkuchen, gewöhnlich mit
  Fleischfüllung und einer scharfen Soße
tajada Scheibe, Schnitte
tallarín Nudel
tamal Maismehlpastete mit
  Fleisch- oder Früchtefüllung;
  wird in Maisblättern im Was-
  serbad gargekocht
tapa Appetithappen
tarta Torte, Kuchen
  ~ helada Eisbombe, Eiskrem-
  torte
ternera Kalbfleisch
tocino Schweinespeck
  ~ de cielo 1) Karamelkrem 2)
  Kuchen mit Eierkremfüllung
tomillo Thymian
tordo Krammetsvogel, Wachol-
  derdrossel
toronja eine Art Pampelmuse
tortilla 1) Omelett, Eierkuchen 2)
  eine Art Maismehl-Eierkuchen
  ~ de chorizo mit pikanten
  Wurststücken
  ~ a la española mit Zwiebeln

und Kartoffeln, scharf gewürzt
  ~ a la francesa einfach, ohne
  Füllung
  ~ gallega mit Kartoffeln,
  Schinken, roten Paprikaschoten
  und Erbsen
  ~ al ron mit Rum
tortita Waffel
tortuga Schildkröte
tostada Toast, geröstete Brotscheibe
tripas Kaldaunen, Kutteln
trucha Forelle
  ~ frita a la asturiana paniert,
  gebraten und mit Zitrone garniert
trufa Trüffel
turrón Nougat
ulloa ein Weichkäse, der dem reifen Camembert gleicht
uva Weinbeere
uvas pasas Rosinen
vaca salada Corned beef, Büch-
  senfleisch
vainilla Vanille
(a la) valenciana mit Reis, Tomaten und Knoblauch
variado gemischt
varios diverse, verschiedene
venado Hirsch
venera Jakobsmuschel (eigentlich
  deren Muschel, gemeint ist jedoch das Tier)
verdura Gemüse
vieira Jakobsmuschel
villalón ein Schafkäse
vinagre Essig
vinagreta Essig-Kräuter-Soße
  (a la) ~ in Essig-Kräuter-Soße
  mariniert
(a la) vizcaína mit Paprikaschoten,
  Tomaten, Knoblauch und Paprika
yema Eidotter, -gelb

yemas Nachspeise aus geschlagenem Eigelb und Zucker

zanahoria Mohrrübe

zarzamora wilde Brombeere

zarzuela Fisch- und Schalentiereintopf

~ **de mariscos** dicke Suppe aus Meeresfrüchten

~ **de pescado** verschiedene Fische und Schalentiere in einer scharfen Soße

~ **de verduras** Gemüseeintopf

Getränke

abocado Sherryverschnitt aus süßem und trockenem Wein

agua Wasser

aguardiente Branntwein

Alicante Gegend südlich von Valencia; erzeugt eine große Menge roter Tischweine und einige gute Roséweine, besonders bei Yecla

Amontillado leicht süßer, bernsteinfarbener Sherry

Andalucía trockener Sherry mit Apfelsinensaft

Angélica ein baskischer Kräuterlikör, ähnlich wie gelber Chartreuse

anís Anislikör

Anís del Mono ein katalanischer Anislikör

anís seco Anisbranntwein

anisado Erfrischungsgetränk mit Anisgeschmack, oft leicht alkoholisch

batido Milchmix

bebida Getränk

Bobadilla Gran Reserva ein Weinbrand

botella Flasche

media ~ halbe Flasche

café Kaffee

~ **cortado** kleine Tasse starken Kaffees mit einem Schuß Milch oder Sahne

~ **descafeinado** koffeinfrei

~ **exprés** Espresso

~ **granizado** Eiskaffee

~ **con leche** mit Milch

~ **negro/solo** schwarz

Calisay ein Likör mit Chiningeschmack

Carlos I ein Weinbrand

Cataluña Katalonien ist vor allem für seinen Schaumwein bekannt (oft *xampañ* genannt), der außer dem Namen jedoch nur geringe Ähnlichkeit mit echtem Champagner hat

Cazalla ein Anislikör

cerveza Bier

~ **de barril** Faßbier

~ **dorada** helles

~ **negra** dunkles

cola de mono ein Gemisch aus Kaffee, Milch, Rum und *pisco*

coñac 1) französischer Kognak 2) spanischer Weinbrand

Codorníu ein katalanischer Schaumwein, in der Herstellungsgegend *xampañ* (Champagner) genannt

cosecha Ernte; Bezeichnung für den Weinjahrgang

crema de cacao Kakaolikör

Cuarenta y Tres ein Eierlikör

Cubra libre Rum und Cola

champán, champaña 1) französischer Champagner 2) spanischer Schaumwein

chicha de manzana Apfelbranntwein

Chinchón ein Anislikör

chocolate Schokolade

~ **con leche** heiße Schokolade mit Milch

Dulce fruchtiger Dessertwein, der jedoch auch bei anderen Gelegenheiten getrunken wird

espumoso schäumend, perlend

Fino ein im Vergleich zum *Manzanilla* weniger trockener, doch farblich kräftigerer Sherry, der wie der *Manzanilla* gekühlt getrunken wird

Fundador ein Weinbrand

Galicia Gegend an der atlantischen Küste; erzeugt einen guten Tischwein

gaseosa Sprudel

ginebra Gin

gran vino Bezeichnung auf dem Etikett für chilenische Spitzenweine

granadina mit Wein oder Weinbrand gemischter Granatapfelsirup

horchata de almendra (oder **de chufa**) Getränk aus gemahlenen Mandeln (oder Jerusalem-Artischocken)

Jerez 1) Sherry 2) aus dieser Gegend im Süden von Spanien (in der Nähe der portugiesischen Grenze) stammt der weltbekannte Sherry

jugo Fruchtsaft

leche Milch

limonada 1) Limonade 2) frischer Zitronensaft

Málaga 1) Dessertwein 2) Gegend im Süden Spaniens; sie ist besonders für ihren Dessertwein bekannt

Manzanilla sehr trockener, blasser Sherry, den man gekühlt trinkt

margarita *tequila* mit Limettensaft

Montilla Dessertwein aus der Nähe von Córdoba; wird oft als Aperitif getrunken

Moscatel fruchtiger Dessertwein von Tarragona oder Málaga

naranjada Orangeade, Apfelsinenlimonade

Oloroso würziger, süßer bernsteinfarbener Sherry

Oporto Portwein

pisco ein Weinbrand

ponche crema Eierlikör

Priorato Gegend um Barcelona; erzeugt gute Rot- und Weißweine, aber auch einen Dessertwein, *Priorato*, der bei der Ausfuhr den Namen *Tarragona* erhält

refresco Erfrischungsgetränk

reservado Bezeichnung auf dem Etikett für chilenische Weine der gehobenen Güteklasse

Rioja Gebiet im Ebrotal, nahe der französischen Grenze, die bekannteste Weingegend des Landes; der rote Rioja zählt zu den besten Rotweinen Europas

ron Rum

sangría Getränk aus Rotwein mit Eis, Apfelsinen, Zitronen und Zucker

sangrita *tequila* mit Tomaten-, Apfelsinen- und Limettensaft
sidra Apfelwein
sol y sombra ein Likör aus Weinbrand und Anis
sorbete Fruchtgetränk mit Eis
té Tee
tequila Agavenbranntwein
tinto 1) Rotwein 2) schwarzer Kaffee mit Zucker (Kolumbien)
Tío Pepe ein Sherry
Triple Seco ein Apfelsinenlikör
Valdepeñas Gegend südlich von Madrid; wichtiges Weinbaugebiet
vermú Wermutwein

Veterano Osborne ein Weinbrand
vino Wein
~ **blanco** Weißwein
~ **clarete** Roséwein
~ **común** Tischwein
~ **dulce** Dessertwein
~ **espumoso** Schaumwein
~ **de mesa** Tischwein
~ **del país** Landwein
~ **rosado** Roséwein
~ **seco** trockener Wein
~ **suave** Süßwein
~ **tinto** Rotwein
xampañ katalonischer Schaumwein
yerba mate Matetee
zumo Saft

Minigrammatik

Artikel

Sie stimmen in Geschlecht und Zahl mit dem Substantiv überein. Es gibt zwei Geschlechter: männlich und weiblich.

1. Bestimmter Artikel (der/die/das und Mehrzahl die).

	Einzahl		Mehrzahl
männlich	**el tren**	(der Zug)	**los trenes**
weiblich	**la casa**	(das Haus)	**las casas**

2. Unbestimmter Artikel (ein/eine und Mehrzahl).

| männlich | **un lápiz** | (ein Bleistift) | **unos lápices** |
| weiblich | **una carta** | (ein Brief) | **unas cartas** |

Substantive

1. Die meisten Substantive auf **-o** sind männlich, jene mit der Endung **-a** im allgemeinen weiblich.

el vestido   (das Kleid)   **la camisa**   (das Hemd)

2. Die Mehrzahl bildet man durch Anhängen von **-s** bzw. **-es.**

| **el hombre — los hombres** | (der Mann — die Männer) |
| **el hotel — los hoteles** | (das Hotel — die Hotels) |

3. Der Genitiv wird mit der Präposition **de** (von) gebildet.

el fin de la fiesta	das Ende des Festes
el principio del* mes	der Monatsanfang
las maletas de los viajeros	die Koffer der Reisenden

* del ist die Zusammenziehung von **de + el.**

Adjektive

1. Sie richten sich in Geschlecht und Zahl nach dem Substantiv. In der Regel steht das Adjektiv *nach* dem Substantiv.

el niño pequeño	der kleine Junge
la niña pequeña	das kleine Mädchen
los niños pequeños	die kleinen Kinder

Bei Adjektiven, die auf **-e** oder Konsonant enden, gibt es in der Regel nur eine Form für männlich und weiblich.

| **el muro grande/la casa grande** | die große Mauer/das große Haus |
| **el mar azul/la flor azul** | das blaue Meer/die blaue Blume |

2. Komparativ bzw. Superlativ werden gebildet, indem **más** bzw. **lo/la/el más** vor das Adjektiv gestellt werden.

alto	hoch
más alto	höher
lo más alto	am höchsten

Einige Adjektive haben im Komparativ und Superlativ Sonderformen:

bueno (gut)	**mejor**	**óptimo (lo mejor)**
malo (schlecht)	**peor**	**pésimo (lo peor)**
grande (groß)	**mayor**	**máximo (lo más grande)**
pequeño (klein)	**menor**	**mínimo (lo más pequeño)**

Adverb

Das Adverb wird durch Anhängen der Endung **-mente** an die weibliche Form des Adjektivs gebildet (wenn diese von der männlichen abweicht), sonst wird **-mente** an die männliche Form angehängt.

cierto(a)	sicher	**ciertamente**
fácil	leicht	**fácilmente**

Personalpronomen

	1. Fall (Nom.)	3. Fall (Dat.)	4. Fall (Akk.)	nach einer Präposition
ich	**yo**	**me**	**me**	**mí**
du	**tú**	**te**	**te**	**ti**
er/sie	**él/ella**	**le**	**lo/la**	**él/ella**
es (unpers.)	**ello**	**le**	**lo**	**ello**
Sie (Einz.)	**usted**	**le**	**lo/la**	**usted**
wir	**nosotros(as)**	**nos**	**nos**	**nosotros(as)**
ihr	**vosotros(as)**	**os**	**os**	**vosotros(as)**
sie (m./w.)	**ellos(as)**	**les**	**los/las**	**ellos(as)**
Sie (Mehrz.)	**ustedes**	**les**	**los/las**	**ustedes**

Demonstrativpronomen

	männlich	weiblich	sächlich
dieser/diese/dieses	**éste**	**ésta**	**esto**
diese (Mehrzahl)	**éstos**	**éstas**	
jener/jene/jenes	**ése**	**ésa**	**eso**
	aquél	**aquella**	**aquello**
jene (Mehrzahl)	**ésos/**	**ésas/**	
	aquellos	**aquellas**	

Die Unterschiede zwischen den drei Formen sind folgende: **éste** deutet auf einen ganz in der Nähe liegenden Gegenstand hin, **ése** auf einen etwas entfernteren und **aquél** auf einen außer Reichweite befindlichen.

Compro este libro.	Ich kaufe dieses Buch.
¿Conoce usted a ese señor?	Kennen Sie den Herrn dort drüben?

Possessivpronomen

	unbetont	betont
mein, meine	mi	mío(a)
dein, deine	tu	tuyo(a)
sein/ihr, seine/ihre	su	suyo(a)
Ihr, Ihre	su	suyo(a)
unser, unsere	nuestro(a)	nuestro(a)
euer, eure	vuestro(a)	vuestro(a)
ihr, ihre	su	suyo(a)

Das unbetonte Possessivpronomen steht immer vor dem Substantiv und stimmt in Geschlecht und Zahl mit ihm überein. Die betonte Form steht nach dem Substantiv oder alleine. Die Mehrzahl wird wie beim Substantiv gebildet.

su hijo	sein Sohn, ihr Sohn oder Ihr Sohn
sus maletas	seine Koffer, ihre Koffer oder Ihre Koffer (die Bedeutung ergibt sich aus dem Zusammenhang)

Este libro es mío.	Das ist *mein* Buch. (betont)
un amigo suyo	ein Freund von ihm (von ihr, ihnen, Ihnen)

Verneinung

Die Verneinung erfolgt durch Einschieben des Wörtchens **no** (= nicht) vor das Verb:

Es nuevo.	Es ist neu.
No es nuevo.	Es ist nicht neu.

Steht im bejahten Satz kein Artikel, so wird im verneinten Satz »kein« mit **no** übersetzt.

Tengo tiempo.	Ich habe Zeit.
No tengo tiempo.	Ich habe keine Zeit.

Fragen

Fragen werden meistens durch Veränderung des Tonfalls gebildet. Auch hier wird das Pronomen meist weggelassen.

Hablo español.	Ich spreche Spanisch.
¿Habla español?	Sprechen Sie Spanisch?

Man beachte das doppelte Fragezeichen im Spanischen, dasselbe gilt für das Ausrufezeichen:

¡Dése prisa!	Beeilen Sie sich!

Verben

Nachstehend finden Sie einige Beispiele spanischer Verben der drei regelmäßigen Konjugationen, die gemäß ihren Infinitivendungen (-ar, -er, -ir) geordnet aufgeführt sind. Verben, die diesen Konjugationen nicht folgen, werden als unregelmäßige Verben bezeichnet (siehe Liste der unregelmäßigen Verben). Außerdem gibt es noch Verben, die zwar regelmäßig konjugiert werden, aber Unregelmäßigkeiten im Verbstamm aufweisen: *tocar – toque, cargar – cargue* usw.

Auf das Personalpronomen wird im allgemeinen verzichtet, da die Endung des Verbs eindeutig auf die Person schließen läßt.

		I. Konj.	II. Konj.	III. Konj.
Infinitiv		**am ar** *(lieben)*	**tem er** *(fürchten)*	**viv ir** *(leben)*
Präsens	(yo)	am o	tem o	viv o
	(tú)	am as	tem es	viv es
	(él)	am a	tem e	viv e
	(nosotros)	am amos	tem emos	viv imos
	(vosotros)	am áis	tem éis	viv ís
	(ellos)	am an	tem en	viv en
Imperfekt	(yo)	am aba	tem ía	viv ía
	(tú)	am abas	tem ías	viv ías
	(él)	am aba	tem ía	viv ía
	(nosotros)	am ábamos	tem íamos	viv íamos
	(vosotros)	am abais	tem íais	viv íais
	(ellos)	am aban	tem ían	viv ían
Historisches Perfekt	(yo)	am é	tem í	viv í
	(tú)	am aste	tem iste	viv iste
	(él)	am ó	tem ió	viv ió
	(nosotros)	am amos	tem imos	viv imos
	(vosotros)	am asteis	tem isteis	viv isteis
	(ellos)	am aron	tem ieron	viv ieron
Futur	(yo)	am aré	tem eré	viv iré
	(tú)	am arás	tem erás	viv irás
	(él)	am ará	tem erá	viv irá
	(nosotros)	am aremos	tem eremos	viv iremos
	(vosotros)	am aréis	tem eréis	viv iréis
	(ellos)	am arán	tem erán	viv irán
Conditional	(yo)	am aría	tem ería	viv iría
	(tú)	am arías	tem erías	viv irías
	(él)	am aría	tem ería	viv iría
	(nosotros)	am aríamos	tem eríamos	viv iríamos
	(vosotros)	am aríais	tem eríais	viv iríais
	(ellos)	am arían	tem erían	viv irían
Konjunktiv Präsens	(yo)	am e	tem a	viv a
	(tú)	am es	tem as	viv as
	(él)	am e	tem a	viv a
	(nosotros)	am emos	tem amos	viv amos
	(vosotros)	am éis	tem áis	viv áis
	(ellos)	am en	tem an	viv an

| Partizip Präsens | am **ando** | tem **iendo** | viv **iendo** |
| Partizip Perfekt | am **ado** | tem **ido** | viv **ido** |

Hilfsverben

Das Verb **haben** wird entweder mit *haber* oder *tener* übersetzt. *Haber* ist ein Hilfsverb (Beispiel: Er hat gesagt). *Tener* (siehe Liste der unregelmäßigen Verben) ist ein transitives Verb, das den Besitz ausdrückt (Beispiel: Sie hat ein Haus).

Das Verb **sein** wird entweder mit *ser* oder *estar* übersetzt. *Ser* ist ein Hilfsverb, es drückt wesentliche Eigenschaften aus (Beispiel: Der Mensch ist sterblich). Mit *ser* bildet man auch die Passivformen. *Estar* (siehe Liste der unregelmäßigen Verben) drückt Zustände aus, ob von Dauer oder nicht, sowohl Sachen als auch Personen betreffend (Beispiel: Der Kaffee ist kalt).

	haber *(haben)*		**ser** *(sein)*	
	Präsens	*Imperfekt*	*Präsens*	*Imperfekt*
(yo)	he	había	soy	era
(tú)	has	habías	eres	eras
(él)	ha	había	es	era
(nosotros)	hemos	habíamos	somos	éramos
(vosotros)	habéis	habíais	sois	erais
(ellos)	han	habían	son	eran
	Futur	*Konditional*	*Futur*	*Konditional*
(yo)	habré	habría	seré	sería
(tú)	habrás	habrías	serás	serías
(él)	habrá	habría	será	sería
(nosotros)	habremos	habríamos	seremos	seríamos
(vosotros)	habréis	habríais	seréis	seríais
(ellos)	habrán	habrían	serán	serían
	Konjunktiv Präsens	*Perfekt*	*Konjunktiv Präsens*	*Perfekt*
(yo)	haya	he habido	sea	he sido
(tú)	hayas	has habido	seas	has sido
(él)	haya	ha habido	sea	ha sido
(nosotros)	hayamos	hemos habido	seamos	hemos sido
(vosotros)	hayáis	habéis habido	seáis	habéis sido
(ellos)	hayan	han habido	sean	han sido
	Partizip Präsens	*Partizip Perfekt*	*Partizip Präsens*	*Partizip Perfekt*
	habiendo	habido	siendo	sido

Unregelmäßige Verben

Nachfolgend finden Sie eine Liste der gebräuchlichsten Verben und Zeitformen, die in der gesprochenen spanischen Sprache verwendet werden. In der Liste ste... a) für Präsens b) für Imperfekt c) für Historischen Imperfekt d) für Futur e) f... Partizip Präsens und f) für Partizip Perfekt.

Wir geben hier nur die unregelmäßigen Formen an, die häufig benutzt werden. In anderen Zeitformen als dem Präsens kann man alle Personen von der ersten Person ableiten. Falls nicht anders angegeben, werden Verben mit Vorsilben wie *ad-*, *ante-*, *com-*, *de-*, *des-*, *dis-*, *en-*, *ex-*, *im-*, *pos-*, *pre-*, *pro-*, *re-*, *sobre-*, *sub-*, *tras-*, usw. genau wie die Stammverben konjugiert.

abstenerse *sich enthalten*	→tener
acertar *erraten*	→cerrar
acontecer *sich ereignen*	→agradecer
acordar *beschließen*	→contar
acostarse *sich hinlegen*	→contar
acrecentar *vergrößern,* *vermehren*	→cerrar
adormecer *einschläfern*	→agradecer
adquirir *erwerben*	a) adquiero, adquieres, adquiere, adquirimos, adquirís, adquieren; b) adquiría; c) adquirí; d) adquiriré; e) adquiriendo; f) adquirido
advertir *aufmerksam machen*	→sentir
agradecer *danken*	a) agradezco, agradeces, agradece, agradecemos, agradecéis, agradecen; b) agradecía; c) agradecí; d) agradeceré; e) agradeciendo; f) agradecido
alentar *ermutigen*	→cerrar
almorzar *zu Mittag essen*	→contar
amanecer *tagen*	→agradecer
andar *gehen*	a) ando, andas, anda, andamos, andáis, andan; b) andaba; c) anduve; d) andaré; e) andando; f) andado
anochecer *dunkeln*	→agradecer
apetecer *begehren*	→agradecer
apostar *wetten*	→contar
apretar *(zusammen)drucken*	→cerrar

arrendar *(ver)mieten*	→cerrar
arrepentirse *bereuen*	→sentir
ascender *besteigen*	→perder
atenerse *sich auf etwas verlassen*	→tener
atravesar *durchkreuzen*	→cerrar
atribuir *zuteilen*	→instruir
aventar *hinausblasen*	→cerrar
avergonzar *beschämen*	→contar
bendecir *weihen*	→decir
caber *enthalten*	a) quepo, cabes, cabe, cabemos, cabéis, caben; b) cabía; c) cupe; d) cabré; e) cabiendo; f) cabido
caer *fallen*	a) caigo, caes, cae, caemos, caéis, caen; b) caía; c) caí; d) caeré; e) cayendo; f) caído
calentar *wärmen*	→cerrar
carecer *(er)mangeln*	→agradecer
cegar *blindmachen*	→cerrar
cerrar *schließen*	a) cierro, cierras, cierra, cerramos, cerráis, cierran; b) cerraba; c) cerré; d) cerraré; e) cerrando; f) cerrado
cocer *kochen*	a) cuezo, cueces, cuece, cocemos, cocéis, cuecen; b) cocía; c) cocí; d) coceré; e) cociendo; f) cocido
colar *filtern*	→contar
colgar *hängen*	→contar
comenzar *beginnen*	→cerrar
competir *konkurrieren*	→pedir
concebir *empfangen*	→pedir

concernir *betreffen*	→sentir
concluir *(ab)schließen*	→instruir
concordar *übereinstimmen*	→contar
conducir *führen*	→traducir
conferir *verleihen*	→sentir
confesar *beichten, bekennen*	→cerrar
conocer *kennen*	a) conozco, conoces, conoce, conocemos, conocéis, conocen; b) conocía; c) conocí; d) conoceré; e) conociendo; f) conocido
consolar *trösten*	→contar
constituir *gründen*	→instruir
construir *bauen*	→instruir
contar *(er)zählen*	a) cuento, cuentas, cuenta, contamos, contáis, cuentan; b) contaba; c) conté; d) contaré; e) contando; f) contado
contribuir *beitragen*	→instruir
convertir *umwandeln*	→sentir
corregir *berichtigen*	→pedir
costar *kosten*	→contar
crecer *wachsen*	→agradecer
dar *geben*	a) doy, das, da, damos, dais, dan; b) daba; c) di; d) daré; e) dando; f) dado
decir *sagen*	a) digo, dices, dice, decimos, decís, dicen; b) decía; c) dije; d) diré e) diciendo; f) dicho
deducir *folgern*	→traducir
defender *verteidigen*	→perder
derretir *schmelzen*	→pedir

158

descender *(her)absteigen*	→perder
descollar *überragen*	→contar
desconcertar *verwirren*	→cerrar
despertar *(auf)wecken*	→cerrar
desterrar *verbannen*	→cerrar
destituir *entlassen*	→instruir
destruir *zerstören*	→instruir
desvanecer *zerstreuen, ver-* *wischen*	→agradecer
diferir *abweichen*	→sentir
digerir *verdauen*	→sentir
diluir *verdünnen*	→instruir
discernir *unterscheiden*	→sentir
disminuir *verkleinern*	→instruir
disolver *auflösen*	→morder
distribuir *verteilen*	→instruir
divertir *(sich) vergnügen*	→sentir
doler *schmerzen*	→morder
dormir *schlafen*	a) duermo, duermes, duerme, dormimos, dormís, duermen; b) dormía; c) dormí; d) dormiré; e) durmiendo; f) dormido
elegir *(aus)wählen*	→pedir
embestir *anfallen*	→pedir
empezar *beginnen*	→cerrar

enaltecer *preisen*	→agradecer
enardecer *entzünden*	→agradecer
encender *anzünden*	→perder
encomendar *beauftragen*	→cerrar
encontrar *finden, begegnen*	→contar
engrandecer *vergrößern*	→agradecer
enloquecer *wahnsinnig machen*	→agradecer
enmendar *verbessern*	→cerrar
enmudecer *verstummen*	→agradecer
enorgullecer *stolz machen*	→agradecer
enriquecer *bereichern*	→agradecer
ensangrentar *mit Blut beflecken*	→cerrar
ensoberbecer *hochmütig machen*	→agradecer
ensordecer *betäuben*	→agradecer
enternecer *erweichen*	→agradecer
enterrar *begraben*	→cerrar
entristecer *betrüben*	→agradecer
envejecer *altern*	→agradecer
errar *umherschweifen*	→cerrar
escarmentar *züchtigen*	→cerrar
escarnecer *verspotten*	→agradecer
establecer *festsetzen*	→agradecer

estar *sein*	a) estoy, estás, está, estamos, estáis, están; b) estaba; c) estuve; d) estaré; e) estando; f) estado
estremecer *erschüttern*	→agradecer
excluir *ausschließen*	→instruir
fallecer *sterben*	→agradecer
favorecer *begünstigen*	→agradecer
florecer *blühen*	→agradecer
fluir *fließen*	→instruir
fortalecer *stärken*	→agradecer
forzar *(er)zwingen*	→contar
fregar *abwaschen*	→cerrar
freír *braten*	→reír
gemir *stöhnen*	→pedir
gobernar *regieren*	→cerrar
gruñir *murren*	a) gruño, gruñes, gruñe, gruñimos, gruñís, gruñen; b) gruñia;c) gruñí; d) gruñiré; e) gruñiendo; f) gruñido
haber *haben*	a) he, has, ha, hemos, habéis, han; b) había; c) hube; d) habré; e) habiendo; f) habido
hacer *machen*	a) hago, haces, hace, hacemos, hacéis, hacen; b) hacía c) hice; d) haré; e) haciendo; f) hecho
heder *stinken*	→perder
helar *(ge)frieren*	→cerrar
hender *spalten, brechen*	→perder
herir *verletzen*	→sentir
hervir *kochen*	→sentir
huir *fliehen*	→instruir

humedecer *(be)feuchten*	→agradecer
incluir *einschließen*	→instruir
inducir *zu etwas bewegen*	→traducir
ingerir *einführen, einnehmen*	→sentir
instituir *einrichten*	→instruir
instruir *unterrichten*	a) instruyo, instruyes, instruye, instruimos, instruís, instruyen; b) instruía; c) instruí; d) instruiré; e) instruyendo; f) instruido
introducir *einführen*	→traducir
invertir *umkehren, umstellen*	→sentir
ir *gehen*	a) voy, vas, va, vamos, vais, van; b) iba; c) fui; d) iré; e) yendo; f) ido
jugar *spielen*	a) juego, juegas, juega, jugamos, jugáis, juegan; b) jugaba; c) jugué; d) jugaré; e) jugando; f) jugado
lucir *leuchten*	a) luzco, luces, luce, lucimos, lucís, lucen; b) lucía; c) lucí; d) luciré; e) luciendo; f) lucido
llover *regnen*	a) llueve; b) llovía; c) llovió; d) lloverá; e) lloviendo; f) llovido
manifestar *bekunden*	→cerrar
mantener *aufrechterhalten*	→tener
medir *messen*	→pedir
mentir *lügen*	→sentir
merecer *verdienen*	→agradecer
merendar *vespern*	→cerrar
moler *ausmahlen*	→morder
morder *beißen*	a) muerdo, muerdes, muerde, mordemos, mordéis, muerden; b) mordía; c) mordí; d) morderé; e) mordiendo; f) mordido
morir *sterben*	→dormir

mostrar *zeigen*	→contar
mover *bewegen*	→morder
nacer *geboren werden*	a) nazco, naces, nace, nacemos, nacéis, nacen; b) nacía; c) nací; d) naceré; e) naciendo; f) nacido
negar *verneinen*	→cerrar
nevar *schneien*	a) nieva; b) nevaba; c) nevó; d) nevará; e) nevando; f) nevado
obedecer *gehorchen*	→agradecer
obscurecer *verdunkeln*	→agradecer
obstruir *versperren, hindern*	→instruir
obtener *erhalten*	→tener
ofrecer *anbieten*	→agradecer
oír *hören*	a) oigo, oyes, oye, oímos, oís, oyen; b) oía; c) oí; d) oiré; e) oyendo; f) oído
oler *riechen*	→morder
pacer *grasen*	→nacer
padecer *(er)leiden*	→agradecer
parecer *erscheinen*	→agradecer
pedir *bitten*	a) pido, pides, pide, pedimos, pedís, piden; b) pedía c) pedí; d) pediré; e) pidiendo; f) pedido
pensar *denken*	→cerrar
perder *verlieren*	a) pierdo, pierdes, pierde, perdemos, perdéis, pierden b) perdía; c) perdí; d) perderé; e) perdiendo; f) perdido
perecer *umkommen*	→agradecer
permanecer *bleiben*	→agradecer
pertenecer *gehören*	→agradecer
pervertir *verderben*	→sentir

placer	a) plazco, places, place, placemos, placéis, placen;
gefallen	b) placía; c) plací; d) placeré; e) placiendo; f) placido
plegar	→cerrar
falten	
poblar	→contar
bevölkern	
poder	a) puedo, puedes, puede, podemos, podéis, pueden;
können	b) podía; c) pude; d) podré; e) pudiendo; f) podido
poner	a) pongo, pones, pone, ponemos, ponéis, ponen;
setzen, stellen, legen	b) ponía; c) puse; d) pondré; e) poniendo; f) puesto
preferir	→sentir
vorziehen	
probar	→contar
prüfen	
producir	→traducir
erzeugen	
proferir	→sentir
äußern	
quebrar	→cerrar
brechen	
querer	a) quiero, quieres, quiere, queremos, queréis, quieren;
wollen, wünschen	b) quería; c) quise; d) querré; e) queriendo; f) querido
recomendar	→cerrar
empfehlen	
recordar	→contar
erinnern	
reducir	→traducir
beschränken	
referir	→sentir
erzählen	
regar	→cerrar
begießen	
regir	→pedir
regieren	
reír	a) río, ríes, ríe, reímos, reís, ríen; b) reía; c) reí; d) reiré;
lachen	e) riendo; f) reído
remendar	→cerrar
ausbessern	
rendir	→pedir
bezwingen	
renovar	→contar
erneuern	
reñir	→teñir
zanken	

repetir →pedir
wiederholen

requerir →sentir
bitten, verlangen

resolver →morder
entscheiden

resplandecer →agradecer
glänzen

restituir →instruir
wiederherstellen

retribuir →instruir
vergüten

reventar →cerrar
(zer)platzen

robustecer →agradecer
stärken

rodar →contar
rollen

rogar →contar
bitten

saber a) sé, sabes, sabe, sabemos, sabéis, saben; b) sabía;
wissen c) supe; d) sabré; e) sabiendo; f) sabido

salir a) salgo, sales, sale, salimos, salís, salen; b) salía;
hinausgehen c) salí; d) saldré; e) saliendo; f) salido

satisfacer →hacer
befriedigen

seducir →traducir
verführen

seguir →pedir
folgen

sembrar →cerrar
säen

sentar →cerrar
setzen

sentir a) siento, sientes, siente, sentimos, sentís, sienten;
fühlen b) sentía; c) sentí; d) sentiré; e) sintiendo; f) sentido

ser a) soy, eres, es, somos, sois, son; b) era c) fui; d) seré
sein e) siendo; f) sido

servir →pedir
dienen

soldar →contar
(zusammen)schweißen

soler a) suelo, sueles, suele, solemos, soléis, suelen; b) solía
etwas zu tun pflegen c) solí; e) soliendo; f) solido

soltar *losmachen*	→contar
sonar *klingen*	→contar
soñar *träumen*	→contar
sugerir *anregen*	→sentir
sustituir *ersetzen*	→instruir
temblar *zittern*	→cerrar
tender *spannen*	→perder
tener *haben, halten*	a) tengo, tienes, tiene, tenemos, tenéis, tienen; b) tenía; c) tuve; d) tendré; e) teniendo; f) tenido
tentar *fühlen, versuchen*	→cerrar
teñir *färben*	a) tiño, tiñes, tiñe, teñimos, teñís, tiñen; b) teñía; c) teñí; d) teñiré; e) tiñiendo; f) teñido
torcer *(ver)drehen*	→cocer
tostar *rösten*	→contar
traducir *übersetzen*	a) traduzco, traduces, traduce, traducimos, traducís, traducen; b) traducía; c) traduje; d) traduciré; e) traduciendo; f) traducido
traer *(her)bringen*	a) traigo, traes, trae, traemos, traéis, traen; b) traía; c) traje; d) traeré; e) trayendo; f) traído
transferir *übertragen*	→sentir
trocar *austauschen*	→contar
tronar *donnern*	a) trueno, truenas, truena, tronamos, tronáis, truenan; b) tronaba; c) troné; d) tronaré; e) tronando; f) tronado
tropezar *stolpern*	→cerrar
valer *beschützen, gelten*	a) valgo, vales, vale, valemos, valéis, valen; b) valía; c) valí; d) valdré; e) valiendo; f) valido
venir *kommen*	a) vengo, vienes, viene, venimos, venís, vienen; b) venía; c) vine; d) vendré; e) viniendo; f) venido
ver *sehen*	a) veo, ves, ve, vemos, veis, ven; b) veía; c) vi; d) veré; e) viendo; f) visto

verter
verschütten
→perder

vestir
kleiden
→pedir

volar
fliegen
→contar

volcar
kippen
→contar

volver
zurückkommen
→morder

yacer
(da)liegen, ruhen
→nacer

zambullir
tauchen
a) zambullo, zambulles, zambulle, zambullimos, zambullís, zambullen; b) zambullía; c) zambullí; d) zambulliré; e) zambullendo; f) zambullido

Spanische Abkürzungen

a.C.	*antes de Cristo*	vor Christus
A.C.	*año de Cristo*	nach Christus
admón.	*administración*	Verwaltung
A.L.A.L.C.	*Asociación Latino-Americana de Libre Comercio*	Lateinamerikanische Freihandelszone
apdo.	*apartado de correos*	Postfach
Av./Avda.	*Avenida*	Allee
Barna.	*Barcelona*	Barcelona
C/	*Calle*	Straße
c/c.	*cuenta corriente*	Kontokorrent
Cía.	*Compañía*	Kompanie, Gesellschaft
ct(s).	*céntimo(s)*	1/100 des Pesetas
cta.	*cuenta*	Rechnung, Konto
cte.	*corriente*	dieses Monats
CV.	*caballos de vapor*	Pferdestärke
D.	*Don*	Höflichkeitsform in der Anrede (männl.), wird dem Vornamen vorangestellt
D.ª	*Doña*	Höflichkeitsform in der Anrede (weibl.), wird dem Vornamen vorangestellt
dcha.	*derecha*	rechts
D.N.I.	*Documento Nacional de Identidad*	Personalausweis
d.v.	*días de visita*	Besuchstage
EE.UU.	*Estados Unidos*	Vereinigte Staaten von Amerika
Exc.ª	*Excelencia*	Exzellenz
f.c.	*ferrocarril*	Eisenbahn, Zug
G.C.	*Guardia Civil*	Spanische Polizei
gral.	*general*	allgemein, generell
h.	*hora*	Stunde, Uhrzeit
hab.	*habitantes*	Einwohner(zahl)
nos.	*hermanos*	Brüder, Gebrüder
id.	*idem*	idem (der-, die- oder dasselbe)
igla.	*iglesia*	Kirche
izq./izqda.	*izquierda*	links
lic.	*licenciado*	Lizentiat; Rechtsanwalt
M.I.T.	*Ministerio de Información y Turismo*	Spanisches Ministerium für Information und Tourismus
Mons.	*Monseñor*	Anrede eines römisch-katholischen Geistlichen

168

N.ª S.ª	*Nuestra Señora*	»Unsere Liebe Frau«, Muttergottes
n.º/núm.	*número*	Nummer
O.E.A.	*Organización de Estados Americanos*	Organisation Amerikanischer Staaten
P.	*Padre*	Vater, Pater
pág.	*página*	Seite
P.D.	*posdata*	Postskriptum, Nachtrag
p.ej.	*por ejemplo*	zum Beispiel
P.P.	*porte pagado*	franko (frei)
pta(s).	*peseta(s)*	Peseten (spanische Währung)
P.V.P.	*precio de venta al público*	Einzelhandelspreis, Ladenpreis
R.A.C.E.	*Real Automóvil Club de España*	Königlich-Spanischer Automobilklub
R.A.E.	*Real Academia Española*	Königliche Akademie der spanischen Sprache
R.C.	*Real Club...*	Königlicher Klub ...
RENFE	*Red Nacional de los Ferrocarriles Españoles*	Spanische Staatsbahnen
R.M.	*Reverenda Madre*	Mutter Oberin
R.P.	*Reverendo Padre*	Hochwürden
Rte.	*Remite, Remitente*	Absender
RTVE	*Radio Televisión Española*	Radio und Fernsehen Spaniens
S./Sto./Sta.	*San/Santo/Santa*	Sankt/Heiliger/Heilige
S.A.	*Sociedad Anónima*	Aktiengesellschaft
S.A.R.	*Su Alteza Real*	Seine Königliche Hoheit
s.a.s.s.	*su atento y seguro servidor*	soviel wie: Mit vorzüglicher Hochachtung
S.E.	*Su Excelencia*	Seine Exzellenz
sgte.	*siguiente*	folgende(r)
S.M.	*Su Majestad*	Seine Majestät
Sr.	*Señor*	Herr
Sra.	*Señora*	Frau
S.R.C.	*se ruega contestación*	Antwort erbeten
Sres./Srs.	*Señores*	Herren
Srta.	*Señorita*	Fräulein
S.S.	*Su Santidad*	Seine Heiligkeit
Ud./Vd.	*Usted*	Sie (Anredeform, Einzahl)
Uds./Vds.	*Ustedes*	Sie (Anredeform, Mehrzahl)
Vda.	*viuda*	Witwe
v.g./v.gr.	*verbigracia*	zum Beispiel

Zahlwörter

Grundzahlen		Ordnungszahlen	
0	cero	1.°	primero
1	uno	2.°	segundo
2	dos	3.°	tercero
3	tres	4.°	cuarto
4	cuatro	5.°	quinto
5	cinco	6.°	sexto
6	seis	7.°	séptimo
7	siete	8.°	octavo
8	ocho	9.°	noveno (nono)
9	nueve	10.°	décimo
10	diez	11.°	undécimo
11	once	12.°	duodécimo
12	doce	13.°	decimotercero
13	trece	14.°	decimocuarto
14	catorce	15.°	decimoquinto
15	quince	16.°	decimosexto
16	dieciséis	17.°	decimoséptimo
17	diecisiete	18.°	decimoctavo
18	dieciocho	19.°	decimonoveno
19	diecinueve	20.°	vigésimo
20	veinte	21.°	vigésimo primero
21	veintiuno	22.°	vigésimo segundo
30	treinta	30.°	trigésimo
31	treinta y uno	40.°	cuadragésimo
40	cuarenta	50.°	quincuagésimo
50	cincuenta	60.°	sexagésimo
60	sesenta	70.°	septuagésimo
70	setenta	80.°	octogésimo
80	ochenta	90.°	nonagésimo
90	noventa	100.°	centésimo
100	ciento (cien)	230.°	ducentésimo trigésimo
101	ciento uno	300.°	tricentésimo
230	doscientos treinta	400.°	cuadringentésimo
500	quinientos	500.°	quingentésimo
700	setecientos	600.°	sexcentésimo
900	novecientos	700.°	septingentésimo
1.000	mil	800.°	octingentésimo
100.000	cien mil	900.°	noningentésimo
1.000.000	un millón	1 000.°	milésimo

Uhrzeit

In sämtlichen spanischsprachigen Ländern wird die Zeitangabe (ausgenommen in Fahrplänen) im Zwölfstundensystem verwendet, aber in Lateinamerika ist auch die englische Schreibweise *a.m.* (von Mitternacht bis Mittag) und *p.m.* (von Mittag bis Mitternacht) gebräuchlich.

Morgens heißt *de la mañana,* nachmittags *de la tarde* und abends *de la noche.*

las ocho de la mañana	8 Uhr morgens
la una de la tarde	1 Uhr nachmittags
las ocho de la noche	8 Uhr abends

Wochentage

domingo	Sonntag	*jueves*	Donnerstag
lunes	Montag	*viernes*	Freitag
martes	Dienstag	*sábado*	Samstag,
miércoles	Mittwoch		Sonnabend

Nützliche Redewendungen

Algunas expresiones útiles

Bitte.	Por favor.
Vielen Dank.	Muchas gracias.
Gern geschehen.	No hay de qué.
Guten Morgen.	Buenos días.
Guten Tag *(nachmittags)*.	Buenas tardes.
Guten Abend.	Buenas noches.
Gute Nacht.	Buenas noches (despedida).
Auf Wiedersehen.	Adiós.
Bis bald.	Hasta luego.
Wo ist/Wo sind...?	¿Dónde está/Dónde están...?
Wie heißt dies?	¿Cómo se llama esto?
Was bedeutet das?	¿Qué quiere decir eso?
Sprechen Sie Englisch?	¿Habla usted inglés?
Sprechen Sie Deutsch?	¿Habla usted alemán?
Sprechen Sie Französisch?	¿Habla usted francés?
Sprechen Sie Spanisch?	¿Habla usted español?
Sprechen Sie Italienisch?	¿Habla usted italiano?
Könnten Sie bitte etwas langsamer sprechen?	¿Puede usted hablar más despacio, por favor?
Ich verstehe nicht.	No comprendo.
Kann ich... haben?	¿Puede darme...?
Können Sie mir... zeigen?	¿Puede usted enseñarme...?
Können Sie mir sagen...?	¿Puede usted decirme...?
Können Sie mir bitte helfen?	¿Puede usted ayudarme, por favor?
Ich hätte gern...	Quisiera...
Wir hätten gern...	Quisiéramos...
Geben Sie mir bitte...	Por favor, déme...
Bringen Sie mir bitte...	Por favor, tráigame...
Ich habe Hunger.	Tengo hambre.
Ich habe Durst.	Tengo sed.
Ich habe mich verirrt.	Me he perdido.
Beeilen Sie sich!	¡Dése prisa!

Es gibt...

Es gibt keinen, keine, kein/Es gibt keine...

Hay...

No hay...

Ankunft

Ihren Paß, bitte.

Haben Sie etwas zu verzollen?

Nein, gar nichts.

Können Sie mir mit meinem Gepäck helfen, bitte?

Wo ist der Bus zum Stadtzentrum, bitte?

Hier durch, bitte.

Wo finde ich ein Taxi?

Was kostet es bis...?

Fahren Sie mich bitte zu dieser Adresse.

Ich habe es eilig.

Llegada

Su pasaporte, por favor.

¿Tiene usted algo que declarar?

No, nada en absoluto.

¿Puede usted ayudarme con mi equipaje, por favor?

¿Dónde está el autobús que va al centro, por favor?

Por aquí, por favor.

¿Dónde puedo coger un taxi?

¿Cuánto es la tarifa a...?

Lléveme a esta dirección, por favor.

Tengo mucha prisa.

Hotel

Mein Name ist...

Haben Sie vorbestellt?

Ich hätte gern ein Zimmer mit Bad.

Wieviel kostet es pro Nacht?

Kann ich das Zimmer sehen?

Welche Zimmernummer habe ich, bitte?

Es kommt kein warmes Wasser.

Kann ich bitte den Direktor sprechen?

Hat mich jemand angerufen?

Ist Post für mich da?

Kann ich bitte meine Rechnung haben?

Hotel

Me llamo...

¿Ha hecho usted una reserva?

Quisiera una habitación con baño.

¿Cuánto cuesta por noche?

¿Puedo ver la habitación?

¿Cuál es el número de mi habitación, por favor?

No hay agua caliente.

¿Puedo ver al director, por favor?

¿Me ha llamado alguien?

¿Hay correo para mí?

¿Puede darme mi cuenta, por favor?

Gaststätten	Restaurante
Haben Sie ein Menü?	¿Tiene usted un menú de precio fijo?
Kann ich die Speisekarte sehen?	¿Puedo ver la carta?
Können wir bitte einen Aschenbecher haben?	¿Nos puede traer un cenicero, por favor?
Wo ist die Toilette, bitte?	¿Dónde están los servicios, por favor?
Ich hätte gern eine Vorspeise.	Quisiera un entremés.
Haben Sie Suppe?	¿Tiene usted sopa?
Ich hätte gern Fisch.	Quisiera pescado.
Was für Fisch haben Sie?	¿Qué clases de pescado tiene usted?
Ich hätte gern ein Beefsteak.	Quisiera un bistec.
Was für Gemüse haben Sie?	¿Qué verduras tiene usted?
Nein danke, nichts mehr.	Nada más, gracias.
Was möchten Sie gern trinken?	¿Qué le gustaría beber?
Ich nehme ein Bier, bitte.	Tomaré una cerveza, por favor.
Ich möchte eine Flasche Wein.	Quisiera una botella de vino.
Die Rechnung, bitte.	¿Podría darme la cuenta, por favor?
Ist Bedienung inbegriffen?	¿Está incluido el servicio?
Danke, das Essen war sehr gut.	Gracias. Ha sido una comida muy buena.

Reisen	Viajes
Wo ist der Bahnhof, bitte?	¿Dónde está la estación de ferrocarril, por favor?
Wo ist der Fahrkartenschalter, bitte?	¿Dónde está la taquilla, por favor?
Ich möchte eine Fahrkarte nach...	Quisiera un billete para...
Erste oder zweite Klasse?	¿Primera o segunda clase?
Erste Klasse, bitte.	Primera clase, por favor.
Einfach oder hin und zurück?	¿Ida, o ida y vuelta?
Muß ich umsteigen?	¿Tengo que transbordar?
Auf welchem Bahnsteig fährt der Zug nach... ab?	¿De qué andén sale el tren para...?

Wo ist die nächste U-Bahn-Station? / ¿Dónde está la próxima estación de Metro?

Wo ist der Busbahnhof, bitte? / ¿Dónde está la estación de autobuses, por favor?

Wann fährt der erste Bus nach...? / ¿Cuándo sale el primer autobús para...?

Bitte lassen Sie mich an der nächsten Haltestelle aussteigen. / Por favor, deténgase en la próxima parada.

Unterhaltung — Diversiones

Was gibt es im Kino zu sehen? / ¿Qué dan en el cine?

Wann beginnt der Film? / ¿A qué hora empieza la película?

Gibt es noch Karten für heute abend? / ¿Quedan entradas para esta noche?

Wohin können wir tanzen gehen? / ¿Dónde se puede ir a bailar?

Bekanntschaft schließen — Presentaciones – Citas

Guten Tag. / Buenos días Señora/Señorita/Señor.

Wie geht es Ihnen? / ¿Cómo está usted?

Sehr gut, danke. Und Ihnen? / Muy bien, gracias. ¿Y usted?

Darf ich Ihnen... vorstellen? / ¿Me permite presentarle a...?

Ich heiße... / Me llamo...

Sehr erfreut. / Tanto gusto (en conocerle).

Wie lange sind Sie schon hier? / ¿Cuánto tiempo lleva usted aquí?

Es war mir ein Vergnügen. / Ha sido un placer conocerle.

Stört es Sie, wenn ich rauche? / ¿Le molesta si fumo?

Haben Sie Feuer, bitte? / ¿Tiene usted fuego, por favor?

Darf ich Ihnen etwas zu trinken bestellen? / ¿Me permite invitarle a una bebida (una copa)?

Darf ich Sie heute abend zum Essen einladen? / ¿Me permite invitarle a cenar esta noche?

Wo treffen wir uns? / ¿Dónde quedamos citados?

Läden, Geschäfte usw.

Wo ist die nächste Bank, bitte?

Wo kann ich Reiseschecks einlösen?

Können Sie mir bitte Kleingeld geben?

Wo ist die nächste Apotheke?

Wie komme ich dorthin?

Kann man zu Fuß gehen?

Können Sie mir helfen, bitte?

Wieviel kostet dies? Und das?

Es ist nicht ganz das, was ich möchte.

Es gefällt mir.

Können Sie mir etwas gegen Sonnenbrand empfehlen?

Ich möchte mir das Haar schneiden lassen, bitte.

Ich möchte eine Maniküre, bitte.

Comercios y servicios

Dónde está el banco más cercano, por favor?

¿Dónde puedo cambiar unos cheques de viaje?

¿Puede usted darme algún dinero suelto, por favor?

¿Dónde está la farmacia más cercana?

¿Cómo podría ir hasta allí?

¿Se puede ir andando?

¿Puede usted atenderme, por favor?

¿Cuánto cuesta éste? ¿Y ése?

No es exactamente lo que quiero.

Me gusta.

¿Podría recomendarme algo para las quemaduras del sol?

Quisiera cortarme el pelo, por favor.

Quisiera una manicura, por favor.

Wo? Wohin?

Können Sie mir auf der Karte zeigen, wo ich bin?

Sie sind auf der falschen Straße.

Fahren/Gehen Sie geradeaus.

Es ist linker Hand/rechter Hand.

Direcciones

¿Puede enseñarme en el mapa dónde estoy?

Está usted equivocado de camino.

Siga todo derecho.

Está a la izquierda/a la derecha.

Im Notfall

Rufen Sie schnell einen Arzt.

Rufen Sie einen Krankenwagen.

Rufen Sie bitte die Polizei.

Urgencias

Llame a un médico rápidamente.

Llame a una ambulancia.

Llame a la policía, por favor.

alemán-español

deutsch-spanisch

Abreviaturas

adj	adjetivo	*mpl*	masculino plural
adv	adverbio	*mplMe*	masculino plural
art	artículo		(mexicano)
conj	conjunción	*nt*	neutro
f	femenino	*ntpl*	neutro plural
fMe	femenino (mexicano)	*num*	numeral
fpl	femenino plural	*pl*	plural
fplMe	femenino plural	*pref*	prefijo
	(mexicano)	*prep*	preposición
m	masculino	*pron*	pronombre
Me	mexicano	*v*	verbo
mMe	masculino (mexicano)	*vMe*	verbo (mexicano)

Introducción

Este diccionario ha sido concebido para resolver de la mejor manera posible sus problemas prácticos de lenguaje. Se han suprimido las informaciones lingüísticas innecesarias. Los vocablos se suceden en un estricto orden alfabético, sin tener en cuenta si la palabra es simple o compuesta, o si se trata de una expresión formada por dos o más términos separados. Como única excepción, los verbos reflexivos y algunas expresiones idiomáticas están colocados en orden alfabético considerando para ello el verbo o la palabra más característica.

Ej.: *sich befassen mit* se encuentra bajo *b*
  auf Wiedersehen se encuentra bajo *w*

Si un término principal va seguido de otras palabras, expresiones o locuciones, éstas se hallan anotadas también en orden alfabético.

Cada palabra va seguida de una transcripción fonética (véase la guía de pronunciación). Después de la transcripción fonética se encuentra una indicación de la parte de la oración a la que pertenece el vocablo. Cuando una palabra puede desempeñar distintos oficios en la oración, las diferentes traducciones se dan una a continuación de la otra, precedidas de la indicación correspondiente.

Teniendo en cuenta la complejidad de las reglas para la formación del plural de los nombres alemanes, hemos indicado la forma plural cuando nos ha parecido que podría ser útil.

Cuando haya que repetir una palabra para formar el plural irregular o en las series de palabras se usa la tilde (~) para representar el vocablo principal. Una diéresis colocada sobre la tilde (~) significa que en plural la palabra lleva el *Umlaut*.

En los plurales irregulares de las palabras compuestas sólo se escribe la parte que cambia, mientras que la parte invariable se representa por un guión (-).

Ej.: Abenteuer (pl ~)   Plural: Abenteuer
  Abend (pl ~ e)   Abende
  Satz (pl ~ e)   Sätze
  Geschäftsmann (pl -leute)   Geschäftsleute

Un asterisco (*) colocado antes de un verbo indica que dicho verbo es irregular. Para más detalles puede consultar la lista de los verbos irregulares.

Guía de pronunciación

Cada vocablo principal de esta parte del diccionario va acompañado de una transcripción fonética destinada a indicar la pronunciación. Esta representación fonética debe leerse como si se tratara del idioma español hablado en Castilla. A continuación figuran tan solo las letras y los símbolos ambiguos o particularmente difíciles de comprender.

Cada sílaba está separada por un guión y la que lleva el acento está impresa en letra *bastardilla*.

Por supuesto, los sonidos de dos lenguas rara vez coinciden exactamente, pero siguiendo con atención nuestras explicaciones, el lector de habla española llegará a pronunciar las palabras extranjeras de manera que pueda ser comprendido. A fin de facilitar su tarea, algunas veces nuestras transcripciones simplifican ligeramente el sistema fonético del idioma, sin dejar por ello de reflejar las diferencias de sonido esenciales.

Consonantes

b	siempre como en **b**ueno
d	siempre como en **d**ía
gh	como **g** en **g**ato
h	sonido que es una espiración suave
ng	como **n** en bla**n**co
r	pronunciada en el fondo de la boca
s	sonido siempre suave y sonoro como en mi**s**mo
∫	como **ch** en mu**ch**o, pero sin la **t** inicial que compone el sonido
v	más o menos como en lava; sonido que se obtiene colocando los dientes incisivos superiores sobre el labio inferior y expulsando suavemente el aire
ʒ	como la **ll** argentina

Vocales y diptongos

	como en no**ch**e
	como **e** en saber
	como en p**o**r
	como **o** en caso
	vocal neutra; sonido parecido al de la **a** española, pero con los labios extendidos
	como **i**, pero con los labios redondeados

) Las vocales largas están impresas a doble.

● Algunas palabras alemanas toman del francés las vocales nasales, que están indicadas con un símbolo de vocal más **ng** (por ej.: **ang**). Este signo **ng** *no* se debe pronunciar y sólo sirve para indicar la nasalidad de la vocal precedente. Las vocales nasales se pronuncian con la boca y la nariz simultáneamente.

A

Aal (aal) *m* (pl ~e) anguila *f*

ab (ap) *prep* a partir de; *adv* fuera; ~ **und zu** de vez en cuando

abändern (*ap*-ên-dörn) *v* modificar

Abbildung (*ap*-bil-dung) *f* (pl ~en) ilustración *f*

abbremsen (*ap*-brêm-sön) *v* frenar

Abbruch (*ap*-bruj) *m* demolición *f*

abdrehen (*ap*-dree-ön) *v* *cerrar

Abend (aa-bönt) *m* (pl ~e) noche *f*, tarde *f*

Abenddämmerung (aa-bönt-dê-mö-rung) *f* crepúsculo *m*

Abendessen (aa-bönt-ê-ssön) *nt* cena *f*

abends (aa-böntss) *adv* por la noche

Abenteuer (aa-bön-toi-ör) *nt* (pl ~) aventura *f*

aber (aa-bör) *conj* mas

Aberglaube (aa-bör-ghlau-bö) *m* superstición *f*

abfahren (*ap*-faa-rön) *v* partir

Abfahrt (*ap*-faart) *f* partida *f*

Abfahrtszeit (*ap*-faartss-tssait) *f* (pl ~en) hora de salida

Abfall (*ap*-fal) *m* (pl ~e) basura *f*; desperdicio *m*, desecho *m*

Abfalleimer (*ap*-fal-ai-mör) *m* (pl ~) cubo de la basura

abfallen (*ap*-fa-lön) *v* inclinarse

abfassen (*ap*-fa-ssön) *v* redactar

abfertigen (*ap*-fêr-ti-ghön) *v* despachar

Abfluß (*ap*-fluss) *m* desagüe *m*

Abführmittel (*ap*-füür-mi-töl) *nt* (pl ~) laxante *m*

abgelegen (*ap*-ghö-lee-ghön) *adj* remoto

abgeneigt (*ap*-ghö-naikt) *adj* opuesto

abgenutzt (*ap*-ghö-nutsst) *adj* gastado

Abgeordnete (*ap*-ghö-or-dnö-tö) *m* (pl ~n) diputado *m*

abgerundet (*ap*-ghö-run-döt) *adj* redondeado

Abgesandte (*ap*-ghö-san-tö) *m* (pl ~n) delegado *m*, enviado *m*

abgeschieden (*ap*-ghö-ʃii-dön) *adj* aislado

abgesehen von (*ap*-ghö-see-ön) prescindiendo de

Abgott (*ap*-ghot) *m* (pl ~er) idolo *m*

Abgrund (*ap*-ghrunt) *m* (pl ~e) abismo *m*, precipicio *m*

Abhandlung (*ap*-han-dlung) *f* (pl ~en) tratado *m*

Abhang (*ap*-hang) *m* (pl ~e) pendiente *f*

***abhängen von** (*ap*-hêng-ön) depender de

abhängig (*ap*-hêng-ij) *adj* dependiente

***abheben** (*ap*-hee-bön) *v* sacar

abholen (*ap*-hôô-lön) *v* recoger, *ir a buscar

abhorchen (*ap*-hor-jön) *v* escuchar

Abkommen (*ap*-ko-mön) *nt* (pl ~) acuerdo *m*

Abkürzung (*ap*-kür-tssung) *f* (pl ~en) abreviatura *f*

*abladen (*ap*-laa-dön) *v* descargar

Ablagerung (*ap*-laa-ghö-rung) *f* (pl ~en) yacimiento *m*

*ablaufen (*ap*-lau-fön) *v* expirar

ablehnen (*ap*-lee-nön) *v* rehusar

ableiten (*ap*-lai-tön) *v* *deducir

Ablenkung (*ap*-lêng-kung) *f* diversión *f*

abliefern (*ap*-lii-förn) *v* entregar

ablösen (*ap*-löö-sön) *v* relevar

abmachen (*ap*-ma-jön) *v* estipular

sich abmelden (*ap*-mêl-dön) *despedirse

sich abmühen (*ap*-müü-ön) ajetrearse, bregar

Abnahme (*ap*-naa-mö) *f* (pl ~n) disminución *f*

*abnehmen (*ap*-nee-mön) *v* llevarse; *disminuir; adelgazar

Abneigung (*ap*-nai-ghung) *f* antipatía *f*, repugnancia *f*

abnorm (ap-*norm*) *adj* anormal

Abonnement (a-bo-nö-*mang*) *nt* (pl ~s) suscripción *f*

Abonnent (a-bo-*nênt*) *m* (pl ~en) abonado *m*

Abordnung (*ap*-or-dnung) *f* (pl ~en) delegación *f*

Abortus (a-*bor*-tuss) *m* (pl ~) aborto *m*

*abraten (*ap*-raa-tön) *v* disuadir

Abreise (*ap*-rai-sö) *f* despedida *f*

abreisen (*ap*-rai-sön) *v* partir

Absatz (*ap*-satss) *m* (pl ~e) tacón *m*; párrafo *m*

abschaffen (*ap*-ʃa-fön) *v* abolir

abschalten (*ap*-ʃal-tön) *v* cortar

abscheulich (ap-*ʃoi*-lij) *adj* horrible, tremendo

Abschied (*ap*-ʃiit) *m* despedida *f*

*abschießen (*aab*-ʃii-ssön) *v* lanzar

*abschließen (*ap*-ʃlii-ssön) *v* *cerrar

Abschluß (*ap*-ʃluss) *m* conclusión *f*

*abschneiden (*ap*-ʃnai-dön) *v* cortar

Abschnitt (*ap*-ʃnit) *m* (pl ~e) sección *f*; fragmento *m*

abschrauben (*ap*-ʃrau-bön) *v* destornillar

Abschrift (*ap*-ʃrift) *f* (pl ~en) copia *f*

abschüssig (*ap*-ʃü-ssij) *adj* inclinado, pendiente

*absenden (*ap*-sên-dön) *v* despachar

Absicht (*ap*-sijt) *f* (pl ~en) propósito *m*, intención *f*

absichtlich (*ap*-sijt-lij) *adj* deliberado, intencionado, intencional

absolut (ap-sô-*luut*) *adj* absoluto

absplittern (*ap*-ʃpli-törn) *v* astillar

Abstammung (*ap*-ʃta-mung) *f* descendencia *f*, origen *m*

Abstand (*ap*-ʃtant) *m* distancia *f*

Abstieg (*ap*-ʃtiik) *m* bajada *f*

Abstimmung (*ap*-ʃti-mung) *f* votación *f*

Abstinenzler (apss-ti-*nên*-tsslör) *m* (pl ~) abstemio *m*

abstoßend (*ap*-ʃtôô-ssönt) *adj* repelente

abstrakt (apss-*trakt*) *adj* abstracto

abstürzen (*ap*-ʃtür-tssön) *v* precipitarse

absurd (ap-*surt*) *adj* absurdo

Abszeß (*apss*-tsséss) *m* (pl -esse) absceso *m*

Abtei (ap-*tai*) *f* (pl ~en) abadía *f*

Abteil (ap-*tail*) *nt* (pl ~e) compartimento *m*

Abteilung (ap-*tai*-lung) *f* (pl ~en) departamento *m*

*abtragen (*ap*-traa-ghön) *v* gastar

abtrocknen (*ap*-tro-knön) *v* secar

abwärts (ap-vèrtss) adv hacia abajo

* **abwaschen** (ap-va-ʃön) v *fregar

Abwasserkanal (ap-va-ssör-ka-naal) m (pl ⁓e) desagüe m

abwechselnd (ap-vê-kssölnt) adj alternativo

Abwechslung (ap-vê-ksslung) f variación f

Abwehr (ap-veer) f defensa f

* **abweichen** (ap-vai-ʃön) v desviarse

Abweichung (ap-vai-jung) f (pl ⁓en) anomalía f

abwenden (ap-vên-dön) v desviar

Abwertung (ap-vêêr-tung) f desvalorización f

abwesend (ap-vee-sönt) adj ausente

Abwesenheit (ap-vee-sön-hait) f ausencia f

abwischen (ap-vi-ʃön) v enjugar

abzahlen (ap-tssaa-lön) v pagar a plazos

abzeichnen (ap-tssaij-nön) v rubricar; visar

* **abziehen** (ap-tssii-ön) v *deducir

Abzug (ap-tssuuk) m (pl ⁓e) positiva f; gatillo m

Achse (a-kssö) f (pl ⁓n) eje m

Acht (ajt) f atención f; **sich in ⁓** * **nehmen** precaverse

acht (ajt) num ocho

achtbar (ajt-baar) adj respetable

achte (aj-tö) num octavo

achten (aj-tön) v respetar; **⁓ auf** *tener cuidado con; prestar atención a

* **achtgeben** (ajt-ghee-bön) v prestar atención; **⁓ auf** mirar; prestar atención a; fijarse en

Achtung (aj-tung) f estima f; estimación f

achtzehn (aj-tsseen) num dieciocho

achtzehnte (aj-tsseen-tö) num decimoctavo

achtzig (aj-tssij) num ochenta

Acker (a-kör) m (pl ⁓) campo m

Adapter (a-dap-tör) m adaptador m

addieren (a-dii-rön) v adicionar; sumar

Addition (a-di-tssyôôn) f (pl ⁓en) adición f

Adel (aa-döl) m nobleza f

Ader (aa-dör) f (pl ⁓n) vena f

Adler (aa-dlör) m (pl ⁓) águila m

administrativ (at-mi-ni-sstra-tiif) adj gerencial

Admiral (at-mi-raal) m (pl ⁓e) almirante m

adoptieren (a-dop-tii-rön) v adoptar

Adressat (a-drê-ssaat) m (pl ⁓en) destinatario m

Adresse (a-drê-ssö) f (pl ⁓n) dirección f

adressieren (a-drê-ssii-rön) v destinar

Adverb (at-vêrp) nt (pl ⁓ien) adverbio m

Affe (a-fö) m (pl ⁓n) mono m

Afrika (a-fri-kaa) África f

Afrikaner (a-fri-kaa-nör) m (pl ⁓) africano m

afrikanisch (a-fri-kaa-niʃ) adj africano

Agent (a-ghênt) m (pl ⁓en) agente m

Agentur (a-ghên-tuur) f (pl ⁓en) agencia f

aggressiv (a-ghrê-ssiif) adj agresivo

Ägypten (ê-ghüp-tön) Egipto m

Ägypter (ê-ghüp-tör) m (pl ⁓) egipcio m

ägyptisch (ê-ghüp-tiʃ) adj egipcio

ähnlich (êên-lij) adj similar; parecido

Ähnlichkeit (êên-lij-kait) f (pl ⁓en) semejanza f

Ahnung (aa-nung) f noción f

Ahorn (aa-horn) m (pl ⁓e) arce m

Aids (eids) nt SIDA m

Akademie (a-ka-de-mii) f (pl ⁓n) academia f

Akkord (a-kort) m (pl ⁓e) acuerdo m

Akkreditiv (a-kre-di-tiif) nt (pl ⁓e) carta de crédito

Akku (*a-ku*) *m* (pl ~s) acumulador *m*

Akne (*a*-knö) *f* acné *m*

Akt (akt) *m* (pl ~e) acto *m*; desnudo *m*

Akte (*ak*-tö) *f* (pl ~n) registro *m*

Aktentasche (*ak*-tön-ta-ʃö) *f* (pl ~n) portafolio *m*

Aktie (*ak*-tssyö) *f* (pl ~n) acción *f*

Aktion (ak-*tssyôôn*) *f* (pl ~en) acción *f*

aktiv (ak-*tiif*) *adj* activo

Aktivität (ak-ti-vi-*têêt*) *f* (pl ~en) actividad *f*

aktuell (ak-tu-*êl*) *adj* actual

akut (a-*kuut*) *adj* agudo

Akzent (ak-*tssênt*) *m* (pl ~e) acento *m*

akzeptieren (ak-tssêp-*tii*-rön) *v* aceptar

Alarm (a-*larm*) *m* alarma *f*

alarmieren (a-lar-*mii*-rön) *v* alarmar

albern (*al*-börn) *adj* bobo, necio

Album (*al*-bum) *nt* (pl Alben) álbum *m*

Algebra (*al*-ghe-bra) *f* álgebra *f*

Algerien (al-*ghee*-ryön) Argelia *f*

Algerier (al-*ghee*-ryör) *m* (pl ~) argelino *m*

algerisch (al-*ghee*-riʃ) *adj* argelino

Alimente (a-li-*men*-tö) *ntpl* pensión alimenticia

Alkohol (*al*-kô-hol) *m* alcohol *m*

alkoholisch (al-kô-*hôô*-liʃ) *adj* alcohólico

all (al) *num* todo; **alle** *num* todo; *adv* acabado

Allee (a-*lee*) *f* (pl ~n) avenida *f*

allein (a-*lain*) *adv* sólo

allenfalls (a-lön-*falss*) *adv* a lo sumo

allerdings (a-lör-*dingss*) *adv* por supuesto

Allergie (a-lêr-*ghii*) *f* (pl ~n) alergia *f*

allerlei (a-lör-*lai*) *adj* varios, toda clase de

alles (*a*-löss) *pron* todo; ~ **inbegriffen** todo incluido

allgemein (al-ghö-*main*) *adj* general; común; **im allgemeinen** en general

Alliierten (a-li-*iir*-tön) *mpl* Aliados *mpl*

allmächtig (al-*mêj*-tij) *adj* omnipotente

allmählich (al-*mêê*-lij) *adj* gradual; *adv* paulatinamente

alltäglich (al-*teek*-lij) *adj* común, cotidiano; diario

Almanach (*al*-ma-naj) *m* (pl ~e) almanaque *m*

Alphabet (al-fa-*beet*) *nt* abecedario *m*

als (alss) *conj* cuando; que; ~ **ob** como si

alsbald (alss-*balt*) *adv* en breve

also (*al*-sôô) *conj* por tanto

Alt (alt) *m* (pl ~e) contralto *m*

alt (alt) *adj* viejo; anciano; antiguo

Altar (al-*taar*) *m* (pl ~e) altar *m*

altbacken (*alt*-ba-kön) *adj* viejo

Alteisen (*alt*-ai-sön) *nt* chatarra *f*

Alter (*al*-tör) *nt* edad *f*; vejez *f*

Alternative (al-têr-na-*tii*-vö) *f* (pl ~n) alternativa *f*

Altertum (*al*-tör-tuum) *nt* Antigüedad *f*

Altertumskunde (*al*-tör-tuumss-kun-dö) *f* arqueología *f*

ältlich (*êlt*-lij) *adj* anciano

altmodisch (*alt*-môô-diʃ) *adj* anticuado

Ambulanz (am-bu-*lantss*) *f* (pl ~en) ambulancia *f*

Ameise (*aa*-mai-sö) *f* (pl ~n) hormiga *f*

Amerika (a-*mee*-ri-ka) América *f*

Amerikaner (a-me-ri-*kaa*-nör) *m* (pl ~) americano *m*

amerikanisch (a-me-ri-*kaa*-niʃ) *adj* americano

Amethyst (a-me-*tüsst*) *m* (pl ~en)

amatista *f*

Amnestie (am-ne-*sstii*) *f* amnistía *f*

Amsel (*am*-söl) *f* (pl ~n) mirlo *m*

Amt (amt) *nt* (pl ~er) cargo *m*

Amulett (a-mu-*lêt*) *nt* (pl ~e) amuleto *m*, talismán *m*

amüsant (a-mü-*sant*) *adj* entretenido

Amüsement (a-mü-sö-*mang*) *nt* diversión *f*

amüsieren (a-mü-*sii*-rön) *v* *entretener

an (an) *prep* a

Analphabet (a-nal-fa-*beet*) *m* (pl ~en) analfabeto *m*

Analyse (a-na-*lüü*-sö) *f* (pl ~n) análisis *f*

analysieren (a-na-lü-*sii*-rön) *v* analizar

Analytiker (a-na-*lüü*-ti-kör) *m* (pl ~) analista *m*

Ananas (*a*-na-nass) *f* piña *f*

Anarchie (a-nar-*jii*) *f* anarquía *f*

Anatomie (a-na-tô-*mii*) *f* anatomía *f*

anbauen (*an*-bau-ön) *v* cultivar

in Anbetracht (in *an*-bö-trajt) respecto a, considerando

anbieten (*an*-bii-tön) *v* *ofrecer; presentar

Anblick (*an*-blik) *m* aspecto *m*

anbrennen (*an*-brê-nön) *v* pegarse

Andenken (*an*-dêng-kön) *nt* (pl ~) recuerdo *m*; memoria *f*

ander (*an*-dör) *adj* otro

ändern (*ên*-dörn) *v* cambiar

anders (*an*-dörss) *adv* de otra manera

andersherum (*an*-dörss-hê-rum) *adv* al revés

anderswo (*an*-dörss-vôô) *adv* otra parte

Änderung (*ên*-dö-rung) *f* (pl ~en) cambio *m*; modificación *f*, alteración *f*

andrehen (*an*-dree-ön) *v* abrir

anempfehlen (*an*-em-pfee-lön) *v* *recomendar

anerkennen (*an*-êr-kê-nön) *v* *reconocer

Anerkennung (*an*-êr-kê-nung) *f* (pl ~en) reconocimiento *m*

Anfall (*an*-fal) *m* (pl ~e) ataque *m*

Anfang (*an*-fang) *m* comienzo *m*; **Anfangs-** inicial; primero

anfangen (*an*-fang-ön) *v* *empezar, *comenzar

Anfänger (*an*-fêng-ör) *m* (pl ~) principiante *m*

anfänglich (*an*-fêng-lij) *adv* originalmente

anfangs (*an*-fangss) *adv* al principio

Anfangsbuchstabe (*an*-fangss-buuj-ʃtaa-bö) *m* (pl ~n) inicial *f*

anfeuchten (*an*-foij-tön) *v* *humedecer

anflehen (*an*-flee-ön) *v* suplicar

Anführer (*an*-füü-rör) *m* (pl ~) jefe *m*

Anführungszeichen (*an*-füü-rungss-tssai-jön) *ntpl* comillas *fpl*

Angabe (*an*-ghaa-bö) *f* (pl ~n) dato *m*

angeben (*an*-ghee-bön) *v* señalar; indicar

angeboren (*an*-ghö-bôô-rön) *adj* innato

Angebot (*an*-ghö-bôôt) *nt* (pl ~e) oferta *f*

angebracht (*an*-ghö-brajt) *adj* apropiado

angegliedert (*an*-ghö-ghlii-dört) *adj* afiliado

angehen (*an*-ghee-ön) *v* *concernir

Angeklagte (*an*-ghö-klaak-tö) *m* (pl ~n) acusado *m*

Angelegenheit (*an*-ghö-lee-ghön-hait) *f* (pl ~en) asunto *m*

Angelgeräte (*an*-ghö-rêê-tö) *ntpl* aparejo de pesca, avíos de pesca

Angelhaken (*ang*-öl-haa-kön) *m* (pl ~) anzuelo *m*

angeln (*ang*-öln) *v* pescar con caña, pescar

Angelrute (*ang*-öl-ruu-tö) *f* (pl ~n) caña de pescar

Angelschein (*ang*-öl-ʃain) *m* (pl ~e) permiso de pesca

Angelschnur (*ang*-öl-ʃnuur) *f* (pl ~e) línea de pesca

angemessen (*an*-ghö-mê-ssön) *adj* apropiado; adecuado

angenehm (*an*-ghö-neem) *adj* agradable; deleitable

Angestellte (*an*-ghö-ʃtêl-tö) *m* (pl ~n) empleado *m*

*__angreifen__ (*an*-ghrai-fön) *v* atacar

Angriff (*an*-ghrif) *m* (pl ~e) ataque *m*

Angst (angsst) *f* (pl ~e) miedo *m*; temor *m*; ~ *__haben__ *tener miedo

ängstlich (*êngsst*-lij) *adj* angustioso

*__anhaben__ (*an*-haa-bön) *v* llevar

anhaken (*an*-haa-kön) *v* señalar

*__anhalten__ (*an*-hal-tön) *v* pararse; *impedir; **anhaltend** ininterrumpido

Anhalter (*an*-hal-tör) *m* (pl ~) autoestopista *m*; per ~ *__fahren__ *hacer autostop

Anhang (*an*-hang) *m* (pl ~e) anexo *m*

Anhänger (*an*-hêng-ör) *m* (pl ~) aficionado *m*; abogado *m*; pendiente *m*; remolque *m*

anhäufen (*an*-hoi-fön) *v* amontonar

anheften (*an*-hef-tön) *v* fijar

Anhöhe (*an*-höö-ö) *f* (pl ~n) levantamiento *m*

anhören (*an*-höö-rön) *v* escuchar

Anker (*ang*-kör) *m* (pl ~) ancla *f*

Anklage (*an*-klaa-ghö) *f* (pl ~n) acusación *f*

anklagen (*an*-klaa-ghön) *v* acusar

ankleben (*an*-klee-bön) *v* pegar

ankleiden (*an*-klai-dön) *v* *vestir

Ankleideraum (*an*-klai-dö-raum) *nt* (pl ~e) vestuario *m*

*__ankommen__ (*an*-ko-mön) *v* llegar

ankreuzen (*an*-kroi-tssön) *v* marcar

ankündigen (*an*-kün-di-ghön) *v* anunciar

Ankündigung (*an*-kün-di-ghung) *f* (pl ~en) anuncio *m*

Ankunft (*an*-kunft) *f* llegada *f*

Ankunftszeit (*an*-kunftss-tssait) *f* (pl ~en) hora de llegada

Anlage (*an*-laa-ghö) *f* (pl ~n) inversión *f*; jardín público

Anlaß (*an*-lass) *m* (pl Anlässe) motivo *m*

Anlasser (*an*-la-ssör) *m* motor de arranque, arranque *m*

anlegen (*an*-lee-ghön) *v* atracar; *invertir

Anleihe (*an*-lai-ö) *f* (pl ~n) préstamo *m*

Anmeldebogen (*an*-mêl-dö-bôô-ghön) *m* (pl ~) formulario de matriculación

sich anmelden (*an*-mêl-dön) inscribirse

anmerken (*an*-mêr-kön) *v* notar

Anmut (*an*-muut) *f* gracia *f*

anmutig (*an*-muu-tij) *adj* gracioso

annähernd (*an*-nêê-örnt) *adj* aproximado

*__annehmen__ (*an*-nee-mön) *v* aceptar; *suponer; adoptar; **angenommen daß** dado que

annullieren (a-nu-*lii*-rön) *v* cancelar

Annullierung (a-nu-*lii*-rung) *f* (pl ~en) cancelación *f*

anonym (a-nô-*nüüm*) *adj* anónimo

anpassen (*an*-pa-sson) *v* adaptar; ajustar

Anproberaum (*an*-prôô-bö-raum) *m* (pl ~e) probador *m*

anprobieren (*an*-prô-bii-rön) *v* *probarse

*__anraten__ (*an*-raa-tön) *v* aconsejar

anregen (*an*-ree-ghön) *v* incitar

Anregung (*an*-ree-ghung) *f* estímulo *m*

anrichten (*an*-rij-tön) *v* provocar

Anruf (*an*-ruuf) *m* (pl ~e) llamada *f*, llamada telefónica

*anrufen (*an*-ruu-fön) *v* llamar, llamar por teléfono; telefonear

anrühren (*an*-rüü-rön) *v* tocar

anschauen (*an*-ʃau-ön) *v* mirar

Anschauung (*an*-ʃau-ung) *f* (pl ~en) punto de vista, concepto *m*

Anschein (*an*-ʃain) *m* apariencia *f*

anscheinend (*an*-ʃai-nönt) *adv* por lo visto

Anschlagzettel (*an*-ʃlaak-tssë-töl) *m* (pl ~) cartel *m*

*anschließen (*an*-ʃlii-ssön) *v* conectar; sich ~ asociarse a

Anschluß (*an*-ʃluss) *m* (pl Anschlüsse) enlace *m*

*anschreiben (*an*-ʃrai-bön) *v* marcar

Anschrift (*an*-ʃrift) *f* (pl ~en) dirección *f*

Ansehen (*an*-see-ön) *nt* renombre *m*

*ansehen (*an*-see-ön) *v* mirar; considerar

Ansicht (*an*-sijt) *f* (pl ~en) opinión *f*, parecer *m*; der ~ *sein opinar; zur ~ a prueba

Ansichtskarte (*an*-sijtss-kar-tö) *f* (pl ~n) tarjeta postal ilustrada, postal ilustrada

Anspannung (*an*-ʃpa-nung) *f* (pl ~en) tensión *f*

anspornen (*an*-ʃpor-nön) *v* estimular

Ansprache (*an*-ʃpraa-jö) *f* (pl ~n) discurso *m*

ansprechen (*an*-ʃprê-jön) *v* dirigirse a

Anspruch (*an*-ʃpruj) *m* (pl ~e) pretensión *f*

Anstalt (*an*-ʃtalt) *f* (pl ~en) institución *f*; asilo *m*

Anstand (*an*-ʃtant) *m* decencia *f*

anständig (*an*-ʃtên-dij) *adj* decente

anstatt (*an*-ʃtat) *prep* en lugar de

anstecken (*an*-ʃtê-kön) *v* infectar

ansteckend (*an*-ʃtê-könt) *adj* contagioso

anstellen (*an*-ʃtê-lön) *v* designar; emplear

Anstoß (*an*-ʃtôôss) *m* saque inicial

anstößig (*an*-ʃtöö-ssij) *adj* ofensivo

*anstreichen (*an*-ʃtrai-jön) *v* pintar

Anstrengung (*an*-ʃtrêng-ung) *f* (pl ~en) esfuerzo *m*

Antenne (an-*tê*-nö) *f* (pl ~n) antena *f*

Anthologie (an-tô-lô-*ghii*) *f* (pl ~n) antología *f*

Antibiotikum (an-ti-bi-*ôô*-ti-kum) *nt* (pl -ka) antibiótico *m*

antik (an-*tiik*) *adj* antiguo

Antipathie (an-ti-pa-*tii*) *f* antipatía *f*

Antiquität (an-ti-kvi-*têêt*) *f* (pl ~en) antigualla *f*

Antiquitätenhändler (an-ti-kvi-*têê*-tön-hên-dlör) *m* (pl ~) anticuario *m*

Antrag (an-traak) *m* (pl ~e) moción *f*

*antreiben (an-trai-bön) *v* impeler

Antwort (*ant*-vort) *f* (pl ~en) respuesta *f*; als ~ en contestación

antworten (*ant*-vor-tön) *v* responder

anvertrauen (*an*-fêr-trau-ön) *v* entregar

*anwachsen (*an*-va-kssön) *v* incrementar

Anwalt (*an*-valt) *m* (pl ~e) abogado *m*; procurador *m*

*anweisen (*an*-vai-sön) *v* designar

Anweisung (*an*-vai-sung) *f* (pl ~en) instrucción *f*; libranza *f*

*anwenden (*an*-vên-dön) *v* aplicar

Anwendung (*an*-vên-dung) *f* (pl ~en) aplicación *f*

anwesend (*an*-vee-sönt) *adj* presente

Anwesenheit (*an*-vee-sön-hait) *f* presencia *f*

Anzahl (*an*-tssaal) *f* (pl ~en) cantidad *f*; número *m*

Anzahlung (*an*-tssaa-lung) *f* (pl ~en)

primer pago

Anzeichen (*an*-tssai-jön) *nt* (pl ~) indicación *f*

Anzeige (*an*-tssai-ghö) *f* (pl ~n) aviso *m*; anuncio *m*; multa *f*

***anziehen** (*an*-tssii-ön) *v* *atraer; *ponerse

anziehend (*an*-tssii-önt) *adj* atractivo

Anziehung (*an*-tssii-ung) *f* atracción *f*

Anzug (*an*-tssuuk) *m* (pl ~e) traje *m*

anzünden (*an*-tssün-dön) *v* *encender

Anzünder (*an*-tssün-dör) *m* (pl ~) encendedor *m*

apart (a-*part*) *adv* por separado

Aperitif (a-pê-ri-*tiif*) *m* (pl ~s) aperitivo *m*

Apfel (*a*-pföl) *m* (pl ~) manzána *f*

Apfelsine (a-pföl-*sii*-nö) *f* (pl ~n) naranja *f*

Apotheke (a-pô-*tee*-kö) *f* (pl ~n) farmacia *f*

Apotheker (a-pô-*tee*-kör) *m* (pl ~) farmacéutico *m*

Apparat (a-pa-*raat*) *m* (pl ~e) aparato *m*

Appartement (a-par-tö-*mang*) *nt* (pl ~e) apartamento *m*

Appell (a-*pêl*) *m* (pl ~e) apelación *f*

Appetit (a-pe-*tiit*) *m* apetito *m*

Appetithappen (a-pe-*tiit*-ha-pön) *m* (pl ~) tapa *f*

Aprikose (a-pri-*kôô*-sö) *f* (pl ~n) albaricoque *m*; chabacano *mMe*

April (a-*pril*) abril

Aquarell (a-kva-*rêl*) *nt* (pl ~e) acuarela *f*

Äquator (ê-*kvaa*-tor) *m* ecuador *m*

Araber (*aa*-ra-bör) *m* (pl ~) árabe *m*

arabisch (a-*raa*-biʃ) *adj* árabe

Arbeit (*ar*-bait) *f* (pl ~en) obra *f*, trabajo *m*, labor *f*; tarea *f*

arbeiten (*ar*-bai-tön) *v* trabajar; funcionar

Arbeiter (*ar*-bai-tör) *m* (pl ~) obrero

m

Arbeitgeber (*ar*-bait-ghee-bör) *m* (pl ~) patrón *m*

Arbeitnehmer (*ar*-bait-nee-mör) *m* (pl ~) empleado *m*

Arbeitsamt (*ar*-baitss-amt) *nt* (pl ~̈er) oficina de colocación

Arbeitsanzug (*ar*-baitss-an-tssuuk) *m* (pl ~̈e) overol *mMe*

Arbeitsbewilligung (*ar*-baitss-bö-vi-li-ghung) *f* (pl ~en) permiso de trabajo

arbeitslos (*ar*-baitss-lôôss) *adj* desocupado

Arbeitslosigkeit (*ar*-baitss-lôô-sij-kait) *f* desempleo *m*

Arbeitszimmer (*ar*-baitss-tssi-mör) *nt* (pl ~) despacho *m*

Archäologe (ar-jê-ô-*lôô*-ghö) *m* (pl ~n) arqueólogo *m*

Archäologie (ar-jê-ô-lô-*ghii*) *f* arqueología *f*

Architekt (ar-ji-*têkt*) *m* (pl ~en) arquitecto *m*

Architektur (ar-ji-têk-*tuur*) *f* arquitectura *f*

Archiv (ar-*jiif*) *nt* (pl ~e) archivo *m*

Argentinien (ar-ghên-*tii*-nyön) Argentina *f*

Argentinier (ar-ghên-*tii*-nyör) *m* (pl ~) argentino *m*

argentinisch (ar-ghên-*tii*-niʃ) *adj* argentino

Ärger (*êr*-ghör) *m* cólera *f*

ärgerlich (*êr*-ghör-lij) *adj* importuno

ärgern (*êr*-ghörn) *v* fastidiar

Argument (ar-ghu-*mênt*) *nt* (pl ~e) argumento *m*

argumentieren (ar-ghu-mên-*tii*-rön) *v* argumentar

Argwohn (*ark*-vôôn) *m* suspicacia *f*

argwöhnisch (*ark*-vöö-niʃ) *adj* suspicaz

Arkade (ar-*kaa*-dö) *f* (pl ~n) arcada *f*

Arm (arm) *m* (pl ~e) brazo *m* ; ~ **in Arm** del brazo

arm (arm) *adj* pobre

Armaturenbrett (ar-ma-*tuu*-rön-brêt) *nt* tablero de instrumentos

Armband (*arm*-bant) *nt* (pl ~er) pulsera *f*

Armbanduhr (*arm*-bant-uur) *f* (pl ~en) reloj de pulsera

Armee (ar-*mee*) *f* (pl ~n) ejército *m*

Ärmel (*êr*-möl) *m* (pl ~) manga *f*

Ärmelkanal (*êr*-möl-ka-naal) *m* Canal de la Mancha

Armlehne (*arm*-lee-nö) *f* (pl ~n) brazos *mpl*

Armleuchter (*arm*-loij-tör) *m* (pl ~) candelabro *m*

ärmlich (*êrm*-lij) *adj* pobre

Armreif (*arm*-raif) *m* (pl ~en) pulsera *f*

Armut (*ar*-muut) *f* pobreza *f*

Aroma (a-*rôô*-ma) *nt* aroma *m*

Art (art) *f* (pl ~en) especie *f*, clase *f*; modo *m*, manera *f*

Arterie (ar-*tee*-ryö) *f* (pl ~n) arteria *f*

artig (*ar*-tij) *adj* bueno

Artikel (ar-*tii*-köl) *m* (pl ~) artículo *m*

Artischocke (ar-ti-*ʃo*-kö) *f* (pl ~n) alcachofa *f*

Arznei (artss-*nai*) *f* (pl ~en) medicamento *m*

Arzneimittellehre (artss-*nai*-mit-töl-lee-rö) *f* farmacología *f*

Arzt (artsst) *m* (pl ~e) médico *m*; **praktischer** ~ médico de cabecera

ärztlich (*êrtsst*-lij) *adj* médico

Asbest (ass-*bêsst*) *m* asbesto *m*

Asche (*a*-ʃö) *f* ceniza *f*

Aschenbecher (a-ʃön-bê-jör) *m* (pl ~) cenicero *m*

Asiate (a-*syaa*-tö) *m* (pl ~n) asiático *m*

asiatisch (a-*syaa*-tiʃ) *adj* asiático

Asien (*aa*-syön) Asia *f*

Aspekt (ass-*pêkt*) *m* (pl ~e) aspecto *m*

Asphalt (ass-*falt*) *m* asfalto *m*

Aspirin (ass-pi-*riin*) *nt* aspirina *f*

Assistent (a-ssiss-*tênt*) *m* (pl ~en) asistente *m*

assoziieren (a-ssô-tssi-*ii*-rön) *v* asociar

Ast (asst) *m* (pl ~e) rama *f*

Asthma (*asst*-ma) *nt* asma *f*

Astronomie (a-sstrô-nô-*mii*) *f* astronomía *f*

Asyl (a-*süül*) *nt* (pl ~e) asilo *m*

Atem (*aa*-töm) *m* aliento *m*

Atheist (a-te-*isst*) *m* (pl ~en) ateo *m*

Äther (*êê*-tör) *m* éter *m*

Äthiopien (ê-ti-*ôô*-pyön) Etiopía *f*

Äthiopier (ê-ti-*ôô*-pyör) *m* (pl ~) etíope *m*

äthiopisch (ê-ti-*ôô*-piʃ) *adj* etíope

Athlet (at-*leet*) *m* (pl ~en) atleta *m*

Athletik (at-*lee*-tik) *f* atletismo *m*

Atlantik (at-*lan*-tik) *m* Atlántico *m*

atmen (*aat*-mön) *v* respirar

Atmosphäre (at-mô-*ssfêê*-rö) *f* atmósfera *f*

Atmung (*aat*-mung) *f* respiración *f*

Atom (a-*tôôm*) *nt* (pl ~e) átomo *m*; **Atom-** atómico

atomar (a-tô-*maar*) *adj* atómico

Attest (a-*têsst*) *nt* (pl ~e) certificación *f*

Attraktion (a-trak-*tssyôôn*) *f* (pl ~en) atracción *f*

Aubergine (ô-bêr-ʒii-nö) *f* berenjena *f*

auch (auj) *adv* también

auf (auf) *prep* sobre; en

aufbauen (*auf*-bau-ön) *v* *construir; erigir

aufblähen (*auf*-blêê-ön) *v* hinchar

aufblasbar (*auf*-blaass-baar) *adj* inflable

aufdecken (*auf*-dê-kön) *v* destapar

Aufenthalt (*auf*-ênt-halt) *m* (pl ~e) estancia *f*; retraso *m*

Aufenthaltsgenehmigung (*auf*-ênt-haltss-ghö-nee-mi-ghung) *f* (pl ~en) permiso de residencia

*auffallen** (*auf*-fa-lön) *v* impresionar

auffallend (*auf*-fa-lönt) *adj* vistoso

auffassen (*auf*-fa-ssön) *v* *concebir

auffordern (*auf*-for-dörn) *v* invitar

Aufführung (*auf*-füü-rung) *f* (pl ~en) representación *f*

Aufgabe (*auf*-ghaa-bö) *f* (pl ~n) tarea *f*; ejercicio *m*

*aufgeben** (*auf*-ghee-bön) *v* cesar, renunciar; enviar por correo, echar al correo

aufgehen (*auf*-ghee-ön) *v* subir

aufgliedern (*auf*-ghlii-dörn) *v* analizar

aufgrund (auf-*ghrunt*) *prep* a causa de

sich *aufhalten** (*auf*-hal-tön) hospedarse

aufhängen (*auf*-hêng-ön) *v* *colgar

Aufhänger (*auf*-hêng-ör) *m* (pl ~) percha *f*

Aufhängung (*auf*-hêng-ung) *f* suspensión *f*

*aufheben** (*auf*-hee-bön) *v* levantar

aufheitern (*auf*-hai-törn) *v* alegrar

aufhören (*auf*-höö-rön) *v* cesar, terminarse

aufknöpfen (*auf*-knö-pfön) *v* desabotonar

aufknoten (*auf*-knôô-tön) *v* desatar

Auflage (*auf*-laa-ghö) *f* (pl ~n) tirada *f*

auflauern (*auf*-lau-örn) *v* acechar

auflösen (*auf*-löö-sön) *v* *disolver; **sich ~** *disolverse

aufmachen (*auf*-ma-jön) *v* desatar

aufmerksam (*auf*-mêrk-saam) *adj* atento

Aufmerksamkeit (*auf*-mêrk-saam-kait) *f* atención *f*

Aufnahme (*auf*-naa-mö) *f* (pl ~n) acogida *f*; secuencia *f*; grabación *f*

*aufnehmen** (*auf*-nee-mön) *v* recoger

aufopfern (*auf*-o-pförn) *v* sacrificar

aufpassen (auf-pa-ssön) *v* prestar atención; *tener cuidado; **~ auf** cuidar de

aufräumen (*auf*-roi-mön) *v* arreglar

aufrecht (*auf*-rêjt) *adj* derecho, recto; parado *adjMe*; *adv* de pie

*aufrechterhalten** (*auf*-rêjt-êr-hal-tön) *v* *mantener

aufregen (*auf*-ree-ghön) *v* excitar; **aufregend** excitante

Aufregung (*auf*-ree-ghung) *f* excitación *f*

aufreihen (*auf*-rai-ön) *v* enhebrar

aufrichten (*auf*-rij-tön) *v* erigir; **aufgerichtet** erguido

aufrichtig (*auf*-rij-tij) *adj* sincero; fiel

Aufruhr (*auf*-ruur) *m* revuelta *f*, rebelión *f*; motín *m*

Aufsatz (*auf*-satss) *m* (pl ~e) composición *f*

*aufschieben** (*auf*-ʃii-bön) *v* *diferir; aplazar

*aufschließen** (*auf*-ʃlii-ssön) *v* abrir

Aufschrei (*auf*-ʃrai) *m* (pl ~e) grito *m*

*aufschreiben** (*auf*-ʃrai-bön) *v* anotar

Aufschub (*auf*-ʃuup) *m* dilación *f*

aufsehenerregend (*auf*-see-ön-êr-ree-ghönt) *adj* sensacional

Aufseher (*auf*-see-ör) *m* (pl ~) supervisor *m*; guardián *m*

Aufsicht (*auf*-sijt) *f* supervisión *f*

Aufsichtsbeamte (*auf*-sijtss-bö-am-tö) *m* (pl ~n) inspector *m*

Aufstand (*auf*-ʃtant) *m* (pl ~e) sublevación *f*; rebelión *f*, levantamiento *m*

*aufstehen** (*auf*-ʃtee-ön) *v* levantarse

*aufsteigen** (*auf*-ʃtai-ghön) *v* subir

Aufstieg (*auf*-ʃtiik) *m* subida *f*; nacimiento *m*

auftauen (*auf*-tau-ön) *v* descongelarse

Auftrag (*auf*-traak) *m* (pl ~e) orden *f*

*auftreten** (*auf*-tree-tön) *v* *aparecer

Auftritt (*auf*-trit) *m* (pl ~e) entrada *f*

aufwachen (*auf*-va-jön) *v* *despertarse

Aufwand (*auf*-vant) *m* gasto *m*

aufwärts (*auf*-vêrtss) *adv* hacia arriba

aufzeichnen (*auf*-tssaij-nön) *v* registrar

Aufzeichnung (*auf*-tssaij-nung) *f* (pl ~en) apunte *m*

*aufziehen (*auf*-tssii-ön) *v* *dar cuerda; educar

Aufzug (*auf*-tssuuk) *m* (pl ~e) ascensor *m*; elevador *mMe*

Auge (*au*-ghö) *nt* (pl ~n) ojo *m*

Augenarzt (*au*-ghön-artsst) *m* (pl ~e) oculista *m*

Augenblick (*au*-ghön-blik) *m* (pl ~e) momento *m*; instante *m*

augenblicklich (*au*-ghön-blik-lij) *adv* inmediatamente

Augenbraue (*au*-ghön-brau-ö) *f* (pl ~n) ceja *f*

Augenbrauenstift (*au*-ghön-brau-ön-ʃtift) *m* (pl ~e) lápiz para las cejas

Augenlid (*au*-ghön-liit) *nt* (pl ~er) párpado *m*

Augenschminke (*au*-ghön-ʃming-kö) *f* sombra para los ojos

Augenwimper (*au*-ghön-vim-pör) *f* (pl ~n) pestaña *f*

Augenzeuge (*au*-ghön-tssoi-ghö) *m* (pl ~n) testigo de vista

August (au-*ghusst*) agosto

aus (auss) *prep* de; por

ausarbeiten (*auss*-ar-bai-tön) *v* elaborar

ausatmen (*auss*-aat-mön) *v* espirar, exhalar

ausbessern (*auss*-bê-ssörn) *v* *remendar

ausbeuten (*auss*-boi-tön) *v* abusar de

ausbilden (*auss*-bil-dön) *v* formar, educar; entrenar

Ausbildung (*auss*-bil-dung) *f* entrenamiento *m*

ausbreiten (*auss*-brai-tön) *v* *extender

Ausbruch (*auss*-bruj) *m* (pl ~e) explosión *f*

ausdehnen (*auss*-dee-nön) *v* *extender

Ausdehnung (*auss*-dee-nung) *f* ampliación *f*

*ausdenken (*auss*-dêng-kön) *v* idear

Ausdruck (*auss*-druk) *m* (pl ~e) término *m*, expresión *f*; ~ ***geben** expresar

ausdrücken (*auss*-drü-kön) *v* expresar

ausdrücklich (*auss*-drük-lij) *adj* expreso, explícito

Auseinandersetzung (auss-ai-*nan*-dör-sê-tssung) *f* (pl ~en) discusión *f*, debate *m*; disputa *f*

auserlesen (*auss*-êr-lee-sön) *adj* seleccionado, exquisito

Ausfahrt (*auss*-faart) *f* (pl ~en) salida *f*

Ausflug (*auss*-fluuk) *m* (pl ~e) excursión *f*

Ausfuhr (*auss*-fuur) *f* exportación *f*

ausführbar (*auss*-füür-baar) *adj* realizable

ausführen (*auss*-füü-rön) *v* ejecutar; exportar; efectuar

ausführlich (*auss*-füür-lij) *adj* detallado

ausfüllen (*auss*-fü-lön) *v* completar, llenar

Ausgabe (*auss*-ghaa-bö) *f* (pl ~n) edición *f*; gasto *m*; emisión *f*

Ausgang (*auss*-ghang) *m* (pl ~e) salida *f*

Ausgangspunkt (*auss*-ghangss-pungkt) *m* (pl ~e) punto de partida

*ausgeben (*auss*-ghee-bön) *v* gastar; *distribuir

ausgedehnt (*auss*-ghö-deent) *adj* extenso; amplio

*ausgehen (*auss*-ghee-ön) *v* *salir

ausgenommen (*auss*-ghö-no-mön)
prep excepto

ausgesetzt (*auss*-ghö-sêtsst) sujeto a

ausgezeichnet (*auss*-ghö-tssaij-nöt)
adj excelente

Ausgleich (*auss*-ghlaij) *m* (pl ~e)
compensación *f*

* **ausgleichen** (*auss*-ghlai-jön) *v* igualar; compensar

* **ausgleiten** (*auss*-ghlai-tön) *f* deslizarse

Ausgrabung (*auss*-ghraa-bung) *f* (pl ~en) excavación *f*

Ausguß (*auss*-ghuss) *m* (pl -güsse) pileta *f*

* **aushalten** (*auss*-hal-tön) *v* soportar

ausharren (*auss*-ha-rön) *v* perseverar

Auskunft (*auss*-kunft) *f* (pl ~e) información *f*

Auskunftsbüro (*auss*-kunftss-bü-rôô)
nt (pl ~s) oficina de informaciones

* **ausladen** (*auss*-laa-dön) *v* descargar

Auslage (*auss*-laa-ghö) *f* (pl ~n) exposición *f*

im Ausland (im *auss*-lant) en el extranjero

Ausländer (*auss*-lên-dör) *m* (pl ~) extranjero *m*, forastero *m*

ausländisch (*auss*-lên-dif) *adj* extranjero

* **auslassen** (*auss*-la-ssön) *v* omitir

auslegen (*auss*-lee-ghön) *v* exhibir

Auslegung (*auss*-lêê-ghung) *f* (pl ~en) explicación *f*

* **auslesen** (*auss*-lee-sen) *v* seleccionar

ausliefern (*auss*-lii-förn) *v* entregar

auslöschen (*auss*-lö-fön) *v* apagar

Ausmaß (*auss*-maass) *nt* (pl ~e) dimensión *f*

Ausnahme (*auss*-naa-mö) *f* (pl ~n) excepción *f*

* **ausnehmen** (*auss*-nee-mön) *v* eximir

ausnutzen (*auss*-nu-tssön) *v* explotar

auspacken (*auss*-pa-kön) *v* *desenvolver, desempaquetar

Auspuff (*auss*-puf) *m* (pl ~e) tubo de escape, escape *m*

Auspuffgase (*auss*-puf-ghaa-sö) *ntpl* gases de escape

Auspufftopf (*auss*-puf-topf) *m* silenciador *m*

ausrangieren (*auss*-rang-ʒii-rön) *v* desechar

ausrechnen (*auss*-rêj-nön) *v* calcular

* **ausreißen** (*auss*-rai-ssön) *v* *extraer

Ausreißer (*auss*-rai-ssör) *m* (pl ~) fugitivo *m*

Ausruf (*auss*-ruuf) *m* (pl ~e) exclamación *f*

* **ausrufen** (*auss*-ruu-fön) *v* exclamar

ausruhen (*auss*-ruu-ön) *v* *hacer reposo

ausrüsten (*auss*-rüss-tön) *v* equipar

Ausrüstung (*auss*-rüss-tung) *f* equipo *m*; aparejo *m*, avíos *mpl*

ausrutschen (*auss*-ru-chön) *v* resbalar

aussaugen (*auss*-sau-ghön) *v* chupar la sangre

ausschalten (*auss*-fal-tön) *v* apagar; desconectar

ausschimpfen (*auss*-fim-pfön) *v* insultar

Ausschlag (*auss*-flaak) *m* erupción *f*

* **ausschließen** (*auss*-flii-ssön) *v* *excluir

ausschließlich (*auss*-fliiss-lij) *adv* exclusivamente

Ausschreitung (*auss*-frai-tung) *f* (pl ~en) exceso *m*

Ausschuß (*auss*-fuss) *m* (pl -schüsse) comité *m*

Aussehen (*auss*-see-ön) *nt* aspecto *m*

* **aussehen** (*auss*-see-ön) *v* *tener aires de

Außenbezirke (*au*-ssön-bö-tssir-kö)
mpl afueras *fpl*

Außenseite (*au*-ssön-sai-tö) *f* exterior *m*

außer (*au*-ssör) *prep* además de; menos, excepto; fuera de; ~ **wenn** a menos que

äußer (*oi*-ssör) *adj* externo; **äußerst** *adj* extremo

außerdem (*au*-ssör-deem) *adv* además

Äußere (*oi*-ssö-rö) *nt* exterior *m*

außergewöhnlich (*au*-ssör-ghö-vöön-lij) *adj* excepcional

außerhalb (*au*-ssör-halp) *prep* fuera de

äußerlich (*oi*-ssör-lij) *adj* exterior

äußern (*oi*-ssörn) *v* expresar; emitir

außerordentlich (au-ssör-*or*-dönt-lij) *adj* extraordinario

Äußerung (*oi*-ssö-rung) *f* (pl ~en) expresión *f*

Aussicht (*auss*-sijt) *f* (pl ~en) perspectiva *f*; vista *f*, visión *f*; previsión *f*

Aussprache (*auss*-ʃpraa-jö) *f* pronunciación *f*

aussprechen (*auss*-ʃprê-jön) *v* pronunciar

ausstatten (*auss*-ʃta-tön) *v* equipar

aussteigen (*auss*-ʃtai-ghön) *v* apearse

ausstellen (*auss*-ʃtê-lön) *v* *exponer; enseñar

Ausstellung (*auss*-ʃtê-lung) *f* (pl ~en) exposición *f*

Ausstellungsraum (*auss*-ʃtê-lungss-raum) *m* (pl ~̃e) salón de demostraciones

Ausstoß (*auss*-ʃtôôss) *m* producción *f*

austauschen (*auss*-tau-ʃön) *v* cambiar

austeilen (*auss*-tai-lön) *v* repartir

Auster (*auss*-tör) *f* (pl ~n) ostra *f*

Australien (auss-*traa*-lyön) Australia *f*

Australier (auss-*traa*-lyör) *m* (pl ~) australiano *m*

australisch (auss-*traa*-liʃ) *adj* australiano

ausüben (*auss*-üü-bön) *v* ejercer;

practicar

Ausverkauf (*auss*-fêr-kauf) *m* liquidación *f*

ausverkauft (*auss*-fêr-kauft) *adj* agotado

Auswahl (*auss*-vaal) *f* selección *f*; surtido *m*; variedad *f*

auswählen (*auss*-vê̂-lön) *v* *elegir

Auswanderer (*auss*-van-dö-rör) *m* (pl ~) emigrante *m*

auswandern (*auss*-van-dörn) *v* emigrar

Auswanderung (*auss*-van-dö-rung) *f* emigración *f*

auswechseln (*auss*-vê-kssöln) *v* intercambiar

Ausweg (*auss*-veek) *m* (pl ~e) salida *f*

Ausweis (*auss*-vaiss) *m* (pl ~e) carnet de identidad

ausweisen (*auss*-vai-sön) *v* expulsar

auswendig (*auss*-vên-dij) *adv* de memoria

auswischen (*auss*-vi-ʃön) *v* enjugar

sich auszeichnen (*auss*-tssaij-nön) distinguirse

ausziehen (*auss*-tssii-ön) *v* *extraer

Auszug (*auss*-tssuuk) *m* (pl ~̃e) extracto *m*

authentisch (au-*tên*-tiʃ) *adj* auténtico

Auto (*au*-tô) *nt* (pl ~s) automóvil *m*; **im** ~ ***fahren** *ir en coche

Autobahn (*au*-tô-baan) *f* (pl ~en) autopista *f*

Autofahrer (*au*-tô-faa-rör) *m* (pl ~) automovilista *m*

Autokarte (*au*-tô-kar-tö) *f* (pl ~n) mapa de carreteras

Automat (au-tô-*maat*) *m* (pl ~en) máquina tragamonedas

automatisch (au-tô-*maa*-tiʃ) *adj* automático

Automatisierung (au-tô-ma-ti-*sii*-rung) *f* automatización *f*

Automobilismus (au-tô-mô-bi-*liss*-

muss) *m* automovilismo *m*

Automobilklub (au-tô-mô-*biil*-klup) *m* (pl ~s) automóvil club

autonom (au-tô-*nôôm*) *adj* autónomo

Autopsie (au-tô-*pssii*) *f* autopsia *f*

Autor (*au*-tor) *m* (pl ~en) autor *m*

autoritär (au-tô-ri-*têêr*) *adj* autoritario

Autovermietung (*au*-tô-fêr-mii-tung) *f* alquiler de coches

B

Baby (*bee*-bi) *nt* (pl ~s) bebé *m*

Babysitter (*bee*-bi-ssi-tör) *m* (pl ~) babysitter *m*

Baby-Tragetasche (*bee*-bi-traa-ghö-ta-jö) *f* (pl ~n) cuna de viaje

Bach (baj) *m* (pl ~e) arroyo *m*

Backbord (*bak*-bord) *nt* babor *m*

backen (*ba*-kön) *v* hornear

Backenbart (*ba*-kön-bart) *m* patillas *fpl*

Backenknochen (*ba*-kön-kno-jön) *m* (pl ~) pómulo *m*

Backenzahn (*ba*-kön-tssaan) *m* (pl ~e) muela *f*

Bäcker (*bê*-kör) *m* (pl ~) panadero *m*

Bäckerei (bê-kö-*rai*) *f* (pl ~en) panadería *f*

Backofen (*bak*-ôô-fön) *m* (pl ~) horno *m*

Backpflaume (*bak*-pflau-mö) *f* (pl ~n) ciruela pasa

Bad (baat) *nt* (pl ~er) baño *m*

Badeanzug (*baa*-dö-an-tssuuk) *m* (pl ~e) traje de baño

Badehose (*baa*-dö-hôô-sö) *f* (pl ~n) calzón de baño, bañador *m*, traje de baño

Bademantel (*baa*-dö-man-töl) *m* (pl ~) bata de baño

Bademütze (*baa*-dö-mü-tssö) *f* (pl ~n) gorro de baño

baden (*baa*-dön) *v* bañarse

Badesalz (*baa*-dö-saltss) *nt* (pl ~e) sales de baño

Badetuch (*baa*-dö-tuuj) *nt* (pl ~er) toalla de baño

Badezimmer (*baa*-dö-tssi-mör) *nt* (pl ~) cuarto de baño

Bahn (baan) *f* (pl ~en) ferrocarril *m*; pista *f*

Bahnhof (*baan*-hôôf) *m* (pl ~e) estación *f*

Bahnsteig (*baan*-jtaik) *m* (pl ~e) andén *m*

Bahnsteigkarte (*baan*-jtaik-kar-tö) *f* (pl ~n) billete de andén

Bahnübergang (*baan*-üü-bör-ghang) *m* (pl ~e) paso a nivel

Bakterie (bak-*tee*-ryö) *f* (pl ~n) bacteria *f*

bald (balt) *adv* pronto; próximamente

Balken (*bal*-kön) *m* (pl ~) viga *f*

Balkon (bal-*kong*) *m* (pl ~s) balcón *m*

Ball (bal) *m* (pl ~e) pelota *f*; baile *m*

Ballett (ba-*lêt*) *nt* (pl ~s) ballet *m*

Ballon (ba-*long*) *m* (pl ~e) globo *m*

Ballsaal (*bal*-saal) *m* (pl -säle) salón de baile

Bambus (*bam*-buss) *m* bambú *m*

Banane (ba-*naa*-nö) *f* (pl ~n) plátano *m*

Band¹ (bant) *nt* (pl ~er) banda *f*; cinta *f*

Band² (bant) *m* (pl ~e) volumen *m*

Bande (*ban*-dö) *f* (pl ~n) banda *f*

Bandit (ban-*diit*) *m* (pl ~en) bandido *m*

Bandmaß (*bant*-maass) *nt* (pl ~e) centímetro *m*, cinta métrica

bange (*bang*-ö) *adj* asustado

Bank¹ (bangk) *f* (pl ~en) banco *m*

Bank² (bangk) *f* (pl ~e) banco *m*

Bank-Einlage (*bangk*-ain-laa-ghö) *f* (pl ~n) depósito *m*

Bankettsaal (bang-*kêt*-saal) *m* (pl -säle) comedor de gala

Bankkonto (*bangk*-kon-tô) *nt* (pl -konten) cuenta de banco

Banknote (*bangk*-nôô-tö) *f* (pl ~n) vale *m*, billete de banco

bankrott (bang-*krot*) *adj* en quiebra

Banner (*ba*-nör) *nt* (pl ~) bandera *f*

Bar (baar) *f* (pl ~s) bar *m*; cantina *fMe*

Bär (bêêr) *m* (pl ~en) oso *m*

Bardame (*baar*-daa-mö) *f* (pl ~n) moza de taberna

Bargeld (*baar*-ghêlt) *nt* dinero contante, efectivo *m*

Bariton (*baa*-ri-ton) *m* (pl ~e) barítono *m*

barmherzig (barm-*hêr*-tssij) *adj* misericordioso

Barmherzigkeit (barm-*hêr*-tssij-kait) *f* clemencia *f*

barock (ba-*rok*) *adj* barroco

Barometer (ba-rô-*mee*-tör) *nt* (pl ~) barómetro *m*

Barsch (barʃ) *m* (pl ~e) perca *f*

Bart (bart) *m* (pl ~e) barba *f*

Base (*baa*-sö) *f* (pl ~n) prima *f*

Baseball (*beess*-bôôl) *m* béisbol *m*

Basilika (ba-*sii*-li-ka) *f* (pl -ken) basílica *f*

Basis (*baa*-siss) *f* (pl Basen) base *f*

Baskenmütze (*bass*-kön-mü-tssö) *f* (pl ~n) boina *f*

Baß (bass) *m* (pl Bässe) bajo *m*

Bastard (*bass*-tart) *m* (pl ~e) bastardo *m*

Batterie (ba-tö-*rii*) *f* (pl ~n) batería *f*

Bau (bau) *m* construcción *f*

Bauch (bauj) *m* (pl ~e) vientre *m*

Bauchschmerzen (*bauj*-ʃmêr-tssön) *mpl* dolor de estómago

bauen (*bau*-ön) *v* *construir

Bauer (bau-ör) *m* (pl ~n) granjero *m*; campesino *m*; peón *m*

Bäuerin (*boi*-ö-rin) *f* (pl ~nen) granjera *f*

Bauernhaus (*bau*-örn-hauss) *nt* (pl ~er) cortijo *m*; rancho *mMe*

Bauernhof (*bau*-örn-hôôf) *m* (pl ~e) granja *f*

baufällig (*bau*-fê-lij) *adj* ruinoso

Bauholz (*bau*-holtss) *nt* madera de construcción

Baukunst (*bau*-kunsst) *f* arquitectura *f*

Baum (baum) *m* (pl ~e) árbol *m*

Baumschule (*baum*-ʃuu-lö) *f* (pl ~n) vivero *m*

Baumwolle (*baum*-vo-lö) *f* algodón *m*; **Baumwoll-** de algodón

Baumwollsamt (*baum*-vol-samt) *m* pana *f*

Bazille (ba-*tssi*-lö) *f* (pl ~n) germen *m*

beabsichtigen (bö-*ap*-sij-ti-ghön) *v* intentar, *tener la intención de; aspirar a

beachten (bö-*aj*-tön) *v* prestar atención a; observar

beachtlich (bö-*ajt*-lij) *adj* importante

Beachtung (bö-*aj*-tung) *f* atención *f*

Beamte (bö-*am*-tö) *m* (pl ~n) oficinista *m*

beanspruchen (bö-*an*-ʃpru-jön) *v* reclamar

beantworten (bö-*ant*-vor-tön) *v* responder a

beaufsichtigen (bö-*auf*-sij-ti-ghön) *v* supervisar

bebauen (bö-*bau*-ön) *v* cultivar

beben (*bee*-bön) *v* vibrar

Becher (bê-jör) *m* (pl ~) vaso *m*, taza *f*

Becken (*bê*-kön) *nt* (pl ~) palangana *f*; pelvis *m*

bedächtig (bö-*dêj*-tij) *adj* prudente

Bedarf (bö-*darf*) *m* necesidad *f*

Bedauern (bö-*dau*-örn) *nt* arrepentimiento *m*

bedauern (bö-*dau*-örn) *v* *sentir

bedecken (bö-*dê*-kön) *v* cubrir

bedenklich (bö-*dêngk*-lij) *adj* crítico

bedeuten (bö-*doi*-tön) *v* significar

bedeutend (bö-*doi*-tönt) *adj* importante, notable; sustancial

Bedeutung (bö-*doi*-tung) *f* (pl ~en) significado *m*, sentido *m*; importancia *f*; **von ~ *sein** *tener importancia

bedeutungsvoll (bö-*doi*-tungss-fol) *adj* significativo

bedienen (bö-*dii*-nön) *v* *servir

Bedienung (bö-*dii*-nung) *f* servicio *m*

bedingt (bö-*dingkt*) *adj* condicional

Bedingung (bö-*ding*-ung) *f* (pl ~en) condición *f*

bedingungslos (bö-*ding*-ungss-lôôss) *adj* incondicional

bedrohen (bö-*drôô*-ön) *v* amenazar

bedrohlich (bö-*drôô*-lij) *adj* amenazador

Bedrohung (bö-*drôô*-ung) *f* (pl ~en) amenaza *f*

bedrücken (bö-*drü*-kön) *v* oprimir

Bedürfnis (bö-*dürf*-niss) *nt* (pl ~se) necesidad *f*

sich beeilen (bö-*ai*-lön) *darse prisa

beeindrucken (bö-*ain*-dru-kön) *v* impresionar

beeinflussen (bö-*ain*-flu-ssön) *v* *influir; afectar

beenden (bö-*ên*-dön) *v* terminar, acabar

beerdigen (bö-*êêr*-di-ghön) *v* *enterrar

Beere (*bee*-rö) *f* (pl ~n) baya *f*; grosella *f*

befähigen (bö-*fêê*-i-ghön) *v* permitir

Befähigung (bö-*fêê*-i-ghung) *f* (pl ~en) aptitud *f*

befahrbar (bö-*faar*-baar) *adj* navegable

*befahren (bö-*faa*-rön) *v* navegar por

sich befassen mit (bö-*fa*-ssön) tratar con

Befehl (bö-*feel*) *m* (pl ~e) mandato *m*; orden *f*

*befehlen (bö-*fee*-lön) *v* ordenar; mandar

Befehlshaber (bö-*feelss*-haa-bör) *m* (pl ~) comandante *m*

befestigen (bö-*fêss*-ti-ghön) *v* atar; prender

befeuchten (bö-*foij*-tön) *v* *humedecer

beflecken (bö-*flê*-kön) *v* manchar

befördern (bö-*för*-dörn) *v* *promover

Beförderung (bö-*för*-dö-rung) *f* (pl ~en) transporte *m*; promoción *f*

befragen (bö-*fraa*-ghön) *v* indagar

befreien (bö-*frai*-ön) *v* dispensar

befreit (bö-*frait*) *adj* exento

Befreiung (bê-*frai*-ung) *f* liberación *f*; exención *f*

befriedigen (bö-*frii*-di-ghön) *v* *satisfacer

Befriedigung (bö-*frii*-di-ghung) *f* satisfacción *f*

Befugnis (bö-*fuuk*-niss) *f* (pl ~se) autoridad *f*

befugt (bö-*fuukt*) *adj* competente

befürchten (bö-*fürj*-tön) *v* temer

begabt (bö-*ghaapt*) *adj* talentoso, dotado

Begabung (bö-*ghaa*-bung) *f* talento *m*, don *m*

begegnen (bö-*ghee*-ghnön) *v* *encontrarse con; *encontrar

Begegnung (bö-*ghee*-ghnung) *f* (pl ~en) encuentro *m*

*begehen (bö-*ghee*-ön) *v* cometer

Begehren (bö-*ghee*-rön) *nt* deseo *m*

begehren (bö-*ghee*-rön) *v* desear; anhelar

begehrenswert (bö-*ghee*-rönss-veert) *adj* deseable

begeistern (bö-*ghaiss*-törn) v inspirar;
begeistert adj entusiasta

Begeisterung (bö-*ghaiss*-tö-rung) f entusiasmo m

begierig (bö-*ghii*-rij) adj ansioso, impaciente

Beginn (bö-*ghin*) m comienzo m

*beginnen** (bö-*ghi*-nön) v *empezar;
wieder ~ *recomenzar

begleiten (bö-*ghlai*-tön) v acompañar

beglückwünschen (bö-*ghlük*-vün-ʃön) v felicitar, cumplimentar

Beglückwünschung (bö-*ghlük*-vün-ʃung) f (pl ~en) felicitación f

Begnadigung (bö-*ghnaa*-di-ghung) f (pl ~en) indulto m

*begraben** (bö-*ghraa*-bön) v *enterrar

Begräbnis (bö-*ghrêêp*-niss) nt (pl ~se) funerales mpl, entierro m

*begreifen** (bö-*ghrai*-fön) v comprender

Begriff (bö-*ghrif*) m (pl ~e) noción f

*begünstigen** (bö-*ghünss*-ti-ghön) v *favorecer

Beha m (pl ~s) sujetador m

behaglich (bö-*haak*-lij) adj cómodo, confortable

Behaglichkeit (bö-*haak*-lij-kait) f (pl ~en) comodidad f

behalten (bö-*hal*-tön) v *acordarse

Behälter (bö-*hêl*-tör) m (pl ~) receptáculo m

behandeln (bö-*han*-döln) v tratar

Behandlung (bö-*han*-dlung) f (pl ~en) tratamiento m; **kosmetische ~** tratamiento de belleza

Behandlungsweise (bö-*han*-dlungss-vai-sö) f (pl ~n) enfoque m

beharren (bö-*ha*-rrön) v insistir

behaupten (bö-*haup*-tön) v afirmar

sich *behelfen mit (bö-*hêl*-fön) arreglarse con

behende (bö-*hên*-dö) adj diestro

beherbergen (bö-*hêr*-bêr-ghön) v alojar

beherrschen (bö-*hêr*-ʃön) v dominar

beherzt (bö-*hêrtsst*) adj valiente

behexen (bö-*hê*-kssön) v hechizar

Behörde (bö-*höör*-dö) f (pl ~n) autoridades fpl

behutsam (bö-*huut*-saam) adj prudente

bei (bai) prep con, a; cerca de

Beichte (*baij*-tö) f (pl ~n) confesión f

beichten (*baij*-tön) v *confesarse

beide (*bai*-dö) adj ambos; **einer von beiden** cualquiera de los dos

Beifall (*bai*-fal) m aplauso m; **~ klatschen** aplaudir

beifügen (*bai*-füü-ghön) v juntar

beige (beeʒ) adj beige

Beil (bail) nt (pl ~e) hacha f

Beilage (*bai*-laa-ghö) f (pl ~n) anexo m; suplemento m

beiläufig (*bai*-loi-fij) adj de paso

*beilegen** (*bai*-lee-ghön) v *incluir

Bein (bain) nt (pl ~e) pata f, pierna f; hueso m

beinahe (*bai*-naa-ö) adv casi

*beischließen** (*bai*-ʃlii-ssön) v *incluir

beiseite (bai-*sai*-tö) adv aparte

Beispiel (*bai*-ʃpiil) nt (pl ~e) ejemplo m; **zum ~** por ejemplo

*beißen** (*bai*-ssön) v *morder

Beistand (*bai*-ʃtant) m asistencia f

Beitrag (*bai*-traak) m (pl ~e) contribución f

beiwohnen (bai-vôô-nön) v asistir a

bejahen (bö-*yaa*-ön) v *aprobar; **bejahend** afirmativo

bejahrt (bö-*yaart*) adj viejo

bekämpfen (bö-*kêm*-pfön) v combatir

bekannt (bö-*kant*) adj notorio

Bekannte (bö-*kan*-tö) m (pl ~n) conocido m

bekanntmachen (bö-*kant*-ma-jön) v anunciar

Bekanntmachung (bö-*kant*-ma-jung) f

(pl ~en) anuncio *m*; comunicado *m*

Bekanntschaft (bö-*kant*-ʃaft) *f* (pl ~en) conocido *m*

bekehren (bö-*kee*-rön) *v* *convertir

***bekennen** (bö-*kê*-nön) *v* profesar

***bekommen** (bö-*ko*-mön) *v* *conseguir; recibir

bekömmlich (bö-*köm*-lij) *adj* saludable

bekrönen (bö-*kröö*-nön) *v* coronar

bekümmert (bö-*kü*-mört) *adj* apenado

Belagerung (bö-*laa*-ghö-rung) *f* (pl ~en) sitio *m*

belanglos (bö-*lang*-lôôss) *adj* baladí

belasten (bö-*lass*-tön) *v* cargar

belästigen (bö-*lêss*-ti-ghön) *v* fastidiar, molestar

Belästigung (bö-*lêss*-ti-ghung) *f* (pl ~en) molestia *f*

Belastung (bö-*lass*-tung) *f* (pl ~en) carga *f*

Beleg (bö-*leek*) *m* (pl ~e) recibo *m*

beleibt (bö-*laipt*) *adj* grueso

beleidigen (bö-*lai*-di-ghön) *v* ofender, insultar; **beleidigend** *adj* insultante

Beleidigung (bö-*lai*-di-ghung) *f* (pl ~en) ofensa *f*, insulto *m*

Beleuchtung (bö-*loij*-tung) *f* alumbrado *m*, iluminación *f*

Belgien (*bêl*-ghyön) Bélgica *f*

Belgier (*bêl*-ghyör) *m* (pl ~) belga *m*

belgisch (*bêl*-ghiʃ) *adj* belga

Belichtung (bö-*lij*-tung) *f* exposición *f*

Belichtungsmesser (bö-*lij*-tungss-mê-ssör) *m* (pl ~) exposímetro *m*

beliebig (bö-*lii*-bij) *adj* opcional

beliebt (bö-*liipt*) *adj* popular

bellen (*bê*-lön) *v* ladrar

belohnen (bö-*lôô*-nön) *v* recompensar

Belohnung (bö-*lôô*-nung) *f* (pl ~en) recompensa *f*

sich bemächtigen (bö-*mêj*-ti-ghön) lograr

bemerken (bö-*mêr*-kön) *v* *advertir;

*comprobar *hacer una observación

bemerkenswert (bö-*mêr*-könss-veert) *adj* notable

Bemerkung (bö-*mêr*-kung) *f* (pl ~en) observación *f*

bemitleiden (bö-*mit*-lai-dön) *v* compadecerse de

bemühen (bö-*müü*-ön) *v* molestar; **sich ~** *esforzarse

Bemühung (bö-*müü*-ung) *f* (pl ~en) esfuerzo *m*

benachbart (bö-*naj*-baart) *adj* contiguo, vecino

benachrichtigen (bö-*naaj*-rij-ti-ghön) *v* notificar

sich *benehmen (bö-*nee*-mön) comportarse

Benennung (bö-*nê*-nung) *f* (pl ~en) denominación *f*

benutzen (bö-*nu*-tssön) *v* usar; utilizar

Benutzer (bö-*nu*-tssör) *m* (pl ~) usuario *m*

Benzin (bên-*tssiin*) *nt* gasolina *f*; combustible *m*; **bleifreies ~** gasolina sin plomo

Benzinpumpe (bên-*tssiin*-pum-pö) *f* (pl ~n) bomba de gasolina

Benzintank (bên-*tssiin*-tangk) *m* depósito de gasolina

beobachten (bö-*ôô*-baj-tön) *v* observar

Beobachtung (bö-*ôô*-baj-tung) *f* (pl ~en) observación *f*

bequem (bö-*kveem*) *adj* confortable; fácil, cómodo

Bequemlichkeit (bö-*kveem*-lij-kait) *f* (pl ~en) comodidad *f*

beratschlagen (bö-*raat*-ʃlaa-ghön) *v* discutir

Beratung (bö-*raa*-tung) *f* (pl ~en) de liberación *f*

Beratungsstelle (bö-*raa*-tungss-ʃtê-lö

f (pl ~n) dispensario m

berauscht (bö-*rauft*) *adj* embriagado

berechnen (bö-*rêj*-nön) *v* calcular

berechtigt (bö-*rêj*-tijt) *adj* justo

bereden (bö-*ree*-dön) *v* persuadir

Bereich (bö-*raij*) *m* alcance *m*

bereit (bö-*rait*) *adj* listo; preparado

bereits (bö-*raitss*) *adv* ya

bereitwillig (bö-*rait*-vi-lij) *adj* cooperador

Berg (bêrk) *m* (pl ~e) montaña *f*; monte *m*

Bergbau (*bêrk*-bau) *m* minería *f*

Bergkette (*bêrk*-kê-tö) *f* (pl ~n) cordillera *f*

Bergmann (*bêrk*-man) *m* (pl -leute) minero *m*

Bergschlucht (*bêrk*-ʃlujt) *f* (pl ~en) cañada *f*

Bergsteigen (*bêrk*-ʃtai-ghön) *nt* montañismo *m*

Bergwerk (*bêrk*-vêrk) *nt* (pl ~e) mina *f*

Bericht (bö-*rijt*) *m* (pl ~e) narración *f*, informe *m*; noticia *f*

berichten (bö-*rij*-tön) *v* informar; relatar

Berichterstatter (bö-*rijt*-ör-ʃta-tör) *m* (pl ~) reportero *m*

Berichtigung (bö-*rij*-ti-ghung) *f* (pl ~en) corrección *f*

Bernstein (*bêrn*-ʃtain) *m* ámbar *m*

*bersten (*bêrss*-tön) *v* *quebrar, *reventar

berüchtigt (bö-*rüj*-tijt) *adj* de mala fama

Beruf (bö-*ruuf*) *m* (pl ~e) profesión *f*; oficio *m*

beruflich (bö-*ruuf*-lij) *adj* profesional

beruhigen (bö-*ruu*-i-ghön) *v* calmar; tranquilizar; **sich** ~ calmarse

Beruhigungsmittel (bö-*ruu*-i-ghungss-mi-töl) *nt* (pl ~) calmante *m*

berühmt (bö-*rüümt*) *adj* afamado, famoso

berühren (bö-*rüü*-rön) *v* tocar

Berührung (bö-*rüü*-rung) *f* (pl ~en) contacto *m*, toque *m*

besagen (bö-*saa*-ghön) *v* implicar

Besatzung (bö-*sa*-tssung) *f* (pl ~en) equipo *m*

beschädigen (bö-*ʃêê*-di-ghön) *v* dañar

beschaffen (bö-*ʃa*-fön) *v* *proveer

beschäftigen (bö-*ʃêf*-ti-ghön) *v* emplear; **beschäftigt** *adj* ocupado; atareado; **sich** ~ **mit** *atender a

Beschäftigung (bö-*ʃêf*-ti-ghung) *f* (pl ~en) ocupación *f*; empleo *m*

beschämt (bö-*ʃêêmt*) *adj* avergonzado

Bescheid (bö-*ʃait*) *m* mensaje *m*

bescheiden (bö-*ʃai*-dön) *adj* modesto; humilde

Bescheidenheit (bö-*ʃai*-dön-hait) *f* modestia *f*

Bescheinigung (bö-*ʃai*-ni-ghung) *f* (pl ~en) certificado *m*

beschlagnahmen (bö-*ʃlaak*-naa-mön) *v* confiscar

beschleunigen (bö-*ʃloi*-ni-ghön) *v* acelerar

*beschließen (bö-*ʃlii*-ssön) *v* decidir

Beschluß (bö-*ʃluss*) *m* (pl Beschlüsse) decisión *f*

beschmutzt (bö-*ʃmutsst*) *adj* manchado

beschränken (bö-*ʃrêng*-kön) *v* limitar

*beschreiben (bö-*ʃrai*-bön) *v* describir

Beschreibung (bö-*ʃrai*-bung) *f* (pl ~en) descripción *f*

beschriften (bö-*ʃrif*-tön) *v* rotular

beschuldigen (bö-*ʃul*-di-ghön) *v* acusar; culpar

Beschwerde (bö-*ʃveer*-dö) *f* (pl ~n) queja *f*

Beschwerdebuch (bö-*ʃveer*-dö-buuj) *nt* (pl ~er) libro de reclamaciones

sich beschweren (bö-*ʃvee*-rön) quejarse

beschwindeln (bö-*fvin*-döln) *v* estafar

beseitigen (bö-*sai*-ti-ghön) *v* eliminar; *remover

Beseitigung (bö-*sai*-ti-ghung) *f* remoción *f*

Besen (*bee*-sön) *m* (pl ~) escoba *f*

besessen (bö-*sê*-ssön) *adj* poseído

Besessenheit (bö-*sê*-ssön-hait) *f* obsesión *f*

besetzen (bö-*sê*-tssön) *v* ocupar

Besetzung (bö-*sê*-tssung) *f* (pl ~en) ocupación *f*

besichtigen (bö-*sij*-ti-ghön) *v* mirar

besiegen (bö-*sii*-ghön) *v* batir; derrotar; vencer

Besitz (bö-*sitss*) *m* posesión *f*; propiedad *f*

*besitzen (bö-*si*-tssön) *v* *poseer

Besitzer (bö-*si*-tssör) *m* (pl ~) propietario *m*

besonder (bö-*son*-dör) *adj* especial, particular; separado

besonders (bö-*son*-dörss) *adv* especialmente, sobre todo

besonnen (bö-*so*-nön) *adj* ponderado

besorgen (bö-*sor*-ghön) *v* procurar; cuidar, *hacer; **besorgt** preocupado

Besorgtheit (bö-*sorkt*-hait) *f* preocupación *f*, inquietud *f*

bespötteln (bö-*fpö*-töln) *v* ridiculizar

Besprechung (bö-*fprê*-jung) *f* (pl ~en) discusión *f*; reseña *f*

bespritzen (bö-*fpri*-tssön) *v* salpicar

besser (*bê*-ssör) *adj* mejor

best (bêsst) *adj* óptimo; **zum besten *haben** engañar

beständig (bö-*ftên*-dij) *adj* estable; firme, constante

Bestandteil (bö-*ftant*-tail) *m* (pl ~e) elemento *m*; ingrediente *m*

bestätigen (bö-*ftê*-ti-ghön) *v* confirmar

Bestätigung (bö-*ftê*-ti-ghung) *f* (pl ~en) confirmación *f*

Bestattung (bö-*fta*-tung) *f* (pl ~en) entierro *m*

*bestechen (bö-*ftê*-jön) *v* corromper, sobornar

Bestechung (bö-*ftê*-jung) *f* (pl ~en) corrupción *f*, soborno *m*

Besteck (bö-*ftêk*) *nt* cubiertos *mpl*

*bestehen (bö-*ftee*-ön) *v* existir; persistir, insistir; *aprobar; ~ **aus** constar de

*besteigen (bö-*ftai*-ghön) *v* escalar, montar

bestellen (bö-*ftê*-lön) *v* *pedir

Bestellung (bö-*ftê*-lung) *f* (pl ~en) pedido *m*; **auf ~ gemacht** hecho a la medida

Bestellzettel (bö-*ftêl*-tssê-töl) *m* (pl ~) hoja de pedido

besteuern (bö-*ftoi*-örn) *v* *imponer contribuciones

Besteuerung (bö-*ftoi*-ö-rung) *f* impuesto *m*

bestimmen (bö-*fti*-mön) *v* determinar; destinar

bestimmt (bö-*ftimt*) *adj* cierto; determinado, definido

Bestimmung (bö-*fti*-mung) *f* (pl ~en) definición *f*

Bestimmungsort (bö-*fti*-mungss-ort) *m* (pl ~e) destino *m*

bestrafen (bö-*ftraa*-fön) *v* castigar

bestrebt (bö-*ftreept*) *adj* ansioso

*bestreiten (bö-*ftrai*-tön) *v* disputar

bestürzt (bö-*ftürtsst*) *adj* trastornado

Besuch (bö-*suuj*) *m* (pl ~e) visita *f*

besuchen (bö-*suu*-jön) *v* visitar

Besuchsstunden (bö-*suujss*-ftun-dön) *fpl* horas de visita

betasten (bö-*tass*-tön) *v* palpar

Betäubung (bö-*toi*-bung) *f* (pl ~en) anestesia *f*

Betäubungsmittel (bö-*toi*-bungss-mi-töl) *nt* (pl ~) anestésico *m*

Bete (*bee*-tö) *f* (pl ~n) remolacha *f*

sich beteiligen an (bö-*tai*-li-ghön) unirse a

beteiligt (bö-*tai*-lijt) *adj* interesado, implicado

beten (*bee*-tön) *v* orar

Beton (be-*tong*) *m* hormigón *m*

betonen (bö-*tôô*-nön) *v* enfatizar, acentuar

Betonung (bö-*tôô*-nung) *f* énfasis *m*, acento *m*

betrachten (bö-*traj*-tön) *v* considerar

beträchtlich (bö-*trêjt*-lij) *adj* considerable; *adv* bastante

Betrag (bö-*traak*) *m* (pl ~̈e) suma *f*

Betragen (bö-*traa*-ghön) *nt* conducta *f*

*****betragen** (bö-*traa*-ghön) *v* sumar

*****betreffen** (bö-*trê*-fön) *v* atañer; *concernir

betreffs (bö-*trêfss*) *prep* respecto a, concerniente a, relativo a

*****betreten** (bö-*tree*-tön) *v* entrar

Betrieb (bötriip) *m* funcionamiento *m*

Betriebsanlage (bö-*triipss*-an-laa-ghö) *f* (pl ~n) instalación *f*

Betriebsstörung (bö-*triipss*-ĺtöö-rung) *f* (pl ~en) avería *f*

Betrübnis (bö-*trüüp*-niss) *f* aflicción *f*, tristeza *f*

betrübt (bö-*trüüpt*) *adj* afligido

Betrug (bö-*truuk*) *m* engaño *m*; estafa *f*, fraude *m*

*****betrügen** (bö-*trüü*-ghön) *v* engañar; estafar

Betrüger (bö-*trüü*-ghör) *m* (pl ~) estafador *m*

betrunken (bö-*trung*-kön) *adj* borracho

Bett (bêt) *nt* (pl ~en) cama *f*

Bettdecke (*bêt*-dê-kö) *f* (pl ~n) colcha *f*

betteln (*bê*-töln) *v* mendigar

Bettler (*bêt*-lör) *m* (pl ~) mendigo *m*

Bettzeug (bet-tssoɪk) *nt* ropa de cama

beugen (*boi*-ghön) *v* inclinar

Beule (*boi*-lö) *f* (pl ~n) abolladura *f*; chichón *m*

sich beunruhigen (bö-*un*-ruu-i-ghön) inquietarse

beunruhigt (bö-*un*-ruu-ijt) *adj* inquieto

beurteilen (bö-*ur*-tai-lön) *v* juzgar

Beutel (*boi*-töl) *m* (pl ~) petaca *f*

Bevölkerung (bö-*föl*-kö-rung) *f* población *f*

bevor (bö-*fôôr*) *conj* antes de que

bevorrechten (bö-*fôôr*-rêj-tön) *v* *favorecer

bewachen (bö-*va*-jön) *v* guardar

bewaffnen (bö-*vaf*-nön) *v* armar

bewahren (bö-*vaa*-rön) *v* guardar; preservar

Bewahrung (bö-*vaa*-rung) *f* conservación *f*

bewaldet (bö-*val*-döt) *adj* selvoso

bewegen (bö-*vee*-ghön) *v* *mover; **sich ~** *moverse

beweglich (bö-*veek*-lij) *adj* móvil; movible

Bewegung (bö-*vee*-ghung) *f* (pl ~en) movimiento *m*

Beweis (bö-*vaiss*) *m* (pl ~e) prueba *f*

*****beweisen** (bö-*vai*-sön) *v* *comprobar; *demostrar

sich *bewerben (bö-*vêr*-bön) solicitar un puesto

Bewerber (bö-*vêr*-bör) *m* (pl ~) interesado *m*

Bewerbung (bö-*vêr*-bung) *f* (pl ~en) solicitud *f*

bewilligen (bö-*vi*-li-ghön) *v* permitir; conceder

Bewilligung (bö-*vi*-li-ghung) *f* permiso *m*

bewillkommnen (bö-*vil*-kom-nön) *v* *dar la bienvenida

bewirten (bö-*vir*-tön) *v* hospedar

bewohnbar (bö-*vôôn*-baar) *adj* habitable

bewohnen (bö-*vôô*-nön) v habitar

Bewohner (bö-*vôô*-nör) m (pl ~) habitante m

bewölkt (bö-*völkt*) adj nublado, cubierto

Bewölkung (bö-*völ*-kung) f nubes fpl

bewundern (bö-*vun*-dörn) v admirar

Bewunderung (bö-*vun*-dö-rung) f admiración f

bewußt (bö-*vusst*) adj consciente

bewußtlos (bö-*vusst*-lôôss) adj inconsciente

Bewußtsein (bö-*vusst*-sain) nt conciencia f

bezahlen (bö-*tssaa*-lön) v pagar

Bezahlung (bö-*tssaa*-lung) f (pl ~en) pago m

bezaubernd (bö-*tssau*-börnt) adj encantador

bezeichnen (bö-*tssaij*-nön) v marcar; **bezeichnend** típico, característico

bezeugen (bö-*tssoi*-ghön) v testimoniar

sich ***beziehen auf** (bö-*tssii*-ön) afectar

Beziehung (bö-*tssii*-ung) f (pl ~en) relación f

Bezirk (bö-*tssirk*) m (pl ~e) distrito m; barrio m

in Bezug auf (in bö-*tssuk* auf) por lo que se refiere a

Bezugsschein (bö-*tssuukss*-ſain) m (pl ~e) cupón m

bezwecken (bö-*tssvê*-kön) v aspirar a

bezweifeln (bö-*tssvai*-föln) v *poner en duda, dudar

BH (be-*haa*) m sujetador m

Bibel (*bii*-böl) f (pl ~n) biblia f

Biber (*bii*-bör) m (pl ~) castor m

Bibliothek (bi-bli-ô-*teek*) f (pl ~en) biblioteca f

*biegen (*bii*-ghön) v doblar

biegsam (*biik*-saam) adj flexible

Biegung (*bii*-ghung) f (pl ~en) curva f

Biene (*bii*-nö) f (pl ~n) abeja f

Bienenkorb (*bii*-nön-korp) m (pl ~e) colmena f

Bier (biir) nt (pl ~e) cerveza f

*bieten (*bii*-tön) v *ofrecer

Bilanz (bi-*lantss*) f (pl ~en) balance m

Bild (bilt) nt (pl ~er) imagen f; cuadro m

bilden (*bil*-dön) v formar

Bildhauer (*bilt*-hau-ör) m (pl ~) escultor m

Bildschirm (*bilt*-ſirm) m (pl ~e) pantalla f

Billard (*bi*-lyart) nt billar m

billig (*bi*-lij) adj barato; razonable

billigen (*bi*-li-ghön) v *estar de acuerdo con

Billigung (*bi*-li-ghung) f aprobación f

Bimsstein (*bimss*-ſtain) m piedra pómez

*binden (*bin*-dön) v atar

Bindestrich (*bin*-dö-ſtrij) m (pl ~e) guión m

Binse (*bin*-sö) f (pl ~n) junco m

Biologie (bi-ô-lô-*ghii*) f biología f

Birke (*bir*-kö) f (pl ~n) abedul m

Birne (*bir*-nö) f (pl ~n) pera f; bulbo m

bis (biss) prep hasta; conj hasta que; ~ **zu** hasta

Bischof (*bi*-ſof) m (pl ~e) obispo m

bisher (biss-*heer*) adv hasta ahora

Biß (biss) m (pl Bisse) mordedura f; **bißchen** poco m

Bissen (*bi*-ssön) m (pl ~) bocado m

Bitte (*bi*-tö) f (pl ~n) ruego m

bitte (*bi*-tö) por favor; tenga usted

*bitten (*bi*-tön) v *rogar; solicitar; *pedir

bitter (*bi*-tör) adj amargo

Bittschrift (*bit*-ſrift) f (pl ~en) petición f

blank (blangk) *adj* arruinado

Blase (*blaa*-sö) *f* (pl ~n) ampolla *f*; vejiga *f*; burbuja *f*

*blasen (*blaa*-sön) *v* soplar

Blasenentzündung (*blaa*-sön-ênt-tssün-dung) *f* cistitis *f*

Blaskapelle (*blaass*-ka-pê-lö) *f* (pl ~n) charanga *f*

Blatt (blat) *nt* (pl ~er) hoja *f*; página *f*

Blattgold (*blat*-gholt) *nt* hojas de oro

blau (blau) *adj* azul

Blazer (*blee*-sör) *m* (pl ~) chaqueta ligera

Blei (blai) *nt* plomo *m*

*bleiben (*blai*-bön) *v* quedarse; continuar; bleibend duradero

bleich (blaij) *adj* pálido

bleichen (*blai*-jön) *v* blanquear

Bleistift (*blai*-ʃtift) *m* (pl ~e) lápiz *m*

Bleistiftspitzer (*blai*-ʃtift-ʃpi-tssör) *m* (pl ~) sacapuntas *m*

blenden (*blên*-dön) *v* *cegar; blendend deslumbrador

Blick (blik) *m* (pl ~e) mirada *f*; ojeada *f*, vislumbre *f*

blind (blint) *adj* ciego

Blinddarm (*blint*-darm) *m* (pl ~e) apéndice *m*

Blinddarmentzündung (*blint*-darm-ênt-tssün-dung) *f* apendicitis *f*

Blindenhund (*blin*-dön-hunt) *m* (pl ~e) perro lazarillo

Blinker (*bling*-kör) *m* (pl ~) indicador *m*

Blitz (blitss) *m* (pl ~e) relámpago *m*

Blitzlicht (*blitss*-lijt) *nt* (pl ~er) bombilla de flash

blockieren (blo-*kii*-rön) *v* *obstruir

blöde (*blöö*-dö) *adj* atontado

blond (blont) *adj* rubio

Blondine (blon-*dii*-nö) *f* (pl ~n) rubia *f*

bloß (blôôss) *adj* desnudo, *adv* solamente

Bluejeans (*bluu*-dʒiinss) *pl* jeans *mpl*, vaqueros *mpl*

blühen (*blüü*-ön) *v* *florecer

Blume (*bluu*-mö) *f* (pl ~n) flor *f*

Blumenbeet (*bluu*-mön-beet) *nt* (pl ~e) arriate *m*

Blumenblatt (*bluu*-mön-blat) *nt* (pl ~er) pétalo *m*

Blumenhändler (*bluu*-mön-hên-dlör) *m* (pl ~) florista *m*

Blumenhandlung (*bluu*-mön-han-dlung) *f* (pl ~en) floristería *f*

Blumenkohl (*bluu*-mön-kôôl) *m* coliflor *f*

Blumenzwiebel (*bluu*-mön-tssvii-böl) *f* (pl ~n) bulbo *m*

Bluse (*bluu*-sö) *f* (pl ~n) blusa *f*

Blut (bluut) *nt* sangre *f*

Blutarmut (*bluut*-ar-muut) *f* anemia *f*

Blutdruck (*bluut*-druk) *m* tensión arterial

bluten (*bluu*-tön) *v* sangrar

Blutgefäß (*bluut*-ghö-fêêss) *nt* (pl ~e) vaso sanguíneo

Blutsturz (*bluut*-ʃturtss) *m* (pl ~e) hemorragia *f*

Blutvergiftung (*bluut*-fêr-ghif-tung) *f* septicemia *f*

Boden¹ (*bôô*-dön) *m* suelo *m*, tierra *f*

Boden² (*bôô*-dön) *m* (pl ~) fondo *m*; buhardilla *f*

Bogen (*bôô*-ghön) *m* (pl ~) arco *m*

bogenförmig (*bôô*-ghön-för-mij) *adj* arqueado

Bogengang (*bôô*-ghön-ghang) *m* (pl ~e) pórtico *m*

Bohne (*bôô*-nö) *f* (pl ~n) judía *f*; ejote *mMe*

bohren (*bôô*-rön) *v* taladrar, taladrar

Bohrer (*bôô*-rör) *m* (pl ~) taladro *m*

Boje (*bôô*-yö) *f* (pl ~n) boya *f*

Bolivianer (bô-li-*vyaa*-nör) *m* (pl ~) boliviano *m*

bolivianisch (bô-li-*vyaa*-niʃ) *adj* boliviano

Bolivien (bô-*lii*-vyön) Bolivia *f*

Bolzen (*bol*-tssön) *m* (pl ~) perno *m*

bombardieren (bom-bar-*dii*-rön) *v* bombardear

Bombe (*bom*-bö) *f* (pl ~n) bomba *f*

Bonbon (bong-*bong*) *m* (pl ~s) caramelo *m*; bombón *m*

Boot (bôôt) *nt* (pl ~e) barca *f*

an Bord (an bort) a bordo

Bordell (bor-*dél*) *nt* (pl ~e) burdel *m*

borgen (*bor*-ghön) *v* tomar prestado

Börse (*böör*-sö) *f* (pl ~n) bolsa *f*

bösartig (*bööss*-ar-tij) *adj* vicioso, maligno

Böse (*böö*-sö) *nt* daño *m*

böse (*böö*-sö) *adj* enojado, enfadado; malvado, maligno, malo

boshaft (*bôôss*-haft) *adj* malicioso

Botanik (bô-*taa*-nik) *f* botánica *f*

Bote (*bôô*-tö) *m* (pl ~n) mensajero *m*

Botengang (*bôô*-tön-ghang) *m* (pl ~e) recado *m*

Botschaft (*bôôt*-ʃaft) *f* (pl ~en) embajada *f*

Botschafter (*bôôt*-ʃaf-tör) *m* (pl ~) embajador *m*

Boutique (bu-*tik*) *f* (pl ~n) boutique *f*

Bowling (*bôô*-ling) *nt* bowling *m*

boxen (*bo*-kssön) *v* boxear

Boxkampf (*bokss*-kampf) *m* (pl ~e) combate de boxeo

brach (braaj) *adj* baldío

Brand (brant) *m* (pl ~e) incendio *m*

Brandmarke (*brant*-mar-kö) *f* (pl ~n) marca *f*

Brandwunde (*brant*-vun-dö) *f* (pl ~n) quemadura *f*

Brasilianer (bra-si-*lyaa*-nör) *m* (pl ~) brasileño *m*

brasilianisch (bra-si-*lyaa*-niʃ) *adj* brasileño

Brasilien (bra-*sii*-lyön) Brasil *m*

Brassen (*bra*-ssön) *m* (pl ~) brema *f*

***braten** (*braa*-tön) *v* *freír; asar

Bratensoße (*braa*-tön-sôô-ssö) *f* (pl ~n) salsa *f*

Bratpfanne (*braat*-pfa-nö) *f* (pl ~n) sartén *f*

Bratrost (*braat*-rosst) *m* (pl ~e) parrilla *f*

Bratspieß (*braat*-ʃpiiss) *m* (pl ~e) espetón *m*

Brauch (brauj) *m* (pl ~e) uso *m*

brauchbar (*brauj*-baar) *adj* útil; utilizable

brauchen (*brau*-jön) *v* necesitar; deber

brauen (*brau*-ön) *v* fabricar cerveza

Brauerei (brau-ö-*rai*) *f* (pl ~en) cervecería *f*

braun (braun) *adj* moreno; tostado

Brause (*brau*-sö) *f* efervescencia *f*

Braut (braut) *f* (pl ~e) novia *f*

Bräutigam (*broi*-ti-gham) *m* (pl ~e) novio *m*

brav (braaf) *adj* bueno

Brecheisen (*brêj*-ai-sön) *nt* (pl ~) pie de cabra

***brechen** (*brê*-jön) *v* *quebrar, quebrantar; fracturar

breit (brait) *adj* ancho

Breite (*brai*-tö) *f* (pl ~n) anchura *f*, ancho *m*

Breitengrad (*brai*-tön-ghraat) *m* (pl ~e) latitud *f*

Breitling (*brait*-ling) *m* (pl ~e) boquerón *m*

Bremse (*brêm*-sö) *f* (pl ~n) freno *m*

Bremslichter (*brêmss*-lij-tör) *ntpl* luces de freno

Bremstrommel (*brêmss*-tro-möl) *f* (pl ~n) tambor del freno

***brennen** (*brê*-nön) *v* quemar

Brennpunkt (*brên*-pungkt) *m* (pl ~e) foco *m*

Brennschere (*brên*-ʃee-rö) *f* (pl ~n)

rizador *m*

Brennspiritus (brên-ʃpii-ri-tuss) *m* alcohol de quemar

Brennstoff (brên-ʃtof) *m* (pl ~e) combustible *m*

Bresche (brê-ʃö) *f* (pl ~n) brecha *f*

Brett (brêt) *nt* (pl ~er) tabla *f*, tablón *m*

Bridge (bridʒ) *nt* bridge *m*

Brief (briif) *m* (pl ~e) carta *f*; **eingeschriebener ~** carta certificada

Briefkasten (briif-kass-tön) *m* (pl ~) buzón *m*

Briefmarke (briif-mar-kö) *f* (pl ~n) sello *m*, sello de correos; timbre *mMe*, estampilla *fMe*

Brieföffner (briif-öf-nör) *m* (pl ~) abrecartas *m*

Briefpapier (briif-pa-piir) *nt* papel para cartas

Brieftasche (briif-ta-ʃö) *f* (pl ~n) bolsa *f*, cartera *f*

Briefumschlag (briif-um-ʃlaak) *m* (pl ~e) sobre *m*

Briefwechsel (briif-vê-kssöl) *m* correspondencia *f*

brillant (bri-*lyant*) *adj* brillante

Brille (bri-lö) *f* (pl ~n) anteojos *mpl*

bringen (bring-ön) *v* *traer; llevar

Brise (brii-sö) *f* (pl ~n) brisa *f*

Brite (bri-tö) *m* (pl ~n) británico *m*

britisch (bri-tiʃ) *adj* británico

Brocken (bro-kön) *m* (pl ~) nudo *m*

Brombeere (brom-bee-rö) *f* (pl ~n) mora *f*

Bronchitis (bron-*jii*-tiss) *f* bronquitis *f*

Bronze (brong-ssö) *f* bronce *m*

bronzen (brong-ssön) *adj* de bronce

Brosche (bro-ʃö) *f* (pl ~n) broche *m*

Broschüre (bro-*füü*-rö) *f* (pl ~n) folleto *m*

Brot (brôôt) *nt* (pl ~e) pan *m*

Brötchen (brööt-jön) *nt* (pl ~) bollo *m*, panecillo *m*

Bruch (bruj) *m* (pl ~e) fractura *f*; hernia *f*

Bruchstück (bruj-ʃtük) *nt* (pl ~e) fracción *f*; trozo *m*

Brücke (brü-kö) *f* (pl ~n) puente *m*

Bruder (bruu-dör) *m* (pl ~) hermano *m*

Bruderschaft (bruu-dör-ʃaft) *f* (pl ~en) congregación *f*

Brüderschaft (brüü-dör-ʃaft) *f* fraternidad *f*

Brüllen (brü-lön) *nt* rugido *m*

brüllen (brü-lön) *v* rugir

brummen (bru-mön) *v* *gruñir

Brünette (brü-*nê*-tö) *f* (pl ~n) morena *f*

Brunnen (bru-nön) *m* (pl ~) pozo *m*

Brunnenkresse (bru-nön-krê-ssö) *f* berro *m*

Brust (brusst) *f* (pl ~e) pecho *m*; seno *m*

Brustkasten (brusst-kass-tön) *m* pecho *m*

Brustschwimmen (brusst-ʃvi-mön) *nt* braza *f*

Brüstung (brüss-tung) *f* (pl ~en) barandilla *f*

brutal (bru-*taal*) *adj* brutal

brutto (bru-tô) *adj* bruto

Bub (buup) *m* (pl ~en) mozo *m*

Bube (buu-bö) *m* (pl ~n) sota *f*

Buch (buuj) *nt* (pl ~er) libro *m*

Buche (buu-jö) *f* (pl ~n) haya *f*

buchen (buu-jön) *v* reservar

Bücherstand (büü-jör-ʃtant) *m* (pl ~e) puesto de libros

Buchhändler (buuj-hên-dlör) *m* (pl ~) librero *m*

Buchhandlung (buuj-han-dlung) *f* (pl ~en) librería *f*

Buchladen (buuj-laa-dön) *m* (pl ~) librería *f*

Büchse (bü-kssö) *f* (pl ~n) lata *f*

Büchsenöffner (bü-kssön-öf-nör) *m*

(pl ~) abrelatas *m*

Buchstabe (*buuj*-ʃtaa-bö) *m* (pl ~n) letra *f*

buchstabieren (buuj-ʃta-*bii*-rön) *v* deletrear

Bucht (bujt) *f* (pl ~en) ensenada *f*, bahía *f*

sich bücken (*bü*-kön) bajarse

Bude (*buu*-dö) *f* (pl ~n) puesto *m*

Budget (bü-*dʒee*) *nt* (pl ~s) presupuesto *m*

Büfett (bü-*fêt*) *nt* (pl ~e) buffet *m*

Bügeleisen (*büü*-ghöl-ai-sön) *nt* (pl ~) plancha *f*

bügelfrei (*büü*-ghöl-frai) *adj* no precisa plancha

bügeln (*büü*-ghöln) *v* planchar

Bühne (*büü*-nö) *f* (pl ~n) escenario *m*

Bühnenautor (*büü*-nön-au-tor) *m* (pl ~en) dramaturgo *m*

Bulgare (bul-*ghaa*-rö) *m* (pl ~n) búlgaro *m*

Bulgarien (bul-*ghaa*-ryön) Bulgaria *f*

bulgarisch (bul-*ghaa*-riʃ) *adj* búlgaro

Bummel (*bu*-möl) *m* paseo *m*

bummeln (*bu*-möln) *v* pasear

Bummelzug (*bu*-möl-tssuuk) *m* (pl ~e) tren de cercanías

Bund (bunt) *m* (pl ~e) liga *f*; **Bundes-** federal

Bündel (*bün*-döl) *nt* (pl ~) paquete *m*

bündeln (*bün*-döln) *v* liar

bündig (*bün*-dij) *adj* breve

Bündnis (*bünt*-niss) *nt* (pl ~se) alianza *f*

bunt (bunt) *adj* colorado; gaitero; **buntes Glas** vidrio de color

Burg (burk) *f* (pl ~en) plaza fuerte, castillo *m*

Bürge (*bür*-ghö) *m* (pl ~n) garante *m*

Bürger (*bür*-ghör) *m* (pl ~) ciudadano *m*; **Bürger-** civil, cívico

bürgerlich (*bür*-ghör-lij) *adj* burgués

Bürgermeister (*bür*-ghör-maiss-tör) *m* (pl ~) alcalde *m*

Bürgersteig (*bür*-ghör-ʃtaik) *m* (pl ~e) acera *f*

Bürgschaft (*bür*-ghör-ʃaft) *f* (pl ~en) garantía *f*

Büro (bü-*rôô*) *nt* (pl ~s) oficina *f*

Büroangestellte (bü-*rôô*-an-ghö-ʃtêl-tö) *m* (pl ~n) empleado de oficina

Bürokratie (bü-rô-kra-*tii*) *f* burocracia *f*

Bürostunden (bü-*rôô*-ʃtun-dön) *fpl* horas de oficina

Bursche (*bur*-ʃö) *m* (pl ~n) tipo *m*, muchacho *m*, chico *m*

Bürste (*bürss*-tö) *f* (pl ~n) cepillo *m*

bürsten (*bürss*-tön) *v* cepillar

Bus (buss) *m* (pl ~se) autobús *m*

Busch (buʃ) *m* (pl ~e) matorral *m*

Busen (*buu*-sön) *m* (pl ~) seno *m*

Buße (*buu*-ssö) *f* (pl ~n) pena *f*

Büste (*büss*-tö) *f* (pl ~n) busto *m*

Büstenhalter (*büss*-tön-hal-tör) *m* (pl ~) sostén *m*

Butter (*bu*-tör) *f* mantequilla *f*

Butterbrot (*bu*-tör-brôôt) *nt* (pl ~e) emparedado *m*

C

Café (ka-*fee*) *nt* (pl ~s) bar *m*

Camper (*kêm*-pör) *m* (pl ~) acampador *m*

Camping (*kêm*-ping) *nt* (pl ~s) camping *m*

Campingplatz (*kêm*-ping-platss) *m* (pl ~e) lugar de camping

Celsius (*tssêl*-si-uss) centígrado

Cembalo (*chêm*-ba-lô) *nt* (pl ~s) clavicémbalo *m*

Chalet (ʃa-*lee*) *nt* (pl ~s) chalet *m*

Champignon (ʃam-pi-nyong) *m* (pl.

~s) seta *f*

Chance (*ʃaŋg*-ssö) *f* (pl ~n) oportunidad *f*

Chaos (*kaa*-oss) *nt* caos *m*

chaotisch (ka-*ô*-tiʃ) *adj* caótico

Charakter (ka-*rak*-tör) *m* (pl ~e) carácter *m*

charakterisieren (ka-rak-tö-ri-*sii*-rön) *v* caracterizar

charakteristisch (ka-rak-tö-*riss*-tiʃ) *adj* característico

Charakterzug (ka-*rak*-tör-tssuuk) *m* (pl ~e) rasgo característico

charmant (ʃar-*mant*) *adj* encantador

Charterflug (*char*-tör-fluuk) *m* (pl ~e) vuelo fletado

Chauffeur (ʃo-*föör*) *m* (pl ~e) chófer *m*

Chaussee (ʃô-*ssee*) *f* (pl ~n) calzada *f*

Chef (ʃêf) *m* (pl ~s) jefe *m* ; patrón *m*

Chemie (je-*mii*) *f* química *f*

chemisch (*jee*-miʃ) *adj* químico

Chile (*chii*-le) Chile *m*

chilene (chi-*lee*-nö) *m* (pl ~n) chileno *m*

chilenisch (chi-*lee*-niʃ) *adj* chileno

China (*jii*-na) China *f*

chinese (ji-*nee*-sö) *m* (pl ~n) chino *m*

chinesisch (ji-*nee*-siʃ) *adj* chino

chinin (ji-*niin*) *nt* quinina *f*

chirurg (ji-*rurk*) *m* (pl ~en) cirujano *m*

chlor (klôôr) *nt* cloro *m*

choke (chôôk) *m* starter *m*

chor (kôôr) *m* (pl ~e) coro *m*

christ (krisst) *m* (pl ~en) cristiano *m*

christlich (*krisst*-liç) *adj* cristiano

christus (*kriss*-tuss) Cristo

chrom (krôôm) *nt* cromo *m*

chronisch (*krôô*-niʃ) *adj* crónico

chronologisch (krô-nô-*lôô*-ghiʃ) *adj* cronológico

Clown (klaun) *m* (pl ~s) payaso *m*

Cocktail (*kok*-teel) *m* (pl ~s) cóctel *m*

Comics (*ko*-mikss) *pl* tebeo *m*

Compact Disk (*kom*-pakt-dissk) *f* disco compacto *m*; ~ **-Spieler** reproductor de discos compactos

Computer (kom-*puu*-tör) *m* ordenador *m*

Container (kon-*tee*-nör) *m* (pl ~) contenedor *m*

D

da (daa) *conj* ya que, puesto que

Dach (daj) *nt* (pl ~er) techo *m*

Dachziegel (*daj*-tssii-ghöl) *m* (pl ~) teja *f*

damals (*daa*-maalss) *adv* entonces

Dame (*daa*-mö) *f* (pl ~n) señora *f*

Damebrett (*daa*-mö-brêt) *nt* (pl ~er) tablero de damas

Damenbinde (*daa*-mön-bin-dö) *f* (pl ~n) paño higiénico

Damentoilette (*daa*-mön-tᵘa-lê-tö) *f* (pl ~n) lavabos para señoras, tocador *m*

Damenunterwäsche (*daa*-mön-un-tör-vê-ʃö) *f* ropa interior de mujer

Damespiel (*daa*-mö-ʃpiil) *nt* juego de damas

damit (da-*mit*) *conj* a fin de

Damm (dam) *m* (pl ~e) presa *f* ; dique *m* ; terraplén *m*

Dampf (dampf) *m* (pl ~e) vapor *m*

Dampfer (*dam*-pför) *m* (pl ~) vapor *m*

Däne (*dêê*-nö) *m* (pl ~n) danés *m*

Dänemark (*dêê*-nö-mark) Dinamarca *f*

dänisch (*dêê*-niʃ) *adj* danés

dankbar (*dangk*-baar) *adj* agradecido

Dankbarkeit (*dangk*-baar-kait) *f* gratitud *f*

danken (*dang*-kön) *v* *agradecer;
  danke schön gracias

dann (dan) *adv* después, en tal caso

darauf (da-*rauf*) *adv* después

darlegen (*daar*-lee-ghön) *v* declarar

Darm (darm) *m* (pl ̈e) intestino *m*

darstellen (*daar*-ʃtê-lön) *v* interpretar

Darstellung (*daar*-ʃtê-lung) *f* (pl ~en) esquema *m*; versión *f*

darum (*daa*-rum) *conj* por lo tanto

das (dass) *pron* eso

Dasein (*daa*-sain) *nt* existencia *f*

daß (dass) *conj* que

Dattel (*da*-töl) *f* (pl ~n) dátil *m*

Datum (*daa*-tum) *nt* (pl Daten) fecha *f*

Dauer (*dau*-ör) *f* duración *f*

dauerhaft (*dau*-ör-haft) *adj* duradero

Dauerkarte (*dau*-ör-kar-tö) *f* (pl ~n) tarjeta de temporada

dauern (*dau*-örn) *v* durar; **dauernd** permanente

Dauerwelle (*dau*-ör-vê-lö) *f* ondulación permanente

Daumen (*dau*-mön) *m* (pl ~) pulgar *m*

Daune (*dau*-nö) *f* (pl ~n) flojel *m*

Daunendecke (*dau*-nön-dê-kö) *f* (pl ~n) edredón *m*

Debatte (de-*ba*-tö) *f* (pl ~n) debate *m*

Deck (dêk) *nt* (pl ~s) cubierta *f*

Decke (*dê*-kö) *f* (pl ~n) manta *f*; cielo raso

Deckel (*dê*-köl) *m* (pl ~) tapa *f*

Deckkajüte (*dêk*-ka-yüü-tö) *f* (pl ~n) camarote en cubierta

Defekt (de-*fêkt*) *m* (pl ~e) defecto *m*

definieren (de-fi-*nii*-rön) *v* definir

Definition (de-fi-ni-*tssyôôn*) *f* (pl ~en) definición *f*

Defizit (*dee*-fi-tssit) *nt* (pl ~e) déficit *m*

dehnbar (*deen*-baar) *adj* flexible

dehnen (*dee*-nön) *v* estirar

Deich (daij) *m* (pl ~e) dique *m*

dein (dain) *pron* tu

Dekoration (de-kô-ra-*tssyôôn*) *f* (pl ~en) decoración *f*

Delegation (de-le-gha-*tssyôôn*) *f* (pl ~en) delegación *f*

Delinquent (de-ling-*kvênt*) *m* (pl ~en) delincuente *m*

Demokratie (de-mô-kra-*tii*) *f* (pl ~n) democracia *f*

demokratisch (de-mô-*kraa*-tiʃ) *adj* democrático

Demonstration (de-mon-sstra-*tssyôôn*) *f* (pl ~en) manifestación *f*

demonstrieren (de-mon-*sstrii*-rön) *v* *hacer una manifestación; *demostrar

*denken (*dêng*-kön) *v* *pensar; *creer; ~ **an** *recordar, *pensar en **sich** ~ figurarse

Denker (*dêng*-kör) *m* (pl ~) pensador *m*

Denkmal (*dêngk*-maal) *nt* (pl ̈er) monumento *m*

denkwürdig (*dênk*-vür-dij) *adj* memorable

denn (dên) *conj* porque

dennoch (*dé*-noj) *adv* sin embargo, todavía; *conj* pero

Deodorant (de-ô-dô-*rant*) *nt* desodorante *m*

deponieren (de-pô-*nii*-rön) *v* depositar

Depot (de-*pôô*) *nt* (pl ~s) almacén *m*

deprimieren (de-pri-*mii*-rön) *v* deprimir

der (deer) *art* (f die, nt das) el *art*; *pron* que

derartig (*deer*-ar-tij) *adj* similar

dermaßen (*deer*-maa-ssön) *adv* a tal grado

desertieren (de-sêr-*tii*-rön) *v* desertar

deshalb (*déss*-halp) *adv* por lo tanto

Desinfektionsmittel (dêss-in-fêktssyôônss-mi-töl) *nt* (pl ~) desinfectante *m*

desinfizieren (dêss-in-fi-*tssii*-rön) *v* desinfectar

deswegen (*dêss*-vee-ghön) *adv* por tanto

Detektiv (de-têk-*tiif*) *m* (pl ~e) detective *m*

deutlich (*doit*-lij) *adj* claro

deutsch (doich) *adj* alemán

Deutsche (*doi*-chö) *m* (pl ~n) alemán *m*

Deutschland (*doich*-lant) Alemania *f*

Devise (de-*vii*-sö) *f* (pl ~n) lema *f*

Dezember (de-*tssêm*-bör) diciembre

Dezimalsystem (de-tssi-*maal*-süss-teem) *nt* sistema decimal

Dia (*dii*-a) *nt* (pl ~s) diapositiva *f*

Diabetes (di-a-*bee*-tèss) *m* diabetes *f*

Diabetiker (di-a-*bee*-ti-kör) *m* (pl ~) diabético *m*

Diagnose (di-a-*ghnôô*-sö) *f* (pl ~n) diagnosis *m*

diagnostizieren (di-a-ghnoss-ti-*tssii*-rön) *v* diagnosticar

diagonal (di-a-ghô-*naal*) *adj* diagonal

Diagonale (di-a-ghô-*naa*-lö) *f* (pl ~n) diagonal *f*

Diagramm (di-a-*ghram*) *nt* (pl ~e) gráfico *m*

Diamant (di-a-*mant*) *m* (pl ~en) diamante *m*

Diät (di-*êêt*) *f* régimen *m*

dich (dij) *pron* te

dicht (dijt) *adj* denso; ~ **bevölkert** populoso

Dichter (*dij*-tör) *m* (pl ~) poeta *m*

Dichtung (*dij*-tung) *f* poesía *f*

dick (dik) *adj* espeso, gordo; obeso; voluminoso

Dicke (*di*-kö) *f* espesor *m*

Dieb (diip) *m* (pl ~e) ladrón *m*

Diebstahl (*diip*-ʃtaal) *m* (pl ~e) robo *m*

dienen (*dii*-nön) *v* *servir

Diener (*dii*-nör) *m* (pl ~) criado *m*; ayuda de cámara, sirviente *m*

Dienst (diinsst) *m* (pl ~e) servicio *m*

Dienstag (*diinss*-taak) *m* martes *m*

Dienstmädchen (*diinsst*-mêêt-jön) *nt* (pl ~) muchacha *f*

Dienstpflichtige (*diinsst*-pflij-ti-ghö) *m* (pl ~n) quinto *m*

Dienstraum (*diinsst*-raum) *m* (pl ~e) oficina *f*

Dienststelle (*diinsst*-sstê-lö) *f* (pl ~n) sección *f*

dies (diiss) *pron* éste

diese (*dii*-sö) *pron* éstos

Diesel (*dii*-söl) *m* diesel *m*

dieser (*dii*-sör) *pron* este, esto

digital (di-ghi-*taal*) *adj* digital

Diktat (dik-*taat*) *nt* (pl ~e) dictado *m*

Diktator (dik-*taa*-tor) *m* (pl ~en) dictador *m*

diktieren (dik-*tii*-rön) *v* dictar

Diktiergerät (dik-*tiir*-ghö-rêêt) *nt* (pl ~e) dictáfono *m*

Ding (ding) *nt* (pl ~e) cosa *f*

Diphtherie (dif-te-*rii*) *f* difteria *f*

Diplom (di-*plôôm*) *nt* (pl ~e) diploma *m*; **ein ~ erlangen** graduarse

Diplomat (di-plô-*maat*) *m* (pl ~en) diplomático *m*

dir (diir) *pron* a ti

direkt (di-*rêkt*) *adj* directo

Direktor (di-*rêk*-tor) *m* (pl ~en) director *m*; principal *m*

Dirigent (di-ri-*ghênt*) *m* (pl ~en) director *m*

dirigieren (di-ri-*ghii*-rön) *v* *conducir

Diskontsatz (diss-*kont*-satss) *m* (pl ~e) descuento bancario

Diskussion (diss-ku-*ssyôôn*) *f* (pl ~en) discusión *f*

diskutieren (diss-ku-*tii*-rön) *v* debatir; discutir

Distel (*diss*-töl) *f* (pl ~n) cardo *m*

Disziplin (diss-tssi-*pliin*) f disciplina f

doch (doj) *conj* pero

Dock (dok) nt (pl ~s) dock m

Doktor (*dok*-tor) m (pl ~en) médico m; doctor m

dolmetschen (*dol*-mê-chön) v interpretar

Dolmetscher (*dol*-mê-chör) m (pl ~) intérprete m

Dom (dôôm) m (pl ~e) catedral f

Donator (dô-*naa*-tor) m (pl ~en) donante m

Donner (*do*-nör) m trueno m

donnern (*do*-nörn) v *tronar

Donnerstag (*do*-nörss-taak) m jueves m

Doppelbett (*do*-pöl-bêt) nt (pl ~en) camas gemelas

doppelsinnig (*do*-pöl-si-nij) *adj* ambiguo

doppelt (*do*-pölt) *adj* doble

Dorf (dorf) nt (pl ~er) pueblo m

Dorn (dorn) m (pl ~en) espina f

dort (dort) *adv* allí

dorthin (*dort*-hin) *adv* hacia allá

Dose (*dôô*-sö) f (pl ~n) lata f; caja metálica

Dosenöffner (*dôô*-sön-öf-nör) m (pl ~) abrelatas m

Dosis (*dôô*-siss) f (pl Dosen) dosis f

Dotter (*do*-tör) nt (pl ~) yema f

Drache (*dra*-jö) m (pl ~n) dragón m

Draht (draat) m (pl ~e) alambre m

Drama (*draa*-ma) nt (pl Dramen) drama m

Dramatiker (dra-*maa*-ti-kör) m (pl ~) dramaturgo m

dramatisch (dra-*maa*-tiʃ) *adj* dramático

drängen (*drêng*-ön) v empujar; estimular

draußen (*drau*-ssön) *adv* afuera; **nach ~** hacia afuera

Dreck (drêk) m suciedad f

dreckig (*drê*-kij) *adj* sucio, sórdido

drehen (*dree*-ön) v *torcer

Drehtür (*dree*-tüür) f (pl ~en) puerta giratoria

Drehung (*dree*-ung) f (pl ~en) torsión f, vuelta f

drei (drai) *num* tres

Dreieck (*drai*-êk) nt (pl ~e) triángulo m

dreieckig (*drai*-ê-kij) *adj* triangular

dreißig (*drai*-ssij) *num* treinta

dreißigste (*drai*-ssijss-tö) *num* treintavo

dreiviertel (drai-*fir*-töl) *adj* tres cuartos

dreizehn (*drai*-tsseen) *num* trece

dreizehnte (*drai*-tsseen-tö) *num* treceno

dressieren (drê-*ssii*-rön) v amaestrar

dringend (*dring*-önt) *adj* urgente

dringlich (*dring*-lij) *adj* urgente

Dringlichkeit (*dring*-lij-kait) f urgencia f

Drink (dringk) m (pl ~s) bebida f

drinnen (*dri*-nön) *adv* adentro

dritte (*dri*-tö) *num* tercero

Droge (*drôô*-ghö) f (pl ~n) estupefaciente m

Drogerie (drô-ghö-*rii*) f (pl ~n) droguería f

drohen (*drôô*-ön) v amenazar

Drohung (*drôô*-ung) f (pl ~en) amenaza f

Drossel (*dro*-ssöl) f (pl ~n) tordo m

drüben (*drüü*-bön) *adv* al otro lado; allá

Druck (druk) m presión f

drucken (*dru*-kön) v *imprimir

drücken (*drü*-kön) v *apretar; empujar

Druckknopf (*druk*-knopf) m (pl ~e) botón m

Drucksache (*druk*-sa-jö) f (pl ~n) impreso m

Drüse (*drüü*-sö) f (pl ~n) glándula f
Dschungel (*dʒung*-öl) m jungla f
du (duu) *pron* tú
dulden (*dul*-dön) v aguantar
dumm (dum) *adj* estúpido
Düne (*düü*-nö) f (pl ~n) duna f
Dünger (*düng*-ör) m abono m
dunkel (*dung*-köl) *adj* obscuro, oscuro
Dunkelheit (*dung*-köl-hait) f oscuridad f
dünn (dün) *adj* delgado; fino; flojo
Dunst (dunsst) m (pl ⁓e) calina f; vapor m
durch (durj) *prep* a través de; por
durchaus (durj-*auss*) *adv* completamente
durchbohren (durj-*bôô*-rön) v punzar
***durchdringen** (durj-*dring*-ön) v penetrar
Durcheinander (durj-ai-*nan*-dör) *nt* desorden m, dédalo m, embrollo m
***durcheinanderbringen** (durj-ai-*nan*-dör-bring-ön) v embrollar
Durchfahrt (*durj*-faart) f pasaje m
Durchfall (*durj*-fal) m diarrea f
***durchfallen** (*durj*-fa-lön) v *ser suspendido
durchführbar (durj-*füür*-baar) *adj* realizable
durchführen (durj-*füü*-rön) v realizar
Durchgang (*durj*-ghang) m (pl ⁓e) pasaje m
Durchgangsstraße (*durj*-ghangss-ʃtraassö) f (pl ~n) ruta principal
durchmachen (durj-ma-jön) v pasar
durchnässen (durj-*nê*-ssön) v remojar
durchqueren (durj-*kvee*-rön) v *atravesar
durchscheinend (durj-ʃai-nönt) *adj* traslúcido
Durchschlag (*durj*-ʃlaak) m (pl ⁓e) copia f; escurridor m
Durchschnitt (*durj*-ʃnit) m promedio m

durchschnittlich (*durj*-ʃnit-lij) *adj* medio, promedio; *adv* en promedio
durchsichtig (*durj*-sij-tij) *adj* transparente
durchsuchen (durj-*suu*-jön) v buscar
***dürfen** (*dür*-fön) v *estar autorizado a; *poder
dürr (dür) *adj* árido
Dürre (*dü*-rö) f sequía f
Durst (dursst) m sed f
durstig (*durss*-tij) *adj* sediento
Dusche (*du*-ʃö) f (pl ~n) ducha f
Düsenflugzeug (*düü*-sön-fluuk-tssoik) *nt* (pl ⁓e) avión a reacción
düster (*düüss*-tör) *adj* sombrío
Düsterkeit (*düüss*-tör-kait) f obscuridad f
Dutzend (*du*-tssönt) *nt* (pl ~e) docena f
Dynamo (dü-*naa*-mô) m (pl ~s) dínamo f

E

Ebbe (*ê*-bö) f bajamar f
eben (*ee*-bön) *adj* llano, plano; igual
Ebene (*ee*-bö-nö) f (pl ~n) llano m
ebenfalls (*ee*-bön-falss) *adv* también, asimismo
Ebenholz (*ee*-bön-holtss) *nt* ébano m
ebenso (*ee*-bön-sô) *adv* tanto, igualmente; así también; ~ **wie** así como
ebensosehr (*ee*-bön-sô-seer) *adv* tanto
ebensoviel (*ee*-bön-sô-fiil) *adv* tanto
Echo (*ê*-jô) *nt* (pl ~s) eco m
echt (èjt) *adj* auténtico; genuino
Ecke (*ê*-kö) f (pl ~n) esquina f
edel (*ee*-döl) *adj* noble
Edelstein (*ee*-döl-ʃtain) m (pl ⁓e) gema f, piedra preciosa

Efeu (*ee*-foi) *m* hiedra *f*

Effektenbörse (ê-*fêk*-tön-böör-sö) *f* (pl ~n) bolsa de valores

egal (e-*ghaal*) *adj* semejante

egoistisch (e-ghô-*iss*-tif) *adj* egoísta

Ehe (*ee*-ö) *f* (pl ~n) matrimonio *m*

ehe (*ee*-ö) *conj* antes que

ehelich (*ee*-ö-lij) *adj* matrimonial

ehemalig (*ee*-ö-maa-lij) *adj* antiguo

Ehepaar (*ee*-ö-paar) *nt* (pl ~e) cónyuges *mpl*

eher (*ee*-ör) *adv* antes; más bien

Ehering (*ee*-ö-ring) *m* (pl ~e) anillo de boda

ehrbar (*eer*-baar) *adj* respetable

Ehre (*ee*-rö) *f* (pl ~n) honor *m*; gloria *f*

ehren (*ee*-rön) *v* honrar

ehrenwert (*ee*-rön-veert) *adj* honorable

ehrerbietig (*eer*-êr-bii-tij) *adj* respetuoso

Ehrerbietung (*eer*-êr-bii-tung) *f* reverencia *f*

Ehrfurcht (*eer*-furjt) *f* respeto *m*

Ehrgefühl (*eer*-ghö-füül) *nt* sentido del honor

ehrgeizig (*eer*-ghai-tssij) *adj* ambicioso

ehrlich (*eer*-lij) *adj* honesto

Ehrlichkeit (*eer*-lij-kait) *f* honradez *f*

ehrwürdig (*eer*-vür-dij) *adj* venerable

Ei (ai) *nt* (pl ~er) huevo *m*

Eiche (*ai*-jö) *f* (pl ~n) roble *m*

Eichel (*ai*-jöl) *f* (pl ~n) bellota *f*

Eichhörnchen (*aij*-hörn-jön) *nt* (pl ~) ardilla *f*

Eid (ait) *m* (pl ~e) juramento *m*

Eidotter (*ai*-do-tör) *nt* (pl ~) yema de huevo

Eierbecher (*ai*-ör-bê-jör) *m* (pl ~) huevera *f*

Eierkuchen (*ai*-ör-kuu-jön) *m* (pl ~) tortilla *f*

Eifer (*ai*-för) *m* celo *m*; diligencia *f*

Eifersucht (*ai*-för-sujt) *f* celos

eifersüchtig (*ai*-för-süj-tij) *adj* celoso

eifrig (*ai*-frij) *adj* celoso, cuidadoso

eigen (*ai*-ghön) *adj* propio

Eigenschaft (*ai*-ghön-ʃaft) *f* (pl ~en) característica *f*, cualidad *f*

Eigenschaftswort (*ai*-ghön-ʃaftss-vort) *nt* (pl ~er) adjetivo *m*

eigentlich (*ai*-ghön-lij) *adv* de veras

Eigentum (*ai*-ghön-tuum) *nt* propiedad *f*

Eigentümer (*ai*-ghön-tüü-mör) *m* (pl ~) propietario *m*

eigentümlich (*ai*-ghön-tüüm-lij) *adj* extraño

Eigentümlichkeit (*ai*-ghön-tüüm-lij-kait) *f* (pl ~en) particularidad *f*

Eile (*ai*-lö) *f* prisa *f*; **Eil-** expreso

eilen (*ai*-lön) *v* apresurarse; precipitarse

eilig (*ai*-lij) *adv* de prisa

Eilpost (*ail*-posst) por expreso

Eimer (*ai*-mör) *m* (pl ~) balde *m*

ein (ain) *art* (f eine, nt ein) un *art*

Einakter (*ain*-ak-tör) *m* (pl ~) pieza en un acto

einander (ai-*nan*-dör) *pron* el uno al otro

Einäscherung (*ain*-ê-ʃö-rung) *f* (pl ~en) incineración *f*

einatmen (*ain*-aat-mön) *v* inhalar

Einbahnverkehr (*ain*-baan-fêr-keer) *m* dirección única

Einband (*ain*-bant) *m* (pl ~e) atadura *f*

sich einbilden (*ain*-bil-dön) imaginarse

Einbildung (*ain*-bil-dung) *f* imaginación *f*, fantasía *f*

*einbrechen (*ain*-brê-jön) *v* robar

Einbrecher (*ain*-brê-jör) *m* (pl ~) ladrón m

einbüßen (ain-büü-ssön) v *perder

***eindringen** (ain-dring-ön) v invadir; infringir

Eindringling (ain-dring-ling) m (pl ~e) intruso m

Eindruck (ain-druk) m (pl ~e) impresión f; sensación f

eindrucksvoll (ain-drukss-fol) adj impresionante

einfach (ain-faj) adj simple

Einfahrt (ain-faart) f (pl ~en) entrada f

Einfall (ain-fal) m (pl ~e) idea f; irrupción f

Einfluß (ain-fluss) m (pl -flüsse) influencia f

influßreich (ain-fluss-raij) adj influyente

infügen (ain-füü-ghön) v insertar

Einfuhr (ain-fuur) f importación f

einführen (ain-füü-rön) v importar; *introducir

Einführung (ain-füü-rung) f (pl ~en) introducción f

Einfuhrzoll (ain-fuur-tssol) m arancel m, impuestos de importación

Eingang (ain-ghang) m (pl ~e) entrada f; **kein ~** prohibida la entrada

ngebildet (ain-ghö-bil-döt) adj presuntuoso

ngeborene (ain-ghö-bôô-rö-nö) m (pl ~n) indígena m

ngehend (ain-ghee-önt) adj detallado

ngeschlossen (ain-ghö-ʃlo-ssön) incluso

ngeweide (ain-ghö-vai-dö) pl intestinos mpl, entrañas fpl

ngreifen (ain-ghrai-fön) nt interferencia f

heimisch (ain-hai-miʃ) adj nativo

nheit (ain-hait) f (pl ~en) unidad f

holen (ain-hôô-lön) v recoger

einige (ai-ni-ghö) pron algunos, unos

einkassieren (ain-ka-ssii-rön) v *hacer efectivo

einkaufen (ain-kau-fön) v *ir de compras

Einkaufstasche (ain-kaufss-ta-ʃö) f (pl ~n) saco de compras

Einkaufszentrum (ain-kaufss-tssên-trum) nt (pl -zentren) centro comercial

einkerben (ain-kêr-bön) v entallar

Einkommen (ain-ko-mön) nt (pl ~) renta f, ingresos mpl

Einkommenssteuer (ain-ko-mönss-ʃtoi-ör) f impuesto sobre los ingresos

einkreisen (ain-krai-sön) v *circuir

Einkünfte (ain-künf-tö) fpl ingresos mpl

***einladen** (ain-laa-dön) v convidar; invitar

Einladung (ain-laa-dung) f (pl ~en) invitación f

***einlassen** (ain-la-ssön) v admitir

einleitend (ain-lai-tönt) adj preliminar

einmachen (ain-ma-jön) v conservar

einmal (ain-maal) adv una vez; alguna vez

sich einmischen (ain-mi-ʃön) *intervenir; mezclarse en

Einnahme (ain-naa-mö) f conquista f; **Einnahmen** ingresos mpl

***einnehmen** (ain-nee-mön) v cobrar; ocupar; conquistar

einpacken (ain-pa-kön) v empaquetar

einräumen (ain-roi-mön) v admitir

einrichten (ain-rij-tön) v amueblar; *instituir

Einrichtung (ain-rij-tung) f (pl ~en) instalación f; instituto m

eins (ainss) num uno

einsam (ain-saam) adj solitario

einsammeln (ain-sa-möln) v *hacer una colecta

Einsatz (ain-satss) m (pl ~e) puesta f

einschalten (*ain*-ʃal-tön) *v* *encender

einschenken (*ain*-ʃêng-kön) *v* *verter

sich einschiffen (*ain*-ʃi-fön) embarcar

Einschiffung (*ain*-ʃi-fung) *f* embarcación *f*

***einschließen** (*ain*-ʃlii-ssön) *v* comprender, *incluir; *envolver; *encerrar, rodear

einschließlich (*ain*-ʃliiss-lij) *adv* incluso

Einschnitt (*ain*-ʃnit) *m* (pl ~e) incisión *f*

Einschränkung (*ain*-ʃrêng-kung) *f* (pl ~en) restricción *f*

***einschreiben** (*ain*-ʃrai-bön) *v* inscribir; certificar

Einschreibung (*ain*-ʃrai-bung) *f* (pl ~en) reservación *f*

***einschreiten** (*ain*-ʃrai-tön) *v* interferir

***einsehen** (*ain*-see-ön) *v* *darse cuenta

einseitig (*ain*-sai-tij) *adj* unilateral

Einsicht (*ain*-sijt) *f* visión *f*; entendimiento *m*

einsperren (*ain*-ʃpê-rön) *v* guardar con llave

einspritzen (*ain*-ʃpri-tssön) *v* inyectar

einst (ainsst) *adv* una vez

***einsteigen** (*ain*-ʃtai-ghön) *v* subir, montar; embarcar

einstellen (*ain*-ʃtê-lön) *v* cesar, suprimir; sintonizar; dejar en garaje

Einstellung (*ain*-ʃtê-lung) *f* (pl ~en) actitud *f*

einstimmig (*ain*-ʃti-mij) *adj* unánime

einstöpseln (*ain*-ʃtö-pssöln) *v* enchufar

einstufen (*ain*-ʃtuu-fön) *v* graduar

einteilen (*ain*-tai-lön) *v* clasificar

***eintragen** (*ain*-traa-ghön) *v* inscribir, registrar

einträglich (*ain*-trêêk-lij) *adj* provechoso

Eintragung (*ain*-traa-ghung) *f* (pl ~en) anotación *f*; inscripción *f*

Eintreffen (*ain*-trê-fön) *nt* llegada *f*

***eintreffen** (*ain*-trê-fön) *v* llegar

***eintreten** (*ain*-tree-tön) *v* entrar

Eintritt (*ain*-trit) *m* entrada *f*; ingreso *m*; ~ **verboten** prohibido el paso

Eintrittsgeld (*ain*-tritss-ghêlt) *nt* entrada *f*

einverleiben (*ain*-fêr-lai-bön) *v* anexar

einverstanden! (*ain*-fêr-ʃtan-dön) ¡de acuerdo!

Einverständnis (*ain*-fêr-ʃtênt-niss) *nt* acuerdo *m*

Einwand (*ain*-vant) *m* (pl ~e) objeción *f*; ~ ***erheben gegen** *oponerse a

Einwanderer (*ain*-van-dö-rör) *m* (pl ~) inmigrante *m*

einwandern (*ain*-van-dörn) *v* inmigra

Einwanderung (*ain*-van-dö-rung) *f* inmigración *f*

einwandfrei (*ain*-vant-frai) *adj* perfecto

einweichen (*ain*-vai-jön) *v* empapar

***einwenden** (*ain*-vên-dön) *v* objetar; **etwas einzuwenden** ***haben gegen** *hacer objeción a

einwickeln (*ain*-vi-köln) *v* *envolver

einwilligen (*ain*-vi-li-ghön) *v* *consentir

Einwilligung (*ain*-vi-li-ghung) *f* consentimiento *m*

Einwohner (*ain*-vôô-nör) *m* (pl ~) habitante *m*

Einzahl (*ain*-tssaal) *f* singular *m*

Einzelhandel (*ain*-tssöl-han-döl) *m* comercio al por menor

Einzelhändler (*ain*-tssöl-hên-dlör) *m* (pl ~) comerciante al por menor

Einzelheit (*ain*-tssöl-hait) *f* (pl ~en) detalle *m*; particularidad *f*

einzeln (*ain*-tssöln) *adj* aparte; **im einzelnen** en particular

Einzelne (*ain*-tssöl-nö) *m* (pl ~n) individuo *m*

Einzelzimmer (*ain*-tssöl-tssi-mör) *nt* (pl ~) habitación individual

***einziehen** (*ain*-tssii-ön) *v* embargar

einzig (*ain*-tssij) *adj* solo; único

einzigartig (*ain*-tssij-ar-tij) *adj* único

Eis (aiss) *nt* hielo *m*; helado *m*

Eisbahn (*aiss*-baan) *f* (pl ~en) pista de patinaje

Eisbeutel (*aiss*-boi-töl) *m* (pl ~) bolsa de hielo

Eisen (ai-sön) *nt* hierro *m*

Eisenbahn (*ai*-sön-baan) *f* (pl ~en) ferrocarril *m*

Eisenhütte (*ai*-sön-hü-tö) *f* (pl ~n) herrería *f*

Eisenwaren (*ai*-sön-vaa-rön) *fpl* quincalla *f*

Eisenwarenhandlung (*ai*-sön-vaa-rön-han-dlung) *f* (pl ~en) ferretería *f*

eisern (*ai*-sörn) *adj* de hierro

eisig (*ai*-sij) *adj* helado

***eislaufen** (*aiss*-lau-fön) *v* patinar

Eisschrank (*aiss*-[rangk) *m* (pl ~e) refrigerador *m*

Eiswasser (*aiss*-va-ssör) *nt* agua helada

eitel (*ai*-töl) *adj* vanidoso

Eiter (*ai*-tör) *m* pus *f*

ekelhaft (*ee*-köl-haft) *adj* asqueroso

Ekuador (e-kva-*dôôr*) Ecuador *m*

Ekuadorianer (e-kva-dô-*ryaa*-nör) *m* (pl ~) ecuatoriano *m*

Ekzem (êk-*tsseem*) *nt* eczema *m*

elastisch (e-*lass*-ti[) *adj* elástico

Elch (êlj) *m* (pl ~e) alce *m*

Elefant (e-le-*fant*) *m* (pl ~en) elefante *m*

elegant (e-le-*ghant*) *adj* elegante

Eleganz (e-le-*ghantss*) *f* elegancia *f*

Elektriker (e-*lêk*-tri-kör) *m* (pl ~) electricista *m*

elektrisch (e-*lêk*-tri[) *adj* eléctrico

Elektrizität (e-lêk-tri-tssi-*têêt*) *f* electricidad *f*

elektronisch (e-lêk-*trôô*-ni[) *adj* electrónico

Element (e-le-*mênt*) *nt* (pl ~e) elemento *m*

elementar (e-le-mön-*taar*) *adj* elemental

Elend (*ee*-lênt) *nt* miseria *f*

elend (*ee*-lênt) *adj* miserable

Elendsviertel (*ee*-lêntss-fir-töl) *nt* barrio bajo

elf (êlf) *num* once; **Elf** *f* equipo *m*

Elfe (*êl*-fö) *f* (pl ~n) duende *m*

Elfenbein (*êl*-fön-bain) *nt* marfil *m*

elfte (*êlf*-tö) *num* onceno

Ellbogen (*êl*-bôô-ghön) *m* (pl ~) codo *m*

Elster (*êlss*-tör) *f* (pl ~n) urraca *f*

Eltern (*êl*-törn) *pl* padres *mpl*

Email (e-*mai*) *f* esmalte *m*

emailliert (e-ma-*yiirt*) *adj* esmaltado

Emanzipation (e-man-tssi-pa-*tssyôôn*) *f* emancipación *f*

Embargo (êm-*bar*-ghô) *nt* embargo *m*

Emblem (êm-*bleem*) *nt* (pl ~e) emblema *m*

eminent (e-mi-*nênt*) *adj* eminente

Empfang (êm-*pfang*) *m* (pl ~e) recepción *f*; recibo *m*

***empfangen** (êm-*pfang*-ön) *v* recibir

Empfängnis (êm-*pfêng*-niss) *f* concepción *f*

Empfangsdame (êm-*pfangss*-daa-mö) *f* (pl ~n) recepcionista *f*

Empfangsschein (êm-*pfangss*-[ain) *m* (pl ~e) recibo *m*

Empfangszimmer (êm-*pfangss*-tssi-mör) *nt* (pl ~) salón *m*

***empfehlen** (êm-*pfee*-lön) *v* *recomendar; aconsejar

Empfehlung (êm-*pfee*-lung) *f* (pl ~en) recomendación *f*; consejo *m*

Empfehlungsschreiben (êm-*pfee*-

lungss-ʃrai-bön) *nt* (pl ~) carta de recomendación

empfindlich (êm-*pfint*-lij) *adj* sensitivo

Empfindung (êm-*pfin*-dung) *f* (pl ~en) percepción *f*; sensación *f*

empor (êm-*pôôr*) *adv* arriba

empörend (êm-*pöö*-rönt) *adj* chocante

Ende (*ên*-dö) *nt* extremo *m*; conclusión *f*, final *m*, término *m*

enden (*ên*-dön) *v* terminarse; terminar

endgültig (*ênt*-ghül-tij) *adj* final

endlich (*ênt*-lij) *adv* al fin

Endstation (*ênt*-ʃta-tssyôôn) *f* (pl ~en) estación terminal

Energie (e-nêr-*ghii*) *f* energía *f*

energisch (e-*nêr*-ghiʃ) *adj* enérgico

eng (êng) *adj* estrecho; angosto; **enger machen** *apretar; **enger** *werden** estrecharse

Engel (*êng*-öl) *m* (pl ~) ángel *m*

England (*êng*-lant) Inglaterra *f*

Engländer (*êng*-lên-dör) *m* (pl ~) inglés *m*

englisch (*êng*-liʃ) *adj* inglés; británico

Engpaß (*êng*-pass) *m* (pl -pässe) cuello de botella

engstirnig (*êng*-ʃtir-nij) *adj* mezquino

Enkel (*êng*-köl) *m* (pl ~) nieto *m*

Enkelin (*êng*-kö-lin) *f* (pl ~nen) nieta *f*

entbehren (ênt-*bee*-rön) *v* pasarse sin

entbeinen (ênt-*bai*-nön) *v* deshuesar

***entbinden von** (ênt-*bin*-dön) dispensar de

Entbindung (ênt-*bin*-dung) *f* (pl ~en) parto *m*

entdecken (ênt-*dê*-kön) *v* descubrir

Entdeckung (ênt-*dê*-kung) *f* (pl ~en) descubrimiento *m*

Ente (*ên*-tö) *f* (pl ~n) pato *m*

entfalten (ênt-*fal*-tön) *v* *desplegar

entfernen (ênt-*fêr*-nön) *v* quitar

entfernt (ênt-*fêrnt*) *adj* lejano; remo-

to

Entfernung (ênt-*fêr*-nung) *f* (pl ~en) distancia *f*

Entfernungsmesser (ênt-*fêr*-nungss-mê-ssör) *m* (pl ~) telémetro *m*

entgegengesetzt (ênt-*ghee*-ghön-ghö-sêtsst) *adj* opuesto; contrario

***entgehen** (ênt-*ghee*-ön) *v* escapar

***enthalten** (ênt-*hal*-tön) *v* *incluir, *contener; *denegar; **sich ~** *abstenerse de

Enthärtungsmittel (ênt-*hêr*-tungss-mi-töl) *nt* (pl ~) ablandador *m*

Entheiligung (ênt-*hai*-li-ghung) *f* sacrilegio *m*

enthüllen (ênt-*hü*-lön) *v* revelar

Enthüllung (ênt-*hü*-lung) *f* (pl ~en) revelación *f*

sich entkleiden (ênt-*klai*-dön) desnudarse

***entkommen** (ênt-*ko*-mön) *v* escaparse

entkorken (ênt-*kor*-kön) *v* descorchar

***entladen** (ênt-*laa*-dön) *v* descargar

entlang (ênt-*lang*) *prep* a lo largo de

***entlassen** (ênt-*la*-ssön) *v* *despedir

entlegen (ênt-*lee*-ghön) *adj* apartado

***entleihen** (ênt-*lai*-ön) *v* tomar

Entlohnung (ênt-*lôô*-nung) *f* (pl ~en) remuneración *f*

***entnehmen** (ênt-*nee*-mön) *v* privar de

Entrüstung (ênt-*rüss*-tung) *f* indignación *f*

entschädigen (ênt-*ʃêê*-di-ghön) *v* remunerar

Entschädigung (ênt-*ʃêê*-di-ghung) *f* (pl ~en) indemnización *f*

***entscheiden** (ênt-*ʃai*-dön) *v* decidir

Entscheidung (ênt-*ʃai*-dung) *f* (pl ~en) decisión *f*

sich *entschließen (ênt-*ʃlii*-ssön) decidir

entschlossen (ênt-*ʃlo*-ssön) *adj* resuelto, decidido

Entschluß (ênt-*fluss*) m (pl -schlüsse) decisión f

entschuldigen (ênt-*ful*-di-ghön) v disculpar; perdonar; **sich ~** disculparse

Entschuldigung (ênt-*ful*-di-ghung) f (pl ~en) excusa f, disculpa f; **Entschuldigung!** ¡perdón!

Entsetzen (ênt-*sê*-tssön) nt horror m

entsetzlich (ênt-*sêtss*-lij) adj horrible

sich *entsinnen (ênt-*si*-nön) v *acordarse

sich entspannen (ênt-*fpa*-nen) descansar

Entspannung (ênt-*fpa*-nung) f (pl ~en) relajación f

entsprechend (ênt-*fprê*-jönt) adj adecuado; equivalente

*entstehen (ênt-*ftee*-ön) v surgir

entstellt (ênt-*ftêlt*) adj deforme

enttäuschen (ênt-*toi*-fön) v decepcionar; ***ser** decepcionante

Enttäuschung (ênt-*toi*-fung) f (pl ~en) desengaño m

entwässern (ênt-*vê*-ssörn) v drenar

entweder ... oder (ênt-*vee*-dör ... ôô-dör) bien ... bien; o ... o

*entwerfen (ênt-*vêr*-fön) v diseñar

entwerten (ênt-*veer*-tön) v desvalorizar

entwickeln (ênt-*vi*-köln) v desarrollar; revelar

Entwicklung (ênt-*vi*-klungh) f (pl ~en) desarrollo m

entwischen (ênt-*vi*-fön) v deslizarse

Entwurf (ênt-*vurf*) m (pl ~e) diseño m

entzücken (ênt-*tssü*-kön) v encantar; **entzückend** deleitoso

entzündbar (ênt-*tssünt*-baar) adj inflamable

entzünden (ênt-*tssün*-dön) v infectarse

Entzündung (ênt-*tssün*-dung) f (pl ~en) inflamación f

entzwei (ênt-*tssvai*) adj roto

Enzyklopädie (ên-tssü-klô-pê-*dii*) f (pl ~n) enciclopedia f

Epidemie (e-pi-de-*mii*) f (pl ~n) epidemia f

Epilepsie (e-pi-lê-*pssii*) f epilepsia f

Epilog (e-pi-*lôôgh*) m (pl ~e) epílogo m

episch (*ee*-pif) adj épico

Episode (e-pi-*sôô*-dö) f (pl ~n) episodio m

Epos (*ee*-poss) nt (pl Epen) poema épico

er (eer) pron él

erbärmlich (êr-*bêrm*-lij) adj miserable

erben (*êr*-bön) v heredar

erblich (*êrp*-lij) adj hereditario

erblicken (êr-*bli*-kön) v ojear; vislumbrar

*erbrechen (êr-*brê*-jön) v vomitar

Erbschaft (*êrp*-faft) f (pl ~en) herencia f

Erbse (*êr*-pssö) f (pl ~n) guisante m

Erdball (*eert*-bal) m globo m

Erdbeben (*eert*-bee-bön) nt (pl ~) terremoto m

Erdbeere (*eert*-bee-rö) f (pl ~n) fresa f

Erdboden (*eert*-bôô-dön) m suelo m

Erde (*eer*-dö) f tierra f; suelo m

Erdgeschoß (*eert*-ghö-foss) nt piso bajo

Erdichtung (êr-*dij*-tung) f (pl ~en) ficción f

Erdkunde (*eert*-kun-dö) f geografía f

Erdnuß (*eert*-nuss) f (pl -nüsse) cacahuete m; cacahuate mMe

Erdteil (*eert*-tail) m (pl ~e) continente m

sich ereignen (êr-*ai*-ghnön) pasar; *acontecer

Ereignis (êr-*ai*-ghniss) nt (pl ~se)

acontecimiento m

erfahren (êr-*faa*-rön) *adj* experimentado; especializado

***erfahren** (êr-*faa*-rön) *v* experimentar

Erfahrung (êr-*faa*-rung) *f* (pl ~en) experiencia *f*

***erfinden** (êr-*fin*-dön) *v* inventar

Erfinder (êr-*fin*-dör) *m* (pl ~) inventor *m*

erfinderisch (êr-*fin*-dö-riʃ) *adj* inventivo

Erfindung (êr-*fin*-dung) *f* (pl ~en) invención *f*

Erfolg (êr-*folk*) *m* (pl ~e) éxito *m*

erfolglos (êr-*folk*-lôôss) *adj* fracasado

erfolgreich (êr-*folk*-raij) *adj* de éxito

erforderlich (êr-*for*-dör-lij) *adj* necesario

erfordern (êr-*for*-dörn) *v* *requerir

Erfordernis (êr-*for*-dör-niss) *nt* (pl ~se) requerimiento *m*

erforschen (êr-*for*-ʃön) *v* explorar

erfreulich (êr-*froi*-lij) *adj* agradable

erfreut (êr-*froit*) *adj* alegre, contento

erfrischen (êr-*fri*-ʃön) *v* refrescar; **erfrischend** fresco

Erfrischung (êr-*fri*-ʃung) *f* refresco *m*

sich ***ergeben** (êr-*ghee*-bön) resultar; *rendirse

Ergebnis (êr-*gheep*-niss) *nt* (pl ~se) resultado *m*; consecuencia *f*

***ergreifen** (êr-*ghrai*-fön) *v* agarrar; coger

***erhalten** (êr-*hal*-tön) *v* *obtener

erhältlich (êr-*hêlt*-lij) *adj* adquirible

***erheben** (êr-*hee*-bön) *v* recaudar; **sich ~** surgir

Erhebung (êr-*hee*-bung) *f* (pl ~en) colina *f*, montículo *m*

erhöhen (êr-*höö*-ön) *v* aumentar

Erhöhung (êr-*höö*-ung) *f* (pl ~en) aumento *m*

sich erholen (êr-*hôô*-lön) *restablecerse

Erholung (êr-*hôô*-lung) *f* recreación *f*, recreo *m*; restablecimiento *m*

Erholungsheim (êr-*hôô*-lungss-haim) *nt* (pl ~e) casa de reposo

Erholungsort (êr-*hôô*-lungss-ort) *m* (pl ~e) lugar de descanso

erinnern (êr-*i*-nörn) *v* *recordar; **sich ~** *acordarse

Erinnerung (êr-*i*-nö-rung) *f* (pl ~en) memoria *f*; recuerdo *m*

sich erkälten (êr-*kêl*-tön) resfriarse

Erkältung (êr-*kêl*-tung) *f* (pl ~en) resfriado *m*

***erkennen** (êr-*kê*-nön) *v* *reconocer

erkenntlich (êr-*kênt*-lij) *adj* agradecido

erklärbar (êr-*klêêr*-baar) *adj* explicable

erklären (êr-*klêê*-rön) *v* explicar; declarar

Erklärung (êr-*klêê*-rung) *f* (pl ~en) explicación *f*; declaración *f*

Erkrankung (êr-*krang*-kung) *f* (pl ~en) afección *f*

sich erkundigen (êr-*kun*-di-ghön) preguntar, *pedir informes

Erkundigung (êr-*kun*-di-ghung) *f* (pl ~en) información *f*

erlangen (êr-*lang*-ön) *v* *conseguir

erlauben (êr-*lau*-bön) *v* autorizar, permitir; **erlaubt** ***sein** *estar autorizado

Erlaubnis (êr-*laup*-niss) *f* permiso *m*

erläutern (êr-*loi*-törn) *v* explicar; elucidar

Erläuterung (êr-*loi*-tö-rung) *f* (pl ~en) aclaración *f*

erleben (êr-*lee*-bön) *v* experimentar; vivir

erledigen (êr-*lee*-di-ghön) *v* arreglar

erleichtern (êr-*laij*-törn) *v* relevar

Erleichterung (êr-*laij*-tö-rung) *f* (pl ~en) alivio *m*

***erleiden** (êr-*lai*-dön) *v* sufrir

erlesen (êr-*lee*-sön) *adj* selecto

erleuchten (êr-*loij*-tön) *v* iluminar

***erliegen** (êr-*lii*-ghön) *v* sucumbir

Erlös (êr-*lööss*) *m* (pl ~e) producto *m*

erlösen (êr-*löö*-sön) *v* librar, redimir

Erlösung (êr-*löö*-sung) *f* liberación *f*

Ermächtigung (êr-*mêj*-ti-ghung) *f* (pl ~en) autorización *f*

Ermäßigung (êr-*mêê*-ssi-ghung) *f* (pl ~en) reducción *f*

ermitteln (êr-*mi*-töln) *v* asegurarse de

ermüden (êr-*müü*-dön) *v* cansar

ermutigen (êr-*muu*-ti-ghön) *v* *alentar

ernähren (êr-*nêê*-rön) *v* alimentar

***ernennen** (êr-*nê*-nön) *v* nombrar

Ernennung (êr-*nê*-nung) *f* (pl ~en) nombramiento *m*; nominación *f*

erneuern (êr-*noi*-ürn) *v* *renovar

Ernst (êrnsst) *m* seriedad *f*

ernst (êrnsst) *adj* serio; grave; severo

ernsthaft (*êrnsst*-haft) *adj* grave

Ernte (*êrn*-tö) *f* (pl ~n) cosecha *f*

Eroberer (êr-*ôô*-bö-rör) *m* (pl ~) conquistador *m*

erobern (êr-*ôô*-börn) *v* conquistar

Eroberung (êr-*ôô*-bö-rung) *f* (pl ~en) conquista *f*

erörtern (êr-*ör*-törn) *v* discutir

Erörterung (êr-*ör*-tö-rung) *f* (pl ~en) deliberación *f*

erpressen (êr-*prê*-ssön) *v* *hacer chantaje; extorsionar

Erpressung (êr-*prê*-ssung) *f* (pl ~en) chantaje *m*; extorsión *f*

erregen (êr-*ree*-ghön) *v* excitar

Erregung (êr-*ree*-ghung) *f* emoción *f*; agitación *f*

erreichbar (êr-*raij*-baar) *adj* alcanzable; factible

erreichen (êr-*rai*-jön) *v* llegar a, alcanzar; llegar a coger

errichten (êr-*rij*-tön) *v* edificar; erigir; fundar

erröten (êr-*röö*-tön) *v* ruborizarse

Ersatz (êr-*satss*) *m* sustituto *m*

Ersatzfüllung (êr-*satss*-fü-lung) *f* (pl ~en) repuesto *m*

Ersatzreifen (êr-*satss*-rai-fön) *m* (pl ~) neumático de repuesto

Ersatzteil (êr-*satss*-tail) *nt* (pl ~e) recambio *m*, pieza de repuesto

erschaffen (êr-*ʃa*-fön) *v* crear

erschallen (êr-*ʃa*-lön) *v* *resonar

Erscheinen (êr-*ʃai*-nön) *nt* aspecto *m*

***erscheinen** (êr-*ʃai*-nön) *v* *aparecer; *parecer

Erscheinung (êr-*ʃai*-nung) *f* (pl ~en) apariencia *f*; aparición *f*

erschöpfen (êr-*ʃö*-pfön) *v* extenuar; **erschöpft** cansado

***erschrecken** (êr-*ʃrê*-kön) *v* asustarse; asustar, aterrorizar, espantar

ersetzen (êr-*sê*-tssön) *v* *sustituir, reemplazar

***ersinnen** (êr-*si*-nön) *v* inventar

Ersparnisse (êr-*ʃpaar*-ni-ssö) *fpl* ahorros *mpl*

erstarrt (êr-*ʃtart*) *adj* aterido

Erstaunen (êr-*ʃtau*-nön) *nt* asombro *m*, sorpresa *f*

erstaunen (êr-*ʃtau*-nön) *v* asombrar; extrañar

erstaunlich (êr-*ʃtaun*-lij) *adj* notable, asombroso

erste (*eerss*-tö) *num* primero; *adj* inicial

ersticken (êr-*ʃti*-kön) *v* sofocarse

erstklassig (*eersst*-kla-ssij) *adj* de primera calidad

erstrangig (*eersst*-rang-ij) *adj* de primera clase

Ertrag (êr-*traak*) *m* (pl ⸚e) producto *m*

***ertragen** (êr-*traa*-ghön) *v* soportar

erträglich (êr-*treek*-lij) *adj* tolerable

***ertrinken** (êr-*tring*-kön) *v* ahogar; ahogarse

erwachsen (êr-*va*-kssön) *adj* adulto

Erwachsene (êr-*va*-kssö-nö) *m* (pl

~n) adulto *m*

* erwägen (êr-*vêê*-ghön) *v* considerar

Erwägung (êr-*vêê*-ghung) *f* (pl ~en) consideración *f*

erwähnen (êr-*vêê*-nön) *v* mencionar

Erwähnung (êr-*vêê*-nung) *f* (pl ~en) mención *f*

erwarten (êr-*var*-tön) *v* aguardar, esperar; *prever

Erwartung (êr-*var*-tung) *f* (pl ~en) esperanza *f*

erweitern (êr-*vai*-törn) *v* ampliar; ensanchar

Erwerb (êr-*vêrp*) *m* compra *f*

* erwerben (êr-*vêr*-bön) *v* *adquirir

erwischen (êr-*vi*-fön) *v* sorprender

erwürgen (êr-*vür*-ghön) *v* estrangular

Erz (eertss) *nt* (pl ~e) mineral *m*

erzählen (êr-*tssêê*-lön) *v* *contar

Erzählung (êr-*tssêê*-lung) *f* (pl ~en) cuento *m*

Erzbischof (*êrtss*-bi-ʃof) *m* (pl ~e) arzobispo *m*

erzeugen (êr-*tssoi*-ghön) *v* generar

* erziehen (êr-*tssii*-ön) *v* educar

Erziehung (êr-*tssii*-ung) *f* educación *f*

es (êss) *pron* lo

Esel (*ee*-söl) *m* (pl ~) burro *m*

eskortieren (êss-kor-*tii*-rön) *v* escoltar

Essay (*ê*-sse) *m* (pl ~s) ensayo *m*

eßbar (*êss*-baar) *adj* comestible

Essen (*ê*-ssön) *nt* alimento *m*

* essen (*ê*-ssön) *v* comer; **zu Abend ~** cenar

Essenz (ê-*ssêntss*) *f* esencia *f*

Essig (*ê*-ssij) *m* vinagre *m*

Eßlöffel (*êss*-lö-föl) *m* (pl ~) cuchara *f*

Eßlust (*êss*-lusst) *f* apetito *m*

Eßservice (*êss*-ssêr-viiss) *nt* servicio de mesa

Etage (e-*taa*-ʒö) *f* (pl ~n) piso *m*

Etappe (e-*ta*-pö) *f* (pl ~n) etapa *f*

Etikett (e-ti-*kêt*) *nt* (pl ~e) rótulo *m*,

etiqueta *f*

etliche (*êt*-li-jö) *adj* varios

Etui (êt-*vii*) *nt* (pl ~s) estuche *m*

etwa (*êt*-va) *adv* aproximadamente, hacia

etwas (*êt*-vass) *pron* algo; **irgend ~** cualquier cosa

euch (oij) *pron* os; se

euer (*oi*-ör) *pron* vuestro; tuyos

Eule (*oi*-lö) *f* (pl ~n) buho *m*

Europa (oi-*rôô*-pa) Europa *f*

Europäer (oi-rô-*pêê*-ör) *m* (pl ~) europeo *m*

europäisch (oi-rô-*pêê*-iʃ) *adj* europeo; **Europäische Union** Unión Europea

evakuieren (e-va-ku-*ii*-rön) *v* evacuar

Evangelium (e-vang-*ghee*-lyum) *nt* (pl -ien) evangelio *m*

eventuell (e-vên-tu-*êl*) *adj* eventual

Evolution (e-vô-lu-*tssyôôn*) *f* (pl ~en) evolución *f*

Ewigkeit (*ee*-vij-kait) *f* eternidad *f*

exakt (ê-*kssakt*) *adj* exacto, preciso

Examen (ê-*kssaa*-mön) *nt* (pl ~) examen *m*

Exemplar (ê-kssêm-*plaar*) *nt* (pl ~e) espécimen *m*; ejemplar *m*

exklusiv (êkss-klu-*siif*) *adj* exclusivo

exotisch (ê-*kssôô*-tiʃ) *adj* exótico

Expedition (êkss-pe-di-*tssyôôn*) *f* (pl ~en) expedición *f*

Experiment (êkss-pe-ri-*mênt*) *nt* (pl ~e) experimento *m*

experimentieren (êkss-pe-ri-mên-*tii*-rön) *v* experimentar

explodieren (êkss-plô-*dii*-rön) *v* estallar

Explosion (êkss-plô-*syôôn*) *f* (pl ~en) explosión *f*

explosiv (êkss-plô-*siif*) *adj* explosivo

Export (êkss-*port*) *m* exportación *f*

exportieren (êkss-por-*tii*-rön) *v* exportar

extravagant (*êkss*-tra-va-ghant) *adj*

extravagante

Extrem (êkss-*treem*) *nt* (pl ~e) extremo *m*

extrem (êkss-*treem*) *adj* extremo

F

Fabel (*faa*-böl) *f* (pl ~n) fábula *f*

Fabrik (fa-*briik*) *f* (pl ~en) fábrica *f*

Fabrikant (fa-bri-*kant*) *m* (pl ~en) fabricante *m*

fabrizieren (fa-bri-*tssii*-rön) *v* fabricar

Fach (faj) *nt* (pl ~̈er) división *f*; profesión *f*, oficio *m*

Fächer (*fê*-jör) *m* (pl ~) abanico *m*

fachkundig (*faj*-kun-dij) *adj* competente

Fachmann (*faj*-man) *m* (pl -leute) perito *m*, experto *m*

Fackel (*fa*-köl) *f* (pl ~n) antorcha *f*

Faden (*faa*-dön) *m* (pl ~̈) hilo *m*

fähig (*fêê*-ij) *adj* capaz; hábil

Fähigkeit (*fêê*-ij-kait) *f* (pl ~en) habilidad *f*; capacidad *f*, facultad *f*

Fahne (*faa*-nö) *f* (pl ~n) bandera *f*

Fahrbahn (*faar*-baan) *f* (pl ~en) calzada *f*; pista *f*

Fährboot (*fêêr*-bôôt) *nt* (pl ~e) transbordador *m*

*fahren** (*faa*-rön) *v* *conducir; *ir en coche; navegar

Fahrer (*faa*-rör) *m* (pl ~) conductor *m*

Fahrgeld (*faar*-ghêlt) *nt* gastos de viaje, precio del billete

Fahrgestell (*faar*-ghö-ʃtêl) *nt* (pl ~e) chasis *m*

Fahrkarte (*faar*-kar-tö) *f* (pl ~n) billete *m*

Fahrkartenautomat (*faar*-kar-tön-au-tô-maat) *m* (pl ~en) máquina de billetes

Fahrplan (*faar*-plaan) *m* (pl ~̈e) horario *m*

Fahrrad (*faar*-raat) *nt* (pl ~̈er) bicicleta *f*

Fahrt (faart) *f* (pl ~en) paseo *m*, paseo en coche

Fährte (*fêêr*-tö) *f* (pl ~n) rastro *m*

Fahrzeug (*faar*-tssoik) *nt* (pl ~e) vehículo *m*

Faktor (*fak*-tor) *m* (pl ~en) factor *m*

Faktur (fak-*tuur*) *f* (pl ~en) factura *f*

fakturieren (fak-tu-*rii*-rön) *v* facturar

Fakultät (fa-kul-*têêt*) *f* (pl ~en) facultad *f*

Falke (*fal*-kö) *m* (pl ~n) halcón *m*

Fall (fal) *m* (pl ~̈e) caso *m*; causa *f*; **auf jeden** ~ en todo caso; **im** ~ en caso de

Falle (*fa*-lö) *f* (pl ~n) trampa *f*

*fallen** (*fa*-lön) *v* *caer

fällig (*fê*-lij) *adj* debido

Fälligkeitstermin (*fê*-lij-kaitss-têr-miin) *m* (pl ~e) vencimiento *m*

falls (falss) *conj* si

falsch (falʃ) *adj* equivocado, erróneo; falso

fälschen (*fêl*-ʃön) *v* falsificar

Fälschung (*fêl*-ʃung) *f* (pl ~en) falsificación *f*

Falte (*fal*-tö) *f* (pl ~n) pliegue *m*; raya *f*; arruga *f*

falten (*fal*-tön) *v* doblar

Familie (fa-*mii*-lyö) *f* (pl ~n) familia *f*

Familienname (fa-*mii*-lyön-naa-mö) *m* apellido *m*

fanatisch (fa-*naa*-tiʃ) *adj* fanático

*fangen** (*fang*-ön) *v* coger; capturar

Farbe (*far*-bö) *f* (pl ~n) color *m*; pintura *f*; tintura *f*

farbecht (*farb*-êjt) *adj* no destiñe

Färbemittel (*fêr*-bö-mi-töl) *nt* (pl ~) colorante *m*

färben (*fêr*-bön) *v* *teñir

farbenblind (*far*-bön-blint) *adj* daltoniano

farbenfroh (*far*-bön-frôô) *adj* lleno de color

Farbfilm (*farp*-film) *m* (pl ~e) película en colores

farbig (*far*-bij) *adj* de color

Farbton (*farp*-tôôn) *m* (pl ~̈e) tono *m*

Fasan (fa-*saan*) *m* (pl ~e) faisán *m*

Faschismus (fa-*fiss*-muss) *m* fascismo *m*

Faschist (fa-*fisst*) *m* (pl ~en) fascista *m*

faschistisch (fa-*fiss*-tif) *adj* fascista

Faser (*faa*-sör) *f* (pl ~n) fibra *f*

Faß (fass) *nt* (pl Fässer) barril *m*; tonel *m*

Fassade (fa-*ssaa*-dö) *f* (pl ~n) fachada *f*

Fäßchen (*fêss*-jön) *nt* (pl ~) barrilete *m*

fassen (fa-ssön) *v* *asir

Fassung (fa-ssung) *f* (pl ~en) casquillo *m*; sóquet *mMe*

fast (fasst) *adv* casi, cerca de

faul (faul) *adj* vago, perezoso

Faust (fausst) *f* (pl ~̈e) puño *m*

Fausthandschuhe (*fausst*-hant-fuu-ö) *mpl* guantes *mpl*

Faustschlag (*fausst*-flaak) *m* (pl ~̈e) puñetazo *m*

Favorit (fa-vô-*riit*) *m* (pl ~en) favorito *m*

Fax (fakss) *nt* telefax *m*

faxen (faks-sön) *v* mandar un fax

Fazilität (fa-tssi-li-*têêt*) *f* (pl ~en) facilidad *f*

Februar (*fee*-bru-aar) febrero

Feder (*fee*-dör) *f* (pl ~n) pluma *f*; muelle *m*

Federung (*fee*-dö-rung) *f* suspensión *f*

Fee (fee) *f* (pl ~n) hada *f*

fegen (*fee*-ghön) *v* barrer

Fehlen (*fee*-lön) *nt* falta *f*

fehlen (*fee*-lön) *v* fallar

Fehler (*fee*-lör) *m* (pl ~) error *m*; falta *f*, imperfección *f*; culpa *f*

fehlerhaft (*fee*-lör-haft) *adj* defectuoso

Fehlgeburt (*feel*-ghö-buurt) *f* (pl ~en) aborto *m*

Fehlschlag (*feel*-flaak) *m* (pl ~̈e) fiasco *m*

Fehltritt (*feel*-trit) *m* desliz *m*

Feier (*fai*-ör) *f* (pl ~n) celebración *f*

feierlich (*fai*-ör-lij) *adj* solemne

Feierlichkeit (*fai*-ör-lij-kait) *f* (pl ~en) ceremonia *f*

feiern (*fai*-örn) *v* celebrar

Feiertag (*fai*-ör-taak) *m* (pl ~e) fiesta *f*

Feige (*fai*-ghö) *f* (pl ~n) higo *m*

feige (*fai*-ghö) *adj* cobarde

Feigling (*faik*-ling) *m* (pl ~e) cobarde *m*

Feile (*fai*-lö) *f* (pl ~n) lima *f*

fein (fain) *adj* fino; delicado

Feind (faint) *m* (pl ~e) enemigo *m*

feindlich (*faint*-lij) *adj* hostil

Feinkost (*fain*-kosst) *f* gollerías *fpl*

Feinkostgeschäft (*fain*-kosst-ghö-fêft) *nt* (pl ~e) tienda de comestibles finos

Feinschmecker (*fain*-fmê-kör) *m* (pl ~) gastrónomo *m*

Feld (fêlt) *nt* (pl ~er) campo *m*

Feldbett (*fêlt*-bêt) *nt* (pl ~en) catre de campaña

Feldstecher (*fêlt*-fte-jör) *m* (pl ~) gemelos de campaña, prismáticos *mpl*

Felge (*fêl*-ghö) *f* (pl ~n) llanta *f*

Fell (fêl) *nt* (pl ~e) piel *f*

Felsblock (*fêlss*-blok) *m* (pl ~̈e) peña *f*

Felsen (*fêl*-sön) *m* (pl ~) roca *f*

felsig (*fêl*-sij) *adj* rocoso

Fenster (*fênss*-tör) *nt* (pl ~) ventana *f*

Fensterbrett (*fênss*-tör-brêt) *nt* (pl ~er) antepecho *m*

Fensterladen (*fênss*-tör-laa-dön) *m* (pl ~̈) persiana *f*

Ferien (fee-ryön) pl vacaciones fpl

Ferienlager (fee-ryön-laa-ghör) nt (pl ~) colonia veraniega

fern (fêrn) adj lejano; **ferner** adj más lejos; adv además

Ferngespräch (fêrn-ghö-ʃprêêj) nt (pl ~e) conferencia interurbana

Fernsehen (fêrn-see-ön) nt televisión f; **Kabel** ~ televisión por cable; **Satelliten** ~ televisión por satélite

Fernsehgerät (fêrn-see-ghö-rêêt) nt televisor m

Fernsprecher (fêrn-ʃprêê-jör) m teléfono m

Fernsprechverzeichnis (fêrn-ʃprêj-fêrtssaij-niss) nt (pl ~se) listín telefónico

Fernsprechzelle (fêrn-ʃprêj-tssê-lö) f (pl ~n) cabina telefónica

Ferse (fêr-sö) f (pl ~n) talón m

fertig (fêr-tij) adj preparado; terminado

Fertigkeit (fêr-tij-kait) f habilidad f

fertigmachen (fêr-tij-ma-jön) v preparar; terminar

fesseln (fê-ssöln) v cautivar

Fest (fêsst) nt (pl ~e) fiesta f

fest (fêsst) adj firme; fijo; sólido

festhalten (fêsst-hal-tön) v *tener; **sich** ~ agarrarse

Festival (fêss-ti-val) nt (pl ~s) festival m

Festkörper (fêsst-kör-pör) m (pl ~) sólido m

Festland (fêsst-lant) nt tierra firme; continente m

festlich (fêsst-lij) adj festivo

festmachen (fêsst-ma-jön) v atar

Festmahl (fêsst-maal) nt (pl ~er) banquete m

Festnahme (fêsst-naa-mö) f (pl ~n) arresto m; captura f

festsetzen (fêsst-sê-tssön) v determinar; estipular

feststecken (fêsst-ʃtê-kön) v clavar

feststellen (fêsst-ʃtê-lön) v observar; *comprobar

Festung (fêss-tung) f (pl ~en) fortaleza f

Fett (fêt) nt (pl ~e) grasa f

fett (fêt) adj graso; grasiento

Fettheit (fêt-hait) f obesidad f

fettig (fê-tij) adj grasoso, grasiento

feucht (foijt) adj húmedo

Feuchtigkeit (foij-tij-kait) f humedad f

Feuchtigkeitskrem (foij-tij-kaitss-kreem) f (pl ~s) crema hidratante

feudal (foi-daal) adj feudal

Feuer (foi-ör) nt (pl ~) fuego m

Feueralarm (foi-ör-a-larm) m alarma de incendio

feuerfest (foi-ör-fêsst) adj refractario

Feuerlöscher (foi-ör-lö-ʃör) m (pl ~) extintor m

feuersicher (foi-ör-si-jör) adj incombustible

Feuerstein (foi-ör-ʃtain) m (pl ~e) pedernal m

Feuerwehr (foi-ör-veer) f bomberos mpl

Feuerzeug (foi-ör-tssoik) nt (pl ~e) encendedor m

Feuilleton (föi-ö-tong) nt (pl ~s) novela por entregas

Fieber (fii-bör) nt fiebre f

fiebrig (fii-brij) adj febril

Figur (fi-ghuur) f (pl ~en) estatura f

Fiktion (fik-tssyôôn) f (pl ~en) ficción f

Film (film) m (pl ~e) película f; filme m

filmen (fil-mön) v filmar

Filmleinwand (film-lain-vant) f pantalla f

Filter (fil-tör) m (pl ~) filtro m

Filz (filtss) m fieltro m

Fimmel (fi-möl) m (pl ~) manía f

Finanzen (fi-nan-tssön) pl finanzas fpl

finanziell (fi-nan-*tssyêl*) *adj* financiero

finanzieren (fi-nan-*tssii*-rön) *v* financiar

*finden (*fin*-dön) *v* *encontrar; hallar; considerar

Finger (*fing*-ör) *m* (pl ~) dedo *m*; **kleine ~** dedo auricular

Fingerabdruck (*fing*-ör-ap-druk) *m* (pl ~e) impresión digital

Fingergelenk (*fing*-ör-ghö-lêngk) *nt* (pl ~e) nudillo *m*

Fingerhut (*fing*-ör-huut) *m* (pl ~e) dedal *m*

Fink (fingk) *m* (pl ~en) pinzón *m*

Finne (*fi*-nö) *m* (pl ~n) finlandés *m*

finnisch (*fi*-niʃ) *adj* finlandés

Finnland (*fin*-lant) Finlandia *f*

finster (*finss*-tör) *adj* oscuro

Finsternis (*finss*-tör-niss) *f* (pl ~sen) oscuridad *f*; eclipse *m*

Firma (*fir*-ma) *f* (pl -men) compañía *f*, firma *f*

Firnis (*fir*-niss) *m* barniz *m*

Fisch (fiʃ) *m* (pl ~e) pez *m*

fischen (*fi*-ʃön) *v* pescar

Fischer (*fi*-ʃör) *m* (pl ~) pescador *m*

Fischerei (*fi*-ʃö-*rai*) pesca *f*

Fischgräte (*fiʃ*-ghrêê-tö) *f* (pl ~n) espina *f*

Fischhandlung (*fiʃ*-han-dlung) *f* (pl ~en) pescadería *f*

Fischnetz (*fiʃ*-nêtss) *nt* (pl ~e) red de pescar

Fjord (fyort) *m* (pl ~e) fiordo *m*

FKK-Strand (êf-kaa-*kaa*-ʃtrant) *m* (pl ~e) playa para nudistas

flach (flaj) *adj* liso, plano, llano

Fläche (*flê*-jö) *f* (pl ~n) superficie *f*

Flakon (fla-*kong*) *nt* (pl ~s) frasco *m*

Flamingo (fla-*ming*-ghô) *m* (pl ~s) flamenco *m*

Flamme (*fla*-mö) *f* (pl ~n) llama *f*

Flanell (fla-*nêl*) *m* franela *f*

Flasche (*fla*-ʃö) *f* (pl ~n) botella *f*

Flaschenöffner (*fla*-ʃön-öf-nör) *m* (pl ~) destapador de botellas

Fleck (flêk) *m* (pl ~e) mancha *f*; **blauer ~** moretón *m*

fleckenlos (*flê*-kön-lôôss) *adj* inmaculado

Fleckenreinigungsmittel (*flê*-kön-rai-ni-ghungss-mi-töl) *nt* quitamanchas *m*

flegelhaft (*flee*-ghöl-haft) *adj* descarado

Fleisch (flaiʃ) *nt* carne *f*

Fleischer (*flai*-ʃör) *m* (pl ~) carnicero *m*

Fleiß (flaiss) *m* celo *m*

fleißig (*flai*-ssij) *adj* diligente, celoso

flicken (*fli*-kön) *v* reparar, *remendar

Fliege (*flii*-ghö) *f* (pl ~n) mosca *f*; corbata de lazo, corbatín *m*

*fliegen (*flii*-ghön) *v* *volar

*fliehen (*flii*-ön) *v* *huir

*fließen (*flii*-ssön) *v* *fluir; **fließend** con soltura

Flitterwochen (*fli*-tör-vo-jön) *fpl* luna de miel

Floß (flôôss) *nt* (pl ~e) zatara *f*

Flöte (*flöö*-tö) *f* (pl ~n) flauta *f*

Flotte (*flo*-tö) *f* (pl ~n) flota *f*

Fluch (fluuj) *m* (pl ~e) maldición *f*

fluchen (*fluu*-jön) *v* jurar, *maldecir

Flucht (flujt) *f* evasión *f*

flüchten (*flüj*-tön) *v* *huir

Flug (fluuk) *m* (pl ~e) vuelo *m*

Flügel (*flüü*-ghöl) *m* (pl ~) ala *f*; piano de cola

Flughafen (*fluuk*-haa-fön) *m* (pl ~) aeropuerto *m*

Flugkapitän (*fluuk*-ka-pi-têên) *m* (pl ~e) comandante *m*

Fluglinie (*fluuk*-lii-nyö) *f* (pl ~n) aerolínea *f*

Flugplatz (*fluuk*-platss) *m* (pl ~e) campo de aviación

Flugzeug (*fluuk*-tssoik) *nt* (pl ~e)

avión *m*

Flugzeugabsturz (*fluuk*-tssoik-ap-ʃturtss) *m* (pl ̈-e) accidente aéreo

Flur (fluur) *m* (pl ~e) pasillo *m*

Fluß (fluss) *m* (pl Flüsse) río *m*

flüssig (*flü*-ssij) *adj* líquido, fluido

Flüssigkeit (*flü*-ssij-kait) *f* (pl ~en) fluido *m*

Flußufer (*fluss*-uu-för) *nt* (pl ~) ribera *f*

flüstern (*flüss*-törn) *v* susurrar

Flut (fluut) *f* pleamar *f*, riada *f*

Focksegel (*fok*-ssee-ghöl) *nt* (pl ~) foque *m*

Föderation (fö-de-ra-*tssyôôn*) *f* (pl ~en) federación *f*

Folge (*fol*-ghö) *f* (pl ~n) consecuencia *f*, resultado *m*; continuación *f*; serie *f*

folgen (*fol*-ghön) *v* *seguir; **folgend** posterior, siguiente

folglich (*folk*-lij) *adv* por consiguiente

Folklore (folk-*lôô*-rö) *f* folklore *m*

Fön (föön) *m* (pl ~e) secador para el pelo

Fonds (fong) *m* (pl ~) fondos *mpl*

foppen (*fo*-pön) *v* embromar

forcieren (for-*ssii*-rön) *v* *forzar

fordern (*for*-dörn) *v* reivindicar, exigir

fördern (*för*-dörn) *v* *promover

Forderung (*for*-dö-rung) *f* (pl ~en) reivindicación *f*, exigencia *f*

Forelle (fô-*rê*-lö) *f* (pl ~n) trucha *f*

Form (form) *f* (pl ~en) forma *f*

Formalität (for-ma-li-*têêt*) *f* (pl ~en) formalidad *f*

Format (for-*maat*) *nt* (pl ~e) formato *m*

Formel (*for*-möl) *f* (pl ~n) fórmula *f*

formen (*for*-mön) *v* formar; modelar

förmlich (*förm*-lij) *adj* formal

Formular (for-mu-*laar*) *nt* (pl ~e) formulario *m*

Forschung (*for*-ʃung) *f* (pl ~en) investigación *f*

Forst (forsst) *m* (pl ~e) selva *f*

Förster (*förss*-tör) *m* (pl ~) guardabosques *m*

Fort (fôôr) *nt* (pl ~s) fortaleza *f*

fort (fort) *adv* ido

fortdauern (*fort*-dau-örn) *v* durar

***fortfahren** (*fort*-faa-rön) *v* continuar, *proseguir; ~ **mit** continuar

fortgeschritten (*fort*-ghö-ʃri-tön) *adj* avanzado

fortlaufend (*fort*-lau-fönt) *adj* continuo

fortschicken (*fort*-ʃi-kön) *v* *despedir

***fortschreiten** (*fort*-ʃrai-tön) *v* avanzar

Fortschritt (*fort*-ʃrit) *m* (pl ~e) progreso *m*, adelanto *m*

fortsetzen (*fort*-sê-tssön) *v* continuar

fortwährend (*fort*-vêê-rönt) *adv* continuamente

Fotokopie (fô-tô-kô-*pii*) *f* (pl ~ n) fotocopia *f*

Foyer (fᵘa-*yee*) *nt* (pl ~s) vestíbulo *m*

Fracht (frajt) *f* (pl ~en) carga *f*, cargo *m*

Frage (*fraa*-ghö) *f* (pl ~n) pregunta *f*; cuestión *f*, problema *m*

fragen (*fraa*-ghön) *v* preguntar; **fragend** interrogativo; **sich** ~ preguntarse

Fragezeichen (*fraa*-ghö-tssai-jön) *nt* (pl ~) signo de interrogación

Fragment (fra-*ghmênt*) *nt* (pl ~e) fragmento *m*

frankieren (frang-*kii*-rön) *v* sellar

franko (*frang*-kô) *adj* franco

Frankreich (*frangk*-raij) Francia *f*

Franse (*fran*-sö) *f* (pl ~n) franja *f*

Franzose (fran-*tssôô*-sö) *m* (pl ~n) francés *m*

französisch (fran-*tssöö*-siʃ) *adj* francés

Frau (frau) *f* (pl ~en) mujer *f*; **gnädige** ~ señora *f*

Frauenarzt (frau-ön-artsst) m (pl ∼e) ginecólogo m

Fräulein (froi-lain) nt (pl ∼) señorita f

frech (frĕj) adj descarado, grosero, insolente; impertinente

frei (frai) adj libre; vacante

freigebig (frai-ghee-bij) adj generoso

*****freihalten** (frai-hal-tön) v *retener

Freiheit (frai-hait) f (pl ∼en) libertad f

Freikarte (frai-kar-tö) f (pl ∼n) billete gratuito

Freispruch (frai-ʃpruj) m (pl ∼e) absolución f

Freitag (frai-taak) m viernes m

freiwillig (frai-vi-lij) adj voluntario

Freiwillige (frai-vi-li-ghö) m (pl ∼n) voluntario m

Freizeit (frai-tssait) f tiempo libre

fremd (frĕmt) adj extraño

Fremde (frĕm-dö) m (pl ∼n) extranjero m

Fremdenheim (frĕm-dön-haim) nt (pl ∼e) pensión f

Fremdenverkehr (frĕm-dön-fêr-keer) m turismo m

Fremdling (frĕmt-ling) m (pl ∼e) extranjero m

Frequenz (fre-kvĕntss) f (pl ∼en) frecuencia f

Freude (froi-dö) f (pl ∼n) regocijo m; alegría f, placer m

freudig (froi-dij) adj alegre

sich freuen (froi-ön) alegrarse

Freund (froint) m (pl ∼e) amigo m

Freundin (froin-din) f (pl ∼nen) amiga f

freundlich (froint-lij) adj bondadoso, amable

Freundschaft (froint-ʃaft) f (pl ∼en) amistad f

freundschaftlich (froint-ʃaft-lij) adj amistoso

Frieden (frii-dön) m paz f

Friedhof (friit-hôôf) m (pl ∼e) cemen-

terio m

friedlich (friit-lij) adj tranquilo

*****frieren** (frii-rön) v *helar

frisch (friʃ) adj fresco

Friseur (fri-söör) m (pl ∼e) peluquero m, barbero m

Frisierkommode (fri-siir-ko-môô-dö) f (pl ∼n) tocador m

Frist (frisst) f (pl ∼en) plazo m

Frisur (fri-suur) f (pl ∼en) peinado m

froh (frôô) adj contento

fröhlich (fröö-lij) adj alegre, jovial

Fröhlichkeit (fröö-lij-kait) f alegría f

fromm (from) adj pío

Frosch (froʃ) m (pl ∼e) rana f

Frost (frosst) m escarcha f

Frostbeule (frosst-boi-lö) f (pl ∼n) sabañón m

Frösteln (fröss-töln) nt escalofrío m

frösteln (fröss-töln) v tiritar

Frottierstoff (fro-tiir-ʃtof) m (pl ∼e) tela para toallas

Frucht (frujt) f (pl ∼e) fruto m

fruchtbar (frujt-baar) adj fértil

Fruchtsaft (frujt-saft) m (pl ∼e) zumo m

früh (früü) adj temprano

früher (früü-ör) adj anterior; adv antes

Frühling (früü-ling) m primavera f

Frühstück (früü-ʃtük) nt desayuno m

Fuchs (fukss) m (pl ∼e) zorro m

fühlbar (füül-baar) adj palpable

fühlen (füül-lön) v *sentir

führen (füü-rön) v *conducir; guiar, administrar; **führend** adj principal

Führer (füü-rör) m (pl ∼) guía m; guía f

Führerschein (füü-rör-ʃain) m permiso de conducir

Führung (füü-rung) f dirección f; gestión f

Fülle (fü-lö) f abundancia f

füllen (fü-lön) v llenar

Füller (*fü-*lör) *m* (pl ∼) estilográfica *f*
Füllung (*fü-*lung) *f* (pl ∼en) relleno *m*
Fundbüro (*funt-*bü-rôô) *nt* (pl ∼s) oficina de objetos perdidos
Fundsachen (*funt-*sa-jön) *fpl* objetos perdidos
fünf (fünf) *num* cinco
fünfte (*fünf-*tö) *num* quinto
fünfzehn (*fünf-*tsseen) *num* quince
fünfzehnte (*fünf-*tsseen-tö) *num* quinceno
fünfzig (*fünf-*tssij) *num* cincuenta
funkelnd (*fung-*költn) *adj* centelleante
Funken (*fung-*kön) *m* (pl ∼) chispa *f*
Funktion (fungk-*tssyôôn*) *f* (pl ∼en) función *f*; funcionamiento *m*
funktionieren (fungk-tssyô-*nii-*rön) *v* funcionar
funktionsunfähig (fungk-*tssyôônss-*un-fêê-ij) *adj* averiado
für (füür) *prep* para
Furcht (furjt) *f* terror *m*, temor *m*
furchtbar (*furjt-*baar) *adj* espantoso, terrible
fürchten (*fürj-*tön) *v* temer
fürchterlich (*fürj-*tör-lij) *adj* terrible
furchterregend (*furjt-*êr-ree-ghönt) *adj* aterrador
Furt (furt) *f* (pl ∼en) vado *m*
Furunkel (fu-*rung-*köl) *m* (pl ∼) furúnculo *m*
Fürwort (*füür-*vort) *nt* (pl ∼er) pronombre *m*
Fusion (fu-*syôôn*) *f* (pl ∼en) fusión *f*
Fuß (fuuss) *m* (pl ∼e) pie *m*; **zu** ∼ a pie
Fußball (*fuuss-*bal) *m* (pl ∼e) fútbol *m*
Fußballspiel (*fuuss-*bal-ʃpiil) *nt* (pl ∼e) partido de fútbol
Fußboden (*fuuss-*bôô-dön) *m* (pl ∼) suelo *m*
Fußbremse (*fuuss-*brêm-sö) *f* (pl ∼n) freno de pie

Fußgänger (*fuuss-*ghêng-ör) *m* (pl ∼) peatón *m*; ∼ **verboten** prohibido para los peatones
Fußgängerübergang (*fuuss-*ghêng-ör-üü-bör-ghang) *m* (pl ∼e) cruce para peatones
Fußknöchel (*fuuss-*knö-jöl) *m* (pl ∼) tobillo *m*
Fußpfleger (*fuuss-*pflee-ghör) *m* (pl ∼) pedicuro *m*
Fußpuder (*fuuss-*puu-dör) *m* polvo para los pies
Fußtritt (*fuuss-*trit) *m* (pl ∼e) patada *f*
Fußweg (*fuuss-*veek) *m* (pl ∼e) senda *f*
Futter (*fu-*tör) *nt* (pl ∼) forro *m*

G

Gabe (*ghaa-*bö) *f* (pl ∼n) talento *m*; facultad *f*
Gabel (*ghaa-*böl) *f* (pl ∼n) tenedor *m*
sich gabeln (*ghaa-*böln) bifurcarse
Gabelung (*ghaa-*bö-lung) *f* (pl ∼en) bifurcación *f*
gähnen (*ghêê-*nön) *v* bostezar
Galerie (gha-lö-*rii*) *f* (pl ∼n) galería *f*
Galgen (*ghal-*ghön) *m* (pl ∼) horca *f*
Galle (*gha-*lö) *f* bilis *f*
Gallenblase (*gha-*lön-blaa-sö) *f* (pl ∼n) vesícula biliar
Gallenstein (*gha-*lön-ʃtain) *m* (pl ∼e) cálculo biliar
Galopp (gha-*lop*) *m* galope *m*
Gang[1] (ghang) *m* (pl ∼e) pasillo *m*; plato *m*; velocidad *f*
Gang[2] (ghang) *m* paso *m*, andadura *f*, andares *mpl*; **in** ∼ *bringen* lanzar
gangbar (*ghang-*baar) *adj* corriente
Gangschaltung (*ghang-*ʃal-tung) *f* palanca de cambios

Gans (ghanss) f (pl ∼e) oca f

Gänsehaut (ghên-sö-haut) f carne de gallina

ganz (ghantss) adj entero; todo, completo; adv enteramente; muy

Ganze (ghan-tssö) nt total m

gänzlich (ghêntss-lij) adj total, absoluto; adv totalmente

Garage (gha-raa-3ö) f (pl ∼n) garaje m

Garantie (gha-ran-tii) f (pl ∼n) garantía f

garantieren (gha-ran-tii-rön) v garantizar

Garderobe (ghar-dö-rôô-bö) f (pl ∼n) guardarropa m; vestuario m

Garderobenschrank (ghar-dö-rôô-bön-ʃrangk) m (pl ∼e) armario m

Garderobenständer (ghar-dö-rôô-bön-ʃtên-dör) m (pl ∼) percha f

*gären (ghêê-rön) v fermentar

Garn (gharn) nt (pl ∼e) hilo m

Garnele (ghar-nee-lö) f (pl ∼n) camarón m

garstig (gharss-tij) adj desagradable

Garten (ghar-tön) m (pl ∼̈) jardín m; **zoologischer** ∼ jardín zoológico

Gartenbau (ghar-tön-bau) m horticultura f

Gärtner (ghêrt-nör) m (pl ∼) jardinero m

Gas (ghaass) nt (pl ∼e) gas m

Gasherd (ghaass-heert) m (pl ∼e) cocina de gas

Gasofen (ghaass-ôô-fön) m (pl ∼̈) estufa de gas

Gaspedal (ghaass-pe-daal) nt (pl ∼e) acelerador m

Gasse (gha-ssö) f (pl ∼n) callejón m

Gast (ghasst) m (pl ∼̈e) visitante m, huésped m, invitado m

Gästezimmer (ghêss-tö-tssi-mör) nt (pl ∼) habitación para huéspedes, cuarto para huéspedes

gastfreundlich (ghasst-froint-lij) adj hospitalario

Gastfreundschaft (ghasst-froint-ʃaft) f hospitalidad f

Gastgeber (ghasst-ghee-bör) m (pl ∼) anfitrión m

Gastgeberin (ghasst-ghee-bö-rin) f (pl ∼nen) azafata f

Gasthof (ghasst-hôôf) m (pl ∼̈e) posada f

gastrisch (ghass-triʃ) adj gástrico

Gaststätte (ghasst-ʃtê-tö) f (pl ∼n) parador m

Gastwirt (ghasst-virt) m (pl ∼e) posadero m

Gaswerk (ghaass-vêrk) nt (pl ∼e) fábrica de gas

Gatte (gha-tö) m (pl ∼n) esposo m

Gatter (gha-tör) nt (pl ∼) reja f

Gattin (gha-tin) f (pl ∼nen) esposa f

Gattung (gha-tung) f (pl ∼en) especie f

Gaze (ghaa-sö) f gasa f

Gebäck (ghö-bêk) nt dulces, pastelería f

Gebärde (ghö-bêêr-dö) f (pl ∼n) gesto m

Gebärmutter (ghö-bêêr-mu-tör) f matriz f

Gebäude (ghö-boi-dö) nt (pl ∼) edificio m; inmueble m, finca f

*geben (ghee-bön) v *dar

Gebet (ghö-beet) nt (pl ∼e) oración f

Gebiet (ghö-biit) nt (pl ∼e) zona f, región f; territorio m; terreno m

Gebirge (ghö-bir-ghö) nt (pl ∼) montaña f

gebirgig (ghö-bir-ghij) adj montañoso

Gebirgspaß (ghö-birkss-pass) m (pl -pässe) paso m

Gebiß (ghö-biss) nt (pl Gebisse) dentadura f; **künstliches** ∼ dentadura postiza

geboren (ghö-bôô-rön) adj nacido

Gebrauch (ghö-*brauj*) *m* uso *m*

gebrauchen (ghö-*brau*-jön) *v* aplicar, usar; **gebraucht** *adj* de segunda mano

Gebrauchsanweisung (ghö-*braujss*-an-vai-sung) *f* (pl ~en) modo de empleo

Gebrauchsgegenstand (ghö-*braujss*-ghee-ghön-ʃtant) *m* (pl ~̈e) utensilio *m*

Gebühr (ghö-*büür*) *f* (pl ~en) precio *m*; **Gebühren** derechos *mpl*; **gebührenpflichtige Verkehrsstraße** autopista de peaje

gebührend (ghö-*büü*-rönt) *adj* debido

Geburt (ghö-*buurt*) *f* (pl ~en) nacimiento *m*

Geburtsort (ghö-*buurtss*-ort) *m* (pl ~e) lugar de nacimiento

Geburtstag (ghö-*burtss*-taak) *m* (pl ~e) cumpleaños *m*

Gedächtnis (ghö-*dêjt*-niss) *nt* memoria *f*

Gedanke (ghö-*dang*-kö) *m* (pl ~n) pensamiento *m*

gedankenlos (ghö-*dang*-kön-lôôss) *adj* indiferente

Gedankenstrich (ghö-*dang*-kön-ʃtrij) *m* (pl ~e) guión *m*

Gedeckkosten (ghö-*dêk*-koss-tön) *pl* precio del cubierto

Gedenkfeier (ghö-*dêngk*-fai-ör) *f* (pl ~n) conmemoración *f*

Gedicht (ghö-*dijt*) *nt* (pl ~e) poema *m*

Geduld (ghö-*dult*) *f* paciencia *f*

geduldig (ghö-*dul*-dij) *adj* paciente

geeignet (ghö-*ai*-ghnöt) *adj* apto, apropiado, adecuado, conveniente

Gefahr (ghö-*faar*) *f* (pl ~en) peligro *m*

gefährlich (ghö-*fêêr*-lij) *adj* peligroso

Gefährte (ghö-*fêêr*-tö) *m* (pl ~n) compañero *m*

Gefälle (ghö-*fê*-lö) *nt* pendiente *f*

***gefallen** (ghö-*fa*-lön) *v* *placer

gefällig (ghö-*fê*-lij) *adj* simpático; grato

Gefälligkeit (ghö-*fê*-lij-kait) *f* (pl ~en) favor *m*

Gefangene (ghö-*fang*-ö-nö) *m* (pl ~n) prisionero *m*

***gefangennehmen** (ghö-*fang*-ön-nee-mön) *v* coger preso

Gefängnis (ghö-*fêng*-niss) *nt* (pl ~se) cárcel *f*, prisión *f*

Gefängniswärter (ghö-*fêng*-niss-vêr-tör) *m* (pl ~) carcelero *m*

Gefäß (ghö-*fêêss*) *nt* (pl ~e) vasija *f*

Gefecht (ghö-*fêjt*) *nt* (pl ~e) combate *m*

Geflügel (ghö-*flüü*-ghöl) *nt* aves de corral, volatería *f*

Geflügelhändler (ghö-*flüü*-ghöl-hên-dlör) *m* (pl ~) pollero *m*

Geflüster (ghö-*flüss*-tör) *nt* susurro *m*

gefräßig (ghö-*frêê*-ssij) *adj* glotón

***gefrieren** (ghö-*frii*-rön) *v* congelar; **gefroren** congelado

Gefrierpunkt (ghö-*friir*-pungkt) *m* punto de congelación

Gefrierschutzmittel (ghö-*friir*-ʃutss-mi-töl) *nt* (pl ~) anticongelante *m*

Gefrierwaren (ghö-*friir*-vaa-rön) *fpl* alimento congelado

Gefühl (ghö-*füül*) *nt* (pl ~e) sensación *f*

gefüllt (ghö-*fült*) *adj* rellenado

gegen (*ghee*-ghön) *prep* contra

Gegend (*ghee*-ghönt) *f* (pl ~en) región *f*; comarca *f*

Gegensatz (*ghee*-ghön-satss) *m* (pl ~̈e) contraste *m*

gegensätzlich (*ghee*-ghön-sêtss-lij) *adj* contrario

gegenseitig (*ghee*-ghön-sai-tij) *adj* recíproco

Gegenstand (*ghee*-ghön-ʃtant) *m* (pl ~̈e) artículo *m*, objeto *m*

Gegenteil (*ghee*-ghön-tail) nt contrario m ; **im ~** al contrario

gegenüber (ghee-ghön-*üü*-bör) prep enfrente de

***gegenüberstehen** (ghee-ghön-*üü*-bör-ſtee-ön) v enfrentarse con

Gegenwart (*ghee*-ghön-vart) f presente m ; presencia f

gegenwärtig (ghee-ghön-vêr-tij) adj actual ; corriente

Gegner (*ghee*-ghnör) m (pl ~) contrincante m

Gehalt (ghö-*halt*) nt (pl ¨er) sueldo m, salario m

Gehaltserhöhung (ghö-*haltss*-êr-höö-ung) f (pl ~en) aumento de sueldo

gehässig (ghö-*hê*-ssij) adj malévolo

geheim (ghö-*haim*) adj secreto

Geheimnis (ghö-*haim*-niss) nt (pl ~se) secreto m ; misterio m

geheimnisvoll (ghö-*haim*-niss-fol) adj misterioso

***gehen** (*ghee*-ön) v *ir ; *andar, caminar

Gehirn (ghö-*hirn*) nt (pl ~e) cerebro m

Gehirnerschütterung (ghö-*hirn*-êr-ſü-tö-rung) f conmoción cerebral

Gehör (ghö-*höör*) nt oído m

gehorchen (ghö-*hor*-jön) v *obedecer

gehören (ghö-*höö*-rön) v *pertenecer ; *pertenecer a

Gehorsam (ghö-*hôôr*-saam) m obediencia f

gehorsam (ghö-*hôôr*-saam) adj obediente

Gehweg (*ghee*-veek) m (pl ~e) acera f

Geier (*ghai*-ör) m (pl ~) buitre m

Geige (*ghai*-ghö) f (pl ~n) violín m

Geisel (*ghai*-söl) f (pl ~n) rehén m

Geist (ghaisst) m (pl ~er) espíritu m, mente f, alma f ; fantasma m

Geistesblitz (*ghaiss*-töss-blitss) m (pl ~e) ocurrencia f

geistig (*ghaiss*-tij) adj mental ; espiritua

Geistliche (*ghaisst*-li-jö) m (pl ~n) clérigo m

geistreich (*ghaisst*-raij) adj chistoso

geizig (*ghai*-tssij) adj avaro

gekrümmt (ghö-*krümt*) adj encorvado

Gelächter (ghö-*lê*ſ-tör) nt risa f

gelähmt (ghö-*lêêmt*) adj paralítico

Gelände (ghö-*lên*-dö) nt terreno m ; sitio m

Geländer (ghö-*lên*-dör) nt (pl ~) barrera f

gelassen (ghö-*la*-ssön) adj tranquilo

gelb (ghêlp) adj amarillo

Gelbsucht (*ghêlp*-sujt) f ictericia f

Geld (ghêlt) nt dinero m ; **zu Gelde machen** cobrar

Geldanlage (*ghêlt*-an-laa-ghö) f (pl ~n) inversión f

Geldautomat (*ghêlt*-au-tô-maat) m (pl ~ en) cajero automático m

Geldbeutel (*ghêlt*-boi-töl) m (pl ~) monedero m

Geldschrank (*ghêlt*-ſrangk) m (pl ¨e) caja fuerte

Geldstrafe (*ghêlt*-ſtraa-fö) f (pl ~n) multa f

Gelee (ʒe-*lee*) nt jalea f

gelegen (ghö-*lee*-ghön) adj situado

Gelegenheit (ghö-*lee*-ghön-hait) f (pl ~en) ocasión f, oportunidad f

Gelegenheitskauf (ghö-*lee*-ghön-haitss-kauf) m (pl ¨e) ganga f

gelegentlich (ghö-*lee*-ghönt-lij) adv ocasionalmente

Gelehrte (ghö-*leer*-tö) m (pl ~n) erudito m

Geleit (ghö-*lait*) nt escolta f

Gelenk (ghö-*lêngk*) nt (pl ~e) articulación f

gelenkig (ghö-*lêng*-kij) adj ágil

geliebt (ghö-*liipt*) adj querido

***gelingen** (ghö-*ling*-ön) v *tener éxito

***gelten** (*ghêl*-tön) v aplicarse a

Gelübde (ghö-*lüp*-dö) *nt* (pl ~) voto *m*

Gemälde (ghö-*mêêl*-dö) *nt* (pl ~) pintura *f*, cuadro *m*

gemäß (ghö-*mêêss*) *prep* según; con arreglo a

gemäßigt (ghö-*mêê*-ssijt) *adj* moderado

gemein (ghö-*main*) *adj* vulgar, grosero

Gemeinde (ghö-*main*-dö) *f* (pl ~n) vecindario *m* ; comunidad *f*, congregación *f*

gemeinsam (ghö-*main*-saam) *adj* común; *adv* juntamente

Gemeinschaft (ghö-*main*-ʃaft) *f* sociedad *f*

gemeinschaftlich (ghö-*main*-ʃaft-lij) *adj* en común

gemischt (ghö-*miʃt*) *adj* mezclado

Gemüse (ghö-*müü*-sö) *nt* (pl ~) legumbre *f*, legumbres *fpl*

Gemüsegarten (ghö-*müü*-sö-ghar-tön) *m* (pl ~̈) huerto *m*

Gemüsehändler (ghö-*müü*-sö-hên-dlör) *m* (pl ~) verdulero *m*

gemütlich (ghö-*müüt*-lij) *adj* íntimo

genau (ghö-*nau*) *adj* exacto; puntual, cuidadoso, meticuloso, preciso; correcto; *adv* justamente, exactamente

genehmigen (ghö-*nee*-mi-ghön) *v* *aprobar

Genehmigung (ghö-*nee*-mi-ghung) *f* (pl ~en) autorización *f*, permiso *m*

geneigt (ghö-*naikt*) *adj* inclinado

General (ghe-ne-*raal*) *m* (pl ~̈e) general *m*

Generalvertreter (ghe-ne-*raal*-fêr-tree-tör) *m* (pl ~) distribuidor *m*

Generation (ghe-ne-ra-*tssyôôn*) *f* (pl ~en) generación *f*

Generator (ghè-nè-*raa*-tor) *m* (pl ~en) generador *m*

*__genesen__ (ghö-*nee*-sön) *v* curarse

Genesung (ghö-*nee*-sung) *f* curación *f*

Genie (ʒe-*nii*) *nt* (pl ~s) genio *m*

*__genießen__ (ghö-*nii*-ssön) *v* disfrutar; gozar

Genosse (ghö-*no*-ssö) *m* (pl ~n) camarada *m*

Genossenschaft (ghö-*no*-ssön-ʃaft) *f* (pl ~en) cooperativa *f*

genug (ghö-*nuuk*) *adv* bastante

genügen (ghö-*nüü*-ghön) *v* *ser suficiente

genügend (ghö-*nüü*-ghönt) *adj* suficiente, bastante

Genugtuung (ghö-*nuuk*-tuu-ung) *f* satisfacción *f*

Genuß (ghö-*nuss*) *m* (pl Genüsse) goce *m*, delicia *f*

Geologie (ghe-ô-lô-*ghii*) *f* geología *f*

Geometrie (ghe-ô-me-*trii*) *f* geometría *f*

Gepäck (ghö-*pêk*) *nt* equipaje *m*

Gepäckaufbewahrung (ghö-*pêk*-auf-bö-vaa-rung) *f* consigna *f*

Gepäcknetz (ghö-*pêk*-nêtss) *nt* (pl ~e) rejilla *f*

Gepäckwagen (ghö-*pêk*-vaa-ghön) *m* (pl ~) furgón de equipajes

Geplauder (ghö-*plau*-dör) *nt* charla *f*

gerade (ghö-*raa*-dö) *adj* derecho; par; *adv* apenas

geradeaus (ghö-raa-dö-*auss*) *adv* todo seguido

geradewegs (ghö-*raa*-dö-veekss) *adv* directamente

Gerät (ghö-*rêêt*) *nt* (pl ~e) aparato *m* ; utensilio *m*, herramienta *f*

geräumig (ghö-*roi*-mij) *adj* espacioso

Geräusch (ghö-*roiʃ*) *nt* (pl ~e) ruido *m*

gerecht (ghö-*rêjt*) *adj* justo

Gerechtigkeit (ghö-*rêj*-tij-kait) *f* justicia *f*

Gericht (ghö-*rijt*) *nt* (pl ~e) tribunal

m; guiso *m*

Gerichtshof (ghö-*rijtss*-hôôf) *m* (pl ̈-e) tribunal *m*

Gerichtsverfahren (ghö-*rijtss*-fêr-faa-rön) *nt* (pl ~) proceso *m*, causa *f*

Gerichtsvollzieher (ghö-*rijtss*-fol-tssii-ör) *m* (pl ~) ujier *m*

gering (ghö-*ring*) *adj* escaso, menudo; **geringer** inferior; **geringst** mínimo

geringfügig (ghö-*ring*-füü-ghij) *adj* insignificante, leve

Geringschätzung (ghö-*ring*-jê-tssung) *f* menosprecio *m*

*gerinnen (ghö-*ri*-nön) *v* coagularse

Gerippe (ghö-*ri*-pö) *nt* (pl ~) esqueleto *m*

gern (ghêrn) *adv* gustosamente; ~ *haben gustar, amar; ~ *mögen *querer

gerne (*ghêr*-nö) *adv* gustosamente

Gerste (*ghêrss*-tö) *f* cebada *f*

Geruch (ghö-*ruj*) *m* (pl ̈-e) olor *m*

Gerücht (ghö-*rüjt*) *nt* (pl ~e) rumor *m*

Gerüst (ghö-*rüsst*) *nt* (pl ~e) andamio *m*

gesamt (ghö-*samt*) *adj* total

Gesamtsumme (ghö-*samt*-su-mö) *f* (pl ~n) total *m*

Gesandtschaft (ghö-*sant*-jaft) *f* (pl ~en) legación *f*

Gesäß (ghö-*sêêss*) *nt* (pl ~e) trasero *m*

Geschädigte (ghö-*jêê*-dij-tö) *m* (pl ~n) víctima *f*

Geschäft (ghö-*jêft*) *nt* (pl ~e) tienda *f*; negocio *m*; transacción *f*; **Geschäfte machen mit** *hacer negocios con

Geschäftigkeit (ghö-*jêf*-tij-kait) *f* agitación *f*

geschäftlich (ghö-*jêft*-lij) *adj* por asuntos de negocio

Geschäftsführer (ghö-*jêftss*-füü-rör)

m (pl ~) ejecutivo *m*

Geschäftsmann (ghö-*jêftss*-man) *m* (pl -leute) hombre de negocios, tendero *m*

geschäftsmäßig (ghö-*jêftss*-mêê-ssij) *adj* práctico

Geschäftsreise (ghö-*jêftss*-rai-sö) *f* (pl ~n) viaje de negocios

Geschäftszeit (ghö-*jêftss*-tssait) *f* (pl ~en) horas de oficina

*geschehen (ghö-*jee*-ön) *v* suceder

gescheit (ghö-*jait*) *adj* listo

Geschenk (ghö-*jêngk*) *nt* (pl ~e) regalo *m*, presente *m*

Geschichte (ghö-*jij*-tö) *f* (pl ~n) historia *f*; cuento *m*

geschichtlich (ghö-*jijt*-lij) *adj* histórico

Geschick (ghö-*jik*) *nt* suerte *f*

geschickt (ghö-*jikt*) *adj* hábil

Geschirrtuch (ghö-*jir*-tuuj) *nt* (pl ̈-er) trapo de cocina

Geschlecht (ghö-*jlêjt*) *nt* (pl ~er) sexo *m*; género *m*

geschlechtlich (ghö-*jlêjt*-lij) *adj* genital

Geschlechtskrankheit (ghö-*jlêjtss*-krangk-hait) *f* (pl ~en) enfermedad venérea

geschlossen (ghö-*jlo*-ssön) *adj* cerrado

Geschmack (ghö-*jmak*) *m* gusto *m*; sabor *m*

geschmacklos (ghö-*jmak*-lôôss) *adj* insípido

geschmeidig (ghö-*jmai*-dij) *adj* flexible; dulce

Geschöpf (ghö-*jöpf*) *nt* (pl ~e) ser *m*, criatura *f*

Geschoß (ghö-*joss*) *nt* (pl Geschosse) piso *m*

Geschwader (ghö-*jvaa*-dör) *nt* (pl ~) escuadrilla *f*

Geschwätz (ghö-*jvêtss*) *nt* charla *f*

geschwind (ghö-*ʃvint*) *adj* veloz

Geschwindigkeit (ghö-*ʃvin*-dij-kait) *f* (pl ~en) velocidad *f*

Geschwindigkeitsbegrenzung (ghö-*ʃvin*-dij-kaitss-bö-ghrén-tssung) *f* (pl ~en) límite de velocidad

Geschwindigkeitsmesser (ghö-*ʃvin*-dij-kaitss-mê-ssör) *m* (pl ~) velocímetro *m*

Geschwindigkeitsübertretung (ghö-*ʃvin*-dij-kaitss-üü-bör-tree-tung) *f* (pl ~en) exceso de velocidad

Geschwulst (ghö-*ʃvulsst*) *f* (pl ~e) tumor *m*; hinchazón *f*

Geschwür (ghö-*ʃvüür*) *nt* (pl ~e) úlcera *f*

Gesellschaft (ghö-*sél*-ʃaft) *f* (pl ~en) compañía *f*, asociación *f*; sociedad *f*; **Gesellschafts-** social

Gesellschaftsanzug (ghö-*sél*-ʃaftss-an-tssuuk) *m* (pl ~e) traje de etiqueta

Gesellschaftsraum (ghö-*sél*-ʃaftss-raum) *m* (pl ~e) salón *m*

Gesetz (ghö-*sêtss*) *nt* (pl ~e) ley *f*

gesetzlich (ghö-*sêtss*-lij) *adj* lícito; legal

gesetzmäßig (ghö-*sêtss*-mêê-ssij) *adj* legítimo

gesetzt (ghö-*sêtsst*) *adj* sosegado

Gesicht (ghö-*sijt*) *nt* (pl ~er) cara *f*

Gesichtskrem (ghö-*sijtss*-kreem) *f* (pl ~s) crema facial

Gesichtsmassage (ghö-*sijtss*-ma-ssaa-ȝö) *f* (pl ~n) masaje facial

Gesichtspackung (ghö-*sijtss*-pa-kung) *f* (pl ~en) máscara facial

Gesichtszug (ghö-*sijtss*-tssuuk) *m* (pl ~e) rasgo *m*

gesondert (ghö-*son*-dört) *adv* por separado

gespannt (ghö-*ʃpant*) *adj* curioso; tenso

Gespenst (ghö-*ʃpênsst*) *nt* (pl ~er) fantasma *m*

Gespräch (ghö-*ʃprêêj*) *nt* (pl ~e) conversación *f*

gesprächig (ghö-*ʃprêê*-jij) *adj* locuaz

gesprenkelt (ghö-*ʃprêng*-költ) *adj* moteado

Gestalt (ghö-*ʃtalt*) *f* (pl ~en) figura *f*

Geständnis (ghö-*ʃtênt*-niss) *nt* (pl ~se) confesión *f*

gestatten (ghö-*ʃta*-tön) *v* permitir

*gestehen (ghö-*ʃtee*-ön) *v* *reconocer

Gestell (ghö-*ʃtêl*) *nt* (pl ~e) armadura *f*

gestern (*ghêss*-törn) *adv* ayer

gestikulieren (ghêss-ti-ku-*lii*-rön) *v* gesticular

gestreift (ghö-*ʃtraift*) *adj* rayado

Gestrüpp (ghö-*ʃtrüp*) *nt* (pl ~e) matorral *m*

Gesuch (ghö-*suuj*) *nt* (pl ~e) demanda *f*

gesund (ghö-*sunt*) *adj* sano

Gesundheit (ghö-*sunt*-hait) *f* salud *f*

Gesundheitsattest (ghö-*sunt*-haitss-a-têsst) *nt* (pl~e) certificado de salud

Getränk (ghö-*trêngk*) *nt* (pl ~e) bebida *f*; **alkoholfreies** ~ bebida no alcohólica; **alkoholische Getränke** bebidas espirituosas

Getreide (ghö-*trai*-dö) *nt* trigo *m*, cereales *mpl*

getrennt (ghö-*trênt*) *adj* separado; *adv* separadamente

Getriebe (ghö-*trii*-bö) *nt* caja de velocidades

Getue (ghö-*tuu*-ö) *nt* bulla *f*, alharaca *f*

geübt (ghö-*üüpt*) *adj* hábil

Gewächshaus (ghö-*vêkss*-hauss) *nt* (pl ~er) invernáculo *m*

gewagt (ghö-*vaakt*) *adj* arriesgado

gewähren (ghö-*vêê*-rön) *v* conceder

Gewalt (ghö-*valt*) *f* violencia *f*, fuerza *f*; **vollziehende** ~ poder ejecutivo

Gewaltakt (ghö-*valt*-akt) *m* (pl ~e) ultraje *m*

gewaltig (ghö-*val*-tij) *adj* formidable

gewaltsam (ghö-*valt*-saam) *adj* violento

Gewand (ghö-*vant*) *nt* (pl ˝er) traje *m*

gewandt (ghö-*vant*) *adj* inteligente, hábil

Gewebe (ghö-*vee*-bö) *nt* (pl ~) tejido *m*

Gewehr (ghö-*veer*) *nt* (pl ~e) fusil *m*, rifle *m*

Geweih (ghö-*vai*) *nt* (pl ~e) cornamenta *f*

Gewerbe (ghö-*vêr*-bö) *nt* (pl ~) comercio *m*

Gewerkschaft (ghö-*vêrk*-ʃaft) *f* (pl ~en) sindicato *m*

Gewicht (ghö-*vijt*) *nt* (pl ~e) peso *m*

gewillt (ghö-*vilt*) *adj* dispuesto

Gewinn (ghö-*vin*) *m* (pl ~e) beneficio *m* ; ganancia *f*

*****gewinnen** (ghö-*vi*-nön) *v* vencer, ganar

gewiß (ghö-*viss*) *adj* cierto

Gewissen (ghö-*vi*-ssön) *nt* conciencia *f*

Gewitter (ghö-*vi*-tör) *nt* (pl ~) tronada *f*

gewitterschwül (ghö-*vi*-tör-ʃvüül) *adj* tormentoso

gewöhnen (ghö-*vöö*-nön) *v* acostumbrar

Gewohnheit (ghö-*vôôn*-hait) *f* (pl ~en) hábito *m*, costumbre *f*

gewöhnlich (ghö-*vöön*-lij) *adj* usual, corriente, ordinario ; *adv* generalmente, habitualmente

gewohnt (ghö-*vôônt*) *adj* acostumbrado ; habitual, normal, corriente ; ~ *****sein** *estar acostumbrado a

gewöhnt (ghö-*vöönt*) *adj* acostumbrado

Gewölbe (ghö-*vôl*-bö) *nt* (pl ~) bóve-

da *f*

gewunden (ghö-*vun*-dön) *adj* tortuoso

gewürfelt (ghö-*vür*-fölt) *adj* cuadriculado

Gewürz (ghö-*vürtss*) *nt* (pl ~e) especia *f*

gewürzt (ghö-*vürtsst*) *adj* condimentado

geziert (ghö-*tssiirt*) *adj* afectado

Gicht (ghijt) *f* gota *f*

Giebel (*ghii*-böl) *m* (pl ~) faldón *m*

Gier (ghiir) *f* codicia *f*

gierig (*ghii*-rij) *adj* codicioso

*****gießen** (*ghii*-ssön) *v* *verter

Gift (ghift) *nt* (pl ~e) veneno *m*

giftig (*ghif*-tij) *adj* venenoso

Gipfel (*ghi*-pföl) *m* (pl ~) colmo *m*, cima *f*, pico *m*

Gips (ghipss) *m* yeso *m*

Gitarre (ghi-*ta*-rö) *f* (pl ~n) guitarra *f*

Gitter (*ghi*-tör) *nt* (pl ~) barandilla *f*

Glanz (ghlantss) *m* resplandor *m*, brillo *m*

glänzen (*ghlên*-tssön) *v* *resplandecer

glänzend (*ghlên*-tssönt) *adj* espléndido, brillante ; lustroso

Glanzleistung (*ghlantss*-laiss-tung) *f* (pl ~en) gran trabajo

glanzlos (*ghlantss*-lôôss) *adj* apagado

Glas (ghlaass) *nt* (pl ˝er) vaso *m*, vidrio *m*

gläsern (*ghlêê*-sörn) *adj* de vidrio

glasieren (ghla-*sii*-rön) *v* esmaltar

glatt (ghlat) *adj* llano ; liso

Glattbutt (*ghlat*-but) *m* (pl ~e) rodaballo *m*

Glaube (*ghlau*-bö) *m* creencia *f* ; fe *f*

glauben (*ghlau*-bön) *v* *creer

Gläubiger (*ghloi*-bi-ghör) *m* (pl ~) acreedor *m*

glaubwürdig (*ghlaub*-vür-dij) *adj* verosímil

gleich (ghlaij) *adj* igual ; *adv* igualmente

*gleichen (*ghlai*-jön) v asemejarse

gleichfalls (*ghlaij*-falss) adv asimismo

gleichförmig (*ghlaij*-för-mij) adj uniforme

gleichgesinnt (*ghlaij*-ghö-sint) adj unánime

Gleichgewicht (*ghlaij*-ghö-vijt) nt equilibrio m

gleichgültig (*ghlaij*-ghül-tij) adj indiferente

Gleichheit (*ghlaij*-hait) f igualdad f

*gleichkommen (*ghlaij*-ko-mön) v igualar

gleichlaufend (*ghlaij*-lau-fönt) adj paralelo

gleichmachen (*ghlaij*-ma-jön) v igualar

Gleichstrom (*ghlaij*-ſtrôôm) m corriente continua

gleichwertig (*ghlaij*-veer-tij) adj equivalente

gleichzeitig (*ghlaij*-tssai-tij) adj simultáneo

Gleis (ghlaiss) nt (pl ~e) vía f

gleiten (*ghlai*-tön) v resbalar, deslizarse

Gletscher (*ghlê*-chör) m (pl ~) glaciar m

Glied (ghliit) nt (pl ~er) miembro m; eslabón m

glitschig (*ghli*-chij) adj resbaladizo

global (ghlô-*baal*) adj general

Globus (*ghlôô*-buss) m (pl Globen) globo m

Glocke (*ghlo*-kö) f (pl ~n) campana f

Glockenspiel (*ghlo*-kön-ſpiil) nt (pl ~e) carillón m

Glück (ghlük) nt éxito m, suerte f; felicidad f; fortuna f

glücklich (*ghlük*-lij) adj afortunado; feliz

Glückwunsch (*ghlük*-vunſ) m (pl ~̈e) felicitación f

Glühbirne (*ghlüü*-bir-nö) f (pl ~n)

bombilla f; foco mMe

glühen (*ghlüü*-ön) v brillar

Glut (ghluut) f brillo m

Gnade (*ghnaa*-dö) f perdón m; misericordia f

Gobelin (ghô-bö-*lêng*) m (pl ~s) tapiz m

Gold (gholt) nt oro m

golden (*ghol*-dön) adj dorado

Goldgrube (*gholt*-ghruu-bö) f (pl ~n) mina de oro

Goldschmied (*gholt*-ſmiit) m (pl ~e) orfebre m

Golf (gholf) m (pl ~e) golfo m; nt golf m

Golfklub (*gholf*-klup) m (pl ~s) palo de golf

Golfplatz (*gholf*-platss) m (pl ~̈e) campo de golf

Gondel (*ghon*-döl) f (pl ~n) góndola f

Gosse (*gho*-ssö) f (pl ~n) cuneta f

Gott (ghot) m (pl ~̈er) dios m

Gottesdienst (*gho*-töss-diinsst) m (pl ~e) culto m

Göttin (*ghö*-tin) f (pl ~nen) diosa f

göttlich (*ghöt*-lij) adj divino

Gouvernante (ghu-vêr-*nan*-tö) f (pl ~n) aya f

Gouverneur (ghu-vêr-*nöör*) m (pl ~e) gobernador m

Grab (ghraap) nt (pl ~̈er) sepultura f, tumba f

Graben (*ghraa*-bön) m (pl ~̈) zanja f, cuneta f

*graben (*ghraa*-bön) v cavar

Grabstein (*ghraap*-ſtain) m (pl ~e) lápida f

Grad (ghraat) m (pl ~e) grado m

Graf (ghraaf) m (pl ~en) conde m

Gräfin (*ghrêê*-fin) f (pl ~nen) condesa f

Grafschaft (*ghraaf*-ſaft) f (pl ~en) condado m

sich grämen (*ghrêê*-mön) *estar afligido

Gramm (ghram) *nt* (pl ~e) gramo *m*

Grammatik (ghra-*ma*-tik) *f* gramática *f*

grammatikalisch (ghra-ma-ti-*kaa*-liʃ) *adj* gramatical

Grammophon (ghra-mô-*fôôn*) *nt* (pl ~e) gramófono *m*, tocadiscos *m*

Granit (ghra-*niit*) *m* granito *m*

Graphik (*ghraa*-fik) *f* (pl ~en) gráfico *m*

graphisch (*ghraa*-fiʃ) *adj* gráfico

Gras (ghraass) *nt* césped *m*

Grashalm (*ghraass*-halm) *m* (pl ~e) brizna de hierba

Grat (ghraat) *m* (pl ~e) cresta *f*

Gräte (*ghrêê*-tö) *f* (pl ~n) espina *f*

gratis (*ghraa*-tiss) *adv* gratuito

gratulieren (ghra-tu-*lii*-rön) *v* felicitar, cumplimentar

grau (ghrau) *adj* gris

grauenhaft (*ghrau*-ön-haft) *adj* atroz

grausam (*ghrau*-saam) *adj* cruel

Graveur (ghra-*vöör*) *m* (pl ~e) grabador *m*

gravieren (ghra-*vii*-rön) *v* grabar

greifbar (*ghraif*-baar) *adj* tangible

***greifen** (*ghrai*-fön) *v* tomar

Grenze (*ghrên*-tssö) *f* (pl ~n) frontera *f*; límite *m*

Grieche (*ghrii*-jö) *m* (pl ~n) griego *m*

Griechenland (*ghrii*-jön-lant) Grecia *f*

griechisch (*ghrii*-jiʃ) *adj* griego

Griff (ghrif) *m* (pl ~e) agarre *m*; apretón *m*

Grille (*ghri*-lö) *f* (pl ~n) grillo *m*; antojo *m*

grillen (*ghri*-lön) *v* asar en parrilla

Grillroom (*ghril*-ruum) *m* (pl ~s) parrilla *f*

Grinsen (*ghrin*-sön) *nt* sonrisa sardónica

grinsen (*ghrin*-sön) *v* *sonreír

Grippe (*ghri*-pö) *f* gripe *f*

grob (ghroop) *adj* grosero, burdo

Gros (ghross) *nt* gruesa *f*

groß (ghrôôss) *adj* grande; alto

großartig (*ghrôôss*-ar-tij) *adj* grandioso, imponente, tremendo

Großbritannien (ghrôôss-bri-*ta*-nyön) Gran Bretaña

Großbuchstabe (*ghrôôss*-buuj-ʃtaa-bö) *m* (pl ~n) mayúscula *f*

Größe (*ghrôö*-ssö) *f* (pl ~n) tamaño *m*

Großeltern (*ghrôôss*-êl-törn) *pl* abuelos *mpl*

Großhandel (*ghrôôss*-han-döl) *m* venta al por mayor

Großhändler (*ghrôôss*-hên-dlör) *m* (pl ~) mayorista *m*

Großmama (*ghrôôss*-ma-maa) *f* (pl ~s) abuela *f*

Großmut (*ghrôôss*-muut) *m* generosidad *f*

Großmutter (*ghrôôss*-mu-tör) *f* (pl ~̈) abuela *f*

Großpapa (*ghrôôss*-pa-paa) *m* (pl ~s) abuelo *m*

Großvater (*ghrôôss*-faa-tör) *m* (pl ~̈) abuelo *m*

***großziehen** (*ghrôôss*-tssii-ön) *v* educar; criar

großzügig (*ghrôôss*-tssüü-ghij) *adj* generoso, dadivoso

Grotte (*ghro*-tö) *f* (pl ~n) gruta *f*

Grube (*ghruu*-bö) *f* (pl ~n) bache *m*, hoyo *m*; mina *f*

grün (ghrüün) *adj* verde; **grüne Versicherungskarte** tarjeta verde

Grund (ghrunt) *m* (pl ~̈e) tierra *f*; motivo *m*, razón *f*; **Grund-** primario

gründen (*ghrün*-dön) *v* *establecer, fundar; basar

Grundgesetz (*ghrunt*-ghö-sêtss) *nt* (pl ~e) constitución *f*

Grundlage (*ghrunt*-laa-ghö) *f* (pl ~n)

fundamento m

grundlegend (*ghrunt*-lee-ghönt) *adj* esencial, fundamental

gründlich (*grünt*-lij) *adj* minucioso

Grundriß (*ghrunt*-riss) *m* (pl -risse) plano m

Grundsatz (*ghrunt*-satss) *m* (pl ~̈e) principio m

Grundstück (*ghrunt*-ʃtük) *nt* (pl ~e) terreno m

Gruppe (*ghru*-pö) *f* (pl ~n) grupo m

Grus (ghruuss) *m* polvo m

gruselig (*ghruu*-sö-lij) *adj* espeluznante

Gruß (ghruuss) *m* (pl ~̈e) saludo m

grüßen (*ghrüü*-ssön) *v* saludar

gucken (*ghu*-kön) *v* mirar

gültig (*ghül*-tij) *adj* vigente

Gummi (*ghu*-mi) *m* caucho m; goma f; hule mMe

Gummiband (*ghu*-mi-bant) *nt* (pl ~̈er) cinta de goma, elástico m

Gummilinse (*ghu*-mi-lin-sö) *f* (pl ~n) lente de foco regulable

Gunst (ghunsst) *f* gracia f

günstig (*ghünss*-tij) *adj* favorable

gurgeln (*ghur*-ghöln) *v* *hacer gárgaras

Gurke (*ghur*-kö) *f* (pl ~n) pepino m

Gürtel (*ghür*-töl) *m* (pl ~) cinturón m

Gußeisen (*ghuss*-ai-sön) *nt* hierro fundido

gut (ghuut) *adj* bueno; correcto; *adv* bien; **gut!** ¡bueno!

Güter (*ghüü*-tör) *ntpl* bienes *mpl*

Güterzug (*ghüü*-tör-tssuuk) *m* (pl ~̈e) tren de mercancías

gutgelaunt (*ghuut*-ghö-launt) *adj* de buen humor

gutgläubig (*ghuut*-ghloi-bij) *adj* crédulo

gütig (*ghüü*-tij) *adj* bueno

gutmütig (*ghuut*-müü-tij) *adj* bondadoso

Gutschein (*ghuut*-ʃain) *m* (pl ~e) comprobante m

Gynäkologe (*ghü*-nê-kô-*lô*ô-ghö) *m* (pl ~n) ginecólogo m

H

Haar (haar) *nt* (pl ~e) cabello m

Haarbürste (*haar*-bürss-tö) *f* (pl ~n) cepillo para el cabello

Haarfixativ (*haar*-fi-kssa-tiif) *nt* fijador m

haarig (*haa*-rij) *adj* cabelludo

Haarklemme (*haar*-klê-mö) *f* (pl ~n) horquilla f

Haarkrem (*haar*-kreem) *f* (pl ~s) brillantina f

Haarlack (*haar*-lak) *m* (pl ~e) laca para el cabello

Haarnadel (*haar*-naa-döl) *f* (pl ~n) horquilla f

Haarnetz (*haar*-nêtss) *nt* (pl ~e) redecilla f

Haaröl (*haar*-ööl) *nt* aceite para el pelo

Haarschnitt (*haar*-ʃnit) *m* (pl ~e) corte de pelo

Haartonikum (*haar*-tôô-ni-kum) *nt* tónico para el cabello

Haartracht (*haar*-trajt) *f* (pl ~en) peinado m

Habe (*haa*-bö) *f* bienes *mpl*, pertenencias *fpl*

***haben** (*haa*-bön) *v* *haber, *tener

Habicht (*haa*-bijt) *m* (pl ~e) azor m

hacken (*ha*-kön) *v* tajar

Hafen (*haa*-fön) *m* (pl ~̈) puerto m

Hafenarbeiter (*haa*-fön-ar-bai-tör) *m* (pl ~) obrero portuario

Hafer (*haa*-för) *m* avena f

Haft (haft) *f* detención f, encarcelamiento m

haftbar (*haft*-baar) *adj* responsable

Haftbarkeit (*haft*-baar-kait) *f* responsabilidad *f*

Häftling (*hêft*-ling) *m* (pl ∼e) preso *m*

Hagel (*haa*-ghöl) *m* granizo *m*

Hahn (haan) *m* (pl ∼̈e) gallo *m*; grifo *m*

Hai (hai) *m* (pl ∼e) tiburón *m*

Hain (hain) *m* (pl ∼e) soto *m*

häkeln (*hêê*-köln) *v* *hacer croché

Haken (*haa*-kön) *m* (pl ∼) gancho *m*

halb (halp) *adj* medio; *adv* medio; **Halb-** semi-

halbieren (hal-*bii*-rön) *v* partir por la mitad

Halbinsel (*halp*-in-söl) *f* (pl ∼n) península *f*

Halbkreis (*halp*-kraiss) *m* (pl ∼e) semicírculo *m*

halbwegs (*halp*-veekss) *adv* a mitad de camino

Halbzeit (*halp*-tssait) *f* descanso *m*

Hälfte (*hêlf*-tö) *f* (pl ∼n) mitad *f*

Halle (*ha*-lö) *f* (pl ∼n) vestíbulo *m*

hallo! (ha-*lôô*) ¡hola!

Hals (halss) *m* (pl ∼̈e) cuello *m*; garganta *f*

Halsband (*halss*-bant) *nt* (pl ∼̈er) collar *m*

Halsentzündung (*halss*-ênt-tssündung) *f* (pl ∼en) laringitis *f*

Halskette (*halss*-kê-tö) *f* (pl ∼n) collar *m*

Halsschmerzen (*halss*-ʃmêr-tssön) *mpl* dolor de garganta

Halt (halt) *m* agarradero *m*

*halten (*hal*-tön) *v* *tener; **halt!** ¡alto!; ∼ **für** considerar

Haltestelle (*hal*-tö-ʃtê-lö) *f* (pl ∼n) parada *f*

Haltung (*hal*-tung) *f* (pl ∼en) actitud *f*

Hammelfleisch (*ha*-möl-flaiʃ) *nt* carnero *m*

Hammer (*ha*-mör) *m* (pl ∼̈) martillo *m*

Hämorrhoiden (hê-mô-rô-*ii*-dön) *fpl* hemorroides *fpl*

Hand (hant) *f* (pl ∼̈e) mano *f*; **Hand-** manual

Handarbeit (*hant*-ar-bait) *f* (pl ∼en) obra hecha a mano, trabajo manual; labor de aguja

Handbremse (*hant*-brêm-sö) *f* (pl ∼n) freno de mano

Handbuch (*hant*-buuj) *nt* (pl ∼̈er) manual *m*

Händedruck (*hên*-dö-druk) *m* apretón de manos

Handel (*han*-döl) *m* comercio *m*; negocios *mpl*; **Handels-** comercial

handeln (*han*-döln) *v* *hacer; comerciar; regatear

Handelsrecht (*han*-dölss-rêjt) *m* derecho comercial

Handelsware (*han*-dölss-vaa-rö) *f* mercancía *f*

Handfläche (*hant*-flê-jö) *f* (pl ∼n) palma *f*

handgearbeitet (*hant*-ghö-ar-bai-töt) *adj* hecho a mano

Handgelenk (*hant*-ghö-lêngk) *nt* (pl ∼e) muñeca *f*

Handgepäck (*hant*-ghö-pêk) *nt* equipaje de mano

Handgriff (*hant*-ghrif) *m* (pl ∼e) mango *m*

handhaben (*hant*-haa-bön) *v* manejar

Handkoffer (*hant*-ko-för) *m* (pl ∼) maleta *f*

Handkrem (*hant*-kreem) *f* (pl ∼s) crema para las manos

Händler (*hên*-dlör) *m* (pl ∼) comerciante *m*

handlich (*hant*-lij) *adj* manejable

Handlung (*han*-dlung) *f* (pl ∼en) acción *f*; trama *f*

Handschellen (*hant*-ʃê-lön) *fpl* esposas *fpl*

Handschrift (*hant*-ʃrift) *f* (pl ~en) escritura *f*

Handschuh (*hant*-ʃuu) *m* (pl ~e) guante *m*

Handtasche (*hant*-ta-ʃö) *f* (pl ~n) bolso *m*, cartera *f*

Handtuch (*hant*-tuuj) *nt* (pl ~̈er) toalla *f*

Handvoll (*hant*-fol) *f* puñado *m*

Handwerk (*hant*-vêrk) *nt* artesanía *f*

Hanf (hanf) *m* cáñamo *m*

Hang (hang) *m* (pl ~̈e) ladera *f*

Hängebrücke (*hêng*-ö-brü-kö) *f* (pl ~n) puente colgante

Hängematte (*hêng*-ö-ma-tö) *f* (pl ~n) hamaca *f*

hängen (*hêng*-ön) *v* *colgar

Harfe (*har*-fö) *f* (pl ~n) arpa *f*

Harke (*har*-kö) *f* (pl ~n) rastrillo *m*

harmlos (*harm*-lôôss) *adj* inocuo

Harmonie (har-mô-*nii*) *f* armonía *f*

hart (hart) *adj* duro

hartnäckig (*hart*-nê-kij) *adj* testarudo, pertinaz, obstinado

Harz (hartss) *m* resina *f*

Hase (*haa*-sö) *m* (pl ~n) liebre *f*

Haselnuß (*haa*-söl-nuss) *f* (pl -nüsse) avellana *f*

Haß (hass) *m* odio *m*

hassen (*ha*-ssön) *v* detestar, odiar

häßlich (*hêss*-lij) *adj* feo

Hast (hasst) *f* prisa *f*

hastig (*hass*-tij) *adj* apresurado

Haufen (*hau*-fön) *m* (pl ~) montón *m*, masa *f*; grupo *m*

häufig (*hoi*-fij) *adj* frecuente; *adv* a menudo

Häufigkeit (*hoi*-fij-kait) *f* frecuencia *f*

Haupt (haupt) *nt* (pl ~̈er) cabeza *f*; jefe *m*; **Haupt-** capital; principal; dominante; mayor

Hauptbahnhof (*haupt*-baan-hôôf) *m* pl ~̈e) estación central

Hauptleitung (*haupt*-lai-tung) *f* (pl ~en) conducción principal

Häuptling (*hoipt*-ling) *m* (pl ~e) jefe *m*

Hauptmahlzeit (*haupt*-maal-tssait) *f* (pl ~en) comida principal

Hauptquartier (*haupt*-kvar-tiir) *nt* (pl ~e) cuartel general

hauptsächlich (*haupt*-sêj-lij) *adj* principal, primordial; *adv* sobre todo, principalmente

Hauptstadt (*haupt*-ʃtat) *f* (pl ~̈e) capital *f*

Hauptstraße (*haupt*-ʃtraa-ssö) *f* (pl ~n) camino principal; calle mayor

Hauptstrecke (*haupt*-ʃtrê-kö) *f* (pl ~n) línea principal

Hauptverkehrsstraße (*haupt*-fêr-keerss-ʃtraa-ssö) *f* (pl ~n) arteria principal

Hauptverkehrszeit (*haupt*-fêr-keerss-tssait) *f* (pl ~en) hora punta, hora de afluencia

Hauptwort (*haupt*-vort) *nt* (pl ~̈er) nombre *m*

Haus (hauss) *nt* (pl ~̈er) casa *f*; **im ~** en casa; **nach Hause** a casa; **zu Hause** en casa

Hausangestellte (*hauss*-an-ghö-ʃtêl-tö) *f* (pl ~n) criada *f*

Hausarbeit (*hauss*-ar-bait) *f* (pl ~en) gobierno de la casa

Hausbesitzer (*hauss*-bö-si-tssör) *m* (pl ~) propietario *m*, dueño *m*

Häuserblock (*hoi*-sör-blok) *m* (pl ~s) manzana de casas

Häusermakler (*hoi*-sör-maak-lör) *m* (pl ~) corredor de casas

Hausfrau (*hauss*-frau) *f* (pl ~en) ama de casa

Haushalt (*hauss*-halt) *m* (pl ~e) gobierno de la casa, menaje *m*

Haushälterin (*hauss*-hêl-tö-rin) *f* (pl ~nen) ama de llaves

Haushaltsarbeiten (*hauss*-haltss-ar-bai-tön) *fpl* faenas domésticas

Hausherrin (*hauss*-hê-rin) *f* (pl ~nen) señora *f*

Hauslehrer (*hauss*-lee-rör) *m* (pl ~) maestro particular

häuslich (*hoiss*-lij) *adj* doméstico

Hausmeister (*hauss*-maiss-tör) *m* (pl ~) guardián *m*, conserje *m*

Hausschlüssel (*hauss*-flü-ssöl) *m* (pl ~) llave de la casa

Hausschuh (*hauss*-fuu) *m* (pl ~e) zapatilla *f*

Haustier (*hauss*-tiir) *nt* (pl ~e) animal doméstico

Haut (haut) *f* piel *f*

Hautausschlag (*haut*-auss-flaak) *m* erupción *f*

Hautkrem (*haut*-kreem) *f* (pl ~s) crema para la piel

Hebamme (*heep*-a-mö) *f* (pl ~n) comadrona *f*

Hebel (*hee*-böl) *m* (pl ~) palanca *f*

* **heben** (*hee*-bön) *v* levantar; alzar

Hebräisch (he-*brê*-if) *nt* hebreo *m*

Hecht (hêjt) *m* (pl ~e) lucio *m*

Hecke (*hê*-kö) *f* (pl ~n) seto *m*

Heckenschütze (*hê*-kön-fü-tssö) *m* (pl ~n) francotirador *m*

Heer (heer) *nt* (pl ~e) ejército *m*

Hefe (*hee*-fö) *f* levadura *f*

Heft (hêft) *nt* (pl ~e) cuaderno *m*; número *m*

heftig (*hêf*-tij) *adj* violento; impetuoso, intenso

Heftklammer (*hêft*-kla-mör) *f* (pl ~n) grapa *f*

Heftpflaster (*hêft*-pflass-tör) *nt* (pl ~) esparadrapo *m*

Heide (*hai*-dö) *f* (pl ~n) landa *f*, brezal *m*; *m* pagano *m*

Heidekraut (*hai*-dö-kraut) *nt* brezo *m*

heidnisch (*hait*-nif) *adj* pagano

heikel (*hai*-köl) *adj* precario

Heilbad (*hail*-baat) *nt* (pl ˜er) balneario *m*

Heilbutt (*hail*-but) *m* (pl ~e) halibut *m*

heilen (*hai*-lön) *v* curar

heilig (*hai*-lij) *adj* sagrado, santo

Heilige (*hai*-li-ghö) *m* (pl ~n) santo *m*

Heiligtum (*hai*-lij-tuum) *nt* (pl ˜er) santuario *m*

Heilmittel (*hail*-mi-töl) *nt* (pl ~) remedio *m*

Heim (haim) *nt* (pl ~e) casa *f*; hospicio *m*, asilo *m*

Heimatland (*hai*-maat-lant) *nt* (pl ˜er) país natal

* **heimgehen** (*haim*-ghee-ön) *v* *volver a casa

Heimweh (*haim*-vee) *nt* nostalgia *f*

Heirat (*hai*-raat) *f* (pl ~en) matrimonio *m*

heiraten (*hai*-raa-tön) *v* casarse con, casarse

heiser (*hai*-sör) *adj* ronco

heiß (haiss) *adj* caliente

* **heißen** (*hai*-ssön) *v* llamarse

heiter (*hai*-tör) *adj* alegre

Heiterkeit (*hai*-tör-kait) *f* alegría *f*

heizen (*hai*-tssön) *v* *calentar

Heizkörper (*haitss*-kör-pör) *m* (pl ~) radiador *m*

Heizofen (*haitss*-ôô-fön) *m* (pl ˜) calefactor *m*

Heizöl (*haitss*-ööl) *nt* combustible líquido

Heizung (*hai*-tssung) *f* (pl ~en) calefacción *f*

Held (hêlt) *m* (pl ~en) héroe *m*

* **helfen** (*hêl*-fön) *v* ayudar; asistir

Helfer (*hêl*-för) *m* (pl ~) ayudante *m*

hell (hêl) *adj* pálido, claro

hellhörig (*hêl*-höö-rij) *adj* ruidoso

hellviolett (*hêl*-vi-ô-lêt) *adj* malva

Helm (hêlm) *m* (pl ~e) casco *m*

Hemd (hêmt) *nt* (pl ~en) camisa *f*;

camiseta f

Henne (hé-nö) f (pl ~n) gallina f

her (heer) adv hace

herab (hê-rap) adv abajo

herabsetzen (hê-rap-sêtssön) v rebajar

*herabsteigen (hê-rap-ʃtai-ghön) v *descender

herannahend (hê-ran-naa-önt) adj venidero

heraus (hê-rauss) adv fuera

herausfordern (hê-rauss-for-dörn) v desafiar

Herausforderung (hê-rauss-for-dö-rung) f (pl ~en) reto m

*herausgeben (hê-rauss-ghee-bön) v publicar

*herausnehmen (hê-rauss-nee-mön) v sacar

sich herausstellen (hê-rauss-ʃtê-lön) resultar

Herberge (hêr-bêr-ghö) f (pl ~n) hospedería f

Herbst (hêrpsst) m otoño m

Herd (heert) m (pl ~e) hogar m; cocina f; **Mikrowellen** ~ horno de microonda

Herde (heer-dö) f (pl ~n) manada f, rebaño m

Hering (hee-ring) m (pl ~e) arenque m

Herkunft (heer-kunft) f procedencia f

hernach (hêr-naaj) adv despúes

Hernie (hêr-nyö) f hernia intervertebral

Herr (hêr) m (pl ~en) caballero m; **mein** ~ señor m

Herrentoilette (hê-rön-tᵘa-lê-tö) f (pl ~n) lavabos para caballeros

Herrin (hê-rin) f (pl ~nen) dueña f

herrlich (hêr-lij) adj delicioso; espléndido

Herrschaft (hêr-ʃaft) f dominación f; dominio m, reinado m

Herrschaftshaus (hêr-ʃaftss-hauss) nt (pl ~er) mansión f, casa señorial

herrschen (hêr-ʃön) v *regir

Herrscher (hêr-ʃör) m (pl ~) gobernante m; soberano m

herstellen (hee-r-ʃtê-lön) v fabricar; *producir

herum (hê-rum) adv en torno

herunter (hê-run-tör) adv hacia abajo

*herunterlassen (hê-run-tör-la-ssön) v bajar

hervorragend (hêr-fôôr-raa-ghönt) adj destacado, excelente

Herz (hêrtss) nt (pl ~en) corazón m

Herzklopfen (hêrtss-klo-pfön) nt palpitación f

herzlich (hêrtss-lij) adj cordial

herzlos (hêrtss-lôôss) adj insensible

Herzog (hêr-tssôôk) m (pl ~e) duque m

Herzogin (hêr-tssôô-ghin) f (pl ~nen) duquesa f

Herzschlag (hêrtss-ʃlaak) m (pl ~e) ataque cardíaco

heterosexuell (he-te-rô-sê-kssu-êl) adj heterosexual

Heu (hoi) nt heno m

Heuchelei (hoi-jö-lai) f hipocresía f

heucheln (hoi-jöln) v simular

Heuchler (hoij-lör) m (pl ~) hipócrita m

heuchlerisch (hoij-lö-riʃ) adj hipócrita

heulen (hoi-lön) v mugir

Heuschnupfen (hoi-ʃnu-pfön) m fiebre del heno

Heuschrecke (hoi-ʃrê-kö) f (pl ~n) saltamontes m

heute (hoi-tö) adv hoy; ~ **abend** esta noche; ~ **morgen** esta mañana; ~ **nachmittag** esta tarde; ~ **nacht** esta noche

heutzutage (hoit-tssu-taa-ghö) adv hoy en día

Hexe (hê-kssö) f (pl ~n) bruja f

Hexenschuß (hê-kssön-ʃuss) m lumbago m

hier (hiir) *adv* acá

Hierarchie (hi-e-rar-*jii*) *f* (pl ~n) jerarquía *f*

Hilfe (*hil*-fö) *f* ayuda *f*; auxilio *m*, socorro *m*; **erste** ~ primeros auxilios

hilfreich (*hilf*-raij) *adj* servicial

Himbeere (*him*-bee-rö) *f* (pl ~n) frambuesa *f*

Himmel (*hi*-möl) *m* cielo *m*

hinab (hi-*nap*) *adv* abajo

hinauf (hi-*nauf*) *adv* hacia arriba

***hinaufsteigen** (hi-*nauf*-ʃtai-ghön) *v* subir

hinaus (hi-*nauss*) *adv* fuera

hindern (*hin*-dörn) *v* *impedir, estorbar

Hindernis (*hin*-dör-niss) *nt* (pl ~se) obstáculo *m*; impedimento *m*

hinein (hi-*nain*) *adv* adentro

***hineingehen** (hi-*nain*-ghee-ön) *v* entrar

hinken (*hing*-kön) *v* cojear

hinreichend (*hin*-rai-jönt) *adj* suficiente

Hinrichtung (*hin*-rij-tung) *f* (pl ~en) ejecución *f*

hinsichtlich (*hin*-sijt-lij) *prep* en cuanto a, respecto a, con respecto a, en lo que se refiere a, tocante a

hinten (*hin*-tön) *adv* detrás

hinter (*hin*-tör) *prep* detrás de

Hinterbacke (*hin*-tör-ba-kö) *f* (pl ~en) nalga *m*

Hintergrund (*hin*-tör-ghrunt) *m* (pl ~e) fondo *m*

Hinterhalt (*hin*-tör-halt) *m* (pl ~e) emboscada *f*

hinterlegen (hin-tör-*lee*-ghön) *v* ingresar

Hintern (*hin*-törn) *m* trasero *m*

Hinterseite (*hin*-tör-sai-tö) *f* (pl ~n) parte posterior

***hinübergehen** (hi-*nüü*-bör-ghee-ön) *v* *atravesar

hinunter (hi-*nun*-tör) *adv* abajo

hinzufügen (hin-*tssuu*-füü-ghön) *v* añadir

Hinzufügung (hin-*tssuu*-füü-ghung) *f* (pl ~en) adición *f*

Hirt (hirt) *m* (pl ~en) pastor *m*

Historiker (hiss-*tôô*-ri-kör) *m* (pl ~) historiador *m*

historisch (hiss-*tôô*-riʃ) *adj* histórico

Hitze (*hi*-tssö) *f* calor *m*

hoch (hôôj) *adj* alto

Hochebene (*hôôj*-ee-bö-nö) *f* (pl ~n) meseta *f*

Hochland (*hôôj*-lant) *nt* altiplano *m*

hochmütig (*hôôj*-müü-tij) *adj* altivo, orgulloso

hochnäsig (*hôôj*-nêê-sij) *adj* arrogante

Hochsaison (*hôôj*-sê-song) *f* apogeo de la temporada

Hochsommer (*hôôj*-so-mör) *m* pleno verano

höchst (hööjsst) *adj* extremo

höchstens (*hööjsst*-önss) *adv* como máximo

Höchstgeschwindigkeit (*hööjsst*-ghöʃvin-dij-kait) *f* límite de velocidad

Hochzeit (*hoj*-tssait) *f* (pl ~en) boda *f*

Hochzeitsreise (*hoj*-tssaitss-rai-sö) *f* (pl ~n) luna de miel

***hochziehen** (*hôôj*-tssii-ön) *v* izar

Hockey (*ho*-ki) *nt* hockey *m*

Hof (hôôf) *m* (pl ~e) corral *m*; corte *f*

hoffen (*ho*-fön) *v* esperar

Hoffnung (*hof*-nung) *f* (pl ~en) esperanza *f*

hoffnungslos (*hof*-nungss-lôôss) *adj* desesperado

hoffnungsvoll (*hof*-nungss-fol) *adj* esperanzado

höflich (*hööf*-lij) *adj* cortés

Höhe (*höö*-ö) *f* (pl ~n) altura *f*; altitud *f*

Höhepunkt (*höö*-ö-pungkt) *m* (pl ~e)

apogeo *m*

höher (*höö*-ör) *adj* superior

hohl (hôôl) *adj* hueco

Höhle (*höö*-lö) *f* (pl ~n) cueva *f*; madriguera *f*

Höhlung (*höö*-lung) *f* (pl ~en) cavidad *f*

Hohn (hôôn) *m* escarnio *m*

holen (*hôô*-lön) *v* *ir por; *ir a buscar, recoger

Holland (*ho*-lant) Holanda *f*

Holländer (ho-*lên*-dör) *m* (pl ~) holandés *m*

holländisch (ho-*lên*-dif) *adj* holandés

Hölle (*hö*-lö) *f* infierno *m*

holperig (*hol*-pö-rij) *adj* lleno de baches, áspero

Holz (holtss) *nt* madera *f*

hölzern (*höl*-tssörn) *adj* de madera

Holzhammer (*holtss*-ha-mör) *m* (pl ~) mazo *m*

Holzkohle (*holtss*-kôô-lö) *f* carbón de leña

Holzschnitzerei (*holtss*-ʃni-tssö-rai) *f* (pl ~en) talla *f*

Holzschuh (*holtss*-ʃuu) *m* (pl ~e) zueco *m*

homosexuell (*hô*-mô-sê-kssu-êl) *adj* homosexual

Honig (*hôô*-nij) *m* miel *f*

Honorar (hô-nô-*raar*) *nt* (pl ~e) honorarios *mpl*

Hopfen (*ho*-pfön) *m* lúpulo *m*

hörbar (*höör*-baar) *adj* audible

hören (*höö*-rön) *v* *oír

Horizont (hô-ri-*tssont*) *m* horizonte *m*

Horn (horn) *nt* (pl ~̈er) cuerno *m*

Horsd'œuvre (or-*döövr*) *nt* (pl ~s) entremeses *mpl*

Hose (*hôô*-sö) *f* (pl ~n) pantalones *mpl*; **kurze ~** pantalones cortos

Hosenanzug (*hôô*-sön-an-tssuuk) *m* (pl ~̈e) traje pantalón

Hosenträger (*hôô*-ssön-trêê-ghör) *mpl*

Hotel (hô-*têl*) *nt* (pl ~s) hotel *m*

Hotelpage (hô-*têl*-paa-ʒö) *m* (pl ~n) paje *m*, botones *mpl*

hübsch (hüpʃ) *adj* bien parecido, bonito; ameno

Huf (huuf) *m* (pl ~e) casco *m*

Hufeisen (*huuf*-ai-sön) *nt* (pl ~) herradura *f*

Hüfte (*hüf*-tö) *f* (pl ~n) cadera *f*

Hüfthalter (*hüft*-hal-tör) *m* (pl ~) faja *f*, portaligas *m*

Hügel (*hüü*-ghöl) *m* (pl ~) colina *f*

hügelig (*hüü*-ghö-lij) *adj* montuoso

Huhn (huun) *nt* (pl ~̈er) gallina *f*; pollo *m*

Hühnerauge (*hüü*-nör-au-ghö) *nt* (pl ~n) callo *m*

huldigen (*hul*-di-ghön) *v* *rendir homenaje

Huldigung (*hul*-di-ghung) *f* (pl ~en) homenaje *m*

Hülle (*hü*-lö) *f* (pl ~n) funda *f*

Hummer (*hu*-mör) *m* (pl ~) langosta *f*

Humor (hu-*môôr*) *m* humor *m*

humorvoll (hu-*môôr*-fol) *adj* humorístico

Hund (hunt) *m* (pl ~e) perro *m*

Hundehütte (*hun*-dö-hü-tö) *f* (pl ~n) perrera *f*

hundert (*hun*-dört) *num* ciento

Hundezwinger (*hun*-dö-tssving-ör) *m* (pl ~) perrera *f*

Hündin (*hün*-din) *f* (pl ~nen) perra *f*

Hunger (*hung*-ör) *m* hambre *f*

hungrig (*hung*-rij) *adj* hambriento

Hupe (*huu*-pö) *f* (pl ~n) bocina *f*

hupen (*huu*-pön) *v* tocar la bocina

Hupf (hupf) *m* (pl ~e) salto *m*

hüpfen (*hü*-pfön) *v* brincar, saltar

Hure (*huu*-rö) *f* (pl ~n) puta *f*

Husten (*huuss*-tön) *m* tos *f*

husten (*huuss*-tön) *v* toser

Hut (huut) *m* (pl ~̈e) sombrero *m*

sich hüten (*hüü*-tön) guardarse

Hütte (*hü*-tö) *f* (pl ~n) cabaña *f*

Hygiene (hü-*ghyee*-nö) *f* higiene *f*

hygienisch (hü-*ghyee*-niʃ) *adj* higiénico

Hymne (*hüm*-nö) *f* (pl ~n) himno *m*

hypokritisch (hü-pô-*krii*-tiʃ) *adj* hipócrita

Hypothek (hü-pô-*teek*) *f* (pl ~en) hipoteca *f*

hysterisch (hüss-*tee*-riʃ) *adj* histérico

I

ich (iʃ) *pron* yo

ichbezogen (*iʃ*-bö-tssôô-ghön) *adj* egocéntrico

Ideal (i-de-*aal*) *nt* (pl ~e) ideal *m*

ideal (i-de-*aal*) *adj* ideal

Idee (i-*dee*) *f* (pl ~n) idea *f*

identifizieren (i-dên-ti-fi-*tssii*-rön) *v* identificar

Identifizierung (i-dên-ti-fi-*tssii*-rung) *f* (pl ~en) identificación *f*

identisch (i-*dên*-tiʃ) *adj* idéntico

Identität (i-dên-ti-*têêt*) *f* identidad *f*

Idiom (i-*dyôôm*) *nt* (pl ~e) modismo *m*

idiomatisch (i-dyô-*maa*-tiʃ) *adj* idiomático

Idiot (i-*dyôôt*) *m* (pl ~en) idiota *m*

Idol (i-*dôôl*) *nt* (pl ~e) ídolo *m*

Igel (*ii*-ghöl) *m* (pl ~) erizo *m*

ignorieren (i-ghnô-*rii*-rön) *v* ignorar

ihm (iim) *pron* le

ihn (iin) *pron* le

Ihnen (*ii*-nön) *pron* a usted

ihnen (*ii*-nön) *pron* les

Ihr (iir) *pron* de usted

ihr (iir) *pron* vosotros; su; le

Ikone (i-*kôô*-nö) *f* (pl ~n) icono *m*

illegal (i-le-ghaal) *adj* ilegal

Illusion (i-lu-*syôôn*) *f* (pl ~en) ilusión *f*

Illustration (i-luss-tra-*tssyôôn*) *f* (pl ~en) ilustración *f*

illustrieren (i-luss-*trii*-rön) *v* ilustrar

imaginär (i-ma-ghi-*nêêr*) *adj* imaginario

Imbiß (*im*-biss) *m* (pl Imbisse) almuerzo *m*; tentempié *m*

Imitation (i-mi-ta-*tssyôôn*) *f* (pl ~en) imitación *f*

immer (*i*-mör) *adv* siempre; ~ **wieder** repetidamente

immerzu (i-mör-*tssuu*) *adv* continuamente

immunisieren (i-muu-ni-*sii*-rön) *v* inmunizar

Immunität (i-muu-ni-*têêt*) *f* inmunidad *f*

impfen (*im*-pfön) *v* vacunar

Impfung (*im*-pfung) *f* (pl ~en) inoculación *f*, vacunación *f*

imponieren (im-pô-*nii*-rön) *v* impresionar

Import (im-*port*) *m* importación *f*

Importeur (im-por-*töör*) *m* (pl ~e) importador *m*

importieren (im-por-*tii*-rön) *v* importar

imposant (im-pô-*sant*) *adj* imponente

impotent (*im*-pô-tênt) *adj* impotente

Impotenz (*im*-pô-têntss) *f* impotencia *f*

improvisieren (im-prô-vi-*sii*-rön) *v* improvisar

Impuls (im-*pulss*) *m* (pl ~e) impulso *m*

impulsiv (im-pul-*siif*) *adj* impulsivo

imstande (im-*ʃtan*-dö) *adv* capaz; ~ *sein zu* *ser capaz de

in (in) *prep* en; dentro de

indem (in-*deem*) *conj* mientras

Inder (*in*-dör) *m* (pl ~) indio *m*

Index (*in*-dêkss) *m* (pl ~e) índice *m*

Indianer (in-*dyaa*-nör) *m* (pl ~) indio *m*

indianisch (in-*dyaa*-niʃ) *adj* indio

Indien (*in*-dyön) India *f*

indirekt (*in*-di-rêkt) *adj* indirecto

indisch (*in*-diʃ) *adj* indio

ndividuell (in-di-vi-du-*êl*) *adj* individual

ndividuum (in-di-*vii*-du-um) *nt* (pl -duen) individuo *m*

ndonesien (in-dô-*nee*-syön) Indonesia *f*

ndonesier (in-dô-*nee*-syör) *m* (pl ~) indonesio *m*

ndonesisch (in-dô-*nee*-siʃ) *adj* indonesio

ndossieren (in-do-*ssii*-rön) *v* endosar

ndustrie (in-duss-*trii*) *f* (pl ~n) industria *f*

ndustriegebiet (in-duss-*trii*-ghö-biit) *nt* (pl ~e) zona industrial

ndustriell (in-duss-tri-*êl*) *adj* industrial

nfanterie (in-fan-tö-*rii*) *f* infantería *f*

nfektion (in-fêk-*tssyôôn*) *f* (pl ~en) infección *f*

nfinitiv (*in*-fi-ni-tiif) *m* (pl ~e) infinitivo *m*

nflation (in-fla-*tssyôôn*) *f* inflación *f*

nfolge (in-*fol*-ghö) *prep* debido a

nformell (*in*-for-mêl) *adj* informal

nformieren (in-for-*mii*-rön) *v* informar

nfrarot (*in*-fra-rôôt) *adj* infrarrojo

ngenieur (in-ʒe-*nyöör*) *m* (pl ~e) ingeniero *m*

ngwer (*ing*-vör) *m* jengibre *m*

nhaber (*in*-haa-bör) *m* (pl ~) ocupante *m*; portador *m*

nhaftieren (in-haf-*tii*-rön) *v* encarcelar

nhalt (*in*-halt) *m* contenido *m*

nhaltsverzeichnis (*in*-haltss-fêr-tssaij-niss) *nt* (pl ~se) índice *m*

Initiative (i-ni-tssya-*tii*-vö) *f* iniciativa *f*

Injektion (in-yêk-*tssyôôn*) *f* (pl ~en) inyección *f*

inländisch (*in*-lên-diʃ) *adj* interior

inmitten (in-*mi*-tön) *prep* entre, en medio de

innen (*i*-nön) *adv* dentro

Innenseite (*i*-nön-sai-tö) *f* (pl ~n) interior *m*

inner (*i*-nör) *adj* interior; interno

Innere (*i*-nö-rö) *nt* interior *m*; **im Innern** dentro, de dentro

innerhalb (*i*-nör-halp) *prep* dentro de

Inschrift (*in*-ʃrift) *f* (pl ~en) inscripción *f*

Insekt (in-*sêkt*) *nt* (pl ~en) insecto *m*

Insektengift (in-*sêk*-tön-ghift) *nt* (pl ~e) insecticida *m*

Insektenschutzmittel (in-*sêk*-tön-ʃutss-mi-töl) *nt* (pl ~) insectífugo *m*

Insel (*in*-söl) *f* (pl ~n) isla *f*

insgesamt (inss-ghö-*samt*) *adv* en total

Inspektion (in-sspêk-*tssyôôn*) *f* (pl ~en) inspección *f*

inspizieren (in-sspi-*tssii*-rön) *v* inspeccionar

Installateur (in-ssta-la-*töör*) *m* (pl ~e) plomero *m*

installieren (in-ssta-*lii*-rön) *v* instalar

Instandhaltung (in-*ʃtant*-hal-tung) *f* mantenimiento *m*

Instandsetzung (in-*ʃtant*-sê-tssung) *f* reparación *f*

Instinkt (in-*sstingkt*) *m* (pl ~e) instinto *m*

Institut (in-ssti-*tuut*) *nt* (pl ~e) instituto *m*

Institution (in-ssti-tu-*tssyôôn*) *f* (pl ~en) institución *f*

Instrument (in-sstru-*mênt*) *nt* (pl ~e) instrumento *m*

Intellekt (in-tê-*lêkt*) *m* intelecto *m*

intellektuell (in-tê-lêk-tu-*êl*) *adj* intelectual

intelligent (in-tê-li-*ghênt*) *adj* inteligente

Intelligenz (in-tê-li-*ghêntss*) *f* inteligencia *f*

intensiv (in-tên-*siif*) *adj* intenso

interessant (in-te-rê-*ssant*) *adj* interesante

Interesse (in-te-*rê*-ssö) *nt* (pl ~n) interés *m*

interessieren (in-te-rê-*ssii*-rön) *v* interesar

intern (in-*têrn*) *adj* interno

Internat (in-têr-*naat*) *nt* (pl ~e) internado *m*

international (in-têr-na-tssyô-*naal*) *adj* internacional

Intervall (in-têr-*val*) *nt* (pl ~e) intervalo *m*

Interview (in-têr-*vyuu*) *nt* (pl ~s) entrevista *f*

intim (in-*tiim*) *adj* íntimo

Invalide (in-va-*lii*-dö) *m* (pl ~n) inválido *m*

invalide (in-va-*lii*-dö) *adj* inválido

Invasion (in-va-*syôn*) *f* (pl ~en) invasión *f*

Inventar (in-vên-*taar*) *nt* (pl ~e) inventario *m*

investieren (in-vêss-*tii*-rön) *v* *invertir

Investition (in-vêss-ti-*tssyôn*) *f* (pl ~en) inversión *f*

inwendig (*in*-vên-dij) *adj* interior

inzwischen (in-*tssvi*-fön) *adv* entretanto

Irak (i-*raak*) Irak *m*

irakisch (i-*raa*-kif) *adj* iraquí

Iran (i-*raan*) Irán *m*

Iraner (i-*raa*-nyör) *m* (pl ~) iraní *m*

iranisch (i-*raa*-nif) *adj* iraní

Ire (*ii*-rö) *m* (pl ~n) irlandés *m*

irgendein (*ir*-ghönt-ain) *adj* alguno

irgendwie (*ir*-ghönt-vii) *adv* de cualquier modo

irgendwo (*ir*-ghönt-vôô) *adv* en alguna parte

irisch (*ii*-rif) *adj* irlandés

Irland (*ir*-lant) Irlanda *f*

Ironie (i-rô-*nii*) *f* ironía *f*

ironisch (i-*rôô*-nif) *adj* irónico

Irre (*i*-rö) *m* (pl ~n) alienado *m*

irre (*i*-rö) *adj* loco

irreal (*i*-re-aal) *adj* irreal

irren (*i*-rön) *v* *errar; **sich** ~ *errar, equivocarse

irreparabel (i-rê-pa-*raa*-böl) *adj* irreparable

Irrgarten (*ir*-ghar-tön) *m* (pl ∼) laberinto *m*

irritieren (i-ri-*tii*-rön) *v* irritar

Irrsinn (*ir*-sin) *m* locura *f*

irrsinnig (*ir*-si-nij) *adj* lunático

Irrtum (*ir*-tuum) *m* (pl ∼er) error *m*, equivocación *f*

Island (*iiss*-lant) Islandia *f*

Isländer (*iiss*-lên-dör) *m* (pl ~) islandés *m*

isländisch (*iiss*-lên-dif) *adj* islandés

Isolation (i-sô-la-*tssyôn*) *f* (pl ~en) aislamiento *m*

Isolator (i-sô-*laa*-tor) *m* (pl ~en) aislador *m*

isolieren (i-sô-*lii*-rön) *v* aislar

Isolierung (i-sô-*lii*-rung) *f* (pl ~en) aislamiento *m*

Israel (*iss*-ra-êl) Israel *m*

Israeli (iss-ra-*ee*-li) *m* (pl ~s) israelí *m*

israelisch (iss-ra-*ee*-lif) *adj* israelí

Italien (i-*taa*-lyön) Italia *f*

Italiener (i-ta-*lyee*-nör) *m* (pl ~) italiano *m*

italienisch (i-ta-*lyee*-nif) *adj* italiano

J

ja (yaa) sí

Jacht (yajt) f (pl ~en) yate m

Jacke (ya-kö) f (pl ~n) chaqueta f; americana f; saco mMe

Jackett (ʒa-két) nt (pl ~s) chaqueta f

Jade (yaa-dö) m jade m

Jagd (yaakt) f caza f

Jagdhaus (yaakt-hauss) nt (pl ~er) apeadero de caza

jagen (yaa-ghön) v cazar

Jäger (yéê-ghör) m (pl ~) cazador m

Jahr (yaar) nt (pl ~e) año m

Jahrbuch (yaar-buuj) nt (pl ~er) anuario m

Jahrestag (yaa-röss-taak) m (pl ~e) aniversario m

Jahreszeit (yaa-röss-tssait) f (pl ~en) temporada f

Jahrhundert (yaar-hun-dört) nt (pl ~e) siglo m

jährlich (yéêr-lij) adj anual; adv al año

jähzornig (yéê-tssor-nij) adj colérico, irascible

Jalousie (ʒa-lu-sii) f (pl ~n) persiana f

Jammer (ya-mör) m miseria f

jämmerlich (yê-mör-lij) adj lamentable

Januar (ya-nu-aar) enero

Japan (yaa-pan) Japón m

Japaner (ya-paa-nör) m (pl ~) japonés m

japanisch (ya-paa-niʃ) adj japonés

je ... je (yee) cuanto más ... más

jedenfalls (yee-dön-falss) adv de todos modos

jeder (yee-dör) pron cada; cada uno

jedermann (yee-dör-man) pron todo el mundo, todos; cualquiera

jedoch (ye-doj) conj sin embargo, pero

jemals (yee-maalss) adv jamás

jemand (yee-mant) pron alguien; **irgend** ~ cualquiera

jene (yee-nö) pron aquellos; aquéllos

jener (yee-nör) pron aquel; ese; aquél

jenseits (yeen-saitss) prep al otro lado de, más allá de; adv más allá

Jersey (dʒör-ssi) m (pl ~s) jersey m

jetzt (yêtsst) adv ahora; actualmente; **bis** ~ hasta ahora

jeweilig (yee-vai-lij) adj respectivo

Joch (yoj) nt (pl ~e) yugo m

Jockei (dʒo-ki) m (pl ~s) jockey m

Jod (yôôt) nt yodo m

Joghurt (yôg-hurt) m yogur m

Johannisbeere (yô-ha-niss-bee-rö) f (pl ~n) grosella negra

Jolle (yo-lö) f (pl ~n) chinchorro m

Jordanien (yor-daa-nyön) Jordania f

Jordanier (yor-daa-nyör) m (pl ~) jordano m

jordanisch (yor-daa-niʃ) adj jordano

Journalismus (ʒur-na-liss-muss) m periodismo m

Journalist (ʒur-na-lisst) m (pl ~en) periodista m

Jubiläum (yu-bi-léê-um) nt (pl -läen) aniversario m

Jucken (yu-kön) nt prurito m, picazón f

jucken (yu-kön) v picar; irritar; sentir picazón

Jude (yuu-dö) m (pl ~n) judío m

Judin (yuu-din) f judía f

jüdisch (yüü-diʃ) adj judío

Jugend (yuu-ghönt) f juventud f

Jugendgericht (yuu-ghönt-ghö-rijt) nt (pl ~e) tribunal de menores m

Jugendherberge (yuu-ghönt-hêr-bêr-ghö) f (pl ~n) albergue para jóvenes

jugendlich (yuu-ghönt-lij) adj juvenil

Juli (*yuu*-li) julio
Jumper (*dʒam*-pör) *m* (pl ~) jersey *m*
jung (yung) *adj* joven
Junge (*yung*-ö) *m* (pl ~n) muchacho *m*; joven *m*
Jungfrau (*yungk*-frau) *f* (pl ~en) virgen *f*
Junggeselle (*yung*-ghö-sê-lö) *m* (pl ~n) soltero *m*
Juni (*yuu*-ni) junio
Jurist (yu-*risst*) *m* (pl ~en) jurista *m*
Juwel (yu-*veel*) *nt* (pl ~en) joya *f*
Juwelier (yu-ve-*liir*) *m* (pl ~e) joyero *m*

K

Kabarett (ka-ba-*rêt*) *nt* (pl ~e) cabaret *m*; revista *f*, espectáculo de variedades
Kabel (*kaa*-böl) *nt* (pl ~) cable *m*; cordón flexible
Kabeljau (*kaa*-böl-yau) *m* (pl ~e) bacalao *m*
Kabine (ka-*bii*-nö) *f* (pl ~n) cabina *f*
Kabinett (ka-bi-*nêt*) *nt* (pl ~e) gabinete *m*
Kachel (*ka*-jöl) *f* (pl ~n) azulejo *m*
Kader (*kaa*-dör) *m* (pl ~) cuadro *m*
Käfer (*kêê*-för) *m* (pl ~) escarabajo *m*
Kaffee (*ka*-fe) *m* café *m*
Kaffeemaschine (*ka*-fe-ma-ʃii-nö) *f* (pl ~n) cafetera filtradora
Käfig (*kêê*-fij) *m* (pl ~e) jaula *f*
kahl (kaal) *adj* calvo; raso
Kai (kai) *m* (pl ~s) muelle *m*
Kaiser (*kai*-sör) *m* (pl ~) emperador *m*
Kaiserin (*kai*-sö-rin) *f* (pl ~nen) emperatriz *f*
kaiserlich (*kai*-sör-lij) *adj* imperial
Kaiserreich (*kai*-sör-raij) *nt* (pl ~e) imperio *m*

Kajüte (ka-*yüü*-tö) *f* (pl ~n) cabina *f*
Kalamität (ka-la-mi-*têêt*) *f* (pl ~en) catástrofe *f*
Kalb (kalp) *nt* (pl ~er) ternero *m*
Kalbfleisch (*kalp*-flaiʃ) *nt* carne de ternera
Kalbleder (*kalp*-lee-dör) *nt* becerro *m*
Kalender (ka-*lên*-dör) *m* (pl ~) calendario *m*
Kalk (kalk) *m* cal *f*
Kalkulation (kal-ku-la-*tssyôôn*) *f* (pl ~en) cálculo *m*
Kalorie (ka-lô-*rii*) *f* (pl ~n) caloría *f*
kalt (kalt) *adj* frío
Kälte (*kêl*-tö) *f* frío *m*
Kalvinismus (kal-vi-*niss*-muss) *m* calvinismo *m*
Kalzium (*kal*-tssyum) *nt* calcio *m*
Kamee (ka-*mee*) *f* (pl ~n) camafeo *m*
Kamel (ka-*meel*) *nt* (pl ~e) camello *m*
Kamera (*ka*-me-ra) *f* (pl ~s) cámara fotográfica; cámara *f*
Kamin (ka-*miin*) *m* (pl ~e) chimenea *f*
Kamm (kam) *m* (pl ~e) peine *m*
kämmen (*kê*-mön) *v* peinar
Kammgarn (*kam*-gharn) *nt* estambre *m/f*
Kampagne (kam-*pa*-nyö) *f* (pl ~n) campaña *f*
Kampf (kampf) *m* (pl ~e) combate *m*; lucha *f*
kämpfen (*kêm*-pfön) *v* luchar; combatir
Kanada (*ka*-na-da) Canadá *m*
Kanadier (ka-*naa*-dyör) *m* (pl ~) canadiense *m*
kanadisch (ka-*naa*-diʃ) *adj* canadiense
Kanal (ka-*naal*) *m* (pl ~e) canal *m*
Kanarienvogel (ka-*naa*-ryön-fôô-ghöl) *m* (pl ~) canario *m*
Kandidat (kan-di-*daat*) *m* (pl ~en) candidato *m*
Känguruh (*kêng*-ghu-ru) *nt* (pl ~s)

canguro *m*

Kaninchen (ka-*niin*-jön) *nt* (pl ~) conejo *m*

Kanone (ka-*nôô*-nö) *f* (pl ~n) cañón *m*

Kante (*kan*-tö) *f* (pl ~n) borde *m*

Kantine (kan-*tii*-nö) *f* (pl ~n) cantina *f*

Kanu (ka-*nuu*) *nt* (pl ~s) canoa *f*

Kanzel (*kan*-tssöl) *f* (pl ~n) púlpito *m*

Kap (kap) *nt* (pl ~s) cabo *m*

Kapelle (ka-*pê*-lö) *f* (pl ~n) orquesta *f*; capilla *f*

Kaper (*kaa*-pör) *m* (pl ~) secuestrador *m*

kapern (*kaa*-pörn) *v* apresar

kapieren (ka-*pii*-rön) *v* *entender

Kapital (ka-pi-*taal*) *nt* capital *m*

Kapitalgeber (ka-pi-*taal*-ghee-bör) *m* (pl ~) inversionista *m*

Kapitalismus (ka-pi-ta-*liss*-muss) *m* capitalismo *m*

Kapitän (ka-pi-*têên*) *m* (pl ~e) capitán *m*

Kapitulation (ka-pi-tu-la-*tssyôôn*) *f* (pl ~en) capitulación *f*

Kaplan (ka-*plaan*) *m* (pl ˜e) capellán *m*

Kapsel (*ka*-pssöl) *f* (pl ~n) cápsula *f*

kaputt (ka-*put*) *adj* estropeado, roto

Kapuze (ka-*puu*-tssö) *f* (pl ~n) capucha *f*

Karaffe (ka-ra-fö) *f* (pl ~n) garrafa *f*

Karamelle (ka-ra-*mê*-lö) *f* (pl ~n) caramelo *m*

Karat (ka-*raat*) *nt* quilate *m*

Kardinal (kar-di-*naal*) *m* (pl ˜e) cardenal *m*; **Kardinal-** cardinal

kariert (ka-*riirt*) *adj* a cuadros

karmesinrot (kar-me-*siin*-rôôt) *adj* carmesí

Karneval (*kar*-nö-val) *m* carnaval *m*

Karo (*kaa*-rô) *nt* (pl ~s) escaque *m*

Karosserie (ka-ro-ssö-*rii*) *f* (pl ~n) carrocería *f*

Karotte (ka-*ro*-tö) *f* (pl ~n) zanahoria *f*

Karpfen (*kar*-pfön) *m* (pl ~) carpa *f*

Karren (*ka*-rön) *m* (pl ~) carro *m*

Karriere (ka-*ryee*-rö) *f* (pl ~n) carrera *f*

Karte (*kar*-tö) *f* (pl ~n) tarjeta *f*; carta *f*; billete *m*; boleto *mMe*

Kartoffel (kar-*to*-föl) *f* (pl ~n) patata *f*; papa *fMe*

Karton (kar-*tong*) *m* (pl ~s) caja de cartón

Karussell (ka-ru-*ssêl*) *nt* (pl ~s) caballitos *mpl*

Kaschmir (*kaʃ*-miir) *m* casimir *m*

Käse (*kêê*-sö) *m* queso *m*

Kaserne (ka-*sêr*-nö) *f* (pl ~n) cuartel *m*

Kasino (ka-*sii*-nô) *nt* (pl ~s) casino *m*

Kasperletheater (*kass*-pör-lö-te-*aa*-tör) *nt* (pl ~) teatro guiñol

Kasse (*ka*-ssö) *f* (pl ~n) caja *f*; taquilla *f*

Kassierer (ka-*ssii*-rör) *m* (pl ~) cajero *m*

Kassiererin (ka-*ssii*-rö-rin) *f* (pl ~nen) cajera *f*

Kastanie (kass-*taa*-nyö) *f* (pl ~n) castaña *f*

kastanienbraun (kass-*taa*-nyön-braun) *adj* castaño

Katakombe (ka-ta-*kom*-bö) *f* (pl ~n) catacumba *f*

Katalog (ka-ta-*lôôk*) *m* (pl ~e) catálogo *m*

Katarrh (ka-*tar*) *m* (pl ~e) catarro *m*

Katastrophe (ka-tass-*trôô*-fö) *f* (pl ~n) catástrofe *f*, desastre *m*

Kategorie (ka-te-ghô-*rii*) *f* (pl ~n) categoría *f*

Kater (*kaa*-tör) *m* resaca *f*

Kathedrale (ka-te-*draa*-lö) *f* (pl ~n) catedral *f*

katholisch (ka-*tôô*-liʃ) *adj* católico

Katze (*ka*-tssö) *f* (pl ~n) gato *m*; morro *m*

kauen (*kau*-ön) *v* masticar

Kauf (kauf) *m* (pl ~̈e) compra *f*

kaufen (*kau*-fön) *v* comprar

Käufer (*koi*-för) *m* (pl ~) comprador *m*

Kaufhaus (*kauf*-hauss) *nt* (pl ~̈er) grandes almacenes

Kaufmann (*kauf*-man) *m* (pl -leute) negociante *m*; comerciante *m*

Kaufpreis (*kauf*-praiss) *m* (pl ~e) precio de compra

Kaugummi (*kau*-ghu-mi) *m* goma de mascar, chicle *m*

kaum (kaum) *adv* apenas

Kaution (kau-*tssyôôn*) *f* (pl ~en) fianza *f*

Kaviar (*kaa*-vi-ar) *m* caviar *m*

Kegelbahn (*kee*-ghöl-baan) *f* (pl ~en) bolera *f*

Kegeln (*kee*-ghöln) *nt* juego de bolos

Kehle (*kee*-lö) *f* (pl ~n) garganta *f*

kehren (*kee*-rön) *v* *volver

Kehrseite (*keer*-sai-tö) *f* (pl ~n) reverso *m*

Keil (kail) *m* (pl ~e) cuña *f*

Keim (kaim) *m* (pl ~e) germen *m*

kein (kain) *pron* ninguno

keiner (*kai*-nör) *pron* ninguno; ~ **von beiden** ninguno de los dos

keinesfalls (*kai*-nöss-falss) *adv* de ningún modo

keineswegs (*kai*-nöss-veekss) *adv* en ningún caso

Keks (keekss) *m* (pl ~e) galleta *f*; bizcocho *m*

Keller (*kê*-lör) *m* (pl ~) sótano *m*

Kellermeister (*kê*-lör-maiss-tör) *m* (pl ~) camarero *m*

Kellner (*kêl*-nör) *m* (pl ~) camarero *m*; barman *m*

Kellnerin (*kêl*-nö-rin) *f* (pl ~nen) ca-marera *f*; mesera *fMe*

Kenia (*kee*-nya) Kenya *m*

***kennen** (*kê*-nön) *v* *conocer

Kenner (*kê*-nör) *m* (pl ~) perito *m*

Kenntnis (*kênt*-niss) *f* (pl ~se) conocimiento *m*

Kennzeichen (*kên*-tssai-jön) *nt* (pl ~) característica *f*; matrícula *f*

kennzeichnen (*kên*-tssaij-nön) *v* caracterizar

Keramik (ke-*raa*-mik) *f* (pl ~en) cerámica *f*

Kerl (kêrl) *m* (pl ~e) hombre *m*, tipo *m*

Kern (kêrn) *m* (pl ~e) núcleo *m*; hueso *m*, pepita *f*; **Kern-** nuclear

Kernenergie (*kêrn*-e-nêr-ghii) *f* energía nuclear

Kerngehäuse (*kêrn*-ghö-hoi-sö) *nt* (pl ~) corazón *m*

Kerosin (ke-rô-*siin*) *nt* petróleo lampante

Kerze (*kêr*-tssö) *f* (pl ~n) candela *f*

Kessel (*kê*-ssöl) *m* (pl ~) olla *f*

Kette (*kê*-tö) *f* (pl ~n) cadena *f*

keuchen (*koi*-jön) *v* jadear

Keule (*koi*-lö) *f* (pl ~n) porra *f*

keusch (koiʃ) *adj* casto

Khaki (*kaa*-ki) *nt* caqui *m*

kichern (*ki*-jörn) *v* *soltar risitas, *reírse entre dientes

Kiebitz (*kii*-bitss) *m* (pl ~e) avefría *f*

Kiefer (*kii*-för) *m* (pl ~) mandíbula *f*

Kiel (kiil) *m* (pl ~e) quilla *f*

Kieme (*kii*-mö) *f* (pl ~n) branquia *f*

Kies (kiiss) *m* grava *f*

Kieselstein (*kii*-söl-ʃtain) *m* (pl ~e) guijarro *m*

Kilo (*kii*-lô) *nt* (pl ~s) kilogramo *m*

Kilometer (ki-lô-*mee*-tör) *m* (pl ~) kilómetro *m*

Kilometerzahl (ki-lô-*mee*-tör-tssaal) *f* kilometraje *m*

Kind (kint) *nt* (pl ~er) niño *m*; chico

m; **kleines ~** niño pequeño
Kindergarten (*kin*-dör-ghar-tön) *m* (pl ~̈) escuela de párvulos, jardín de infancia
Kinderkrippe (*kin*-dör-kri-pö) *f* (pl ~n) guardería *f*
Kinderlähmung (*kin*-dör-lêê-mung) *f* poliomielitis *f*
Kindermädchen (*kin*-dör-mêêt-jön) *nt* (pl ~) niñera *f*
Kinderwagen (*kin*-dör-vaa-ghön) *m* (pl ~) cochecillo *m*
Kinderzimmer (*kin*-dör-tssi-mör) *nt* (pl ~) cuarto de niños
Kinn (kin) *nt* barbilla *f*
Kino (*kii*-nô) *nt* (pl ~s) cinematógrafo *m*; cine *m*
Kiosk (ki-*ossk*) *m* (pl ~e) quiosco *m*
Kirche (*kir*-jö) *f* (pl ~n) iglesia *f*
Kirchhof (*kirj*-hôôf) *m* (pl ~̈e) cementerio *m*
Kirchspiel (*kirj*-ʃpiil) *nt* (pl ~e) parroquia *f*
Kirchturm (*kirj*-turm) *m* (pl ~̈e) campanario *m*
Kirmes (*kir*-mêss) *f* (pl ~sen) feria *f*
Kirsche (*kir*-ʃö) *f* (pl ~n) cereza *f*
Kissen (*ki*-ssön) *nt* (pl ~) almohadón *m*
Kissenbezug (*ki*-ssön-bö-tssuuk) *m* (pl ~̈e) funda de almohada
Kiste (*kiss*-tö) *f* (pl ~n) caja *f*
kitzeln (*ki*-tssöln) *v* cosquillear
Klage (*klaa*-ghö) *f* (pl ~n) queja *f*
klagen (*klaa*-ghön) *v* quejarse
Klammer (*kla*-mör) *f* (pl ~n) grapa *f*
Klang (klang) *m* (pl ~̈e) sonido *m*; timbre *m*
Klaps (klapss) *m* (pl ~e) bofetada *f*
klar (klaar) *adj* claro; casto
klären (*klêê*-rön) *v* clarificar
klarstellen (*klaar*-ʃtê-lön) *v* aclarar
Klasse (*kla*-ssö) *f* (pl ~n) clase *f*
Klassenkamerad (*kla*-ssön-ka-mö-raat)

m (pl ~en) compañero de clase
Klassenzimmer (*kla*-ssön-tssi-mör) *nt* (pl ~) clase *f*
klassisch (*kla*-ssiʃ) *adj* clásico
klatschen (*kla*-chön) *v* aplaudir
Klatschmohn (*klach*-môôn) *m* (pl ~e) amapola *f*
Klaue (*klau*-ö) *f* (pl ~n) garra *f*
Klausel (*klau*-söl) *f* (pl ~n) cláusula *f*, estipulación *f*
Klavier (kla-*viir*) *nt* (pl ~e) piano *m*
Klebealbum (*klee*-bö-al-bum) *nt* (pl -alben) álbum *m*
kleben (*klee*-bön) *v* pegar
Klebestreifen (*klee*-bö-ʃtrai-fön) *m* (pl ~) cinta adhesiva
klebrig (*klee*-brij) *adj* pegajoso
Klebstoff (*kleep*-ʃtof) *m* (pl ~e) cola *f*
Klecks (klêkss) *m* (pl ~e) borrón *m*, mancha *f*
Klee (klee) *m* trébol *m*
Kleeblatt (*klee*-blat) *nt* (pl ~̈er) trébol *m*
Kleid (klait) *nt* (pl ~er) vestido *m*; traje *m*, traje largo; **Kleider** vestidos *mpl*
kleiden (*klai*-dön) *v* *ir bien; **sich ~** *vestirse
Kleiderbügel (*klai*-dör-büü-ghöl) *m* (pl ~) percha *f*
Kleiderbürste (*klai*-dör-bürss-tö) *f* (pl ~n) cepillo de la ropa
Kleiderhaken (*klai*-dör-haa-kön) *m* (pl ~) percha *f*
Kleiderschrank (*klai*-dör-ʃrangk) *m* (pl ~̈e) guardarropa *m*
Kleidung (*klai*-dung) *f* ropa *f*
klein (klain) *adj* pequeño; bajo
Kleingeld (*klain*-ghêlt) *nt* calderilla *f*, moneda *f*
Kleinhandel (*klain*-han-döl) *m* comercio al por menor
Kleinhändler (*klain*-hên-dlör) *m* (pl ~) minorista *m*

Kleinkind (*klain*-kint) *nt* (pl ~er) párvulo *m*

kleinlich (*klain*-lij) *adj* mezquino

Kleinod (*klain*-ôôt) *nt* (pl ~e) alhaja *f*

Klemme (*klĕ*-mö) *f* (pl ~n) mordaza *f*

klettern (*klĕ*-törn) *v* trepar

Klient (*klii-ént*) *m* (pl ~en) cliente *m*

Klima (*klii*-ma) *nt* clima *m*

Klimaanlage (*klii*-ma-an-laa-ghö) *f* (pl ~n) aire acondicionado

klimatisiert (kli-ma-ti-*siirt*) *adj* climatizado

Klinge (*kling*-ö) *f* (pl ~n) hoja *f*

Klingel (*kling*-öl) *f* (pl ~n) timbre *m*

***klingen** (*kling*-ön) *v* *sonar

Klinik (*klii*-nik) *f* (pl ~en) clínica *f*; hospital *m*

Klippe (*kli*-pö) *f* (pl ~n) acantilado *m*, farallón *m*

Klopfen (*klo*-pfön) *nt* golpe *m*, golpecito *m*

klopfen (*klo*-pfön) *v* golpear

Kloster (*klôôss*-tör) *nt* (pl ~̈) convento *m*; monasterio *m*

Klotz (klotss) *m* (pl ~̈e) bloque *m*; madero *m*

Klub (klup) *m* (pl ~s) círculo *m*, club *m*

klug (kluuk) *adj* listo

Klumpen (*klum*-pön) *m* (pl ~) trozo *m*; grumo *m*

klumpig (*klum*-pij) *adj* apelmazado

knapp (knap) *adj* escaso; apretado; conciso

Knappheit (*knap*-hait) *f* escasez *f*

***kneifen** (*knai*-fön) *v* pellizcar

Kneifzange (*knaif*-tssang-ö) *f* (pl ~n) tenazas *fpl*

Kneipe (*knai*-pö) *f* (pl ~n) taberna *f*

Knie (knii) *nt* (pl ~) rodilla *f*

knien (*knii*-ön) *v* arrodillarse

Kniescheibe (*knii*-fai-bö) *f* (pl ~n) rótula *f*

Kniff (knif) *m* (pl ~e) truco *m*

knirschen (*knir*-fön) *v* crujir

Knoblauch (*knôôp*-lauj) *m* ajo *m*

Knochen (*kno*-jön) *m* (pl ~) hueso *m*

Knopf (knopf) *m* (pl ~̈e) botón *m*

knöpfen (*knö*-pfön) *v* abrochar

Knopfloch (*knopf*-loj) *nt* (pl ~̈er) ojal *m*

Knorpel (*knor*-pöl) *m* cartílago *m*

Knospe (*knoss*-pö) *f* (pl ~n) capullo *m*

Knoten (*knôô*-tön) *m* (pl ~) nudo *m*

knoten (*knôô*-tön) *v* anudar

Knotenpunkt (*knôô*-tön-pungkt) *m* (pl ~e) empalme *m*

knuffen (*knu*-fön) *v* *dar puñetazos

Knüppel (*knü*-pöl) *m* (pl ~) garrote *m*

knusprig (*knuss*-prij) *adj* crujiente, quebradizo

Koch (koj) *m* (pl ~̈e) cocinero *m*

Kochbuch (*koj*-buuj) *nt* (pl ~̈er) libro de cocina

kochen (*ko*-jön) *v* cocinar; *hervir

Kocher (*ko*-jör) *m* (pl ~) cocina *f*

Kode (kôôt) *m* (pl ~s) código *m*

Köder (*köö*-dör) *m* (pl ~) cebo *m*

Koffein (ko-fe-*iin*) *nt* cafeína *f*

koffeinfrei (ko-fe-*iin*-frai) *adj* descafeinado

Koffer (*ko*-för) *m* (pl ~) valija *f*, maleta *f*; baúl *m*

Kofferraum (*ko*-för-raum) *m* (pl ~̈e) portaequipajes *m*

Kognak (*ko*-nyak) *m* coñac *m*

Kohl (kôôl) *m* col *m*

Kohle (*kôô*-lö) *f* (pl ~n) carbón *m*

Kohlepapier (*kôô*-lö-pa-piir) *nt* papel carbón

Koje (*kôô*-yö) *f* (pl ~n) camastro *m*, litera *f*

Kokain (kô-ka-*iin*) *nt* cocaína *f*

Kokosnuß (*kôô*-koss-nuss) *f* (pl -nüsse) coco *m*

Kolben (*kol*-bön) *m* (pl ~) pistón *m*

Kolbenring (*kol*-bön-ring) *m* (pl ~e)

aro de émbolo

Kolbenstange (*kol*-bön-ʃtang-ö) *f* (pl ~n) biela *f*

Kollege (ko-*lee*-ghö) *m* (pl ~n) colega *m*

Kollekteur (ko-lêk-*töör*) *m* (pl ~e) colector *m*

Kollektion (ko-lêk-*tssyôôn*) *f* (pl ~en) colección *f*

kollektiv (ko-lêk-*tiif*) *adj* colectivo

Kolonie (kô-lô-*nii*) *f* (pl ~n) colonia *f*

Kolonne (kô-*lo*-nö) *f* (pl ~n) columna *f*

Kolumbianer (kô-lum-*byaa*-nör) *m* (pl ~) colombiano *m*

kolumbianisch (kô-lum-*byaa*-niʃ) *adj* colombiano

Kolumbien (kô-*lum*-byön) Colombia *f*

Koma (*kôô*-ma) *nt* coma *m*

Kombination (kom-bi-na-*tssyôôn*) *f* (pl ~en) combinación *f*

kombinieren (kom-bi-*nii*-rön) *v* combinar

Komfort (kom-*fôôr*) *m* confort *m*

Komiker (*kôô*-mi-kör) *m* (pl ~) cómico *m*

komisch (*kôô*-miʃ) *adj* cómico; extraño, raro

Komma (*ko*-ma) *nt* (pl ~ta) coma *f*

*****kommen** (*ko*-mön) *v* *venir; ~ *lassen* mandar a buscar

Kommentar (ko-mên-*taar*) *m* (pl ~e) comentario *m*

kommentieren (ko-mên-*tii*-rön) *v* comentar

kommerziell (ko-mêr-*tssyêl*) *adj* comercial

Kommission (ko-mi-*ssyôôn*) *f* (pl ~en) comisión *f*

Kommode (ko-*môô*-dö) *f* (pl ~n) cómoda *f*

Kommune (ko-*muu*-nö) *f* (pl ~n) comuna *f*

Kommunikation (ko-mu-ni-ka-*tssyôôn*)

f comunicación *f*

Kommunismus (ko-mu-*niss*-muss) *m* comunismo *m*

Kommunist (ko-mu-*nisst*) *m* (pl ~en) comunista *m*

Komödie (ko-*möö*-dyö) *f* (pl ~n) comedia *f*

kompakt (kom-*pakt*) *adj* compacto

Kompaß (*kom*-pass) *m* (pl -passe) brújula *f*

Kompetenz (kom-pe-*têntss*) *f* (pl ~en) competencia *f*

Kompliment (kom-pli-*mênt*) *nt* (pl ~e) cumplimiento *m*

kompliziert (kom-pli-*tssiirt*) *adj* complicado

Komplott (kom-*plot*) *nt* (pl ~e) complot *m*, intriga *f*

Komponist (kom-pô-*nisst*) *m* (pl ~en) compositor *m*

Komposition (kom-pô-si-*tssyôôn*) *f* (pl ~en) composición *f*

Konditor (kon-*dii*-tor) *m* (pl ~en) confitero *m*

Konditorei (kon-di-tô-*rai*) *f* (pl ~en) pastelería *f*

Kondom (kon-*dôôm*) *m* (pl ~s) preservativo *m*

Konferenz (kon-fe-*rêntss*) *f* (pl ~en) conferencia *f*

Konflikt (kon-*flikt*) *m* (pl ~e) conflicto *m*

Kongreß (kon-*ghrêss*) *m* (pl -gresse) congreso *m*

König (*köö*-nij) *m* (pl ~e) rey *m*

Königin (*köö*-ni-ghin) *f* (pl ~nen) reina *f*

königlich (*köö*-nik-lij) *adj* real

Königreich (*köö*-nik-raij) *nt* (pl ~e) reino *m*

konkret (kon-*krêêt*) *adj* concreto

Konkurrent (kon-ku-*rênt*) *m* (pl ~en) competidor *m*

Konkurrenz (kon-ku-*rêntss*) *f* competencia f

*können (kö-nön) v *poder; *saber

konservativ (kon-sêr-va-tiif) adj conservador

Konservatorium (kon-sêr-va-tôô-ryum) f (pl -rien) conservatorio m

Konserven (kon-sêr-vön) fpl conservas fpl

Konstruktion (kon-sstruk-tssyôôn) f (pl ~en) construcción f

Konsul (kon-sul) m (pl ~n) cónsul m

Konsulat (kon-su-laat) nt (pl ~e) consulado m

Konsultation (kon-sul-ta-tssyôôn) f (pl ~en) consulta f

konsultieren (kon-sul-tii-rön) v consultar

Konsument (kon-su-mênt) m (pl ~en) consumidor m

Kontakt (kon-takt) m (pl ~e) contacto m

Kontaktlinsen (kon-takt-lin-sön) fpl lentillas fpl

Kontinent (kon-ti-nênt) m (pl ~e) continente m

kontinental (kon-ti-nên-taal) adj continental

Konto (kon-tô) nt (pl -ten) cuenta f

Kontrast (kon-trasst) m (pl ~e) contraste m

Kontrollabschnitt (kon-trol-ap-ʃnit) m (pl ~e) talón m

Kontrolle (kon-tro-lö) f (pl ~n) control m; supervisión f

kontrollieren (kon-trô-lii-rön) v controlar

konvertieren (kon-vêr-tii-rön) v *convertir

Konzentration (kon-tssên-tra-tssyôôn) f (pl ~en) concentración f

konzentrieren (kon-tssên-trii-rön) v concentrarse

Konzern (kon-tssêrn) m (pl ~e) consorcio m

Konzert (kon-tssêrt) nt (pl ~e) concierto m

Konzertsaal (kon-tssêrt-saal) m (pl

Konzession (kon-tssê-ssyôôn) f (pl ~en) concesión f; licencia f, permiso m

konzessionieren (kon-tssê-ssyô-nii-rön) v autorizar

kooperativ (kô-ô-pe-ra-tiif) adj cooperativo

koordinieren (kô-or-di-nii-rön) v coordinar

Koordinierung (kô-or-di-nii-rung) f coordinación f

Kopf (kopf) m (pl ̈e) cabeza f

Kopfkissen (kopf-ki-ssön) nt (pl ~) almohada f

Kopfschmerzen (kopf-ʃmêr-tssön) mpl dolor de cabeza

Kopie (kô-pii) f (pl ~n) copia f

kopieren (kô-pii-rön) v copiar

Koralle (kô-ra-lö) f (pl ~n) coral m

Korb (korp) m (pl ̈e) cesta f

Kordel (kor-döl) f (pl ~n) cinta f

Kordsamt (kort-samt) m pana f

Korinthe (kô-rin-tö) f (pl ~n) pasa de Corinto

Korken (kor-kön) m (pl ~) corcho m

Korkenzieher (kor-kön-tssii-ör) m (pl ~) sacacorchos mpl

Korn (korn) nt (pl ̈er) grano m; trigo m

Kornfeld (korn-fêlt) nt (pl ~er) trigal m

Körper (kör-pör) m (pl ~) cuerpo m

körperbehindert (kör-pör-bö-hin-dört) adj minusválido

korpulent (kor-pu-lênt) adj gordo, corpulento

korrekt (ko-rêkt) adj justo

Korrespondent (ko-rêss-pon-dênt) m (pl ~en) corresponsal m

Korrespondenz (ko-rêss-pon-dêntss) f

correspondencia *f*

korrespondieren (ko-rêss-pon-*dii*-rön) *v* corresponderse

korrigieren (ko-ri-*ghii*-rön) *v* *corregir

korrupt (ko-*rupt*) *adj* corrupto

Korsett (kor-*sêt*) *nt* (pl ~s) corsé *m*

Kosmetika (koss-*mee*-ti-ka) *ntpl* productos cosméticos

Kost (kosst) *f* alimento *m*; comida *f*

kostbar (*kosst*-baar) *adj* valioso, costoso

Kosten (*koss*-tön) *pl* coste *m*

kosten (*koss*-tön) *v* *costar; *probar

kostenlos (*koss*-tön-lôôss) *adj* gratis

Kostgänger (*kosst*-ghêng-ör) *m* (pl ~) huésped *m*

köstlich (*kösst*-lij) *adj* delicioso

kostspielig (*kosst*-ʃpii-lij) *adj* caro

Kotelett (kot-*lêt*) *nt* (pl ~e) chuleta *f*; **Koteletten** patillas *fpl*

Kotflügel (*kôôt*-flüü-ghöl) *m* (pl ~) guardabarros *m*; salpicadera *fMe*

Krabbe (*kra*-bö) *f* (pl ~n) cangrejo *m*; gamba *f*

Krach (kraj) *m* (pl ~e) alboroto *m*; bronca *f*

Krachen (*kra*-jön) *nt* crujido *m*

krachen (*kra*-jön) *v* crujir

Kraft (kraft) *f* (pl ~e) fuerza *f*, vigor *m*; energía *f*

Kraftfahrer (*kraft*-faa-rör) *m* (pl ~) automovilista *m*

kräftig (*krêf*-tij) *adj* fuerte

Kraftwagen (*kraft*-vaa-ghön) *m* (pl ~) automóvil *m*

Kraftwerk (*kraft*-vêrk) *nt* (pl ~e) central eléctrica

Kragen (*kraa*-ghön) *m* (pl ~) cuello *m*

Kragenknopf (*kraa*-ghön-knopf) *m* (pl ~e) botón del cuello

Krähe (*krê*-ö) *f* (pl ~n) corneja *f*

Krampf (krampf) *m* (pl ~e) convulsión *f*; calambre *m*

Krampfader (*krampf*-aa-dör) *f* (pl ~n)

varice *f*

Kran (kraan) *m* (pl ~e) grúa *f*

krank (krangk) *adj* enfermo

kränken (*krêng*-kön) *v* ofender

Krankenhaus (*krang*-kön-hauss) *nt* (pl ~er) hospital *m*

Krankensaal (*krang*-kön-saal) *m* (pl -säle) enfermería *f*

Krankenschwester (*krang*-kön-ʃvêsstör) *f* (pl ~n) enfermera *f*

Krankenwagen (*krang*-kön-vaa-ghön) *m* (pl ~) ambulancia *f*

Krankheit (*krangk*-hait) *f* (pl ~en) enfermedad *f*

Krater (*kraa*-tör) *m* (pl ~) cráter *m*

kratzen (*kra*-tssön) *v* *hacer raeduras, rascar

Kratzer (*kra*-tssör) *m* (pl ~) raedura *f*

Kraul (kraul) *m* crawl *m*

Kraut (kraut) *nt* (pl ~er) hierba *f*

Krawatte (kra-*va*-tö) *f* (pl ~n) corbata *f*

Krebs (kreepss) *m* cáncer *m*

Kredit (kre-*diit*) *m* (pl ~e) crédito *m*

kreditieren (kre-di-*tii*-rön) *v* acreditar

Kreditkarte (kre-*diit*-kar-tö) *f* (pl ~n) tarjeta de crédito

Kreide (*krai*-dö) *f* creta *f*

Kreis (kraiss) *m* (pl ~e) círculo *m*; esfera *f*

kreischen (*krai*-ʃön) *v* gritar, chillar

Kreislauf (*kraiss*-lauf) *m* circulación *f*; circulación de la sangre, ciclo *m*

Krem (kreem) *f* (pl ~s) crema *f*

kremfarben (*kreem*-far-bön) *adj* de color crema

Kreuz (kroitss) *nt* (pl ~e) cruz *f*

Kreuzfahrt (*kroitss*-faart) *f* (pl ~en) crucero *m*

kreuzigen (*kroi*-tssi-ghön) *v* crucificar

Kreuzigung (*kroi*-tssi-ghung) *f* (pl ~en) crucifixión *f*

Kreuzung (*kroi*-tssung) *f* (pl ~en) encrucijada *f*, cruce *m*, intersección *f*

Kreuzzug (*kroitss*-tssuuk) *m* (pl ⁓e) cruzada *f*

Kricket (*kri*-köt) *nt* cricquet *m*

*****kriechen** (*krii*-jön) *v* gatear, arrastrarse

Krieg (kriik) *m* (pl ⁓e) guerra *f*

kriegen (*krii*-ghön) *v* *obtener

Kriegsgefangene (*kriikss*-ghö-fang-ö-nö) *m* (pl ⁓n) prisionero de guerra

Kriegsmacht (*kriikss*-majt) *f* (pl ⁓e) fuerzas armadas

Kriegsschiff (*kriikss*-ʃif) *nt* (pl ⁓e) buque de guerra

Kriminalität (kri-mi-na-li-*têêt*) *f* criminalidad *f*

Kriminalroman (kri-mi-*naal*-rô-maan) *m* (pl ⁓e) novela policíaca

kriminell (kri-mi-*nêl*) *adj* criminal

Krippe (*kri*-pö) *f* (pl ⁓n) pesebre *m*

Krise (*krii*-sö) *f* (pl ⁓n) crisis *f*

Kristall (kriss-*tal*) *nt* cristal *m*

kristallen (kriss-*ta*-lön) *adj* de cristal

Kritik (kri-*tiik*) *f* (pl ⁓en) crítica *f*

Kritiker (*krii*-ti-kör) *m* (pl ⁓) crítico *m*

kritisch (*krii*-tiʃ) *adj* crítico

kritisieren (kri-ti-*sii*-rön) *v* criticar

Krokodil (krô-kô-*diil*) *nt* (pl ⁓e) cocodrilo *m*

Krone (*krôô*-nö) *f* (pl ⁓n) corona *f*

krönen (*kröö*-nön) *v* coronar

Kröte (*kröö*-tö) *f* (pl ⁓n) sapo *m*

Krücke (*krü*-kö) *f* (pl ⁓n) muleta *f*

Krug (kruuk) *m* (pl ⁓e) cántaro *m*, jarra *f*

Krümel (*krüü*-möl) *m* (pl ⁓) migaja *f*

krumm (krum) *adj* curvado, curvo

Krümmung (*krü*-mung) *f* (pl ⁓en) curva *f*

Kruste (*kruss*-tö) *f* (pl ⁓n) corteza *f*

Kruzifix (kru-tssi-*fikss*) *nt* (pl ⁓e) crucifijo *m*

Kuba (*kuu*-ba) Cuba *f*

Kubaner (ku-*baa*-nör) *m* (pl ⁓) cubano *m*

kubanisch (ku-*baa*-niʃ) *adj* cubano

Kubus (*kuu*-buss) *m* (pl Kuben) cubo *m*

Küche (*kü*-jö) *f* (pl ⁓n) cocina *f*

Kuchen (*kuu*-jön) *m* (pl ⁓) pastelería *f*, pastel *m*

Küchenchef (*kü*-jön-ʃêf) *m* (pl ⁓s) jefe de cocina

Kuckuck (*ku*-kuk) *m* (pl ⁓e) cuclillo *m*

Kugel (*kuu*-ghöl) *f* (pl ⁓n) esfera *f*; bala *f*

Kugelschreiber (*kuu*-ghöl-ʃrai-bör) *m* (pl ⁓) bolígrafo *m*

Kuh (kuu) *f* (pl ⁓e) vaca *f*

Kuhhaut (*kuu*-haut) *f* (pl ⁓e) cuero vacuno

kühl (küül) *adj* fresco

Kühlschrank (*küül*-ʃrangk) *m* (pl ⁓e) refrigerador *m*, frigorífico *m*

Kühlsystem (*küül*-süss-teem) *nt* sistema de refrigeración

kühn (küün) *adj* audaz

Kühnheit (*küün*-hait) *f* audacia *f*

Küken (*kü*-kön) *nt* (pl ⁓) pollo *m*

kultivieren (kul-ti-*vii*-rön) *v* cultivar

kultiviert (kul-ti-*viirt*) *adj* culto

Kultur (kul-*tuur*) *f* (pl ⁓en) cultura *f*

Kummer (*ku*-mör) *m* dolor *m*, pena *f*

sich kümmern um (*kü*-mörn) cuidar d

Kunde (*kun*-dö) *m* (pl ⁓n) cliente *m*

Kundgebung (*kunt*-ghee-bung) *f* (pl ⁓en) demostración *f*

Kunst (kunsst) *f* (pl ⁓e) arte *m/f*; **die schönen Künste** bellas artes

Kunstakademie (*kunsst*-a-ka-de-mii) *f* (pl ⁓n) academia de bellas artes

Kunstausstellung (*kunsst*-auss-ʃtê-lung) *f* (pl ⁓en) exposición de arte

Kunstgalerie (*kunsst*-gha-lö-rii) *f* (pl ⁓n) galería de arte

Kunstgeschichte (*kunsst*-ghö-ʃij-tö) *f* historia del arte

Kunstgewerbe (*kunsst*-ghö-vêr-bö) *n*

artes industriales

Künstler (*künnst*-lör) *m* (pl ~) artista *m/f*

Künstlerin (*künnst*-lö-rin) *f* (pl ~nen) artista *m/f*

künstlerisch (*künnst*-lö-riʃ) *adj* artístico

künstlich (*künnst*-lij) *adj* artificial

Kunstsammlung (*kunnst*-sam-lung) *f* (pl ~en) colección de arte

Kunstseide (*kunnst*-sai-dö) *f* rayón *m*

Kunststoff (*kunnst*-ʃtof) *m* (pl ~e) plástico *m*; **Kunststoff-** de plástico

Kunstwerk (*kunnst*-vêrk) *nt* (pl ~e) obra de arte

Kupfer (*ku*-pför) *nt* cobre *m*

Kupon (ku-*pong*) *m* (pl ~s) cupón *m*

Kuppel (*ku*-pöl) *f* (pl ~n) cúpula *f*

Kupplung (*kup*-lung) *f* (pl ~en) embrague *m*

Kur (kuur) *f* (pl ~en) cura *f*

Kurbelgehäuse (*kur*-böl-ghö-hoi-sö) *nt* (pl ~) cárter *m*

Kurbelwelle (*kur*-böl-vê-lö) *f* (pl ~n) cigüeñal *m*

Kurpfuscher (*kuur*-pfu-ʃör) *m* (pl ~) curandero *m*

Kurs (kurss) *m* (pl ~e) cambio *m*; rumbo *m*

Kürschner (*kürʃ*-nör) *m* (pl ~) peletero *m*

Kursivschrift (kur-*siif*-ʃrift) *f* cursiva *f*

Kursus (*kur*-suss) *m* (pl Kurse) curso *m*

Kurve (*kur*-vö) *f* (pl ~n) curva *f*, vuelta *f*, comba *f*

kurz (kurtss) *adj* corto; breve; **in kurzem** pronto, próximamente

in Kürze (in *kür*-tssö) rápidamente

kurzgefaßt (*kurtss*-ghö-fasst) *adj* conciso

Kurzlehrgang (*kurtss*-leer-ghang) *m* (pl ~e) curso intensivo

kürzlich (*kürtss*-lij) *adv* recientemente,

el otro día

Kurzschluß (*kurtss*-ʃluss) *m* cortocircuito *m*

kurzsichtig (*kurtss*-sij-tij) *adj* miope

Kurzwarengeschäft (*kurtss*-vaa-rön-ghö-ʃêft) *nt* (pl ~e) mercería *f*

Kuß (kuss) *m* (pl Küsse) beso *m*

küssen (*kü*-ssön) *v* besar

Küste (*küss*-tö) *f* (pl ~n) costa *f*, orilla *f*; **orilla del mar**

Küster (*küss*-tör) *m* (pl ~) sacristán *m*

Kutsche (*ku*-chö) *f* (pl ~n) carroza *f*, coche *m*

L

labil (la-*biil*) *adj* inestable

Laboratorium (la-bô-ra-*tôô*-ryum) *nt* (pl -rien) laboratorio *m*

Labyrinth (la-bü-*rint*) *nt* (pl ~e) laberinto *m*

Lächeln (*lê*-jöln) *nt* sonrisa *f*

lächeln (*lê*-jöln) *v* sonreír

Lachen (*la*-jön) *nt* risa *f*

lachen (*la*-jön) *v* *reír

lächerlich (*lê*-jör-lij) *adj* ridículo

lachhaft (*laj*-haft) *adj* grotesco

Lachs (lakss) *m* (pl ~e) salmón *m*

Lack (lak) *m* (pl ~e) laca *f*; barniz *m*

lackieren (la-*kii*-rön) *v* barnizar

Laden (*laa*-dön) *m* (pl ~) almacén *m*

***laden** (*laa*-dön) *v* cargar

Ladeninhaber (*laa*-dön-in-haa-bör) *m* (pl ~) tendero *m*

Ladentisch (*laa*-dön-tiʃ) *m* (pl ~e) mostrador *m*

Laderaum (*laa*-dö-raum) *m* (pl ~e) bodega *f*

Ladung (*laa*-dung) *f* (pl ~en) carga *f*

Lage (*laa*-ghö) *f* (pl ~n) ubicación *f*; situación *f*; sitio *m*, posición *f*

Lager (*laa*-ghör) *nt* (pl ~) almacén *m*; campamento *m*

Lagerhaus (*laa*-ghör-hauss) *nt* (pl ~̈er) almacén *m*

lagern (*laa*-ghörn) *v* almacenar

Lagerraum (*laa*-ghör-raum) *m* (pl ~̈e) almacén *m*

Lagerung (*laa*-ghö-rung) *f* almacenaje *m*

Lagune (la-*ghuu*-nö) *f* (pl ~n) laguna *f*

lahm (laam) *adj* cojo

lähmen (*lêê*-mön) *v* paralizar

Laib (laip) *m* (pl ~e) pan *m*

Laie (*lai*-ö) *m* (pl ~n) profano *m*

Laken (*laa*-kön) *nt* (pl ~) sábana *f*

Lakritze (la-*kri*-tssö) *f* regaliz *m*

Lamm (lam) *nt* (pl ~̈er) cordero *m*

Lammfleisch (*lam*-flaiʃ) *nt* cordero *m*

Lampe (*lam*-pö) *f* (pl ~n) lámpara *f*

Lampenschirm (*lam*-pön-ʃirm) *m* (pl ~e) pantalla *f*

Land (lant) *nt* (pl ~̈er) país *m*; tierra *f*; campo *m*; **an ~** en tierra; **an ~ *gehen** desembarcar

landen (*lan*-dön) *v* aterrizar; desembarcar

Landenge (*lant*-êng-ö) *f* (pl ~n) istmo *m*

Landesgrenze (*lan*-döss-ghrên-tssö) *f* (pl ~n) frontera *f*

Landhaus (*lant*-hauss) *nt* (pl ~̈er) quinta *f*

Landkarte (*lant*-kar-tö) *f* (pl ~n) mapa *m*

ländlich (*lênt*-lij) *adj* rústico, rural

Landmarke (*lant*-mar-kö) *f* (pl ~n) punto de referencia

Landschaft (*lant*-ʃaft) *f* (pl ~en) campo *m*; paisaje *m*

Landsitz (*lant*-sitss) *m* (pl ~e) propiedad *f*

Landsmann (*lantss*-man) *m* (pl ~leute) compatriota *m*

Landstraße (*lant*-ʃtraa-ssö) *f* (pl ~n) carretera *f*

Landstreicher (*lant*-ʃtrai-jör) *m* (pl ~) vagabundo *m*

Landstreicherei (lant-ʃtrai-jö-*rai*) *f* vagancia *f*

Landwirtschaft (*lant*-virt-ʃaft) *f* agricultura *f*; **Landwirtschafts-** agrícola

Landzunge (*lant*-tssung-ö) *f* (pl ~n) promontorio *m*

lang (lang) *adj* largo; alto; **lange** *adv* mucho tiempo

Länge (*lêng*-ö) *f* longitud *f*; **der ~ nach** longitudinalmente

Längengrad (*lêng*-ön-ghraat) *m* (pl ~e) longitud *f*

länglich (*lêng*-lij) *adj* oblongo

langsam (*lang*-saam) *adj* lento

Langspielplatte (*lang*-ʃpiil-pla-tö) *f* (pl ~n) microsurco *m*

langweilen (*lang*-vai-lön) *v* aburrir

Langweiler (*lang*-vai-lör) *m* (pl ~) pelmazo *m*

langweilig (*lang*-vai-lij) *adj* aburrido; desagradable

langwierig (*lang*-vii-rij) *adj* largo

Lappen (*la*-pön) *m* (pl ~) paño *m*

Lärm (lêrm) *m* alboroto *m*, ruido *m*

lärmend (*lêr*-mönt) *adj* ruidoso

*lassen (*la*-ssön) *v* dejar; autorizar a

lässig (*lê*-ssij) *adj* relajado

Last (lasst) *f* (pl ~en) peso *m*; fardo *m*, carga *f*; molestia *f*

lästig (*lêss*-tij) *adj* molesto; irritante

Lastwagen (*lasst*-vaa-ghön) *m* (pl ~) camión *m*

Lateinamerika (la-*tain*-a-mee-ri-ka) América Latina

lateinamerikanisch (la-*tain*-a-me-ri-kaa-niʃ) *adj* latinoamericano

Laterne (la-*têr*-nö) *f* (pl ~n) linterna *f*

Laternenpfahl (la-*têr*-nön-pfaal) *m* (pl ~̈e) poste de farol

Lauf (lauf) *m* (pl ̈e) curso *m*
Laufbahn (*lauf*-baan) *f* carrera *f*
***laufen** (*lau*-fön) *v* correr
Laufplanke (*lauf*-plang-kö) *f* (pl ~n) pasarela *f*
Laune (*lau*-nö) *f* (pl ~n) humor *m*; capricho *m*
Laus (lauss) *f* (pl ̈e) piojo *m*
laut (laut) *adj* fuerte; *adv* en voz alta
läuten (*loi*-tön) *v* *sonar
Lautsprecher (*laut*-ʃprè-jör) *m* (pl ~) altavoz *m*
lauwarm (*lau*-varm) *adj* tibio
Lawine (la-*vii*-nö) *f* (pl ~n) avalancha *f*
Leben (*lee*-bön) *nt* (pl ~) vida *f*; **am ~** en vida
leben (*lee*-bön) *v* vivir
lebend (*lee*-bönt) *adj* vivo
Lebensmittel (*lee*-bönss-mi-töl) *pl* comestibles *mpl*
Lebensmittelgeschäft (*lee*-bönss-mi-töl-ghö-ʃêft) *nt* (pl ~e) abacería *f*; abarrotería *fMe*
Lebensmittelhändler (*lee*-bönss-mi-töl-hên-dlör) *m* (pl ~) abacero *m*; abarrotero *mMe*
Lebensstandard (*lee*-bönss-ʃtan-dart) *m* nivel de vida
Lebensversicherung (*lee*-bönss-fêr-si-jö-rung) *f* (pl ~en) seguro de vida
Leber (*lee*-bör) *f* (pl ~n) hígado *m*
lebhaft (*leep*-haft) *adj* vivo, vivaz
Leck (lêk) *nt* (pl ~s) goteo *m*
leck (lêk) *adj* que tiene escapes
lecken (*lê*-kön) *v* gotear; lamer
lecker (*lê*-kör) *adj* apetitoso; exquisito, bueno, rico
Leckerbissen (*lê*-kör-bi-ssön) *m* (pl ~) golosina *f*
Leder (*lee*-dör) *nt* cuero *m*; **Leder-** de piel
ledern (*lee*-dörn) *adj* de piel
ledig (*lee*-dij) *adj* soltero

leer (leer) *adj* vacío; blanco
leeren (*lee*-rön) *v* vaciar
Leerung (*lee*-rung) *f* (pl ~en) recogida *f*
Legalisierung (le-gha-li-*sii*-rung) *f* legalización *f*
legen (*lee*-ghön) *v* *poner
Legitimierung (le-ghi-ti-*mii*-rung) *f* legitimación *f*
lehnen (*lee*-nön) *v* apoyarse
Lehnstuhl (*leen*-ʃtuul) *m* (pl ̈e) sillón *m*, butaca *f*
Lehrbuch (*leer*-buuj) *nt* (pl ̈er) libro de texto
Lehre (*lee*-rö) *f* (pl ~n) enseñanza *f*
lehren (*lee*-rön) *v* enseñar
Lehrer (*lee*-rör) *m* (pl ~) maestro *m*; institutor *m*, profesor *m*; instructor *m*
Lehrerin (*lee*-rö-rin) *f* (pl ~nen) profesora *f*
Lehrgang (*leer*-ghang) *m* (pl ̈e) curso *m*
lehrreich (*leer*-raij) *adj* instructivo
Leib (laip) *m* (pl ~er) cuerpo *m*
Leibwache (*laip*-va-jö) *f* (pl ~n) guardia personal
Leiche (*lai*-jö) *f* (pl ~n) cadáver *m*
leicht (laijt) *adj* ligero; suave
Leichtigkeit (*laij*-tij-kait) *f* facilidad *f*
Leid (lait) *nt* pesadumbre *f*, sufrimiento *m*
Leiden (*lai*-dön) *nt* (pl ~) enfermedad *f*; sufrimiento *m*
***leiden** (*lai*-dön) *v* sufrir
Leidenschaft (*lai*-dön-ʃaft) *f* (pl ~en) pasión *f*
leidenschaftlich (*lai*-dön-ʃaft-lij) *adj* apasionado
leider (*lai*-dör) *adv* desgraciadamente
leidlich (*lait*-lij) *adv* bastante
Leierkasten (*lai*-ör-kass-tön) *m* (pl ̈) organillo *m*
***leihen** (*lai*-ön) *v* prestar

Leim (laim) m cola f

Leine (lai-nö) f (pl ~n) cordón m; traílla f; correa f

Leinen (lai-nön) nt lino m

leise (lai-sö) adj bajo; suave; adv suavemente

Leiste (laiss-tö) f (pl ~n) ingle f

leisten (laiss-tön) v lograr; presentar; **sich** ~ permitirse

Leistung (laiss-tung) f (pl ~en) realización f

leistungsfähig (laiss-tungss-fêê-ij) adj eficiente

Leistungsfähigkeit (laiss-tungss-fêê-ij-kait) f (pl ~en) potencia f

leiten (lai-tön) v dirigir

Leiter¹ (lai-tör) m (pl ~) líder m

Leiter² (lai-tör) f (pl ~n) escalera de mano

Leitplanke (lait-plang-kö) f (pl ~n) barrera de protección

Leitung (lai-tung) f (pl ~en) dirección f

Lektion (lêk-tssyôôn) f (pl ~en) lección f

Lenksäule (lêngk-soi-lö) f (pl ~n) columna del volante

Lenz (lêntss) m primavera f

Lepra (lee-pra) f lepra f

Lerche (lêr-jö) f (pl ~n) alondra f

lernen (lêr-nön) v aprender; **auswendig** ~ aprenderse de memoria

Leselampe (lee-sö-lam-pö) f (pl ~n) lámpara para lectura

*lesen (lee-sön) v *leer

leserlich (lee-sör-lij) adj legible

Lesesaal (lee-sö-saal) m (pl -säle) sala de lectura

letzt (lêtsst) adj último; final; pasado

leuchten (loij-tön) v brillar; **leuchtend** reluciente; luminoso

Leuchtturm (loijt-turm) m (pl ~̃e) faro m

leugnen (loi-ghnön) v *negar

Leute (loi-tö) pl gente f

Libanese (li-ba-nee-sö) m (pl ~n) libanés m

libanesisch (lii-ba-nee-siʃ) adj libanés

Libanon (lii-ba-non) Líbano m

liberal (li-be-raal) adj liberal

Liberia (li-bee-rya) Liberia f

Liberier (li-bee-ryör) m (pl ~) liberiano m

liberisch (li-bee-riʃ) adj liberiano

Licht (lijt) nt (pl ~er) luz f

Lichtbild (lijt-bilt) nt (pl ~er) fotografía f

Lichtung (lij-tung) f (pl ~en) claro m

lieb (liip) adj querido; lindo, cariñoso

Liebe (lii-bö) f amor m

lieben (lii-bön) v amar

lieber (lii-bör) adv más bien

Liebesgeschichte (lii-böss-ghö-ʃij-tö) f (pl ~n) historia de amor

Liebhaber (liip-haa-bör) m (pl ~) amante m

Liebhaberei (liip-haa-bö-rai) f (pl ~en) afición f

liebkosen (liip-kôô-sön) v abrazar

Liebling (liip-ling) m (pl ~e) querida f, querido m; favorito m; cariño m; **Lieblings-** preferido; favorito

Liebreiz (liip-raitss) m encanto m

Liebschaft (liip-ʃaft) f (pl ~en) amorío m

Lied (liit) nt (pl ~er) canción f; tonada f

Lieferauto (lii-för-au-tô) nt (pl ~s) camioneta f

liefern (lii-förn) v suministrar, *proveer

Lieferung (lii-fö-rung) f (pl ~en) suministro m; reparto m

Lieferwagen (lii-för-vaa-ghön) m (pl ~) furgoneta f, camioneta de reparto

Liege (lii-ghö) f (pl ~n) cama de tijera f

*liegen (lii-ghön) v *yacer

Liegestuhl (*lii*-ghö-ʃtuul) *m* (pl ⁓e) silla de tijera

Likör (li-*köör*) *m* (pl ⁓e) licor *m*

Lilie (*lii*-lyö) *f* (pl ⁓n) azucena *f*

Limonade (li-mô-*naa*-dö) *f* (pl ⁓n) limonada *f*

Limone (li-*môô*-nö) *f* (pl ⁓n) lima *f*

Linde (*lin*-dö) *f* (pl ⁓n) tilo *m*

Lindenbaum (*lin*-dön-baum) *m* (pl ⁓e) tilo *m*

Lineal (lĭ-ne-*aal*) *nt* (pl ⁓e) regla *f*

Linie (*lii*-nyö) *f* (pl ⁓n) línea *f*

Linienschiff (*lii*-nyön-ʃif) *nt* (pl ⁓e) vapor de línea

linke (*ling*-kö) *adj* izquierdo, de izquierda

linkshändig (*lingkss*-hên-dij) *adj* zurdo

Linse (*lin*-sö) *f* (pl ⁓n) lente *m/f*

Lippe (*li*-pö) *f* (pl ⁓n) labio *m*

Lippensalbe (*li*-pön-sal-bö) *f* (pl ⁓n) manteca de cacao

Lippenstift (*li*-pön-ʃtift) *m* (pl ⁓e) lápiz labial

List (lisst) *f* (pl ⁓en) artificio *m*, astucia *f*

Liste (*liss*-tö) *f* (pl ⁓n) lista *f*

listig (*liss*-tij) *adj* astuto

Liter (*lii*-tör) *m* (pl ⁓) litro *m*

literarisch (li-te-*raa*-riʃ) *adj* literario

Literatur (li-te-ra-*tuur*) *f* literatura *f*

Lizenz (li-*tssêntss*) *f* (pl ⁓en) licencia *f*

Lob (lôôp) *nt* elogio *m*

loben (*lôô*-bön) *v* alabar

Loch (loj) *nt* (pl ⁓er) agujero *m*

Locke (*lo*-kö) *f* (pl ⁓n) rizo *m*

locken (*lo*-kön) *v* rizar

Lockenwickler (*lo*-kön-vi-klör) *m* (pl ⁓) rulo *m*

lockern (*lo*-körn) *v* *soltar

lockig (*lo*-kij) *adj* crespo; chino *adjMe*

Löffel (*lö*-föl) *m* (pl ⁓) cuchara *f*

Logik (*lôô*-ghik) *f* lógica *f*

logisch (*lôô*-ghiʃ) *adj* lógico

Lohn (lôôn) *m* (pl ⁓e) paga *f*, sueldo *m*

sich lohnen (*lôô*-nön) *v* *valer la pena; *rendir

Lohnerhöhung (*lôôn*-êr-höö-ung) *f* (pl ⁓en) aumento de sueldo

lokal (lô-*kaal*) *adj* local

Lokomotive (lô-kô-mô-*tii*-vö) *f* (pl ⁓n) locomotora *f*

Los (lôôss) *nt* (pl ⁓e) suerte *f*, destino *m*

löschen (*lö*-ʃön) *v* extinguir

Löschpapier (*löʃ*-pa-piir) *nt* papel secante

lose (*lôô*-sö) *adj* suelto

Lösegeld (*löö*-sö-ghêlt) *nt* (pl ⁓er) rescate *m*

lösen (*löö*-sön) *v* *resolver

löslich (*lööss*-lij) *adj* soluble

losmachen (*lôôss*-ma-jön) *v* separar

Lösung (*löö*-sung) *f* (pl ⁓en) solución *f*

Losungswort (*lôô*-sungss-vort) *nt* (pl ⁓er) santo y seña

löten (*löö*-tön) *v* *soldar

Lötkolben (*lööt*-kol-bön) *m* (pl ⁓) soldador *m*

Lotse (*lôô*-tssö) *m* (pl ⁓n) práctico *m*

Lötstelle (*lööt*-ʃtê-lö) *f* (pl ⁓n) soldadura *f*

Lotterie (lo-tö-*rii*) *f* (pl ⁓n) lotería *f*

Löwe (*löö*-vö) *m* (pl ⁓n) león *m*

Löwenzahn (*löö*-vön-tssaan) *m* diente de león

loyal (lᵘa-*yaal*) *adj* leal

Lücke (*lü*-kö) *f* (pl ⁓n) hueco *m*

Luft (luft) *f* (pl ⁓e) aire *m*

luftdicht (*luft*-dijt) *adj* hermético

Luftdruck (*luft*-druk) *m* presión atmosférica

lüften (*lüf*-tön) *v* airear

Luftfilter (*luft*-fil-tör) *m* (pl ⁓) filtro

de aire

luftig (*luf*-tij) *adj* airoso

Luftkrankheit (*luft*-krangk-hait) *f* mal de las alturas

Luftpost (*luft*-posst) *f* correo aéreo

Lüftung (*lüf*-tung) *f* aireo *m*

Luftzug (*luft*-tssuuk) *m* corriente de aire

Lüge (*lüü*-ghö) *f* (pl ~n) mentira *f*

*****lügen** (*lüü*-ghön) *v* *mentir

Luke (*luu*-kö) *f* (pl ~n) trampa *f*; portilla *f*

Lumpen (*lum*-pön) *m* (pl ~) trapo *m*

Lunge (*lung*-ö) *f* (pl ~n) pulmón *m*

Lungenentzündung (*lung*-ön-ênt-tssün-dung) *f* neumonía *f*

Lunte (*lun*-tö) *f* (pl ~n) mecha *f*

Lust (lusst) *f* ganas *fpl*; energía *f*; ~ *haben zu antojarse

lustig (*luss*-tij) *adj* alegre

Lustspiel (*lusst*-ʃpiil) *nt* (pl ~e) comedia *f*

lutschen (*lu*-chön) *v* chupar

luxuriös (lu-kssu-*ryööss*) *adj* lujoso

Luxus (*lu*-kssuss) *m* lujo *m*

M

machen (*ma*-jön) *v* *hacer

Macht (majt) *f* (pl ~e) poder *m*; fuerza *f*; potencia *f*

Machtbefugnis (*majt*-bö-fuuk-niss) *f* (pl ~se) poder *m*

mächtig (*mêj*-tij) *adj* fuerte, poderoso

machtlos (*majt*-lôôss) *adj* impotente

Mädchen (*mêêt*-jön) *nt* (pl ~) muchacha *f*

Mädchenname (*mêêt*-jön-naa-mö) *m* (pl ~n) apellido de soltera

Magen (*maa*-ghön) *m* (pl ~) estómago *m*

Magengeschwür (*maa*-ghön-ghö-ʃvüür) *nt* (pl ~e) úlcera gástrica

Magenschmerzen (*maa*-ghön-ʃmêr-tssön) *mpl* dolor de estómago

Magenverstimmung (*maa*-ghön-fêr-ʃti-mung) *f* indigestión *f*

mager (*maa*-ghör) *adj* flaco; magro

Magie (ma-*ghii*) *f* magia *f*

Magnet (ma-*ghneet*) *m* (pl ~en) magneto *m*

magnetisch (ma-*ghnee*-tiʃ) *adj* magnético

Mahl (maal) *nt* (pl ~er) comida *f*

mahlen (*maa*-lön) *v* *moler

Mahlzeit (*maal*-tssait) *f* (pl ~en) comida *f*

Mai (mai) mayo

Mais (maiss) *m* maíz *m*

Maiskolben (*maiss*-kol-bön) *m* (pl ~) maíz en la mazorca

Major (ma-*yôôr*) *m* (pl ~e) mayor *m*

Makel (*maa*-köl) *m* (pl ~) mancha *f*

Makler (*maa*-klör) *m* (pl ~) corredor *m*

Makrele (ma-*kree*-lö) *f* (pl ~n) escombro *m*

Mal (maal) *nt* (pl ~e) vez *f*

mal (maal) por

malaiisch (ma-*lai*-iʃ) *adj* malayo

Malaria (ma-*laa*-rya) *f* malaria *f*

Malaysia (ma-*lai*-sya) Malasia *f*

malen (*maa*-lön) *v* pintar

Maler (*maa*-lör) *m* (pl ~) pintor *m*

malerisch (*maa*-lö-riʃ) *adj* pintoresco

Malkasten (*maal*-kass-tön) *m* (pl ~) caja de colores

Mammut (*ma*-mut) *nt* (pl ~e) mamut *m*

man (man) *pron* uno

manche (*man*-jö) *pron* algunos

manchmal (*manj*-maal) *adv* a veces

Mandarine (man-da-*rii*-nö) *f* (pl ~n) mandarina *f*

Mandat (man-*daat*) *nt* (pl ~e) mandato *m*

Mandel (*man*-döl) *f* (pl ~n) almendra *f*; **Mandeln** amígdalas *fpl*

Mandelentzündung (*man*-döl-ênt-tssün-dung) *f* amigdalitis *f*

Mangel (*mang*-öl) *m* (pl ~) carencia *f*, escasez *f*, falta *f*; deficiencia *f*, defecto *m*

mangelhaft (*mang*-öl-haft) *adj* defectuoso

mangeln (*mang*-öln) *v* faltar; *carecer

Manieren (ma-*nii*-rön) *fpl* modales *mpl*

Maniküre (ma-ni-*küü*-rö) *f* (pl ~n) manicura *f*

maniküren (ma-ni-*küü*-rön) *v* *hacer la manicura

Mann (man) *m* (pl ~er) hombre *m*; marido *m*

Mannequin (ma-nö-*kêng*) *nt* (pl ~s) maniquí *m*

männlich (*mên*-lij) *adj* macho; masculino

Mannschaft (*man*-ʃaft) *f* (pl ~en) equipo *m*

Manschette (man-*ʃê*-tö) *f* (pl ~n) puño *m*

Manschettenknöpfe (man-*ʃê*-tön-knö-pfö) *mpl* gemelos *mpl*; mancuernillas *fplMe*

Mantel (*man*-töl) *m* (pl ~) abrigo *m*

Manuskript (ma-nu-*sskript*) *nt* (pl ~e) manuscrito *m*

Märchen (*mêê*-jön) *nt* (pl ~) cuento de hadas

Margarine (mar-gha-*rii*-nö) *f* margarina *f*

Marine (ma-*rii*-nö) *f* marina *f*; **Marine-** naval

maritim (ma-ri-*tiim*) *adj* marítimo

Mark (mark) *nt* médula *f*

Marke (*mar*-kö) *f* (pl ~n) marca *f*

Markenautomat (*mar*-kön-au-tô-maat) *m* (pl ~en) máquina expendedora de sellos

Markise (mar-*kii*-sö) *f* (pl ~n) toldo *m*

Markstein (*mark*-ʃtain) *m* (pl ~e) mojón *m*

Markt (markt) *m* (pl ~e) mercado *m*

Marktplatz (*markt*-platss) *m* (pl ~e) plaza de mercado

Marmelade (mar-mö-*laa*-dö) *f* (pl ~n) confitura *f*; mermelada *f*

Marmor (*mar*-mor) *m* mármol *m*

Marokkaner (ma-ro-*kaa*-nör) *m* (pl ~) marroquí *m*

marokkanisch (ma-ro-*kaa*-niʃ) *adj* marroquí

Marokko (ma-*ro*-kô) Marruecos *m*

Marsch (marʃ) *m* (pl ~e) marcha *f*

marschieren (mar-*ʃii*-rön) *v* marchar

Marter (*mar*-tör) *f* (pl ~n) tortura *f*

martern (*mar*-törn) *v* torturar

Märtyrer (*mêr*-tü-rör) *m* (pl ~) mártir *m*

März (mêrtss) marzo

Masche (*ma*-ʃö) *f* (pl ~n) malla *f*

Maschine (ma-*ʃii*-nö) *f* (pl ~n) máquina *f*; avión *m*; ~ *schreiben mecanografiar

Masern (*maa*-sörn) *pl* sarampión *m*

Maske (*mass*-kö) *f* (pl ~n) máscara *f*

Maß (maass) *nt* (pl ~e) medida *f*; **nach ~** hecho a la medida

Massage (ma-*ssaa*-ʒö) *f* (pl ~n) masaje *m*

Masse (*ma*-ssö) *f* (pl ~n) bulto *m*; masa *f*

Massenproduktion (*ma*-ssön-prô-duk-tssyôôn) *f* producción en serie

Masseur (ma-*ssöör*) *m* (pl ~e) masajista *m*

massieren (ma-*ssii*-rön) *v* *dar masaje

mäßig (*mêê*-ssij) *adj* moderado

massiv (ma-*ssiif*) *adj* macizo

Maßnahme (*maass*-naa-mö) *f* (pl ~n) medida *f*

Maßstab (*maass*-ʃtaap) *m* (pl ~e)

escala *f*; norma *f*

Mast (masst) *m* (pl ~e) mástil *m*

Mastdarm (*masst*-darm) *m* (pl ~̈e) intestino recto

Material (ma-te-*ryaal*) *nt* (pl ~ien) material *m*; tejido *m*

Materie (ma-*tee*-ryö) *f* (pl ~n) materia *f*

materiell (ma-te-*ryél*) *adj* material

Mathematik (ma-te-ma-*tiik*) *f* matemáticas *fpl*

mathematisch (ma-te-ma-*maa*-tiʃ) *adj* matemático

Matratze (ma-*tra*-tssö) *f* (pl ~n) colchón *m*

Mätresse (mê-*trê*-ssö) *f* (pl ~n) querida *f*

Matrose (ma-*trôô*-sö) *m* (pl ~n) marinero *m*, marino *m*

Matsch (mach) *m* aguanieve *f*

matt (mat) *adj* mate; pálido

Matte (*ma*-tö) *f* (pl ~n) estera *f*

Mauer (*mau*-ör) *f* (pl ~n) muro *m*

mauern (*mau*-örn) *v* mampostear

Maul (maul) *nt* (pl ~̈er) hocico *m*, boca *f*

Maulbeere (*maul*-bee-rö) *f* (pl ~n) mora *f*

Maulesel (*maul*-ee-söl) *m* (pl ~) mulo *m*

Maultier (*maul*-tiir) *nt* (pl ~e) mulo *m*

Maurer (*mau*-rör) *m* (pl ~) albañil *m*

Maus (mauss) *f* (pl ~̈e) ratón *m*

Mausoleum (mau-sô-*lee*-um) *nt* (pl -leen) mausoleo *m*

Mechaniker (me-*jaa*-ni-kör) *m* (pl ~) mecánico *m*

mechanisch (me-*jaa*-niʃ) *adj* mecánico

Mechanismus (me-ja-*niss*-muss) *m* (pl -men) mecanismo *m*; maquinaria *f*

Medaille (me-*da*-lyö) *f* (pl ~n) medalla *f*

meditieren (me-di-*tii*-rön) *v* meditar

Medizin (me-di-*tssiin*) *f* medicamento *m*; medicina *f*

medizinisch (me-di-*tssii*-niʃ) *adj* médico

Meer (meer) *nt* (pl ~e) mar *m*

Meeräsche (*meer*-ê-ʃö) *f* (pl ~n) mújol *m*

Meeresküste (*mee*-röss-küss-tö) *f* (pl ~n) litoral *m*, orilla del mar

Meerrettich (*meer*-rê-tij) *m* rábano picante

Meerschweinchen (*meer*-ʃvain-jön) *nt* (pl ~) conejillo de Indias

Meerwasser (*meer*-va-ssör) *nt* agua de mar

Mehl (meel) *nt* harina *f*

mehr (meer) *adv* más; **etwas ~** algo más; **nicht ~** ya no

mehrere (*mee*-rö-rö) *pron* varios

Mehrheit (*meer*-hait) *f* (pl ~en) mayoría *f*

Mehrzahl (*meer*-tssaal) *f* plural *m*

*****meiden** (*mai*-dön) *v* evitar

Meile (*mai*-lö) *f* (pl ~n) milla *f*

Meilenstand (*mai*-lön-ʃtant) *m* millaje *m*

Meilenstein (*mai*-lön-ʃtain) *m* (pl ~e) piedra miliar

mein (main) *pron* mi

Meineid (*main*-ait) *m* (pl ~e) perjurio *m*

meinen (*mai*-nön) *v* *querer decir

Meinung (*mai*-nung) *f* (pl ~en) parecer *m*, opinión *f*

Meißel (*mai*-ssöl) *m* (pl ~) cincel *m*

meist (maisst) *adj* el más

meistens (*mai*-sstönss) *adv* generalmente

Meister (*maiss*-tör) *m* (pl ~) campeón *m*; maestro *m*; patrón *m*

Meisterstück (*maiss*-tör-ʃtük) *nt* (pl ~e) obra maestra

melden (*mêl*-dön) *v* informar; **sich ~** presentarse

Meldung (*mêl*-dung) *f* (pl ~en) relación *f*; mención *f*

meliert (*me*-liirt) *adj* mezclado

Melodie (me-lô-*dii*) *f* (pl ~n) melodía *f*; tonada *f*

melodisch (me-*lôô*-diʃ) *adj* melodioso

Melodrama (me-lô-*draa*-ma) *nt* (pl -dramen) melodrama *m*

Melone (me-*lôô*-nö) *f* (pl ~n) melón *m*

Membran (mêm-*braan*) *f* (pl ~en) membrana *f*

Memorandum (me-mô-*ran*-dum) *nt* (pl -den) apunte *m*

Menge (*mêng*-ö) *f* (pl ~n) cantidad *f*; abundancia *f*; muchedumbre *f*, masa *f*

Mensch (mênʃ) *m* (pl ~en) hombre *m*; ser humano

Menschheit (*mênʃ*-hait) *f* humanidad *f*

menschlich (*mênʃ*-lij) *adj* humano

Menstruation (mênss-tru-a-*tssyôôn*) *f* menstruación *f*

Merkbuch (*mêrk*-buuj) *nt* (pl ̈er) agenda *f*

merken (*mêr*-kön) *v* notar

Merkmal (*mêrk*-maal) *nt* (pl ~e) señal *f*

merkwürdig (*mêrk*-vür-dij) *adj* notable; singular

Messe (*mê*-ssö) *f* (pl ~n) feria *f*; misa *f*

messen (*mê*-ssön) *v* *medir

Messer (*mê*-ssör) *nt* (pl ~) cuchillo *m*; *m* medidor *m*

Messing (*mê*-ssing) *nt* cobre amarillo, latón *m*

Messingwaren (*mê*-ssing-vaa-rön) *fpl* cobres *mpl*

Metall (me-*tal*) *nt* (pl ~e) metal *m*

metallisch (me-*ta*-liʃ) *adj* metálico

Meter (*mee*-tör) *nt* (pl ~) metro *m*

Methode (me-*tôô*-dö) *f* (pl ~n) méto-

do *m*

methodisch (me-*tôô*-diʃ) *adj* metódico

metrisch (*mee*-triʃ) *adj* métrico

Metzger (*mêtss*-ghör) *m* (pl ~) carnicero *m*

Meuterei (moi-tö-*rai*) *f* (pl ~en) amotinamiento *m*

Mexikaner (mê-kssi-*kaa*-nör) *m* (pl ~) mejicano *m*

mexikanisch (mê-kssi-*kaa*-niʃ) *adj* mejicano

Mexiko (*mê*-kssi-kô) Méjico *m*

mich (mij) *pron* me

Miete (*mii*-tö) *f* (pl ~n) alquiler *m*

mieten (*mii*-tön) *v* alquilar; reservar

Mieter (*mii*-tör) *m* (pl ~) inquilino *m*

Mietvertrag (*miit*-fêr-traak) *m* (pl ̈e) contrato de arrendamiento

Migräne (mi-*ghrêê*-nö) *f* migraña *f*

Mikrophon (mi-krô-*fôôn*) *nt* (pl ~e) micrófono *m*

Milch (milj) *f* leche *f*

milchig (*mil*-jij) *adj* lechoso

Milchmann (*milj*-man) *m* (pl ̈er) lechero *m*

mild (milt) *adj* suave

mildern (*mil*-dörn) *v* ablandar

Milieu (mi-*lyöö*) *nt* (pl ~s) medio ambiente

militärisch (mi-li-*têê*-riʃ) *adj* militar

Milkshake (*milk*-ʃeek) *m* (pl ~s) batido de leche

Million (mi-*lyôôn*) *f* (pl ~en) millón *m*

Millionär (mi-lyô-*nêêr*) *m* (pl ~e) millonario *m*

Minderheit (*min*-dör-hait) *f* (pl ~en) minoría *f*

minderjährig (*min*-dör-yêê-rij) *adj* menor de edad

Minderjährige (*min*-dör-yêê-ri-ghö) *m* (pl ~n) menor de edad

minderwertig (*min*-dör-veer-tij) *adj* inferior

mindest (*min*-dösst) *adj* menos

Mineral (mi-nö-*raal*) *nt* (pl ~e) mineral *m*

Mineralwasser (mi-nö-*raal*-va-ssör) *nt* agua mineral

Miniatur (mi-nya-*tuur*) *f* (pl ~en) miniatura *f*

Minimum (*mi*-ni-mum) *nt* mínimum *m*

Minister (mi-*niss*-tör) *m* (pl ~) ministro *m*

Ministerium (mi-niss-*tee*-ryum) *nt* (pl -rien) ministerio *m*

Ministerpräsident (mi-*niss*-tör-prê-si-dênt) *m* (pl ~en) Presidente de Consejo de ministros

Minute (mi-*nuu*-tö) *f* (pl ~n) minuto *m*

Minze (*min*-tssö) *f* (pl ~n) menta *f*

mir (miir) *pron* me

mischen (*mi*-fön) *v* mezclar; barajar

Mischung (*mi*-fung) *f* (pl ~en) mezcla *f*

mißbilligen (miss-*bi*-li-ghön) *v* *desaprobar

Mißbrauch (*miss*-brauj) *m* (pl ~e) abuso *m*

Mißerfolg (*miss*-êr-folk) *m* (pl ~e) fracaso *m*

***mißfallen** (miss-*fa*-lön) *v* desagradar

Mißgeschick (*miss*-ghö-fik) *nt* (pl ~e) infortunio *m* ; catástrofe *f*

mißgestaltet (*miss*-ghö-ftal-töt) *adj* contrahecho

mißgönnen (miss-*ghö*-nön) *v* envidiar

mißlich (*miss*-lij) *adj* fino

Mißtrauen (*miss*-trau-ön) *nt* desconfianza *f*

mißtrauen (miss-*trau*-ön) *v* desconfiar de

mißtrauisch (*miss*-trau-if) *adj* desconfiado

Mißverständnis (miss-fêr-ftênt-niss) *nt* (pl ~se) equivocación *f*

***mißverstehen** (miss-fêr-ftee-ön) *v* comprender mal

Misthaufen (*misst*-hau-fön) *m* (pl ~) estercolero *m*

mit (mit) *prep* con

Mitarbeit (*mit*-ar-bait) *f* colaboración *f*

***mitbringen** (*mit*-bring-ön) *v* *traer

mitfühlend (*mit*-füü-lönt) *adj* compasivo

Mitgefühl (*mit*-ghö-füül) *nt* compasión *f*

Mitglied (*mit*-ghliit) *nt* (pl ~er) socio *m*, miembro *m*

Mitgliedschaft (*mit*-ghliit-faft) *f* afiliación *f*

Mitleid (*mit*-lait) *nt* piedad *f* ; ~ *haben mit* *tener piedad de

***mitnehmen** (*mit*-nee-mön) *v* llevar, llevar consigo; agotar

Mitschuldige (*mit*-ful-di-ghö) *m* (pl ~n) cómplice *m*

Mittag (*mi*-taak) *m* mediodía *m*

Mittagessen (*mi*-taak-ê-ssön) *nt* almuerzo *m* ; comida principal

Mitte (*mi*-tö) *f* medio *m*

mitteilen (*mit*-tai-lön) *v* comunicar, notificar

Mitteilung (*mit*-tai-lung) *f* (pl ~en) comunicado *m*, comunicación *f*

Mittel (*mi*-töl) *nt* (pl ~) medio *m* ; re medio *m* ; **antiseptisches** ~ antiséptico *m* ; **empfängnisverhütendes** ~ anticonceptivo *m*

Mittelalter (*mi*-töl-al-tör) *nt* Edad Media

mittelalterlich (*mi*-töl-al-tör-lij) *adj* medieval

mittelmäßig (*mi*-töl-mêê-ssij) *adj* mediano; mediocre

Mittelmeer (*mi*-töl-meer) *nt* Mediterráneo

Mittelpunkt (*mi*-töl-pungkt) *m* (pl ~ centro *m*

Mittelstand (*mi*-töl-ʃtant) *m* clase media

mitten in (*mi*-tön in) en medio de

Mitternacht (*mi*-tör-najt) *f* medianoche *f*

mittler (*mit*-lö-rö) *adj* medio, mediano

mittlerweile (mit-lör-*vai*-lö) *adv* entretanto

Mittwoch (*mit*-voj) *m* miércoles *m*

mitzählen (*mit*-tssêê-lön) *v* *incluir

Mixer (*mi*-kssör) *m* (pl ~) batidora *f*

Möbel (*möö*-böl) *ntpl* muebles *mpl*

nobil (mö-*biil*) *adj* móvil

nöblieren (mö-*blii*-rön) *v* instalar

Mode (*mõô*-dö) *f* (pl ~n) moda *f*

Modell (mö-*dêl*) *nt* (pl ~e) modelo *m*

nodellieren (mõ-dê-*lii*-rön) *v* modelar

nodern (mõ-*dêrn*) *adj* moderno; a la moda

nodifizieren (mõ-di-fi-*tssii*-rön) *v* modificar

Modistin (mö-*diss*-tin) *f* (pl ~nen) sombrerera *f*

mögen (*möö*-ghön) *v* gustar; *poder

nöglich (*möök*-lij) *adj* posible; eventual

Möglichkeit (*möök*-lij-kait) *f* (pl ~en) posibilidad *f*

Iohair (mö-*hêêr*) *m* mohair *m*

Iohn (môôn) *m* (pl ~e) adormidera *f*

Iohrrübe (*môôr*-rüü-bö) *f* (pl ~n) zanahoria *f*

Iolkerei (mol-kö-*rai*) *f* (pl ~en) lechería *f*

Iollig (*mo*-lij) *adj* regordete

Ioment (mö-*mênt*) *m* (pl ~e) momento *m*

Ionarch (mö-*narj*) *m* (pl ~en) monarca *m*

Ionarchie (mö-nar-*jii*) *f* (pl ~n) monarquía *f*

Ionat (*môô*-nat) *m* (pl ~e) mes *m*

Ionatlich (*môô*-nat-lij) *adj* mensual

Ionatsheft (*môô*-natss-hêft) *nt* (pl ~e) revista mensual

Mönch (mönj) *m* (pl ~e) monje *m*

Mond (môônt) *m* (pl ~e) luna *f*

Mondlicht (*môônt*-lijt) *nt* luz de la luna

monetär (mô-ne-*têêr*) *adj* monetario

Monolog (mô-nô-*lôôgh*) *m* (pl ~e) monólogo *m*

Monopol (mô-nô-*pôôl*) *nt* (pl ~e) monopolio *m*

monoton (mô-nô-*tôôn*) *adj* monótono

Montag (*môôn*-taak) *m* lunes *m*

Monteur (mon-*töör*) *m* (pl ~e) mecánico *m*

montieren (mon-*tii*-rön) *v* montar

Monument (mô-nu-*mênt*) *nt* (pl ~e) monumento *m*

Moor (môôr) *nt* (pl ~e) turbera *f*

Moorhuhn (*môôr*-huun) *nt* (pl ~er) gallo de bosque

Moos (môôss) *nt* (pl ~e) musgo *m*

Moped (*môô*-pêt) *nt* (pl ~s) bicimotor *m*; motocicleta *f*

Moral (mô-*raal*) *f* moral *f*; moralidad *f*

moralisch (mô-*raa*-liʃ) *adj* moral

Morast (mô-*rasst*) *m* marisma *f*

Mord (mort) *m* (pl ~e) asesinato *m*

morden (mor-dön) *v* asesinar

Mörder (*môr*-dör) *m* (pl ~) asesino *m*

Morgen (*mor*-ghön) *m* (pl ~) mañana *f*

morgen (*mor*-ghön) *adv* mañana

Morgenausgabe (*mor*-ghön-auss-ghaabö) *f* (pl ~n) edición de mañana

Morgendämmerung (*mor*-ghön-dêmö-rung) *f* alba *f*

Morgenrock (*mor*-ghön-rok) *m* (pl ~e) bata *f*

morgens (*mor*-ghönss) *adv* por la mañana

Morgenzeitung (*mor*-ghön-tssai-tung) *f* (pl ~en) diario matutino

Morphium (*mor*-fyum) *nt* morfina *f*

Mosaik (mô-sa-*iik*) *nt* (pl ~en) mosaico *m*

Moschee (mo-*fee*) *f* (pl ~n) mezquita *f*

Moskito (moss-*kii*-tô) *m* (pl ~s) mosquito *m*

Moskitonetz (moss-*kii*-tô-nêtss) *nt* (pl ~e) mosquitero *m*

Motel (mô-*têl*) *nt* (pl ~s) motel *m*

Motiv (mô-*tiif*) *nt* (pl ~e) motivo *m*; diseño *m*

Motor (*môô*-tor) *m* (pl ~en) motor *m*

Motorboot (*môô*-tor-bôôt) *nt* (pl ~e) bote a motor

Motorhaube (*môô*-tor-hau-bö) *f* (pl ~n) capó *m*

Motorrad (*môô*-tor-raat) *nt* (pl ̈er) motocicleta *f*

Motorroller (*môô*-tor-ro-lör) *m* (pl ~) motoneta *f*

Motorschiff (*môô*-tor-ʃif) *nt* (pl ~e) buque a motor

Motte (*mo*-tö) *f* (pl ~n) polilla *f*

Möwe (*möö*-vö) *f* (pl ~n) gaviota *f*

Mücke (*mü*-kö) *f* (pl ~n) mosquito *m*

müde (*müü*-dö) *adj* cansado

Mühe (*müü*-ö) *f* (pl ~n) molestia *f*; pena *f*, trabajo *m*; **sich ~ *geben** *esforzarse

Mühle (*müü*-lö) *f* (pl ~n) molino *f*

Müll (mül) *m* basura *f*

Müller (*mü*-lör) *m* (pl ~) molinero *m*

Multiplikation (mul-ti-pli-ka-*tssyôôn*) *f* (pl ~en) multiplicación *f*

multiplizieren (mul-ti-pli-*tssii*-rön) *v* multiplicar

Mumm (mum) *m* coraje *m*

Mumps (mumpss) *m* paperas *fpl*

Mund (munt) *m* (pl ̈er) boca *f*

Mundart (*munt*-art) *f* (pl ~en) dialecto *m*

mündig (*mün*-dij) *adj* mayor de edad

mündlich (*münt*-lij) *adj* verbal, oral

Mündung (*mün*-dung) *f* (pl ~en) desembocadura *f*

Mundwasser (*munt*-va-ssör) *nt* enjuague bucal

Münze (*mün*-tssö) *f* (pl ~n) moneda *f*; ficha *f*

Münzwäscherei (*müntss*-vê-ʃö-rai) *f* (pl ~en) lavandería de autoservicio

Murmel (*mur*-möl) *f* (pl ~n) canica *f*

murren (*mu*-rön) *v* refunfuñar

Muschel (*mu*-ʃöl) *f* (pl ~n) concha *f*; mejillón *m*

Museum (mu-*see*-um) *nt* (pl Museen) museo *m*

Musical (*myuu*-si-köl) *nt* (pl ~s) comedia musical

Musik (mu-*siik*) *f* música *f*

musikalisch (mu-si-*kaa*-liʃ) *adj* musical

Musiker (*muu*-si-kör) *m* (pl ~) músico *m*

Musikinstrument (mu-*siik*-in-sstrumênt) *nt* (pl ~e) instrumento músico

Muskatnuß (muss-*kaat*-nuss) *f* (pl -nüsse) nuez moscada

Muskel (*muss*-köl) *m* (pl ~n) músculo *m*

muskulös (muss-ku-*lööss*) *adj* musculoso

Muße (*muu*-ssö) *f* ocio *m*; comodidad *f*

Musselin (mu-ssö-*liin*) *m* muselina *f*

***müssen** (*mü*-ssön) *v* *tener que; deber; deber de

müßig (*müü*-ssij) *adj* ocioso

Muster (*muss*-tör) *nt* (pl ~) diseño *m*; muestra *f*

Mut (muut) *m* valor *m*

mutig (*muu*-tij) *adj* valiente

Mutter (*mu*-tör) *f* (pl ̈) madre *f*

Muttersprache (*mu*-tör-ʃpraa-jö) *f* lengua materna

Mütze (*mü*-tssö) *f* (pl ~n) gorra *f*, gorro *m*

Mythos (*müü*-toss) *m* (pl Mythen) mito *m*

N

Nabel (*naa*-böl) *m* (pl ~) ombligo *m*

nach (naaj) *prep* hacia; para; después de; **unterwegs** ~ camino de

nachahmen (*naaj*-aa-mön) *v* imitar

Nachahmung (*naaj*-aa-mung) *f* imitación *f*

Nachbar (*naj*-baar) *m* (pl ~n) vecino *m*

Nachbarschaft (*naj*-baar-ʃaft) *f* (pl ~en) vecindad *f*

nachdem (naaj-*deem*) *conj* después de que

*nachdenken (*naaj*-dêng-kön) *v* reflexionar

nachdenklich (*naaj*-dêngk-lij) *adj* pensativo

nachfolgen (*naaj*-fol-ghön) *v* suceder

Nachfrage (*naaj*-fraa-ghö) *f* (pl ~n) demanda *f*; indagación *f*

nachfragen (*naaj*-fraa-ghön) *v* informarse

*nachgeben (*naaj*-ghee-bön) *v* ceder

nachher (naaj-*heer*) *adv* después

Nachkomme (*naaj*-ko-mö) *m* (pl ~n) descendiente *m*

nachlässig (*naaj*-lê-ssij) *adj* negligente

nachmachen (*naaj*-ma-jön) *v* imitar

Nachmittag (*naaj*-mi-taak) *m* (pl ~e) tarde *f*

Nachname (*naaj*-naa-mö) *m* apellido *m*

nachprüfen (*naaj*-prüü-fön) *v* verificar

Nachricht (*naaj*-rijt) *f* (pl ~en) mensaje *m*; informes *mpl*; **Nachrichten** noticias *fpl*, noticiario *m*

Nachsaison (*naaj*-sê-song) *f* temporada baja

*nachsenden (*naaj*-sên-dön) *v* reexpedir

nachspüren (*naaj*-ʃpüü-rön) *v* rastrear

nächst (nêêjsst) *adj* próximo, siguiente

nachstreben (*naaj*-ʃtree-bön) *v* *perseguir

nachsuchen (*naaj*-suu-jön) *v* buscar

Nacht (najt) *f* (pl ~e) noche *f*; **bei** ~ de noche; **über** ~ de noche

Nachteil (*naaj*-tail) *m* (pl ~e) desventaja *f*

nachteilig (*naaj*-tai-lij) *adj* perjudicial

Nachtflug (*najt*-fluuk) *m* (pl ~e) vuelo nocturno

Nachthemd (*najt*-hêmt) *nt* (pl ~en) camisón *m*

Nachtigall (*naj*-ti-ghal) *f* (pl ~en) ruiseñor *m*

Nachtisch (*naaj*-tiʃ) *m* (pl ~e) postre *m*, dulce *m*

Nachtklub (*najt*-klup) *m* (pl ~s) cabaret *m*

Nachtkrem (*najt*-kreem) *f* (pl ~s) crema de noche

nächtlich (*nêjt*-lij) *adj* nocturno

Nachtlokal (*najt*-lô-kaal) *nt* (pl ~e) cabaret *m*

Nachttarif (*najt*-ta-riif) *m* (pl ~e) tarifa nocturna

Nachtzug (*najt*-tssuuk) *m* (pl ~e) tren nocturno

Nacken (*na*-kön) *m* (pl ~) nuca *f*

nackt (nakt) *adj* desnudo

Nadel (*naa*-döl) *f* (pl ~n) aguja *f*

Nagel (*naa*-ghöl) *m* (pl ~) clavo *m*; uña *f*

Nagelbürste (*naa*-ghöl-bürss-tö) *f* (pl ~n) cepillo para las uñas

Nagelfeile (*naa*-ghöl-fai-lö) *f* (pl ~n) lima para las uñas

Nagellack (*naa*-ghöl-lak) *m* barniz para las uñas

nagelneu (*naa*-ghöl-noi) *adj* flamante

Nagelschere (*naa*-ghöl-ʃee-rö) *f* (pl ~n) tijeras para las uñas

Nähe (*nee*-ö) *f* vecindad *f*

nahe (*naa*-ö) *adj* cercano

nähen (*nêê*-ön) *v* coser; *hacer una sutura

sich nähern (*nêê*-örn) acercarse

nahezu (*naa*-ö-tssuu) *adv* prácticamente

Nähmaschine (*nêê*-ma-ʃii-nö) *f* (pl ~n) máquina de coser

nahrhaft (*naar*-haft) *adj* nutritivo

Nahrung (*naa*-rung) *f* comida *f*

Nahrungsmittel (*naa*-rungss-mi-töl) *ntpl* artículos alimenticios

Nahrungsmittelvergiftung (*naa*-rungss-mi-töl-fêr-ghif-tung) *f* intoxicación alimentaria

Naht (naat) *f* (pl ⁀e) costura *f*

nahtlos (*naat*-lôôss) *adj* sin costura

Nahverkehrszug (*naa*-fêr-keerss-tssuuk) *m* (pl ⁀e) tren ómnibus

naiv (na-*iif*) *adj* ingenuo

Name (*naa*-mö) *m* (pl ~n) nombre *m*; fama *f*; **im Namen von** en nombre de

nämlich (*nêêm*-lij) *adv* a saber

Narbe (*nar*-bö) *f* (pl ~n) cicatriz *f*

Narkose (nar-*kôô*-sö) *f* narcosis *f*

Narr (nar) *m* (pl ~en) tonto *m*

närrisch (*nê*-riʃ) *adj* absurdo

Narzisse (nar-*tssi*-ssö) *f* (pl ~n) narciso *m*

Nascherei (na-ʃö-*rai*) *f* (pl ~en) golosinas

Nase (*naa*-sö) *f* (pl ~n) nariz *f*

Nasenbluten (*naa*-sön-bluu-tön) *nt* hemorragia nasal

Nasenloch (*naa*-sön-loj) *nt* (pl ⁀er) ventana de la nariz

Nashorn (*naass*-horn) *nt* (pl ⁀er) rinoceronte *m*

naß (nass) *adj* mojado

Nation (na-*tssyôôn*) *f* (pl ~en) nación *f*

national (na-tssyô-*naal*) *adj* nacional

Nationalhymne (na-tssyô-*naal*-hümnö) *f* (pl ~n) himno nacional

nationalisieren (na-tssyô-na-li-*sii*-rön) *v* nacionalizar

Natur (na-*tuur*) *f* naturaleza *f*

natürlich (na-*tüür*-lij) *adj* natural; *adv* naturalmente

Naturschutzpark (na-*tuur*-ʃutss-park) *m* (pl ~s) parque nacional

Naturwissenschaft (na-*tuur*-vi-ssönʃaft) *f* física *f*

Navigation (na-vi-gha-*tssyôôn*) *f* navegación *f*

Nebel (*nee*-böl) *m* (pl ~) niebla *f*

nebelig (*nee*-bö-lij) *adj* nebuloso, brumoso

Nebellampe (*nee*-böl-lam-pö) *f* (pl ~n) faro de niebla

neben (*nee*-bön) *prep* junto a

nebenan (nee-bön-*an*) *adv* al lado

Nebenanschluß (*nee*-bön-an-ʃluss) *m* (pl -schlüsse) extensión *f*

Nebenbedeutung (*nee*-bön-bö-doi-tung) *f* (pl ~en) connotación *f*

Nebenfluß (*nee*-bön-fluss) *m* (pl -flüsse) afluente *m*

Nebengebäude (*nee*-bön-ghö-boi-dö) *nt* (pl ~) anexo *m*

nebensächlich (*nee*-bön-sêj-lij) *adj* accesorio

necken (*nê*-kön) *v* tomar el pelo

Neffe (*nê*-fö) *m* (pl ~n) sobrino *m*

Negativ (ne-gha-*tiif*) *nt* (pl ~e) negativo *m*

negativ (ne-gha-*tiif*) *adj* negativo

Neger (*nee*-ghör) *m* (pl ~) negro *m*

Negligé (ne-ghli-*ʒee*) *nt* (pl ~s) bata suelta

*nehmen** (*nee*-mön) *v* coger; tomar

Neid (nait) *m* envidia *f*

neidisch (*nai*-diʃ) *adj* envidioso

neigen (*nai*-ghön) *v* inclinarse; *tender a; **sich ~** inclinarse

Neigung (*nai*-ghung) *f* (pl ~en) inclinación *f*

nein (nain) no

***nennen** (*né*-nön) *v* llamar; nombrar

Neon (*nee*-on) *nt* neón *m*

Nerv (nêrf) *m* (pl ~en) nervio *m*

nervös (nêr-*vööss*) *adj* nervioso

Nerz (nêrtss) *m* (pl ~e) visón *m*

Nest (nêsst) *nt* (pl ~er) nido *m*

nett (nêt) *adj* agradable, amable, simpático

netto (*né*-tô) *adj* neto

Netz (nêtss) *nt* (pl ~e) red *f*

Netzhaut (*nêtss*-haut) *f* retina *f*

neu (noi) *adj* nuevo

Neuerwerbung (*noi*-êr-vêr-bung) *f* (pl ~en) adquisición *f*

Neugier (*noi*-ghiir) *f* curiosidad *f*

neugierig (*noi*-ghii-rij) *adj* curioso

Neuigkeit (*noi*-ij-kait) *f* (pl ~en) noticia *f*

Neujahr (*noi*-yaar) año nuevo

neulich (*noi*-lij) *adv* recientemente

neun (noin) *num* nueve

neunte (*noin*-tö) *num* noveno

neunzehn (*noin*-tsseen) *num* diecinueve

neunzehnte (*noin*-tsseen-tö) *num* decimonono

neunzig (*noin*-tssij) *num* noventa

Neuralgie (noi-ral-*ghii*) *f* neuralgia *f*

Neurose (noi-*rô*-sö) *f* (pl ~n) neurosis *f*

Neuseeland (*noi*-see-lant) Nueva Zelanda

neutral (noi-*traal*) *adj* neutral

nicht (nijt) *adv* no

Nichte (*nij*-tö) *f* (pl ~n) sobrina *f*

nichtig (*nij*-tij) *adj* nulo

nichts (nijtss) *pron* nada; nada *f*

nichtsdestoweniger (nijtss-dêss-tô-*vee*-ni-ghör) *adv* no obstante

nichtssagend (*nijtss*-saa-ghönt) *adj*

irrelevante

Nickel (*ni*-köl) *m* níquel *m*

Nicken (*ni*-kön) *nt* cabeceo *m*

nicken (*ni*-kön) *v* cabecear

nie (nii) *adv* nunca

nieder (*nii*-dör) *adv* abajo

niedergeschlagen (*nii*-dör-ghö-ʃlaa-ghön) *adj* deprimido; abatido, triste

Niedergeschlagenheit (*nii*-dör-ghö-ʃlaa-ghön-hait) *f* desánimo *m*

Niederlage (*nii*-dör-laa-ghö) *f* (pl ~n) derrota *f*

Niederlande (*nii*-dör-lan-dö) *fpl* Países Bajos *mpl*

Niederländer (*nii*-dör-lên-dör) *m* (pl ~) holandés *m*

niederländisch (*nii*-dör-lên-diʃ) *adj* holandés

sich *niederlassen (*nii*-dör-la-ssön) arraigarse

sich niederlegen (*nii*-dör-lee-ghön) *tenderse

***niederreißen** (*nii*-dör-rai-ssön) *v* *demoler

Niederschläge (*nii*-dör-ʃlêê-ghö) *mpl* precipitación *f*

***niederschlagen** (*nii*-dör-ʃlaa-ghön) *v* derribar

niederträchtig (*nii*-dör-trêj-tij) *adj* vil, mezquino

niedrig (*nii*-drij) *adj* bajo

niemals (*nii*-maalss) *adv* nunca

niemand (*nii*-mant) *pron* nadie

Niere (*nii*-rö) *f* (pl ~n) riñón *m*

niesen (*nii*-sön) *v* estornudar

Nigeria (ni-*ghee*-rya) Nigeria *f*

Nigerianer (ni-ghe-*ryaa*-nör) *m* (pl ~) nigeriano *m*

nigerianisch (ni-ghe-*ryaa*-niʃ) *adj* nigeriano

Nikotin (ni-kô-*tiin*) *nt* nicotina *f*

nirgends (*nir*-ghöntss) *adv* en ninguna parte

Niveau (ni-*vôô*) *nt* (pl ~s) nivel *m*

nivellieren (ni-vê-*lii*-rön) *v* nivelar

noch (noj) *adv* todavía; aun; ~ **einmal** otra vez; **weder ... ~ ni ... ni**

nochmals (*noj*-maalss) *adv* de nuevo

Nockenwelle (*no*-kön-vê-lö) *f* (pl ~n) árbol de levas

nominell (nô-mi-*nêl*) *adj* nominal

Nonne (*no*-nö) *f* (pl ~n) monja *f*

Nonnenkloster (*no*-nön-klôôss-tör) *nt* (pl ~̈) convento *m*

Norden (*nor*-dön) *m* norte *m*

nördlich (*nört*-lij) *adj* norteño, del norte, septentrional

Nordosten (nort-*oss*-tön) *m* nordeste *m*

Nordpol (*nort*-pôôl) *m* polo norte

Nordwesten (nort-*vêss*-tön) *m* noroeste *m*

Norm (norm) *f* (pl ~en) norma *f*

normal (nor-*maal*) *adj* normal

Norwegen (*nor*-vee-ghön) Noruega *f*

Norweger (*nor*-vee-ghör) *m* (pl ~) noruego *m*

norwegisch (*nor*-vee-ghiſ) *adj* noruego

Not (nôôt) *f* (pl ~̈e) necesidad *f*, peligro *m*

Notar (nô-*taar*) *m* (pl ~e) notario *m*

Notausgang (*nôôt*-auss-ghang) *m* (pl ~̈e) salida de emergencia

Notfall (*nôôt*-fal) *m* (pl ~̈e) caso de urgencia, urgencia *f*

nötig (*nöö*-tij) *adj* necesario; ~ *** **haben** necesitar

Notiz (nô-*tiitss*) *f* (pl ~en) esquela *f*

Notizblock (nô-*tiitss*-blok) *m* (pl ~̈e) bloque *m*; bloc *m*Me

Notizbuch (nô-*tiitss*-buuj) *nt* (pl ~̈er) libreta de apuntes

Notlage (*nôôt*-laa-ghö) *f* emergencia *f*

Notsignal (*nôôt*-si-ghnaal) *nt* (pl ~e) señal de alarma

Nottreppe (*nôôt*-trê-pö) *f* (pl ~n) escala de incendios

notwendig (*nôôt*-vên-dij) *adj* necesario

Notwendigkeit (*nôôt*-vên-dij-kait) *f* (pl ~en) necesidad *f*

Nougat (*nuu*-ghat) *m* turrón *m*

November (nô-*vêm*-bör) noviembre

Nuance (nü-*ang*-ssô) *f* (pl ~n) matiz *m*

nüchtern (*nüj*-törn) *adj* desapasionado; sobrio

nuklear (nu-kle-*aar*) *adj* nuclear

Null (nul) *f* (pl ~en) cero *m*

Nummer (*nu*-mör) *f* (pl ~n) número *m*

Nummernschild (*nu*-mörn-ſilt) *nt* (pl ~er) placa *f*

nun (nuun) *adv* ahora

nur (nuur) *adv* solamente; sólo, únicamente

Nuß (nuss) *f* (pl Nüsse) nuez *f*

Nußknacker (*nuss*-kna-kör) *m* (pl ~) cascanueces *m*

Nußschale (*nuss*-ſaa-lö) *f* (pl ~n) cáscara de nuez

Nutzen (*nu*-tssön) *m* ventaja *f*, beneficio *m*; interés *m*; utilidad *f*

nützen (*nü*-tssön) *v* *servir

nützlich (*nütss*-lij) *adj* útil

nutzlos (*nutss*-lôôss) *adj* inútil; vano

Nylon (*nai*-lon) *nt* nylon *m*

O

Oase (ô-*aa*-sö) *f* (pl ~n) oasis *f*

ob (op) *conj* si; ~ ... **oder** si ... o

Obdach (*op*-daj) *nt* refugio *m*

oben (*ôô*-bön) *adv* encima; arriba; alto; **nach** ~ hacia arriba; arriba; ~ **auf** encima de

Ober (*ôô*-bör) *m* (pl ~) camarero *m* mesero *m*Me

ober (*ôô*-bör) *adj* superior; **Ober-**

principal

Oberdeck (ôô-bör-dêk) *nt* puente superior

Oberfläche (ôô-bör-flê-jö) *f* (pl ~n) superficie *f*

oberflächlich (ôô-bör-flêj-lij) *adj* superficial

oberhalb (ôô-bör-halp) *prep* encima de

Oberkellner (ôô-bör-kêl-nör) *m* (pl ~) jefe de camareros

Oberschenkel (ôô-bör-ʃêng-köl) *m* (pl ~) muslo *m*

Oberseite (ôô-bör-sai-tö) *f* (pl ~n) parte superior

Oberst (ôô-börsst) *m* (pl ~en) coronel *m*

oberst (ôô-börsst) *adj* superior

obgleich (op-ghlaij) *conj* aunque

Obhut (op-huut) *f* custodia *f*

Objekt (op-yékt) *nt* (pl ~e) objeto *m*

objektiv (op-yêk-tiif) *adj* objetivo

Oblate (ô-blaa-tö) *f* (pl ~n) oblea *f*

Obligation (ô-bli-gha-tssyôôn) *f* (pl ~en) obligación *f*

obligatorisch (o-bli-gha-tôô-riʃ) *adj* obligatorio

Observation (op-sêr-va-tssyôôn) *f* (pl ~en) observación *f*

Observatorium (op-sêr-va-tôô-ryum) *nt* (pl -rien) observatorio *m*

observieren (op-sêr-vii-rön) *v* observar

obskur (opss-kuur) *adj* obscuro, oscuro

Obst (ôôpsst) *nt* fruta *f*

Obstgarten (ôôpsst-ghar-tön) *m* (pl ~) vergel *m*

Obstipation (op-ssti-pa-tssyôôn) *f* estreñimiento *m*

obszön (opss-tssöön) *adj* obsceno

Obus (ôô-buss) *m* (pl ~se) trolebús *m*

obwohl (op-vôôl) *conj* aunque, si bien

Ochse (o-kssö) *m* (pl ~n) buey *m*

oder (ôô-dör) *conj* o

Ofen (ôô-fön) *m* (pl ~) estufa *f*; horno *m*

offen (o-fön) *adj* abierto

offenbaren (o-fön-baa-rön) *v* *manifestar

offenherzig (o-fön-hêr-tssij) *adj* sincero

offensichtlich (o-fön-sijt-lij) *adj* obvio, evidente; *adv* evidentemente

offensiv (o-fên-siif) *adj* ofensivo

Offensive (o-fên-sii-vö) *f* (pl ~n) ofensivo *m*

öffentlich (ö-fönt-lij) *adj* público

offiziell (o-fi-tssyêl) *adj* oficial

Offizier (o-fi-tssiir) *m* (pl ~e) oficial *m*

offiziös (o-fi-tssyööss) *adj* extraoficial

öffnen (öf-nön) *v* abrir

Öffnung (öf-nung) *f* (pl ~en) abertura *f*

Öffnungszeiten (öf-nungss-tssai-tön) *fpl* horas hábiles

oft (oft) *adv* frecuentemente

ohne (ôô-nö) *prep* sin

ohnehin (ôô-nö-hin) *adv* en todo caso

Ohr (ôôr) *nt* (pl ~en) oreja *f*

Ohrenschmerzen (ôô-rön-ʃmêr-tssön) *mpl* dolor de oídos

Ohrring (ôôr-ring) *m* (pl ~e) pendiente *m*

Oktober (ok-tôô-bör) octubre

Öl (ööl) *nt* (pl ~e) aceite *m*

Öldruck (ööl-druk) *m* presión del aceite

ölen (öö-lön) *v* lubrificar

Ölfilter (ööl-fil-tör) *nt* (pl ~) filtro del aceite

Ölgemälde (ööl-ghö-mêêl-dö) *nt* (pl ~) pintura al óleo

ölig (öö-lij) *adj* aceitoso

Olive (ô-lii-vö) *f* (pl ~n) aceituna *f*

Olivenöl (ô-lii-vön-ööl) *nt* aceite de oliva

Ölquelle (ööl-kvê-lö) *f* (pl ~n) pozo

de petróleo

Ölraffinerie (*ööl*-ra-fi-nö-rii) *f* (pl ~n) refinería de petróleo

Oma (*ôô*-ma) *f* (pl ~s) abuela *f*

Onkel (*ong*-köl) *m* (pl ~) tío *m*

Onyx (*ôô*-nükss) *m* (pl ~e) ónix *m*

Opa (*ôô*-pa) *m* (pl ~s) abuelo *m*

Opal (*ô-paal*) *m* (pl ~e) ópalo *m*

Oper (*ôô*-pör) *f* (pl ~n) ópera *f*

Operation (ô-pe-ra-*tssyôôn*) *f* (pl ~en) operación *f*

Operette (ô-pe-*rê*-tö) *f* (pl ~n) opereta *f*

operieren (ô-pe-*rii*-rön) *v* operar

Opernglas (*ôô*-pörn-ghlaass) *nt* (pl ~er) gemelos *mpl*

Opernhaus (*ôô*-pörn-hauss) *nt* (pl ~er) teatro de la ópera

Opfer (*o*-pför) *nt* (pl ~) sacrificio *m*; víctima *f*

Opposition (o-pô-si-*tssyôôn*) *f* oposición *f*

Optiker (*op*-ti-kör) *m* (pl ~) óptico *m*

Optimismus (op-ti-*miss*-muss) *m* optimismo *m*

Optimist (op-ti-*misst*) *m* (pl ~en) optimista *m*

optimistisch (op-ti-*miss*-tiʃ) *adj* optimista

orange (ô-*rang*-ჳ̈ö) *adj* de color naranja

Orchester (or-*kêss*-tör) *nt* (pl ~) orquesta *f*

Orden (*or*-dön) *m* (pl ~) congregación *f*

ordentlich (*or*-dönt-liჳ̈) *adj* aseado

ordinär (or-di-*nêêr*) *adj* ordinario

ordnen (*or*-dnön) *v* ordenar; *disponer, clasificar

Ordnung (*or*-dnung) *f* orden *m*; sistema *m*; **in** ~ en regla; **in Ordnung!** ¡de acuerdo!

Organ (or-*ghaan*) *nt* (pl ~e) órgano *m*

Organisation (or-gha-ni-sa-*tssyôôn*) *f*

(pl ~en) organización *f*

organisch (or-*ghaa*-niʃ) *adj* orgánico

organisieren (or-gha-ni-*sii*-rön) *v* organizar

Orgel (*or*-ghöl) *f* (pl ~n) órgano *m*

Orient (*ôô*-ri-ênt) *m* oriente *m*

orientalisch (ô-ri-ên-*taa*-liʃ) *adj* oriental

sich orientieren (ô-ri-ên-*tii*-rön) orientarse

originell (ô-ri-ghi-*nêl*) *adj* original

Orlon (*or*-lon) *nt* orlón *m*

ornamental (or-na-mên-*taal*) *adj* ornamental

Ort (ort) *m* (pl ~e) lugar *m*

orthodox (or-tô-*dokss*) *adj* ortodoxo

örtlich (*ört*-liჳ̈) *adj* local; regional

Örtlichkeit (*ört*-liჳ̈-kait) *f* (pl ~en) localidad *f*

Ortsansässige (*ortss*-an-sê-ssi-ghö) *m* (pl ~n) residente *m*

Ortsgespräch (*ortss*-ghö-ʃprêêჳ̈) *nt* (pl ~e) llamada local

Ortsnetzkennzahl (*ortss*-nêtss-kêntssaal) *f* indicativo *m*

Osten (*oss*-tön) *m* este *m*

Ostern (*ôôss*-törn) Pascua *f*

Österreich (*ööss*-tö-raij) Austria *f*

Österreicher (*ööss*-tö-rai-jör) *m* (pl ~) austríaco *m*

österreichisch (*öö*-sstö-rai-jiʃ) *adj* austríaco

östlich (*össt*-liჳ̈) *adj* oriental

Ouvertüre (u-vêr-*tüü*-rö) *f* (pl ~n) obertura *f*

oval (ô-*vaal*) *adj* ovalado

Ozean (*ôô*-tsse-aan) *m* (pl ~e) océano *m*

P

Paar (paar) *nt* (pl ~e) par *m*; pareja *f*

Pacht (pajt) *f* arrendamiento *m*

Päckchen (*pêk*-jön) *nt* (pl ~) paquete *m*

packen (*pa*-kön) *v* embalar

Packkorb (*pak*-korp) *m* (pl ̈e) cesto *m*

Packpapier (*pak*-pa-piir) *nt* papel de envolver

Paddel (*pa*-döl) *nt* (pl ~) remo *m*

Paket (pa-*keet*) *nt* (pl ~e) paquete *m*

Pakistan (*paa*-kiss-taan) Paquistán *m*

Pakistaner (paa-kiss-*taa*-nör) *m* (pl ~) paquistaní *m*

pakistanisch (paa-kiss-*taa*-niʃ) *adj* paquistaní

Palast (pa-*lasst*) *m* (pl ̈e) palacio *m*

Palme (*pal*-mö) *f* (pl ~n) palma *f*

Pampelmuse (pam-pöl-*muu*-sö) *f* (pl ~n) pomelo *m*; toronja *fMe*

Paneel (pa-*neel*) *nt* (pl ~e) painel *m*, cuarterón *m*

Panik (*paa*-nik) *f* pánico *m*

Panne (*pa*-nö) *f* (pl ~n) avería *f*; descompostura *fMe*; **eine ~ *haben** averiarse

Pantoffel (pan-*to*-föl) *m* (pl ~n) zapatilla *f*

Papagei (pa-pa-*ghai*) *m* (pl ~e) loro *m*

Papier (pa-*piir*) *nt* papel *m*

papieren (pa-*pii*-rön) *adj* de papel

Papierkorb (pa-*piir*-korp) *m* (pl ̈e) cesto para papeles

Papierserviette (pa-*piir*-sêr-vyê-tö) *f* (pl ~n) servilleta de papel

Papiertaschentuch (pa-*piir*-ta-ʃön-tuuj) *nt* (pl ̈er) pañuelo de papel

Pappe (*pa*-pö) *f* cartón *m*; **Papp-** de cartón

Papst (paapsst) *m* (pl ̈e) Papa *m*

Parade (pa-*raa*-dö) *f* (pl ~n) parada *f*

parallel (pa-ra-*leel*) *adj* paralelo

Parallele (pa-ra-*lee*-lö) *f* (pl ~n) paralelo *m*

Parfüm (par-*füüm*) *nt* (pl ~s) perfume *m*

Park (park) *m* (pl ~s) parque *m*

parken (*par*-kön) *v* estacionar; **Parken verboten** prohibido estacionarse

Parkgebühr (*park*-ghö-büür) *f* (pl ~en) derechos de estacionamiento

Parkleuchte (*park*-loij-tö) *f* (pl ~n) luz de estacionamiento

Parkplatz (*park*-platss) *m* (pl ̈e) parque de estacionamiento, estacionamiento *m*

Parkuhr (*park*-uur) *f* (pl ~en) parquímetro *m*

Parkzone (*park*-tssôô-nö) *f* (pl ~n) zona de aparcamiento

Parlament (par-la-*mênt*) *nt* (pl ~e) parlamento *m*

parlamentarisch (par-la-mên-*taa*-riʃ) *adj* parlamentario

Partei (par-*tai*) *f* (pl ~en) partido *m*

parteiisch (par-*tai*-iʃ) *adj* parcial

Partie (par-*tii*) *f* (pl ~n) carga *f*

Partner (*part*-nör) *m* (pl ~) compañero *m*; pareja *f*

Party (*paar*-ti) *f* (pl -ties) guateque *m*, fiesta *f*

Parzelle (par-*tssê*-lö) *f* (pl ~n) parcela *f*

Paß (pass) *m* (pl Pässe) pasaporte *m*

Passagier (pa-ssa-*ʒiir*) *m* (pl ~e) pasajero *m*

Passant (pa-*ssant*) *m* (pl ~en) transeúnte *m*

passen (*pa*-ssön) *v* *convenir; **~ zu** *hacer juego con

passend (*pa*-ssönt) *adj* conveniente

passieren (pa-*ssii*-rön) *v* pasar

Passion (pa-*ssyôôn*) f pasión f
passiv (*pa*-ssiif) adj pasivo
Paßkontrolle (*pass*-kon-tro-lö) f (pl ~n) inspección de pasaportes
Paßphoto (*pass*-fôô-tô) nt (pl ~s) fotografía de pasaporte
Paste (*pass*-tö) f (pl ~n) pasta f
Pastor (*pass*-tor) m (pl ~en) pastor m, rector m
Pate (*paa*-tö) m (pl ~n) padrino m
Patent (pa-*tênt*) nt (pl ~e) patente f
Pater (*paa*-tör) m (pl ~) padre m
Patient (pa-*tssyênt*) m (pl ~en) paciente m
Patriot (pa-tri-*ôôt*) m (pl ~en) patriota m
Patrone (pa-*trôô*-nö) f (pl ~n) cartucho m
patrouillieren (pa-trul-*yii*-rön) v patrullar
Pauschalsumme (pau-*ʃaal*-su-mö) f (pl ~n) suma global
Pause (*pau*-sö) f (pl ~n) pausa f; descanso m, intervalo m, entreacto m
pausieren (pau-*sii*-rön) v *hacer una pausa
Pavillon (*pa*-vi-lyong) m (pl ~s) pabellón m
Pazifismus (pa-tssi-*fiss*-muss) m pacifismo m
Pazifist (pa-tssi-*fisst*) m (pl ~en) pacifista m
pazifistisch (pa-tssi-*fiss*-tiʃ) adj pacifista
Pech (pêj) nt mala suerte
Pedal (pe-*daal*) nt (pl ~en) pedal m
Peddigrohr (pê-digh-*rôôr*) nt rota f
peinlich (*pain*-lij) adj embarazoso
Peitsche (*pai*-chö) f (pl ~n) azote m
Pelikan (*pee*-li-kaan) m (pl ~e) pelícano m
Pelz (pêltss) m (pl ~e) piel f
Pelzmantel (*pêltss*-man-töl) m (pl ~ ̈)

abrigo de pieles
Pelzwerk (*pêltss*-vêrk) nt piel f
Pendler (*pên*-dlör) m (pl ~) suburbano m
Penicillin (pe-ni-tssi-*liin*) nt penicilina f
Pension (pang-*ssyôôn*) f (pl ~en) pensión f
pensioniert (pang-ssyô-*niirt*) adj jubilado
Perfektion (pêr-fêk-*tssyôôn*) f perfección f
periodisch (pe-*ryôô*-diʃ) adj periódico
Perle (*pêr*-lö) f (pl ~n) perla f; cuenta f
perlend (*pêr*-lönt) adj espumante
Perlmutt (*pêrl*-mut) nt nácar m
Perser (*pêr*-sör) m (pl ~) persa m
Persien (*pêr*-syön) Persia f
persisch (*pêr*-siʃ) adj persa
Person (pêr-*sôôn*) f (pl ~en) persona f; **pro** ~ por persona
Personal (pêr-sô-*naal*) nt personal m
Personalbeschreibung (pêr-sô-*naal*-bö-ʃrai-bung) f (pl ~en) señas personales
Personenzug (pêr-*sôô*-nön-tssuuk) m (pl ~ ̈e) tren de pasajeros
persönlich (pêr-*söön*-lij) adj personal
Persönlichkeit (pêr-*söön*-lij-kait) f (pl ~en) personalidad f
Perspektive (pêr-sspêk-*tii*-vö) f (pl ~n) perspectiva f
Perücke (pê-*rü*-kö) f (pl ~n) peluca f
Pessimismus (pê-ssi-*miss*-muss) m pesimismo m
Pessimist (pê-ssi-*misst*) m (pl ~en) pesimista m
pessimistisch (pê-ssi-*miss*-tiʃ) adj pesimista
Petersilie (pe-tör-*sii*-lyö) f perejil m
Petroleum (pe-*trôô*-le-um) nt petróleo m; parafina f
Pfad (pfaat) m (pl ~e) callejón m,

senda *f*, sendero *m*
Pfadfinder (*pfaat*-fin-dör) *m* (pl ~) explorador *m*
Pfadfinderin (*pfaat*-fin-dö-rin) *f* (pl ~nen) exploradora *f*
Pfand (pfant) *nt* (pl ⁓er) fianza *f*
Pfandleiher (*pfant*-lai-or) *m* (pl ~) prestamista *m*
Pfanne (*pfa*-nö) *f* (pl ~n) sartén *f*, cacerola *f*
Pfarre (*pfa*-rö) *f* (pl ~n) rectoría *f*
Pfarrer (*pfa*-rör) *m* (pl ~) pastor *m*
Pfarrhaus (*pfar*-hauss) *nt* (pl ⁓er) casa del párroco, curato *m*
Pfau (pfau) *m* (pl ~en) pavo *m*
Pfeffer (*pfê*-för) *m* pimienta *f*
Pfefferminze (*pfê*-för-min-tssö) *f* menta *f*
Pfeife (*pfai*-fö) *f* (pl ~n) pipa *f*; silbato *m*
pfeifen (*pfai*-fön) *v* silbar
Pfeifenreiniger (*pfai*-fön-rai-ni-ghör) *m* (pl ~) limpiapipas *m*
Pfeil (pfail) *m* (pl ~e) flecha *f*
Pfeiler (*pfai*-lör) *m* (pl ~) columna *f*
Pferd (pfeert) *nt* (pl ~e) caballo *m*
Pferderennen (*pfeer*-dö-rê-nön) *nt* (pl ~) carrera de caballos
Pferdestärke (*pfeer*-dö-ʃter-kö) *f* (pl ~n) caballo de vapor
Pfingsten (*pfingss*-tön) Pentecostés *m*
Pfirsich (*pfir*-sij) *m* (pl ~e) melocotón *m*
Pflanze (*pflan*-tssö) *f* (pl ~n) planta *f*
pflanzen (*pflan*-tssön) *v* plantar
Pflaster (*pflass*-tör) *nt* (pl ~) esparadrapo *m*; pavimento *m*
pflastern (*pflass*-törn) *v* pavimentar
Pflaume (*pflau*-mö) *f* (pl ~n) ciruela *f*
Pflege (*pflee*-ghö) *f* cuidado *m*
Pflegeeltern (*pflee*-ghö-êl-törn) *pl* padres adoptivos
pflegen (*pflee*-ghön) *v* *atender a; cuidar de; *soler

Pflicht (pflijt) *f* (pl ~en) deber *m*
pflücken (*pflü*-kön) *v* recoger
Pflug (pfluuk) *m* (pl ⁓e) arado *m*
pflügen (*pflüü*-ghön) *v* arar
Pförtner (*pfört*-nör) *m* (pl ~) portero *m*
Pfosten (*pfoss*-tön) *m* (pl ~) poste *m*
Pfote (*pfôô*-tö) *f* (pl ~n) pata *f*
pfui! (pfuⁱ) ¡qué vergüenza!
Pfund (pfunt) *nt* (pl ~e) libra *f*
Pfütze (*pfü*-tssö) *f* (pl ~n) charco *m*
Phantasie (fan-ta-*ssii*) *f* imaginación *f*
phantastisch (fan-*tass*-tiʃ) *adj* fantástico
Phase (*faa*-sö) *f* (pl ~n) fase *f*
Philippine (fi-li-*pii*-nö) *m* (pl ~n) filipino *m*
Philippinen (fi-li-*pii*-nön) *pl* Filipinas *fpl*
philippinisch (fi-li-*pii*-niʃ) *adj* filipino
Philosoph (fi-lô-*sôôf*) *m* (pl ~en) filósofo *m*
Philosophie (fi-lô-ssô-*fii*) *f* (pl ~n) filosofía *f*
phonetisch (fô-*nee*-tiʃ) *adj* fonético
Photo (*fôô*-tô) *nt* (pl ~s) foto *f*
Photogeschäft (*fôô*-tô-ghö-ʃêft) *nt* (pl ~e) negocio fotográfico
Photograph (fô-tô-*ghraaf*) *m* (pl ~en) fotógrafo *m*
Photographie (fô-tô-ghra-*fii*) *f* fotografía *f*
photographieren (fô-tô-ghra-*fii*-rön) *v* fotografiar
Photokopie (fô-tô-kô-*pii*) *f* (pl ~n) fotocopia *f*
Physik (fü-*siik*) *f* física *f*
Physiker (*füü*-si-kör) *m* (pl ~) físico *m*
Physiologie (fü-syô-lô-*ghii*) *f* fisiología *f*
physisch (*füü*-siʃ) *adj* físico
Pianist (pya-*nisst*) *m* (pl ~en) pianista *m*

Pickel (*pi*-köl) *m* (pl ~) grano *m*

Pickles (*pi*-kölss) *pl* encurtidos *mpl*

Picknick (*pik*-nik) *nt* día de campo

picknicken (*pik*-ni-kön) *v* *hacer un día de campo

Pier (piir) *m* (pl ~s) muelle *m*

pikant (pi-*kant*) *adj* picante

Pilger (*pil*-ghör) *m* (pl ~) peregrino *m*

Pilgerfahrt (*pil*-ghör-faart) *f* (pl ~en) peregrinación *f*

Pille (*pi*-lö) *f* (pl ~n) píldora *f*

Pilot (pi-*lôôt*) *m* (pl ~en) piloto *m*

Pilz (piltss) *m* (pl ~e) hongo *m*

Pinguin (ping-ghu-*iin*) *m* (pl ~e) pingüino *m*

Pinsel (*pin*-söl) *m* (pl ~) pincel *m*, brocha *f*

Pinzette (pin-*tssê*-tö) *f* (pl ~n) pinzas *fpl*

Pionier (pi-ô-*niir*) *m* (pl ~e) pionero *m*

Pistole (piss-*tôô*-lö) *f* (pl ~n) pistola *f*

pittoresk (pi-tô-*rêssk*) *adj* pintoresco

plädieren (plê-*dii*-rön) *v* informar

Plage (*plaa*-ghö) *f* (pl ~n) plaga *f*

Plakat (pla-*kaat*) *nt* (pl ~e) poster *m*, cartel *m*

Plan (plaan) *m* (pl ~e) plan *m*; proyecto *m*; plano *m*; horario *m*

Plane (*plaa*-nö) *f* (pl ~n) lona impermeable

planen (*plaa*-nön) *v* planear

Planet (pla-*neet*) *m* (pl ~en) planeta *m*

Planetarium (pla-ne-*taa*-ryum) *nt* (pl -rien) planetario *m*

Plantage (plan-*taa*-ȝö) *f* (pl ~n) plantación *f*

Plappermaul (*pla*-pör-maul) *nt* (pl ~er) charlatán *m*

Platin (pla-*tiin*) *nt* platino *m*

platt (plat) *adj* plano

Platte (*pla*-tö) *f* (pl ~n) chapa *f*; plato *m*

Plattenspieler (*pla*-tön-ʃpii-lör) *m* (pl ~) tocadiscos *m*

Platz (platss) *m* (pl ~e) puesto *m*; sitio *m*, localidad *f*; plaza *f*

Platzanweiser (*platss*-an-vai-sör) *m* (pl ~) acomodador *m*

Platzanweiserin (*platss*-an-vai-sö-rin) *f* (pl ~nen) acomodadora *f*

plaudern (*plau*-dörn) *v* charlar

Plombe (*plom*-bö) *f* (pl ~n) empaste *m*

Plötze (*plö*-tssö) *f* (pl ~n) escarcho *m*

plötzlich (*plötss*-lij) *adj* súbito; *adv* repentinamente

Plunder (*plun*-dör) *m* cachivache *m*

plus (pluss) *adv* más

pneumatisch (pnoi-*maa*-tiʃ) *adj* neumático

pochen (*po*-jön) *v* golpear

Pocken (*po*-kön) *fpl* viruelas *fpl*

Pokal (*pô*-kaal) *m* (pl ~e) copa *f*

Pole (*pôô*-lö) *m* (pl ~n) polaco *m*

Polen (*pôô*-lön) Polonia *f*

Police (pô-*lii*-ssö) *f* (pl ~n) póliza *f*

polieren (pô-*lii*-rön) *v* pulir

Polio (*pôô*-lyô) *f* polio *f*

Politik (pô-li-*tiik*) *f* política *f*

Politiker (pô-*lii*-ti-kör) *m* (pl ~) político *m*

politisch (pô-*lii*-tiʃ) *adj* político

Polizei (pô-li-*tssai*) *f* policía *f*

Polizeiwache (pô-li-*tssai*-va-jö) *f* (pl ~n) comisaría *f*

Polizist (pô-li-*tssisst*) *m* (pl ~en) guardia *m*

polnisch (*pol*-niʃ) *adj* polaco

Polster (*polss*-tör) *nt* (pl ~) almohadilla *f*

polstern (*polss*-törn) *v* tapizar

Polyp (pô-*lüüp*) *m* (pl ~en) pulpo *m*

Pommes frites (pom-*frit*) patatas fritas

Pony (*po*-ni) *nt* (pl ~s) pony *m*

Popelin (pô-pö-*liin*) *m* popelín *m*

Popmusik (,*pop*-mu-siik) *f* música pop

Portier (por-*tyee*) *m* (pl ~s) portero *m*

Portion (por-*tssyôôn*) *f* (pl ~en) porción *f*

Porto (*por*-tô) *nt* franqueo *m*

portofrei (*por*-tô-frai) *adj* franco

Porträt (por-*trêê*) *nt* (pl ~s) retrato *m*

Portugal (*por*-tu-ghal) Portugal *m*

Portugiese (por-tu-*ghii*-sö) *m* (pl ~n) portugués *m*

portugiesisch (por-tu-*ghii*-siʃ) *adj* portugués

Porzellan (por-tssö-*laan*) *nt* porcelana *f*

Position (pô-si-*tssyôôn*) *f* (pl ~en) posición *f*

Positiv (*pôô*-si-tiif) *nt* (pl ~e) positiva *f*

positiv (*pôô*-si-tiif) *adj* positivo

Posse (*po*-ssö) *f* (pl ~n) sainete *m*, farsa *f*

Post (posst) *f* correo *m*

Postamt (*posst*-amt) *nt* (pl ¨er) casa de correos

Postanweisung (*posst*-an-vai-sung) *f* (pl ~en) giro postal

Postbote (*posst*-bôô-tö) *m* (pl ~n) cartero *m*

Postdienst (*posst*-diinsst) *m* servicio postal

Posten (*poss*-tön) *m* (pl ~) ítem *m*; puesto *m*

Postkarte (*posst*-kar-tö) *f* (pl ~n) tarjeta postal

postlagernd (*posst*-laa-ghörnt) *adj* lista de correos

Postleitzahl (*posst*-lait-tssaal) *f* (pl ~en) código postal

Pracht (prajt) *f* esplendor *m*

prächtig (*prêj*-tij) *adj* magnífico; espléndido, soberbio, estupendo, maravilloso

Präfix (*prê*-fikss) *nt* (pl ~e) prefijo *m*

prahlen (*praa*-lön) *v* presumir

praktisch (*prak*-tiʃ) *adj* práctico

Praline (pra-*lii*-nö) *f* (pl ~n) bombón *m*

Prämie (*prêê*-myö) *f* (pl ~n) prima *f*

Präposition (prê-pô-si-*tssyôôn*) *f* (pl ~en) preposición *f*

Präsent (prê-*sênt*) *nt* (pl ~e) regalo *m*

Präsident (prê-si-*dênt*) *m* (pl ~en) presidente *m*

Praxis (*pra*-kssiss) *f* práctica *f*

präzis (prê-*tssiiss*) *adj* preciso, exacto

predigen (*pree*-di-ghön) *v* predicar

Predigt (*pree*-dijt) *f* (pl ~en) sermón *m*

Preis (praiss) *m* (pl ~e) precio *m*; premio *m*; **den ~ festsetzen** fijar el precio

Preisgericht (*praiss*-ghö-rijt) *nt* (pl ~e) jurado *m*

Preisliste (*praiss*-liss-tö) *f* (pl ~n) lista de precios

Preisnachlaß (*praiss*-naaj-lass) *m* (pl -lässe) reducción *f*

Preissenkung (*praiss*-ssêng-kung) *f* (pl ~en) baja *f*

Premierminister (prö-*myee*-mi-nisstör) *m* (pl ~) jefe de gobierno

Presse (*prê*-ssö) *f* prensa *f*

Pressekonferenz (*prê*-ssö-kon-ferêntss) *f* (pl ~en) conferencia de prensa

Prestige (prêss-*tii*-ʒö) *nt* prestigio *m*

Priester (*priiss*-tör) *m* (pl ~) cura *m*

prima (*prii*-ma) *adj* excelente

Prinz (printss) *m* (pl ~en) príncipe *m*

Prinzessin (prin-*tssê*-ssin) *f* (pl ~nen) princesa *f*

Prinzip (prin-*tssiip*) *nt* (pl ~ien) principio *m*

Priorität (pri-ô-ri-*têêt*) *f* (pl ~en) prioridad *f*

privat (pri-*vaat*) *adj* particular, privado

Privatleben (pri-*vaat*-lee-bön) *nt* intimidad *f*, vida privada

Probe (*prôô*-bö) *f* (pl ~n) prueba *f*; ensayo *m*

proben (*prôô*-bön) *v* ensayar

probieren (prô-*bii*-rön) *v* intentar

Problem (prô-*bleem*) *nt* (pl ~e) problema *m*

Produkt (prô-*dukt*) *nt* (pl ~e) producto *m*

Produktion (prô-duk-*tssyôôn*) *f* producción *f*

Produzent (prô-du-*tssênt*) *m* (pl ~en) productor *m*

Professor (prô-*fé*-ssor) *m* (pl ~en) profesor *m*

profitieren (prô-fi-*tii*-rön) *v* aprovechar

Programm (prô-*ghram*) *nt* (pl ~e) programa *m*

progressiv (prô-ghrê-*ssiif*) *adj* progresista

Projekt (prô-*yêkt*) *nt* (pl ~e) proyecto *m*

proklamieren (prô-kla-*mii*-rön) *v* proclamar

Promenade (prô-mö-*naa*-dö) *f* (pl ~n) explanada *f*, paseo *m*

Propaganda (prô-pa-*ghan*-da) *f* propaganda *f*

Propeller (prô-*pê*-lör) *m* (pl ~) hélice *f*

Prophet (prô-*feet*) *m* (pl ~en) profeta *m*

proportional (prô-por-tssyô-*naal*) *adj* proporcional

Prospekt (prô-*sspêkt*) *m* (pl ~e) prospecto *m*

Prostituierte (prô-ssti-tu-*iir*-tö) *f* (pl ~n) prostituta *f*

Protein (prô-te-*iin*) *nt* (pl ~e) proteína *f*

Protest (prô-*têsst*) *m* (pl ~e) protesta *f*

protestantisch (prô-têss-*tan*-tiʃ) *adj* protestante

protestieren (prô-têss-*tii*-rön) *v* protestar

Protokoll (prô-tô-*kol*) *nt* (pl ~e) actas *f*

Provinz (prô-*vintss*) *f* (pl ~en) provincia *f*

provinziell (prô-vin-*tssyêl*) *adj* provincial

Prozent (prô-*tssênt*) *nt* (pl ~e) por ciento

Prozentsatz (prô-*tssênt*-satss) *m* (pl ~e) porcentaje *m*

Prozeß (prô-*tssêss*) *m* (pl -zesse) proceso *m*

Prozession (prô-tssê-*ssyôôn*) *f* (pl ~en) procesión *f*

prüfen (*prüü*-fön) *v* verificar, examinar; ensayar

Prügel (*prüü*-ghöl) *pl* zurra *f*

Psychiater (pssü-ji-*aa*-tör) *m* (pl ~) psiquiatra *m*

psychisch (*pssüü*-jiʃ) *adj* psíquico

Psychoanalytiker (pssü-jô-a-na-*lüü*-ti-kör) *m* (pl ~) psicoanalista *m*

Psychologe (pssü-jô-*lôô*-ghö) *m* (pl ~n) psicólogo *m*

Psychologie (pssü-jô-lô-*ghii*) *f* psicología *f*

psychologisch (pssü-jô-*lôô*-ghiʃ) *adj* psicológico

Publikum (*puu*-bli-kum) *nt* público *m*, auditorio *m*

Puder (*puu*-dör) *m* polvo *m*

Puderdose (*puu*-dör-dôô-sö) *f* (pl ~n) polvera *f*

Puderquaste (*puu*-dör-kvass-tö) *f* borla para empolvarse

Pullmanwagen (*pul*-man-vaa-ghön) *m* (pl ~) coche Pullman

Pullover (pu-*lôô*-vör) *m* (pl ~) pulóver *m*

Puls (pulss) *m* (pl ~e) pulso *m*

Pulsschlag (*pulss*-ʃlaak) *m* pulso *m*

Pult (pult) *nt* (pl ~e) pupitre *m*
Pumpe (*pum*-pö) *f* (pl ~n) bomba *f*
pumpen (*pum*-pön) *v* bombear
Punkt (pungkt) *m* (pl ~e) punto *m*
pünktlich (*püngkt*-lij) *adj* puntual
Puppe (*pu*-pö) *f* (pl ~n) muñeca *f*
purpur (*pur*-pur) *adj* purpúreo
Putz (putss) *m* estuco *m*
putzen (*pu*-tssön) *v* sacar brillo
Puzzlespiel (*pa*-söl-ʃpiil) *nt* (pl ~e) rompecabezas *m*
Pyjama (pi-*ʒaa*-ma) *m* (pl ~s) pijama *m*

Q

Quadrat (kva-*draat*) *nt* (pl ~e) cuadrado *m*
quadratisch (kva-*draa*-tiʃ) *adj* cuadrado
Qual (kvaal) *f* (pl ~en) tormento *m*
quälen (*kvê̂*-lön) *v* atormentar
qualifiziert (kva-li-fi-*tssiirt*) *adj* calificado
Qualität (kva-li-*tê̂t*) *f* (pl ~en) calidad *f*
Qualle (*kva*-lö) *f* (pl ~n) medusa *f*
Quantität (kvan-ti-*tê̂t*) *f* (pl ~en) cantidad *f*
Quarantäne (ka-ran-*tê̂*-nö) *f* cuarentena *f*
Quartal (kvar-*taal*) *nt* (pl ~e) trimestre *m*
Quatsch (kvach) *m* habladuría *f*
quatschen (*kva*-chön) *v* *decir tonterías
Quecksilber (*kvê̂k*-sil-bör) *nt* mercurio *m*
Quelle (*kvê̂*-lö) *f* (pl ~n) manantial *m*, fuente *f*, pozo *m*
quer (kveer) *adv* de través
quetschen (*kvê̂*-chön) *v* magullar

Quetschung (*kvê̂*-chung) *f* (pl ~en) magulladura *f*
Quittung (*kvi*-tung) *f* (pl ~en) recibo *m*
Quiz (kviss) *nt* concurso *m*
Quote (*kvôô*-tö) *f* (pl ~n) cuota *f*

R

Rabatt (ra-*bat*) *m* (pl ~e) rebaja *f*, descuento *m*
Rabe (*raa*-bö) *m* (pl ~n) cuervo *m*
Rache (*ra*-jö) *f* venganza *f*
Rad (raat) *nt* (pl ̈er) rueda *f*; biciclo *m*
Radfahrer (*raat*-faa-rör) *m* (pl ~) ciclista *m*
Radiergummi (ra-*diir*-ghu-mi) *m* (pl ~s) goma de borrar
Radierung (ra-*dii*-rung) *f* (pl ~en) aguafuerte *f*
radikal (ra-di-*kaal*) *adj* radical
Radio (*raa*-dyô) *nt* (pl ~s) radio *f*
Raffinerie (ra-fi-nö-*rii*) *f* (pl ~n) refinería *f*
Rahmen (*raa*-mön) *m* (pl ~) marco *m*
Rakete (ra-*kee*-tö) *f* (pl ~n) cohete *m*
Rampe (*ram*-pö) *f* (pl ~n) rampa *f*
Rand (rant) *m* (pl ̈er) borde *m*; margen *m*
Randstein (*rant*-ʃtain) *m* bordillo *m*
Rang (rang) *m* (pl ̈e) rango *m*, grado *m*
ranzig (*ran*-tssij) *adj* rancio
Rarität (ra-ri-*tê̂t*) *f* (pl ~en) curiosidad *f*
rasch (raʃ) *adj* rápido
Rasen (*raa*-sön) *m* (pl ~) césped *m*
rasen (*raa*-sön) *v* rabiar; *dar prisa
rasend (*raa*-sönt) *adj* furioso
Rasierapparat (ra-*siir*-a-pa-raat) *m* (pl ~e) afeitadora eléctrica; máquina

de afeitar

sich rasieren (ra-*sii*-rön) rasurarse, afeitarse

Rasierklinge (ra-*siir*-kling-ö) *f* (pl ~n) hoja de afeitar

Rasierkrem (ra-*siir*-kreem) *f* (pl ~s) crema de afeitar

Rasierpinsel (ra-*siir*-pin-söl) *m* (pl ~) brocha de afeitar

Rasierseife (ra-*siir*-sai-fö) *f* (pl ~n) jabón de afeitar

Rasierwasser (ra-*siir*-va-ssör) *nt* loción para después de afeitarse

raspeln (*rass*-pöln) *v* rallar

Rasse (*ra*-ssö) *f* (pl ~n) raza *f*; **Rassen-** racial

Rast (rasst) *f* descanso *m*

Rat (raat) *m* (pl ~e) consejo *m*

*raten (*raa*-tön) *v* adivinar; aconsejar

Ratenzahlung (*raa*-tön-tssaa-lung) *f* (pl ~en) plazo *m*

Ratgeber (*raat*-ghee-bör) *m* (pl ~) consejero *m*

Rathaus (*raat*-hauss) *nt* (pl ~er) ayuntamiento *m*

Ration (ra-*tssyôôn*) *f* (pl ~en) ración *f*

Rätsel (*rêê*-tssöl) *nt* (pl ~) enigma *m*, adivinanza *f*

rätselhaft (*rêê*-tssöl-haft) *adj* misterioso

Ratsmitglied (*raatss*-mit-ghliit) *nt* (pl ~er) consejero *m*

Ratte (*ra*-tö) *f* (pl ~n) rata *f*

Raub (raup) *m* robo *m*

rauben (*rau*-bön) *v* robar

Räuber (*roi*-bör) *m* (pl ~) ladrón *m*

Raubtier (*raup*-tiir) *nt* (pl ~e) animal de presa

Rauch (rauj) *m* humo *m*

rauchen (*rau*-jön) *v* fumar; **Rauchen verboten** prohibido fumar

Raucher (*rau*-jör) *m* (pl ~) fumador *m*

Raucherabteil (*rau*-jör-ap-tail) *nt* (pl ~e) compartimento para fumadores

Rauchzimmer (*rauj*-tssi-mör) *nt* (pl ~) sala para fumar

rauh (rau) *adj* riguroso; áspero; ronco

Raum (raum) *m* (pl ~e) espacio *m*; habitación *f*

räumen (*roi*-mön) *v* vaciar

Rauschgift (*rauf*-ghift) *nt* (pl ~e) narcótico *m*

Reaktion (re-ak-*tssyôôn*) *f* (pl ~en) reacción *f*

realisieren (re-a-li-*sii*-rön) *v* realizar

rebellieren (re-bê-*lii*-rön) *v* sublevarse

Rebhuhn (*rêp*-huun) *nt* (pl ~er) perdiz *f*

Rechner (*rêj*-nör) *m* (pl ~ s) calculadora *f*

Rechnen (*rêj*-nön) *nt* aritmética *f*

rechnen (*rêj*-nön) *v* calcular

Rechnung (*rêj*-nung) *f* (pl ~en) cuenta *f*

Recht (rêjt) *nt* (pl ~e) derecho *m*; **mit ~** justamente

recht (rêjt) *adj* derecho; *adv* bastante; **~ *haben** *tener razón

Rechteck (*rêjt*-êk) *nt* (pl ~e) rectángulo *m*

rechteckig (*rêjt*-ê-kij) *adj* rectangular

rechtlich (*rêjt*-lij) *adj* jurídico

rechtmäßig (*rêjt*-mêê-ssij) *adj* legítimo

Rechtsanwalt (*rêjtss*-an-valt) *m* (pl ~e) abogado *m*

rechtschaffen (*rêjt*-fa-fön) *adj* honesto

Rechtschreibung (*rêjt*-frai-bung) *f* deletreo *m*

rechtswidrig (*rêjtss*-vii-drij) *adj* ilegal

rechtzeitig (*rêjt*-tssai-tij) *adv* a tiempo

Redakteur (re-dak-*töör*) *m* (pl ~e) redactor *m*

Rede (*ree*-dö) *f* (pl ~n) discurso *m*

reden (*ree*-dön) *v* hablar

Redewendung (*ree-dö-vên-dung*) *f* (pl ~en) frase *f*

redlich (*reet-lij*) *adj* justo

reduzieren (*re-du-tssii-rön*) *v* *reducir

Reeder (*ree-dör*) *m* (pl ~) armador *m*

Referenz (*re-fe-rêntss*) *f* (pl ~en) referencia *f*

Reflektor (*re-flêk-tor*) *m* (pl ~en) reflector *m*

Reformation (*re-for-ma-tssyôôn*) *f* Reforma *f*

Regal (*re-ghaal*) *nt* (pl ~e) estante *m*

Regatta (*re-gha-ta*) *f* (pl Regatten) regata *f*

Regel (*ree-ghöl*) *f* (pl ~n) regla *f*; **in der ~** por regla general

regelmäßig (*ree-ghöl-mêê-ssij*) *adj* regular

regeln (*ree-ghöln*) *v* regular; arreglar

Regelung (*ree-ghö-lung*) *f* (pl ~en) regla *f*; arreglo *m*, acuerdo *m*

Regen (*ree-ghön*) *m* lluvia *f*

Regenbogen (*ree-ghön-bôô-ghön*) *m* (pl ~) arco iris

Regenguß (*ree-ghön-ghuss*) *m* (pl -güsse) aguacero *m*

Regenmantel (*ree-ghön-man-töl*) *m* (pl ~) impermeable *m*

Regenschauer (*ree-ghön-ʃau-ör*) *m* (pl ~) aguacero *m*

Regenschirm (*ree-ghön-ʃirm*) *m* (pl ~e) paraguas *m*

Regie (*re-ʒii*) *f* dirección de escena

regieren (*re-ghii-rön*) *v* *regir; *gobernar

Regierung (*re-ghii-rung*) *f* (pl ~en) gobierno *m*

Regime (*re-ʒiim*) *nt* (pl ~s) régimen *m*

Regisseur (*re-ʒi-ssöör*) *m* (pl ~e) director de escena

regnen (*ree-ghnön*) *v* *llover

regnerisch (*ree-ghnö-riʃ*) *adj* lluvioso

regulieren (*re-ghu-lii-rön*) *v* ajustar

Rehabilitation (*re-ha-bi-li-ta-tssyôôn*) *f* rehabilitación *f*

rehbraun (*ree-braun*) *adj* marrón claro

Rehkalb (*ree-kalp*) *nt* (pl ¨er) cervato *m*, corcino *m*

Reibe (*rai-bö*) *f* (pl ~n) rayador *m*

reiben (*rai-bön*) *v* frotar

Reibung (*rai-bung*) *f* (pl ~en) fricción *f*

Reich (*raij*) *nt* (pl ~e) imperio *m*; reino *m*; **Reichs-** imperial

reich (*raij*) *adj* rico

reichen (*rai-jön*) *v* bastar; pasar

reichlich (*raij-lij*) *adj* abundante

Reichtum (*raij-tüü-mör*) *m* (pl ¨er) riqueza *f*

reif (*raif*) *adj* maduro

Reife (*rai-fö*) *f* madurez *f*

Reifen (*rai-fön*) *m* (pl ~) neumático *m*; llanta *fMe*

Reifendruck (*rai-fön-druk*) *m* presión del neumático

Reifenpanne (*rai-fön-pa-nö*) *f* (pl ~n) pinchazo *m*, reventón *m*, neumático desinflado

Reihe (*rai-ö*) *f* (pl ~n) cola *f*, fila *f*; turno *m*

Reihenfolge (*rai-ön-fol-ghö*) *f* sucesión *f*, orden *m*

Reiher (*rai-ör*) *m* (pl ~) garza *f*

Reim (*raim*) *m* (pl ~e) rima *f*

rein (*rain*) *adj* puro

Reinemachen (*rai-nö-ma-jön*) *nt* limpieza *f*

reinigen (*rai-ni-ghön*) *v* limpiar; **chemisch ~** limpiar en seco

Reinigung (*rai-ni-ghung*) *f* (pl ~en) limpieza *f*; **chemische ~** tintorería *f*

Reinigungsmittel (*rai-ni-ghungss-mi-töl*) *nt* (pl ~) quitamanchas *m*; detergente *m*

Reis (*raiss*) *m* arroz *m*

Reise (*rai*-sö) f (pl ~n) viaje m
Reisebüro (*rai*-sö-bü-rôô) nt (pl ~s) agencia de viajes
Reisebus (*rai*-sö-buss) m (pl ~se) autobús m
Reisegeschwindigkeit (*rai*-sö-ghö-ſvin-dij-kait) f velocidad de cruce
reisen (*rai*-sön) v viajar
Reisende (*rai*-sön-dö) m (pl ~n) viajero m
Reiseplan (*rai*-sö-plaan) m (pl ~e) itinerario m
Reisescheck (*rai*-sö-ſêk) m (pl ~s) cheque de viajero
Reisespesen (*rai*-sö-ſpee-sön) pl gastos de viaje
Reiseversicherung (*rai*-sö-fêr-si-jö-rung) f seguro de viaje
*reißen (*rai*-ssön) v desgarrar
Reißnagel (*raiss*-naa-ghöl) m (pl ~) chinche f
Reißverschluß (*raiss*-fêr-ſluss) m (pl -verschlüsse) cierre relámpago, cremallera f
Reißzwecke (*raiss*-tssvê-kö) f (pl ~n) chinche f
*reiten (*rai*-tön) v montar
Reiter (*rai*-tör) m (pl ~) jinete m
Reitschule (*rait*-ſuu-lö) f (pl ~n) picadero m
Reitsport (*rait*-ſport) m equitación f
Reiz (raitss) m (pl ~e) atracción f; encanto m
reizbar (*raitss*-baar) adj irascible, irritable
reizen (*rai*-tssön) v irritar
reizend (*rai*-tssönt) adj gracioso, adorable
Reizmittel (*raitss*-mi-töl) nt (pl ~) estimulante m
Reklame (re-*klaa*-mö) f (pl ~n) publicidad f
Rekord (re-*kort*) m (pl ~e) récord m
Rekrut (re-*kruut*) m (pl ~en) recluta m

relativ (re-la-*tiif*) adj relativo
Relief (re-*lyéf*) nt (pl ~s) relieve m
Religion (re-li-*ghyôôn*) f (pl ~en) religión f
religiös (re-li-*ghyööss*) adj religioso
Reliquie (re-*lii*-kvi-ö) f (pl ~n) reliquia f
Ren (rên) nt (pl ~s) reno m
Rennbahn (*rên*-baan) f (pl ~en) pista para carreras; hipódromo m
Rennen (*rê*-nön) nt (pl ~) carrera f
*rennen (*rê*-nön) v correr
Rennpferd (*rên*-pfeert) nt (pl ~e) caballo de carrera
rentabel (rên-*taa*-böl) adj rentable
Rente (*rên*-tö) f (pl ~n) pensión f
Reparatur (re-pa-ra-*tuur*) f (pl ~en) reparación f
reparieren (re-pa-*rii*-rön) v arreglar, reparar
Repertoire (re-pêr-*t^uaar*) nt (pl ~s) repertorio m
repräsentativ (re-prê-sên-ta-*tiif*) adj representativo
Reproduktion (re-prô-duk-*tssyôôn*) f (pl ~en) reproducción f
reproduzieren (re-prô-du-*tssii*-rön) v *reproducir
Reptil (rêp-*tiil*) nt (pl ~e) reptil m
Republik (re-pu-*bliik*) f (pl ~en) república f
republikanisch (re-pu-bli-*kaa*-niſ) adj republicano
Reserve (re-*sêr*-vö) f (pl ~n) reserva f
Reserverad (re-*sêr*-vö-raat) nt (pl ~er) rueda de repuesto
reservieren (re-sêr-*vii*-rön) v reservar
reserviert (re-sêr-*viirt*) adj reservado
Reservierung (re-sêr-*vii*-rung) f (pl ~en) reservación f; reserva f
Reservoir (re-sêr-*v^uaar*) nt (pl ~s) embalse m
resolut (re-sô-*luut*) adj resuelto

Respekt (re-*sspêkt*) *m* respeto *m*

Rest (rêsst) *m* (pl ~e) resto *m*; residuo *m*

Restaurant (rêss-tô-*rang*) *nt* (pl ~s) restaurante *m*

Restbestand (*rêsst*-bö-ʃtant) *m* (pl ~̈e) resto *m*

Resultat (re-sul-*taat*) *nt* (pl ~e) resultado *m*

retten (*rê*-tön) *v* salvar, rescatar

Retter (*rê*-tör) *m* (pl ~) salvador *m*

Rettich (*rê*-tij) *m* (pl ~e) rábano *m*

Rettung (*rê*-tung) *f* (pl ~en) rescate *m*

Rettungsgürtel (*rê*-tungss-ghür-töl) *m* (pl ~) chaleco salvavidas

Reue (*roi*-ö) *f* arrepentimiento *m*

Revolution (re-vô-lu-*tssyôôn*) *f* (pl ~en) revolución *f*

revolutionär (re-vô-lu-tssyô-*nêêr*) *adj* revolucionario

Revolver (re-*vol*-vör) *m* (pl ~) revólver *m*

Rezept (re-*tssêpt*) *nt* (pl ~e) receta *f*; prescripción *f*

Rezeption (re-tssêp-*tssyôôn*) *f* oficina de recibo

Rhabarber (ra-*bar*-bör) *m* ruibarbo *m*

Rheumatismus (roi-ma-*tiss*-muss) *m* reumatismo *m*

Rhythmus (*rüt*-muss) *m* (pl -men) ritmo *m*

richten (*rij*-tön) *v* dirigir; arreglar; ~ **auf** apuntar

Richter (*rij*-tör) *m* (pl ~) juez *m*; magistrado *m*

richtig (*rij*-tij) *adj* correcto, justo

Richtigkeit (*rij*-tij-kait) *f* exactitud *f*

Richtlinie (*rijt*-lii-nyö) *f* (pl ~n) directriz *f*

Richtung (*rij*-tung) *f* (pl ~en) dirección *f*

riechen (*rii*-jön) *v* *oler

Riegel (*rii*-ghöl) *m* (pl ~) cerrojo *m*

Riemen (*rii*-mön) *m* (pl ~) correa *f*

Riese (*rii*-sö) *m* (pl ~n) gigante *m*

riesenhaft (*rii*-sön-haft) *adj* gigantesco

riesig (*rii*-sij) *adj* gigantesco, enorme

Riff (rif) *nt* (pl ~e) arrecife *m*

Rille (*ri*-lö) *f* (pl ~n) surco *m*

Rinde (*rin*-dö) *f* (pl ~n) corteza *f*

Rindfleisch (*rint*-flaiʃ) *nt* carne de vaca

Ring (ring) *m* (pl ~e) anillo *m*

Ringen (*ring*-ön) *nt* lucha *f*

*__ringen__ (*ring*-ön) *v* luchar

Rippe (*ri*-pö) *f* (pl ~n) costilla *f*

Risiko (*rii*-si-kô) *nt* (pl ~s) riesgo *m*

riskant (riss-*kant*) *adj* arriesgado

Riß (riss) *m* (pl Risse) hendidura *f*; rasgón *m*; grieta *f*

Ritter (*ri*-tör) *m* (pl ~) caballero *m*

Rivale (ri-*vaa*-lö) *m* (pl ~n) rival *m*

rivalisieren (ri-va-li-*sii*-rön) *v* rivalizar

Rivalität (ri-va-li-*têêt*) *f* rivalidad *f*

Robbe (*ro*-bö) *f* (pl ~n) foca *f*

robust (rô-*busst*) *adj* robusto

Rock (rok) *m* (pl ~̈e) falda *f*

Rockaufschlag (*rok*-auf-ʃlaak) *m* (pl ~̈e) solapa *f*

Rogen (*rôô*-ghön) *m* huevos de los peces, hueva *f*

roh (rôô) *adj* crudo

Rohmaterial (*rôô*-ma-te-ryaal) *nt* (pl ~ien) materia prima

Rohr (rôôr) *nt* (pl ~e) tubo *m*, conducto *m*; caña *f*

Röhre (*röö*-rö) *f* (pl ~n) tubo *m*

Rolle (*ro*-lö) *f* (pl ~n) rollo *m*; polea *f*

rollen (*ro*-lön) *v* *rodar

Roller (*ro*-lör) *m* (pl ~) patín *m*

Rollstuhl (*rol*-ʃtuul) *m* (pl ~̈e) silla de ruedas

Rolltreppe (*rôl*-trê-pö) *f* (pl ~n) escalera móvil

Roman (rô-*maan*) *m* (pl ~e) novela *f*

Romanschriftsteller (rô-*maan*-ʃrift-ʃtêlör) *m* (pl ~) novelista *m*

romantisch (rô-*man*-tiʃ) *adj* romántico

Romanze (rô-*man*-tssö) *f* (pl ~n) amorío *m*

römisch-katholisch (*röö*-miʃ-ka-tôô-liʃ) *adj* católico

röntgen (*rönt*-ghön) *v* radiografiar

Röntgenbild (*rönt*-ghön-bilt) *nt* (pl ~er) radiografía *f*

rosa (*rôô*-sa) *adj* rosado, rosa

Rose (*rôô*-sö) *f* (pl ~n) rosa *f*

Rosenkohl (*rôô*-sön-kôôl) *m* col de Bruselas

Rosenkranz (*rôô*-sön-krantss) *m* (pl ~e) rosario *m*

Rosine (rô-*sii*-nö) *f* (pl ~n) pasa *f*

Rost[1] (rosst) *m* herrumbre *f*

Rost[2] (rosst) *m* (pl ~e) reja *f*

rösten (*rööss*-tön) *v* asar en parrilla

rostig (*ross*-tij) *adj* oxidado

rot (rôôt) *adj* rojo

Rotkehlchen (*rôôt*-keel-jön) *nt* (pl ~) petirrojo *m*

Rotwild (*rôôt*-vilt) *nt* ciervo *m*

Rouge (ruuʒ) *nt* colorete *m*

Roulett (ru-*lêt*) *nt* ruleta *f*

Route (*ruu*-tö) *f* (pl ~n) ruta *f*

Routine (ru-*tii*-nö) *f* rutina *f*

Rübe (*rüü*-bö) *f* (pl ~n) remolacha *f*

Rubin (ru-*biin*) *m* (pl ~e) rubí *m*

Rubrik (ru-*briik*) *f* (pl ~en) columna *f*

Ruck (ruk) *m* (pl ~e) tirón *m*, estirón *m*

Rücken (*rü*-kön) *m* (pl ~) espalda *f*

Rückenschmerzen (*rü*-kön-ʃmêr-tssön) *mpl* dolor de espalda

Rückfahrt (*rük*-faart) *f* viaje de regreso; Hin- und ~ ida y vuelta

Rückflug (*rük*-fluuk) *m* (pl ~e) vuelo de regreso

Rückgang (*rük*-ghang) *m* depresión *f*, retroceso *m*

Rückgrat (*rük*-ghraat) *nt* (pl ~e) espinazo *m*, espina dorsal

Rückkehr (*rük*-keer) *f* regreso *m*

Rücklicht (*rük*-lijt) *nt* (pl ~er) farol trasero

Rückreise (*rük*-rai-sö) *f* vuelta *f*

Rucksack (*ruk*-sak) *m* (pl ~e) mochila *f*

Rückschlag (*rük*-ʃlaak) *m* (pl ~e) revés *m*

Rücksicht (*rük*-sijt) *f* consideración *f*

rücksichtsvoll (*rük*-sijtss-fol) *adj* considerado

rückständig (*rük*-ʃtên-dij) *adj* atrasado

Rücktritt (*rük*-trit) *m* resignación *f*

rückvergüten (*rük*-fêr-ghüü-tön) *v* reintegrar

Rückvergütung (*rük*-fêr-ghüü-tung) *f* (pl ~en) reintegro *m*

rückwärts (*rük*-vêrtss) *adv* hacia atrás; ~ *fahren *dar marcha atrás

Rückwärtsgang (*rük*-vêrtss-ghang) *m* marcha atrás

Rückweg (*rük*-veek) *m* vuelta *f*

Rückzahlung (*rük*-tssaa-lung) *f* (pl ~en) reintegro *m*

Ruder (*ruu*-dör) *nt* (pl ~) timón *m*; remo *m*

Ruderboot (*ruu*-dör-bôôt) *nt* (pl ~e) bote *m*

rudern (*ruu*-dörn) *v* remar

Ruf (ruuf) *m* (pl ~e) llamada *f*; grito *m*, voz *f*; reputación *f*

***rufen** (*ruu*-fön) *v* llamar; gritar

Ruhe (*ruu*-ö) *f* paz *f*

ruhelos (*ruu*-ö-lôôss) *adj* inquieto

Ruhelosigkeit (*ruu*-ö-lôô-sij-kait) *f* inquietud *f*

ruhen (*ruu*-ön) *v* descansar

ruhig (*ruu*-ij) *adj* tranquilo; quieto, sereno; reposado

Ruhm (ruum) *m* celebridad *f*, fama *f* gloria *f*

Ruhr (ruur) *f* disentería *f*

rühren (*rüü*-rön) v *revolver; *conmover

rührend (*rüü*-rönt) adj conmovedor

Rührung (*rüü*-rung) f emoción f

Ruine (ru-*ii*-nö) f (pl ~n) ruina f

ruinieren (ru-i-*nii*-rön) v arruinar

Rumäne (ru-*mêê*-nö) m (pl ~n) rumano m

Rumänien (ru-*mêê*-nyön) Rumania f

rumänisch (ru-*mêê*-niʃ) adj rumano

rund (runt) adj redondo

Runde (*run*-dö) f (pl ~n) vuelta f

Rundfunk (*runt*-fungk) m radio f

rundherum (*runt*-hê-rum) adv en torno

Rundreise (*runt*-rai-sö) f (pl ~n) vuelta f

Russe (*ru*-ssö) m (pl ~n) ruso m

russisch (*ru*-ssiʃ) adj ruso

Rußland (*russ*-lant) Rusia f

Rüstung (*rüss*-tung) f (pl ~en) armadura f

Rutschbahn (*ruch*-baan) f (pl ~en) tobogán m

S

Saal (saal) m (pl Säle) sala f

Saalwärter (*saal*-vêr-tör) m (pl ~) guarda m

Saccharin (sa-ja-*riin*) nt sacarina f

Sache (*sa*-jö) f (pl ~en) asunto m; causa f

sachlich (*saj*-lij) adj sensato; material

sächlich (*sêj*-lij) adj neutro

Sachverständige (*saj*-fêr-ʃtên-di-ghö) m (pl ~n) experto m

Sack (sak) m (pl ~e) saco m; bolsa f

Sackgasse (*sak*-gha-ssö) f (pl ~n) callejón sin salida

säen (*sêê*-ön) v *sembrar

Safe (sseef) m (pl ~s) caja de caudales

Saft (saft) m (pl ~e) zumo m

saftig (*saf*-tij) adj zumoso

Säge (*sêê*-ghö) f (pl ~n) sierra f

Sägemehl (*sêê*-ghö-meel) nt serrín m

Sägemühle (*sêê*-ghö-müü-lö) f (pl ~n) serrería de maderas

sagen (*saa*-ghön) v *decir

Sahne (*saa*-nö) f nata f

Sahnebonbon (*saa*-nö-bong-bong) m (pl ~s) caramelo m

sahnig (*saa*-nij) adj cremoso

Saison (sê-*song*) f (pl ~n) estación f; außer ~ fuera de temporada

Saite (*sai*-tö) f (pl ~n) cuerda f

Salat (sa-*laat*) m (pl ~e) ensalada f; lechuga f

Salatöl (sa-*laat*-ööl) nt (pl ~e) aceite de mesa

Salbe (*sal*-bö) f (pl ~n) ungüento m

Saldo (*sal*-dô) m (pl Salden) saldo m

Salmiakgeist (sal-*myak*-ghaisst) m amoníaco m

Salon (sa-*long*) m (pl ~s) salón m

Salz (saltss) nt sal f

Salzfäßchen (*saltss*-fêss-jön) nt (pl ~) salero m

salzig (*sal*-tssij) adj salado

Samen (*saa*-mön) m (pl ~) semilla f

sammeln (*sa*-möln) v juntar; coleccionar

Sammler (*sam*-lör) m (pl ~) coleccionista m

Sammlung (*sam*-lung) f (pl ~en) colección f

Samt (samt) m terciopelo m

Sanatorium (sa-na-*tôô*-ryum) nt (pl -rien) sanatorio m

Sand (sant) m arena f

Sandale (san-*daa*-lö) f (pl ~n) sandalia f

sandig (*san*-dij) adj arenoso

Sandwich (*sênt*-vich) nt (pl ~es) bocadillo m

sanft (sanft) *adj* gentil

Sänger (*sêng*-ör) *m* (pl ~) vocalista *m*, cantante *m*

Sängerin (*sêng*-ö-rin) *f* (pl ~nen) cantadora *f*

sanitär (sa-ni-*têêr*) *adj* sanitario

Saphir (*saa*-fir) *m* (pl ~e) zafiro *m*

Sardelle (sar-*dé*-lö) *f* (pl ~n) anchoa *f*

Sardine (sar-*dii*-nö) *f* (pl ~n) sardina *f*

Satellit (sa-tê-*liit*) *m* (pl ~en) satélite *m*

Satin (ssa-*têng*) *m* raso *m*

satt (sat) *adj* satisfecho

Sattel (*sa*-töl) *m* (pl ~̈) silla *f*

Satz (satss) *m* (pl ~̈e) frase *f*; juego *m*; precio *m*

sauber (*sau*-bör) *adj* limpio

säubern (*soi*-börn) *v* limpiar

Saudi-Arabien (sau-di-a-*raa*-byön) Arabia Saudí

saudiarabisch (sau-di-a-*raa*-biʃ) *adj* saudí

sauer (*sau*-ör) *adj* agrio

Sauerstoff (*sau*-ör-ʃtof) *m* oxígeno *m*

Säugetier (*soi*-ghö-tiir) *nt* (pl ~e) mamífero *m*

Säugling (*soik*-ling) *m* (pl ~e) criatura *f*

Säule (*soi*-lö) *f* (pl ~n) columna *f*, pilar *m*

Saum (saum) *m* (pl ~̈e) dobladillo *m*

Sauna (*sau*-na) *f* (pl ~s) sauna *f*

Säure (*soi*-rö) *f* (pl ~n) ácido *m*

schaben (*ʃaa*-bön) *v* raspar

Schach (ʃaj) *nt* ajedrez *m*; **Schach!** ¡jaque!

Schachbrett (*ʃaj*-brêt) *nt* (pl ~er) tablero de ajedrez

Schachtel (*ʃaj*-töl) *f* (pl ~n) caja *f*

schade! (*ʃaa*-dö) ¡qué lástima!

Schädel (*ʃêê*-döl) *m* (pl ~) cráneo *m*

Schaden (*ʃaa*-dön) *m* (pl ~̈) perjuicio *m*; daño *m*

schaden (*ʃaa*-dön) *v* perjudicar

Schadenersatz (*ʃaa*-dön-êr-satss) *m* indemnización *f*

schadhaft (*ʃaat*-haft) *adj* defectuoso

schädlich (*ʃêêt*-lij) *adj* dañoso, perjudicial

Schaf (ʃaaf) *nt* (pl ~e) oveja *f*

***schaffen** (*ʃa*-fön) *v* crear; *conseguir

Schaffner (*ʃaf*-nör) *m* (pl ~) cobrador *m*; revisor *m*; conductor *mMe*

Schal (ʃaal) *m* (pl ~s) bufanda *f*, chal *m*

Schale (*ʃaa*-lö) *f* (pl ~n) tazón *m*; cáscara *f*, piel *f*

schälen (*ʃêê*-lön) *v* pelar

Schalentier (*ʃaa*-lön-tiir) *nt* (pl ~e) marisco *m*

Schalk (ʃalk) *m* (pl ~e) pícaro *m*

Schall (ʃal) *m* sonido *m*

schalldicht (*ʃal*-dijt) *adj* insonorizado

Schallplatte (*ʃal*-pla-tö) *f* (pl ~n) disco *m*

Schaltbrett (*ʃalt*-brêt) *nt* (pl ~er) cuadro de distribución

schalten (*ʃal*-tön) *v* cambiar de marcha

Schalter (*ʃal*-tör) *m* (pl ~) interruptor *m*; barra *f*

Schaltjahr (*ʃalt*-yaar) *nt* año bisiesto

sich schämen (*ʃêê*-mön) *avergonzarse

Schande (*ʃan*-dö) *f* deshonra *f*, vergüenza *f*, deshonor *m*

scharf (ʃarf) *adj* afilado; agudo

schärfen (*ʃêr*-fön) *v* afilar

Scharfrichter (*ʃarf*-rij-tör) *m* (pl ~) verdugo *m*

scharlachrot (*ʃar*-laj-rôôt) *adj* escarlata

Scharlatan (*ʃar*-la-taan) *m* (pl ~e) charlatán *m*

Scharm (ʃarm) *m* encanto *m*

Scharnier (ʃar-*niir*) *nt* (pl ~e) bisagra

f

Schatten (*ʃa*-tön) *m* (pl ~) sombra *f*

schattig (*ʃa*-tij) *adj* sombreado

Schatz (*ʃatss*) *m* (pl ~̈e) tesoro *m*; amor *m*

Schatzamt (*ʃatss*-amt) *nt* Tesorería *f*

schätzen (*ʃê*-tssön) *v* apreciar; estimar, valuar

Schätzung (*ʃê*-tssung) *f* aprecio *m*

Schauder (*ʃau*-dör) *m* espanto *m*; estremecimiento *m*

schauen (*ʃau*-ön) *v* mirar

Schauer (*ʃau*-ör) *m* (pl ~) aguacero *m*

Schaufel (*ʃau*-föl) *f* (pl ~n) pala *f*, azada *f*

Schaufenster (*ʃau*-fênss-tör) *nt* (pl ~) escaparate *m*

Schaukel (*ʃau*-köl) *f* (pl ~n) columpio *m*

schaukeln (*ʃau*-köln) *v* oscilar; mecer

Schaum (ʃaum) *m* espuma *f*

schäumen (*ʃoi*-mön) *v* espumar

Schaumgummi (*ʃaum*-ghu-mi) *m* goma espumada

Schauspiel (*ʃau*-ʃpiil) *nt* (pl ~e) espectáculo *m*; obra de teatro

Schauspieler (*ʃau*-ʃpii-lör) *m* (pl ~) actor *m*; comediante *m*

Schauspielerin (*ʃau*-ʃpii-lö-rin) *f* (pl ~nen) actriz *f*

Schauspielhaus (*ʃau*-ʃpiil-hauss) *nt* (pl ~̈er) teatro *m*

check (ʃêk) *m* (pl ~s) cheque *m*

checkbuch (*ʃêk*-buuj) *nt* (pl ~̈er) talonario *m*

cheibe (*ʃai*-bö) *f* (pl ~n) disco *m*; cristal *m*

cheibenwischer (*ʃai*-bön-vi-ʃör) *m* (pl ~) limpiaparabrisas *m*

scheiden (*ʃai*-dön) *v* divorciar

cheidewand (*ʃai*-dö-vant) *f* (pl ~̈e) tabique *m*

cheideweg (*ʃai*-dö-veek) *m* (pl ~e) bifurcación *f*

Scheidung (*ʃai*-dung) *f* (pl ~en) divorcio *m*

Schein (ʃain) *m* (pl ~e) resplandor *m*; apariencia *f*; certificado *m*; billete *m*

scheinbar (*ʃain*-baar) *adj* aparente

*****scheinen** (*ʃai*-nön) *v* *parecer

scheinheilig (*ʃain*-hai-lij) *adj* mojigato

Scheinwerfer (*ʃain*-vêr-för) *m* (pl ~) faro *m*, fanal *m*; reflector *m*, proyector *m*

Scheitel (*ʃai*-töl) *m* (pl ~) raya *f*

Schellfisch (*ʃêl*-fiʃ) *m* (pl ~e) bacalao *m*

Schelm (ʃêlm) *m* (pl ~e) pillo *m*

schelmisch (*ʃêl*-miʃ) *adj* travieso

Schema (*ʃee*-ma) *nt* (pl ~ta) esquema *m*

Schenke (*ʃêng*-kö) *f* (pl ~n) taberna *f*

schenken (*ʃêng*-kön) *v* *verter

Schenkung (*ʃêng*-kung) *f* (pl ~en) donación *f*

Schere (*ʃee*-rö) *f* (pl ~n) tijeras *fpl*

scheu (ʃoi) *adj* esquivo

scheuern (*ʃoi*-örn) *v* *fregar

Scheune (*ʃoi*-nö) *f* (pl ~n) granero *m*

scheußlich (*ʃoiss*-lij) *adj* horrible

Schi (ʃii) *m* (pl ~er) esquí *m*; ~ *laufen esquiar

Schicht (ʃijt) *f* (pl ~en) capa *f*; turno *m*; equipo *m*

schicken (*ʃi*-kön) *v* enviar

Schicksal (*ʃik*-saal) *nt* destino *m*

*****schieben** (*ʃii*-bön) *v* empujar

Schiebetür (*ʃii*-bö-tüür) *f* (pl ~en) puerta corrediza

Schiedsrichter (*ʃiitss*-rij-tör) *m* (pl ~) árbitro *m*

schief (ʃiif) *adj* oblicuo

Schiefer (*ʃii*-för) *m* pizarra *f*

schielend (*ʃii*-lönt) *adj* bizco

Schlene (*ʃii*-nö) *f* (pl ~n) tablilla *f*

Schienenweg (*ʃii*-nön-veek) *m* (pl ~e)

vía del tren

*schießen (*fii*-ssön) v tirar, disparar

Schießpulver (*fiiss*-pul-för) nt pólvora f

Schiff (*fif*) nt (pl ~e) barco m, buque m; embarcación f

Schiffahrt (*fif*-faart) f navegación f

Schiffahrtslinie (*fif*-faartss-lii-nyö) f (pl ~n) línea de navegación

Schiffswerft (*fifss*-vêrft) f (pl ~en) astillero m

Schihose (*fii*-hôô-sö) f (pl ~n) pantalones de esquí

Schilauf (*fii*-lauf) m esquí m

Schiläufer (*fii*-loi-för) m (pl ~) esquiador m

Schildkröte (*filt*-kröö-tö) f (pl ~n) tortuga f

Schilfrohr (*filf*-rôôr) nt (pl ~e) junquillo m

Schilift (*fii*-lift) m (pl ~e) telesilla m

Schimmel (*fi*-möl) m moho m

schimmelig (*fi*-mö-lij) adj enmohecido

schimpfen (*fim*-pfön) v insultar, reprender

Schinken (*fing*-kön) m (pl ~) jamón m

Schirm (firm) m (pl ~e) mampara f

Schischuhe (*fii*-fuu-ö) mpl botas de esquí

Schisprung (*fii*-fprung) m (pl ~e) salto de esquí

Schistöcke (*fii*-ftö-kö) mpl bastones de esquí

Schlacht (flajt) f (pl ~en) batalla f

Schlaf (flaaf) m sueño m; **im ~** dormido; **Schläfchen** nt siesta f

Schläfe (*flêê*-fö) f (pl ~n) sien f

*schlafen (*flaa*-fön) v *dormir

schlaff (flaf) adj inerte

schlaflos (*flaaf*-lôôss) adj desvelado

Schlaflosigkeit (*flaaf*-lôô-sij-kait) f insomnio m

Schlafmittel (*flaaf*-mi-töl) nt (pl ~) somnífero m

schläfrig (*flêêf*-rij) adj soñoliento

Schlafsaal (*flaaf*-saal) m (pl -säle) dormitorio m

Schlafsack (*flaaf*-sak) m (pl ~e) saco de dormir

Schlafwagen (*flaaf*-vaa-ghön) m (pl ~) coche cama

Schlafwagenbett (*flaaf*-vaa-ghön-bêt) nt (pl ~en) litera f

Schlafzimmer (*flaaf*-tssi-mör) nt (pl ~) dormitorio m

Schlag (flaak) m (pl ~e) golpe m, bofetada f

Schlaganfall (*flaak*-an-fal) m (pl ~e) ataque m

*schlagen (*flaa*-ghön) v pegar, golpear, batir; ***dar golpes**; **sich ~** combatir

Schlager (*flaa*-ghör) m (pl ~) éxito m

Schläger (*flêê*-ghör) m (pl ~) raqueta f

Schlagwort (*flaak*-vort) nt (pl ~er) slogan m

Schlagzeile (*flaak*-tssai-lö) f (pl ~n) titular m

Schlamm (flam) m lodo m

schlammig (*fla*-mij) adj lodoso

schlampig (*flam*-pij) adj chapucero

Schlange (*flang*-ö) f (pl ~n) culebra f; cola f; **~ *stehen** *hacer cola

schlank (flangk) adj esbelto

schlau (flau) adj astuto, listo

Schlauch (flauj) m (pl ~e) cámara de aire

schlecht (flêjt) adj malo; malvado; **schlechter** adj peor; **schlechtest** adj pésimo

Schleier (*flai*-ör) m (pl ~) velo m

*schleifen (*flai*-fön) v afilar

schleppen (*flê*-pön) v arrastrar; remolcar

Schlepper (*flê*-pör) m (pl ~) remolca

dor *m*

schleudern (*floi*-dörn) *v* tirar; patinar

Schleuse (*floi*-sö) *f* (pl ~n) esclusa *f*, compuerta *f*

schlicht (ʃlijt) *adj* ingenuo, sencillo

* **schließen** (*flii*-ssön) *v* *cerrar; **in sich ~** implicar

schließlich (*fliiss*-lij) *adv* al final

schlimm (ʃlim) *adj* malo

Schlinge (*fling*-ö) *f* (pl ~n) nudo corredizo

Schlitten (*fli*-tön) *m* (pl ~) trineo *m*

Schlittschuh (*flit*-ʃuu) *m* (pl ~e) patín *m*

Schlittschuhbahn (*flit*-ʃuu-baan) *f* (pl ~en) pista de patinaje

Schlitz (ʃlitss) *m* (pl ~e) ranura *f*; bragueta *f*

Schloß (ʃloss) *nt* (pl Schlösser) cerradura *f*; castillo *m*

Schlucht (ʃlujt) *f* (pl ~en) cañón *m*

Schluckauf (*fluk*-auf) *m* hipo *m*

Schlückchen (*flük*-jön) *nt* (pl ~) sorbo *m*

schlucken (*flu*-kön) *v* tragar

Schlüpfer (*flü*-pför) *m* (pl ~) braga *f*

schlüpfrig (*flüpf*-rij) *adj* resbaladizo

Schluß (ʃluss) *m* (pl Schlüsse) fin *m*, terminación *f*; conclusión *f*

Schlüssel (*flü*-ssöl) *m* (pl ~) llave *f*

Schlüsselbein (*flü*-ssöl-bain) *nt* (pl ~e) clavícula *f*

Schlüsselloch (*flü*-ssöl-loj) *nt* (pl ~er) ojo de la cerradura

Schlußfolgerung (*fluss*-fol-ghö-rung) *f* (pl ~en) conclusión *f*

Schlußlicht (*fluss*-lijt) *nt* (pl ~er) luz trasera

Schlußverkauf (*fluss*-fêr-kauf) *m* rebajas *fpl*

schmackhaft (*fmak*-haft) *adj* rico, sabroso

schmal (ʃmaal) *adj* estrecho

schmalz (ʃmaltss) *m* cuplé lacrimoso

schmecken (*fmê*-kön) *v* *saber a

* **schmelzen** (*fmêl*-tssön) *v* fundir

Schmerz (ʃmêrtss) *m* (pl ~en) dolor *m*

schmerzen (*fmêr*-tssön) *v* *doler

schmerzhaft (*fmêrtss*-haft) *adj* dolorido, doloroso

schmerzlos (*fmêrtss*-lôôss) *adj* sin dolor

Schmetterling (*fmê*-tör-ling) *m* (pl ~e) mariposa *f*

Schmetterlingsstil (*fmê*-tör-lingss-ʃtiil) *m* braza de mariposa

Schmied (ʃmiit) *m* (pl ~e) herrero *m*

schmieren (*fmii*-rön) *v* engrasar; lubricar

schmierig (*fmii*-rij) *adj* sucio

Schmieröl (*fmiir*-ööl) *nt* (pl ~e) aceite lubricante

Schmiersystem (*fmiir*-süss-teem) *nt* sistema de lubricación

Schmierung (*fmii*-rung) *f* (pl ~en) lubricación *f*

Schminke (*fming*-kö) *f* (pl ~n) maquillaje *m*

Schmirgelpapier (*fmir*-ghöl-pa-piir) *nt* papel de lija

Schmuck (ʃmuk) *m* joyería *f*

schmuggeln (*fmu*-ghöln) *v* contrabandear

Schmutz (ʃmutss) *m* suciedad *f*

schmutzig (*fmu*-tssij) *adj* sucio; inmundo

Schnabel (*fnaa*-böl) *m* (pl ~) pico *m*; tobera *f*

Schnalle (*fna*-lö) *f* (pl ~n) hebilla *f*

Schnappschuß (*fnap*-ʃuss) *m* (pl -schüsse) instantánea *f*

schnarchen (*fnar*-jön) *v* roncar

Schnauze (*fnau*-tssö) *f* (pl ~n) hocico *m*

Schnecke (*fnê*-kö) *f* (pl ~n) caracol *m*

Schnee (ʃnee) *m* nieve *f*

schneebedeckt (ʃnee-bö-dêkt) *adj* nevoso

Schneesturm (ʃnee-ʃturm) *m* (pl ̈e) ventisca *f*, nevasca *f*

*schneiden (ʃnai-dön) *v* cortar

Schneider (ʃnai-dör) *m* (pl ~) sastre *m*

Schneiderin (ʃnai-dö-rin) *f* (pl ~nen) modista *f*

schneien (ʃnai-ön) *v* *nevar

schnell (ʃnêl) *adj* rápido; **zu ~ *fahren** correr demasiado

Schnelligkeit (ʃnê-lij-kait) *f* rapidez *f*

Schnellkochtopf (ʃnêl-koj-topf) *m* (pl ̈e) olla a presión

Schnellzug (ʃnêl-tssuuk) *m* (pl ̈e) tren expreso

Schnitt (ʃnit) *m* (pl ~e) cortadura *f*

Schnitte (ʃni-tö) *f* (pl ~n) tajada *f*

Schnittlauch (ʃnit-lauj) *m* cebollino *m*

schnitzen (ʃni-tssön) *v* tallar

Schnitzerei (ʃni-tssö-rai) *f* (pl ~en) talla *f*

Schnorchel (ʃnor-jöl) *m* (pl ~) esnórquel *m*

Schnupfen (ʃnu-pfön) *m* resfrío *m*

Schnur (ʃnuur) *f* (pl ̈e) cordel *m*; trenza *f*, cordón *m*

Schnurrbart (ʃnur-baart) *m* (pl ̈e) bigote *m*

Schnürsenkel (ʃnüür-sêng-köl) *m* (pl ~) cordón *m*

Schock (ʃok) *m* (pl ~s) choque *m*

schockieren (ʃo-kii-rön) *v* chocar

Schokolade (ʃô-kô-laa-dö) *f* chocolate *m*

Scholle (ʃo-lö) *f* (pl ~n) platija *f*

schon (ʃôôn) *adv* ya

schön (ʃöön) *adj* hermoso; bonito, bello

Schönheit (ʃöön-hait) *f* belleza *f*

Schönheitsmittel (ʃöön-haitss-mi-töl) *ntpl* cosméticos *mpl*

Schönheitssalon (ʃöön-haitss-sa-long) *m* (pl ~s) salón de belleza

Schornstein (ʃorn-ʃtain) *m* (pl ~e) chimenea *f*

Schotte (ʃo-tö) *m* (pl ~n) escocés *m*

schottisch (ʃo-tiʃ) *adj* escocés

Schottland (ʃot-lant) Escocia *f*

schräg (ʃrêêk) *adj* inclinado

Schramme (ʃra-mö) *f* (pl ~n) rasguño *m*, rozadura *f*

Schrank (ʃrangk) *m* (pl ̈e) armario *m*

Schranke (ʃrang-kö) *f* (pl ~n) barrera *f*; **in Schranken *halten** *contener

Schraube (ʃrau-bö) *f* (pl ~n) tornillo *m*; hélice *f*

schrauben (ʃrau-bön) *v* atornillar

Schraubenmutter (ʃrau-bön-mu-tör) *f* (pl ~n) tuerca *f*

Schraubenschlüssel (ʃrau-bön-ʃlü-ssöl) *m* (pl ~) llave inglesa, llave *f*

Schraubenzieher (ʃrau-bön-tssii-ör) *m* (pl ~) destornillador *m*

Schreck (ʃrêk) *m* susto *m*, espanto *m*

schrecklich (ʃrêk-lij) *adj* terrible, tremendo, pésimo

Schrei (ʃrai) *m* (pl ~e) chillido *m*, grito *m*

Schreibblock (ʃraip-blok) *m* (pl ̈e) bloque *m*

*schreiben (ʃrai-bön) *v* escribir

Schreiber (ʃrai-bör) *m* (pl ~) escribano *m*

Schreibmaschine (ʃraip-ma-ʃii-nö) *f* (pl ~n) máquina de escribir

Schreibmaschinenpapier (ʃraip-ma-ʃii-nön-pa-piir) *nt* papel para mecanografiar

Schreibpapier (ʃraip-pa-piir) *nt* papel de escribir

Schreibtisch (ʃraip-tiʃ) *m* (pl ~e) escritorio *m*

Schreibwaren (ʃraip-vaa-rön) *fpl* papelería *f*

Schreibwarenhandlung (*fraip*-vaa-rön-han-dlung) f (pl ~en) papelería f

*schreien (*frai*-ön) v chillar, gritar

Schrein (frain) m (pl ~e) santuario m

schriftlich (*frift*-lij) adj por escrito

Schriftsteller (*frift*-ftê-lör) m (pl ~) escritor m

Schritt (frit) m (pl ~e) paso m; ~ *halten mit *seguir el paso

schroff (frof) adj abrupto

schrumpfen (*frum*-pfön) v encogerse

Schub (fuup) m (pl ~e) empujón m

Schubkarren (*fuup*-ka-rön) m (pl ~) carretilla f

Schublade (*fuup*-laa-dö) f (pl ~n) cajón m

schüchtern (*füj*-törn) adj tímido

Schüchternheit (*füj*-törn-hait) f timidez f

Schuft (fuft) m (pl ~e) descarado m; villano m

Schuh (fuu) m (pl ~e) zapato m

Schuhgeschäft (*fuu*-ghö-fêft) nt (pl ~e) zapatería f

Schuhkrem (*fuu*-kreem) f (pl ~s) betún m; grasa fMe

Schuhmacher (*fuu*-ma-jör) m (pl ~) zapatero m

Schuhwerk (*fuu*-vêrk) nt calzado m

Schulbank (*fuul*-bangk) f (pl ~e) pupitre m

Schuld (fult) f (pl ~en) culpa f; deuda f

schulden (*ful*-dön) v deber

schuldig (*ful*-dij) adj culpable; adeudado; ~ *sein deber

Schuldirektor (*fuul*-di-rêk-tor) m (pl ~en) director de escuela

Schule (*fuu*-lö) f (pl ~n) escuela f; colegio m; höhere ~ escuela secundaria

Schüler (*füü*-lör) m (pl ~) alumno m

Schülerin (*füü*-lö-rin) f (pl ~nen) alumna f

Schullehrer (*fuul*-lee-rör) m (pl ~) maestro m

Schulleiter (*fuul*-lai-tör) m (pl ~) director de escuela

Schultasche (*fuul*-ta-fö) f (pl ~n) cartera f

Schulter (*ful*-tör) f (pl ~n) hombro m

Schuppe (*fu*-pö) f (pl ~n) escama f

Schuppen[1] (*fu*-pön) fpl caspa f

Schuppen[2] (*fu*-pön) m (pl ~) cobertizo m

Schürze (*für*-tssö) f (pl ~n) delantal m

Schuß (fuss) m (pl Schüsse) disparo m

Schüssel (*fü*-ssöl) f (pl ~n) fuente f; tazón m

Schutt (fut) m trastos mpl

schütteln (*fü*-töln) v sacudir

Schutz (futss) m protección f; refugio m

Schutzbrille (*futss*-bri-lö) f (pl ~n) gafas fpl

schützen (*fü*-tssön) v proteger; abrigar

Schutzmann (*futss*-man) m (pl ~er) agente de policía

Schutzmarke (*futss*-mar-kö) f (pl ~n) marca de fábrica

schwach (fvaj) adj débil; mediocre; vago

Schwäche (*fvê*-jö) f (pl ~n) debilidad f

Schwager (*fvaa*-ghör) m (pl ~) cuñado m

Schwägerin (*fvêê*-ghö-rin) f (pl ~nen) cuñada f

Schwalbe (*fval*-bö) f (pl ~n) golondrina f

Schwamm (fvam) m (pl ~e) esponja f

Schwan (fvaan) m (pl ~e) cisne m

schwanger (*fvang*-ör) adj encinta, embarazada

Schwanz (ʃvantss) *m* (pl ⁓e) cola *f*

schwänzen (ʃvên-tssen) *v* *hacer novillos

schwarz (ʃvartss) *adj* negro

Schwarzmarkt (ʃvartss-markt) *m* mercado negro

schwatzen (ʃva-tssön) *v* charlar

Schwede (ʃvee-dö) *m* (pl ⁓n) sueco *m*

Schweden (ʃvee-dön) Suecia *f*

schwedisch (ʃvee-diʃ) *adj* sueco

*schweigen** (ʃvai-ghön) *v* callarse, *estarse quieto; **schweigend** callado; **zum Schweigen** *bringen** acallar

Schwein (ʃvain) *nt* (pl ⁓e) cerdo *m*

Schweinefleisch (ʃvai-nö-flaiʃ) *nt* carne de cerdo

Schweinsleder (ʃvainss-lee-dör) *nt* piel de cerdo

Schweiß (ʃvaiss) *m* sudor *m*

schweißen (ʃvai-ssön) *v* *soldar

Schweiz (ʃvaitss) *f* Suiza *f*

Schweizer (ʃvai-tssör) *m* (pl ⁓) suizo *m*

schweizerisch (ʃvai-tssö-riʃ) *adj* suizo

Schwelle (ʃvê-lö) *f* (pl ⁓n) umbral *m*

*schwellen** (ʃvê-lön) *v* hincharse

schwer (ʃveer) *adj* pesado; fastidioso

schwerfällig (ʃveer-fê-lij) *adj* lerdo

Schwerkraft (ʃveer-kraft) *f* gravedad *f*

Schwermut (ʃveer-muut) *f* melancolía *f*

Schwert (ʃveert) *nt* (pl ⁓er) espada *f*

Schwester (ʃvêss-tör) *f* (pl ⁓n) hermana *f*; enfermera *f*

Schwiegereltern (ʃvii-ghör-êl-törn) *pl* padres políticos

Schwiegermutter (ʃvii-ghör-mu-tör) *f* (pl ⁓) suegra *f*

Schwiegersohn (ʃvii-ghör-sôôn) *m* (pl ⁓e) yerno *m*

Schwiegervater (ʃvii-ghör-faa-tör) *m* (pl ⁓) suegro *m*

Schwiele (ʃvii-lö) *f* (pl ⁓n) callo *m*

schwierig (ʃvii-rij) *adj* difícil

Schwierigkeit (ʃvii-rij-kait) *f* (pl ⁓en) dificultad *f*

Schwimmbad (ʃvim-baat) *nt* (pl ⁓er) piscina *f*

*schwimmen** (ʃvi-mön) *v* nadar; flotar

Schwimmer (ʃvi-mör) *m* (pl ⁓) nadador *m*; flotador *m*

Schwimmsport (ʃvim-ʃport) *m* natación *f*

Schwindel (ʃvin-döl) *m* vértigo *m*; fraude *m*

Schwindelanfall (ʃvin-döl-an-fal) *m* (pl ⁓e) vértigo *m*

Schwindelgefühl (ʃvin-döl-ghö-füül) *nt* mareo *m*

schwindlig (ʃvin-dlij) *adj* mareado

Schwingung (ʃving-ung) *f* (pl ⁓en) vibración *f*

Schwitzbad (ʃvitss-baat) *nt* (pl ⁓er) baño turco

schwitzen (ʃvi-tssön) *v* sudar

*schwören** (ʃvöö-rön) *v* jurar; prestar juramento

sechs (sêkss) *num* seis

sechste (sêkss-tö) *num* sexto

sechzehn (sêj-tsseen) *num* dieciséis

sechzehnte (sêj-tsseen-tö) *num* decimosexto

sechzig (sêj-tssij) *num* sesenta

Sediment (se-di-mênt) *nt* (pl ⁓e) cap *f*

See (see) *m* (pl ⁓n) lago *m*; *f* mar *m/f*

Seebad (see-baat) *nt* (pl ⁓er) playa de veraneo

Seehafen (see-haa-fön) *m* (pl ⁓) puerto de mar

Seehund (see-hunt) *m* (pl ⁓e) foca *f*

Seeigel (see-ii-ghöl) *m* (pl ⁓) erizo de mar

Seejungfrau (see-yung-frau) *f* (pl

~en) sirena *f*

Seekarte (*see*-kar-tö) *f* (pl ~n) carta marina

seekrank (*see*-krangk) *adj* mareado

Seekrankheit (*see*-krangk-hait) *f* mareo *m*

Seele (*see*-lö) *f* (pl ~n) alma *f*

Seemöwe (*see*-möö-vö) *f* (pl ~n) gaviota *f*

Seeräuber (*see*-roi-bör) *m* (pl ~) pirata *m*

Seereise (*see*-rai-sö) *f* (pl ~n) crucero *m*

Seevogel (*see*-fôô-ghöl) *m* (pl ̈) ave marina

Seezunge (*see*-tssung-ö) *f* (pl ~n) lenguado *m*

Segel (*see*-ghöl) *nt* (pl ~) vela *f*

Segelboot (*see*-ghöl-bôôt) *nt* (pl ~e) buque velero

Segelflugzeug (*see*-ghöl-fluuk-tssoik) *nt* (pl ~e) planeador *m*

Segelklub (*see*-ghöl-klup) *m* (pl ~s) club de yates

Segelsport (*see*-ghöl-ʃport) *m* deporte de vela

Segeltuch (*see*-ghöl-tuuj) *nt* lona *f*

Segen (*see*-ghön) *m* bendición *f*

segnen (*see*-ghnön) *v* *bendecir

***sehen** (*see*-ön) *v* *ver; ~ *lassen *mostrar

Sehenswürdigkeit (*see*-önss-vür-dij-kait) *f* (pl ~en) curiosidad *f*

Sehne (*see*-nö) *f* (pl ~n) tendón *m*

ich sehnen nach (*see*-nön) anhelar

Sehnsucht (*seen*-sujt) *f* (pl ̈e) anhelo *m*

ehr (seer) *adv* muy, mucho

eicht (saijt) *adj* poco profundo

eide (*sai*-dö) *f* seda *f*

eiden (*sai*-dön) *adj* sedoso

eife (*sai*-fö) *f* (pl ~n) jabón *m*

eifenpulver (*sai*-fön-pul-för) *nt* jabón en polvo

Seil (sail) *nt* (pl ~e) cuerda *f*, soga *f*

sein (sain) *pron* su

***sein** (sain) *v* *estar, *ser

seit (sait) *prep* desde

seitdem (sait-*deem*) *conj* desde que

Seite (*sai*-tö) *f* (pl ~n) lado *m*; página *f*; **zur ~** aparte

Seitenlicht (*sai*-tön-lijt) *nt* (pl ~er) luz lateral

Seitenschiff (*sai*-tön-ʃif) *nt* (pl ~e) nave lateral

Seitenstraße (*sai*-tön-ʃtraa-ssö) *f* (pl ~n) calle lateral

seither (sait-*heer*) *adv* desde entonces

seitwärts (*sait*-vêrtss) *adv* lateralmente

Sekretär (se-kre-*têêr*) *m* (pl ~e) secretario *m*

Sekretärin (se-kre-*têê*-rin) *f* (pl ~nen) secretaria *f*

Sekt (sêkt) *m* champán *m*

Sekunde (se-*kun*-dö) *f* (pl ~n) segundo *m*

selb (sêlb) *pron* mismo

selbst (sêlpsst) *pron* yo mismo; tú mismo; usted mismo; él mismo; ella misma; uno mismo; nosotros mismos; vosotros mismos; ustedes mismo; ellos mismos

selbständig (*sêlp*-ʃtên-dij) *adj* autónomo; independiente

Selbstbedienung (*sêlpsst*-bö-dii-nung) *f* autoservicio *m*

Selbstbedienungsrestaurant (*sêlpsst*-bö-dii-nungss-rêss-tô-rang) *nt* (pl ~s) restaurante de autoservicio, cafetería *f*

selbstgemacht (*sêlpsst*-ghö-majt) *adj* casero

Selbstklebeband (*sêlpsst*-klee-bö-bant) *nt* cinta adhesiva

Selbstlaut (*sêlpsst*-laut) *m* (pl ~e) vocal *f*

selbstlos (*sêlpsst*-lôôss) *adj* desinteresado

Selbstmord (*sélpsst*-mort) *m* (pl ~e) suicidio *m*

Selbstsucht (*sélpsst*-sujt) *f* egoísmo *m*

selbstsüchtig (*sélpsst*-süj-tij) *adj* egoísta

selbstverständlich (*sélpsst*-fêr-ſtênt-lij) *adj* evidente; *adv* por supuesto

Selbstverwaltung (*sélpsst*-fêr-val-tung) *f* autonomía *f*

Sellerie (*sé*-lö-rii) *m* apio *m*

selten (*sél*-tön) *adj* raro; infrecuente; *adv* pocas veces, raras veces

Selterswasser (*sél*-törss-va-ssör) *nt* agua de soda

seltsam (*sélt*-saam) *adj* curioso, raro

Senat (se-*naat*) *m* senado *m*

Senator (se-*naa*-tor) *m* (pl ~en) senador *m*

*senden (*sên*-dön) *v* mandar; emitir, transmitir

Sender (*sên*-dör) *m* (pl ~) emisor *m*

Sendung (*sên*-dung) *f* (pl ~en) envío *m*; transmisión *f*

Senf (sênf) *m* mostaza *f*

senil (se-*niil*) *adj* senil

senken (*sêng*-kön) *v* *reducir

senkrecht (*sêngk*-rêjt) *adj* vertical, perpendicular

Sensation (sên-sa-*tssyôôn*) *f* (pl ~en) sensación *f*

sensationell (sên-sa-tssyô-*nêl*) *adj* sensacional

sentimental (sên-ti-mên-*taal*) *adj* sentimental

September (sêp-*têm*-bör) septiembre *m*

septisch (*sêp*-tiſ) *adj* séptico

Serie (*see*-ryö) *f* (pl ~n) serie *f*

seriös (se-*ryööss*) *adj* serio

Serum (*see*-rum) *nt* (pl Seren) suero *m*

Serviette (sêr-*vyê*-tö) *f* (pl ~n) servilleta *f*

Sessel (*sê*-ssöl) *m* (pl ~) butaca *f*, si-

lla *f*

setzen (*sê*-tssön) *v* *poner; colocar; **sich ~** *sentarse

Sex (sêkss) *m* sexualidad *f*

Sexualität (sê-kssu-a-li-*têêt*) *f* sexualidad *f*

sexuell (sê-kssu-*êl*) *adj* sexual

Shampoo (ſêm-*puu*) *nt* champú *m*

Siam (*sii*-am) Siam *m*

Siamese (sya-*mee*-sö) *m* (pl ~n) siamés *m*

siamesisch (sya-*mee*-siſ) *adj* (pl ~en) siamés

sich (sij) *pron* se

sicher (*si*-jör) *adj* firme, seguro

Sicherheit (*si*-jör-hait) *f* seguridad *f*

Sicherheitsgurt (*si*-jör-haitss-ghurt) *m* (pl ~e) cinturón de seguridad

Sicherheitsnadel (*si*-jör-haitss-naa-döl) *f* (pl ~n) imperdible *m*

sicherlich (*si*-jör-lij) *adv* seguramente

Sicherung (*si*-jö-rung) *f* (pl ~en) fusible *m*

Sicht (sijt) *f* vista *f*

sichtbar (*sijt*-baar) *adj* visible

Sichtweite (*sijt*-vai-tö) *f* visibilidad *f*

Sie (sii) *pron* usted

sie (sii) *pron* ella; la; ellos; les

Sieb (siip) *nt* (pl ~e) tamiz *m*

sieben¹ (*sii*-bön) *v* tamizar; filtrar

sieben² (*sii*-bön) *num* siete

siebente (*sii*-bön-tö) *num* séptimo

siebzehn (*siip*-tsseen) *num* diecisiete

siebzehnte (*siip*-tsseen-tö) *num* decimoséptimo

siebzig (*siip*-tssij) *num* setenta

Sieg (siik) *m* (pl ~e) victoria *f*

Siegel (*sii*-ghöl) *nt* (pl ~) sello *m*

Sieger (*sii*-dhör) *m* (pl ~) vencedor *m*

Signal (si-*ghnaal*) *nt* (pl ~e) señal *f*

signalisieren (si-ghna-li-*sii*-rön) *v* *hacer señales

Silbe (*sil*-bö) *f* (pl ~n) sílaba *f*

Silber (*sil*-bör) *nt* plata *f*; plata labra

da

silbern (*sil*-börn) *adj* de plata

Silberschmied (*sil*-bör-ʃmiit) *m* (pl ~e) platero *m*

*** singen** (*sing*-ön) *v* cantar

*** sinken** (*sing*-kön) *v* hundirse

Sinn (sin) *m* (pl ~e) sentido *m*

sinnlos (*sin*-lôôss) *adj* sin sentido

Siphon (si-*foŋ*) *m* (pl ~s) sifón *m*

Sirene (si-*ree*-nö) *f* (pl ~n) sirena *f*

Sirup (*sii*-rup) *m* jarabe *m*

Sitte (*si*-tö) *f* (pl ~n) costumbre *f*; **Sitten** costumbres

Sittich (*si*-tij) *m* (pl ~e) cotorra *f*

sittlich (*sit*-lij) *adj* moral

Sitz (sitss) *m* (pl ~e) asiento *m*; sede *f*

*** sitzen** (*si*-tssön) *v* *estar sentado

Sitzung (*si*-tssung) *f* (pl ~en) sesión *f*

Skandal (sskan-*daal*) *m* (pl ~e) escándalo *m*

Skandinavien (sskan-di-*naa*-vyön) Escandinavia *f*

Skandinavier (sskan-di-*naa*-vyör) *m* (pl ~) escandinavo *m*

skandinavisch (sskan-di-*naa*-viʃ) *adj* escandinavo

Skelett (sske-*lêt*) *nt* (pl ~e) esqueleto *m*

Skizze (*sski*-tssö) *f* (pl ~n) bosquejo *m*

Skizzenbuch (*sski*-tssön-buuj) *nt* (pl ~er) cuaderno de diseño

skizzieren (sski-*tssii*-rön) *v* bosquejar

Sklave (*ssklaa*-vö) *m* (pl ~n) esclavo *m*

Skulptur (sskulp-*tuur*) *f* (pl ~en) escultura *f*

Slip (sslip) *m* (pl ~s) braga *f*

Smaragd (ssma-*rakt*) *m* (pl ~e) esmeralda *f*

Smoking (ssmôô-king) *m* (pl ~s) smoking *m*

Snackbar (ssnêk-baar) *f* (pl ~s) cafe-

so (sôô) *adv* así; tan; ~ **daß** así que

sobald als (sôô-*balt* alss) tan pronto como

Socke (*so*-kö) *f* (pl ~n) calcetín *m*

Sodawasser (*sôô*-da-va-ssör) *nt* soda *f*

Sodbrennen (*sôôt*-brê-nön) *nt* acidez *f*

soeben (sô-*ee*-bön) *adv* ahora mismo

Sofa (*sôô*-fa) *nt* (pl ~s) sofá *m*

sofort (sô-*fort*) *adv* en seguida; al instante, directamente, de inmediato

sofortig (sô-*for*-tij) *adj* inmediato

sogar (sô-*ghaar*) *adv* aun

sogenannt (*sôô*-ghö-nant) *adj* así llamado

sogleich (sô-*ghlaij*) *adv* inmediatamente, dentro de poco

Sohle (*sôô*-lö) *f* (pl ~n) suela *f*

Sohn (sôôn) *m* (pl ~e) hijo *m*

solch (solj) *pron* tal

Soldat (sol-*daat*) *m* (pl ~en) soldado *m*; militar *m*

solide (sô-*lii*-dö) *adj* sólido

Solistenkonzert (sô-*liss*-tön-kon-tssêrt) *nt* (pl ~e) recital *m*

Soll (sol) *nt* debe *m*

sollen (*so*-lön) *v* *tener que

Sommer (*so*-mör) *m* (pl ~) verano *m*

Sommerhaus (*so*-mör-hauss) *nt* (pl ~er) casa de campo

Sommerzeit (*so*-mör-tssait) *f* horario de verano

sonderbar (*son*-dör-baar) *adj* raro, peculiar, extraño

sondern (*son*-dörn) *conj* pero

Sonnabend (*son*-aa-bönt) *m* sábado *m*

Sonne (*so*-nö) *f* (pl ~n) sol *m*

sich sonnen (*so*-nön) tomar el sol

Sonnenaufgang (*so*-nön-auf-ghang) *m* (pl ~e) amanecer *m*

Sonnenbrand (*so*-nön-brant) *m* quemadura del sol

Sonnenbrille (so-nön-bri-lö) f (pl ~n) gafas de sol

Sonnenlicht (so-nön-lijt) nt luz del sol

Sonnenöl (so-nön-ööl) nt aceite bronceador

Sonnenschein (so-nön-ʃain) m sol m

Sonnenschirm (so-nön-ʃirm) m (pl ~e) quitasol m

Sonnenstich (so-nön-ʃtij) m insolación f

Sonnenuntergang (so-nön-un-tör-ghang) m (pl ~e) ocaso m

sonnig (so-nij) adj soleado

Sonntag (son-taak) m domingo m

sonst (sonsst) adv si no

Sorge (sor-ghö) f (pl ~n) cuidado m; preocupación f

sorgen für (sor-ghön) *atender a, cuidar de; **sich sorgen um** preocuparse de

sorgfältig (sork-fêl-tij) adj pulcro; escrupuloso; minucioso

Sorte (sor-tö) f (pl ~n) género m, clase f

sortieren (sor-tii-rön) v clasificar; ordenar

Sortiment (sor-ti-mênt) nt (pl ~e) surtido m

Soße (sôô-ssö) f (pl ~n) salsa f

Souvenir (suu-vê-nir) nt (pl ~s) recuerdo m

sowohl ... als auch (sô-vôôl ... alss auj) tanto ... como

sozial (sô-tssyaal) adj social

Sozialismus (sô-tssya-liss-muss) m socialismo m

Sozialist (sô-tyssa-lisst) m (pl ~en) socialista m

sozialistisch (sô-tssya-liss-tiʃ) adj socialista

spähen (ʃpêê-ön) v espiar

Spalt (ʃpalt) m (pl ~e) hendidura f; grieta f

Spalte (ʃpal-tö) f (pl ~n) grieta f; columna f

spalten (ʃpal-tön) v *hender

Spanien (ʃpaa-nyön) España f

Spanier (ʃpaa-nyör) m (pl ~) español m

spanisch (ʃpaa-niʃ) adj español

spannen (ʃpa-nön) v *apretar

Spannkraft (ʃpan-kraft) f elasticidad f

Spannung (ʃpa-nung) f (pl ~en) tensión f; esfuerzo m, tensión m; voltaje m

sparen (ʃpaa-rön) v economizar, ahorrar

Spargel (ʃpar-ghöl) m espárrago m

Sparkasse (ʃpaar-ka-ssö) f (pl ~n) caja de ahorros

sparsam (ʃpaar-saam) adj económico; parsimonioso

Spaß (ʃpaass) m diversión f

spaßig (ʃpaa-ssij) adj chistoso, gracioso

spät (ʃpêêt) adj tardío; **später** después

Spaten (ʃpaa-tön) m (pl ~) pala f

spazieren (ʃpa-tssii-rön) v pasear

Spaziergang (ʃpa-tssiir-ghang) m (pl ~e) caminata f

Spaziergänger (ʃpa-tssiir-ghêng-ör) m (pl ~) paseante m

Spazierstock (ʃpa-tssiir-ʃtok) m (pl ~e) bastón m

Speck (ʃpêk) m tocino m

Speer (ʃpeer) m (pl ~e) lanza f

Speiche (ʃpai-jö) f (pl ~n) radio m

Speichel (ʃpai-jöl) m esputo m

Speise (ʃpai-sö) f (pl ~n) alimento m

Speisekammer (ʃpai-sö-ka-mör) f (pl ~n) despensa f

Speisekarte (ʃpai-sö-kar-tö) f (pl ~en) menú m

speisen (ʃpai-sön) v cenar

Speisesaal (ʃpai-sö-saal) m (pl -säle) comedor m

Speisewagen (/ʃpai-sö-vaa-ghön) m (pl ~) coche comedor

Speisezimmer (/ʃpai-sö-tssi-mör) nt (pl ~) comedor m

spekulieren (ʃpe-ku-lii-rön) v especular

Spende (/ʃpên-dö) f (pl ~n) donación f

spenden (/ʃpên-dön) v donar

Sperling (/ʃpêr-ling) m (pl ~e) gorrión m

sperren (/ʃpê-rön) v bloquear

Sperrsitz (/ʃpêr-sitss) m (pl ~e) butaca f

sich spezialisieren (ʃpe-tssya-li-sii-rön) especializarse

Spezialist (ʃpe-tssya-lisst) m (pl ~en) especialista m

Spezialität (ʃpe-tssya-li-têêt) f (pl ~en) especialidad f

speziell (ʃpe-tssyêl) adj especial; adv en particular

spezifisch (ʃpe-tssii-fiʃ) adj específico

Spiegel (/ʃpii-ghöl) m (pl ~) espejo m

Spiegelbild (/ʃpii-ghöl-bilt) nt (pl ~er) imagen reflejada

Spiegelung (/ʃpii-ghö-lung) f (pl ~en) reflejo m

Spiel (ʃpiil) nt (pl ~e) juego m; partido m

spielen (/ʃpii-lön) v *jugar; tocar; actuar

Spieler (/ʃpii-lör) m (pl ~) jugador m

Spielkarte (/ʃpiil-kar-tö) f (pl ~n) naipe m

Spielmarke (/ʃpiil-mar-kö) f (pl ~n) ficha f

Spielplatz (/ʃpiil-platss) m (pl ~e) terreno de recreo público, patio de recreo

Spielstand (/ʃpiil-ʃtant) m tanteo m

Spielwarenladen (/ʃpiil-vaa-rön-laa-dön) m (pl ~) juguetería f

Spielzeug (/ʃpiil-tssoik) nt (pl ~e) ju-

guete m

spießbürgerlich (/ʃpiiss-bür-ghör-lij) adj burgués

Spinat (ʃpi-naat) m espinacas fpl

Spinne (/ʃpi-nö) f (pl ~n) araña f

*spinnen (/ʃpi-nön) v hilar

Spinnwebe (/ʃpin-vee-bö) f (pl ~n) tela de araña, telaraña f

Spion (ʃpi-ôôn) m (pl ~e) espía m

Spirituosen (ʃpi-ri-tu-ôô-sön) pl bebidas espirituosas, bebidas alcohólicas

Spirituosenladen (ʃpi-ri-tu-ôô-sön-laa-dön) m (pl ~) almacén de licores

Spirituskocher (/ʃpii-ri-tuss-ko-jör) m (pl ~) calentador de alcohol

spitz (ʃpitss) adj puntiagudo

Spitze (/ʃpi-tssö) f (pl ~n) punta f; cumbre f; parte superior; aguja f; puntilla f

Spitzhacke (/ʃpitss-ha-kö) f (pl ~n) pico m

Spitzname (/ʃpitss-naa-mö) m (pl ~n) mote m

Splitter (/ʃpli-tör) m (pl ~) astilla f

Sport (ʃport) m (pl ~e) deporte m

Sportjacke (/ʃport-ya-kö) f (pl ~n) chaqueta de deporte, chaqueta de sport

Sportkleidung (/ʃport-klai-dung) f conjunto de deporte

Sportler (/ʃport-lör) m (pl ~) deportista m

Sportwagen (/ʃport-vaa-ghön) m (pl ~) coche de carreras

Spott (ʃpot) m burla f

Sprache (/ʃpraa-jö) f (pl ~n) habla f; lenguaje m; lengua f

Sprachführer (/ʃpraaj-füü-rör) m (pl ~) manual de conversación

Sprachlabor (/ʃpraaj-la-bôôr) nt (pl ~e) laboratorio de lenguas

sprachlos (/ʃpraaj-lôôss) adj atónito

Spray (sspree) nt (pl ~s) aerosol m

*sprechen (/ʃprê-jön) v hablar

Sprechstunde (/ʃprêj-ʃtun-dö) f (pl ~n) horas de consulta

Sprechzimmer (/ʃprêj-tssi-mör) nt (pl ~) consultorio m

Sprengstoff (/ʃprêng-ʃtof) m (pl ~e) explosivo m

Sprichwort (/ʃprij-vort) nt (pl ~̈er) proverbio m

Springbrunnen (/ʃpring-bru-nön) m (pl ~) fuente f

* **springen** (/ʃpring-ön) v saltar

Spritze (/ʃpri-tssö) f (pl ~n) inyección f; jeringa f

Sprühregen (/ʃprüü-ree-ghön) m llovizna f

Sprung (ʃprung) m (pl ~̈e) salto m

Spucke (/ʃpu-kö) f saliva f

spucken (/ʃpu-kön) v escupir

Spule (/ʃpuu-lö) f (pl ~n) bobina f

spülen (/ʃpüü-lön) v enjuagar

Spülung (/ʃpüü-lung) f (pl ~en) enjuague m

Spur (ʃpuur) f (pl ~en) huella f

spüren (/ʃpüü-rön) v *sentir

Staat (ʃtaat) m (pl ~en) Estado m; **Staats-** del Estado

Staatsangehörige (/ʃtaatss-an-ghö-höö-ri-ghö) m (pl ~n) súbdito m

Staatsangehörigkeit (/ʃtaatss-an-ghö-höö-rij-kait) f nacionalidad f; ciudadanía f

Staatsbeamte (/ʃtaatss-bö-am-tö) m (pl ~n) funcionario m

Staatsmann (/ʃtaatss-man) m (pl ~̈er) estadista m

Staatsoberhaupt (/ʃtaatss-ôô-bör-haupt) nt (pl ~̈er) jefe de Estado

stabil (ʃta-biil) adj estable

Stachelbeere (/ʃta-jöl-bee-rö) f (pl ~n) grosella espinosa

Stachelschwein (/ʃta-jöl-ʃvain) m (pl ~e) puerco espín

Stadion (/ʃtaa-dyon) nt (pl -dien) estadio m

Stadium (/ʃtaa-dyum) nt (pl -dien) fase f

Stadt (ʃtat) f (pl ~̈e) ciudad f

Städter (/ʃtêê-tör) mpl ciudadanos mpl

städtisch (/ʃtê-tiʃ) adj urbano; municipal

Stadtverwaltung (/ʃtat-fêr-val-tung) f (pl ~en) municipalidad f

Stadtviertel (/ʃtat-fir-töl) nt (pl ~) barrio m

Stadtzentrum (/ʃtat-tssên-trum) nt (pl -zentren) centro de la ciudad

Stahl (ʃtaal) m acero m; **nichtrostender** ~ acero inoxidable

Stahlkammer (/ʃtaal-ka-mör) f (pl ~n) caja de caudales

Stall (ʃtal) m (pl ~̈e) establo m

Stamm (ʃtam) m (pl ~̈e) tronco m; tribu m

stammeln (/ʃta-möln) v balbucear

stämmig (/ʃtê-mij) adj corpulento

stampfen (/ʃtam-pfön) v patear

Stand (ʃtant) m (pl ~̈e) puesto m; nivel m

Standbild (/ʃtant-bilt) nt (pl ~er) estatua f

standhaft (/ʃtant-haft) adj constante

Standpunkt (/ʃtant-pungkt) m (pl ~e) punto de vista

Stange (/ʃtang-ö) f (pl ~n) barra f; barrote m; cartón m

Stanniol (ʃta-nyôôl) nt papel de estaño

Stapel (/ʃtaa-pöl) m (pl ~) montón m

Stapellauf (/ʃtaa-pöl-lauf) m botadura f

Star (ʃtaar) m (pl ~e) estornino m

stark (ʃtark) adj fuerte; robusto

Stärke (/ʃtêr-kö) f fuerza f; almidón m

stärken (/ʃtêr-kön) v almidonar

Stärkungsmittel (/ʃtêr-kungss-mi-töl) nt (pl ~) tónico m

starr (ʃtar) *adj* entumecido

starren (ʃta-rön) *v* mirar

starrköpfig (ʃtar-kö-pfij) *adj* cabezudo, obstinado; testarudo

Start (ʃtart) *m* despegue *m*

Startbahn (ʃtart-baan) *f* (pl ~en) pista de aterrizaje

starten (ʃtar-tön) *v* despegar

Stationsvorsteher (ʃta-tssyôônss-fôôr-ʃtee-ör) *m* (pl ~) jefe de estación

Statistik (ʃta-*tiss*-tik) *f* (pl ~en) estadística *f*

statt (ʃtat) *prep* en lugar de

* **stattfinden** (ʃtat-fin-dön) *v* *tener lugar

stattlich (ʃtat-lij) *adj* guapo

Staub (ʃtaup) *m* polvo *m*

staubig (ʃtau-bij) *adj* polvoriento

staubsaugen (ʃtaup-sau-ghön) *v* pasar el aspirador

Staubsauger (ʃtaup-sau-ghör) *m* (pl ~) aspirador *m*

Steak (ssteek) *nt* (pl ~s) biftec *m*

Stechen (ʃtê-jön) *nt* punzada *f*

stechen (ʃtê-jön) *v* pinchar; picar

stecken (ʃtê-kön) *v* meter

Steckenpferd (ʃtê-kön-pfeert) *nt* (pl ~e) comidilla *f*; afición *f*

Stecker (ʃtê-kör) *m* (pl ~) enchufe *m*

Stecknadel (ʃtêk-naa-döl) *f* (pl ~n) alfiler *m*

stehen (ʃtee-ön) *v* *estar de pie; **gut ~** *sentar bien

stehlen (ʃtee-lön) *v* hurtar

steif (ʃtaif) *adj* tieso

Steigbügel (ʃtaik-büü-ghöl) *m* (pl ~) estribo *m*

steigen (ʃtai-ghön) *v* subir; trepar

Steigung (ʃtai-ghung) *f* (pl ~en) subida *f*

steil (ʃtail) *adj* abrupto

Stein (ʃtain) *m* (pl ~e) piedra *f*

Steinbruch (ʃtain-bruj) *m* (pl ~e) cantera *f*

steinern (ʃtai-nörn) *adj* de piedra

Steingarnele (ʃtain-ghar-nee-lö) *f* (pl ~n) gamba *f*

Steingut (ʃtain-ghuut) *nt* loza *f*, cerámica *f*

Stelle (ʃtê-lö) *f* (pl ~n) lugar *m*; puesto *m*; trozo *m*; **wunde ~** llaga *f*

stellen (ʃtê-lön) *v* plantear, *poner; colocar

Stellung (ʃtê-lung) *f* (pl ~en) puesto *m*

Stellvertreter (ʃtêl-fêr-tree-tör) *m* (pl ~) sustituto *m*

Stempel (ʃtêm-pöl) *m* (pl ~) sello *m*

Stenograph (ʃte-nô-*ghraaf*) *m* (pl ~en) taquígrafo *m*

Stenographie (ʃte-nô-ghra-*fii*) *f* taquigrafía *f*

Stenotypistin (ʃte-nô-tü-*piss*-tin) *f* (pl ~nen) dactilógrafa *f*

Steppdecke (ʃtêp-dê-kö) *f* (pl ~n) colcha *f*

* **sterben** (ʃtêr-bön) *v* *morir; *fallecer

sterblich (ʃtêrp-lij) *adj* mortal

steril (ʃte-*riil*) *adj* estéril

sterilisieren (ʃte-ri-li-*sii*-rön) *v* esterilizar

Stern (ʃtêrn) *m* (pl ~e) estrella *f*

stetig (ʃtee-tij) *adj* constante

Steuer (ʃtoi-ör) *f* (pl ~n) impuesto *m*

Steuerbord (ʃtoi-ör-bort) *nt* estribor *m*

steuerfrei (ʃtoi-ör-frai) *adj* libre de impuestos

Steuermann (ʃtoi-ör-man) *m* (pl ~er) timonero *m*, timonel *m*

steuern (ʃtoi-örn) *v* navegar

Steuerrad (ʃtoi-ör-raat) *nt* volante *m*

Steuerruder (ʃtoi-ör-ruu-dör) *nt* (pl ~) timón *m*

Steward (sstyuu-ört) *m* (pl ~s) camarero *m*

Stewardeß (*sstyuu*-ör-dèss) f (pl -dessen) azafata f

Stich (ʃtij) m (pl ~e) picadura f; punto m, sutura f; estampa f, grabado m

sticken (*ʃti*-kön) v bordar

Stickerei (ʃti-kö-*rai*) f (pl ~en) bordado m

stickig (*ʃti*-kij) adj sofocante

Stickstoff (*ʃtik*-ʃtof) m nitrógeno m

Stiefel (*ʃtii*-föl) m (pl ~) bota f

Stiefkind (*ʃtiif*-kint) nt (pl ~er) hijastro m

Stiefmutter (*ʃtiif*-mu-tör) f (pl ~) madrastra f

Stiefvater (*ʃtiif*-faa-tör) m (pl ~) padrastro m

Stiel (ʃtiil) m (pl ~e) mango m; tallo m

Stier (ʃtiir) m (pl ~e) toro m

Stierkampf (*ʃtiir*-kampf) m (pl ~e) corrida de toros

Stierkampfarena (*ʃtiir*-kampf-a-ree-na) f (pl -arenen) plaza de toros

stiften (*ʃtif*-tön) v fundar

Stiftung (*ʃtif*-tung) f (pl ~en) fundación f

Stil (ʃtiil) m (pl ~e) estilo m

still (ʃtil) adj callado; quieto, tranquilo

Stille (*ʃti*-lö) f silencio m

stillen (*ʃti*-lön) v amamantar

Stille Ozean (*ʃti*-lö ôô-tsse-aan) Océano Pacífico

stillstehend (*ʃtil*-ʃtee-önt) adj estacionario

Stimme (*ʃti*-mö) f (pl ~n) voz f; voto m

stimmen (*ʃti*-mön) v votar

Stimmung (*ʃti*-mung) f (pl ~en) humor m, moral f; esfera f, ambiente m

*stinken (*ʃting*-kön) v *heder; apestar

Stipendium (ʃti-*pên*-dyum) nt (pl -di-

en) beca f

Stirn (ʃtirn) f frente f

Stock (ʃtok) m (pl ~e) palo m; bastón m

Stockwerk (*ʃtok*-vêrk) nt (pl ~e) piso m

Stoff (ʃtof) m (pl ~e) materia f; tejido m; sujeto m

stofflich (*ʃtof*-lij) adj material

stöhnen (*ʃtöö*-nön) v *gemir

Stola (*ʃtôô*-la) f (pl ~s) estola f

stolpern (*ʃtol*-pörn) v *tropezarse

Stolz (ʃtoltss) m orgullo m

stolz (ʃtoltss) adj orgulloso

stopfen (*ʃto*-pfön) v zurcir

Stopfgarn (*ʃtopf*-gharn) nt hilo de zurcir

Stöpsel (*ʃtö*-pssöl) m (pl ~) tapón m

Storch (ʃtorj) m (pl ~e) cigüeña f

stören (*ʃtöö*-rön) v estorbar, molestar; trastornar

Störung (*ʃtöö*-rung) f (pl ~en) disturbio m

Stoß (ʃtôôss) m (pl ~e) topetón m; empujón m

Stoßdämpfer (*ʃtôôss*-dêm-pför) m (pl ~) amortiguador m

*stoßen (*ʃtôô*-ssön) v topetar; empujar; patear

Stoßstange (*ʃtôôss*-ʃtang-ö) f (pl ~n) parachoques m; defensa fMe

Strafe (*ʃtraa*-fö) f (pl ~n) castigo m

strafen (*ʃtraa*-fön) v castigar

straffen (*ʃtra*-fön) v *apretar

Strafrecht (*ʃtraaf*-rêjt) nt derecho penal

Strafstoß (*ʃtraaf*-ʃtôôss) m (pl ~e) penalty m

Strahl (ʃtraal) m (pl ~en) rayo m; chisguete m, chorro m

strahlen (*ʃtraa*-lön) v *relucir

Strahlturbine (*ʃtraal*-tur-bii-nö) f (pl ~n) avión turborreactor

stramm (ʃtram) adj estrecho

Strand (ʃtrant) *m* (pl ∼e) playa *f*

Straße (/traa-ssö) *f* (pl ∼n) calle *f*, camino *m*

Straßenarbeiten (/traa-ssön-ar-bai-tön) *fpl* camino en obras

Straßenbahn (/traa-ssön-baan) *f* (pl ∼en) tranvía *m*

Straßenkreuzung (/traa-ssön-kroi-tssung) *f* (pl ∼en) encrucijada *f*

Straßennetz (/traa-ssön-nêtss) *nt* (pl ∼e) red de carreteras

Straßenseite (/traa-ssön-sai-tö) *f* (pl ∼n) borde del camino

Strauch (ʃtrauj) *m* (pl ∼er) arbusto *m*

Strauß¹ (ʃtrauss) *m* (pl ∼e) ramo *m*

Strauß² (ʃtrauss) *m* (pl ∼e) avestruz *m*

streben (/tree-bön) *v* aspirar

strebsam (/treep-saam) *adj* ambicioso

Strecke (/trê-kö) *f* (pl ∼n) trecho *m*

*streichen (/trai-jön) *v* arriar

Streichholz (/traij-holtss) *nt* (pl ∼er) cerilla *f*; cerillo *mMe*

Streichholzschachtel (/traij-holtss-ʃaj-töl) *f* (pl ∼n) caja de cerillas

Streife (/trai-fö) *f* (pl ∼n) patrulla *f*

Streifen (/trai-fön) *m* (pl ∼) faja *f*; raya *f*

Streik (ʃtraik) *m* (pl ∼s) huelga *f*

streiken (/trai-kön) *v* *estar en huelga

Streit (ʃtrait) *m* disputa *f*; lucha *f*; pelea *f*, combate *m*; **Streit-** controvertido

streiten (/trai-tön) *v* *reñir; disputar

Streitigkeit (/trai-tij-kait) *f* (pl ∼en) contienda *f*

Streitkräfte (/trait-krêf-tö) *pl* fuerzas armadas

streitsüchtig (/trait-süj-tij) *adj* alborotador

streng (ʃtrêng) *adj* severo, estricto; riguroso

Strich (ʃtrij) *m* (pl ∼e) raya *f*

Strichpunkt (/trij-pungkt) *m* (pl ∼e) punto y coma

stricken (/tri-kön) *v* *hacer punto

Stroh (ʃtrôô) *nt* paja *f*

Strohdach (/trôô-daj) *nt* (pl ∼er) techo de paja

Strom (ʃtrôôm) *m* (pl ∼e) corriente *f*

stromabwärts (ʃtrôôm-*ap*-vêrtss) *adv* río abajo

stromaufwärts (ʃtrôôm-*auf*-vêrtss) *adv* río arriba

strömen (/tröö-mön) *v* correr; *fluir

Stromschnelle (/trôôm-ʃnê-lö) *f* (pl ∼n) rápidos de río

Strömung (/tröö-mung) *f* (pl ∼en) corriente *f*

Stromverteiler (/trôôm-fêr-tai-lör) *m* distribuidor *m*

Strophe (/trôô-fö) *f* (pl ∼n) estrofa *f*

Struktur (ʃtruk-*tuur*) *f* (pl ∼en) estructura *f*; textura *f*

Strumpf (ʃtrumpf) *m* (pl ∼e) media *f*; **elastische Strümpfe** medias elásticas

Strumpfhose (/trumpf-hôô-sö) *f* (pl ∼n) media pantalón

Stück (ʃtük) *nt* (pl ∼e) fragmento *m*, pedazo *m*; pieza *f*; terrón *m*, trozo *m*

Stückchen (/tük-jön) *nt* (pl ∼) pedazo *m*, trozo *m*

Student (ʃtu-*dênt*) *m* (pl ∼en) estudiante *m*

Studentin (ʃtu-*dên*-tin) *f* (pl ∼nen) estudiante *f*

Studienrat (/tuu-dyön-raat) *m* (pl ∼e) profesor *m*

studieren (ʃtu-*dii*-rön) *v* estudiar

Studium (/tuu-dyum) *nt* (pl -dien) estudio *m*

Stufe (/tuu-fö) *f* (pl ∼n) peldaño *m*

Stuhl (ʃtuul) *m* (pl ∼e) silla *f*

stumm (ʃtum) *adj* mudo

stumpf (ʃtumpf) *adj* obtuso, desafilado; embotado

Stunde (*ftun*-dö) *f* (pl ~n) hora *f*
stündlich (*ftünt*-lij) *adj* a cada hora
Sturm (ʃturm) *m* (pl ~̈e) tormenta *f*, ventarrón *m*
stürmen (*ftür*-mön) *v* correr
stürmisch (*ftür*-miʃ) *adj* tempestuoso
Sturmlaterne (*ʃturm*-la-têr-nö) *f* (pl ~n) lámpara sorda
Sturz (ʃturtss) *m* (pl ~̈e) caída *f*
Stute (*ftuu*-tö) *f* (pl ~n) yegua *f*
stutzen (*ftu*-tssön) *v* recortar
stützen (*ftü*-tssön) *v* *sostener, soportar
Suaheli (ssᵘa-*hee*-li) *nt* suahili *m*
Subjekt (sup-*yêkt*) *nt* (pl ~e) sujeto *m*
Substantiv (*sup*-sstan-tiif) *nt* (pl ~e) substantivo *m*
Substanz (sup-*sstantss*) *f* (pl ~en) sustancia *f*
subtil (sup-*tiil*) *adj* sutil
subtrahieren (sup-tra-*hii*-rön) *v* restar
Subvention (sup-vên-*tssyôôn*) *f* (pl ~en) subsidio *m*
Suche (*suu*-jö) *f* búsqueda *f*
suchen (*suu*-jön) *v* buscar
Sucher (*suu*-jör) *m* visor *m*
Südafrika (*süüt*-aa-fri-ka) África del Sur
Süden (*süü*-dön) *m* sur *m*
südlich (*süüt*-lij) *adj* meridional
Südosten (süüt-*oss*-tön) *m* sudeste *m*
Südpol (*süüt*-pôôl) *m* polo sur
Südwesten (süüt-*vêss*-tön) *m* sudoeste *m*
Summe (*su*-mö) *f* (pl ~n) suma *f*
summen (*su*-mön) *v* tararear
Sumpf (sumpf) *m* (pl ~̈e) pantano *m*
sumpfig (*sum*-pfij) *adj* pantanoso
Sünde (*sün*-dö) *f* (pl ~n) pecado *m*
Sündenbock (*sün*-dön-bok) *m* (pl ~̈e) cabeza de turco
Superlativ (*suu*-pêr-la-tiif) *m* superlativo *m*

Supermarkt (*suu*-pêr-markt) *m* (pl ~̈e) supermercado *m*
Suppe (*su*-pö) *f* (pl ~n) sopa *f*
Suppenlöffel (*su*-pön-lö-föl) *m* (pl ~) cuchara *f*
Suppenteller (*su*-pön-tê-lör) *m* (pl ~) plato para sopa
suspendieren (suss-pên-*dii*-rön) *v* suspender
süß (süüss) *adj* dulce
süßen (*süü*-sson) *v* endulzar
Süßigkeiten (*süü*-ssij-kai-tön) *fpl* golosinas, dulces
Süßwarengeschäft (*süüss*-vaa-rön-ghö-ʃêft) *nt* (pl ~e) confitería *f*
Süßwasser (*süüss*-va-ssör) *nt* agua dulce
Sweater (*ssvee*-tör) *m* (pl ~) suéter *m*
Symbol (süm-*bôôl*) *nt* (pl ~e) símbolo *m*
Sympathie (süm-pa-*tii*) *f* simpatía *f*
sympathisch (süm-*paa*-tiʃ) *adj* cordial, simpático
Symphonie (süm-fô-*nii*) *f* (pl ~n) sinfonía *f*
Symptom (sümp-*tôôm*) *nt* (pl ~e) síntoma *m*
Synagoge (sü-na-*ghôô*-ghö) *f* (pl ~n) sinagoga *f*
Synonym (sü-nô-*nüüm*) *nt* (pl ~e) sinónimo *m*
synthetisch (sün-*tee*-tiʃ) *adj* sintético
Syrer (*süü*-rör) *m* (pl ~) sirio *m*
Syrien (*süü*-ryön) Siria *f*
syrisch (*süü*-riʃ) *adj* sirio
System (süss-*teem*) *nt* (pl ~e) sistema *m*
systematisch (süss-te-*maa*-tiʃ) *adj* sistemático
Szene (*sstssee*-nö) *f* (pl ~n) escena *f*

T

Tabak (*taa*-bak) *m* tabaco *m*; tabaco de pipa

Tabakhändler (*taa*-bak-hên-dlör) *m* (pl ~) estanquero *m*

Tabakladen (*taa*-bak-laa-dön) *m* (pl ~̈) estanco *m*

Tabaksbeutel (*taa*-bakss-boi-töl) *m* (pl ~) petaca *f*

Tabelle (ta-*bê*-lö) *f* (pl ~n) tabla *f*

Tablett (ta-*blêt*) *nt* (pl ~s) bandeja *f*; charola *f* Me

Tablette (ta-*blê*-tö) *f* (pl ~n) pastilla *f*

Tabu (ta-*buu*) *nt* (pl ~s) tabú *m*

tadellos (*taa*-döl-lôôss) *adj* impecable

tadeln (*taa*-döln) *v* reprender

Tafel (*taa*-föl) (pl ~n) tablero *m*

Täfelung (*têê*-fö-lung) *f* enmaderado *m*

Tag (taak) *m* (pl ~e) día *m*; **bei Tage** de día; **eines Tages** uno u otro día; **guten Tag!** ¡buenos días!; **pro ~** a diario; **vierzehn Tage** quincena *f*

Tagebuch (*taa*-ghö-buuj) *nt* (pl ~̈er) diario *m*

Tagesanbruch (*taa*-ghöss-an-bruj) *m* amanecer *m*, aurora *f*

Tagesausflug (*taa*-ghöss-auss-fluuk) *m* (pl ~̈e) jornada *f*

Tageslicht (*taa*-ghöss-lijt) *nt* luz del día

Tagesordnung (*taa*-ghöss-or-dnung) *f* (pl ~en) orden del día

Tageszeitung (*taa*-ghöss-tssai-tung) *f* (pl ~en) diario *m*

täglich (*têê*k-lij) *adj* diario

Tagung (*taa*-ghung) *f* (pl ~en) congreso *m*

Taille (ta-lyö) *f* (pl ~n) cintura *f*

Taktik (*tak*-tik) *f* (pl ~en) táctica *f*

Tal (taal) *nt* (pl ~̈er) valle *m*

Talent (ta-*lênt*) *nt* (pl ~e) talento *m*, aptitud *f*

Talkpuder (*talk*-puu-dör) *m* talco *m*

Tampon (tang-*pong*) *m* (pl ~s) tapón *m*

Tank (tangk) *m* (pl ~s) tanque *m*

tanken (*tang*-kön) *v* llenar el depósito

Tankschiff (*tangk*-ʃif) *nt* (pl ~e) buque cisterna

Tankstelle (*tangk*-ʃtê-lö) *f* (pl ~n) puesto de gasolina, estación de servicio

Tanne (*ta*-nö) *f* (pl ~n) pino *m*

Tante (*tan*-tö) *f* (pl ~n) tía *f*

Tanz (tantss) *m* (pl ~̈e) baile *m*

tanzen (*tan*-tssön) *v* bailar

Tapete (ta-*pee*-tö) *f* (pl ~n) papel pintado

tapfer (*ta*-pför) *adj* valiente

Tapferkeit (*ta*-pför-kait) *f* valor *m*

Tarif (ta-*riif*) *m* (pl ~e) arancel *m*, tarifa *f*

Tasche (ta-ʃö) *f* (pl ~n) bolso *m*; bolsillo *m*

Taschenbuch (ta-ʃön-buuj) *nt* (pl -bücher) libro de bolsillo

Taschenkamm (ta-ʃön-kam) *m* (pl ~̈e) peine de bolsillo

Taschenlampe (ta-ʃön-lam-pö) *f* (pl ~n) linterna *f*

Taschenmesser (ta-ʃön-mê-ssör) *nt* (pl ~) cortaplumas *m*, navaja *f*

Taschentuch (ta-ʃön-tuuj) *nt* (pl ~̈er) pañuelo *m*

Taschenuhr (ta-ʃön-uur) *f* (pl ~en) reloj de bolsillo

Tasse (ta-ssö) *f* (pl ~n) taza *f*

Tastsinn (*tasst*-sin) *m* tacto *m*

Tat (taat) *f* (pl ~en) acto *m*

Tätigkeit (*têê*-tij-kait) *f* (pl ~en) trabajo *m*; empleo *m*

Tatsache (*taat*-sa-jö) *f* (pl ~n) hecho *m*

tatsächlich (taat-*sêj*-lij) *adj* verdadero,

real; *adv* efectivamente, en realidad; verdaderamente
Tau (tau) *m* rocío *m*
taub (taup) *adj* sordo
Taube (*tau*-bö) *f* (pl ~n) paloma *f*
tauchen (*tau*-jön) *v* bucear
Tauchsieder (*tauj*-sii-dör) *m* (pl ~) calentador de inmersión
tauen (*tau*-ön) *v* descongelarse
Taufe (*tau*-fö) *f* (pl ~n) bautizo *m*, bautismo *m*
taufen (*tau*-fön) *v* bautizar
tauglich (*tauk*-lij) *adj* apropiado
Tausch (tauʃ) *m* cambio *m*
tauschen (*tau*-ʃön) *v* *trocar
sich täuschen (*toi*-ʃön) equivocarse
Täuschung (*toi*-ʃung) *f* (pl ~en) ilusión *f*
tausend (*tau*-sönt) *num* mil
Tauwetter (*tau*-vê-tör) *nt* deshielo *m*
Taxameter (ta-kssa-*mee*-tör) *m* (pl ~) taxímetro *m*
Taxi (*ta*-kssi) *nt* (pl ~s) taxi *m*
Taxichauffeur (*ta*-kssi-ʃo-föör) *m* (pl ~e) taxista *m*
Taxifahrer (*ta*-kssi-faa-rör) *m* (pl ~) taxista *m*
Taxistand (*ta*-kssi-ʃtant) *m* (pl ~e) parada de taxis
Team (tiim) *nt* (pl ~s) equipo *m*
Technik (*tej*-nik) *f* (pl ~en) técnica *f*
Techniker (*têj*-ni-kör) *m* (pl ~) técnico *m*
technisch (*têj*-niʃ) *adj* técnico
Technologie (têj-nô-lô-*ghii*) *f* tecnología *f*
Tee (tee) *m* té *m*
Teekanne (*tee*-ka-nö) *f* (pl ~n) tetera *f*
Teelöffel (*tee*-lö-föl) *m* (pl ~) cucharilla *f*
Teenager (*tiin*-e-dʒör) *m* (pl ~) jovencito *m*
Teer (teer) *m* brea *f*

Teeservice (*tee*-sêr-viiss) *nt* juego de té
Teestube (*tee*-ʃtuu-bö) *f* (pl ~n) salón de té
Teestunde (*tee*-ʃtun-dö) *f* merienda *f*
Teetasse (*tee*-ta-ssö) *f* (pl ~n) taza de té
Teich (taij) *m* (pl ~e) estanque *m*
Teig (taik) *m* masa *f*
Teil (tail) *m* (pl ~e) parte *f*; tomo *m*
teilen (*tai*-lön) *v* dividir; compartir
Teilhaber (*tail*-haa-bör) *m* (pl ~) socio *m*, asociado *m*
Teilnahme (*tail*-naa-mö) *f* asistencia *f*
***teilnehmen** (*tail*-nee-mön) *v* participar
Teilnehmer (*tail*-nee-mör) *m* (pl ~) participante *m*
teils (tailss) *adv* en parte
Teilung (*tai*-lung) *f* (pl ~en) división *f*
teilweise (*tail*-vai-sö) *adj* parcial; *adv* en parte
Teilzahlungskauf (*tail*-tssaa-lungss-kauf) *m* (pl ~e) compra a plazos
Teint (têng) *m* tez *f*
Telegramm (te-le-*ghram*) *nt* (pl ~e) telegrama *m*, cablegrama *m*
telegraphieren (te-le-ghra-*fii*-rön) *v* telegrafiar, cablegrafiar
Teleobjektiv (*tee*-le-op-yêk-tiif) *nt* (pl ~e) teleobjetivo *m*
Telepathie (te-le-pa-*tii*) *f* telepatía *f*
Telephon (te-le-*fôôn*) *nt* (pl ~e) teléfono *m*
Telephonanruf (te-le-*fôôn*-an-ruuf) *m* (pl ~e) llamada telefónica
Telephonbuch (te-le-*fôôn*-buuj) *nt* (pl ~er) guía telefónica, listín telefónico; directorio telefónico Me
Telephonhörer (te-le-*fôôn*-höö-rör) *m* (pl ~) receptor *m*
telephonieren (te-le-fô-*nii*-rön) *v* telefonear
Telephonistin (te-le-fô-*niss*-tin) *f* (pl

~nen) telefonista f

Telephonzentrale (te-le-*fôôn*-tssên-traa-lö) f (pl ~n) central telefónica

Telex (*tee*-lèkss) nt (pl ~e) télex m

Teller (*tê*-lör) m (pl ~) plato m

Tempel (*têm*-pöl) m (pl ~) templo m

Temperatur (têm-pe-ra-*tuur*) f (pl ~en) temperatura f

Tempo (*têm*-pô) nt ritmo m

Tendenz (tên-*dêntss*) f (pl ~en) tendencia f

Tennis (*tê*-niss) nt tenis m

Tennisplatz (*tê*-niss-platss) m (pl ~̈e) campo de tenis, cancha f

Tennisschuhe (*tê*-niss-ʃuu-ö) mpl zapatos de tenis

Teppich (*tê*-pij) m (pl ~e) alfombra f

Termin (têr-*miin*) m (pl ~e) período m

Terpentin (têr-pên-*tiin*) nt trementina f

Terrasse (tê-*ra*-ssö) f (pl ~n) terraza f

Terror (*tê*-ror) m terror m

Terrorismus (tê-ro-*riss*-muss) m terrorismo m

Terrorist (tê-ro-*risst*) m (pl ~en) terrorista m

Terylene (*tê*-ri-leen) nt terilene m

Test (tèsst) m (pl ~s) ensayo m

Testament (tèss-ta-*mênt*) nt (pl ~e) testamento m

testen (*tèss*-tön) v *probar

teuer (*toi*-ör) adj caro; querido, precioso

Teufel (*toi*-föl) m (pl ~) diablo m

Text (tèksst) m (pl ~e) texto m

Textilien (tèkss-*tii*-lyön) pl textil m

Thailand (*tai*-lant) Tailandia f

Thailänder (*tai*-lên-dör) m (pl ~) tailandés m

thailändisch (*tai*-lên-diʃ) adj tailandés

Theater (te-*aa*-tör) nt (pl ~) teatro m

Thema (*tee*-ma) nt (pl Themen) asunto m; tema m

Theologie (te-ô-lô-*ghii*) f teología f

theoretisch (te-ô-*ree*-tiʃ) adj teórico

Theorie (te-ô-*rii*) f (pl ~n) teoría f

Therapie (te-ra-*pii*) f (pl ~n) terapia f

Thermometer (têr-mô-*mee*-tör) nt (pl ~) termómetro m

Thermosflasche (*têr*-moss-fla-ʃö) f (pl ~n) termo m

Thermostat (têr-mô-*sstaat*) m (pl ~en) termostato m

These (*tee*-sö) f (pl ~n) tesis f

Thron (trôôn) m (pl ~e) trono m

Thunfisch (*tuun*-fiʃ) m (pl ~e) atún m

Thymian (*tüü*-myaan) m tomillo m

Tief (tiif) nt depresión f

tief (tiif) adj hondo; profundo

Tiefe (*tii*-fö) f (pl ~n) profundidad f

Tiefkühltruhe (*tiif*-küül-truu-ö) f (pl ~n) congelador m

Tiefland (*tiif*-lant) nt tierra baja

tiefsinnig (*tiif*-si-nij) adj profundo

Tier (tiir) nt (pl ~e) animal m

Tierarzt (*tiir*-artsst) m (pl ~̈e) veterinario m

Tierkreis (*tiir*-kraiss) m zodíaco m

Tiger (*tii*-ghör) m (pl ~) tigre m

tilgen (*til*-ghön) v amortizar

Tinte (*tin*-tö) f (pl ~n) tinta f

tippen (*ti*-pön) v escribir a máquina

Tisch (tiʃ) m (pl ~e) mesa f

Tischler (*tiʃ*-lör) m (pl ~) carpintero m

Tischtennis (*tiʃ*-tê-niss) nt tenis de mesa

Tischtuch (*tiʃ*-tuuj) nt (pl ~̈er) mantel m

Titel (*tii*-töl) m (pl ~) título m

Toast (tôôsst) m (pl ~e) pan tostado

Toben (*tôô*-bön) nt furor m

Tochter (*toj*-tör) f (pl ~̈) hija f

Tod (tôôt) m muerte f

Todesstrafe (*tôô*-döss-ʃtraa-fö) f pena de muerte

tödlich (*tööt*-lij) adj fatal, mortal

Toilette (tᵘa-*lé*-tö) *f* (pl ~n) cuarto de aseo, retrete *m*

Toilettenartikel (tᵘa-*lé*-tön-ar-tii-köl) *mpl* artículos de tocador

Toilettennecessaire (tᵘa-*lé*-tön-ne-ssè-ssèêr) *nt* (pl ~s) neceser *m*

Toilettenpapier (tᵘa-*lé*-tön-pa-piir) *nt* papel higiénico

Toilettenraum (tᵘa-*lé*-tön-raum) *m* (pl ⁀e) lavabos *mpl*; baño *mMe*

toll (tol) *adj* loco

Tollwut (*tol*-vuut) *f* rabia *f*

Tomate (tô-*maa*-tö) *f* (pl ~n) tomate *m*; jitomate *mMe*

Ton¹ (tôôn) *m* (pl ⁀e) tono *m*

Ton² (tôôn) *m* arcilla *f*

Tonbandgerät (*tôôn*-bant-ghö-rêêt) *nt* (pl ~e) magnetófono *m*

Tonleiter (*tôôn*-lai-tör) *f* (pl ~n) escala musical

Tonne (*to*-nö) *f* (pl ~n) tonel *m*; barril *m*, tonelada *f*

Topf (topf) *m* (pl ⁀e) olla *f*

Töpferware (*tö*-pför-vaa-rö) *f* (pl ~n) cerámica *f*, loza *f*

Tor¹ (tôôr) *nt* (pl ~e) reja *f*, portón *m*; gol *m*, meta *f*

Tor² (tôôr) *m* (pl ~en) idiota *m*

Torheit (*tôôr*-hait) *f* (pl ~en) antojo *m*

töricht (*tö*-rijt) *adj* necio, tonto

Torte (*tor*-tö) *f* (pl ~n) tarta *f*

Torwart (*tôôr*-vart) *m* (pl ~e) portero *m*

tot (tôôt) *adj* muerto

total (tô-*taal*) *adj* total

Totalisator (tô-ta-li-*saa*-tor) *m* (pl ~en) totalizador *m*

totalitär (tô-ta-li-*têêr*) *adj* totalitario

töten (*töö*-tön) *v* matar

Toupet (tu-*pee*) *nt* (pl ~s) postizo *m*

Tourist (tu-*risst*) *m* (pl ~en) turista *m*

Touristenklasse (tu-*riss*-tön-kla-ssö) *f* clase turista

toxisch (*to*-kssif) *adj* tóxico

Tracht (trajt) *f* (pl ~en) traje del país

Tradition (tra-di-*tssyôôn*) *f* (pl ~en) tradición *f*

traditionell (tra-di-tssyô-*nêl*) *adj* tradicional

tragbar (*traak*-baar) *adj* portátil

träge (*trêê*-ghö) *adj* lento

* **tragen** (*traa*-ghön) *v* llevar

Träger (*trêê*-ghör) *m* (pl ~) mozo *m*

tragisch (*traa*-ghif) *adj* trágico

Tragödie (tra-*ghöö*-dyö) *f* (pl ~n) tragedia *f*

Trainer (*trêê*-nör) *m* (pl ~) entrenado *m*

trainieren (trê-*nii*-rön) *v* entrenar

Traktor (*trak*-tor) *m* (pl ~en) tractor *m*

Träne (*trêê*-nö) *f* (pl ~n) lágrima *f*

Transaktion (transs-ak-*tssyôôn*) *f* (pl ~en) transacción *f*

transatlantisch (transs-at-*lan*-tif) *adj* transatlántico

Transformator (transs-for-*maa*-tor) *m* (pl ~en) transformador *m*

Transpiration (transs-pi-ra-tssyôôn) *f* transpiración *f*

transpirieren (transs-pi-*rii*-rön) *v* transpirar

Transport (transs-*port*) *m* (pl ~e) transporte *m*

transportieren (transs-por-*tii*-rön) *v* transportar

Tratsch (traach) *m* chisme *m*

tratschen (*traa*-chön) *v* *contar chismes

Tratte (*tra*-tö) *f* (pl ~n) giro *m*

Trauben (*trau*-bön) *fpl* uvas *fpl*

sich trauen (*trau*-ön) atreverse

Trauer (*trau*-ör) *f* luto *m*

Trauerspiel (*trau*-ör-fpiil) *nt* (pl ~e) tragedia *f*

Traum (traum) *m* (pl ⁀e) sueño *m*

träumen (*troi*-mön) *v* *soñar

traurig (*trau*-rij) *adj* triste

Traurigkeit (*trau*-rij-kait) *f* tristeza *f*

Treffen (trê-fön) *nt* (pl ~) reunión *f*; encuentro *m*

* **treffen** (trê-fön) *v* tocar, *acertar; *encontrarse con

treffend (trê-fönt) *adj* impresionante

Treffpunkt (trêf-pungkt) *m* (pl ~e) lugar de reunión

treiben (trai-bön) *v* empujar, *conducir; *hacer; flotar

Treibhaus (traip-hauss) *nt* (pl ~er) invernadero *m*

Treibkraft (traip-kraft) *f* fuerza motriz

trennen (trê-nön) *v* separar; desconectar

Trennung (trê-nung) *f* (pl ~en) separación *f*

Treppe (trê-pö) *f* (pl ~n) escalera *f*

Treppengeländer (trê-pön-ghö-lên-dör) *nt* (pl ~) baranda *f*

treten (tree-tön) *v* pisar; patear

treu (troi) *adj* fiel, leal

Tribüne (tri-*büü*-nö) *f* (pl ~n) tribuna *f*

Trichter (trij-tör) *m* (pl ~) embudo *m*

Trichtermündung (trij-tör-mün-dung) *f* (pl ~en) estuario *m*

Trick (trik) *m* (pl ~s) truco *m*

Trikot (tri-*kô*) *nt* (pl ~s) traje de malla

trinkbar (tringk-baar) *adj* potable

trinken (tring-kön) *v* beber

Trinkgeld (tringk-ghêlt) *nt* (pl ~er) propina *f*

Trinkspruch (tringk-ʃpruj) *m* (pl ~e) brindis *m*

Trinkwasser (tringk-va-ssör) *nt* agua potable

Tritt (trit) *m* (pl ~e) paso *m*; patada *f*

Triumph (tri-*umf*) *m* triunfo *m*

triumphieren (tri-um-*fii*-rön) *v* triunfar

trocken (tro-kön) *adj* seco

trockenlegen (tro-kön-lee-ghön) *v* desecar

trocknen (tro-knön) *v* secar

Trockner (tro-knör) *m* (pl ~) secadora *f*

Trommel (tro-möl) *f* (pl ~n) tambor *m*

Trommelfell (tro-möl-fêl) *nt* tímpano *m*

Trompete (trom-*pee*-tö) *f* (pl ~n) trompeta *f*

Tropen (*trô*-pön) *pl* trópicos *mpl*

Tropfen (tro-pfön) *m* (pl ~) gota *f*

tropisch (*trô*-piʃ) *adj* tropical

Trost (trôôsst) *m* consuelo *m*

trösten (trööss-tön) *v* *consolar

Trostpreis (*trôôsst*-praiss) *m* (pl ~e) premio de consolación

trotz (trotss) *prep* a pesar de

trotzdem (trotss-deem) *conj* no obstante

trübe (trüü-bö) *adj* deslucido, difuso

trübsinnig (trüüp-si-nij) *adj* melancólico

Truhe (truu-ö) *f* (pl ~n) arca *f*

Truppen (tru-pön) *fpl* tropas *fpl*

Truthahn (truut-haan) *m* (pl ~e) pavo *m*

Tscheche (*chê*-jö) *m* (pl ~n) checo *m*

tschechisch (chê-jiʃ) *adj* checo; **Tschechische Republik** *f* República Checa

Tube (tuu-bö) *f* (pl ~n) tubo *m*

Tuberkulose (tu-bêr-ku-*lôô*-sö) *f* tuberculosis *f*

Tuch (tuuj) *nt* (pl ~e) tela *f*

Tuchhändler (tuuj-hên-dlör) *m* (pl ~) pañero *m*

tüchtig (tüj-tij) *adj* capaz

Tuchwaren (tuuj-vaa-rön) *fpl* pañería *f*

Tugend (tuu-ghönt) *f* (pl ~en) virtud *f*

Tulpe (tul-pö) *f* (pl ~n) tulipán *m*

Tumor (tuu-mor) *m* (pl ~en) tumor *m*

Tumult (tu-*mult*) *m* alboroto *m*

*tun (tuun) *v* *hacer

Tunesien (tu-*nee*-syön) Túnez *m*

Tunesier (tu-*nee*-syör) *m* (pl ~) tunecino *m*

tunesisch (tu-*nee*-sif) *adj* tunecino

Tunika (*tuu*-ni-ka) *f* (pl -ken) túnica *f*

Tunnel (*tu*-nöl) *m* (pl ~) túnel *m*

Tür (tüür) *f* (pl ~en) puerta *f*

Turbine (tur-*bii*-nö) *f* (pl ~n) turbina *f*

Türke (*tür*-kö) *m* (pl ~n) turco *m*

Türkei (tür-*kai*) Turquía *f*

türkisch (*tür*-kif) *adj* turco

Türklingel (*tüür*-kling-öl) *f* (pl ~n) timbre *m*

Turm (turm) *m* (pl ~e) torre *f*

Turnen (*tur*-nön) *nt* gimnasia *f*

Turner (*tur*-nör) *m* (pl ~) gimnasta *m*

Turnhalle (*turn*-ha-lö) *f* (pl ~n) gimnasio *m*

Turnhose (*turn*-hôô-sö) *f* (pl ~n) pantalones de gimnasia

Turnier (tur-*niir*) *nt* (pl ~e) torneo *m*

Turnschuhe (*turn*-ʃuu-ö) *mpl* sandalias de gimnasia, zapatos de gimnasia

Tüte (*tüü*-tö) *f* (pl ~n) bolsa de papel

Tweed (tʷiit) *m* lana tweed

Typ (tüüp) *m* (pl ~en) tipo *m*

Typhus (*tüü*-fuss) *m* tifus *m*

typisch (*tüü*-piʃ) *adj* típico

Tyrann (tü-*ran*) *m* (pl ~en) tirano *m*

U

U-Bahn (*uu*-baan) *f* (pl ~en) metro *m*

Übel (*üü*-böl) *nt* (pl ~) mal *m*

übel (*üü*-böl) *adj* que tiene náuseas

Übelkeit (*üü*-böl-kait) *f* (pl ~en) náusea *f*

*übelnehmen (*üü*-böl-nee-mön) *v* *resentirse por

übelriechend (*üü*-böl-rii-jönt) *adj* hediondo

üben (*üü*-bön) *v* ejercitar

über (*üü*-bör) *prep* encima de; a través de; acerca de; más de; por; ~ ... **hinaus** más allá de

überall (üü-bör-*al*) *adv* por todas partes; dondequiera

überarbeiten (üü-bör-*ar*-bai-tön) *v* revisar; **sich** ~ trabajar demasiado

Überarbeitung (üü-bör-*ar*-bai-tung) *f* (pl ~en) revisión *f*

Überbleibsel (*üü*-bör-blaip-ssöl) *nt* (pl ~) resto *m*

überdies (üü-bör-*diiss*) *adv* además

überdrüssig (*üü*-bör-drü-ssij) *adj* cansado; harto de

übereilt (üü-bör-*ailt*) *adj* precipitado

Übereinkunft (üü-bör-*ain*-kunft) *f* (pl ~e) convenio *m*

übereinstimmen (üü-bör-*ain*-ʃti-mön) *v* *convenir, *concordar; corresponder, *acordar; **nicht** ~ *disentir

Übereinstimmung (üü-bör-*ain*-ʃti-mung) *f* conformidad *f*; **in** ~ **mit** conforme a

Überfahrt (*üü*-bör-faart) *f* travesía *f*

Überfall (*üü*-bör-fal) *m* (pl ~le) atraco *m*

überfällig (üü-bör-fê-lij) *adj* atrasado

Überfluß (*üü*-bör-fluss) *m* abundancia *f*

überflüssig (*üü*-bör-flü-ssij) *adj* superfluo

überführen (üü-bör-*füü*-rön) *v* convencer

Überführung (üü-bör-*füü*-rung) *f* (pl ~en) condena *f*

überfüllt (üü-bör-*fült*) *adj* repleto

Übergabe (*üü*-bör-ghaa-bö) *f* rendición *f*

Übergang (*üü*-bör-ghang) *m* (pl ~e) transición *f*; paso *m*

*übergeben (üü-bör-*ghee*-bön) *v* ala

gar; confiar; **sich ~** vomitar
*__übergehen__ (üü-bör-*ghee*-ön) v brincar
__Übergewicht__ (*üü*-bör-ghö-vijt) nt sobrepeso m
__Übergröße__ (*üü*-bör-ghröö-ssö) f (pl ~n) tamaño extraordinario
__überhaupt__ (üü-bör-*haupt*) adv en modo alguno
__überheblich__ (üü-bör-*heep*-lij) adj presumido
__überholen__ (üü-bör-*hôô*-lön) v recoger; pasar; revisar; __Überholen verboten__ prohibido adelantar
__Überleben__ (üü-bör-*lee*-bön) nt supervivencia f
__überleben__ (üü-bör-*lee*-bön) v sobrevivir
__überlegen__ (üü-bör-*lee*-ghön) v considerar; deliberar; adj superior
__übermorgen__ (*üü*-bör-mor-ghön) adv pasado mañana
__übermüdet__ (üü-bör-*müü*-döt) adj exhausto
__übermütig__ (*üü*-bör-müü-tij) adj presuntuoso
*__übernehmen__ (üü-bör-*nee*-mön) v encargarse de
__überragend__ (üü-bör-*raa*-ghönt) adj mayor; superlativo
__überraschen__ (üü-bör-*ra*-ʃön) v sorprender
__Überraschung__ (üü-bör-*ra*-ʃung) f (pl ~en) sorpresa f
__überreden__ (üü-bör-*ree*-dön) v persuadir
__überreichen__ (üü-bör-*rai*-jön) v entregar
__Überrest__ (*üü*-bör-rêsst) m (pl ~e) remanente m
__Überrock__ (*üü*-bör-rok) m (pl ~̈e) sobretodo m
__überschreiten__ (üü-bör-*ʃrai*-tön) v exceder

__Überschrift__ (*üü*-bör-ʃrift) f (pl ~en) título m
__Überschuß__ (*üü*-bör-ʃuss) m (pl -schüsse) sobra f
__überschüssig__ (*üü*-bör-ʃü-ssij) adj disponible
__Überschwemmung__ (üü-bör-*ʃvê*-mung) f (pl ~en) inundación f
__überschwenglich__ (*üü*-bör-ʃvêng-lij) adj exuberante
__überseeisch__ (*üü*-bör-see-iʃ) adj ultramar
*__übersehen__ (üü-bör-*see*-ön) v pasar por alto
__übersetzen__ (üü-bör-*sê*-tssön) v *traducir
__Übersetzer__ (üü-bör-*sê*-tssör) m (pl ~) traductor m
__Übersetzung__ (üü-bör-*sê*-tssung) f (pl ~en) traducción f; versión f
__Übersicht__ (*üü*-bör-sijt) f (pl ~en) resumen m
__überspannt__ (üü-bör-*ʃpant*) adj sobreexcitado; excéntrico
*__übertragen__ (üü-bör-*traa*-ghön) v *transferir
*__übertreffen__ (üü-bör-*trê*-fön) v superar
*__übertreiben__ (üü-bör-*trai*-bön) v exagerar
__übertrieben__ (üü-bör-*trii*-bön) adj exagerado; excesivo
__übervoll__ (*üü*-bör-fol) adj de bote en bote
__überwachen__ (üü-bör-*va*-jön) v vigilar
__überwachsen__ (üü-bör-*va*-kssön) adj cubierto de verdor
__überwältigen__ (üü-bör-*vêl*-ti-ghön) v subyugar
*__überweisen__ (üü-bör-*vai*-sön) v remitir
__Überweisung__ (üü-bör-*vai*-sung) f (pl ~en) remesa f
*__überwinden__ (üü-bör-*vin*-dön) v ven-

cer

überzeugen (üü-bör-*tssoi*-ghön) v convencer

Überzeugung (üü-bör-*tssoi*-ghung) f (pl ~en) convicción f, convencimiento m

*****überziehen** (üü-bör-*tssii*-ön) v tapizar

Überzieher (üü-bör-tssii-ör) m (pl ~) sobretodo m

üblich (*üüp*-lij) adj usual, acostumbrado; ordinario; frecuente

übrig (*üü*-brij) adj demás, restante

*****übrigbleiben** (*üü*-brij-blai-bön) v quedar

übrigens (üü-bri-ghönss) adv a propósito, por otra parte

Übung (*üü*-bung) f (pl ~en) ejercicio m

Ufer (*uu*-för) nt (pl ~) orilla f, ribera f

Uferschnecke (*uu*-för-ʃnê-kö) f (pl ~n) caracol marino

Uhr (uur) f (pl ~en) reloj m; um ... ~ a las ...

Uhrband (*uur*-bant) nt (pl ~er) correa de reloj

Uhrmacher (*uur*-ma-jör) m (pl ~) relojero m

Ulk (ulk) m diversión f

Ulme (*ul*-mö) f (pl ~n) olmo m

ultraviolett (*ul*-tra-vi-ô-lêt) adj ultravioleta

um (um) prep alrededor de, en torno de; ~ ... **herum** en torno de, alrededor de; ~ **zu** para

umarmen (um-*ar*-mön) v abrazar

Umarmung (um-*ar*-mung) f (pl ~en) abrazo m

*****umbringen** (*um*-bring-ön) v matar

umdrehen (*um*-dree-ön) v *volver; *invertir; **sich** ~ *volverse

Umdrehung (*um*-dree-ung) f (pl ~en) revolución f

Umfang (*um*-fang) m bulto m

umfangreich (*um*-fang-raij) adj voluminoso; extenso

umfassen (um-*fa*-sson) v comprender

umfassend (um-*fa*-ssönt) adj vasto, extenso

Umfrage (*um*-fraa-ghö) f (pl ~n) encuesta f

Umgang (*um*-ghang) m trato m

*****umgeben** (um-*ghee*-bön) v cercar

Umgebung (um-*ghee*-bung) f alrededores mpl; escena f

*****umgehen** (um-*ghee*-ön) v rodear; ~ **mit** frecuentar

Umgehungsstraße (um-*ghee*-ungss-ʃtraa-ssö) f (pl ~n) cinturón m

umgekehrt (*um*-ghö-keert) adj inverso; adv al revés

Umhang (*um*-hang) m (pl ~e) capa f

umher (um-*heer*) adv en torno

umherschweifen (um-*heer*-ʃvai-fön) v vagar, vagabundear

umherwandern (um-*heer*-van-dörn) v *errar

umherziehend (um-*heer*-tssii-önt) adj ambulante

umkehren (*um*-kee-rö) v *volver

Umkleidekabine (*um*-klai-dö-ka-bii-nö) f (pl ~n) cabina f

*****umkommen** (*um*-ko-mön) v *perecer

Umkreis (*um*-kraiss) m radio m

umkreisen (um-*krai*-sön) v circundar

Umlauf (*um*-lauf) m circulación f

Umleitung (*um*-lai-tung) f (pl ~en) desvío m

umliegend (*um*-lii-ghönt) adj circundante

umrechnen (*um*-rêj-nön) v *convertir

Umrechnungstabelle (*um*-rêj-nungss-ta-bê-lö) f (pl ~n) tabla de conversión

umringen (um-*ring*-ön) v rodear

Umriß (*um*-riss) m (pl Umrisse) contorno m

Umsatz (*um*-satss) *m* (pl ⁓e) volumen de transacciones

Umsatzsteuer (*um*-satss-ʃtoi-ör) *f* impuesto sobre la venta

Umschlag (*um*-ʃlaak) *m* (pl ⁓e) cubierta *f*, sobrecubierta *f*

Umschlagtuch (*um*-ʃlaak-tuuj) *nt* (pl ⁓er) chal *m*

* **umschließen** (um-ʃlii-ssön) *v* cercar

umsonst (um-*sonst*) *adv* gratuito; en vano

Umstand (*um*-ʃtant) *m* (pl ⁓e) circunstancia *f*

* **umsteigen** (*um*-ʃtai-ghön) *v* *hacer trasbordo

umstritten (um-*ʃtri*-tön) *adj* controvertible

Umweg (*um*-veek) *m* (pl ⁓e) desvío *m*

Umwelt (*um*-vêlt) *f* medio ambiente

* **umwenden** (*um*-vên-dön) *v* *volver

* **umziehen** (*um*-tssi-ön) *v* mudarse; **sich** ⁓ mudarse

Umzug (*um*-tssuuk) *m* (pl ⁓e) desfile *m*; mudanza *f*

unabhängig (*un*-ap-hêng-ij) *adj* independiente

Unabhängigkeit (*un*-ap-hêng-ij-kait) *f* independencia *f*

unabsichtlich (*un*-ap-sijt-lij) *adj* no intencional

unähnlich (*un*-êên-lij) *adj* diferente

unangebracht (*un*-an-ghö-brajt) *adj* fuera de lugar, inoportuno

unangenehm (*un*-an-ghö-neem) *adj* desagradable; antipático

unannehmbar (un-an-*neem*-baar) *adj* inaceptable

Unannehmlichkeit (*un*-an-neem-lij-kait) *f* (pl ⁓en) inconveniencia *f*

unanständig (*un*-an-ʃtên-dij) *adj* indecente

unartig (*un*-ar-tij) *adj* travieso

unauffällig (*un*-auf-fê-lij) *adj* discreto

unaufhörlich (*un*-auf-höör-lij) *adj* continuo

unbeantwortet (*un*-bö-ant-vor-töt) *adj* sin contestación

unbedeutend (*un*-bö-doi-tönt) *adj* insignificante; fútil

unbedingt (*un*-bö-dingt) *adv* sin falta

unbefriedigend (*un*-bö-frii-di-ghönt) *adj* poco satisfactorio

unbefugt (*un*-bö-fuukt) *adj* desautorizado

unbegreiflich (*un*-bö-ghraif-lij) *adj* embarazoso

unbegrenzt (*un*-bö-ghrêntsst) *adj* ilimitado

unbekannt (*un*-bö-kant) *adj* desconocido

Unbekannte (*un*-bö-kan-tö) *m* (pl ⁓n) forastero *m*

unbekümmert (*un*-bö-kü-mört) *adj* despreocupado

unbeliebt (*un*-bö-liipt) *adj* impopular

Unbequemlichkeit (*un*-bö-kveem-lij-kait) *f* (pl ⁓en) incomodidad *f*

unbeschädigt (*un*-bö-ʃêê-dijt) *adj* intacto

unbescheiden (*un*-bö-ʃai-dön) *adj* inmodesto

unbeschränkt (*un*-bö-ʃrêngkt) *adj* ilimitado

unbesetzt (*un*-bö-sêtsst) *adj* desocupado

unbesonnen (*un*-bö-so-nön) *adj* irreflexivo

unbestimmt (*un*-bö-ʃtimt) *adj* indefinido

unbewohnbar (*un*-bö-vôôn-baar) *adj* inhabitable

unbewohnt (*un*-bö-vôônt) *adj* inhabitado

unbewußt (*un*-bö-vusst) *adj* inconsciente

unbillig (*un*-bi-lij) *adj* improbo

und (unt) *conj* y; ⁓ **so weiter** etcétera

undankbar (*un*-dangk-baar) *adj* ingrato

undeutlich (*un*-doit-lij) *adj* vago

uneben (*un*-ee-bön) *adj* irregular; desigual

unecht (*un*-êjt) *adj* falso

unehrlich (*un*-eer-lij) *adj* deshonesto, improbo

unempfindlich (*un*-êm-pfint-lij) *adj* insensible

unendlich (un-*ênt*-lij) *adj* infinito; inmenso

unentbehrlich (un-ênt-*beer*-lij) *adj* indispensable

unentgeltlich (un-ênt-*ghêlt*-lij) *adj* gratuito

unerfahren (*un*-êr-faa-rön) *adj* inexperto

unerfreulich (*un*-êr-froi-lij) *adj* desagradable

unerheblich (*un*-êr-heep-lij) *adj* insignificante

unerklärlich (un-êr-*klêêr*-lij) *adj* inexplicable

unermeßlich (un-êr-*mêss*-lij) *adj* vasto, inmenso

unerschwinglich (un-êr-*ʃving*-lij) *adj* exorbitante

unerträglich (un-êr-*trêêk*-lij) *adj* insufrible, insoportable

unerwartet (*un*-êr-var-töt) *adj* inesperado

unerwünscht (*un*-êr-vünʃt) *adj* indeseable

unfähig (*un*-fêê-ij) *adj* incapaz, incompetente

Unfall (*un*-fal) *m* (pl ⁓e) accidente *m*

Unfallstation (*un*-fal-ʃta-tssyôôn) *f* (pl ⁓en) puesto de socorro

unfaßbar (*un*-fass-baar) *adj* inconcebible

unfreundlich (*un*-froint-lij) *adj* arisco, poco amistoso

Unfug (*un*-fuuk) *m* molestia *f*; diabluras *fpl*

ungangbar (*un*-ghang-baar) *adj* intransitable

Ungar (*ung*-ghar) *m* (pl ⁓n) húngaro *m*

ungarisch (*ung*-gha-riʃ) *adj* húngaro

Ungarn (*ung*-gharn) Hungría *m*

ungeachtet (*un*-ghö-aj-töt) *prep* a pesar de

ungebildet (*un*-ghö-bil-döt) *adj* inculto

ungebräuchlich (*un*-ghö-broij-lij) *adj* inusitado

ungeduldig (*un*-ghö-dul-dij) *adj* impaciente

ungeeignet (*un*-ghö-ai-ghnöt) *adj* inadecuado

ungefähr (*un*-ghö-fêêr) *adv* aproximadamente

ungehalten (*un*-ghö-hal-tön) *adj* enojado

ungeheuer (*un*-ghö-hoi-ör) *adj* enorme, tremendo

ungelegen (*un*-ghö-lee-ghön) *adj* inoportuno

ungelernt (*un*-ghö-lêrnt) *adj* no especializado

ungemütlich (*un*-ghö-müüt-lij) *adj* incómodo

ungenau (*un*-ghö-nau) *adj* inexacto

ungenießbar (*un*-ghö-niiss-baar) *adj* incomible

ungenügend (*un*-ghö-nüü-ghönt) *adj* insuficiente

ungerade (*un*-ghö-raa-dö) *adj* impar

ungerecht (*un*-ghö-rêjt) *adj* injusto

ungeschickt (*un*-ghö-ʃikt) *adj* torpe

ungeschützt (*un*-ghö-ʃütsst) *adj* indefenso

ungesetzlich (*un*-ghö-sêtss-lij) *adj* ilegal

ungesund (*un*-ghö-sunt) *adj* enfermizo, insalubre

ungewiß (*un*-ghö-viss) *adj* inseguro

ungewöhnlich (*un*-ghö-vöön-lij) *adj* insólito; extraordinario

ungewohnt (*un*-ghö-vôônt) *adj* desacostumbrado

ungezogen (*un*-ghö-tssôô-ghön) *adj* travieso

Ungezwungenheit (*un*-ghö-tssvung-ön-hait) *f* desenvoltura *f*

unglaublich (*un*-*ghlaup*-lij) *adj* increíble

ungleich (*un*-ghlaij) *adj* desigual

Unglück (*un*-ghlük) *nt* (pl ~e) contratiempo *m*; accidente *m*; desastre *m*

unglücklich (*un*-ghlük-lij) *adj* desafortunado; desdichado

unglücklicherweise (*un*-ghlük-li-jör-vai-sö) *adv* por desgracia

ungültig (*un*-ghül-tij) *adj* nulo

ungünstig (*un*-ghünss-tij) *adj* desfavorable

Unheil (*un*-hail) *nt* calamidad *f*; mal *m*

unheilbar (*un*-hail-baar) *adj* incurable

unheilvoll (*un*-hail-fol) *adj* siniestro; fatal

unheimlich (*un*-haim-lij) *adj* lúgubre, alarmante

unhöflich (*un*-hööf-lij) *adj* descortés

Uniform (u-ni-*form*) *f* (pl ~en) uniforme *m*

Union (u-*nyôôn*) *f* (pl ~en) confederación *f*

universal (u-ni-vêr-*saal*) *adj* universal

Universität (u-ni-vêr-si-*têêt*) *f* (pl ~en) universidad *f*

unklar (*un*-klaar) *adj* misterioso

Unkosten (*un*-koss-tön) *pl* gastos *mpl*

Unkraut (*un*-kraut) *nt* (pl ~̈er) mala hierba

unkultiviert (*un*-kul-ti-viirt) *adj* inculto

unlängst (*un*-lêngsst) *adv* recientemente

unleserlich (*un*-lee-sör-lij) *adj* ilegible

unliebenswürdig (*un*-lii-bönss-vür-dij) *adj* desagradable

unmittelbar (*un*-mi-töl-baar) *adj* directo; inmediato

unmöbliert (*un*-mö-bliirt) *adj* desamueblado

unmöglich (*un*-möök-lij) *adj* imposible

unnötig (*un*-nöö-tij) *adj* innecesario

unnütz (*un*-nütss) *adj* vano

unordentlich (*un*-or-dönt-lij) *adj* desaliñado, descuidado

Unordnung (*un*-or-dnung) *f* desorden *m*; in ~ *bringen estropear

unparteiisch (*un*-par-tai-iʃ) *adj* imparcial

unpassend (*un*-pa-ssönt) *adj* impropio

unpersönlich (*un*-pêr-söön-lij) *adj* impersonal

unpopulär (*un*-pô-pu-lêêr) *adj* impopular

unqualifiziert (*un*-kva-li-fi-tssiirt) *adj* incompetente

Unrecht (*un*-rêjt) *nt* injusticia *f*; mal *m*; ~ *tun agraviar

unrecht (*un*-rêjt) *adj* impropio; ~ *haben no *tener razón

unregelmäßig (*un*-ree-ghöl-mêê-ssij) *adj* irregular

unrein (*un*-rain) *adj* sucio

unrichtig (*un*-rij-tij) *adj* incorrecto

Unruhe (*un*-ruu-ö) *f* desasosiego *m*

unruhig (*un*-ruu-ij) *adj* inquieto

uns (unss) *pron* nosotros; nos

unschätzbar (*un*-ʃêtss-baar) *adj* inapreciable

Unschuld (*un*-ʃult) *f* inocencia *f*

unschuldig (*un*-ʃul-dij) *adj* inocente

unser (*un*-sör) *pron* nuestro

unsicher (*un*-si-jör) *adj* inseguro; incierto

unsichtbar (*un*-sijt-baar) *adj* invisible

Unsinn (*un*-sin) *m* tontería *f*

unsinnig (*un*-si-nij) *adj* insensato

unstet (*un*-ʃteet) *adj* inestable

unsympathisch (*un*-süm-paa-tiʃ) *adj* antipático

untauglich (*un*-tauk-lij) *adj* inadecuado

unten (*un*-tön) *adv* debajo; abajo; **nach** ~ hacia abajo

unter (*un*-tör) *prep* bajo; debajo de; entre; *adj* inferior; **Unter-** subalterno; ~ **anderem** entre otras cosas

***unterbrechen** (un-tör-*brê*-jön) *v* interrumpir

Unterbrechung (un-tör-*brê*-jung) *f* (pl ~en) interrupción *f*

***unterbringen** (*un*-tör-bring-ön) *v* acomodar

unterdrücken (un-tör-*drü*-kön) *v* oprimir; reprimir

Unterernährung (*un*-tör-êr-nêê-rung) *f* desnutrición *f*

Untergang (*un*-tör-ghang) *m* ruina *f*

untergeordnet (*un*-tör-ghö-or-dnöt) *adj* subordinado; secundario

Untergeschoß (*un*-tör-ghö-ʃoss) *nt* sótano *m*

Untergrundbahn (*un*-tör-ghrunt-baan) *f* (pl ~en) metro *m*

unterhalb (*un*-tör-halp) *prep* debajo de

Unterhalt (*un*-tör-halt) *m* sustento *m*; manutención *f*

***unterhalten** (un-tör-*hal*-tön) *v* *divertir

unterhaltsam (un-tör-*halt*-saam) *adj* divertido

Unterhaltung (un-tör-*hal*-tung) *f* (pl ~en) conversación *f*; entretenimiento *m*

Unterhemd (*un*-tör-hêmt) *nt* (pl ~en) camiseta *f*

Unterhose (*un*-tör-hôô-sö) *f* (pl ~n) calzoncillos *mpl*; braga *f*

unterirdisch (*un*-tör-ir-diʃ) *adj* subterráneo

Unterkunft (*un*-tör-kunft) *f* (pl ~̈e) acomodación *f*, alojamiento *m*

Untermieter (*un*-tör-mii-tör) *m* (pl ~) huésped *m*

Unternehmen (un-tör-*nee*-mön) *nt* (pl ~) empresa *f*; sociedad *f*

***unternehmen** (un-tör-*nee*-mön) *v* emprender

Unternehmer (un-tör-*nee*-mör) *m* (pl ~) contratista *m*

Unternehmung (un-tör-*nee*-mung) *f* (pl ~en) empresa *f*

Unterredung (un-tör-*ree*-dung) *f* (pl ~en) entrevista *f*

Unterricht (*un*-tör-rijt) *m* enseñanza *f*

unterrichten (un-tör-*rij*-tön) *v* enseñar

Unterrock (*un*-tör-rok) *m* (pl ~̈e) combinación *f*; fondo *mMe*

unterschätzen (un-tör-*ʃê*-tssön) *v* subestimar

***unterscheiden** (un-tör-*ʃai*-dön) *v* distinguir; **sich** ~ *diferir

Unterscheidung (un-tör-*ʃai*-dung) *f* distinción *f*

Unterschied (*un*-tör-ʃiit) *m* (pl ~e) distinción *f*, diferencia *f*

***unterschreiben** (un-tör-*frai*-bön) *v* firmar

Unterschrift (*un*-tör-frift) *f* (pl ~en) firma *f*

unterst (*un*-törsst) *adj* inferior

***unterstreichen** (un-tör-*ftrai*-jön) *v* subrayar

Unterströmung (*un*-tör-ʃtröö-mung) *f* resaca *f*

unterstützen (un-tör-*ftü*-tssön) *v* apoyar; asistir

Unterstützung (un-tör-*ftü*-tssung) *f* (pl ~en) apoyo *m*; ayuda *f*

untersuchen (un-tör-*suu*-jön) *v* investigar

Untersuchung (un-tör-*suu*-jung) *f* (pl

~en) investigación *f*, encuesta *f*; reconocimiento *m*, examen *m*

Untertasse (*un*-tör-ta-ssö) *f* (pl ~n) platillo *m*

Untertitel (*un*-tör-tii-töl) *m* (pl ~) subtítulo *m*

Unterwäsche (*un*-tör-vê-ʃö) *fpl* ropa interior

***unterweisen** (*un*-tör-*vai*-sön) *v* *instruir

Unterweisung (un-tör-*vai*-sung) *f* instrucción *f*

***unterwerfen** (un-tör-*vêr*-fön) *v* someter; **unterworfen** sujeto a

unterzeichnen (un-tör-*tssaij*-nön) *v* suscribir

Unterzeichnete (un-tör-*tssaij*-nö-tö) *m* (pl ~n) suscrito *m*

untreu (*un*-troi) *adj* infiel

unüberlegt (*un*-üü-bör-leekt) *adj* imprudente

unübertroffen (*un*-üü-bör-tro-fön) *adj* sin igual

ununterbrochen (*un*-un-tör-bro-jön) *adj* continuo

unverdient (*un*-fêr-diint) *adj* inmerecido

unverletzt (*un*-fêr-lêtsst) *adj* ileso

unvermeidlich (un-fêr-*mait*-lij) *adj* inevitable

unvernünftig (*un*-fêr-nünf-tij) *adj* irrazonable

unverschämt (*un*-fêr-ʃêêmt) *adj* insolente, impudente, impertinente

Unverschämtheit (*un*-fêr-ʃêêmt-hait) *f* insolencia *f*, impertinencia *f*

unversehrt (*un*-fêr-seert) *adj* intacto

unverzüglich (un-fêr-*tssüük*-lij) *adj* pronto; *adv* instantáneamente, inmediatamente

unvollkommen (*un*-fol-ko-mön) *adj* imperfecto

unvollständig (*un*-fol-ʃtên-dij) *adj* incompleto

unvorhergesehen (*un*-fôôr-heer-ghö-see-ön) *adj* imprevisto

unwahr (*un*-vaar) *adj* falso

unwahrscheinlich (*un*-vaar-ʃain-lij) *adj* improbable

Unwetter (*un*-vê-tör) *nt* (pl ~) tempestad *f*

unwichtig (*un*-vij-tij) *adj* insignificante

unwiderruflich (*un*-vii-dör-ruuf-lij) *adj* irrevocable

unwillig (*un*-vi-lij) *adj* desinclinado

unwissend (*un*-vi-ssönt) *adj* ignorante

unwohl (*un*-vôôl) *adj* indispuesto

unzerbrechlich (*un*-tssêr-brêj-lij) *adj* irrompible

unzufrieden (*un*-tssu-frii-dön) *adj* insatisfecho, descontento

unzugänglich (*un*-tssuu-ghöng-lij) *adj* inaccesible

unzulänglich (*un*-tssuu-lêng-lij) *adj* inadecuado

Unzulänglichkeit (*un*-tssuu-lêng-lij-kait) *f* (pl ~en) deficiencia *f*

unzuverlässig (*un*-tssuu-vêr-lê-ssij) *adj* indigno de confianza, no confiable

unzweckmäßig (*un*-tssvêk-mêê-ssij) *adj* ineficiente

uralt (*uur*-alt) *adj* antiguo

Urin (u-*riin*) *m* orina *f*

Urkunde (*uur*-kun-dö) *f* (pl ~n) acta *f*, documento *m*

Urlaub (*uur*-laup) *m* (pl ~e) vacaciones *fpl*; licencia *f*; **auf ~** de vacaciones

Ursache (*uur*-sa-jö) *f* (pl ~n) causa *f*

Ursprung (*uur*-ʃprung) *m* (pl ~̈e) origen *m*

ursprünglich (*uur*-ʃprüng-lij) *adj* auténtico

Urteil (*ur*-tail) *nt* (pl ~e) juicio *m*; sentencia *f*

urteilen (*ur*-tai-lön) *v* juzgar

Urteilsspruch (*ur*-tailss-ʃpruj) *m* (pl

~e) veredicto *m*
Uruguay (u-ru-*ghvai*) Uruguay *m*
uruguayisch (u-ru-*ghvai*-iʃ) *adj* uruguayo
Urwald (*uur*-valt) *m* (pl ~er) selva *f*

V

Vagabund (va-gha-*bunt*) *m* (pl ~en)
vagabundo *m*
vage (*vaa*-ghö) *adj* vago
Vakanz (va-*kantss*) *f* (pl ~en) vacante
f
Vakuum (*vaa*-ku-um) *nt* (pl Vakua)
vacío *m*
Vanille (va-*ni*-lyö) *f* vainilla *f*
Varietétheater (va-ri-e-*tee*-te-aa-tör)
nt (pl ~) teatro de variedades
Varietévorstellung (va-ri-e-*tee*-fôôr-
ʃtê-lung) *f* (pl ~en) espectáculo de
variedades
variieren (va-ri-*ii*-rön) *v* variar
Vase (*vaa*-sö) *f* (pl ~n) vaso *m*
Vaseline (va-sse-*lii*-nö) *f* vaselina *f*
Vater (*faa*-tör) *m* (pl ~) padre *m*; pa-
pá *m*
Vaterland (*faa*-tör-lant) *nt* patria *f*
Vati (*faa*-ti) *m* papaíto *m*
Vegetarier (ve-ghe-*taa*-ryör) *m* (pl ~)
vegetariano *m*
Vegetation (ve-ghe-ta-*tssyôôn*) *f* (pl
~en) vegetación *f*
Veilchen (*fail*-jön) *nt* (pl ~) violeta *f*
Venezolaner (ve-ne-tssô-*laa*-nör) *m* (pl
~) venezolano *m*
venezolanisch (ve-ne-tssô-*laa*-niʃ) *adj*
venezolano
Venezuela (ve-ne-tssu-*ee*-la) Venezue-
la *f*
Ventil (vên-*tiil*) *nt* (pl ~e) válvula *f*
Ventilation (vên-ti-la-*tssyôôn*) *f* (pl
~en) ventilación *f*

Ventilator (vên-ti-*laa*-tor) *m* (pl ~en)
ventilador *m*
Ventilatorriemen (vên-ti-*laa*-tor-rii-
mön) *m* (pl ~) correa del ventilador
ventilieren (vên-ti-*lii*-rön) *v* ventilar
Verabredung (fêr-ap-ree-dung) *f* (pl
~en) cita *f*; compromiso *m*
verabreichen (fêr-ap-rai-jön) *v* administrar
verachten (fêr-aj-tön) *v* despreciar
Verachtung (fêr-aj-tung) *f* desprecio
m
veraltet (fêr-al-töt) *adj* anticuado
Veranda (ve-ran-da) *f* (pl -den) veranda *f*
veränderlich (fêr-ên-dör-lij) *adj* variable
verändern (fêr-ên-dörn) *v* alterar;
cambiar
Veränderung (fêr-ên-dö-rung) *f* (pl
~en) cambio *m*
verängstigt (fêr-êngss-tijt) *adj* espantado
veranschlagen (fêr-an-ʃlaa-ghön) *v*
evaluar
verantwortlich (fêr-ant-vort-lij) *adj*
responsable
Verantwortlichkeit (fêr-ant-vort-lij-
kait) *f* responsabilidad *f*
verausgaben (fêr-auss-ghaa-bön) *v*
gastar
Verband (fêr-bant) *m* (pl ~e) vendaje
m; federación *f*
Verbandskasten (fêr-bantss-kass-tön)
m (pl ~) botiquín de urgencia
Verbannte (fêr-ban-tö) *m* (pl ~n) exiliado *m*
Verbannung (fêr-ba-nung) *f* exilio *m*
****verbergen** (fêr-bêr-ghön) *v* esconder; disimular
verbessern (fêr-bê-ssörn) *v* mejorar;
**corregir
Verbesserung (fêr-bê-ssö-rung) *f* (pl
~en) mejora *f*; rectificación *f*

*verbieten (fêr-*bii*-tön) v prohibir

*verbinden (fêr-*bin*-dön) v conectar, juntar, enlazar; unir; vendar

Verbindung (fêr-*bin*-dung) f (pl ~en) enlace m; relación f; sich in ~ setzen mit *ponerse en contacto con

verblassen (fêr-*bla*-ssön) v *desteñirse

verblüffen (fêr-*blü*-fön) v asombrar; *desconcertar

Verbot (fêr-*bôôt*) nt (pl ~e) prohibición f

verboten (fêr-*bôô*-tön) adj prohibido

verbrauchen (fêr-*brau*-jön) v consumir

Verbraucher (fêr-*brau*-jör) m (pl ~) consumidor m

Verbrauchssteuer (fêr-*braujss*-ʃtoi-ör) f impuesto sobre la venta

Verbrechen (fêr-*brê*-jön) nt (pl ~) crimen m

Verbrecher (fêr-*brê*-jör) m (pl ~) criminal m

verbrecherisch (fêr-*brê*-jö-riʃ) adj criminal

verbreiten (fêr-*brai*-tön) v esparcir

*verbrennen (fêr-*brê*-nön) v quemar; incinerar

*verbringen (fêr-*bring*-ön) v pasar

verbunden (fêr-*bun*-dön) adj unido

Verbündete (fêr-*bün*-dö-tö) m (pl ~n) aliado m

Verdacht (fêr-*dajt*) m sospecha f

verdächtig (fêr-*dêj*-tij) adj sospechoso

Verdächtige (fêr-*dêj*-ti-ghö) m (pl ~n) persona sospechosa

verdächtigen (fêr-*dêj*-ti-ghön) v sospechar

verdampfen (fêr-*dam*-pfön) v evaporar

verdanken (fêr-*dang*-kön) v deber

*verdauen (fêr-*dau*-ön) v *digerir

verdaulich (fêr-*dau*-lij) adj digerible

*Verdauung (fêr-*dau*-ung) f digestión f

verdecken (fêr-*dê*-kön) v cubrir

*verderben (fêr-*dêr*-bön) v echar a perder; leicht verderblich perecedero

verdicken (fêr-*di*-kön) v espesar

verdienen (fêr-*dii*-nön) v ganar; *merecer

Verdienst (fêr-*diinsst*) nt (pl ~e) mérito m; m ganancias fpl

verdorben (fêr-*dor*-bön) adj podrido

verdrehen (fêr-*dree*-ön) v dislocar

Verdruß (fêr-*druss*) m aburrimiento m

verdünnen (fêr-*dü*-nön) v *diluir

verehren (fêr-*ee*-rön) v venerar

Verein (fêr-*ain*) m (pl ~e) asociación f, sociedad f

vereinigen (fêr-*ai*-ni-ghön) v unir; reunir; Vereinigte Staaten Estados Unidos

Vereinigung (fêr-*ai*-ni-ghung) f (pl ~en) asociación f; liga f, unión f

Verfahren (fêr-*faa*-rön) nt (pl ~) procedimiento m

*verfahren (fêr-*faa*-rön) v proceder

verfallen (fêr-*fa*-lön) adj caducado

*verfallen (fêr-*fa*-lön) v expirar

sich verfärben (fêr-*fêr*-bön) *desteñirse

verfärbt (fêr-*fêrpt*) adj descolorido

Verfasser (fêr-*fa*-ssör) m (pl ~) autor m

Verfassung (fêr-*fa*-ssung) f condición f

Verfechter (fêr-*fêj*-tör) m (pl ~) defensor m

verfluchen (fêr-*fluu*-jön) v *maldecir

verfolgen (fêr-*fol*-ghön) v continuar; *perseguir, cazar

verfügbar (fêr-*füük*-baar) adj disponible

verfügen über (fêr-*füü*-ghön) *disponer de

Verfügung (fêr-*füü*-ghung) f disposición f

verführen (fêr-*füü*-rön) v *seducir

vergangen (fêr-*ghang*-ön) adj pasado, transcurrido

Vergangenheit (fêr-*ghang*-ön-hait) f pasado m

Vergaser (fêr-*ghaa*-sör) m (pl ~) carburador m

vergebens (fêr-*ghee*-bönss) adv inútilmente

sich vergegenwärtigen (fêr-ghee-ghön-*vêr*-ti-ghön) *reconocer

Vergehen (fêr-*ghee*-ön) nt (pl ~) falta f

*****vergehen** (fêr-*ghee*-ön) v transcurrir; **sich ~** transgredir

*****vergessen** (fêr-*ghê*-ssön) v olvidar

vergeßlich (fêr-*ghêss*-lij) adj olvidadizo

vergeuden (fêr-*ghoi*-dön) v *perder

vergewaltigen (fêr-ghö-*val*-ti-ghön) v violar

sich vergewissern (fêr-ghö-*vi*-ssörn) v asegurarse de

*****vergießen** (fêr-*ghii*-ssön) v derramar

vergiften (fêr-*ghif*-tön) v envenenar

Vergleich (fêr-*ghlaij*) m (pl ~e) comparación f; arreglo m, compromiso m

*****vergleichen** (fêr-*ghlai*-jön) v comparar

Vergnügen (fêr-*ghnüü*-ghön) nt (pl ~) placer m, diversión f; distracción f; **mit ~** con mucho gusto

vergoldet (fêr-*ghol*-döt) adj dorado

vergrößern (fêr-*ghröö*-ssörn) v ampliar; aumentar

Vergrößerung (fêr-*ghröö*-ssö-rung) f (pl ~en) ampliación f

Vergrößerungsglas (fêr-*ghröö*-ssö-rungss-ghlaass) nt (pl ¨er) lente de aumento

vergüten (fêr-*ghüü*-tön) v compensar

verhaften (fêr-*haf*-tön) v arrestar

Verhaftung (fêr-*haf*-tung) f (pl ~en) arresto m

Verhältnis (fêr-*hêlt*-niss) nt (pl ~se) proporción f; amorío m

verhältnismäßig (fêr-*hêlt*-niss-mêê-ssij) adj relativo

verhandeln (fêr-*han*-döln) v negociar

Verhandlung (fêr-*han*-dlung) f (pl ~en) negociación f

Verhängnis (fêr-*hêng*-niss) nt destino m

verhängnisvoll (fêr-*hêng*-niss-fol) adj siniestro; fatal

verhätscheln (fêr-*hê*-chöln) v acariciar

verheerend (fêr-*hee*-rönt) adj desastroso

verhindern (fêr-*hin*-dörn) v *impedir

Verhör (fêr-*höör*) nt (pl ~e) interrogatorio m

verhören (fêr-*höö*-rön) v interrogar

verhüten (fêr-*hüü*-tön) v *prevenir

verirrt (fêr-*irt*) adj perdido

verjagen (fêr-*yaa*-ghön) v ahuyentar

Verkauf (fêr-*kauf*) m (pl ¨e) venta f

verkaufen (fêr-*kau*-fön) v vender; **im kleinen ~** vender al detalle; **zu ~** de venta

Verkäufer (fêr-*koi*-för) m (pl ~) vendedor m; dependiente m

Verkäuferin (fêr-*koi*-fö-rin) f (pl ~nen) vendedora f

verkäuflich (fêr-*koif*-lij) adj vendible

Verkehr (fêr-*keer*) m tránsito m

verkehren mit (fêr-*kee*-rön) alternar con

Verkehrsampel (fêr-*keerss*-am-pöl) f (pl ~n) semáforo m

verkehrsreich (fêr-*keerss*-raij) adj concurrido

Verkehrsstauung (fêr-*keerss*-[tau-ung f (pl ~en) congestión f, embotellamiento m

Verkehrsverein (fêr-*keerss*-fêr-ain) m oficina para turistas

verkehrt (fêr-*keert*) adj inexacto; adv al revés

sich verkleiden (fêr-*klai*-dön) disfrazarse

Verkleidung (fêr-*klai*-dung) f (pl ~en) disfraz m

verkrüppelt (fêr-*krü*-pölt) adj estropeado

verkürzen (fêr-*kür*-tssön) v acortar

Verlangen (fêr-*lang*-ön) nt deseo m

verlangen (fêr-*lang*-ön) v desear; *requerir; *pedir

verlängern (fêr-*lêng*-örn) v prolongar, alargar

Verlängerung (fêr-*lêng*-ö-rung) f (pl ~en) prórroga f

Verlängerungsschnur (fêr-*lêng*-ö-rungss-ʃnuur) f (pl ~e) cordón de extensión

verlangsamen (fêr-*lang*-saa-mön) v *ir más despacio

erlassen (fêr-*la*-ssön) adj desierto

verlassen (fêr-*la*-ssön) v dejar; sich ~ **auf** *contar con

erlegen (fêr-*lee*-ghön) v extraviar; adj tímido, turbado; **in Verlegenheit *bringen** *desconcertar

erleger (fêr-*lee*-ghör) m (pl ~) editor m

verleihen (fêr-*lai*-ön) v conceder

erlernen (fêr-*lêr*-nön) v desacostumbrar

erletzbar (fêr-*lêtss*-baar) adj vulnerable

erletzen (fêr-*lê*-tssön) v *herir, dañar; ofender

erletzung (fêr-*lê*-tssung) f (pl ~en) lesión f, herida f; violación f

erleumdung (fêr-*loim*-dung) f (pl ~en) calumnia f

erliebt (fêr-*liipt*) adj enamorado

erlieren (ter-*lll*-tön) v *perder

rlobt (fêr-*lôôpt*) adj prometido

rlobte (fêr-*lôôp*-tö) m (pl ~n) novio

m; f novia f

Verlobung (fêr-*lôô*-bung) f (pl ~en) noviazgo m

Verlobungsring (fêr-*lôô*-bungss-ring) m (pl ~e) anillo de esponsales

Verlust (fêr-*lusst*) m (pl ~e) pérdida f

*vermeiden (fêr-*mai*-dön) v evitar

Vermerk (fêr-*mêrk*) m (pl ~e) nota f

Vermerkhäkchen (fêr-*mêrk*-hêêk-jön) nt (pl ~) señal f

vermieten (fêr-*mii*-tön) v alquilar; **zu ~** de alquiler

vermindern (fêr-*min*-dörn) v *reducir, *disminuir

vermischt (fêr-*miʃt*) adj misceláneo

Vermißte (fêr-*miss*-tö) m (pl ~n) desaparecido m

vermitteln (fêr-*mi*-töln) v mediar

Vermittler (fêr-*mit*-lör) m (pl ~) mediador m; intermediario m

Vermögen (fêr-*möö*-ghön) nt (pl ~) habilidad f; fortuna f

vermuten (fêr-*muu*-tön) v sospechar; *suponer, conjeturar

vermutlich (fêr-*muut*-lij) adj probable, presumible

Vermutung (fêr-*muu*-tung) f (pl ~en) conjetura f

vernachlässigen (fêr-*naaj*-lê-ssi-ghön) v descuidar

Vernachlässigung (fêr-*naaj*-lê-ssi-ghung) f (pl ~en) negligencia f

verneinend (fêr-*nai*-nönt) adj negativo

vernichten (fêr-*nij*-tön) v *destruir

Vernunft (fêr-*nunft*) f razón f, sentido m

vernünftig (fêr-*nünf*-tij) adj razonable

veröffentlichen (fêr-ö-*fönt*-li-jön) v publicar

Veröffentlichung (fêr-ö-*fönt*-li-jung) f (pl ~en) publicación f

verpachten (fêr-*paj*-tön) v *arrendar

Verpackung (fêr-*pa*-kung) f (pl ~en) embalaje m

verpassen (fêr-*pa*-ssön) V *perder
verpfänden (fêr-*pfên*-dön) V empeñar
verpflichten (fêr-*pflij*-tön) V obligar;
  sich ~ comprometerse; **verpflich-**
  tet *sein zu *estar obligado a
Verpflichtung (fêr-*pflij*-tung) f (pl
  ~en) compromiso m
Verrat (fêr-*raat*) m traición f
***verraten** (fêr-*raa*-tön) V traicionar;
  revelar
Verräter (fêr-*rêê*-tör) m (pl ~) traidor
  m
verrenkt (fêr-*rêngkt*) adj dislocado
verrichten (fêr-*rij*-tön) V desempeñar
verrückt (fêr-*rükt*) adj loco; idiota
Vers (fêrss) m (pl ~e) verso m
versagen (fêr-*saa*-ghön) V fallar; *denegar
versammeln (fêr-*sa*-möln) V reunir;
  sich ~ juntarse
Versammlung (fêr-*sam*-lung) f (pl
  ~en) reunión f, asamblea f
Versand (fêr-*sant*) m envío m
versäumen (fêr-*soi*-mön) V omitir
verschaffen (fêr-*fa*-fön) V procurar
verschicken (fêr-*fi*-kön) V enviar
***verschieben** (fêr-*fii*-bön) V aplazar
verschieden (fêr-*fii*-dön) adj diferente, distinto; variado; **verschiedene**
  varios; **~ *sein** *diferir
***verschießen** (fêr-*fii*-ssön) V *deste-
  ñirse
***verschlafen** (fêr-*flaa*-fön) V quedarse
  dormido
***verschließen** (fêr-*flii*-ssön) V *cerrar
  con llave
***verschlingen** (fêr-*fling*-ön) V tragar
verschlissen (fêr-*fli*-ssön) adj gastado
Verschluß (fêr-*fluss*) m (pl -schlüsse)
  cierre m
Verschmutzung (fêr-*fmu*-tssung) f
  contaminación f
***verschreiben** (fêr-*frai*-bön) V prescri-
  bir

verschütten (fêr-*fü*-tön) V *verter
verschwenderisch (fêr-*fvên*-dö-rif)
  adj derrochador, pródigo
Verschwendung (fêr-*fvên*-dung) f
  desperdicio m
***verschwinden** (fêr-*fvin*-dön) V *de-
  saparecer
sich *verschwören (fêr-*fvöö*-rön) V
  conspirar
Verschwörung (fêr-*fvöö*-rung) f (pl
  ~en) conjuración f
Versehen (fêr-*see*-ön) nt (pl ~) descuido m ; error m
***versehen mit** (fêr-*see*-ön) *proveer
  de
***versenden** (fêr-*sên*-dön) V despa-
  char; transportar
versetzen (fêr-*sê*-tssön) V trasladar
versichern (fêr-*si*-jörn) V asegurar
Versicherung (fêr-*si*-jö-rung) f (pl
  ~en) seguro m
Versicherungspolice (fêr-*si*-jö-rungss-
  pô-lii-ssö) f (pl ~n) póliza de seguro
Versöhnung (fêr-*söö*-nung) f (pl ~en)
  reconciliación f
versorgen (fêr-*sor*-ghön) V ocuparse
  de
verspätet (fêr-*fpêê*-töt) adj retrasado
versperren (fêr-*fpê*-rön) V *obstruir
verspotten (fêr-*fpo*-tön) V burlarse de
Versprechen (fêr-*fprê*-jön) nt (pl ~)
  promesa f
***versprechen** (fêr-*fprê*-jön) V prome-
  ter
Verstand (fêr-*ftant*) m inteligencia f;
  intelecto m, razón f, juicio m
verständig (fêr-*ftên*-dij) adj sensato
Verständigung (fêr-*ftên*-di-ghung) f
  comprensión m
verstauchen (fêr-*ftau*-jön) V *torcerse
Verstauchung (fêr-*ftau*-jung) f (pl
  ~en) torcedura f
verstecken (fêr-*ftê*-kön) V esconder
***verstehen** (fêr-*ftee*-ön) V compren-

der; *entender

Versteigerung (fêr-*ftai*-ghö-rung) f (pl ~en) subasta f

sich verstellen (fêr-*ftê*-lön) fingir

verstimmen (fêr-*fti*-mön) v disgustar

verstopft (fêr-*ftopft*) adj estreñido

Verstopfung (fêr-*fto*-pfung) f estreñimiento m

verstorben (fêr-*ftor*-bön) adj difunto

Verstoß (fêr-*ftôôss*) m escándalo m

verstreuen (fêr-*ftroi*-ön) v esparcir

Versuch (fêr-*suuj*) m (pl ~e) tentativa f; prueba f

versuchen (fêr-*suu*-jön) v *probar, intentar; *tentar

Versuchung (fêr-*suu*-jung) f (pl ~en) tentación f

verteidigen (fêr-*tai*-di-ghön) v *defender

Verteidigung (fêr-*tai*-di-ghung) f defensa f

Verteidigungsrede (fêr-*tai*-di-ghungss-ree-dö) f (pl ~n) defensa f

verteilen (fêr-*tai*-lön) v repartir; *distribuir

Vertrag (fêr-*traak*) m (pl ~e) contrato m; tratado m

vertrauen (fêr-*trau*-ön) nt confianza f

vertrauen (fêr-*trau*-ön) v confiar en

vertraulich (fêr-*trau*-lij) adj confidencial; familiar

vertraut (fêr-*traut*) adj familiar

vertreiben (fêr-*trai*-bön) v expulsar

vertreten (fêr-*tree*-tön) v representar

Vertreter (fêr-*tree*-tör) m (pl ~) representante m

Vertretung (fêr-*tree*-tung) f (pl ~en) representación f; agencia f

verüben (fêr-*üü*-bön) v cometer

verunreinigung (fêr-*un*-rai-ni-ghung) f polución f

verursachen (fêr-*uur*-sa-jön) v causar

verurteilen (fêr-*ur*-tai-lön) v sentenciar

Verurteilte (fêr-*ur*-tail-tö) m (pl ~n) condenado m

verwalten (fêr-*val*-tön) v administrar

Verwaltung (fêr-*val*-tung) f (pl ~en) gestión f, administración f; manejo m, dirección f; régimen m; **Verwaltungs-** administrativo

Verwaltungsrecht (fêr-*val*-tungss-rêjt) nt derecho administrativo

verwandeln (fêr-*van*-döln) v transformar; **sich ~ in** *convertirse en

verwandt (fêr-*vant*) adj emparentado

Verwandte (fêr-*van*-tö) m (pl ~n) pariente m

Verwandtschaft (fêr-*vant*-faft) f familia f

verwechseln (fêr-*vê*-kssöln) v confundir

verweigern (fêr-*vai*-ghörn) v *negar, rehusar

Verweigerung (fêr-*vai*-ghö-rung) f (pl ~en) negativa f

verweilen (fêr-*vai*-lön) v hospedarse

Verweis (fêr-*vaiss*) m (pl ~e) referencia f

*verweisen auf** (fêr-*vai*-sön) remitir a

*verwenden** (fêr-*vên*-dön) v emplear; aplicar

*verwerfen** (fêr-*vêr*-fön) v rechazar, *reprobar

verwickelt (fêr-*vi*-költ) adj complicado, complejo

verwirklichen (fêr-*virk*-li-jön) v realizar

verwirren (fêr-*vi*-rön) v confundir; turbar; **verwirrt** confuso

Verwirrung (fêr-*vi*-rung) f confusión f

verwöhnen (fêr-*vöö*-nön) v mimar

verwunden (fêr-*vun*-dön) v *herir

verwundern (fêr-*vun*-dörn) v extrañar

Verwunderung (fêr-*vun*-dö-rung) f asombro m

Verwundung (fêr-*vun*-dung) f (pl ~en) lesión f

Verzeichnis (fêr-*tssaij*-niss) *nt* (pl ~se) índice *m*

*****verzeihen** (fêr-*tssai*-ön) *v* perdonar; excusar

Verzeihung (fêr-*tssai*-ung) *f* perdón *m*; **Verzeihung!** ¡dispense usted!, ¡disculpe!

verzögern (fêr-*tssöö*-ghörn) *v* retardar; desacelerar

Verzögerung (fêr-*tssöö*-ghö-rung) *f* (pl ~en) tardanza *f*

verzollen (fêr-*tsso*-lön) *v* declarar

verzweifeln (fêr-*tssvai*-föln) *v* *estar desesperado

verzweifelt (fêr-*tssvai*-fölt) *adj* desesperado

Verzweiflung (fêr-*tssvai*-flung) *f* desesperación *f*

Vestibül (wêss-ti-*büül*) *nt* (pl ~e) vestíbulo *m*

Vetter (*fê*-tör) *m* (pl ~n) primo *m*

Viadukt (vi-a-*dukt*) *m* (pl ~e) viaducto *m*

vibrieren (vi-*brii*-rön) *v* vibrar

Videokamera (*vi*-de-ô-ka-me-ra) *f* videocamara *f*

Videokassette (*vi*-de-ô-ka-see-tö) *f* videocasete *m*

Videorekorder (*vi*-de-ô-re-kor-tör) *m* videograbadora *f*

Vieh (fii) *nt* ganado *m*

viel (fiil) *adj* mucho, muchos; *adv* mucho

vielleicht (fi-*laijt*) *adv* quizás

vielmehr (fiil-*meer*) *adv* bastante

vier (fiir) *num* cuatro

vierte (*fiir*-tö) *num* cuarto

Viertel (*fir*-töl) *nt* (pl ~) cuarto *m*

vierteljährlich (*fir*-töl-yêêr-lij) *adj* trimestral

Viertelstunde (*fir*-töl-*ftun*-dö) *f* (pl ~n) cuarto de hora

vierzehn (*fir*-tsseen) *num* catorce

vierzehnte (*fir*-tsseen-tö) *num* cator-

ceno

vierzig (*fir*-tssij) *num* cuarenta

Vikar (vi-*kaar*) *m* (pl ~e) vicario *m*

Villa (*vi*-la) *f* (pl Villen) villa *f*

violett (vi-ô-*lêt*) *adj* morado

Visitenkarte (vi-*sii*-tön-kar-tö) *f* (pl ~n) tarjeta de visita

visitieren (vi-si-*tii*-rön) *v* cachear

Visum (*vii*-sum) *nt* (pl Visa) visado *m*

Vitamin (vi-ta-*miin*) *nt* (pl ~e) vitamina *f*

Vitrine (vi-*trii*-nö) *f* (pl ~n) vitrina *f*

Vizepräsident (*fii*-tssö-prê-si-dênt) *m* (pl ~en) vicepresidente *m*

Vogel (*fôô*-ghöl) *m* (pl ~) pájaro *m*

Vokabular (vô-ka-bu-*laar*) *nt* vocabulario *m*

vokal (vô-*kaal*) *adj* vocal

Volk (folk) *nt* (pl ~er) pueblo *m*; gente *f*; **Volks-** nacional; popular

Volkslied (*folkss*-liit) *nt* (pl ~er) canción popular

Volksschullehrer (*folkss*-ʃuul-lee-rör) *m* (pl ~) maestro *m*

Volkstanz (*folkss*-tantss) *m* (pl ~e) danza popular

Volkswirt (*folkss*-virt) *m* (pl ~e) economista *m*

voll (fol) *adj* lleno; animado; **brechend** ~ repleto

vollbesetzt (*fol*-bö-sêtsst) *adj* completo

vollblütig (*fol*-blüü-tij) *adj* purasangr

vollenden (fol-*ên*-dön) *v* terminar; completar

vollfüllen (*fol*-fü-lön) *v* llenar

völlig (*fö*-lij) *adj* completo; *adv* enteramente, absolutamente, completamente

vollkommen (fol-*ko*-mön) *adj* perfecto; *adv* enteramente

Vollkommenheit (fol-*ko*-mön-hait) *f* perfección *f*

Vollkornbrot (*fol*-korn-brôôt) *nt* pan

integral

Vollpension (*fol*-pang-ssyôôn) *f* pensión completa

vollständig (fol-ʃtên-dij) *adj* completo

***vollziehen** (fol-*tssii*-ön) *v* ejecutar; **vollziehend** *adj* ejecutivo

Volt (volt) *nt* voltio *m*

Volumen (vô-*luu*-mön) *nt* (pl ~) volumen *m*

von (fon) *prep* de; desde; por; ~ ... **an** a partir de; ~ **nun an** de ahora en adelante

vor (fôôr) *prep* antes de; delante de; para; ~ **allem** sobre todo

***vorangehen** (fô-*ran*-ghee-ön) *v* preceder

Voranschlag (*fôôr*-an-ʃlaak) *m* (pl ̈e) estimación *f*; presupuesto *m*

voraus (fô-*rauss*) *adv* hacia adelante; **im** ~ por adelantado

vorausbezahlt (fô-*rauss*-bö-tssaalt) *adj* pagado por adelantado

voraussagen (fô-*rauss*-saa-ghön) *v* pronosticar

voraussetzen (fô-*rauss*-sê-tssön) *v* presumir; **vorausgesetzt daß** con tal que

Vorbehalt (*fôôr*-bö-halt) *m* (pl ~e) reserva *f*

vorbei (fôr-*bai*) *adv* acabado; **an** ... ~ más allá de

vorbeifahren (fôr-*bai*-faa-rön) *v* pasar

vorbeigehen (fôr-*bai*-ghee-ön) *v* pasar de largo

vorbereiten (*fôôr*-bö-rai-tön) *v* preparar; organizar

Vorbereitung (*fôôr*-bö-rai-tung) *f* (pl ~en) preparación *f*

vorbestellen (*fôôr*-bö-ʃtê-lön) *v* reservar

vorbeugend (*fôôr*-boi-ghönt) *adj* preventivo

Vorbildung (*fôôr*-bil-dung) *f* antece-

dentes *mpl*

***vorbringen** (*fôôr*-bring-ön) *v* *introducir, levantar

Vordergrund (for-dör-ghrunt) *m* primer plano

Vorderseite (*for*-dör-sai-tö) *f* frente *m*

Vorfahr (*fôôr*-faar) *m* (pl ~en) antepasado *m*

Vorfahrtsrecht (*fôôr*-faartss-rêjt) *nt* prioridad de paso

Vorfall (*fôôr*-fal) *m* (pl ̈e) caso *m*

vorführen (*fôôr*-füü-rön) *v* exhibir

Vorgang (*fôôr*-ghang) *m* (pl ̈e) proceso *m*

Vorgänger (*fôôr*-ghêng-ör) *m* (pl ~) predecesor *m*

***vorgeben** (*fôôr*-ghee-bön) *v* fingir

Vorgehen (*fôôr*-ghee-ön) *nt* política *f*

***vorgehen** (*fôôr*-ghee-ön) *v* actuar

vorgestern (*fôôr*-ghêss-törn) *adv* anteayer

vorhanden (fôôr-*han*-dön) *adj* disponible

Vorhang (*fôôr*-hang) *m* (pl ̈e) cortina *f*; telón *m*

Vorhängeschloß (*fôôr*-hêng-ö-ʃloss) *nt* (pl -schlösser) candado *m*

vorher (*fôôr*-heer) *adv* por adelantado, antes

vorhergehend (fôôr-*heer*-ghee-önt) *adj* precedente, previo

Vorhersage (fôôr-*heer*-saa-ghö) *f* (pl ~n) previsión *f*

vorhersagen (fôôr-*heer*-saa-ghön) *v* *predecir

***vorhersehen** (fôôr-*heer*-see-ön) *v* *prever

vorig (*fôô*-rij) *adj* pasado, precedente

***vorkommen** (*fôôr*-ko-mön) *v* ocurrir

Vorladung (*fôôr*-laa-dung) *f* (pl ~en) citación *f*

vorläufig (*fôôr*-loi-fij) *adj* provisional; preliminar

Vorleger (*fôôr*-lee-ghör) *m* (pl ~) alfombrilla *f*

Vorlesung (*fôôr*-lee-sung) *f* (pl ~en) curso *m*

vormals (*fôôr*-maalss) *adv* antes

Vormittag (*fôôr*-mi-taak) *m* (pl ~e) mañana *f*

Vormund (*fôôr*-munt) *m* (pl ~e) tutor *m*

Vormundschaft (*fôôr*-munt-ʃaft) *f* tutela *f*

Vorname (*fôôr*-naa-mö) *m* (pl ~n) nombre de pila

vornehm (*fôôr*-neem) *adj* distinguido

Vorort (*fôôr*-ort) *m* (pl ~e) suburbio *m*

Vorrang (*fôôr*-rang) *m* prioridad *f*

Vorrat (*fôôr*-raat) *m* (pl ~̈e) repuesto *m*, existencias *fpl*; provisiones *fpl*

vorrätig (*fôôr*-rê̂-tij) *adj* adquirible, obtenible; ~ **haben* *tener en existencia

Vorrecht (*fôôr*-rêjt) *nt* (pl ~e) privilegio *m*

Vorrichtung (*fôôr*-rij-tung) *f* (pl ~en) aparato *m*

*vorschießen (*fôôr*-ʃii-ssön) *v* anticipar

Vorschlag (*fôôr*-ʃlaak) *m* (pl ~̈e) sugestión *f*, propuesta *f*

*vorschlagen (*fôôr*-ʃlaa-ghön) *v* *sugerir; *proponer

Vorschrift (*fôôr*-ʃrift) *f* (pl ~en) reglamento *m*, regulación *f*

Vorschuß (*fôôr*-ʃuss) *m* (pl -schüsse) anticipo *m*

sich *vorsehen (*fôôr*-see-ön) *tener cuidado

Vorsicht (*fôôr*-sijt) *f* cautela *f*; precaución *f*

vorsichtig (*fôôr*-sij-tij) *adj* cuidadoso; prudente

Vorsichtsmaßnahme (*fôôr*-sijtss-maass-naa-mö) *f* (pl ~n) precaución *f*

Vorsitzende (*fôôr*-si-tssön-dö) *m* (pl ~n) presidente *m*

Vorspeise (*fôôr*-ʃpai-sö) *f* (pl ~n) entremeses *mpl*

Vorsprung (*fôôr*-ʃprung) *m* ventaja *f*

Vorstadt (*fôôr*-ʃtat) *f* (pl ~̈e) suburbio *m*

vorstädtisch (*fôôr*-ʃtê-tiʃ) *adj* suburbano

Vorstand (*fôôr*-ʃtant) *m* (pl ~̈e) administración *f*

vorstellen (*fôôr*-ʃtê-lön) *v* presentar; representar; **sich** ~ imaginarse; imaginar

Vorstellung (*fôôr*-ʃtê-lung) *f* presentación *f*; noción *f*, entendimiento *m*; espectáculo *m*

Vorteil (*fôr*-tail) *m* (pl ~e) ventaja *f*; beneficio *m*

vorteilhaft (*fôr*-tail-haft) *adj* ventajoso; económico

Vortrag (*fôôr*-traak) *m* (pl ~̈e) conferencia *f*

Vorurteil (*fôôr*-ur-tail) *nt* (pl ~e) prejuicio *m*

Vorverkaufskasse (*fôôr*-fêr-kaufss-kassö) *f* (pl ~n) taquilla *f*

Vorwand (*fôôr*-vant) *m* (pl ~̈e) pretexto *m*

vorwärts (*fôôr*-vêrtss) *adv* adelante

*vorwärtskommen (*fôôr*-vêrtss-komön) *v* adelantar

*vorwerfen (*fôôr*-vêr-fön) *v* reprochar; echar la culpa

Vorwurf (*fôôr*-vurf) *m* (pl ~̈e) reproche *m*

vorzeitig (*fôôr*-tssai-tij) *adj* prematuro

*vorziehen (*fôôr*-tssii-ön) *v* *preferir

Vorzug (*fôôr*-tssuuk) *m* (pl ~̈e) preferencia *f*

vorzüglich (fôôr-*tssüük*-lij) *adj* de primer orden

Vulkan (vul-*kaan*) *m* (pl ~e) volcán *m*

W

Waage (*vaa*-ghö) *f* (pl ~n) báscula *f*, balanza *f*

waagerecht (*vaa*-ghö-rêjt) *adj* horizontal

wach (vaj) *adj* despierto; ~ *werden *despertarse

Wache (va-jö) *f* (pl ~n) guardia *f*

Wachs (vakss) *nt* cera *f*

wachsam (*vaj*-saam) *adj* despierto

***wachsen** (va-kssön) *v* *crecer

Wachsfigurenkabinett (*vakss*-fi-ghuu-rön-ka-bi-nêt) *nt* (pl ~e) museo de figuras de cera

Wachtel (*vaj*-töl) *f* (pl ~n) codorniz *f*

Wächter (*véj*-tör) *m* (pl ~) guardián *m*

wacklig (*vak*-lij) *adj* destartalado, vacilante

Wade (*vaa*-dö) *f* (pl ~n) pantorrilla *f*

Waffe (va-fö) *f* (pl ~n) arma *f*

Waffel (va-föl) *f* (pl ~n) barquillo *m*

wagehalsig (*vaa*-ghö-hal-sij) *adj* atrevido

Wagen (*vaa*-ghön) *m* (pl ~) coche *m*; vagón *m*, carruaje *m*; carro *m*

wagen (*vaa*-ghön) *v* osar; arriesgar

Wagenheber (*vaa*-ghön-hee-bör) *m* (pl ~) gato *m*

Waggon (va-*ghong*) *m* (pl ~s) vagón *m*

Wahl (vaal) *f* (pl ~en) elección *f*

wählen (*vêê*-lön) *v* escoger; *elegir

wählerisch (*vêê*-lö-riʃ) *adj* exigente

Wahlkreis (*vaal*-kraiss) *m* (pl ~e) distrito electoral

Wahlrecht (*vaal*-rêjt) *nt* derecho electoral; sufragio *m*

Wahlspruch (*vaal*-ʃpruj) *m* (pl ~e) lema *m*

Wahnsinn (*vaan*-sin) *m* locura *f*

wahnsinnig (*vaan*-si-nij) *adj* lunático, loco

wahr (vaar) *adj* verdadero

während (*vêê*-rönt) *prep* durante; *conj* mientras

wahrhaft (*vaar*-haft) *adj* verídico

Wahrheit (*vaar*-hait) *f* (pl ~en) verdad *f*

wahrnehmbar (*vaar*-neem-baar) *adj* perceptible

***wahrnehmen** (*vaar*-nee-mön) *v* percibir; observar

wahrscheinlich (vaar-*ʃain*-lij) *adj* probable

Währung (*vêê*-rung) *f* (pl ~en) moneda *f*; **fremde** ~ moneda extranjera

Währungseinheit (*vêê*-rungss-ain-hait) *f* (pl ~en) unidad monetaria

Waise (*vai*-sö) *f* (pl ~n) huérfano *m*

Wal (vaal) *m* (pl ~e) ballena *f*

Wald (valt) *m* (pl ~er) bosque *m*

Waldung (*val*-dung) *f* (pl ~en) arbolado *m*

Wallgraben (*val*-ghraa-bön) *m* (pl ~) foso *m*

Walnuß (*val*-nuss) *f* (pl -nüsse) nogal *m*

Walzer (*val*-tssör) *m* (pl ~) vals *m*

Wand (vant) *f* (pl ~e) pared *f*

wandern (*van*-dörn) *v* caminar, vagabundear

Wandschrank (*vant*-ʃrangk) *m* (pl ~e) armario *m*

Wandtafel (*vant*-taa-föl) *f* (pl ~n) pizarra *f*

Wandteppich (*vant*-tê-pij) *m* (pl ~e) tapiz *m*

Wange (*vang*-ö) *f* (pl ~n) mejilla *f*

wankelmütig (*vang*-kêl-müü-tij) *adj* vacilante

wanken (*vang*-kön) *v* vacilar

wann (van) *adv* cuándo; ~ **immer** cuando quiera que

Wanze (*van*-tssö) *f* (pl ~n) chinche *f*

Ware (*vaa*-rö) f (pl ~n) mercancía f

Warenhaus (*vaa*-rön-hauss) nt (pl ~er) almacén m

warm (varm) adj caliente

Wärme (*vêr*-mö) f calor m

wärmen (*vêr*-mön) v *calentar

Wärmflasche (*vêrm*-fla-ʃö) f (pl ~n) calorífero m

warnen (*var*-nön) v *advertir

Warnung (*var*-nung) f (pl ~en) advertencia f

Warteliste (*var*-tö-liss-tö) f (pl ~n) lista de espera

warten (*var*-tön) v esperar; ~ **auf** esperar

Wärter (*vêr*-tör) m (pl ~) guardián m

Wartezimmer (*var*-tö-tssi-mör) nt (pl ~) sala de espera

warum (va-*rum*) adv por qué

was (vass) pron qué; lo que; un poco; ~ ... **betrifft** por lo que se refiere a; ~ **auch immer** cualquier cosa que

waschbar (*vaʃ*-baar) adj lavable

Waschbecken (*vaʃ*-bê-kön) nt (pl ~) palangana f

Wäsche (*vê*-ʃö) f ropa sucia; ropa blanca

waschecht (*vaʃ*-êjt) adj lavable

Waschen (*va*-ʃön) nt lavado m

***waschen** (*va*-ʃön) v lavar

Wäscherei (vê-ʃö-*rai*) f (pl ~en) lavandería f

Waschmaschine (*vaʃ*-ma-ʃii-nö) f (pl ~n) máquina de lavar

Waschpulver (*vaʃ*-pul-för) nt (pl ~) jabón en polvo

Waschtisch (*vaʃ*-tiʃ) m (pl ~e) lavabo m

Wasser (*va*-ssör) nt agua f; **fließendes** ~ agua corriente

wasserdicht (*va*-ssör-dijt) adj impermeable

Wasserfall (*va*-ssör-fal) m (pl ~e) cascada f

Wasserfarbe (*va*-ssör-far-bö) f (pl ~n) color de aguada

Wasserhahn (*va*-ssör-haan) m (pl ~e) grifo m

Wasserlauf (*va*-ssör-lauf) m (pl ~e) corriente f

Wassermelone (*va*-ssör-me-lôô-nö) f (pl ~n) sandía f

Wasserpumpe (*va*-ssör-pum-pö) f (pl ~n) bomba de agua

Wasserschi (*va*-ssör-ʃii) m (pl ~er) esquí acuático

Wasserstoff (*va*-ssör-ʃtof) m hidrógeno m

Wasserstoffsuperoxyd (va-ssör-ʃtof-suu-pêr-o-kssüüt) nt peróxido m

Wasserstraße (*va*-ssör-ʃtraa-ssö) f (pl ~n) vía navegable

Wasserwaage (*va*-ssör-vaa-ghö) f (pl ~n) nivel m

waten (*vaa*-tön) v vadear

Watt (vat) nt vatio m

Watte (*va*-tö) f algodón m

weben (*vee*-bön) v tejer

Weber (*vee*-bör) m (pl ~) tejedor m

Wechsel (*vêk*-ssöl) m (pl ~) paso m, cambio m

Wechselgeld (*vê*-kssöl-ghêlt) nt cambio m

Wechselkurs (*vê*-kssöl-kurss) m (pl ~e) cambio m

wechseln (*vê*-kssöln) v cambiar; variar

wechselseitig (*vê*-kssöl-sai-tij) adj mutuo

Wechselstrom (*vê*-kssöl-ʃtrôôm) m corriente alterna

Wechselstube (*vê*-kssöl-ʃtuu-bö) f (pl ~n) oficina de cambio

wecken (*vê*-kön) v *despertar

Wecker (*vê*-kör) m (pl ~) despertador m

Weg (veek) m (pl ~e) camino m; ca

zada f

weg (věk) *adv* fuera; desaparecido

Wegegeld (vee-ghö-ghělt) *nt* peaje m

wegen (vee-ghön) *prep* a causa de; por

*****weggehen** (věk-ghee-ön) *v* partir; *irse

weglegen (věk-lee-ghön) *v* guardar

*****wegnehmen** (věk-nee-mön) *v* quitar

Wegrand (veek-rant) *m* (pl ̈er) borde del camino

Wegweiser (veek-vai-sör) *m* (pl ~) poste de indicador, cipo m

wegwerfbar (věk-věrf-baar) *adj* desechable

Wehen (vee-ön) *fpl* dolores *mpl*

wehen (vee-ön) *v* soplar

weh *tun** (vee tuun) *hacer daño

weiblich (vaip-lij) *adj* femenino

weich (vaij) *adj* blando

Weichspüler (vaij-ʃpüü-lör) *m* suavizante de cabello m

weichen (vai-jön) *v* empapar

Weide (vai-dö) *f* (pl ~n) prado m

weiden (vai-dön) *v* *pacer

Weihnachten (vai-naj-tön) Navidad f

weil (vail) *conj* porque

Weile (vai-lö) *f* rato m

Wein (vain) *m* (pl ~e) vino m

Weinberg (vain-bčrk) *m* (pl ~e) viña f

weinen (vai-nön) *v* llorar

Weinhändler (vain-hčn-dlör) *m* (pl ~) vinatero m

Weinkarte (vain-kar-tö) *f* (pl ~n) carta de vinos

Weinkeller (vain-kê-lör) *m* (pl ~) cueva f

Weinlese (vain-lee-sö) *f* vendimia f

Weinrebe (vain-ree-bö) *f* (pl ~n) vid f

Weise (vai-sö) *f* (pl ~n) manera f, modo m

weise (vai-sö) *adj* sabio

weisen (vai-sön) *v* dirigir

Weisheit (vaiss-hait) *f* (pl ~en) sabiduría f

weiß (vaiss) *adj* blanco

Weißfisch (vaiss-fiʃ) *m* (pl ~e) merluza f

weit (vait) *adj* ancho; vasto; **bei weitem** con mucho

weiter (vai-tör) *adj* ulterior; **und so ~** etcétera

*****weitergehen** (vai-tör-ghee-ön) *v* continuar

Weizen (vai-tssön) *m* trigo m

welcher (věl-jör) *pron* que; cuál; **~ auch immer** cualquiera

Welle (vě-lö) *f* (pl ~n) ola f; ondulación f

Wellenlänge (vě-lön-lêng-ö) *f* (pl ~n) longitud de onda

Wellenreiterbrett (vě-lön-rai-tör-brêt) *nt* (pl ~er) tabla para surf

wellig (vě-lij) *adj* ondulado, ondulante

Welt (vělt) *f* mundo m

Weltall (vělt-al) *nt* universo m

weltberühmt (vělt-bö-rüümt) *adj* de fama mundial

Weltkrieg (vělt-kriik) *m* (pl ~e) guerra mundial

weltumfassend (vělt-um-fa-ssönt) *adj* mundial

weltweit (vělt-vait) *adj* mundial

wem (veem) *pron* a quien

*****wenden** (vên-dön) *v* girar

Wendepunkt (vên-dö-pungkt) *m* (pl ~e) punto decisivo

Wendung (vên-dung) *f* (pl ~en) cambio m

wenig (vee-nij) *adj* poco; pocos

weniger (vee-ni-ghör) *adj* menos

wenigstens (vee-nijss-tönss) *adv* por lo menos

wenn (vên) *conj* si; cuando; **~ auch** aunque

wer (veer) *pron* quien; **~ auch immer** quienquiera

Werbesendung (*vêr*-bö-sên-dung) *f* (pl ~en) anuncio publicitario

Werbung (*vêr*-bung) *f* (pl ~en) publicidad *f*

***werden** (*veer*-dön) *v* *hacerse

***werfen** (*vêr*-fön) *v* arrojar; lanzar, echar

Werk (vêrk) *nt* (pl ~e) acto *m*; trabajo *m*; obra *f*; fábrica *f*

Werkmeister (*vêrk*-maiss-tör) *m* (pl ~) capataz *m*

Werkstatt (*vêrk*-ʃtat) *f* (pl ≈en) taller *m*

Werktag (*vêrk*-taak) *m* (pl ~e) día de trabajo

Werkzeug (*vêrk*-tssoik) *nt* (pl ~e) herramienta *f*

Werkzeugtasche (*vêrk*-tssoik-ta-ʃö) *f* (pl ~n) bolsa de herramientas

Wert (veert) *m* (pl ~e) valor *m*

wert (veert) *adj* amado; ~ *sein *valer

wertlos (*veert*-lôôss) *adj* sin valor

Wertsachen (*veert*-sa-jön) *fpl* objetos de valor

wertvoll (*veert*-fol) *adj* valioso

Wesen (vee-sön) *nt* (pl ~) ser *m*; esencia *f*

Wesensart (*vee*-sönss-aart) *f* natural *m*

wesentlich (*vee*-sönt-lij) *adj* esencial

Wespe (*vêss*-pö) *f* (pl ~n) avispa *f*

Weste (*vêss*-tö) *f* (pl ~n) chaleco *m*

Westen (*vêss*-tön) *m* oeste *m*; occidente *m*

westlich (*vêsst*-lij) *adj* occidental

Wettbewerb (*vêt*-bö-vêrp) *m* (pl ~e) concurso *m*

Wette (*vê*-tö) *f* (pl ~n) apuesta *f*

wetteifern (*vêt*-ai-förn) *v* *competir

wetten (*vê*-tön) *v* *apostar

Wetter (*vê*-tör) *nt* tiempo *m*

Wetterbericht (*vê*-tör-bö-rijt) *m* (pl ~e) boletín meteorológico

Wettlauf (*vêt*-lauf) *m* (pl ≈e) carrera *f*

wichtig (*vij*-tij) *adj* importante; **wichtigst** principal

Wichtigkeit (*vij*-tij-kait) *f* importancia *f*

Wichtigtuerei (vij-tij-tuu-ö-*rai*) *f* ostentación *f*

Widerhall (*vii*-dör-hal) *m* eco *m*

widerlich (*vii*-dör-lij) *adj* repugnante

***widerrufen** (vii-dör-*ruu*-fön) *v* revocar; anular

sich widersetzen (vii-dör-*sê*-tssön) *oponerse

widersinnig (*vii*-dör-si-nij) *adj* absurdo

widerspiegeln (vii-dör-ʃpii-ghöln) *v* reflejar

***widersprechen** (vii-dör-*ʃprê*-jön) *v* *contradecir; **widersprechend** contradictorio

Widerspruch (*vii*-dör-ʃpruj) *m* (pl ≈e) objeción *f*

Widerstand (*vii*-dör-ʃtant) *m* resistencia *f*

Widerstandsfähigkeit (*vii*-dör-ʃtantss-fêê-ij-kait) *f* vigor *m*

widerwärtig (*vii*-dör-vêr-tij) *adj* repugnante, repulsivo

Widerwille (*vii*-dör-vi-lö) *m* aversión .

widmen (*vit*-mön) *v* dedicar

widrig (*vii*-drij) *adj* desagradable

wie (vii) *adv* qué, cómo; *conj* tal como, como; que; ~ **auch immer** de todos modos

wieder (*vii*-dör) *adv* otra vez; **hin und** ~ de vez en cuando

***wiederaufnehmen** (vii-dör-*auf*-nee-mön) *v* reemprender

wiedererlangen (*vii*-dör-êr-lang-ön) *v* recuperar

wiedererstatten (*vii*-dör-êr-ʃta-tön) *v* reembolsar

Wiederherstellung (vii-dör-*heer*-ʃtê-lung) f reparación f; recuperación f

wiederholen (vii-dör-*hôô*-lön) v *repetir

Wiederholung (vii-dör-*hôô*-lung) f (pl ~en) repetición f

auf Wiedersehen! (auf vii-dör-ssee-ön) ¡adiós!

wiedervereinigen (vii-dör-fêr-ai-ni-ghön) v reunir

Wiederverkäufer (vii-dör-fêr-koi-för) m (pl ~) revendedor m

wiederverwertbar (vii-dör-fêr-veert-baar) adj reciclable

wiederverwerten (vii-dör-fêr-veer-tön) v reciclar

Wiege (vii-ghö) f (pl ~n) cuna f

*wiegen (vii-ghön) v pesar

Wiese (vii-sö) f (pl ~n) prado m

wieviel (vi-*fiil*) adv cuánto

Wild (vilt) nt caza f

wild (vilt) adj salvaje; fiero

wildern (vil-dörn) v cazar en vedado

Wildleder (vilt-lee-dör) nt gamuza f

Wildpark (vilt-park) m (pl ~s) parque de reserva zoológica

Willenskraft (vi-lönss-kraft) f fuerza de voluntad

Willkommen (vil-*ko*-mön) nt bienvenida f

willkommen (vil-*ko*-mön) adj bienvenido

Wimperntusche (vim-pörn-tu-∫ö) f (pl ~n) rímel m

Wind (vint) m (pl ~e) viento m

Windel (vin-döl) f (pl ~n) pañal m

winden (vin-dön) v enrollar; *torcer; **sich ~** serpentear

Windhund (vint-hunt) m (pl ~e) galgo m

windig (vin-dij) adj borrascoso, ventoso

Windmühle (vint-müü-lö) f (pl ~n) molino de viento

Windpocken (vint-po-kön) fpl varicela f

Windschutzscheibe (vint-∫utss-∫ai-bö) f (pl ~n) parabrisas m

Windstoß (vint-∫tôôss) m (pl ¨e) ráfaga f

Wink (vingk) m (pl ~e) seña f

Winkel (ving-köl) m (pl ~) ángulo m

winken (ving-kön) v *hacer señales

Winker (ving-kör) m (pl ~) indicador m

Winter (vin-tör) m (pl ~) invierno m

Wintersport (vin-tör-∫port) m deportes de invierno

winzig (vin-tssij) adj menudo

Wippe (vi-pö) f (pl ~n) columpio m

wir (viir) pron nosotros

wirbeln (vir-böln) v *hacer girar

Wirbelsturm (vir-böl-∫turm) m (pl ¨e) huracán m

wirken (vir-kön) v operar

wirklich (virk-lij) adj verdadero; real; adv en realidad, por cierto

Wirklichkeit (virk-lij-kait) f realidad f

wirksam (virk-saam) adj eficaz

Wirkung (vir-kung) f (pl ~en) efecto m; consecuencia f

wirkungsvoll (vir-kungss-fol) adj eficaz

Wirkwaren (virk-vaa-rön) fpl géneros de punto

Wirrwarr (vir-var) m dédalo m

Wirt (virt) m (pl ~e) patrón m

Wirtin (vir-tin) f (pl ~nen) patrona f

Wirtschaft (virt-∫aft) f economía f

wirtschaftlich (virt-∫aft-lij) adj económico

Wirtshaus (virtss-hauss) nt (pl ¨er) taberna f; café m

*wissen (vi-ssön) v *saber

Wissenschaft (vi-ssön-∫aft) f (pl ~en) ciencia f

Wissenschaftler (vi-ssön-∫aft-lör) m (pl ~) científico m

wissenschaftlich (vi-ssön-∫aft-lij) adj

científico

Witwe (*vit*-vö) *f* (pl ~n) viuda *f*

Witwer (*vit*-vör) *m* (pl ~) viudo *m*

Witz (vitss) *m* (pl ~e) broma *f*

witzig (*vi*-tssij) *adj* gracioso

wo (vôô) *adv* dónde; *conj* donde; ~ **auch immer** en donde sea; ~ **immer** dondequiera que

Woche (vo-jö) *f* (pl ~n) semana *f*

Wochenende (vo-jön-ên-dö) *nt* (pl ~n) fin de semana

Wochenschau (vo-jön-ʃau) *f* (pl ~en) noticiario *m*

Wochentag (vo-jön-taak) *m* (pl ~e) día laborable

wöchentlich (vö-jönt-lij) *adj* semanal

Wohlbefinden (*vôôl*-bö-fin-dön) *nt* bienestar *m*

wohlbegründet (*vôôl*-bö-ghrün-döt) *adj* fundamentado

wohlhabend (*vôôl*-haa-bönt) *adj* próspero; acomodado

wohlschmeckend (*vôôl*-ʃmê-könt) *adj* rico

Wohlstand (*vôôl*-ʃtant) *m* prosperidad *f*

Wohltätigkeit (*vôôl*-têê-tij-kait) *f* caridad *f*

Wohlwollen (*vôôl*-vo-lön) *nt* buena voluntad

Wohnblock (*vôôn*-blok) *m* (pl ~e) casa de pisos

Wohnboot (*vôôn*-bôôt) *nt* (pl ~e) casa flotante

wohnen (*vôô*-nön) *v* residir, vivir

Wohngebäude (*vôôn*-ghö-boi-dö) *nt* (pl ~) casa de pisos

wohnhaft (*vôôn*-haft) *adj* residente

Wohnsitz (*vôôn*-sitss) *m* (pl ~e) domicilio *m*, residencia *f*

Wohnung (*vôô*-nung) *f* (pl ~en) vivienda *f*; piso *m*; apartamento *m*

Wohnwagen (*vôôn*-vaa-ghön) *m* (pl ~) caravana *f*; carro de gitanos

Wohnzimmer (*vôôn*-tssi-mör) *nt* (pl ~) sala de estar, living *m*

Wolf (volf) *m* (pl ~e) lobo *m*

Wolke (*vol*-kö) *f* (pl ~n) nube *f*

Wolkenbruch (*vol*-kön-bruj) *m* (pl ~e) chaparrón *m*

Wolkenkratzer (*vol*-kön-kra-tssör) *m* (pl ~) rascacielos *m*

Wolle (*vo*-lö) *f* lana *f*

wollen (*vo*-lön) *adj* de lana

***wollen** (*vo*-lön) *v* *querer

Wolljacke (*vol*-ya-kö) *f* (pl ~n) chaqueta *f*

Wollpullover (*vol*-pu-lôô-vör) *m* (pl ~) jersey *m*

Wollust (*vo*-lusst) *f* concupiscencia *f*

Wonne (*vo*-nö) *f* (pl ~n) deleite *m*, delicia *f*

Wort (vort) *nt* (pl ~er) palabra *f*

Wörterbuch (*vör*-tör-buuj) *nt* (pl ~er) diccionario *m*

Wörterverzeichnis (*vör*-tör-fêr-tssaij-niss) *nt* (pl ~se) glosario *m*

Wortschatz (*vort*-ʃatss) *m* vocabulario *m*

Wortwechsel (*vort*-vê-kssöl) *m* (pl ~) disputa *f*

wozu (vôô-*tssuu*)`*adv* para que

Wrack (vrak) *nt* (pl ~s) pecio *m*

Wuchs (vuukss) *m* crecimiento *m*

wund (vunt) *adj* doloroso

Wunde (*vun*-dö) *f* (pl ~n) herida *f*

Wunder (*vun*-dör) *nt* (pl ~) milagro *m*; maravilla *f*

wunderbar (*vun*-dör-baar) *adj* maravilloso; magnífico, precioso; milagroso

wunderlich (*vun*-dör-lij) *adj* singular

sich wundern (*vun*-dörn) maravillarse

Wunsch (vunʃ) *m* (pl ~e) deseo *m*

wünschen (*vün*-ʃön) *v* desear

wünschenswert (*vün*-ʃönss-veert) *adj* deseable

würdevoll (*vür*-dö-fol) *adj* distinguido

würdig (*vür*-dij) *adj* digno de
Wurf (vurf) *m* (pl ⁓e) lanzamiento *m*; echada *f*; lechigada *f*
Würfel (*vür*-föl) *m* (pl ⁓) cubo *m*
Wurm (vurm) *m* (pl ⁓er) gusano *m*
Wurst (vursst) *f* (pl ⁓e) salchicha *f*
Wurzel (*vur*-tssöl) *f* (pl ⁓n) raíz *f*
würzen (*vür*-tssön) *v* sazonar
wüst (vüüsst) *adj* salvaje; feroz
Wüste (*vüüss*-tö) *f* (pl ⁓n) desierto *m*
Wut (vuut) *f* rabia *f*, furor *m*, cólera *f*
wüten (*vüü*-tön) *v* rabiar
wütend (*vüü*-tönt) *adj* rabioso, furioso

Z

...äh (tssêê) *adj* duro
...ahl (tssaal) *f* (pl ⁓en) número *m*; cifra *f*
...ahlen (*tssaa*-lön) *v* pagar
...ählen (*tssêê*-lön) *v* *contar
...ähler (*tssêê*-lör) *m* (pl ⁓) contador *m*
...ahlmeister (*tssaal*-maiss-tör) *m* (pl ⁓) tesorero *m*
...ahlreich (*tssaal*-raij) *adj* numeroso
...ahlungsempfänger (*tssaa*-lungss-êmpfêng-ör) *m* (pl ⁓) favorecido *m*
...ahlungsunfähig (*tssaa*-lungss-un-fêêij) *adj* en quiebra
...ahlwort (*tssaal*-vort) *nt* (pl ⁓er) numeral *m*
...hm (tssaam) *adj* manso, domesticado
...hmen (*tssêê*-mön) *v* domesticar
...hn (tssaan) *m* (pl ⁓e) diente *m*
...hnarzt (*tssaan*-artsst) *m* (pl ⁓e) dentista *m*
...hnbürste (*tssaan*-bürss-tö) *f* (pl ⁓n) cepillo de dientes
...hnfleisch (*tssaan*-flaiſ) *nt* encía *f*

Zahnpaste (*tssaan*-pass-tö) *f* (pl ⁓n) pasta dentífrica
Zahnpulver (*tssaan*-pul-för) *nt* polvo para los dientes
Zahnstocher (*tssaan*-ſto-jör) *m* (pl ⁓) palillo *m*
Zahnweh (*tssaan*-vee) *nt* dolor de muelas
Zange (*tssang*-ö) *f* (pl ⁓n) alicates *mpl*; tenazas *f*
Zank (tssangk) *m* disputa *f*, riña *f*
zanken (*tssang*-kön) *v* disputar
Zäpfchen (*tssêpf*-jön) *nt* (pl ⁓) supositorio *m*
zart (tssaart) *adj* delicado, tierno
zärtlich (*tssêêrt*-lij) *adj* tierno; cariñoso
Zauber (*tssau*-bör) *m* encanto *m*; **Zauber-** mágico
Zauberei (tssau-bö-*rai*) *f* magia *f*
Zauberer (*tssau*-bö-rör) *m* (pl ⁓) prestidigitador *m*
zauberhaft (*tssau*-bör-haft) *adj* espléndido
Zaun (tssaun) *m* (pl ⁓e) cerca *f*
Zebra (*tssee*-bra) *nt* (pl ⁓s) cebra *f*
Zebrastreifen (*tssee*-bra-ſtrai-fön) *m* (pl ⁓) cruce para peatones
Zehe (*tssee*-ö) *f* (pl ⁓n) dedo del pie
zehn (tsseen) *num* diez
zehnte (*tsseen*-tö) *num* décimo
Zeichen (*tssai*-jön) *nt* (pl ⁓) señal *f*; marca *f*, signo *m*
Zeichentrickfilm (*tssai*-jön-trik-film) *m* (pl ⁓e) dibujos animados
zeichnen (*tssaij*-nön) *v* dibujar; marcar
Zeichnung (*tssaij*-nung) *f* (pl ⁓en) dibujo *m*
Zeigefinger (*tssai*-ghö-fing-ör) *m* (pl ⁓) índice *m*
zeigen (*tssai*-ghön) *v* *mostrar; indicar, señalar con el dedo, apuntar; *demostrar; **sich ⁓** *salir

Zeile (*tssai-*lö) f (pl ~n) renglón m
Zeit (tssait) f (pl ~en) tiempo m; **in letzter ~** últimamente
Zeitabschnitt (*tssait-*ap-ʃnit) m (pl ~e) período m
Zeitgenosse (*tssait-*ghö-no-ssö) m (pl ~n) contemporáneo m
zeitgenössisch (*tssait-*ghö-nö-ssiʃ) adj contemporáneo
Zeitraum (*tssait-*raum) m (pl ~e) época f
Zeitschrift (*tssait-*ʃrift) f (pl ~en) periódico m; revista f
zeitsparend (*tssait-*ʃpaa-rönt) adj que economiza tiempo
Zeitung (*tssai-*tung) f (pl ~en) periódico m, diario m
Zeitungshändler (*tssai-*tungss-hên-dlör) m (pl ~) vendedor de periódicos
Zeitungsstand (*tssai-*tungss-ʃtant) m (pl ~e) quiosco de periódicos
zeitweilig (*tssait-*vai-lij) adj temporal
Zeitwort (*tssait-*vort) nt (pl ~er) verbo m
Zelle (*tssê-*lö) f (pl ~n) celda f; cabina f
Zellophan (tssê-lô-*faan*) nt celofán m
Zelt (tssêlt) nt (pl ~e) tienda f
zelten (*tssêl-*tön) v acampar
Zeltplatz (*tssêlt-*platss) m (pl ~e) camping m
Zement (tsse-*mênt*) m cemento m
Zenit (tsse-*niit*) m cenit m
Zensur (tssên-*suur*) f (pl ~en) nota f; censura f
Zentimeter (tssên-ti-*mee-*tör) m (pl ~) centímetro m
zentral (tssên-*traal*) adj central
Zentralheizung (tssên-*traal-*hai-tssung) f (pl ~en) calefacción central
zentralisieren (tssên-tra-li-*sii-*rön) v centralizar
Zentrum (tssên-trum) nt (pl -tren)

centro m
zerbrechlich (tssêr-*brêj-*lij) adj frágil
zerfasern (tssêr-*faa-*sörn) v deshilacharse
zerhacken (tssêr-*ha-*kön) v picar
zerknittern (tssêr-*kni-*törn) v *plegar
zerlegen (tssêr-*lee-*ghön) v trinchar; analizar
*zerreiben** (tssêr-*rai-*bön) v triturar
*zerreißen** (tssêr-*rai-*ssön) v rasgar
zerstampfen (tssêr-*ʃtam-*pfön) v machacar
Zerstäuber (tssêr-*ʃtoi-*bör) m (pl ~) pulverizador m; vaporizador m
zerstören (tssêr-*ʃtöö-*rön) v *destruir
Zerstörung (tssêr-*ʃtöö-*rung) f destrucción f
Zettel (*tssê-*töl) m (pl ~) trozo de papel; nota m, hoja f; formulario m
Zeuge (*tssoi-*ghö) m (pl ~n) testigo n
Zeugnis (tssoik-niss) nt (pl ~se) certificado m
Ziege (*tssii-*ghö) f (pl ~n) cabra f
Ziegel (*tssii-*ghöl) m (pl ~) ladrillo m
Ziegelstein (*tssii-*ghöl-ʃtain) m (pl ~e ladrillo m
Ziegenbock (*tssii-*ghön-bok) m (pl ~e cabrón m
Ziegenleder (*tssii-*ghön-lee-dör) nt ca britilla f
*ziehen** (*tssii-*ön) v tirar; arrastrar; jalar vMe
Ziehung (*tssii-*ung) f (pl ~en) sorteo m
Ziel (tssiil) nt (pl ~e) fin m; meta f, objeto m, objetivo m
zielen auf (*tssii-*lön) v apuntar
Ziellinie (*tssiil-*lii-nyö) f (pl ~n) meta
Zielscheibe (*tssiil-*ʃai-bö) f (pl ~n) blanco m
ziemlich (*tssiim-*lij) adv bastante, me dianamente; algo
Ziffer (*tssi-*för) f (pl ~n) número m ; cifra f

Zigarette (tssi-gha-*rê*-tö) f (pl ~n) cigarrillo m

Zigarettenetui (tssi-gha-*rê*-tön-êt-vi) nt (pl ~s) pitillera f

Zigarettenspitze (tssi-gha-*rê*-tön-ʃpitssö) f (pl ~n) boquilla f

Zigarettentabak (tssi-gha-*rê*-tön-taabak) m picadura f

Zigarre (tssi-*gha*-rö) f (pl ~n) puro m

Zigarrenladen (tssi-*gha*-rön-laa-dön) m (pl ~) estanco m

Zigeuner (tssi-*ghoi*-nör) m (pl ~) gitano m

Zimmer (tssi-mör) nt (pl ~) habitación f; cuarto m; ~ mit Frühstück cama y desayuno; ~ mit Vollpension pensión completa

Zimmerbedienung (tssi-mör-bö-dii-nung) f servicio de habitación

Zimmerflucht (tssi-mör-flujt) f apartamento m

Zimmermädchen (tssi-mör-mêêt-jön) nt (pl ~) doncella f

Zimmertemperatur (tssi-mör-têm-pe-ra-tuur) f temperatura ambiente

Zimt (tssimt) m canela f

Zink (tssingk) nt cinc m

Zinn (tssin) nt estaño m

Zins (tssinss) m (pl ~en) rédito m

Zirkus (tssir-kuss) m (pl ~se) circo m

Zirkusarena (tssir-kuss-a-ree-na) f (pl

Zitat (tssi-*taat*) nt (pl ~e) cita f

zitieren (tssi-*tii*-rön) v citar

Zitrone (tssi-*trô*-nö) f (pl ~n) limón m

zittern (tssi-törn) v *temblar

zivil (tssi-*viil*) adj civil

Zivilisation (tssi-vi-li-sa-*tssyôôn*) f (pl ~en) civilización f

zivilisiert (tssi-vi-li-*siirt*) adj civilizado

Zivilist (tssi-vi-*lisst*) m (pl ~en) paisano m

Zivilrecht (tssi-*viil*-rêjt) nt derecho ci-

vil

zögern (tssöö-ghörn) v vacilar

Zölibat (tssö-li-*baat*) nt celibato m

Zoll (tssol) m (pl ~e) impuesto m, impuesto de aduana

Zollbehörde (tssol-bö-höör-dö) f (pl ~n) aduana f

zollfrei (tssol-frai) adj exento de impuestos

Zöllner (tssöl-nör) m (pl ~) oficial de aduanas

zollpflichtig (tssol-pflij-tij) adj imponible

Zone (tssôô-nö) f (pl ~n) zona f

Zoo (tssôô) m (pl ~s) jardín zoológico

Zoologie (tssô-ô-lô-*ghii*) f zoología f

Zorn (tssorn) m enojo m

zornig (tssor-nij) adj enfadado

zu (tssuu) prep a, en; para con; adv demasiado; cerrado

Zubehör (tssuu-bö-höör) nt (pl ~e) accesorios mpl

zubereiten (tssuu-bö-rai-tön) v guisar

züchten (tssüj-tön) v criar, recriar; cultivar

Zucker (tssu-kör) m azúcar m/f; Stück ~ terrón de azúcar

Zuckerkrankheit (tssu-kör-krangk-hait) f diabetes f

*zuerkennen (tssuu-êr-kê-nön) v conceder

zuerst (tssu-*eerst*) adv antes

Zufall (tssuu-fal) m (pl ~e) suerte f; azar m

zufällig (tssuu-fê-lij) adj por casualidad, accidental, imprevisto

zufrieden (tssu-*frii*-dön) adj satisfecho; contento

zufriedenstellen (tssu-*frii*-dön-ʃtê-lön) v *satisfacer

Zufuhr (tssuu-fuur) f abastecimiento m

Zug (tssuuk) m (pl ~e) tren m; comitiva f; jugada f; rasgo m; **durchge-**

hender ~ tren directo

Zugang (*tssuu*-ghang) *m* entrada *f*; acceso *m*

zugänglich (*tssuu*-ghêng-lij) *adj* accesible

Zugbrücke (*tssuuk*-brü-kö) *f* (pl ~n) puente levadizo

***zugeben** (*tssuu*-ghee-bön) *v* *reconocer, admitir

zügeln (*tssüü*-ghöln) *v* refrenar

Zugeständnis (*tssuu*-ghö-ʃtênt-niss) *nt* (pl ~se) concesión *f*

zugetan (*tssuu*-ghö-taan) *adj* encariñado con

zugleich (tssu-*ghlaij*) *adv* al mismo tiempo

zugunsten (tssu-*ghunss*-tön) *prep* a favor de

zuhören (*tssuu*-höö-rön) *v* escuchar

Zuhörer (*tssuu*-höö-rör) *m* (pl ~) oyente *m*

Zuhörerraum (*tssuu*-höö-rör-raum) *m* (pl ~e) aula *f*

zujubeln (*tssuu*-yuu-böln) *v* aclamar

Zukunft (*tssuu*-kunft) *f* porvenir *m*

zukünftig (*tssuu*-künf-tij) *adj* futuro

Zulage (*tssuu*-laa-ghö) *f* (pl ~n) asignación *f*

Zulassung (*tssuu*-la-ssung) *f* (pl ~en) admisión *f*

zuletzt (tssu-*lêtsst*) *adv* al final

zumachen (*tssuu*-ma-jön) *v* *cerrar

zumindest (tssu-*min*-dösst) *adv* por lo menos

Zunahme (*tssuu*-naa-mö) *f* aumento *m*

Zündkerze (*tssünt*-kêr-tssö) *f* (pl ~n) bujía *f*

Zündung (*tssün*-dung) *f* (pl ~en) encendido *m*; bobina del encendido

***zunehmen** (*tssuu*-nee-mön) *v* *acrecentarse; **zunehmend** progresivo

Zuneigung (*tssuu*-nai-ghung) *f* cariño *m*

Zunge (*tssung*-ö) *f* (pl ~n) lengua *f*

zurichten (*tssuu*-rij-tön) *v* preparar

zurück (tssu-*rük*) *adv* atrás

***zurückbringen** (tssu-*rük*-bring-ön) *v* *devolver

***zurückgehen** (tssu-*rük*-ghee-ön) *v* regresar

***zurückhalten** (tssu-*rük*-hal-tön) *v* *impedir

zurückkehren (tssu-*rük*-kee-rön) *v* *volver

***zurückkommen** (tssu-*rük*-ko-mön) *v* *volver

***zurücklassen** (tssu-*rük*-la-ssön) *v* dejar

***zurückrufen** (tssu-*rük*-ruu-fön) *v* llamar

zurückschicken (tssu-*rük*-ʃi-kön) *v* *devolver

***zurücksenden** (tssu-*rük*-sên-dön) *v* *devolver

***zurücktreten** (tssu-*rük*-tree-tön) *v* resignar

***zurückweisen** (tssu-*rük*-vai-sön) *v* rechazar

zurückzahlen (tssu-*rük*-tssaa-lön) *v* reintegrar, reembolsar

***zurückziehen** (tssu-*rük*-tssii-ön) *v* retirar

zusammen (tssu-*sa*-mön) *adv* juntos

Zusammenarbeit (tssu-*sa*-mön-ar-bait) *f* cooperación *f*

***zusammenbinden** (tssu-*sa*-mön-bin-dön) *v* atar

***zusammenbrechen** (tssu-*sa*-mön-brjön) *v* desplomarse, derrumbarse

***zusammenfallen** (tssu-*sa*-mön-fa-lön) *v* coincidir

***zusammenfalten** (tssu-*sa*-mön-fal-tör) *v* doblar

Zusammenfassung (tssu-*sa*-mön-fa-ssung) *f* (pl ~en) resumen *m*, sumrio *m*

zusammenfügen (tssu-*sa*-mön-füü-ghön) v ensamblar

Zusammenhang (tssu-*sa*-mön-hang)
m (pl ~e) conexión f; coherencia f

Zusammenkunft (tssu-*sa*-mön-kunft) f
(pl ~e) asamblea f

zusammensetzen (tssu-*sa*-mön-sê-
tssön) v montar

Zusammensetzung (tssu-*sa*-mön-sê-
tssung) f (pl ~en) composición f

zusammenstellen (tssu-*sa*-mön-ʃtê-
lön) v compilar; redactar, *componer

Zusammenstoß (tssu-*sa*-mön-ʃtôôss)
m (pl ~e) colisión f; choque m

zusammenstoßen (tssu-*sa*-mön-ʃtôô-
ssön) v chocar

Zusammensturz (tssu-*sa*-mön-ʃturtss)
m hundimiento m

zusammentreffen (tssu-*sa*-mön-trê-
fön) nt coincidencia f

zusammenziehen (tssu-*sa*-mön-tssii-
ön) v estrechar

zusätzlich (tssuu-sêtss-lij) adj adicional, extra

Zuschauer (tssuu-ʃau-ör) m (pl ~)
espectador m

Zuschlag (tssuu-ʃlaak) m (pl ~e) sobretasa f

zuschlagen (tssuu-ʃlaa-ghön) v *dar
un portazo; atacar

zuschreiben (tssuu-ʃrai-bön) v *atribuir a

Zuschuß (tssuu-ʃuss) m (pl Zuschüs-
se) subvención f

Zustand (tssuu-ʃtant) m (pl ~e) estado
m

zustande *bringen (tssu-ʃtan-dö bring-
ön) efectuar; cumplir

Zustellung (tssuu-ʃtê-lung) f entrega f

zustimmen (tssuu-ʃti-mön) v *consentir

Zustimmung (tssuu-ʃti-mung) f consentimiento m

Zutat (tssuu-taat) f (pl ~en) ingre-

diente m

zuteilen (tssuu-tai-lön) v asignar

Zutritt (tssuu-trit) m acceso m, admisión f

zuverlässig (tssuu-fêr-lê-ssij) adj fiable, confiable; bueno

zuversichtlich (tssuu-fêr-sijt-lij) adj
lleno de confianza

zuviel (tssu-fiil) pron demasiado

zuvor (tssu-fôôr) adv antes

***zuvorkommen** (tssu-fôôr-ko-mön) v
*prevenir

zuvorkommend (tssu-fôôr-ko-mönt)
adj atento

***zuweisen** (tssuu-vai-sön) v asignar a

Zuweisung (tssuu-vai-sung) f (pl ~en)
encargo m

sich *zuziehen (tssuu-tssii-ön) atrapar

zwanglos (tssvang-lôôss) adj informal

zwangsweise (tssvangss-vai-sö) adv
forzosamente

zwanzig (tssvan-tssij) num veinte

zwanzigste (tssvan-tssijss-tö) num vigésimo

Zweck (tssvêk) m (pl ~e) fin m ; objetivo m

zweckmäßig (tssvêk-mêê-ssij) adj
apropiado; eficiente

zwei (tssvai) num dos

zweideutig (tssvai-doi-tij) adj equívoco

Zweifel (tssvai-föl) m (pl ~) duda f;
ohne ~ sin duda

zweifelhaft (tssvai-föl-haft) adj dudoso

zweifellos (tssvai-föl-lôôss) adv sin duda

zweifeln (tssvai-föln) v dudar

Zweig (tssvaik) m (pl ~e) ramita f

Zweigstelle (tssvaik-ʃtê-lö) f (pl ~n)
sucursal f

zweimal (tssvai-maal) adv dos veces

zweisprachig (tssvai-ʃpraa-jij) adj bilingüe

zweite (*tssvai*-tö) *num* segundo
zweiteilig (*tssvai*-tai-lij) *adj* de dos piezas
Zwerg (tssvêrk) *m* (pl ~e) enano *m*
Zwiebel (*tssvii*-böl) *f* (pl ~n) cebolla *f*; bulbo *m*
Zwielicht (*tssvii*-lijt) *nt* crepúsculo *m*
Zwillinge (*tssvi*-li-ngö) *mpl* gemelos *mpl*
***zwingen** (*tssving*-ön) *v* *forzar; obligar, compeler
Zwirn (tssvirn) *m* hilo *m*
zwischen (*tssvi*-ʃön) *prep* entre
Zwischenfall (*tssvi*-ʃön-fal) *m* (pl ~e) incidente *m*
Zwischenraum (*tssvi*-ʃön-raum) *m* (pl ~e) espacio *m*
Zwischenspiel (*tssvi*-ʃön-ʃpiil) *nt* (pl ~e) intermedio *m*
Zwischenstock (*tssvi*-ʃön-ʃtok) *m* (pl ~e) entresuelo *m*
Zwischenzeit (*tssvi*-ʃön-tssait) *f* ínterin *m*
zwölf (tssvölf) *num* doce
zwölfte (*tssvölf*-tö) *num* duodécimo
Zyklus (*tssüü*-kluss) *m* (pl Zyklen) ciclo *m*
Zylinder (tssi-*lin*-dör) *m* (pl ~) cilindro *m*
Zylinderkopf (tssi-*lin*-dör-kopf) *m* (pl ~e) culata del cilindro

Léxico gastronómico

Comidas

Aal anguila

Abendbrot, Abendessen cena

Allgäuer Bergkäse queso de Baviera, de pasta dura, parecido al Emmental suizo

Allgäuer Rahmkäse queso de Baviera cremoso y suave

Altenburger queso suave de cabra, de pasta blanda

Ananas piña

Anisbrot pastel, bizcocho de anís

Apfel manzana

~charlotte pastel de compota de manzanas y pan rallado

Apfelsine naranja

Appenzeller (Käse) queso suave, de pasta consistente

Appetithäppchen, Appetitschnitte tapa, canapé

Aprikose albaricoque

Artischocke alcachofa

Artischockenboden fondo de alcachofa

Aubergine berenjena

Auflauf 1) suflé 2) plato de pescado, carne, legumbres o frutas, gratinado al horno

Aufschnitt fiambre

Auster ostra

Backforelle trucha cocida al horno

Backhähnchen, Backhendl, Backhuhn pollo frito

Backobst fruta seca

Backpflaume ciruela pasa

Backsteinkäse queso fuerte de Baviera, parecido al *Limburger*

Banane plátano

Barsch perca

Bauernbrot pan de centeno o trigo candeal

Bauernfrühstück desayuno con huevos, tocino y patatas

Bauernomelett tortilla con cebollas y tocino en daditos

Bauernschmaus chucruta con tocino, cerdo ahumado, salchichas, bolillas de pasta y patatas

Bauernsuppe sopa espesa con coles y rodajas de salchicha

Baumnuß nuez

Bayerische Leberknödel albóndiga de hígado de ternera, servida con la chucruta

Bedienung (nicht) (e)inbegriffen servicio (no) incluido

Beere baya

Beilage adorno, aderezo

belegtes Brot/Brötchen bocadillo

Berliner (Pfannkuchen) buñuelo relleno de mermelada

Berliner Luft postre hecho de huevos y limón, cubierto con almíbar de frambuesas

Berner Platte chucruta (o judías) y patatas hervidas, aderezadas con chuletas de cerdo ahumadas, tocino, carne de buey hervida, salchichas, lengua y jamón

Beuschel pulmón, corazón e hígado de ternera o cordero en una salsa ligeramente agria

Bienenstich pastel de almendras y miel

Bierrettich rábano negro generalmente cortado en lonjas y salado; se sirve con cerveza

Biersuppe sopa suave con especias, a base de cerveza

Birchermus, Birchermüsli especie de gachas frías, con copos de avena, leche, trozos de frutas, avellanas ralladas y a veces yogur

Birne pera

Bischofsbrot pastel con frutas secas o escarchadas

Biskuitrolle bizcocho enrollado y relleno de mermelada o jalea de frutas

Bismarckhering arenque en escabeche con cebollas

blau pescado, generalmente trucha, poco hecho

Blaubeere arándano

Blaukraut lombarda

Blumenkohl coliflor

Blutwurst morcilla

Bockwurst salchicha cocida

Bohne judía

Bouillon consomé, caldo

Brachse, Brasse brema

Bratapfel manzana cocida al horno

Braten asado

~ **soße** salsa, jugo de carne

Bratfisch pescado frito

Brathähnchen, Brathendl, Brathuhn pollo asado

Bratkartoffel patata asada

Bratwurst salchicha frita

Braunschweiger Kuchen pastel con frutas escarchadas y almendras

Brei gachas, puré

Brezel pastelillo duro y salado en forma de ocho

Bries, Brieschen, Briesel molleja

Brombeere zarzamora

Brot pan

~ **suppe** sopa de pan viejo

Brötchen panecillo

Brühe consomé, caldo

Brunnenkresse berro de agua

Brüsseler Endivie endibia

Brust pecho, pechuga

~ **stück** carne de pecho

Bückling arenque ahumado

Bulette albóndiga de carne o pescado

Bündnerfleisch carne de ternera seca, cortada en lonjas finísimas

Butt(e) barbada

Butter mantequilla

Champignon champiñón de París

Chicorée endibia

Cornichon pepinillo

Dampfnudel especialidad de dulce con almendras y limón; servidos con una crema de vainilla

Dattel dátil

deutsches Beefsteak bistec de carne picada, hamburguesa; a veces cubierto con un huevo

Dill eneldo

doppeltes Lendenstück solomillo de ternera asado

Dörrobst fruta seca

Dorsch bacalao pequeño

Dotterkäse queso a base de leche desnatada y yema de huevo

durchgebraten bien cocido

Egli perca

Ei huevo
~ **dotter,** ~ **gelb** yema
~ **schnee** clara de huevo batida
~ **weiß** clara

Eierauflauf suflé

Eierkuchen hojuela

Eierschwamm(erl) mízcalo

eingemacht en conserva (frutas o legumbres)

Eintopf guisado (generalmente de carne y legumbres)

Eis helado
~ **bombe** postre helado
~ **krem** helado en molde

Eisbein mit Sauerkraut pata de cerdo que se sirve con chucruta

Emmentaler (Käse) queso suizo de pasta consistente, con agujeros grandes

Endivie achicoria

Ente pato

Erbse guisante

Erdbeere fresa

Erdnuß cacahuete, maní

errötende Jungfrau frambuesas con crema

Essig vinagre
~ **gurke** pepinillo

Eßkastanie castaña

Extraaufschlag suplemento

Fadennudel fideo

falscher Hase pan de carne cocido al horno

Fasan faisán

faschiertes carne molida

faschiertes Laibchen albóndiga

Feige higo

Felchen farra (pescado)

Fenchel hinojo

fester Preis, zu festem Preis precio fijo

Filet filete
~ **Stroganoff** finas lonjas de ternera, cocidas en una salsa agria con mostaza y cebollas

Fisch pescado
~ **klößchen** albóndiga de pescado
~ **schüssel** cazuela de pescado y tocino cortado en daditos

Fladen hojuela

Flädle, Flädli hojuela fina que se añade a la sopa

flambiert flameado con algún licor

Flammeri pastel de sémola o de arroz, acompañado de compota, jugo de frutas o crema de vainilla

Fleisch carne
~ **käse** pastel de carne
~ **kloß** albóndiga
~ **roulade,** ~ **vogel** fricandó, pulpeta

Flunder lenguado, rodaballo

Forelle trucha

Frankfurter (Würstchen) salchicha de Francfort

Frikadelle albóndiga de carne, ave o pescado

Frikassee guisado, guiso

frisch fresco

Frischling jabato

Froschschenkel anca de rana

Frucht fruta

Frühlingssuppe sopa de legumbres frescas

Frühstück desayuno

Frühstückskäse queso de fuerte sabor y pasta blanda

Frühstücksspeck tocino ahumado

Füllung relleno, picadillo para relleno

Fürst-Pückler-Eis(bombe) helado en molde (chocolate, vainilla,

fresa)

Gabelfrühstück desayuno abundante que reemplaza el almuerzo

Gans ganso

Gänseklein despojo de ganso

Garnele gamba, camarón

Garnitur aderezo

Gebäck pastel

gebacken cocido al horno

gebraten asado, frito

gedämpft cocido al vapor

Gedeck menú de precio fijo

gedünstet cocido al vapor

Geflügel ave

~ **klein** despojo de ave

Gefrorenes helado

gefüllt relleno

gegrillt asado a la parrilla

gehackt picado

Gehacktes carne picada

gekocht cocido, hervido

Gelee 1) (en) gelatina 2) jalea de frutas 3) mermelada

gemischt mezclado, variado

Gemüse legumbre

gepökelt conservado en vinagre, salado

geräuchert ahumado

Gericht plato

geröstet asado

Gerste cebada

gesalzen salado

geschmort estofado

Geschnetzeltes carne cortada en lonjas finas

Geselchtes carne salada y ahumada, en general de cerdo

gesotten hervido

gespickt mechado, lardeado

gesülzt en jalea

Gewürz especia

~ **gurke** pepinillo

~ **kuchen** pan de especias

~ **nelke** clavo de especia

gewürzt con especias, picante

Gipfel panecillo en forma de creciente

Gittertorte pastel de almendras, cubierto con jalea de frambuesas

Gitzi cabrito

Glace helado

Glattbutt barbada (pescado)

Gnagi corvejón de cerdo ahumado

Götterspeise postre a base de jalea de frutas

Granat camarón grande

~ **apfel** granada

gratiniert gratinado

Graubrot pan moreno

Graupensuppe sopa de cebada

Greyerzer (Käse) queso suizo de textura consistente

Griebenwurst salchicha con trozos de manteca cocida

Grieß sémola

Grill, grilliert parrilla, cocido a la parrilla

Gröstl patatas ralladas y asadas con trozos de carne

Gründling gobio

grüne Bohne judía verde

Grünkohl col rizada

Gugelhupf, Gugelhupf pastel con uvas pasas y almendras, en forma de corona

Güggeli pollo tomatero

Gulasch guisado de carne legumbres, generalmente muy picante

Gurke pepino, pepinillo

Hachse corvejón

Hackbraten pan de carne, cocido al horno

Hackfleisch carne picada

Haferbrei gacha de avena

Haferflocken copos de avena

Hähnchen pollo tomatero
halb medio(a)
~ **gar** poco hecho
Hamburger hamburguesa
Hamme jamón
Hammel(fleisch) carnero
Handkäse queso de sabor picante, hecho con leche agria
Haschee carne picada
Hase liebre
Hasenpfeffer estofado de liebre
Haselnuß avellana
Hauptgericht plato principal
hausgemacht, von Haus de confección casera
Hausmannskost comida sencilla y buena
Haxe corvejón
Hecht lucio (pescado)
Hefekranz pastel en forma de anillo
Heidelbeere arándano
Heilbutt especie de rodaballo
heiß caliente
Hering arenque
~ **Hausfrauenart** filete de arenque con cebollas y nata agria
Heringskartoffeln plato hecho con capas alternadas de arenques y patatas
Heringskönig pescado de mar de gran fama
Herz corazón
Himbeere frambuesa
Himmel und Erde mezcla de puré de patatas, compota de manzanas, cebollas, carne y tocino cortados en daditos
Hirn sesos
Hirsch ciervo, venado
Hirse mijo
hohe Rippe chuleta de ternera
Holsteiner Schnitzel escalope de ternera empanado, cubierto de un huevo frito
Honig miel
Hörnchen panecillo en forma de creciente
Huhn gallina
Hühnchen pollo
Hühnerklein despojo de pollo
Hummer bogavante
Husarenfleisch filetes de ternera o cerdo guisados con pimientos, cebollas y nata agria
Hutzelbrot pan con ciruelas u otras frutas secas
Imbiß comida ligera
Ingwer jengibre
italienischer Salat ensalada con mayonesa, tomates, salchichón, anchoas, pepino y apio
(nach) Jägerart salteado de carne con setas y cebollas
Jakobsmuschel venera
Johannisbeere grosella roja
jung fresco, joven, tierno
Jungfernbraten cerdo asado con tocino
Kabeljau bacalao
Kaisergranat langostino
Kaiserschmarren hojuela fina con uvas pasas que se sirve con compota o chocolate
Kalb(fleisch) ternera
Kalbsbries molleja
Kalbskopf cabeza de ternera
Kalbsmilch molleja
Kalbnierenbraten filete de ternera asado
Kaldaunen callos
kalt frío
Kaltschale compota de frutas fría
Kammuschel vieira
kandierte Frucht fruta confitada
Kaninchen conejo
Kapaun pollo tomatero, capón
Kaper alcaparra

Karamelkrem crema de caramelo
Karfiol coliflor
Karotte zanahoria
Karpfen carpa
Kartoffel patata
 ~ **puffer** croqueta de patata
Käse queso
 ~ **platte** bandeja de quesos
 ~ **stange** galletita de queso en forma de bastoncillo
Kasseler Rippenspeer chuleta de cerdo ahumada, a menudo servida con chucruta
Kastanie castaña
Katenrauchschinken jamón ahumado como se hace en el campo
Katenwurst salchicha ahumada como se hace en el campo
Katzenjammer lonchas de carne de ternera frías, que se sirven con mayonesa, pepinos y pepinillos
Kaviar caviar
Keks bizcocho
Kerbel perifollo
Kesselfleisch carne de cerdo hervida, aderezada de legumbres
Ketchup salsa de tomates
Keule pierna
Kieler Sprotte arenque pequeño ahumado
Kipfel panecillo en forma de creciente
Kirsche cereza
Kitz cabrito
Kliesche especie de lenguado, pero de menor calidad
Klops albóndiga hervida
Kloß bola de masa hervida
Klößchen bolilla de masa hervida
Kluftsteak lomo de ternera
Knackwurst pequeña salchicha de Francfort
Knoblauch ajo

Knochen hueso
 ~ **schinken** jamón ahumado
Knödel bola de masa hervida
Knöpfli tipo de tallarín espeso
Kohl col, repollo
 ~ **rabi**, ~ **rübe** nabo
 ~ **roulade** hoja de col rellena de carne picada
Kompott fruta en conserva, compota
Konfitüre mermelada
Königinpastetchen pastelillo de hojaldre relleno de pollo picado y setas
Königinsuppe crema de pollo con trocitos de pechuga
Königsberger Klops albóndiga cocida en una salsa blanca y alcaparras
Kopfsalat ensalada de hortaliza, lechuga
Korinthe pasa de Corinto
Kotelett chuleta
Krabbe cangrejo de mar
Kraftbrühe caldo, consomé
Krainer salchicha de cerdo con especias
Kranzkuchen pastel en forma de corona
Krapfen buñuelo
Krauskohl col rizada
Kraut col, repollo
Kräutersoße salsa con diversas especias
Krautsalat ensalada de col
Krautstiel acelga, bledo
Krautwickel hoja de col con relleno de carne picada
Krebs cangrejo de río
Krem crema
 ~ **schnitte** pastel de hojaldre (milhojas)
Kren rábano blanco
 ~ **fleisch** guiso de cerdo, que s

sirve con diferentes legumbres y rábano blanco
Kresse berro
Krokette croqueta
Krustentier crustáceo
Kuchen pastel
Kukuruz maíz
Kümmel comino
Kürbis calabaza
Kuttelfleck, Kutteln callos
Labskaus espeso guiso de carne picada y adobada con patatas
Lachs salmón
  ∼**forelle** trucha asalmonada
Lamm(fleisch) cordero
Languste langosta
Lattich lechuga
Lauch puerro
Leber hígado
  ∼**käse** especie de pastel de hígado
Lebkuchen alajú
Leckerli galleta de miel
legiert ligado, en general con yema de huevo (para salsas y sopas)
Leipziger Allerlei plato con zanahorias, guisantes y espárragos (a veces setas)
Lende solomillo bajo
Lendenbraten solomillo asado
Lendenstück filete de ternera grueso
Limburger (Käse) queso de pasta blanda, de color amarillo, de fuerte sabor
Linse lenteja
Linzer Torte tarta con almendras, cubierta de jalea de frambuesas
Löwenzahn cardillo, diente de león, servido en general como ensalada
Lunge pulmón
Macaroni macarrones

Mahlzeit comida
Mainauer (Käse) queso cremoso de pasta consistente, de color amarillo cubierto con una corteza roja
Mainzer Rippchen chuleta de cerdo
Mais maíz
Makrele caballa
Makrone macarrón
Mandel almendra
Mangold acelga, bledo
Marille albaricoque
mariniert en escabeche
Mark tuétano
Marmelade mermelada
Marone castaña
Marzipan mazapán, pasta de almendras
Mastente anadón
Masthühnchen pollo tomatero
Matjeshering arenque pequeño salado
Matrosenbrot bocadillo con huevos duros, anchoas y especias
Maulbeere mora
Maultasche empanada pequeña rellena con carne, legumbres y especias
Mayonnaise mayonesa
Meerettich rábano blanco
Mehlnockerl bola de harina
Mehlsuppe sopa de harina
Melone melón
menü menú de precio fijo
Meringe(l) merengue
Mettwurst salchicha de cerdo muy condimentada, que se unta generalmente sobre el pan
Miesmuschel mejillón
Milke molleja
Mirabelle ciruela mirabel
Mittagessen almuerzo
Mohn adormidera

Möhre, Mohrrübe zanahoria

Mondseer (Käse) queso fermentado de pasta consistente

Morchel morilla (tipo de hongo)

Morgenessen desayuno

Morgenrötesuppe sopa espesa a base de carne, tapioca y caldo de aves

Mostrich mostaza

Mus puré, compota

Muschel mejillón

Muskat(nuß) (nuez) moscada

Nachspeise, Nachtisch postre

naturell natural, simple

Nelke clavo de especia

Nidel, Nidle crema

Niere riñón

Nierenstück filete, lomo o solomillo

Nockerl bola de masa hervida

Nudel tallarín

Nürnberger Bratwurst salchicha de cerdo o ternera para asar

Nuß 1) nuez 2) landrecilla (carne)

Obst fruta

~ **salat** ensalada de frutas

Ochs(enfleisch) buey

Ochsenauge huevo frito

Ochsenmaulsalat ensalada de morros de buey

Ochsenschwanz cola de buey

Ohr oreja

Öl aceite

Olive aceituna

Omelett(e) tortilla

Orange naranja

Palatschinken hojuelas rellenas generalmente de mermelada o de queso; que se sirven a veces con una crema batida de chocolate y nueces

Pampelmuse pomelo, toronja

paniert empanado

Paprikaschote pimiento

Paradeis(er), Paradiesapfel tomate

Pastetchen pastelillo de hojaldre relleno de carne o salchichas

Pastete 1) pastel relleno de carne o pescado 2) pastelillo de hojaldre relleno de carne o salchichas

Patisserie pasteles diversos

Pellkartoffel patata hervida en su piel

Perlgraupe cebada

Petersilie perejil

Pfahlmuschel mejillón

Pfannkuchen hojuela

Pfeffer pimienta

~ **kuchen** pan de jengibre

~ **nuß** galleta de jengibre

~ **schote** pimentón

Pfifferling mízcalo

Pfirsich melocotón

Pflaume ciruela

Pichelsteiner (Fleisch) guiso de carne y legumbres

pikant picante

Pilz seta

Platte plato

Plätzchen bizcocho

Plätzli escalope

pochiert escalfado

Pökelfleisch carne en escabeche

Pomeranzensoße salsa a base de naranjas amargas, vino y coñac; que se sirve en general con el pato

Pommes frites patatas fritas

Porree puerro

Poulet pollo

Praline chocolate relleno de almendras, mazapán o licor

Preiselbeere arándano agrio

Preßkopf queso de cerdo; cabeza de cerdo en gelatina

Printe galleta con sabor a miel

Pumpernickel pan de centeno, entero

Püree puré

Puter pavo

Quargel queso pequeño redondo y cremoso, de pasta fermentada, de sabor muy particular y fuerte

Quark(käse) queso blanco suave

Quitte membrillo

Radieschen rábano

Ragout guiso

Rahm crema

Rande remolacha

Räucheraal anguila ahumada

Räucherhering arenque ahumado

Räucherlachs salmón ahumado

Räucherspeck tocino ahumado

Rebhuhn perdiz

Rechnung cuenta, nota

Regensburger salchicha de cerdo ahumada y muy condimentada

Reh corzo
~**pfeffer** encebollado de corzo con nata agria

Reibekuchen croqueta de patata

Reibkäse queso rallado

Reis arroz
~**fleisch** carne de ternera braseada, servida con arroz, tomates y otras legumbres

Rettich rábano grande

Rhabarber ruibarbo

Ribisel grosella roja

Rinderbrust pecho de ternera

Rind(fleisch) ternera

Rippe costilla

Rippchen, Rippenspeer, Rippenstück, Rippli chuleta (generalmente de cerdo ahumado)

Rochen raya

Rogen hueva de pescado

Roggenbrot pan de centeno

roh crudo

Rohkost legumbre fresca y cruda

Rohschinken jamón crudo

Rollmops filete de arenque en escabeche, enrollado con cebollas cortadas o pepinillos

Rosenkohl col de Bruselas

Rosine uva pasa

Rosmarin romero

Rostbraten solomillo

Rösti patatas ralladas y asadas

Röstkartoffel patata frita

rote Beete/Rübe remolacha

rote Grütze postre a base de jalea de frutas, que se sirve con nata batida o crema de vainilla

Rotkohl, Rotkraut lombarda

Rotzunge especie de lenguado, pero de menor calidad

Roulade pulpeta de ternera

Rücken lomo

Rüebli zanahoria

Rührei huevo revuelto

Rumpsteak filete de lomo de ternera

russische Eier mitades de huevos duros, rellenos de caviar y salsa, con diversas especias

Sachertorte pastel de chocolate relleno de mermelada y crema

Safran azafrán

Saft jugo

Sahne crema

Saibling farra, variedad sedentaria de salmón

Saitenwurst especie de salchicha de Francfort

Salat ensalada

Salbei salvia

Salm salmón

Salz sal
~**fleisch** carne salada
~**gurke** pepino salado
~**kartoffel** patata hervida

Salzburger Nockerl claras de hue-

vos batidos, azucarados y cocidos al horno con mantequilla
Sandmuschel almeja
Sardelle anchoa
Sardellenring filete de anchoa enrollado
Sardine sardina
Sattel lomo
Saubohne haba
sauer agrio
Sauerampfer acedera
Sauerbraten asado en escabeche con hierbas aromáticas
Sauerkraut chucruta
Schalentier crustáceo
Schalotte chalote
Schaschlik trozos de carne asados, generalmente de carnero, que se cuecen en una salsa condimentada a base de tomates, cebollas y tocino
Schaumrolle pastelillo de hojaldre relleno de crema a la vainilla
Scheibe lonja, loncha
Schellfisch eglefino
Schildkrötensuppe consomé de tortuga
Schillerlocke pastelillo de hojaldre relleno de crema a la vainilla
Schinken jamón
~**brot** bocadillo de jamón
Schlachtplatte plato de fiambres, salchicha de hígado y chucruta
Schlagobers, Schlagrahm, Schlagsahne nata batida
Schlegel pierna
Schleie lonja, loncha
Schmelzkäse queso blando y picante, que se unta generalmente sobre el pan
Schmorbraten carne de ternera adobada
Schmorfleisch guiso de carne

Schnecke 1) caracol 2) panecillo de canela
Schnepfe becada
Schnittbohne judía verde cortada en trozos
Schnitte lonja, trozo
Schnittlauch cebolleta
Schnitzel escalope
Schokolade chocolate
Scholle platija
Schulter espalda
Schwamm(erl) hongo, seta
schwarze Johannisbeere/Ribisel grosella negra
Schwarzwälder Kirschtorte pastel de chocolate relleno de nata y cerezas, perfumado con *Kirsch*
Schwarzwälder Schinken variedad de jamón ahumado
Schwarzwurzel salsifí negro
Schwein(efleisch) cerdo
Seezunge lenguado
Selchfleisch carne de cerdo ahumada
Sellerie apio
Semmel panecillo
~**brösel** pan rallado
~**knödel** bola hecha de pan rallado
Senf mostaza
Siedfleisch carne de buey, hervida
Soße salsa, jugo
Spanferkel lechoncillo
spanische Soße salsa oscura con hierbas, especias y vino
Spargel espárrago
Spätzle, Spätzli tipo de tallarín espeso
Speck tocino
~**knödel** bola hecha de harina, leche, huevos, pan y trozos de tocino ahumado
Speise alimento, comida, plato
~**eis** helado

~**karte** menú, lista de platos
Spekulatius bizcocho de almendras con especias
Spezialität especialidad
~ **des Hauses** de la casa
~ **des Tages** del día
Spiegelei huevo frito
(am) Spieß (en) brocheta
Spinat espinaca
Sprossenkohl col de Bruselas
Sprotte arenque pequeño
Stachelbeere grosella espinosa
Steckrübe nabo
Steinbuscher (Käse) queso de pasta consistente y cremosa, picante y ligeramente amargo
Steinbutt rodaballo
Steingarnele camarón grande
Steinpilz boleto (hongo)
Stelze pata de cerdo
Stierenauge huevo frito
Stock puré de patatas
~**fisch** bacalao seco
Stollen pastel de almendras, uvas pasas, nueces y cáscaras de limón escarchadas
Stoßsuppe sopa al comino
Stotzen pierna
Strammer Max carne picada de cerdo, cruda y muy condimentada (a veces se reemplaza con una salchicha de cerdo); se sirve sobre el pan con huevos y cebollas
Streichkäse queso suave de diferentes sabores, que se unta sobre el pan
Streuselkuchen variedad de pastel de sabor a café, cubierto con una pasta a base de mantequilla, azúcar, harina y canela
trudel variedad de pastelillo de hojaldre, relleno de trozos de manzanas, nueces, uvas pasas y

mermelada o miel
Stück trozo, lonja
Sülze gelatina
Suppe sopa
süß azucarado, dulce
~ **sauer** agridulce
Süßigkeit caramelo, dulce
Süßspeise postre, flan
Tagesgericht plato del día
Tagessuppe sopa del día
Tascherl empanadilla de carne, jamón o queso
Tatar carne picada de ternera, con una salsa picante, cebollas y hierbas aromáticas; se sirve cruda
Tatarenbrot bocadillo con *Tatar*
Taube pichón
Teigwaren pastas
Teller plato
~**gericht** solamente el plato principal
Thunfisch atún
Thymian tomillo
Tilsiter (Käse) queso de pasta consistente, de sabor fuerte y suave
Topfen queso blanco
~**strudel** pastelillo relleno de crema a base de requesón dulce, perfumado a la vainilla, cocido al horno
Topfkuchen pastel con uvas pasas
Törtchen tartita, pastelillo
Torte pastel
Traube uva
Trüffel trufa
Truthahn pavo
Tunke salsa
Türkenkorn maíz
Vanille vainilla
verlorenes Ei huevo escalfado
Voressen guisado de carne
Vorspeise entrada

Wacholderbeere baya de enebro
Wachtel codorniz
Waffel especie de barquillo
Walnuß nuez
warm caliente
Wassermelone sandía
Weinbeere, Weintraube uva
Weinkarte lista de vinos
Weinkraut col blanca servida con manzanas y asada en una salsa a base de vino
weiße Bohne judía blanca
Weißbrot pan blanco
Weißkäse queso blanco, requesón
Weißkohl, Weißkraut col, berza
Weißwurst salchicha de ternera o cerdo, aromatizada con perejil, cebollas y limón
Weizen trigo candeal
Welschkorn maíz
Westfälischer Schinken variedad de jamón crudo ahumado, proveniente de Westfalia
Wiener Schnitzel escalope de ternera empanado
Wiener Würstchen, Wiernerli salchicha de Francfort
Wild(bret) caza

Wildente pato salvaje
Wildschwein jabalí
Wilstermarschkäse queso de pasta consistente, parecido al *Tilsiter*
Windbeutel bollo con crema
Wirsing(kohl) col rizada
Wittling pescadilla
Wurst salchicha
Würstchen salchicha pequeña
würzig condimentado, picante
Yoghurt yogur
Zander lucio
Zervelat(wurst) salchichón de cerdo y tocino, condimentado
Zichorie endibia
Ziege cabra
Zimt canela
Zitrone limón
Zucchini calabacín
Zucker azúcar
Zunge lengua
Zutat ingrediente
Zwetsch(g)e ciruela
Zwiebel cebolla
  ~**fleisch** carne de ternera asada con cebollas
  ~**wurst** salchicha de hígado con cebollas
Zwischenrippenstück lomo

Bebidas

Abfüllung embotellado (vino comprado directamente al cultivador)
Abzug vino embotellado en la propiedad o en el lugar en que se cultivó la uva, por ejemplo,

Schloßabzug, Kellerabzug
Ahr en esta región, cuyo nombre proviene del afluente del Rin, se encuentran los viñedos más septentrionales del continente; su vino tinto – claro, delicioso

de suave aroma – es uno de los mejores de Alemania, que produce poco vino tinto; el vino del Ahr pocas veces se exporta y debe beberse joven; saboréelo cerca de las ciudades de Ahrweiler, Neuenahr y Walporzheim

Apfelmost sidra de manzanas

Apfelsaft jugo de manzanas

Apfelwein sidra de manzanas de alta graduación

Aprikosenlikör licor de albaricoque

Auslese vino producido con racimos selectos y exprimidos sin demora

Baden esta región vinícola se encuentra al suroeste de Alemania, limitada por Suiza al sur y por Alsacia (Francia) al oeste; los viñedos se hallan especialmente en los alrededores de la Selva Negra, por el lado del valle del Rin; algunos ejemplos de vinos son el *Kaiserstuhl*, producido en un islote volcánico al oeste de Friburgo, el *Markgräfler*, el *Mauerwein*, y el *Seewein* del Lago de Constanza

Beerenauslese vino de postre producido con uvas selectas durante la vendimia

Bier cerveza

dunkles ~ negra

helles ~ clara

Bock(bier) cerveza que contiene mucha malta

Branntwein aguardiente, brandy

Brauner café con leche

kleiner ~ tacita de café con leche

Danziger Goldwasser licor con sabor a comino, salpicado con minúsculas hojas doradas

Doppelkorn aguardiente de granos

Dornkaat aguardiente obtenido por destilación de granos, ligeramente perfumado con bayas de enebro

Eierlikör licor de huevos

Eiskaffee café helado

Enzian aguardiente de raíces de genciana

Exportbier cerveza que contiene más lúpulo que la cerveza tipo *Pilsener*

Flasche botella

Flaschenbier cerveza de botella

Franken Franconia; los mejores viñedos de la región vinícola del río Meno se encuentran cerca de Escherndorf, Iphofen, Randersacker, Rödelsee y Würzburg; el vino blanco de esta región es seco, fuerte y con cuerpo; Würzburg produce uno de los mejores vinos de la comarca con el nombre de *Steinwein*

Fruchtsaft jugo o zumo de fruta

Gewächs palabra empleada en las etiquetas junto con el año de cosecha

gezuckert con azúcar, azucarado

Glühwein vino rojo caliente y condimentado

Himbeergeist aguardiente de frambuesas

Kabinett término que indica que el vino es de calidad superior

Kaffee café

~ **Hag** descafeinado

~ **mit Sahne (und Zucker)** con nata (y azúcar)

~ **mit Schlag(obers)** con nata batida

schwarzer ~ solo

Kakao cacao

Kapuziner café con nata batida y chocolate rallado

Kirsch(wasser) aguardiente de cerezas

Klosterlikör licor de hierbas

Kognak coñac

Korn(branntwein) aguardiente de granos

Kümmel(branntwein) aguardiente perfumado con comino

Likör licor, cordial

Limonade 1) bebida analcohólica 2) limonada

Lindenblütentee té de flores de limero

Malzbier cerveza que contiene mucha malta

Märzenbier cerveza especial y fuerte producida en el mes de marzo

Maß(krug) jarra grande de cerveza (1 litro)

Milch leche
 ∼ **kaffee** con leche
 ∼ **mix** batido

Mineralwasser agua mineral

Mosel (-Saar-Ruwer) nombre oficial de la región de la Moselle; el mejor vino de la comarca se produce en el valle medio de la Moselle, entre Trittenheim y Traben-Trarbach; los mejores cultivos son los de Bernkastel, Brauneberg, Graach, Piesport, Wehlen y Zeltingen

Most 1) sidra 2) vino del año

Nahe región vinícola, llamada así por el afluente del Rin, que se extiende en las cercanías de Bad Kreuznach; su vino blanco tiene cuerpo, suele ser excelente y puede compararse al mejor vino del Hesse renano; los viñe-

dos más famosos son los de Schloß Böckelheim, propiedad del estado; también se producen excelentes vinos cerca de Bad Kreuznach, Bretzenheim, Münster, Niederhausen, Norheim, Roxheim, Winzerheim

Naturwein vino sin mezcla, sin aditivos

Orangeade naranjada

Österreich Austria exporta poquísimo vino; el tinto – principalmente de Burgenland – es bastante común y suele beberse sólo en la región; probablemente el vino austríaco más conocido es el *Gumpoldskirchner*, producido al sur de Viena, un buen vino blanco que ha deleitado a generaciones de vieneses; en los bordes del Danubio, al oeste de Viena, se produce un buen blanco en la comarca de Wachau (p.ej., el *Dürnsteiner*, el *Loibner*, el *Kremser*); muy cerca de la capital de Austria se elabora vino de mesa (p.ej. el *Nußberger*, el *Badener*, el *Grinzinger*) del que a veces se embotella el mejor y se exporta

Perlwein vino blanco semiespumoso

Pfalz Palatinado; en años de buena vendimia, esta región es a menudo la que produce más vino de Alemania, sobre todo blanco; en la Edad Media, el Palatinado adquirió la fama de ser «la bodega del Sacro Imperio Romano»; hoy en día el Palatinado se halla limitado al norte por el Hesse renano, al este por el Rin, al sur y al oeste por Alsacia y Lorena, Francia; algunos ejemplos de vinos: el *Forster*, el *Deidesheimer*, el *Ruppertsberger*, que son blancos, y el *Dürkheimer* blanco y tinto.

Pils(e)ner cerveza con un aroma particularmente fuerte de lúpulo

Pfefferminztee té de menta

Pflümli(wasser) aguardiente de ciruelas

Portwein Oporto

Rhein el vino del Rin se produce en cinco regiones del valle del río que ofrece los mejores vinos del país

Rheingau esta comarca, situada a los pies de los Montes Taunus frente al Rin; los mejores vinos del Rheingau son vinos de postre que pueden compararse con un fino Sauternes francés; también produce un buen vino tinto en Aßmannshausen

Rheinhessen el Hesse renano, cuya capital es Mainz; unas 155 localidades de la región se dedican a la vinicultura, pero tan sólo 10 producen un vino de calidad excepcional: Alsheim, Bingen, Bodenheim, Dienheim, Guntersblum, Ingelheim, Nakkenheim, Nierstein, Oppenheim y Worms; el vino que se vende bajo la denominación genérica de *Liebfrau(en)milch*

um ron

chillerwein vino clarete

chloß castillo, indica la propriedad de los viñedos

chnaps aguardiente, brandy

chokolade chocolate

chweiz Suiza; mientras que los mejores vinos nacionales (tanto los tintos como los blancos) se producen en los cantones de habla francesa o italiana, la región germánica produce sobre todo vino tinto

Sekt vino espumoso parecido al champán

Sirup jarabe

Sodawasser agua gaseosa

Spätlese vino producido con uvas recogidas cuando la estación está ya avanzada, a menudo resulta un vino de cuerpo

Spezialbier cerveza más fuerte que la *Vollbier*

Sprudel(wasser) agua gaseosa

Starkbier cerveza con mucha malta

Steinhäger aguardiente perfumado con ginebra

Tee té
~ **mit Milch** con leche
~ **mit Zitrone** con limón

trocken seco

Trockenbeerenauslese vino producido con uvas recogidas cuando la estación está ya muy avanzada; a menudo resulta un vino de cuerpo

ungezuckert sin azúcar

verbessert refiriéndose a vino, significa «mejorado» o con azúcar añadido

Viertel ¼ de litro de vino

Vollbier la típica cerveza alemana, que contiene una graduación del 3–4%

Wachstum término que se utiliza en las etiquetas junto con el nombre del propietario del viñedo que garantiza que es un vino natural

Wasser agua

Wein vino
  Rosé~ clarete, rosado
  Rot~ tinto
  Schaum~ espumoso
  Süß~ dulce, de postre
  Weiß~ blanco
Weinbrand brandy, coñac
Weißbier cerveza clara hecha con trigo
Wermut vermú
Württemberg el vino de esta región rara vez se exporta, ya que debe beberse muy joven; el término *Schillerwein* se emplea en la comarca para designar el clarete; los mejores vinos se producen en Cannstatt, Feuerbach, Untertürckheim; el *Stettener Brotwasser* es notable
Zitronensaft zumo de limón
Zwetschgenwasser aguardiente de ciruelas

Mini-gramática

A continuación presentamos un breve perfil de las principales características de la gramática alemana.

Artículos

En alemán todos los nombres son masculino, femenino o neutro, y se clasifican por el artículos que les precede.

1. Artículo determinado (el, la, lo):   Plural:

Masculino	*der* **Mann**	el hombre	*die* **Männer**
Femenino	*die* **Frau**	la mujer	*die* **Frauen**
Neutro	*das* **Kind**	el niño	*die* **Kinder**

2. Artículo indeterminado (un/una):

Masculino	*ein* **Zug**	un tren
Femenino	*eine* **Reise**	un viaje
Neutro	*ein* **Flugzeug**	un avión

Nombres y adjetivos

1. Todos los nombres se escriben con mayúscula. Las reglas para formar el plural son muy complejas.

2. Declinaciones: En alemán, según el uso en la frase, los artículos, nombres y adjetivos modificantes cambian según el caso. Las tablas siguientes indican la declinación de las tres partes de la oración.

	Masculino singular	Masculino plural
Sujeto	**der reiche Mann**	**die reichen Männer**
Complemento directo	**den reichen Mann**	**die reichen Männer**
Posesivo	**des reichen Mannes**	**der reichen Männer**
Complemento indirecto	**den reichen Mann**	**den reichen Männern**

	Femenino singular	Femenino plural
Sujeto	**die schöne Frau**	**die schönen Frauen**
Complemento directo	**die schöne Frau**	**die schönen Frauen**
Posesivo	**der schönen Frau**	**der schönen Frauen**
Complemento indirecto	**der schönen Frau**	**den schönen Frauen**

	Neutro singular	Neutro plural
Sujeto	**das kleine Kind**	**die kleinen Kinder**
Complemento directo	**das kleine Kind**	**die kleinen Kinder**
Posesivo	**des kleinen Kindes**	**der kleinen Kinder**
Complemento indirecto	**dem kleinen Kind**	**den kleinen Kinder**

El artículo indefinido se declina de forma algo diferente, ya que es el adjetivo modificante.

	Masculino	Femenino
Sujeto	**ein reicher Mann**	**eine schöne Frau**
Complemento directo	**einen reichen Mann**	**eine schöne Frau**
Posesivo	**eines reichen Mannes**	**einer schönen Frau**
Complemento indirecto	**einem reichen Mann**	**einer schönen Frau**

	Neutro	Plural
Sujeto	**ein kleines Kind**	**keine* großen Leute**
Complemento directo	**ein kleines Kind**	**keine großen Leute**
Posesivo	**eines kleinen Kindes**	**keiner großen Leute**
Complemento indirecto	**einem kleinen Kind**	**keinen großen Leuten**

Si los adjetivos se declinan sin artículo, a estos se añaden las terminaciones del artículo definido, excepto en el posesivo, pero al contrario que en el artículo, lleva énfasis. «Este» **dieser, diese, dieses** y en plural **diese** se declina como el artículo definido.

* **ein** no tiene plural, pero la tiene en el negativo kein (se declina en singular como ein).

3. **Adjetivos demostrativos:** En alemán hablado «ese» normalmente se expresa por el artículo definido, es decir, con el objeto poseído y no con el poseedor. «Este» **dieser, diese, dieses** y en plural **diese** se declina como el artículo definido.

das Buch (ese libro)   **dieser Platz** (este asiento)

4. **Adjetivos posesivos:** Estos concuerdan en número y género con el nombre que modifican, es decir, con el objeto poseído y no con el poseedor. En singular se declinan como el artículo indefinido, y en plural como el definido. Véase que **Ihr** que significa «tu» en la forma formal lleva mayúscula.

	Masculino o neutro	Femenino o plural
mi	**mein**	**meine**
tu	**dein**	**deine**
su (de él)	**sein**	**seine**
su (de ella)	**ihr**	**ihre**
nuestro	**unser**	**unsere**
vuestro	**euer**	**euere**
suyo	**ihr**	**ihre**
suyo (de Vd.)	**Ihr**	**Ihre**

5. **Comparativos y superlativos:** Estos se forman añadiendo **-er (-r)** y **-est (-st)** respectivamente, con mucha frecuencia con diéresis.

alt (viejo)	**kurz** (corto)
älter (más viejo)	**kürzer** (más corto)
ältest (el más viejo)	**kürzest** (el más corto)

Adverbios

Algunos adjetivos se usan en su forma declinada como adverbios.

schnell	rápido, rápidamente
gut	bueno, bien

Existen algunas irregularidades:

glücklich — glücklicherweise	feliz — felizmente
anders	diferentemente
besonders	especialmente
gleichfalls	así mismo (el) mismo

Viel indica la cantidad y **sehr** la intensidad:

Er arbeitet viel.	Trabaja mucho
Er ist sehr müde.	Está muy cansado

Pronombres personales

	Sujeto	Complemento dir.	Complemento indir.
yo	**ich**	**mich**	**mir**
tú	**du**	**dich**	**dir**
él	**er**	**ihn**	**ihm**
ella	**sie**	**sie**	**ihr**
ello	**es**	**es**	**ihm**
nosotros	**wir**	**uns**	**uns**
vosotros	**ihr**	**euch**	**euch**
ellos, ellas	**sie**	**sie**	**ihnen**
Vds.	**Sie**	**Sie**	**Ihnen**

Nota: En alemán hay dos formas de decir «tú»: **du** y **Sie**; du (plural: **ihr**) se usa al hablar a familiares, amigos íntimos y niños (y entre gente joven); **Sie** (ambos singular y plural) en todos los demás casos. Sie se escribe con **S** mayúscula. El verbo tiene la misma forma que en la tercera persona plural.

Verbos

Aquí sólo nos ocupamos del infinitivo, el presente y el imperativo.

Aprenda estos dos importantes **verbos auxiliares:**

sein (ser)	**haben** (tener)
ich bin (yo soy)	**ich habe** (yo tengo)
du bist (tu eres)	**du hast** (tu tienes)
er, sie, es ist (él, ella, ello es)	**er, sie, es hat** (él, ella, ello tiene)
wir sind (nosotros somos)	**wir haben** (nosotros tenemos)
ihr seid (vosotros sois)	**ihr habt** (vosotros tenéis)
sie sind (ellos son)	**sie haben** (ellos tienen)
Sie sind (Vds. son)	**Sie haben** (Vds. tienen)

El infinitivo de prácticamente todos los verbos termina en **-en**. Aquí tiene las terminaciones del presente:

ich liebe	yo amo
du liebst	tu amas
er, sie, es liebt	él, ella, ello ama
wir lieben	nosotros amamos
ihr liebt	vosotros amáis
sie, Sie lieben	ellos, ellas, Vds. aman

Para los verbos regulares e irregulares, el **imperativo** se forma invirtiendo el orden del verbo y el pronombre personal.

Gehen wir!	¡Vamos!
Gehen Sie!	¡Vete!

Negaciones

La negación se forma con **nicht**.

Er ist nicht hier.	No esta aquí.

Interrogaciones

Estas se forman invirtiendo el sujeto y el verbo (poniendo primero el verbo y después el sujeto).

Sprechen Sie Spanisch?	¿Habla español?

Verbos irregulares

A continuación damos los verbos irregulares más usados en alemán. Entre paréntesis indicamos las formas irregulares del presente, generalmente la segunda y tercera personas del singular, que presentan una modificación de su radical. Los verbos compuestos o los precedidos de algún prefijo como *ab-, an-, auf-, aus-, be-, bei-, ein-, emp-, ent-, er-, mit-, nach-, um-, ver-, vor-, zer-, zu-*, etc., no figuran en esta lista ya que se conjugan como el verbo raíz.

Infinitivo	Imperfecto	Part. pasado	
backen (bäckst, bäckt)	backte/buk	gebacken	*asar al horno*
befehlen (befiehlst, befiehlt)	befahl	befohlen	*mandar*
beginnen	begann	begonnen	*comenzar*
beißen	biß	gebissen	*morder*
bergen (birgst, birgt)	barg	geborgen	*salvar*
bersten (birst, birst)	barst	geborsten	*reventar*
bewegen	bewog	bewogen	*incitar*
biegen	bog	gebogen	*doblar*
bieten	bot	geboten	*regalar*
binden	band	gebunden	*atar*
bitten	bat	gebeten	*solicitar*
blasen (bläst, bläst)	blies	geblasen	*soplar*
bleiben	blieb	geblieben	*quedar*
braten (brätst, brät)	briet	gebraten	*asar*
brechen (brichst, bricht)	brach	gebrochen	*romper*
brennen	brannte	gebrannt	*quemar*
bringen	brachte	gebracht	*traer*
denken	dachte	gedacht	*pensar*
dringen	drang	gedrungen	*penetrar*
dürfen (darf, darfst, darf)	durfte	gedurft	*tener permiso*
empfehlen (empfiehlst, empfiehlt)	empfahl	empfohlen	*recomendar*
essen (ißt, ißt)	aß	gegessen	*comer*
fahren (fährst, fährt)	fuhr	gefahren	*ir, conducir*
fallen (fällst, fällt)	fiel	gefallen	*caer*
fangen (fängst, fängt)	fing	gefangen	*coger*
fechten (fichtst, ficht)	focht	gefochten	*pelearse (con espada)*

finden	fand	gefunden	*encontrar*
flechten	flocht	geflochten	*trenzar*
(flichtst, flicht)			
fliegen	flog	geflogen	*volar*
fliehen	floh	geflohen	*huir*
fließen	floß	geflossen	*fluir, correr*
fressen	fraß	gefressen	*comer (animales)*
(frißt, frißt)			
frieren	fror	gefroren	*helar*
gären	gor/gärte	gegoren/gegärt	*fermentar*
geben	gab	gegeben	*dar*
(gibst, gibt)			
gedeihen	gedieh	gediehen	*prosperar*
gehen	ging	gegangen	*ir*
gelingen[1]	gelang	gelungen	*conseguir*
gelten	galt	gegolten	*valer*
(giltst, gilt)			
genesen	genas	genesen	*restablecerse*
genießen	genoß	genossen	*disfrutar, saborear*
geschehen[1]	geschah	geschehen	*ocurrir*
(geschieht)			
gewinnen	gewann	gewonnen	*ganar*
gießen	goß	gegossen	*verter*
gleichen	glich	geglichen	*parecerse a*
gleiten	glitt	geglitten	*resbalar*
graben	grub	gegraben	*cavar*
(gräbst, gräbt)			
greifen	griff	gegriffen	*agarrar*
haben	hatte	gehabt	*haber*
(hast, hat)			
halten	hielt	gehalten	*tener*
(hältst, hält)			
hängen	hing	gehangen	*colgar*
hauen	hieb	gehauen	*pegar, cortar*
heben	hob	gehoben	*levantar*
heißen	hieß	geheißen	*llamarse*
helfen	half	geholfen	*ayudar*
(hilfst, hilft)			
kennen	kannte	gekannt	*conocer*
klingen	klang	geklungen	*resonar*
kneifen	kniff	gekniffen	*pellizcar*
kommen	kam	gekommen	*venir*
können	konnte	gekonnt	*poder*
(kann, kannst, kann)			
riechen	kroch	gekrochen	*arrastrar*
laden	lud	geladen	*cargar*
(lädst, lädt)			

---

mpersonal

lassen (läßt, läßt)	ließ	gelassen	*dejar*
laufen (läufst, läuft)	lief	gelaufen	*correr*
leiden	litt	gelitten	*sufrir*
leihen	lieh	geliehen	*prestar*
lesen (liest, liest)	las	gelesen	*leer*
liegen	lag	gelegen	*estar acostado*
lügen	log	gelogen	*mentir*
mahlen	mahlte	gemahlen	*moler*
meiden	mied	gemieden	*evitar*
messen (mißt, mißt)	maß	gemessen	*medir*
mißlingen	mißlang	mißlungen	*fracasar*
mögen (mag, magst, mag)	mochte	gemocht	*querer*
müssen (muß, mußt, muß)	mußte	gemußt	*deber*
nehmen (nimmst, nimmt)	nahm	genommen	*tomar*
nennen	nannte	genannt	*nombrar*
pfeifen	pfiff	gepfiffen	*silbar*
raten (rätst, rät)	riet	geraten	*aconsejar, adivinar*
reiben	rieb	gerieben	*frotar*
reißen	riß	gerissen	*arrancar*
reiten	ritt	geritten	*montar a caballo*
rennen	rannte	gerannt	*correr*
riechen	roch	gerochen	*oler*
ringen	rang	gerungen	*luchar*
rinnen	rann	geronnen	*correr, fluir*
rufen	rief	gerufen	*llamar*
saufen (säufst, säuft)	soff	gesoffen	*beber (animales)*
schaffen	schuf	geschaffen	*crear*
schallen	schallte/scholl	geschallt	*resonar*
scheiden	schied	geschieden	*separar*
scheinen	schien	geschienen	*brillar, parecer*
schieben	schob	geschoben	*empujar*
schießen	schoß	geschossen	*disparar*
schlafen (schläfst, schläft)	schlief	geschlafen	*dormir*
schlagen (schlägst, schlägt)	schlug	geschlagen	*batir*
schleichen	schlich	geschlichen	*andar de puntillas*
schleifen	schliff	geschliffen	*aguzar*
schließen	schloß	geschlossen	*cerrar*
schlingen	schlang	geschlungen	*enlazar*

schmeißen	schmiß	geschmissen	*arrojar*
schmelzen (schmilzt, schmilzt)	schmolz	geschmolzen	*fundir*
schneiden	schnitt	geschnitten	*cortar*
schrecken[1] (schrickst, schrickt)	schrak	geschrocken	*asustarse*
schreiben	schrieb	geschrieben	*escribir*
schreien	schrie	geschrie(e)n	*gritar*
schreiten	schritt	geschritten	*caminar*
schweigen	schwieg	geschwiegen	*callarse*
schwellen (schwillst, schwillt)	schwoll	geschwollen	*hincharse*
schwimmen	schwamm	geschwommen	*nadar*
schwinden	schwand	geschwunden	*disminuir*
schwingen	schwang	geschwungen	*blandir*
schwören	schwor	geschworen	*jurar*
sehen (siehst, sieht)	sah	gesehen	*ver*
sein (bin, bist, ist, sind, seid, sind)	war	gewesen	*ser*
senden	sandte	gesandt	*enviar*
sieden	sott	gesotten	*hervir*
singen	sang	gesungen	*cantar*
sinken	sank	gesunken	*hundir, bajar*
sinnen	sann	gesonnen	*meditar*
sitzen	saß	gesessen	*estar sentado*
sollen (soll, sollst, soll)	sollte	gesollt	*deber*
spinnen	spann	gesponnen	*hilar*
sprechen (sprichst, spricht)	sprach	gesprochen	*hablar*
springen	sprang	gesprungen	*saltar*
stechen (stichst, sticht)	stach	gestochen	*pinchar*
stehen	stand	gestanden	*estar de pie*
stehlen (stiehlst, stiehlt)	stahl	gestohlen	*hurtar*
steigen	stieg	gestiegen	*subir*
sterben (stirbst, stirbt)	starb	gestorben	*morir*
stinken	stank	gestunken	*apestar*
stoßen (stößt, stößt)	stieß	gestoßen	*empujar*
streichen	strich	gestrichen	*frotar, borrar*
streiten	stritt	gestritten	*disputar*
tragen (trägst, trägt)	trug	getragen	*llevar*

se utiliza sólo con prefijos

treffen (triffst, trifft)	traf	getroffen	*encontrar, alcanzar*
treiben	trieb	getrieben	*empujar, conducir*
treten (trittst, tritt)	trat	getreten	*pisar*
triefen	troff/triefte	getroffen/ getrieft	*chorrear*
trinken	trank	getrunken	*beber*
trügen	trog	getrogen	*engañar*
tun (tue, tust, tut)	tat	getan	*hacer*
verderben (verdirbst, verdirbt)	verdarb	verdorben	*dañar*
verdrießen	verdroß	verdrossen	*contrariar*
vergessen (vergißt, vergißt)	vergaß	vergessen	*olvidar*
verlieren	verlor	verloren	*perder*
wachsen (wächst, wächst)	wuchs	gewachsen	*crecer*
wägen	wog	gewogen	*pesar*
waschen (wäschst, wäscht)	wusch	gewaschen	*lavar*
weben	wob/webte	gewoben/ gewebt	*tejer*
weichen	wich	gewichen	*ceder*
weisen	wies	gewiesen	*indicar*
wenden	wandte/ wendete	gewandt/ gewendet	*girar*
werben (wirbst, wirbt)	warb	geworben	*alistar*
werden (wirst, wird)	wurde	geworden	*volverse*
werfen (wirfst, wirft)	warf	geworfen	*echar*
wiegen	wog	gewogen	*pesar*
winden	wand	gewunden	*torcer*
wissen (weiß, weißt, weiß)	wußte	gewußt	*saber*
wollen (will, willst, will)	wollte	gewollt	*querer*
ziehen	zog	gezogen	*tirar de*
zwingen	zwang	gezwungen	*forzar*

Abreviaturas alemanas

Abf.	*Abfahrt*	salida
Abs.	*Absender*	remitente
ACS	*Automobil-Club der Schweiz*	Club Automóvil de Suiza
ADAC	*Allgemeiner Deutscher Automobil-Club*	Club Automóvil de Alemania
AG	*Aktiengesellschaft*	Sociedad Anónima
Ank.	*Ankunft*	llegada
Anm.	*Anmerkung*	observación
AvD	*Automobilclub von Deutschland*	Club Automóvil de Alemania
Bhf.	*Bahnhof*	estación del ferrocarril
Bez.	*Bezirk*	distrito, circunscripción
BRD	*Bundesrepublik Deutschland*	República Federal de Alemania
b.w.	*bitte wenden*	vuelva la página, por favor
bzw.	*beziehungsweise*	respectivamente
DB	*Deutsche Bundesbahn*	Ferrocarriles Federales Alemanes
DBP	*Deutsche Bundespost*	Correos, Teléfonos y Telégrafos Federales Alemanes
DDR	*Deutsche Demokratische Republik*	República Democrática de Alemania
d.h.	*das heißt*	a saber, es decir
DIN	*Deutsche Industrie-Norm*	norma industrial alemana
DM	*Deutsche Mark*	marco alemán
d.M.	*dieses Monats*	del corriente
D-Zug	*Durchgangszug*	rápido (tren)
EG	*Europäische Gemeinschaften*	Mercado Común
EV	*Europäische Vereinigung*	Europea Unión
E-Zug	*Eilzug*	exprés (tren)
Ffm.	*Frankfurt am Main*	Francfort del Meno
f.W.	*fließendes Wasser*	agua corriente
Fr.	*Franken; Frau*	franco; Señora
Frl.	*Fräulein*	Señorita
G	*Groschen*	1/100 de chelín
Gebr.	*Gebrüder*	hermanos
gefl.	*gefälligst*	por favor
GmbH	*Gesellschaft mit beschränkter Haftung*	Sociedad de Responsabilidad Limitada
Hbf.	*Hauptbahnhof*	estación central del ferrocarril

Hr.	*Herr*	Señor
Ing.	*Ingenieur*	Ingeniero
Inh.	*Inhaber; Inhalt*	proprietario; contenido
Kfm.	*Kaufmann*	comerciante
Kfz.	*Kraftfahrzeug*	vehículo de motor
KG	*Kommanditgesellschaft*	Sociedad en Comandita
Lkw	*Lastkraftwagen*	camión
MEZ	*Mitteleuropäische Zeit*	hora del centro de Europa
MwSt	*Mehrwertsteuer*	tasa al valor añadido
n. Chr.	*nach Christus*	año de Cristo
ÖAMTC	*Österreichischer Automobil-, Motorrad- und Touringclub*	Club de Turismo de Austria
OB	*Oberbürgermeister*	alcalde
ÖBB	*Österreichische Bundes-bahnen*	Ferrocarriles Federales Austriacos
OHG	*Offene Handelsgesellschaft*	Sociedad Regular Colectiva
Pf	*Pfennig*	1/100 de marco
Pfd.	*Pfund*	libra (peso)
Pkw	*Personenkraftwagen*	coche para turismo
PS	*Pferdestärke*	caballos de vapor
PTT	*Post, Telefon, Telegraf*	Correos, Teléfonos y Telégrafos Suizos
Rp.	*Rappen*	1/100 de franco
S	*Schilling*	chelín austriaco
SBB	*Schweizerische Bundes-bahnen*	Ferrocarriles Federales Suizos
Str.	*Straße*	calle, avenida
TCS	*Touring-Club der Schweiz*	Club de Turismo de Suiza
u. a.	*unter anderem*	entre otras cosas
U-Bahn	*Untergrundbahn*	Metro
ü. d. M.	*über dem Meeresspiegel*	sobre el nivel del mar
UKW	*Ultrakurzwelle*	onda ultra corta
ung.	*ungefähr*	aproximadamente
UNO	*Vereinte Nationen*	Organización de las Naciones Unidas
usw.	*und so weiter*	etcétera
u. U.	*unter Umständen*	en ciertas circunstancias
v. Chr.	*vor Christus*	antes de Cristo
vgl.	*vergleiche*	compare
v. H.	*vom Hundert*	porcentaje
Wwe.	*Witwe*	viuda
z. B.	*zum Beispiel*	por ejemplo
z. H.	*zu Händen*	para entregar a
z. Z.	*zur Zeit*	ahora, actualmente

Numerales

Cardinales

0	null
1	eins
2	zwei
3	drei
4	vier
5	fünf
6	sechs
7	sieben
8	acht
9	neun
10	zehn
11	elf
12	zwölf
13	dreizehn
14	vierzehn
15	fünfzehn
16	sechzehn
17	siebzehn
18	achtzehn
19	neunzehn
20	zwanzig
21	einundzwanzig
22	zweiundzwanzig
23	dreiundzwanzig
30	dreißig
40	vierzig
50	fünfzig
60	sechzig
70	siebzig
80	achtzig
90	neunzig
100	(ein)hundert
101	hundert(und)eins
230	zweihundert(und)dreißig
538	fünfhundert(und)achtunddreißig
1 000	(ein)tausend
10 000	zehntausend
100 000	(ein)hunderttausend
000 000	eine Million

Ordinales

1.	erste
2.	zweite
3.	dritte
4.	vierte
5.	fünfte
6.	sechste
7.	sieb(en)te
8.	achte
9.	neunte
10.	zehnte
11.	elfte
12.	zwölfte
13.	dreizehnte
14.	vierzehnte
15.	fünfzehnte
16.	sechzehnte
17.	siebzehnte
18.	achtzehnte
19.	neunzehnte
20.	zwanzigste
21.	einundzwanzigste
22.	zweiundzwanzigste
23.	dreiundzwanzigste
24.	vierundzwanzigste
25.	fünfundzwanzigste
26.	sechsundzwanzigste
27.	siebenundzwanzigste
28.	achtundzwanzigste
29.	neunundzwanzigste
30.	dreißigste
40.	vierzigste
50.	fünfzigste
60.	sechzigste
70.	siebzigste
80.	achtzigste
90.	neunzigste
100.	(ein)hundertste
230.	zweihundert(und)dreißigste
1 000.	(ein)tausendste

La hora

En Alemania, Austria y Suiza se usa oficialmente el sistema de 24 horas; el sistema de 12 horas se emplea sólo en las conversaciones.

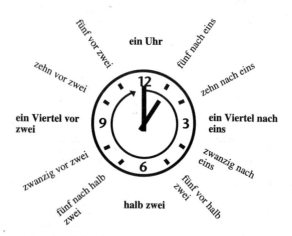

Para indicar el momento del día, podrá añadir *morgens, nachmittags* o *abends* a la hora.

Por ejemplo:

acht Uhr morgens	las 8 de la mañana
zwei Uhr nachmittags	las 2 de la tarde
acht Uhr abends	las 8 de la noche

Los días de la semana

Sonntag	domingo	*Donnerstag*	jueves
Montag	lunes	*Freitag*	viernes
Dienstag	martes	*Samstag,*	sábado
Mittwoch	miércoles	*Sonnabend*	